세존학술총서 ①

송대 선종사 연구
(宋代禪宗史の研究)

이시이 슈도(石井修道) 지음 / 김호귀 옮김

민족사

2018

本書는 石井修道 著,
『宋代禪宗史の研究』(大東出版社, 1987)의 完譯本이다.

간행사 요약

〈이 세존학술총서는 박찬호 거사의 원력과 시주(施主)로 이루어졌다.〉

1.

불교는 약 2,500년 전 바라문교의 폐해를 비판하며 등장한 붓다에 의해 성립한 종교다. 불교는 인도에서 '신흥종교'로 발생하여 세계적인 종교로 발전하였고, 그 불교가 한국에 전해진 지도 1,600여 년이나 지났다. 불국사와 석굴암, 해인사 『고려대장경』 등 국가지정문화재 가운데 불교 문화재가 압도적인 것은 매우 자랑할 만한 일이다.

그럼에도 불구하고 통계청에서 10년마다 실시하는 조사에 의하면, 2005~2015년 사이에 불교 신도수가 760만 명으로 무려 300만 명, 15%나 줄었다. 원인은 여러 면에서 분석해야 하겠지만, 그 책임은 승가에 있다고 보아야 할 것이다. 승가의 허물이 가장 크게 작용했음에는 이론이 없을 것이다.

종교인은 사실상 전문 교육자와 같은 역할을 할 때, 종교와 신도 또한 사회에 모두 이익이 된다. 그런 면에서 승가가 공적(公的) 스승으로서의 역할을 충실히 해 왔는지에 대해서는 아쉬움이 든다. 이에 나 역시 승가의 일원으로 책임을 통감하며 한국불교의 취약한 부분을 조금이라도 보완하는 효율적 방법을 모색하였다. 마침 박찬호 거사가 나의 뜻에 공감하며 화주(化主)를 자처해 극적으로 이루어질 수 있었다.

한국불교의 허약한 체질은 조선시대 이후, 원효(617~686)와 의상(625~702) 같은 걸출한 논사(論師)를 배출하지 못한 데다가, 근·현대 선 수행에 대한 편식으로 교학을 홀대한 결과라고 할 수 있다. 반면 서구와 일본은 이미 1세기 이전부터 불교를 신앙만이 아닌 인문학적이고 사상적인 가치로 접근하여 불교학을 학문의 관점에서 연구를 하였다.

본 세존학술총서는 그들이 축적한 방대한 논문과 학술서 가운데 20년 이상 검증된 세계 최고의 학술 명저와 논문을 선별한 것이다. 이 불사의 시작은 지극히 미미하지만, 감히 바라건대 고려대장경 결집 후 1,000여 년이나 지난 이 시대에 걸맞은 논장(論藏)을 세우는 인(因)이 되었으면 한다. 또한 먼 미래에 불법을 연구하는 이들에게, 불교가 추락할수록 이를 심각하게 염려하는 '사람들'이 있었음을 기억해 주었으면 한다.

2.

한국불교학은 90년대 이후 장족의 발전을 하였다. 가치 있는 학술서도 적지 않게 저술·출판되었다. 그러나 근래 많은 학자들은 한 주제를 가지고 오랜 탐구 끝에 그 결과물을 내기보다는 단편 논문에 집중하여, 전작이 거의 나오지 않고 있다. 더러 한두 권이 나오고 있는 것을 본다면 대부분 현직 학자들보다는 재야 학자들의 저서이다. 반면 외국의 불교학술서들을 본다면 놀라운 연구서들이 많이 나오고 있다. 그것은 학문에만 집중할 수 있는 풍토와 환경이 조성되어 있고, 학자 자신도 탐구나 연구에 몰입하고 있기 때문일 것이다.

이러한 문제점을 보완해 보고자 외국의 뛰어난 학문적 성과물들을 국내에 제공하여 후학들의 학문 탐구에 일조가 되어 보자는 입장에서 이런 해외 우수 학술서들을 번역·출판하게 되었다.

한국의 중국 선종사 연구를 살펴볼 때, 당대(唐代) 선종사 연구는 약간 이루어졌으나 송대 선종사 연구는 대혜종고와 간화선을 제외한다면 거의 황무지나 다름없다. 초기 선종사와 북종선에 관한 연구도 거의 불모지이다. 이번에 번역 간행한 石井修道(이시이 슈도)의 『송대 선종사 연구』와 존 매크래의 『북종과 초기 선불교의 형성』은 각각 이 분야의 훌륭한 책이다. 이 책들이 우리의 학문적 빈 공간을 메워 줄 수 있을 것이라 생각한다.

3.

이러한 학술서들을 번역·간행할 수 있었던 것은 오로지 큰 원력을 내 주신 박찬호 거사의 기부와 희사정신에 의한 것이다.

한국의 불자들은 법당이나 불상 등 외형적인 불사에 주로 보시를 하고 있다. 그러나 중국과 대만의 불자들은 불서 간행에 많은 희사를 한다. 두 나라 불자들은 운명할 때가 되면 일정한 재산을 불서간행에 써 달라고 사찰에 보시한다고 한다. 부처님 말씀이 담긴 경전간행에 최고의 의미를 두기 때문이다. 근래 이 두 나라 불교는 장족의 발전을 거듭하고 있다. 대만은 국민의 80%가 불교도이고, 중국도 도교와 불교를 같이 신앙하는 인구가 13억 가운데 거의 80%나 된다. 반면 지금 우리

나라는 10년 사이에 약 300만 명이 감소하여 760만 정도로 인구의 약 20% 정도를 차지하는 데 그치고 있다.

이 결과는 한편으로는 한국 신도들의 편협된 보시 관행과 관련이 있는데, 이런 보시 관행은 한국의 승가가 신도들에게 요구해 온 보시의 전형이다. 유형물에 대한 보시의 의미를 넘어, 법보시의 진정한 의미를 되새기게 해 준, 박찬호 거사의 통찰에 깊은 감사를 드린다. 박거사의 대승적 보시가 장차 한국불교 신도들에게, 붓다의 가르침대로 행하는 보시바라밀로 자리 잡게 될 때 한국불교는 비로소 재도약의 발판을 마련할 인연이 도래할 것이다.

방대한 학술서임에도 불구하고 흔쾌히 번역을 맡아 주신 동국대 김호귀 선생님께 진심으로 감사를 드리며, 어려운 책을 편집·교정해 주신 민족사 편집부 직원분들, 그리고 윤창화 사장님의 안목과 열정에 깊이 감사드린다. 또한 십시일반으로 후원해 주신 불자들께도 감사드린다.

2018년 정월 초하루
고양시 용화사 무설설당에서
세존학술연구원장 성 법 합장

목 차

간행사 요약 ··· 3
일러두기 ··· 10
서언(저자) ··· 12
역자 서문 ··· 19

제1장 『경덕전등록』의 역사적 성격 ··· 21
　　-서론을 대신하여-

제1절 『大宋高僧傳』에서 『大明高僧傳』으로
　　-10科의 붕괴와 고승전의 단절- ··· 21
제2절 『佛祖同參集』과 『경덕전등록』 ··· 29
제3절 찬술자 永安道原 ··· 49
제4절 『송고승전』과 『경덕전등록』 ··· 70
제5절 『조당집』과 『경덕전등록』 ··· 90
제6절 『경덕전등록』 권27의 특색 ··· 127
제7절 皮·肉·骨·髓 득법설의 성립 배경 ··· 141

제2장 중국 초기 조동종 교단의 성립 ··· 165

제1절 石頭는 眞金鋪·江西는 雜貨鋪 ··· 165

제2절 동산양개의 전기　　　　　　　　　　… 193
　　제3절 초기 조동종의 종풍　　　　　　　　　… 222
　　제4절 동산파 문하의 성쇠　　　　　　　　　… 254

제3장 북송대 조동종의 전개　　　　　　　　　… 269

　　제1절 大陽警玄과 投子義靑의 代付 문제　　… 269
　　제2절 隨州 大洪山의 조동종 부흥　　　　　… 298
　　제3절 芙蓉道楷의 三賢孫　　　　　　　　　… 322
　　제4절 鹿門自覺派의 변천 －北傳曹洞宗－　… 355

제4장 굉지정각과 묵조선의 확립　　　　　　　… 375

　　제1절 굉지정각의 전기자료 및 약전　　　　… 375
　　제2절 묵조선의 확립　　　　　　　　　　　… 426
　　제3절 『굉지록』과 도원선　　　　　　　　　… 455
　　제4절 大休宗珏과 足庵智鑑　　　　　　　　… 502
　　제5절 결말 －남종선의 변모－　　　　　　　… 526

부록 자료편　　　　　　　　　　　　　　　　　… 535

　　[자료 1] 筠州洞山普利禪院傳法記(余靖)　　… 536
　　[자료 2] 雲居山重修眞如禪院碑記(晏殊)　　… 550

[자료 3] 隨州大洪山靈峰寺十方禪院記(張商英)	… 564
[자료 4] 隨州大洪恩禪師塔銘(范域)	… 575
[자료 5] 宋大洪楷禪師塔銘(王彬)	… 586
[자료 6] 宋大洪山淳禪師塔銘(韓韶)	… 598
[자료 7] 宋故焦山長老普証大師塔銘(程俱)	… 609
[자료 8] 鹿門燈禪師塔銘(釋德洪)	… 618
[자료 9] 大洪山遂禪師塔銘(馮檝)	… 630
[자료 10] 大洪山豫禪師塔銘(榮嶷)	… 647
[자료 11] 崇先眞歇了禪師塔銘(釋正覺)	… 658
[자료 12] 明悟大師塔銘(張淵)	… 673
[자료 13] 天童大休禪師塔銘(樓鑰)	… 684
[자료 14] 宗白頭(羅願)	… 692
[자료 15] 瑞巖石窓禪師塔銘(樓鑰)	… 699
[자료 16] 甘泉普濟寺通和尙塔記(釋圓照)	… 712
[자료 17] 張淸縣靈巖寺寶公禪師塔銘(翟炳)	… 716
[자료 18] 雪竇足庵禪師塔銘(樓鑰)	… 724
[자료 19] 宋代禪者의 塔銘·碑銘類 一覽表	… 740
[자료 20] 中國 曹洞宗 略系譜	… 748

·찾아보기	… 750
·간행사 전문	… 772

[일러두기]

⟨원서 일러두기⟩

1. 본문의 한자 표기는 상용한자로 통일하였다. 다만 고유명사 및 인용문 등의 특수한 경우는 이에 한정되지 않는다.
2. 산스크리트어·티베트어·빨리어 등 서구어가 아닌 경우는 로마자표기법을 원칙으로 하였다.
3. 본문에서 연도 표기는 서기로 하였으며, 승려의 示寂(입적) 연월일이 서력의 경우에 이듬해에 해당할 때는 서력기원으로 환산하였다. 예 : 慶元 6년(1200)
4. 외국어 문헌(한문 문헌 포함)에서 인용한 경우는 가능한 한 번역하여 수록하고, 일본어에 의한 논문 등의 경우도 최소한도의 번역을 하였다.
5. 서명·경전명·사본명 등에는 겹낫표(『 』)를 쓰고, 장·편명과 학술잡지에 수록된 논문명은 홑낫표(「 」)를 썼다.
6. 권수·쪽수·연호 등에 해당하는 숫자는 아라비아숫자를 사용하였다.
7. 생략된 기호에 대해서는 본문 및 주석에서도 다음과 같다. 기타에 대해서는 관례에 따르고, 처음 나오는 부분에 표시해 두었다.

大正新脩大藏經	大正藏
大日本校訂縮刷大藏經	縮藏
大日本校訂大藏經	卍藏
大日本續藏經	續藏
大日本佛敎全書	佛全
日本大藏經	日藏
南傳大藏經	南傳藏
印度學佛敎學硏究	印佛硏
日本佛敎學會年報	日佛年報
宗敎硏究	宗敎硏

8. 전거는 위의 약호 및 숫자표기 사항에 기초하여 다음과 같이 표기하였다.
   大正藏45, p.241上(대정신수대장경 제45권 241쪽 상단을 의미한다)
9. 스타인본·페리오본·북경본 등 돈황사본에는 다음과 같이 약호를 사용하였다.

스타인본	S2231
페리오본	P5061
북경본	北, 縮99
대만중앙도서관본	台133

10. 「부록 자료편」의 [자료 1]부터 [자료 18]까지의 탑명류의 주석은 고유명사로 표기하는 것을 원칙으로 하여 특별히 선자의 행장을 명확하게 하려고 하였다.

〈역자 일러두기〉

1. 한국어판의 모든 형식은 가능한 원서의 형식을 따르고자 했다.
2. 주에서 전거나 자료 등의 열거 순서와 형식 등은 모두 원서를 따랐다. 우리 식으로 고쳤을 경우에 자칫 혼동을 초래할 수 있기 때문이다.
3. 원서에서 경전이나 어록 등 문헌 자료를 번역하지 않고 원문만 인용한 부분은 역자가 모두 번역하였다. 그 경우 원문은 각주 처리하였다.
4. 본문에서 'ㅁ'은 원서에서 누락된 글자를 표시한 것이다.
5. 인용문이나 각주에서 홑꺾쇠표(〈 〉) 안의 '+' 표시는 앞의 글자가 첨가되어야 한다는 뜻이고, '−' 표시는 앞의 글자를 삭제해야 한다는 뜻이다. '=' 표시는 앞의 글자와 같은 뜻이라는 의미이다. 또 '+'나 '−' 표시 뒤에 '?' 표시가 있는 경우는 '+'나 '−'이어야 하지 않을까라는 생각이 든다는 뜻이다.

서언(緒言)

본서는 1973년에 「宏智廣錄考」(『駒澤大學佛敎學部硏究紀要』제30호)와 「『攻媿集』에 보이는 선종자료-投子義靑의 법계를 중심으로-」(『東方宗學』제39호)의 소논문을 발표하고, 그 후에 기회가 있을 때마다 정리해 두었던 조동종 관련 논고를 전면적으로 개정하여 송대 조동종을 중심으로 그 교단의 역사와 교리의 전개를 종합적으로 수집한 것이다.

중국 선종사의 연구사에서 柳田聖山 선생의 획기적 대작인 『初期 禪宗史書의 硏究』(法藏館)가 출판된 것은 1967년 5월 1일이다. 그 후 이 저술은 뒤를 이은 연구자들에게 큰 지표가 되었다. 필자는 柳田선생의 책이 출간된 이후 은사인 鎌田茂雄 선생의 소개로 柳田선생을 찾아뵌 이래 몇 차례의 지도와 격려를 받았다.

제1장의 「『경덕전등록』의 역사적 성격-序論을 대신하여-」의 원래 논문은 『대학원연보』에 발표했는데, 이것은 柳田선생의 저서를 모방하고 그로부터 새로운 분야로 응용한 것이었다. 이 저서가 없었다면 본서는 성립되지 못했을 것이다.

중국 선종사 연구를 진행해 가면서 필자는 '宋代'를 선택했지만, 사실 선종사의 흥미를 아는 사람이라면 그 분야를 적극적으로 권장하지 않는 것이 보통이었다. 선사상의 매력은 단연 당대에 있었기 때문이다. 필자도 그 매력은 알고 있었다. 그렇지만 그러한 필자에게 적극적으로 송대 선종사 연구를 권장해 준 것은 鎌田선생이다. 미개척의 분야가 너무나 많다는 것, 그리고 南宗禪으로부터 道元禪으로 轉移·성립하는 과정은 학문적으로 명확하게 해 둘 필요가 있다는 이유 때문이었다.

필자도 일본에 정착된 禪은 어째서 唐代의 선이 아니고 송대의 선이지 않으면 안 되었는가에 대하여 해명하고 싶은 생각을 가지고 있었다. 그것은 대략 중국선과 일본선의 차이를 통해서 중국과 일본의 종교의 차이를 명확하게 하는 것으로 결부된 것이 아닐까 하고 생각했던 것이다. 필자의 염두에는 송대 선종사의 연구를 답습하여 중국인과 일본인의 종교관의 차이를 해명해 보고자 하는 바람이 있었다.

이와 같은 큰 과제를 근저에 두고 본서를 정리하면서, 구체적으로는 이하 네 가지 기본방침을 정하여 논의를 진행시키고자 한다.

첫째, 송대의 선을 명확하게 해 두기 위하여 唐代의 선과 비교 시점을 여러 곳에 집어넣었다. 그렇다면 唐代禪과 宋代禪을 어디에서 구분할 수 있을지가 문제인데, 본서에서는『경덕전등록』에 수록되어 있는 禪者들을 통하여 唐代型의 선으로 간주하기로 하였다.『경덕전등록』은 경덕 원년(1004)에 성립되었는데, 건륭 원년(960) 이후 송대의 내용을 포함하고 있다. 그러나 鈴木哲雄 선생도『唐五代禪宗史』(山喜房佛書林)에서 말하고 있듯이, 사회의 변화가 그대로 선사상의 변화가 아니라 내면의 울림에 상응하여 선사상의 특색이 드러난다는 것은 사회의 변화보다도 약간 늦는다는 것을 인정해야 좋을 것이라고 생각하기 때문이다.『경덕전등록』은 五家의 집대성에 대한 획기적인 책이다. 당대선은 五家禪의 완성이고, 송대선은 五家분파의 盛衰 및 消長이다. 여기에서 당대선과 송대선의 구분이 가능하게 된다. 다만『경덕전등록』에는 당대선의 계승과 송대선의 맹아가 동시에 엿보이기 때문에 제1장에서 섬세한 분석을 시도해 보았다.

또한 『경덕전등록』의 성립을 경계로 지방분권(산악)형의 唐代禪으로부터 중앙집권(도시)형의 송대선으로 이행되었으므로 이 점도 구분의 중요한 요소가 될 것이다. 『경덕전등록』이 성립된 이후 얼마 되지 않아 潭州 神鼎山 洪諲부터 祝聖이 시작된 것은 상징적인 사건이다. 원풍 3년(1080)에 神宗에 의하여 東京의 大相國寺 안에 慧林禪院과 智海禪院이 개창되었고, 원풍 5년에 冀國大長公主와 張敦禮가 法雲禪寺를 건립하여 우선 首都에서부터 국가불교의 本制가 공고해졌다. 그것이 徽宗代의 崇寧寺 觀制度에서 전국적인 규모로 확대되어 남송의 寧宗代에는 사원에 대한 확고한 국가 통제에 의하여 五山制度가 실행되어 갔다. 그와 같은 불교와 국가의 협력체제를 담당하는 사원 기능이 선사상에도 큰 변화를 초래하게 된다. 송대선의 특징이기도 한 선교일치와 삼교일치의 사상은 결국 송대 국가주의와 유교에 대한 영합 및 타협의 선풍으로부터 발생된 것이었다. 棒·喝과 公案이라는 機關의 유행으로 보이는 교외별전 사상도 선교일치사상과 삼교일치사상에 대립되는 점은 있지만 그것은 바로 확고한 사상의 조직화였다. 당대선이 개별적인 종교임에 비하여 송대선은 집단적인 종교로서의 특색을 지니고 있다고 말할 수가 있다. 집단적인 종교는 원리가 先行하여 형식화 및 형해화되는 경향을 지니고 있다.

당대와 송대의 禪者의 차이점을 인정하여, 본서에서는 선자의 호칭으로 일종의 工夫라는 용어를 채용하였다. 당대에는 洞山·雲居·臨濟처럼 산 명칭과 사찰 명칭으로 불렸지만, 송대에는 宏智·眞歇·大慧처럼 賜號 및 道號로 불렸다. 종래보다도 의식적으로 사용했던 것 같다.

둘째, 宋代禪과 道元禪을 비교하여, 특히 중국의 조동종과 사상적인 차이점을 명확하게 하기 위하여 과연 도원선은 黙照禪과 직결되어 있는가 하는 과제를 중심으로 놓고 살펴보았다. 때문에 「중국 조동종과 도원선」이라는 부제를 붙였다.

수증관을 달리하는 看話禪과 도원선이 차이가 있는 것은 명백한 이치이지만, 종래 어떤 의심도 없이 도원선을 묵조선의 흐름 가운데 소속시켜 왔음을 재검토하고, 오히려 도원선은 묵조선에 대한 비판과 초극의 흐름에 있음을 분명히 하였다. 그 결과 토착화된 노장사상의 영향을 받은 중국조동선과 일본의 경우 叡山의 본각사상 비판으로부터 성립된 도원선에는 이질적인 측면이 있음을 인정하고, 그로부터 반대로 묵조선의 성격을 분명하게 하였다.

셋째, 주요한 조동선자가 국가불교의 색채가 짙은 송대선 가운데서 어떤 구체적인 삶의 모습을 보여 주었는지, 그 전기의 서술과 관련하여 동시대를 살아간 사람들의 전기도 포함시켰다.

중국 선종사의 연구는 종래 五家의 분류를 통하여 말하는 경우가 대부분이었다. 이 오가가 편의적인 분류라는 것도 지적되어 왔지만 그것을 대체할 정도의 유효한 분류 내지 정리가 아직까지는 나오지 않고 있다. 본서도 중국 조동종을 중심으로 했기 때문에 소위 수직관계의 師資가 지나치게 강조되다 보니 수평관계의 동시대를 살아간 인물 그 자체가 간과되고 말았다. 그래서 기술의 측면에서도 번잡성을 각오하면서 眞歇淸了와 大慧宗杲의 경우처럼 양자를 결부시켜서 전기를 추구해 보았다. 그럼으로써 종파에 대한 고찰을 가능한 한 줄여 볼 생각이다.

중국선에서 종파는 특히 寺檀制度[1]에 의한 일본의 종파와는 의미가

---

1) [역주]에도시대 막부의 불교정책의 일환으로 추진된 사원의 법도가 재정되었는데, 이후에 더욱더 상세하게 정비되어 本末制度와 寺檀制度가 오늘에 이르고 있다. 寺檀制度는 곧 檀家制度를 가리킨다.

다르기 때문에 일본의 종파관으로 중국선을 바로 보는 것은 중국선종사를 왜곡시키지 않을 수 없다. 이에 수평관계를 강조하여 지역의 특색도 고려의 대상에 포함시켜서 논술하였다.

넷째, 새로운 자료를 많이 소개하여 그 원문을 게재하는 데 노력하였다. 원문을 원칙적으로 활자화한 것은 필자의 경험에서 필요성을 절감했기 때문이다. 송대의 문헌은 방대하여 필자가 연구를 시작했던 무렵에는 東洋文庫, 靜嘉堂文庫, 宮內廳書陵部 및 京都大學 人文科學研究所 등에서 자료를 필사하였다. 근년에 駒澤大學圖書館에도 『四庫全書』 珍本 제1집-제12집, 『百部叢書集成』, 『中國方志叢書』 및 『新修方志叢刊』 등이 완비되었다. 그러나 편리하게 활용할 수 있기는 하지만 정리되어 있는 것이 아니기 때문에 그러한 가운데서 조동종 관계의 것에 대해서만 정리하기로 하였다. 先覺의 뛰어난 연구로는 宇井伯壽 박사의 저술 『第三禪宗史硏究』(岩波書店)가 있다. 본서는 근년에 저술된 송대 연구의 성과인 까닭에 『第三禪宗史硏究』에는 수록되지 않았던 새로운 자료를 소개할 수가 있었다.

또한 활용했던 새로운 자료에 대해서는 가능한 한 교정을 가하는 데 노력하였고, 동일한 자료라도 가능한 한 善本을 활용하기로 하였다. 宋板 四部叢刊本의 『경덕전등록』을 활용한 것도 그런 의미를 지니고 있다. 그러나 사부총간본에도 일부는 뒤섞여 있는데 그 가운데는 중복이 엿보이는 곳도 있어서 최상의 善本은 아니지만 不明의 문자가 교정된 사부총간본의 편리한 점은 본문에 표시해 두었다. 大分縣의 泉福寺 소장의 송판 『宏智錄』을 소개하고 이용한 것도 그 때문이다.

이상 네 가지의 입장을 기본으로 하여 논의를 진행해 갔지만 최근에는 중국의 현지 보고도 많이 있기 때문에 그것도 중국 선종사의 연구에 가미할 시기가 다가오고 있다.

1979년 3월에 제1회 駒澤大學 중국불교사적참관단이 결성된 이래로 매년 현지 조사를 거듭하고 있다. 필자도 도합 7회에 걸쳐 중국을 방문하였다. 洞門祖師의 佛蹟參觀을 목적으로 하는 駒澤大學 訪中團에서 매회 간행된 보고에 의하여 본서는 유익한 시사를 받았다. 가령 靑原山(安吉), 藥山(醴縣), 道吾山(溜陽), 百丈山(奉新), 石霜山(溜陽), 洞山(宜豊), 雲居山(永修), 曹山(宜黃), 鳳棲山(永修), 大陽山(京山), 浮山(樅陽), 白雲山(太湖), 投子山(桐城), 鹿門山(襄陽), 江心山(溫州), 長蘆寺(南京), 大梅山(寧波) 등에 대한 현재 상황의 조사 및 보고였다. 금후로 이와 같은 보고는 더욱더 정밀하게 연구될 것이라고 생각한다.

본서는 작년(1986) 정월 15일에 각필되었지만, 후에 1981년도의 논문을 보필하였다. 최근에 필자 주변의 가장 친한 벗들 가운데서 불교연구에 중요한 제언이 이루어진 것에 큰 자극을 받고 있다. 그 하나는 吉津宜英 교수의 『화엄선의 사상사적 연구』(大東出版社)에 의한 규봉종밀의 本來成佛論의 비판적 연구이다. 종밀에 대한 비판적 연구는 선종사 연구에서 중요한 과제이다.

다른 하나는 袴谷憲昭 교수의 「도원 이해의 결정적 시점」(『종교연구』 제28호)에서 도원이 본각사상을 전면적으로 부정했다는 주장이다. 또한 松本史朗 강사의 「여래장사상은 불교가 아니다」(『印佛硏』 제35권 제1호)의 제언이다. 袴谷 및 松本의 주장은 극언하자면 '중국선은 불교(反우파니샤드)가 아니다'라는 것으로 낙착된다. 언뜻 기이하게 여겨지는 이런 결론도 '토착화된 노장사상은 불교가 아니다'라는 자명한 도리와 공통된다. 금후로 필자가 중국선의 성격을 해명해 가는 입장에서 귀중한 제언이 된다는 것은 틀림없을 것이다.

筑前若宮의 西照山 圓福寺에서 태어난 인연으로 선의 원류를 찾는 연구를 시작했지만 수위 중국문학·동양사·중국철학 등의 기초 지식이 충분하지 않는 필자에게 誤讀은 가장 두려운 것이었다 그것은 오로지 미숙한 소치로서 금후의 과제로 삼고자 한다.

  본서가 성립하는 데 古田紹欽, 鏡島元隆, 柳田聖山, 鎌田茂雄 등의 선생들에게 공식적·개인적으로 지도를 받은 것에 대하여 우선 심심한 감사를 드리고 싶다. 또한 1981년 및 1982년도에는 京都大學 人文大學 硏究所의 柳田聖山 선생을 지도교수로 하여 駒澤大學의 재외연구원의 생활을 하는 동시에 入矢義高 선생에게 친히 지도를 받은 것은 행운이었다. 더욱이 愛知學園大學의 鈴木哲雄 선생, 駒澤大學에서는 平井俊榮 및 田中良昭 선생을 비롯하여 선배와 동료의 모든 선생들에게 지도와 편달을 받은 것에 대하여 깊이 감사를 드린다.

  또한 권두 사진의 허가 및 제공에 협력해 준 曹洞宗 宗學硏究所 연구원 佐佐木章格 씨, 東福寺의 문화청 주임 문화재 조사관인 渡辺明義 씨, 金澤文庫 주임학예원 高橋秀榮 씨, 水口山林場 및 駒澤大學圖書館에도 감사를 드린다. 校正에 대해서는 종학연구소 연구원 佐藤秀孝 씨, 대학원 박사과정 小川隆 씨, 대학원 석사과정 飯塚大展 씨, 색인의 작성에 대해서는 종학연구소 연구원 石井淸純 씨, 대학원 박사과정 尾崎正善 씨 등에게 도움을 받았고, 大東出版社 편집부 松浦可一 씨 및 宇衛康弘 씨에게도 많은 수고를 끼쳤다. 여기에서 한 사람 한 사람에게 감사를 드린다. 마지막으로, 오늘까지 학업을 이어갈 수 있도록 도와 주신 부모님과 가족에게 감사의 마음을 전한다.

            1987년 부처님 오신날에 이즈미노의 寓居에서 저자 쓰다

역자 서문

저자 이시이 슈도(石井修道) 선생의 『송대 선종사 연구』는 중국 조동종의 역사와 사상을 중심으로 하고, 기타 송대 선종의 전반적인 모습에 대하여 고찰한 책이다. 본 책에서 송대 조동종의 교단과 굉지정각을 중심으로 한 묵조선의 모습에 대하여 고찰한 점은 조동종에서 출현한 묵조선의 수행과 사상에 대하여 이해하는 데 많은 도움을 주고 있다. 중국의 선종에서 당과 오대의 선법이 송대로 계승 및 발전되는 과정을 살펴보는 것은 한국선을 이해하는 데에도 대단히 중요하다. 왜냐하면 한국선은 항상 중국선과 교섭하면서 전승되었고 또한 그 영향을 받아왔는데, 선수행의 경우에 송대 선종의 영향력을 더욱더 컸기 때문이다.

현재 한국불교에서 조동종의 세력은 미미할 뿐만 아니라 묵조선의 수행과 사상에 대해서도 그 이해가 빈약할 뿐만 아니라 상당 부분 오해로 점철되어 있다. 이러한 상황에서 『송대 선종사 연구』는 일정 부분 그와 같은 측면을 불식시켜 주는 데 도움이 될 것이다.

『송대 선종사 연구』는 내가 대학원 석사 및 박사과정에서 선종의 역사와 문화, 수행과 사상에 대해 연구할 때 여러 가지 측면에서 참고했던 책이다. 이때부터 이 책은 항상 내 곁에 있었다. 성법 스님과 윤창화 선생님의 원력으로 민족사에서 세존학술총서가 발간되면서, 이 책을 번역할 수 있는 인연이 도래한 것에 깊이 감사드린다. 아울러 민족사 편집부의 여러 선생님들의 노고에도 감사드린다.

2018년 2월 역자

제1장 『경덕전등록』의 역사적 성격
-서론을 대신하여-

제1절 『大宋高僧傳』에서 『大明高僧傳』으로
-10科의 붕괴와 고승전의 단절-

북송 말에 활약했던 임제종 황룡파의 禪者로서 覺範慧洪(1071~1128)이 있다.[1] 각범은 그가 저술한 『林間錄』 권상에서 贊寧(919~1001) 등이 찬술한 『大宋高僧傳』을 비판하여 다음과 같이 말한다.

> 찬영은 『대송고승전』을 찬술하고 十科로 분류하여 義解의 학자를 수록하고 있는데 참으로 우스운 것이다. 게다가 巖頭全豁선사를 「苦行篇」에, 智覺延壽선사를 「興福篇」에 분류하고 있다(이것도 괴이하다). 더욱이 雲門文偃 대사는 고승 가운데 고승으로서 그들과 동시대의

---

1) 본 장은 졸고, 「『경덕전등록』의 역사적 성격 (상)·(하)」(『駒澤大學大學院佛教學研究會年報』 제4·제5호, 1970년 3월·1971년 6월)에 기초하여 전면적으로 고쳐 쓴 것이다. 또한 覺範德洪의 전기에 대해서는 阿部肇一, 「北宋의 學僧 德洪覺範에 대하여」(『駒澤史學』 제24호, 1977년 3월) 및 西脇常記, 「慧洪研究序說-寂音自序를 중심으로-」(堀川哲男 編, 『10세기 이후 20세기 초에 이르기까지 중국사회의 권력구조에 관한 총합적 연구』(연구성과보고서) 수록, 京都大學 교양부 역사학연구실 내 堀川哲雄, 1985년 3월)가 있다. 각범이 『宋傳』에 대한 비판으로 찬술한 것 가운데 하나로서 『禪林僧寶傳』 30권이 있는데, 이것은 京都大學 인문과학연구소 柳田聖山 敎授班에서 1985년도에 윤독을 마친 것이 있다. 필자도 1981년 및 1982년도에 참가할 수가 있었다.

사람인데도 끝내 수록하지 않고 있는 것은 어쩐 일인가.[2]

십과란 譯經·義解·習禪·明律·護法·感通·遺身·讀誦·興福·雜科聲德으로 遺身을 苦行이라고도 한다. 더욱이 보리달마를 『속고승전』 권16의 「習禪篇」에 수록하고 있는 것에 대해서도 다음과 같이 비판하고 있다.

보리달마는 처음에 양나라로부터 북위로 갔는데, 숭산 아래를 왕래하여 소림사에 머물면서 벽을 향해 결가부좌의 좌선만 할 뿐이었다. 선정에 의하여 깨치려고 한 것이 아니었다. 그러나 오랫동안 사람들은 그 이유를 모르고 달마는 선정을 하여 깨치려 한다고 생각하였다. 대체로 선정수행은 많은 수행(가령 육바라밀) 중에 하나로서 성인을 하나에만 묶어둘 수는 없었다. 그러나 당시 사람으로서 『고승전』을 기록한 이는 달마를 「習禪篇」에 수록하여 灰身滅智를 얻으려는 고행자의 부류로 취급하였다. 성인은 선정에만 머물러 있는 것은 아니지만 그렇다고 해서 선정과 어긋나는 것도 아니라는 것은 마치 음양에서 나왔지만 음양과 다르지 않다는 것과 마찬가지다.[3]

각범의 찬영 비판은 이런 것만이 아니지만,[4] 이러한 것들이 무엇을

---

2) "贊寧作大宋高僧傳, 用十科為品流, 以義學冠之, 已可笑. 又列嵩頭豁禪師為苦行, 智覺壽禪師為興福. 雲門大師, 僧中王也, 與之同時, 竟不載, 何也."(國立國會圖書館所藏五山版-5丁右) ; (卍續藏87, p.246中).
3) "菩提達磨, 初自梁之魏, 經行於嵩山之下, 倚杖於少林, 面壁燕坐而已. 非習禪也. 久之人莫測其故, 因以達磨為習禪. 夫禪那諸行之一耳. 何足以盡聖人. 而當時之人, 以之為史者, 又從而傳茲習禪之列, 使與枯木死灰之徒為伍. 雖然聖人非止於禪那, 而亦不違禪那, 如易出乎陰陽, 而亦不違乎陰陽."(同書-10丁左) ; (卍續藏87, p.247下-上).
4) 牧田諦亮, 「贊寧과 그 時代」(『中國佛教史研究第二』 수록, 大東出版社, 1984년 11월) 또한 이 달마전은 도원의 「行持」에 인용되어 도원의 종파 비판의 근거가 되어 있어서 유포본 『普勸坐禪儀』의 '소위 좌선은 習禪이 아니다. 오직 그것은 대안락의 법문이고, 보리를 궁구하는 수증이다.'라는 말은 道元禪의 좌표가 되었다. 인용의 문제에 대해서는 鏡島元隆, 『道元禪師와 引用經典·語錄의 硏究』(木

의미하는지 선종사의 문제와 관련하여 생각해 보려고 한다. 각범의 시대에는 달마선이 선종교단으로 독립되어 큰 세력을 지니고 있었고, 나아가서 종파가 상호 반목하기도 하면서 이미 法眼文益(885~958)이 취했던 오가(위앙종·조동종·임제종·운문종·법안종)의 세력[5] 균형이 붕괴되어 위앙종과 법안종의 두 종파는 그림자도 형체도 사라져 가고 있었다.[6] 각범이 비판한 시점에서는 확실히 『대송고승전』(이하 『송전』이라 약칭한다) 十科의 분류방법의 단점 및 점차 세력을 지니게 된 법안종과 운문종의 동향[7]을 간과했다는 점을 지적할 수가 있을 것이다. 그러나 『송전』이 후대에 각범에 의하여 비판되었다는 측면이야말로 자료로서 흥미로운 문제를 많이 포함하고 있어서, 한편으로는 당시의 신선한 동향이 소박한 형태로 남아 있었음을 읽어낼 수가 있다. 또한 찬영의 찬술태도에 대해서는 아래에서도 언급하고 있듯이 雲門文偃(864~949)을 의도적으로 무시해 버린 경향도 엿볼 수가 있다. 먼저 高僧傳四集[8]

耳社, 1974년 7월 제2판), 水野彌穗子, 「寶慶記」(『道元の著作』 수록, 春秋社, 제4장 제3절)를 참조하였다.
5) 五家라는 호칭은 법안문익이 저술한 『宗門十規論』의 「對答不關時節兼無宗眼」에서 「曹洞則鼓唱爲用, 臨濟則互換爲機, 韶陽則函蓋截流, 潙仰則方圓黙契」(續藏 2-15-5 〈통권110〉·440右上〉 ; (卍續藏63, p.37下)라고 하여 自宗의 법안을 더한 것이 初出로 전해져 있다. 이 텍스트는 古寫本 등이 없고, 중국의 전승도 많지 않아서 금후의 연구과제이다.
6) 동시대에 周葵(1098~1174)가 찬술한 『宏智禪師妙光塔碑』(1158년 2월 무렵 성립)에는 "오늘날 위앙과 법안의 두 종파는 中絶되었다."는 기록이 있다. 제4장 제1절 참조.
7) 佛日契嵩(1007~1072)은 그의 저술 『傳法正宗記』 권8에서는 "운문종·임제종·법안종 등 삼가의 무리는 지금도 더욱 번성하고 있다. 그러나 위앙종은 이미 없어지고 말았다."(大正藏51, p.763下)고 서술하여, 법안종이 북송시대에도 번성하고 있었음을 전하고 있다.
8) 『大明高僧傳』을 高僧傳四集이라고도 하는데, 그것을 계승하여 補正한 것이 喩謙居士 등이 편집한 『新續高僧傳四集』으로서 민국 12년(1923)에 성립되었다. 그로부터 「고승전사집」이라는 명칭이 정착되었다. 일반적으로는 梁·唐·宋·明의 四朝高僧傳이라 불리고 있다.

으로서 『송전』 이전에는 梁의 慧皎(497~554)가 찬술한 『高僧傳』과 唐 道宣(596~667)이 찬술한 『續高僧傳』이 있고, 이후에는 如惺이 찬술한 『大明高僧傳』이 언급되고 있다. 네 가지의 고승전은 각각의 시대를 구분하여 서로 보완해 가면서 중국의 양·당·송·명의 고승전을 대체적으로 망라하고 있어서 『대명고승전』이 성립된 만력 45년(1617)까지 그 傳을 수록하고 있다. 달마선의 성립으로부터 조감해 보면 『속고승전』은 四祖 道信(580~651)까지 수록하였고, 『송전』은 오가가 성립되던 當初의 무렵까지 그 傳을 거의 망라하고 있다. 특히 『속고승전』은 貞觀 19년(645)에 성립된 이후로 찬술자 도선이 입적한 乾封 2년(667) 10월 3일까지 보필이 계속되고 있어서 그 보필 기간이었던 초기 선종 교단의 맹아 및 『송전』이 성립된 端拱 원년(988)에 기재된 것에 근거하여 이미 확립되었던 선종 교단의 동향 사이에는 놀랄 정도로 선종의 발전이 있어서 갖가지 문제가 근대 연구자들에 의하여 검토되고 있다.[9]

그런데 『송전』의 성립으로부터 『대명고승전』의 성립까지 600년 이상에 걸친 그 사이에 高僧傳四集이라고 하나로 정리되어 불릴 수 없을 정도의 변화가 그 찬술에 나타나고 있다.

위에서 서술했던 十科에 대해서 보자면 『고승전』·『속고승전』·『송전』의 세 가지 고승전은 모두 고승을 십과로 분류하였다. 다만 『고승전』과 다른 두 傳의 神異와 感通, 亡身과 遺身, 誦經과 讀誦은 같은 것이라고 생각해도 좋겠지만, 『고승전』의 經師 및 唱導, 『속고승전』과 『송전』의 護

---

9) 柳田聖山, 『初期禪宗史書の硏究』(法藏館. 1967년 5월)의 「제1장 문제의 소재」가 참조된다. 본서는 이 저술로부터 燈史의 성격과 그 개념규정을 포함하여 많은 점에서 유익한 시사를 받았음을 特記해 둔다. 또한 이 문제의 선구적인 논문으로 水野弘元, 「선종성립 이전의 중국 선정사상사 서설」(『駒澤大學硏究紀要』 제15호, 1959년 3월)이 있다.

法 및 雜科聲德의 篇은 약간 분류가 달라져 있다. 그러나 달마선에 관하여 말하자면 『속고승전』과 『송전』의 분류는 완전히 동일하다. 그런데 『대명고승전』이 되면 십과는 譯經과 義解와 習禪의 세 篇으로 정리되어 있는데, 역경의 경우 正傳으로는 겨우 沙囉巴(1259~1314) 한 사람만 기록되어 있다. 『대명고승전』의 구성을 보면 本傳이 112인으로, 그 내역을 보면 송대 72인, 원대 22인, 명대 18인이고, 付傳이 96인데 그 분류는 역경 3인, 의해 81인, 습선 79인이다.[10]

이 결과에서 보이듯이 『대명고승전』에서는 고승전류의 십과의 분류는 완전히 붕괴되어 있어 종래의 세 가지 고승전과 비교하는 것은 전혀 불가능하게 되었다. 그리고 처음 부분에서 인용한 각범의 비판에서도 엿볼 수 있듯이 『송전』에도 십과가 붕괴되는 맹아가 이미 드러나기 시작하고 있다고 말할 수가 있다.

또 하나 『대명고승전』이 그 밖의 세 가지 고승전류와 다른 점이 있다. 그것은 『송전』 성립 이후의 고승을 망라하여 취하지 않고 있어서 『송전』과 『대명고승전』 사이에는 완전한 시간적 단절이 있다는 점이다.

『대명고승전』은 「습선편」으로 말하자면 圓機道旻(1047~1114), 宏智正覺(1091~1157), 大慧宗杲(1089~1163), 虎丘紹隆(1077~1136), 佛智端裕(1085~1150), 此庵景元(1094~1146), 文殊心道(1058~1129), 龍牙智才(1067~1138), 竹庵士珪(1083~1146), 雲居善悟(1074~1132), 牧庵法忠(1084~1149), 昭慶法寧(1081~1156), 雪堂行道(1089~1151), 佛燈守珣(1079~1134), 華嚴祖覺(1087~1150) 등 12세기에 활약한 선자의 傳이 최초로 찬술되어 있다. 여기에는 『송전』의 완성시기부터 100

---

10) 野上俊靜, 「大明高僧傳解題」(『國譯一切經 和漢撰述 81』 수록, 大東出版社, 1967년 2월)에 의한다.

년 이상의 공백기가 존재한다. 『송전』의 최후에 수록되어 있는 선자로 밀하자면 남악 문하는 6세까지이고, 청원 문하는 10세에 해당하는 天台文輦(895~978), 永明延壽(904~975), 報恩永安(911~974) 등이 해당된다. 『송전』의 성립은 988년이므로 당시의 거의 모든 선자를 수록하고 있다고 말할 수 있다. 「의해편」과 관련해서도 螺溪義寂(919~987), 崇福繼倫(919~969), 廣愛普勝(917~979), 慈光晤恩(912~986), 天清傳章(910~964) 등 동시대 사람이 수록되어 있다. 결국 「습선편」에 한정하자면 永明道潛(?~961), 圓通緣德, 天台德韶(891~972) 등이 가장 새로운 인물로서 찬영 시대 선종의 동향을 전해 주고 있다.

이와 같이 보자면 『대명고승전』은 세력을 확대해 가고 있던 법안종과 운문종에 대하여 기술하고 있지 않을 뿐인지 모르겠지만, 임제종의 동향에 대해서도 취하지 않고 黃龍派와 楊岐派에 대해서도 언급하지 않은 채 끝마치고 있다. 게다가 『고승전』, 『속고승전』, 『송전』의 경우에 塔銘類에 기초하면서 기술하고 있던 전기의 성격이 『대명고승전』의 「습선편」에서는 선종 교단 독자의 燈史類와 경향을 같이하는 기술도 나타나기에 이르렀던 것이다.[11]

『대명고승전』은 고승전 가운데 그 네 번째의 역할을 하지 못하고 있어서 고승에 대한 傳이 일단 단절되었다고 말해도 좋을 것이다. 오히려 『송전』을 보완해서 기술방법의 전통을 계승한 것은 崇禎 17년(1644)의 洗松道者 周永年(1528~1647)의 「序文」 등이 붙은 汰如明河[12](1588~1641)가 찬술한 『補續高僧傳』이다. 다만 이것도 완전하게 망라하고 있

---

11) 「습선편」의 대부분은 高僧傳이라기보다는 燈史類에 가깝다. 권5의 法泰와 雲弁, 권6의 彌光과 道顔 등은 문답뿐이라고 말해야 좋을 정도로, 付傳은 물론 本傳도 거의 같은 경향에 놓여 있다.
12) 錢謙益이 찬술한 「汰如法師塔銘」(『牧齊初學集』 권69 수록)이 있다.

는 것이 아니라서 대혜종고 및 굉지정각과 같이 유명한 고승이 오히려 생략되어 있다.

그런데 거기에는 지금까지 서술해 온 십과의 붕괴와 고승전의 단절이 어째서 일어나게 된 것일까.

십과의 붕괴는 會昌破佛(842~846)을 계기로 하는 실천불교의 대두로부터 종래 불교 교단의 양상과는 완전히 일변한 것에서 기인한다. 그 실천불교의 가장 큰 세력이야말로 선종 교단이었다. 결국 선종의 발전과 전개는 중국불교의 역사 가운데서 이를테면 새로운 종교 운동이었다. 이 선종 교단의 동향을 선종의 내부에서 기록하여 전승했던 것이 燈史라 불리는 선종의 역사서로서 신앙의 책에 해당한다.[13] 등사는 불교를 개창한 석가모니불의 가르침이 바로 어떻게 조사로부터 조사에게로 전해졌는가를 설명하려고 한 것이다.

貞元 17년(801)에 성립된 『寶林傳』[14]은 그 이전에 존재했던 갖가지 법통설을 西天二十八祖, 東土六代說로 하여 傳法偈를 근거로 확립시켰다.[15] 이 설의 출현은 그 이후 선종의 법통설을 결정적인 것으로 만들었다. 『보림전』을 계승하여 성립된 등사의 하나로서 『경덕전등록』 30권이 있는데, 景德 원년(1004)에 찬술된 것이다. 『경덕전등록』(이하 『전등록』으로 약칭하고, 텍스트는 松版의 四部叢刊本을 활용한다. 柳田聖山 主

---

13) 柳田聖山, 「燈史의 系譜」(『日本佛教學會年報』 제19호, 1954년 4월) 및 주석 7)의 전게서.
14) 柳田聖山, 「『보림전』의 성립과 조사선의 완성」(전게서 수록). 최근의 연구로서 椎名宏雄, 「『보림전』 逸文의 연구」(『駒澤大學佛教學部論集』 제11호, 1980년 11월)가 있어서 역주가 진행되고 있다.
15) 水野弘元 「전법게의 성립에 대하여」(『宗學硏究』 제2호, 1960년 1월)가 있다. 필자도 졸고, 「전법게의 성립 배경에 관한 일 고찰」(『宗學硏究』 제22호, 1980년 3월) 및 「전법게」(『敦煌佛典と禪』 수록, 大東出版社, 1980년 11월)에서 언급한 것이 있다.

編『禪學叢書之六』에도 수록되어 있다. 中文出版社, 1976년 2월)은 선종 교단의 성립 이후 선종 측의 기록으로, 그 이래로 찬술된 燈史類의 최초의 것인데, 송대에는 여러 가지가 등장한다. 소위『전등록』을 포함하여『天聖廣燈錄』・『建中靖國續燈錄』・『宗門聯燈會要』・『嘉泰普燈錄』의 五燈이다. 이『전등록』의 성립은 마치 십과의 붕괴에 대항하려는 것처럼 그런 방향으로 더욱더 진척되어 고승전을 보완하는 기록이 됨으로써 마침내 그것을 대신하는 역할을 담당하게 된 것이다. 후에『전등록』등의 영향을 받아서 천태종에서도 宗鑑이 찬술한『釋門正統』8권의 기전체 불교사서가 성립되었다. 여기에서 고승전의 단절이 일어난 원인이 발생된 것이다.

　『속고승전』을 찬술한 도선도, 그리고『송전』을 찬술한 찬영도 계율을 배우고 실천한 인물이다. 고승의 전기가 십과로 분류되어 모든 분야의「고승」을 취하여 가치평가가 가능했던 하나는 계율을 중시한 인물에 의한 찬술이었음도 간과해서는 안 될 것이다. 그것이 전술한 바와 같이 변하였던 것이다. 그 변화의 사정을 말해 주고 있는 것이『전등록』으로서『전등록』그 자체가 고승전을 대체하게 되었다. 여기에서『전등록』이 지니고 있는 중국불교의 역사에 보이는 독자적인 성격의 일단을 볼 수가 있을 것이다.

제2절 『佛祖同參集』과 『경덕전등록』

『경덕전등록』의 개설에서 뛰어난 점은[1] 陳垣 씨의 『中國佛敎史籍槪論』(中華書局出版, 1955년 12월)에서 저자와 판본과 찬자의 문제 등이 대단히 간결하게 정리되어 있다. 이하에서 그것을 참고로 하여 섬세한 문제를 검토해 나가겠지만 진원 씨가 전혀 언급하지 않았던 과제에 「서문」의 문제가 있다. 『전등록』에는 "翰林學士·朝散大夫·行左司諫·知制誥·同修國史·判史館事·柱國·南陽郡開國侯·食邑一千百戶·賜紫金魚袋"라는 긴 직함을 지닌 楊億(974~1020)의 「경덕전등록서」가 붙어 있다는 것은 알려져 있지만,[2] 그의 문집인 『武夷新集』(1007년 自序) 권7에는 「佛祖同參集序」가 있어서,[3] 『전등록』의 성립에 흥미로운 문제를 던져 주고 있다.

두 가지 「序」의 전체 낱말의 수는 변화가 없지만 어구의 동이는 꽤 많이 보인다. 『전등록』 「서」의 내용을 다섯 단락으로 나누고 우선 번역하여 소개해 두기로 한다(두 가지 원문은 주 4) 참조).

---

1) 본 절은 졸고, 「景德傳燈錄序를 둘러싼 제문제」(『불교학』 제17호, 1984년 4월)에서 발표한 것에 기초하여 정리한 것이다.
2) 景祐 원년(1034) 王隨, 「傳燈玉英集後序」(柳田聖山 主編 「禪學叢書之五」 수록, 中文出版社, 1975년 6월) p.337 이하 및 각범혜홍, 「答郭公問傳燈義」(『石門文字禪』 권24, 四部叢刊·22丁左) 등에 관련 기록이 보인다.
3) 椎名宏雄, 「朝鮮版 『景德傳燈錄』에 대하여」(『駒澤大學佛敎學部論集』 제7호, 1976년 10월)에서 처음으로 소개된 것이다. 필자도 졸고 「宋代禪籍逸書序跋考」(『駒澤大學佛敎學部論集』 제8호, 1977년 10월)에서 언급한 적이 있다. 각범은 『임간록』 권상에서 「佛祖同源集序」(전게서-45丁右)라는 명칭을 인용하고 있다.

(1) 옛날 석가모니불은 연등불의 처소에서 미래의 예언을 받고 현재 주겁의 네 번째 부처가 되어 이 세상에 나타나서 중생을 구제한 것이 49년 동안이었다. 權과 實, 頓과 漸의 이문을 열고, 半과 滿, 偏과 圓의 이교를 설하였다. 중생은 근기에 따라서 진리를 깨치기 때문에 여기에서 삼승이라는 가르침의 구별이 생겨났다. 중생의 미혹을 구제한 것은 헤아릴 수가 없다. 그 자비에 의한 구원은 광대하고, 그 방법은 모두 갖추어져 있다. 마침내 사라쌍수의 숲에서 입멸하려고 하였는데 단지 마하가섭에게만 정법을 전승하였다. 그 증거의 가사는 대대로 전승되어 중국의 초조인 달마에 이르렀다. 문제에 의하지 않고 심원을 직접적으로 가리켰으며 단계를 거치지 않고 이미 부처의 경지에 도달하는 가르침이었다. 달마로부터 다섯 번 전승되어 혜능에 이르러 크게 번성하였는데 천 개의 등불로 나뉘어져 더욱더 번영하였다. 깨침을 얻은 사람이 많이 배출되고, 교화설법한 사람도 한 사람에 그치지 않았다. 결국 석존이 내려 준 가르침인 正法眼이 유통된 길은 경전과는 달리 행해져서 思議로 미치지 못하는 것이 되었다.

(2) 송대를 만나서는 황제의 비호를 받았다. 태조는 뛰어난 武德으로 세상을 다스렸고, 사원을 숭배하여 승려가 출가하는 길을 열었다. 태종은 재계하고 깊이 도리에 밝아서 弁道를 발휘하여 깊은 도리를 설하고 眞實諦를 서술하였다. 今上인 진종황제는 文德으로 황실의 의지를 이어서 『聖敎序』를 지어서 근본의 가르침을 궁구하였다. 雲章은 천국을 빛냈고, 金聲은 정토를 진작하여 불국토의 말씀을 친히 말하고 부처님의 뜻을 충분히 연창하였다. 그 덕택으로 많은 善을 행하는 사람이 더욱더 증가하였고, 깨침을 전승하는 사람이 종종 출현하였다. 이에 원돈의 가르침이 중국의 전국토로 확대되었다.

(3) 東吳의 승려 道原이라는 사람은 마음을 선정세계에 두고서 깊이 空宗에서 도리를 추구하여 누대에 걸친 불조의 계보를 열람하고 제방의 어록을 모아서 그 근원으로부터 분파를 순서에 따라서 밝히고 그 언구를 착종하여 편집하였다. 과거칠불로부터 대법안문익의 법

사에 이르기까지 무릇 52세 1701명을 수록하여 30권으로 만들어 『경덕전등록』이라 제명하였다.

(4) 궁정에 나아가 奏上하여 유포시킬 것을 희망하였다. 황제는 불법의 외호자였기 때문에 불자로서 권유받은 임무에 대하여 기뻐하였다. 이에 몇 차례나 생각을 거듭해서 미래까지 영원하도록 마음을 내었다. 그래서 한림학사·좌사간·지제고의 신하 양억, 병부원외랑·지제고의 신하 이유, 太常丞의 신하 왕서 등에게 조칙으로 모두에게 나쁜 글을 삭제하여 좋은 글로 결정하도록 명령을 내렸다. 저희들은 계·정·혜의 삼학 등에도 통하지 못하고, 五性 가운데 성불할 수 없는 사람들로서 미혹하며, 임천의 謝靈運과 같이 번역의 능력도 없고, 유마거사와 같이 비야리성의 설법과 침묵의 요령도 모른다. 그렇지만 공손하게 엄명을 받들게 된 것은 굳이 거절해야 할 수도 없어서 은근히 위험을 무릅썼지만 마음을 추스를 겨를도 없었다. 찬술의 의도를 생각해 보면 필시 진공을 근본으로 삼고 있을 것이다. 그래서 옛날 성인들의 깨침의 인연을 서술하고, 옛날 사람들의 이치에 계합된 설을 표방하고 있다. 기연은 서로 격하게 부딪쳐서 화살 끝과 칼끝이 부딪치는 것과 같고, 또한 지혜의 창고에서 광명을 내며, 채찍의 그림자를 더욱 진하게 만들어 가게 한다. 후학을 끌어들여 깊은 도를 펼쳐 준다. 그런데 주워 모은 것을 선별해 보면 찌꺼기도 많지만 그 가운데서 훌륭한 것을 찾아내지 않으면 안 된다. 우선 大士 석존이 제자에게 보여 주기 위한 하나의 말씀을 설하면 사람들이 경청하고 거기로부터 천 명의 성인이 증명해 준다. 대강을 들어서 늘어놓고 그것을 참고로 하여 조금만 취해 보아도 잘 알 수가 있다. 그러나 만약 다시 윤색을 가한다면 그 指歸를 상실하고 말 것이다. 중국과 인도의 언어의 차이를 무시한다면 쓸데없이 문양을 조각하여 보배를 망쳐 버리고 말 것이다. 이와 같은 사례는 모두 『旧錄』의 모습 그대로 두었다. 하물며 事에 대하여 진실의 기록을 돕는 것에는 반드시 교묘하게 서술할 필요는 없다. 언어를 먼 나라 혹은 후세에 전승하는 데에는 아름답게

정리한 문장에 의하지 않으면 안 된다. 원래 사물의 인연을 드러내 기록하여 그 궤적을 자세하게 서술하는 데에는, 혹은 화제의 차제가 뒤섞인 것과 혹은 언어의 표현이 저속한 것은 모두 삭제하고 논지를 명쾌하게 만들었다. 儒臣과 居士의 문답이라든가, 벼슬과 성씨가 분명한 사람이 있으면 歲歷을 비교하여 잘못이 史籍에 뒤섞여 있는 오류는 모두 제거하고 진실을 전승하려고 하였다. 堤婆는 바늘을 던져 현묘한 지취를 열었고, 치열하게 번뜩이는 번개의 신속한 對機를 보였으며, 묘명의 진심을 개시하고, 苦와 空의 깊은 이치를 서술하지 않는 것은 도대체 무엇으로 傳燈의 비유에 계합되어 눈의 얇은 꺼풀을 벗겨 주는 공을 베풀 수 있겠는가. 만약 스승과 제자가 감응한 徵符만을 서술하고 다만 참학하고 유행한 궤칙만을 기록한 것이라면 이미 『고승전』이 드러내 주었고, 또한 『선원제전집』으로도 충분하다. 이 저술은 단지 世系의 이름을 언급하는 것만으로도 師承의 출현을 기억하기를 바랐다. 그러므로 『구록』의 기재에서 만약 조잡한 것을 줍고 정교한 것을 버린 경우에 그것을 『別集』에 상세하게 기록해 둔다면 그것을 보고 결락된 것을 보완하지 않을 수 없을 것이다. 대체적으로 이와 같이 채취하고 덧붙여서 완성한 것이다. 서론에 대해서도 혹 古德의 글이 아니라 잡스럽게 쓰여진 것이 혼재되어 있어서 헛되이 분량만 늘어난 경우에도 또한 간별하여 대부분 누락시켰다. 거의 일 년에 걸쳐서 비로소 편집을 마칠 수가 있었다.

(5) 저희들은 성정과 의식이 사물의 도리에 어두워 창피하고, 학문은 섭렵했다고 해도 부끄럽다. 무엇보다 천성도 미천하고 문장력도 부족하다. 그러나 妙道는 사람에게 있어서 사심을 버리는 것만으로도 영원을 지내고, 현묘한 언어는 속세를 단절해 있어서 담장만으로도 아득해진다. 이에 함부로 등용을 받은 몸이면서도 능력을 발휘하여 효과를 드러내지 못하고 그 단서로만 끝나 버렸지만, 정중하게 천자의 여가에 바치는 바이다. 그러나 천자의 어심에 도움이 되지 못하고 헛되이 천자께서 열람하시는 것에 누를 끼치는 것일 뿐이다. 삼가

바친다.[4]

4) 두 가지「序」의 원문을 비교하여 대조하면 다음과 같다.
「佛祖同參集序」
昔如來于然燈佛所, 親蒙記莂, 實無少法可得, 是號大覺能仁. 旣而後智滋興, 悲心顯發, 念四生之沈溺, 輪廻六趣之中, 爲一事之因緣, 出現五濁之世. 奈何根器各異, 機感有殊, 諡是開三乘權實之門, 設一時頓漸之敎, 具偏圓半滿之義, 分悟証伏斷之差. 演之爲十二部經, 廣之爲百千萬頌, 隨流各解, 始雖自於一音, 達本忘言, 終乃同於二月. 故純陀末供養之後, 鶴林示滅之辰, 以正法眼, 付大迦葉. 內傳眞印, 外授信義, 作忮導師, 爲佛嫡子. 凡二十七世, 至達摩大師, 哀此土之人, 昧卽心之理, 分別名相而不已, 類入海以筭沙, 攀緣生滅而爲因, 但認賊而作子, 聿來震旦, 宴坐少林, 不事語言, 不立文字, 旣得人而傳付, 乃趣寂以反眞, 是爲東方之初祖也. 自爾本系相承, 旁支別出, 敷華結果, 五葉之識可徵, 續燄分輝, 千燈之照彌廣. 至於出離生死一門, 証于涅槃, 誘導愚迷, 萬行以之差別. 由二祖而下, 迄至于今, 以諸夏之利根, 吐西土之懸記. 得道之者, 實繁有徒, 其或抵掌盱衡, 乃了知於風力, 搖唇〈脣?〉鼓舌, 卽悟入于言樞. 或針芥相投, 金鎞立弁, 或經塵將破, 啐啄同時. 示現方便以旣殊, 遭但因緣而亦異. 或有軌迹, 著爲筌蹄. 譬諸三藏之文, 結集於鉢羅之窟, 七佛所說, 秘藏于沙蝎之宮. 苟撰述之無聞, 使後來而安仰. 先是諸方大士, 各立宗徒, 互顯師承, 遞存語錄. 圭山思其如是也. 會合衆說, 著爲禪詮, 融通諸家, 圓成一味, 蓋祖門之能事畢矣. 歷歲彌久, 都序僅存, 百卷之文, 不傳於世.
東吳道原禪師者, 乃覺場之龍象, 實人天之眼目. 慨然以爲祖師法裔, 頗論次之未詳, 草堂遺編, 亦嗣續之孔易, 乃駐錫輦轂, 依止王臣, 購求亡逸, 載離寒暑. 自歆光尊者, 訖法眼之嗣, 因枝振葉, 尋波討源, 乃至語句之對酬, 機緣之契合, 靡不包擧, 無所漏脫, 孜孜纂集, 成二十卷. 理有未顯, 加來里潤色之言, 詞或不安, 用春秋筆削之體, 或但存名號而蔑有事迹者, 猶乎史記闕文, 或兼採歌頌附出編聯者, 頗類夫載籍之廣記. 大矣哉, 禪師之用心, 蓋述而不作者矣.
嗚呼, 法界無際, 衆生無邊, 凡厥有情, 莫非同體, 終日圓覺, 囑目眞如, 而迷失妙明, 增長虛妄. 分別影事, 牽制於六塵, 積集苦因, 流浪於三有. 善知識慜其如是也, 不歷事相, 直指本源, 但一念不生, 卽三際俱斷, 十方消殞, 諸聖現前. 識珠在衣, 匪從他得, 如金出鑛. 豈復重爲圓頓之門妙如此矣. 稽所証之道, 然後知原師也, 生如來家, 眞法王子, 然後明斯集也, 了第一義, 眞最上乘. 當使末法之年, 初心之類, 去聖逾遠, 開卷得解, 一彈指頃, 齊肩古佛, 不起于座, 入般涅槃. 雖利益之若斯, 於滅度而無取. 卽知, 施七寶而滿利土, 徒爲漏業之資, 化二乘而等河沙, 適重敗根之罪. 師之法施, 豈思議之所及哉. 新集旣成, 杏予爲序, 聊撫便槪, 冠于篇首云耳. (四庫全書 珍本 第8集『武夷新集』권7-24丁右-26丁左)

「景德傳燈錄序」
(1) 昔釋迦文, 以受然燈之夙記, 當賢劫之次補. 降神演化, 四十九年. 開權實頓漸之門, 垂半滿偏圓之敎. 隨機悟理, 爰有三乘之差. 接物利生, 乃度無邊之衆. 其悲

그런데『전등록』 30권의 구성내용을 간단하게 도시하면 다음과 같다.[5]

濟廣大矣, 其軌式備具矣. 而雙林入滅, 獨顧於飲光, 屈眴相傳, 首從於達磨. 不立文字, 直指心源. 不踐楷梯, 徑登佛地. 逮五葉而始盛, 分千燈而益繁. 達寶所者蓋多, 轉法輪者非一. 蓋大雄付囑之旨, 正眼流通之道, 教外別行, 不可思議者也.
(2) 聖宋啓運, 人靈幽贊. 太祖以神武戡亂, 而崇淨刹, 闡度門. 太宗以欽明御弁, 而述祕詮, 暢眞諦. 皇上以睿文繼志, 而序聖敎, 繹宗風. 煥雲章於義天, 振金聲於覺苑. 蓮藏之言密契, 竺乾之緖克昌. 殖衆善者滋多, 傳了義者間出. 圓頓之化, 流於區域.
*啓=원본에는 없지만 元版에 의하여 보충함.
(3) 有東吳僧道原者, 冥心禪悅, 索隱空宗. 披弆世之祖圓, 采諸方之語錄. 次序其源派, 錯綜其辭句. 由七佛以至大法眼之嗣, 凡五十二世, 一千七百一人, 成三十卷, 目之曰景德傳燈錄.
(4) 詣闕奉進, 冀於流布. 皇上爲佛法之外護, 嘉釋子之勤業. 載懷重愼, 思致悠久. 乃詔翰林學士·左司諫·知制誥臣楊億, 兵部員外郞·知制誥臣李維, 太常丞臣王曙等, 同加刊削, 俾之裁定. 臣等昧三學之旨, 迷五性之方. 乏臨川翻譯之能, 憒毘邪語默之要. 恭承嚴命, 不敢牢讓. 竊用探索, 匪遑寧居. 考其論僭之意, 蓋以眞空爲本. 將以述曩聖入道之因, 標昔人契理之說. 機緣交激, 若拄於箭鋒. 智藏發光, 旁資於鞭影. 誘道後學, 敷暢玄猷. 而捫撫之來, 徵引所出, 糟粕多在, 油素可尋. 其有大士示徒, 以一音而開演, 含靈聳聽, 乃千聖之証明. 屬槪擧之是資, 取少分而斯可. 若乃別加潤色, 失其指歸. 旣非華竺之殊言, 頗近錯雕之傷寶. 如此之類, 悉仍其舊. 況又事資紀實, 必由於善敍. 言以行遠, 非可以無文. 其有標錄事緣, 縷詳軌迹, 或辭條之紛糾, 或言筌之猥俗, 並從刊削, 俾之綸貫. 至有儒臣居士之問答, 爵位姓氏之著明, 校歲歷以忿殊, 約史籍而差謬, 咸用刪去, 以資傳信. 自非啓投針之玄趣, 馳激電之迅機, 開示妙明之眞心, 祖述苦空之深理, 卽何以契傳燈之喩, 施刮膜之功. 若乃但述感應之徵符, 專敍參遊之轍迹, 此已標於僧史, 亦奚取於禪詮. 聊存世系之名. 庶紀師承之自. 然而舊錄所載, 或掇粗而遺精, 別集具存. 當尋文而補闕. 率加采攟, 爰從附益. 逮於序論之作, 或非古德之文, 間厠編聯, 徒增楦釀, 亦用簡別, 多所屛去. 汔茲周歲, 方遂終篇.
(5) 臣等性識媿於冥煩, 學問慚於涉獵, 天機素淺 文力無餘. 妙道在人, 雖刻心而斯久, 玄言絶俗, 固牆面以居多, 濫膺推擇之私, 靡著發揮之效. 已克終於紬繹, 將仰奉於淸閒. 莫副宸襟, 空塵睿覽. 謹上. (四部叢刊本 松版,『景德傳燈錄』-1丁右-2丁左).
5)『경덕전등록』의 서지학적인 문제에 대해서는 開元寺版의 宋版 문제 등이 남아 있지만 椎名宏雄·鈴木哲雄,「송·원판『경덕전등록』의 서지학적 고찰」(『愛智學院 禪學硏究所紀要』제4·5호 합병호, 1975년 3월)이 있다. 또한 最古의 사본은 돈황본으로서 레닌그라드의 올덴부르그·콜렉션 가운데 남아 있는데, 권11 앙산혜적장의「得否 上座曰 但作得道理便得 云云」부터 권말에 이르기까지로서, 四部

권1	과거칠불~서천 제14조
권2	서천 제15조~제27조, 師子 傍出
권3	동토초조~제5조, 초조·제2조 傍出
권4	제4조·제5조 傍出
권5	제6조, 제6조의 嗣
권6	남악 제1세~제2세(마조, 마조의 嗣)
권7 및 권8	남악 제2세(마조의 嗣)
권9 및 권10	남악 제3세
권11	남악 제4세
권12	남악 제4세~제6세
권13	남악 제7세~제9세, 曹溪別出
권14	청원 제1세~제3세
권15	청원 제4세~제5세
권16	청원 제5세
권17	청원 제5세~제6세
권18 및 권19	청원 제6세(설봉의 嗣)
권20	청원 제6세
권21~권23	청원 제7세
권24	청원 제8세

叢刊本의 3丁左의 최후의 행부터 권말까지에 해당된다고 한다. 岡部和雄,「레닌그라드의 동양학연구소를 찾아서」,『駒澤大學大學院佛敎學硏究會年報』제14호, 1980년 7월).

권25	청원 제9세(법안의 嗣)
권26	청원 제9세~제11세
………………………………………………………………	
권27	禪門達者 및 제방의 雜擧 : 徵·拈·代·別語
권28	제방의 廣語
권29	讚·頌·揭·詩
권30	銘·記·箴·歌

「서」를 읽어 보면 먼저 주목되는 것은 이러한 구성이 도원의 『旧錄』과 비교하여 얼마나 변화했는가 하는 것이다. 결국 楊億과 李維와 王曙(963~1034)에 의하여 刊削裁定된 부분이 찬자인 도원의 저술과는 전혀 다른 것이 되었는지 어떤지 하는 것이다. 도원의 『旧錄』이 현존하지 않는 이상 억측에 불과하겠지만, 이 점을 「불조동참집서」에 의하여 고찰해 보고자 한다.

양억의 「경덕전등록서」와 「불조동참집서」의 두 서문을 비교해 보면 「전등록서」의 (2), (4), (5)에 해당하는 송조 불교 보호에 대한 찬사와 진종황제의 명령에 의한 刊定으로부터 간행에 대한 기록 및 '序'에 대한 의견이 「불조동참집서」에는 전혀 없다. 그런데 (3)부분에 해당하는 곳에서는 「불조동참집서」에서 다음과 같이 말하고 있다.

> 東吳의 도원선사는 불교계의 뛰어난 지도자이고, 실로 인천의 안목이다. 결의를 분기하여 생각한 것은 달마의 법손이면서도 자못 문서에다 마음을 두고 있어서 아직 상세하게 밝혀내지 못하고 있었다. 그러나 초당종밀이 남겨 준 책은 특히 종밀의 저작을 계승하여 말하자면 대단히 간단하다. 그래서 천자가 거처하는 도성에 머물면서 王·臣들

에 의지하여 소실되었던 것을 구하여 찾아내고, 그것으로 추위와 더위의 세월을 잊었다. 마하가섭 존자로부터 법안문익의 법사에 이르기까지 그 근원부터 분파를 밝혀내어 問答과 應酬로 깨침의 기연을 완전하게 포함시켜서 빠짐없이 힘써 편집하여 20권을 만들었다. 이치가 드러나지 않는 경우에는 東里의 子産이 했던 것처럼 말씀에 윤색을 가하였고, 辭句가 안착되지 않는 경우에는 공자의 『춘추』처럼 글을 더하기도 하고 생략하기도 하였다. 무릇 名號에 대해서는 事迹이 없는 경우에는 『史記』의 缺文처럼 취급하였고, 또 가송을 동시에 모아서 편집에 첨가한 경우에는 수록된 전적의 내용을 자세하게 기록하여 온전히 동일하게 하였다. 참으로 훌륭하도다. 선사의 마음 씀씀이는 무릇 '기록은 하지만 저술은 하지 않는다'는 바로 그것이었다.

서문 가운데서 말한 '二十卷'의 '二'는 '三'의 오기일지 모르지만 法眼文益(885~958)의 法嗣에 이르기까지 찬술된 『불조동참집』에서 취급된 선자의 범위는 『전등록』과 동일하다고 볼 수가 있다. 양억의 「전등록서」에서 말한 『舊錄』이 아마 이에 해당할 가능성이 크다고 생각된다.

만약 반대로 『舊錄』이 『불조동참집』이라면 그 題名에서도 엿보이듯이 도원의 찬술 의도와 현재 보이는 『전등록』 사이에는 큰 차이가 있었던 것처럼 보인다. 위에서 인용했던 「불조동참집서」의 바로 앞의 문장에는 圭峯宗密(780~841)에 대하여 「전등록서」에는 보이지 않는 기술이 보인다.

선의 제종파가 크게 발전하기 이전에 제방의 大士들은 각각 자기의 제자들을 육성하고 서로 그 법계를 전승시켜서 많은 어록을 남겼다. 규봉종밀의 안타까움은 바로 여기에 있다. 이에 諸衆의 설을 통합하여 『선원제전집』을 저술하여 諸家를 융통하여 한 곳으로 귀일시키는 데 완전히 성공하여 달마의 가르침이 모두 해결되었다. 그러나 세월이 점차 흘러가는 가운데 『도서』만이 남아 있게 되고 100권의 글은 세상에 전승되지 못하게 되었다.

종밀의 저술이었지만 소실되었다는 그 『禪詮』은 어떤 것이었을까. 현존하는 『도서』를 통해서 엿보자면 禪敎一致를 설하는 것이 찬술의 의도였다.[6] 종밀의 『선전』의 내용을 계승하는 것을 목적으로 하여,[7] 道原은 「佛」, (敎)와 「祖」, (禪)의 「同參」(一致)을 서술하려고 하고, 그러면서도 내용을 창작하지 않고 찬술한 것이 바로 이 저술은 아니었을까 하는 생각이 든다. 「불조동참집서」와 「전등록서」 각각의 冒頭는 공통적으로 석가와 달마에 대하여 서술하면서도 그 내용은 크게 달라져 가게 된다. 양억은 『선원제전집도서』와 『전등록』은 서로 다른 저술임을 강조하였다. 결국 「전등록서」의 말을 빌려서 표현하자면 '敎外別行'의 선을 강조하는 것에 있었다. 이러한 점에 주의하면서 「불조동참집서」의 冒頭를 살펴보면 다음과 같다.

> 옛날 석가모니불은 연등불 처소에서 친히 미래의 예언을 받고 실로 완전하게 법을 깨쳐서 大覺能仁이라 불렸다. 그 이후에 석존은 중생의 제도에 힘쓰고 지혜를 더욱더 일으키고 자비심을 발휘하여 태·난·습·화의 사생에 빠져서 六道 가운데를 윤회하는 중생을 念하여 일대사인연을 위하여 오탁악세에 출현하였다. 중생의 능력은 각각 달라서 받아들이는 상태가 달라지는 것은 아무래도 어찌할 수가 없으

---

6) 『禪源諸詮集』의 내용과 그 문제에 대해서는 鎌田茂雄 역주, 『禪源諸詮集都序』(筑摩書房, 1971년 12월)와 同氏의 『宗密敎學의 思想史的研究』(東京大學出版會, 1975년 3월), 그리고 吉津宜英, 『華嚴禪의 思想史的研究』(大東出版社, 1985년 3월) 등이 있다.
7) 柳田聖山, 「祖堂集의 本文研究(1)」(『禪學研究』 제54호, 1964년 7월)에 의하면 『조당집』의 목록에 보이는 空宗 및 北宗의 명칭은 『禪源諸詮集』에 의거한 것으로 보인다. 다만 목록은 海東에서 改版되었을 때 첨가된 것으로 추측된다. 종밀 교학이 한국불교에 끼친 영향을 많이 지적하고 있다.

므로 각각에 상응되는 가르침을 주어 삼승 혹은 권·실의 문을 열어 주고, 일시 혹은 돈·점의 가르침을 시설하며, 偏·圓과 半·滿의 뜻을 갖추고, 悟·証과 伏·斷의 차이를 나누어 보였다. 설법으로 펼친 것이 12부경이지만 자세하게는 백·천·만 송이어서 사람들 제각각 이해하였다. 처음에는 일음에 의거하지만 근본에 도달해서는 자세한 말씀이 필요가 없었다. 그러나 종극에는 두 개의 달처럼 다르게 오해하는 모습이 나타나게 되었다. 그래서 순타가 최후의 공양을 드린 후에, 석존이 사라쌍수 숲속에서 입멸하려고 했을 때 정법안장을 가지고 마하가섭에게 부촉하였다. 內實로는 진실의 법인을 전승하고, 형체가 있는 것으로 증거가 되는 가사를 주어 세간의 導師로서 부처님의 적자로 삼았다. 무릇 27세를 거쳐서 달마대사에게 전승되었다. 대사는 중국의 사람들이 卽心의 도리에 어두워서 명칭과 형상을 분별하지 못하고 바다에 들어가 모래를 세듯이 끝이 없고 또 마음이 외경에 현혹하여 계속 미혹을 발생하여 마치 도적을 아들로 오인하는 그런 모습을 불쌍하게 여겼다. 이에 직접 중국으로 건너가서 소림사에서 좌선을 하며 말을 하지 않았고, 문자에 의거한 이해를 하지 않았다. 혜가라는 사람을 얻어서 법을 부촉하여 전해 주고 시적하여 무여열반에 들어갔다. 그것이 중국의 초조이다. 그로부터 大本의 正系가 相承되었고, 旁支가 나뉘어져서 꽃을 피우고 열매를 맺어 번영하여 달마가 준 五葉歌의 예언이 증명되어 불꽃이 계속되고 빛이 나뉘었는데 천개 등불의 조명이 더욱더 확대되어 갔다. 미혹을 벗어난 一門은 열반을 증득하여 우미한 사람들을 이끌어 주었는데 만행을 가지고 차별을 설하였다. 이조 혜가로부터 지금에 이르기까지 수많은 중국의 利根者가 나타나서 인도의 懸記에 합치되었다. 깨침을 얻은 사람은 진실로 수많은 사람들이 있다. 어떤 사람은 손바닥을 가리키고, 눈을 비비면서 현상세계의 물리적 변화를 이해하였고, 어떤 사람은 왕성하게 설법을 하면서 언어세계의 핵심을 깨쳤다. 혹은 훌륭한 만남에 의하여 금과 놋쇠와 돌을 잘 이해하여 분명하게 줄탁동시가 되었고, 혹은 교학을 버리고 스승과 제자가 하나가 되었다. 방편을 시현한 것에도 같은 것이 없어서 동일한 인연을 만나서도 각각으로 달라졌다. 어떤 사람에게나 그 궤적이 있는데 그것을 드러낸 것이 곧 筌蹄가 된다. 비유하면 경장과 율장과 논장 등 삼장의 글은 賓鉢羅窟에서 결집되었지만, 칠불의 所說이 娑蝎宮에 비장된 그대로 있어서 찬술하여 들려줄 수가 없었다면 어찌 후세의 사람들이 그것을 우러러 찬양할 수가 있었겠는가.

직접적으로 찬술한 동기가 위에서 보았듯이 종밀의 『선원제접지도서』의 계승이라면 여기에 그 방법과 목적이 서술되어 있다고 말할 수가 있을 것이다. 그렇다면 『전등록』이 간행된 방향이 '敎外別行'이라면 그 구체적인 내용이 발견되지 않은 것인지 어떤지 이 점에 대해서는 뒤의 제7절에 나오는 '皮·肉·骨·髓'의 일화에서 잠시 고찰하는 것으로 미루고, '敎外別行'이 선으로 변화된 것은 어디에서 기인하는지 고찰해 보기로 한다.

우선 양억이 이해한 선과 도원의 선에 그 차이가 있는 것은 아닐까 하는 생각이 든다. 양억의 本傳은 『宋史』 권305에 있는데,[8] 선문헌으로는 『天聖廣燈錄』 권18이 가장 좋은 자료이다. 「전등록서」가 성립된 전후의 모습과 양억이 이해한 선의 방식을 중심으로 전기를 살펴보고자 한다.

양억은 자는 大年이고 建州 浦城(복건성 포성현) 출신이다. 雍熙 원년(984) 11세에 태종의 부름을 받고 대궐에서 詩賦의 시험을 통하여 인정받아 곧바로 秘書省正字를 제수되었다. 淳化 연간(990~994) 太常寺奉禮郎, 光祿寺丞 등으로 옮겼고, 至道 2년(996)에 著作佐郎이 되었

---

8) 楊億의 전기에 대해서는 藤善眞澄, 「成尋과 楊文公談苑」(『關西大學東西學術研究所創立三十周年記念論文集』, 1981년 11월)을 참고하였다.

다. 진종이 즉위한 해(997)에 左正言을 배알하고 錢若水(960~1003)의 부름을 받아 『태종실록』 80권을 修撰하는 데 참여하였다. 『태종실록』이 완성된 이후 咸平 원년(998) 知處州가 되었고, 황제의 부름을 받고 돌아와서 左司諫 및 知制誥의 벼슬을 받았다. 그때 契丹과 관계가 불온해지자 西夏의 靈州(寧夏省)을 버리고 거란과 유리한 강화를 맺을 것을 주상하였다. 양억은 景德 원년(1004) 11월에 진종의 北伐親征軍으로 재상인 寇準(961~1023)을 따라서 하북성 澶州로 가서 거란의 대군과 대치하였다. 송군을 결정적으로 무찌르지 못한 거란군은 송과 화평 체결을 선택하여 경덕 원년 12월 7일에 「澶州의 盟」으로 강화조약이 성립되기에 이르렀다.

경덕 2년(1005) 9월 22일에 資政殿 學士 王欽若(962~1025)이 知制誥 양억에게 명을 내려서 시작된 것이 『冊府元龜』 1000권의 찬술이다. 경덕 4년에 황제의 부름을 받고 한림학사가 되었고, 同修國史가 되었다.[9] 「전등록서」에 있는 그의 직책은 그 경덕 4년 이후를 가리키는 것이 된다. 大衆祥符 원년(1008)에 兵部員外郞 및 戶部郞中이 가해졌다. 대중상부 5년에 병이 들었고, 대중상부 7년에는 병이 깊어지자 知汝州가 되었다. 그 사이 대중상부 6년에 『책부원구』의 완성을 보았다. 마침내 天禧 2년(1018) 겨울에 工夫侍郞에 제수되고, 이듬해 秘書監을 거쳐 천희 4년(1020)에 다시 한림학사가 되었지만 12월 1일에 47세로 沒하였는데, 文이라는 시호를 받았다. 『송사』에는 그의 사람됨을 서술하는 가운

---

9) 『宋史』에 의하면 양억이 한림학사가 된 것은 경덕 3년이다. 『續資治通鑑長編』 권 63의 경덕 3년 5월조에는 知制誥楊億이라 되어 있고, 同書 권66의 경덕 4년 8월 24일조에 "詔修太祖, 太宗正史, 宰臣王旦監修國史, 知樞密院事王欽若·陳堯叟, 參知政事趙安仁, 翰林學士晁迥·楊億 並修國史"라고 되어 있기 때문에 여기에서는 경덕 4년에 한림학사가 된 것으로 간주한다. 藤善 씨의 설도 마찬가지이다.

데 "마음을 釋典에 두었고, 禪觀을 익히면서 살았다."라고 기록하고 있다. 그 가운데서도 『전등록』의 간행 및 光梵大師 惟靜 등과 『大衆祥符法寶錄』 21권의 편찬을 행했던 것이 특히 주목된다.

그런데 禪者와 교섭을 보여 주는 기록도 많이 보이지만 知汝州 시절의 대중상부 8년(1015)에 쓴 것으로 보이는 것으로 內翰 李維에게 주었던 "그 始末의 師承을 서술한다."는 서간문이 있다. 이것은 禪學의 편력을 잘 보여 주고 있어서 「전등록서」의 해명에 도움이 될 것이다. 『천성광등록』 권18(후에 元版 『전등록』의 권말에도 移錄되었다)에서 그 내용을 엿보기로 한다.

저 양억은 젊었을 때부터 頑愚한 몸이면서도 격려와 은혜를 받았습니다. 우선 남종선의 종지를 듣고 오랫동안 도읍에서 유학할 수가 있었습니다. 평생의 動靜·咨詢·周旋·策發에서 私心을 버리고 正道를 걸어가면서 무능력자가 부끄러움도 모르고 지낸 것은 진실로 그대 內翰 李維의 덕분입니다. 하물며 또한 故安公大師는 언제나 지도해 주셨는데, 석존은 사라쌍수의 숲에서 입멸·열반하였고, 달마는 한 짝의 신발을 가지고 인도로 돌아가고 없듯이 安公이 입멸한 이후부터는 마음이 고향에 돌아가려는 기분을 억제하기 어려웠지만 머물러야 할 곳도 몰랐습니다. 이에 나이를 먹어가면서 모르는 사이에 마음은 혼미해지고 말았습니다. 그러나 병에서 회복됨에 이르러 다시 제방을 유행할 수 있었습니다. 또한 雲門諒公 大士가 초야에 있는 저를 찾아와 주시게 되었습니다. 양공의 旨趣는 바로 안공과 똑같았습니다. 그들 모두 廬山의 歸宗寺와 雲居寺로부터 왔는데 법안문익의 법손이었습니다.

작년에 여기 여주군으로 돌아와 태수가 되면서 곧바로 廣慧元璉 禪伯을 뵈었습니다. 실로 선백은 南院省念을 이었고, 성념은 風穴延沼를 이었으며, 풍혈은 南院慧顒을 이었고, 혜옹은 興化存奘을 이었으며, 존장은 臨濟義玄을 이었고, 의현은 黃檗希運을 이었으며, 희운은 百丈懷海를 이었고, 회해는 馬祖道一을 이었으며, 도일은 南嶽懷讓和尙의 문하에서 나왔고, 회양은 곧 曹溪慧能의 長嫡입니다. 저는 여주군의 군청에서는 간단하게 정진하였지만, 집으로 돌아와서는 여가가 많았습니다. 어떤 때는 집에 있으면서 선백을 맞이하였고, 어떤 때는 수레를 타고 선백이 계시는 곳으로 찾아뵙기도 하였습니다. 공경스럽게 청법하고 고두예배하는 것도 온전히 자유자재하여 어리석음과 미혹이 일시에 사라졌습니다. 반년 후에는 완전히 의심이 사라지게 되었습니다. 잊어버렸던 것이 퍼뜩 기억나듯이 잠자는 도중에도 깨어 있는 듯이 되었습니다. 이제 다시 先德과 수많은 선지식들에게 참학했던 것도 알고 있습니다. 가령 雪峯義存은 아홉 차례나 洞山良价에게 참문하였고, 세 번이나 投子大同에게 참문하였으며, 최후로 德山宣鑒에게 사법하였습니다. 임제의현은 高安大愚에게서 법을 얻었지만 결국 황벽희운의 법을 계승하였습니다. 雲岩曇晟은 道吾圓智의 가르침에 많이 의지하였으면서도 藥山惟儼의 제자가 되었습니다. 丹霞天然은 마조도일의 인가를 받았으면서도 石頭希遷의 족적을 계승하였습니다. 옛날부터 많이 있었기 때문에 그것을 이유로 꺼려야 할 것은 없습니다. 저는 지금 법을 계승할 인연이 실로 광혜선백에게 연결되어 있지만, 또한 도움을 받고 격려받은 곳은 한림원의 그대 李公으로부터 나온 것이기에 기쁘고 다행입니다.[10]

---

10) "病夫, 夙以頑憝, 獲受獎顧. 預聞南宗之旨, 久陪上國之游. 動靜咨詢, 周旋策發, 俾其剗心之有詣, 牆面之無慙者, 誠出於席間床下矣. 矧又故安公大師, 每垂誘導, 自雙林滅影, 隻履弗歸, 中心浩然, 罔知所止. 仍歲沈痾, 神慮迷恍. 殆及小間, 再弁方位. 又得雲門諒公大士, 見顧蒿蓬. 諒之旨趣, 正與安公同轍. 竝自廬山歸宗·雲居而來, 皆是法眼之流裔. 去年假守茲郡, 適會廣慧禪伯. 實承嗣南院念, 念嗣風穴. 風穴嗣先南院, 南院嗣興化, 興化嗣臨濟, 臨濟嗣黃檗, 黃檗嗣先百丈海, 海嗣馬祖, 馬祖嗣讓和尙, 卽曹谿之長嫡也. 齋中務簡, 退食多暇. 或坐邀而至, 或命駕從之. 請叩無方, 蒙滯頓釋. 半歲之後, 曠然弗疑. 如忘忽記, 如睡忽覺. 平昔礙膺之物, 嚗然自落, 積劫未明之事, 廓爾現前. 固亦決擇之洞分, 應接之無蹇矣. 重念先德率多參尋. 如雪峰九度上洞山, 三度上投子, 遂嗣德山. 臨濟得法於大愚, 終承黃檗. 雲岩蒙道吾訓誘, 乃爲藥山之子. 丹霞承馬祖印可, 而作石頭之裔. 在古

이 서간문은 『선림승보전』 권16의 眞慧禪師 廣慧元璉(951~1036) 章에도 기재되어 있지만, 각범덕홍은 이어서 다음과 같이 비판하고 있다.

> 양대년이 서술한 것은 이와 같이 상세하다. 어찌 스스로 선림에 이름을 드러내려고 한 것이었겠는가. 나 각범은 양대년이 스스로 『전등록』을 편집했으면서도 首山省念의 法嗣로서 汾陽善昭를 실었을 뿐이고, 광혜의 기연어구를 기록하지 않았던 것은 어찌된 일인지 안타깝게 생각한다.[11]

각범의 이 비판에 대하여 확실하게 말할 수 있는 것은 양억이 『전등록』을 간행했던 시점에서는 진혜원련을 만나지 않았다는 것이다. 간행의 완성은 언제일까. 『續資治通鑑長編』에 의하면 대중상부 2년(1009) 1월 24일이다.[12] 위에서 서술한 것처럼 양억이 한림학사가 된 것은 경덕 4년으로, 그해에 한림학사 양억에게 간행할 것을 명하였다. 「서문」에 의하면 무릇 1년이 지나서 간행을 따라서 『전등록』 권26의 瑞鹿本先의 전기에 보이는 "大中祥符元年 仲秋望日"(사부총간본-23丁右)이라는 본문 가운데서 가장 가까운 연대도 양억이 간행했던 기록으로 생각된다.

多有. 於理無嫌. 病夫, 今繼紹之緣, 實屬於廣慧, 而提激之自, 良出於鼇峯也. 忻幸忻幸."(開元寺宋版, p.515下. 前揭의 柳田聖山主編 「禪學叢書之五」에 수록) ; (『景德傳燈錄』 권30, 大正藏51, p.464上~中).
11) "大年所敍, 詳悉如此. 豈欲自著於禪林乎. 予恨其手編傳燈錄, 至首山之嗣, 獨載汾陽, 而不錄廣慧機語, 何也."(東洋文庫所藏五山版 권中-28丁右) ; (『景德傳燈錄』 권30, 大正藏51, p.464中).
12) 『續資治通鑑長編』 권71의 대중상부 2년(1009) 1월조에 의하면 "처음 蘇州의 승려 道原은 佛祖를 이어서 근세에 이르기까지 名僧의 禪語를 모아서 『전등록』 30권을 만들어서 바쳤다. 翰林學士 楊億·知制誥 李維·大常丞 王曙 등에게 조칙으로 간행시켰고, 昭宣使 劉承珪에게 그 事를 領護시켰다. 庚辰(24일)에 양억 등이 그 書를 바치자, 명하여 刻板宣布토록 하였다."는 기록이 있다.

물론 도원의 찬술이 완성된 것은 이전의 燈史를 답습했던 시적연대에 대한 역산 기준인「皇宋景德元年甲辰」의 연호가 달마-혜능의 조에 보이므로, 종래 언급되었던 경덕 원년에 성립되었다고 보는 것이 좋겠지만, 간행이 완성된 5년 이후의 일이다. 그 사이에 양억이 진혜원련을 만났다는 것은 양억의 전기로 보아 생각할 수 없는 일이다. 왜냐하면 『송사』에서는 병에 걸려서 知汝州가 되었던 것이 대중상부 7년이었기 때문이다. 양억이 함평 원년(998)에 절강성 處州의 태수가 되었을 때 만났던 선자가 있었다고 해도 그는 법안종의 사람이었을 것으로 추측된다. 서간문에 보이는 安과 讓의 두 사람은 법안종의 사람이지만『전등록』에는 그에 해당하는 사람도 기록되어 있지 않다.『전등록』의 찬술자인 永安道原은 天台德韶(891~972)의 제자이므로, 이러한 자료로 보자면『전등록』이 간행될 무렵까지는 같은 계통에 속하는 사람들로부터 가르침을 받았다고밖에 할 수 없다.

그렇다면「불조동참집서」가 찬술될 때부터『전등록』을 간행하기까지 선을 취하는 방식에는 전혀 변화가 없었던 것일까. 그 점을 생각해 볼 경우에『전등록』의 간행자 가운데 한 사람인 李維로부터 받은 영향이 있었던 것은 아닌지 생각된다.『羅湖野錄』권하의 진혜원련장은『선림승보전』의 진혜장에 누락된 것을 보완해 주는 가장 상세한 전기이다. 원련은 속성을 陳이라고 하여 泉州 晋江 출신으로 報劬院에서 승려가 되었고, 招慶院 眞覺禪師 省僜을 참문하였다.[13] 그 이후에 閩中의 존숙 50여 명에게 참알하였지만 기연이 맞지 않아서 하남성 汝州 首山省念

---

13) 본서 뒤의 제5절에서 서술하듯이『조당집』이 바로 招慶省僜의 문하에 있었던 靜과 筠의 두 선덕에 의하여 편집되었다는 것은 진혜원련의 전기에서 주목해야 할 점이다. 또한「조당집서」에서는 省僜의 휘를 文僜이라 기록하고 있다.

(926~994)의 문하에서 대오하고 사법하여 首座로 발탁되었다. 이어서 처음 開堂에 대하여 『나호야록』에서는 다음과 같이 기록하고 있다.

> 경덕 원년(1004) 여주의 광혜사에서 개법하였다. 그 무렵 參政王曙는 給事中에서 물러나 知汝陽이 되었다. 원련은 여주의 관청에 들어가서 그가 업무를 처리하는 것을 보고 물었다. "郡主가 한 번에 처리할 수 있는 붓이란 무엇이니까." 왕서가 말했다. "사람이 찾아오면 바로 그 자리에서 처리합니다." 원련이 말했다. "만약 모든 일을 그렇게 할 수 없는 경우라면 어찌합니까." 왕서는 붓을 내던지는 시늉을 하였다.[14]

이어서 郞中許式과 주고받은 문답 및 晉國公 丁謂(966~1037)가 원련에게 보내 준 시를 수록하여, 원륜이 景祐 3년(1036) 9월 26일에 86세로 시적했음을 전하고 있다. 원련에게는 眞慧禪師라는 호가 내려졌다. 그리고 최후로 그 찬술자인 雲臥曉瑩이 "경덕 연간(1004~1007)의 宗師 및 高明한 사대부들에게 선망의 대상이 된 것은 광혜원련뿐이었다. 그 거룩한 모습을 찾아보았지만 이미 동료들은 사라지고 말았다."라고 비평하고 있는 것을 보아도 알 수가 있듯이, 원련은 경덕 연간을 대표하는 선자로서 수도인 東京에 이름이 널리 알려져 있던 사람이었음을 알 수가 있다. 다만 『전등록』의 간행자 가운데 한 사람인 왕서와 진혜원련이 만난 것은 天禧 4년(1020) 이후의 일이다. 왕서의 처는 재상인 寇準의 여식이다. 구준은 진종황제에게 두터운 신임을 받았지만 진종이 만년에 병에 걸렸을 때 周懷政이 후에 仁宗이 되는 황태자 禎을 옹립하여 劉太后의 預政을 끝장내고 구준에게 재상으로 복귀해 줄 것

---

14) "於景德甲辰歲, 開法廣慧. 是時王參政署, 由給事中, 出知汝陽, 璉入州治, 見其判事次便問, 作麼生是郡主一管筆. 王曰, 來者便判. 璉曰, 忽然總不恁麼來時如何. 王作擲筆勢."(續藏 2乙-15-5 〈통권142〉, p.493左上) ;(『羅湖野錄』 권下, 卍續藏83, p.387中下).

을 요청하고 丁謂를 죽이려고 계획을 세웠다. 그러나 주회정의 밀모가 발각되어 천희 4년 7월 24일에 주회정이 모살되었다. 이에 주회정과 교섭이 있었던 구준이 貶斥되었을 때 왕서도 직함을 빼앗기고 知汝州가 되었다. 왕서가 진혜원련을 만난 것은 바로 그때였다.

구준은 본래 양억과 친밀한 관계였다.[15] 양억에 대하여 왕서가 진혜원련과 결부시키기에 이른 과정을 고찰해 보면 『전등록』 간행의 시점에서 이미 李維가 임제선에 깊이 참입하고 있었던 것은 아닐까 생각된다.[16] 결국 이유에 대한 양억의 서간문을 다시 살펴보면 당시에 이유가 참문했던 임제선은 '교외별행'의 선을 강조하고 있어서, 교선일치를 주장하는 법안종의 경향[17]과 달랐던 것은 아닐까. 『불조동참집』의 찬술에서 도원이 익혀 왔던 절강성의 선과 『전등록』이 간행되었던 동경의 선을 지지하고 있던 하북·하남의 선이 동일하지 않았다는 것은 확실하다.[18] 『전등록』이 남악 계통을 前半에 구성하고 마조 문하의 사람들을 증가시키려고 하여 남악회양을 육조 혜능의 長嫡이라고 간주한 것은 李維가

---

15) 경덕 원년(1004) 12월 19일에 진종은 澶州에서 거란의 공격을 걱정하고 있을 때 『續資治通鑑長編』 권58에 "寇準在澶州, 每夕與知制誥楊億痛飲, 謳歌諧謔, 喧譁達旦. 上使人覘知之, 喜曰, 得渠如此, 吾復何憂乎. 時人比之謝安."이라는 이야기가 전해지고 있는 것은 그 일례이다.
16) 『續資治通鑑長編』 권73의 대중상부 3년(1010) 윤 2월 임자(2일) 조에 "遷左右街僧官. 舊例, 僧職遷補, 止委開封而濫選者衆. 至是, 命知制誥李維等宿中書, 出經題考試, 而後序遷焉."이라는 글이 있는 것으로부터 李維는 불교에 조예가 깊었다고 말할 수가 있다.
17) 이 문제는 다시 생각해 보지 않으면 안 되겠지만 후세의 영향을 답습해서 말하자면 법안문익의 華禪一致, 천태덕소의 台禪一致, 영명연수의 敎禪一致로부터 禪淨一致로의 경향이 큰 흐름으로 언급된다.
18) 『四明尊者敎行錄』 권1에 의하면, 翰林學士 楊億과 駙馬都尉 李遵勗이 四明知禮(960~1028)와 교섭한 것은 천희 원년(1017)조에 서술되어 있어서 양억의 만년에 해당하지만, 지금의 경우에 비추어 보면 만년까지 교학 관계자와 교섭이 있었다는 점은 주의할 필요가 있다. 駒澤大學天台典籍硏究班, 『四明尊者敎行錄의 硏究』(代表 池田魯三, 1982년 6월) p.16.

이해한 선을 통해서 생겨난 것일지도 모른다. 양억이 진혜원련에게 참문하기 이전에 임제선에 대한 이해가 깊었다면 이유를 통해서 그랬다고 생각하는 것이 자연스러울 것이다. 양억이 동경에서 알고 있었던 '南宗之旨'(이유에게 보낸 서간문을 가리킨다)란 그 '교외별행'의 경향을 지닌 새로운 선이라고 생각하는 것이 좋을 것이다. 적어도 그 새로운 경향의 선에 관한 한 양억보다는 이유 쪽이 선을 더 잘 알고 있었다는 점은 틀림없을 것이다.

제3절 찬술자 永安道原

『전등록』의 찬술자는 「서문」에 나오듯이 '東吳僧道原'이다. '原'을 '元'으로 하는 『武夷新集』의 판본도 있다.[1] 또 景祐 3년(1036)에 『전등록』은 王隨에 의하여 節錄되어 『傳燈玉英集』 5책 15권으로 간행되었지만, 그 「후서」에 의하면 '原'을 '源'으로 하고 있다.[2]

그런데 이름의 글자가 다른 것만이 아니라 元 刊本의 鄭昂[3]의 「발문」에 의하면 拱辰의 찬술을 주장하고 있다. 우선 이 찬술자의 문제에 대하여 서술해 보고자 한다. 문제의 그 「발문」에서는 다음과 같이 말하고 있다.

> 위의 『경덕전등록』은 본래 절강성 湖州 鐵觀音院에 주석하였던 승려 拱辰이 찬술한 것이다. 글이 완성되자 동경의 수도로 가서 황제에게 진상하려고 생각하였다. 도중에 한 사람의 승려와 함께 배를 타게 되었는데, 거기에서 그 승려에게 글을 꺼내서 보여 주게 되었다. 어느 날 저녁에 그 승려가 공진의 글을 짊어지고 도망쳐 버렸다. 수도에 도착해서 보니 道原이라는 사람이 이미 그 글을 진상하여 賞讚을 받

---

1) 靜嘉堂 所藏의 「新刊浦城遺書」에 수록된 嘉慶 16년(1811) 간본. 『속자치통감장편』 권71도 마찬가지이다. 또 陳垣 씨는 龔明之가 찬술한 『中吳紀聞』에서도 道元임을 소개하고 있다.
2) 前揭의 柳田聖山主編, 「禪學叢書之五」의 수록본, p.337〈36丁右〉. 篠原壽雄, 「王隨의 玉英集刪定에 대하여-북송 사대부의 선 수용-」(『駒澤大學佛敎學部研究紀要』 제19호, 1961년 3월).
3) 『大慧寶覺禪師年譜』에 의하면 대혜의 聞法 제자 가운데 한 사람으로 楞伽居士 鄭昂을 들고 있다. 졸고, 「大慧寶覺禪師年譜의 연구(下)」(『駒澤大學佛敎學部研究紀要』 제40호, 1982년 3월) p.167. 鄭昂의 字는 尙明이고, 自號는 鈍叟이며, 楞伽居士라고 불렸다.

고 있었다. 이 사실과 郭象이 向秀의 『莊子註』를 절취했던 것은 경우가 같다. 공진은 다음과 같이 생각하였다. '내 생각은 불조의 도를 해명하고자 하는 소원일 뿐이다. 그것이 이미 유행하고 있는 이상 도원이 쓴 글이든 내가 쓴 글이든 같다. 내가 어찌 명리를 추구할 수 있겠는가. 두 번 다시는 이 일을 입에 담지 않겠다.' 공진의 마음 씀씀이는 이러하였다. 우리의 공자가 말한 '어떤 사람이 활을 잃으면 어떤 사람이 활을 얻는다.'는 뜻과 마찬가지로, 그것을 취하고 그것을 주는 것은 결코 사사롭게 활용할 것이 아니다. 또한 楊文公은 擇法眼을 갖추고 이 책을 刪定하였기 때문에 신용할 수가 있다. 그래서 뒤를 이은 燈史의 기록들이 승려들에게 사실을 수집시키면서 돈을 받고 이름을 실어주어 진실을 어지럽힌 것과는 다르다. (중략) 소흥 임자년(1132) 초겨울 10일에 장락의 정앙이 쓰다.[4]

여기에서 말하고 있는 공진의 찬술설은 聖僕義諦가 찬술한 『禪籍志』에도 계승되었고,[5] 오늘날까지도 완전히 부정되었던 적은 없었다.[6] 공진은 達觀曇穎(989~1060)의 법사로서 湖州 西余山 拱辰이다.[7] 陳垣씨는 天台德韶(891~972)의 법사인 영안도원과는 연대로 봐서 함께 배

---

4) "右景德傳燈錄本, 住湖州鐵觀音院僧拱辰所撰. 書成, 將游京師投進. 途中與一僧同舟. 因示之. 一夕, 其僧負之而走. 及至都, 則道原者已進而被賞矣. 此事與郭象竊向秀莊子註同. 拱辰謂, 吾之意欲明佛祖之道耳. 夫既已行矣, 在彼在此同. 吾其為名利乎. 絕不復言. 拱辰之用心如此, 與吾孔子人亡弓人得之之意同. 其取與必無容私. 又得楊文公具擇法眼以為之刪定. 此其書所以可信. 與夫續燈錄遣僧採事而受金厮名以亂真者, 間矣. (중략) 紹興壬子初冬十日, 長樂鄭昂題."(普會大藏經本·下-242, 大正藏51, p.465中 참조).
5) 『禪籍志』 권上에 鄭昂의 설을 인용하여 "余通之有二義. 一者, 事在悟道以前. 經曰, 昨日為惡賊, 今日為知識也. 二者, 一旦悟道傳法, 夙習業氣未除也. 五燈會元辰師傳曰, 著祖源通要三十卷. 於原師傳, 不書傳燈之事也."(正德六年刊本-17丁右)라 말하고 있다.
6) 柳田聖山, 「禪籍解題」(『禪家語錄Ⅱ』 수록, 筑摩書房, 1974년 2월) p.478에는 당연히 병기되어 있다.
7) 『建中靖國續燈錄』 권8 및 『五燈會元』 권12에 入傳되어 있다.

를 탔었을 리가 없다고 말하고, 나아가서 이 공진 찬술설은 정앙의 설이 아니라 임제종의 세력을 연장하려는 사람이 법안종과 운문종을 공격하려고 한 것에서 발생한 것이라고 말한다. 또한 오류의 설이 발생된 이유의 하나로서 공진이 찬술한 『祖源通錄』 30권이 『전등록』의 체제와 유사했기 때문이었을 것이라고 추측되고 있다.[8]

그런데 서여공진의 찬술은 현존하지 않지만, 張方平(1007~1091)의 『樂全集』 권33에 「禪源通錄序」가 남아 있는데 그 서문은 종래의 의문을 해결해 주고, 더불어 燈史의 역사성을 생각할 경우 주목해야 할 점을 분명히 해 주었다.[9] 이제 그 서문에 대하여 살펴보고자 한다.

『능가아발타라보경』은 곧 석존이 설한 제일의 眞實妙義이기 때문에 「佛語心品」이라 말한다. 조사인 달마는 이조에게 이 경전을 주고 다음과 같이 말했다. '나는 중국의 모든 경전의 가르침을 살펴보았는데, 이『능가경』 4권만이 心旨를 보증(印)한 것이라고 보는 것이 좋을 것이라고 생각하였다. 조사로부터 조사에게로 서로 주고 전승하여 심요를 삼거라.' 후에 동산홍인의 시대가 되자 『능가경』의 義理가 심오하였기 때문에 지혜가 얕고 거친 마음의 소유자에게는 잘 이해되지 못하였다. 이에 항상『금강반야경』으로 대중에게 개시하여 그 이해를 쉽게 하였다. 조계혜능에 이르자 대자비심을 가지고 일음으로 설법하여 偈句로써 답하여 하늘의 해와 달처럼 선명한 가르침이 되었다. 그것이 열어서 이끌어 준 것은 본심을 곧장 가리켜서 결정코 『능가경』의 自証智覺의 大旨를 떠난 적이 없었다. 이로써 깨친 사람이 많이 배출되어 불조의 가르침이 이 세상에 널리 행해졌다. 처음에 이조 혜가는 항상 다음과 같이 말하였다. "이『능가경』이 4세 후에 名相을 변화시킬 것이다. 깊이 슬퍼해야 할 것이다." 가사는 전승을 그치고 제방에

---

8) 陳垣, 前揭書의 「景德錄撰人問題」, pp.96~98.
9) 前揭의 졸고, 「宋代禪籍逸書序跋考」에 소개해 둔 것이다.

제3절 찬술자 永安道原

전해지지 않고, 교화는 나뉘어져 남과 북의 장소를 달리하여 돈점의 명목을 드러내게 되었다. 참학한 사람들은 제각각 조사의 말씀을 엮어서 수행도량을 서로 접하며 원류가 점차 넓어지게 되었다. 성인 석존의 재세로부터 점차 시대가 멀어지고, 시대의 풍조는 더욱더 佛緣이 엷어지게 되어 大事를 감당하는 根器가 진실로 없어지게 되었다. 더구나 輕과 重은 權과 衡을 속일 수가 없고, 方과 圓은 規와 矩를 벗어날 수 없는 법이다. 다만 토끼의 뿔과 거북의 터럭처럼 실체가 없는 것과 진흙으로 만든 소와 나무로 만든 말처럼 쓸모가 없는 것을 오히려 심오한 것으로 간주하고, 또한 외관의 장식이 더욱더 심해졌다. 혜가의 名相에 대하여 언급한 말은 진실로 헛된 지시가 되어 버렸다. 처음에 육조 혜능은 모든 문인들에게 설법하였는데 반드시 먼저 종지를 정하도록 하였다. 비록 陰·界·入의 三科로 작용을 일으키게 하였지만 결국은 二法을 모두 멸제시키는 것이다. 때문에 일문일답까지도 소홀히 해서는 안 된다는 것을 알 수가 있다. 만일 걸림없는 辯才를 지니고 있다고 해도 청정원만한 삼매에 들어가면 말하는 것도 침묵하는 것도 그에 따라서 불법이 목전에 드러나서 인연과 믿음이 합치되어 사실 희유한 세계가 된다. 그러므로 황벽희운선사는 항상 대중에게 다음과 같이 말하였다. "강서의 마조 문하에는 불도를 주창하는 선사가 80여 명이나 있었지만 대적선사 마조도일의 正眼을 얻은 사람은 단지 두세 명 뿐이었다." 그러므로 반드시 알아야 한다. 세간의 미혹한 사람을 제도하여 부처의 법인을 전하는 대선지식을 만나는 것은 쉬운 일이 아니라는 것을. 빈발라굴의 모든 성현들이 수다라(經) 등의 삼장을 서로 결집하면서부터 그에 대한 記述이 출현한 것도 오랜 세월이 되었다. 중국에 이르러서는 곧 蕭梁 시대의 『續法記』및 元魏 시대의 『付法藏傳』이 있고, 나아가서 唐 시대의 『寶林傳』·『傳心法要』·『祖堂集』 등 저술이 있다. 송대의 『전등록』은 時代·師承·本末이 상세하게 갖추어져 있다.

근래에 吳興의 具壽僧 拱辰이라는 사람이 있는데, 불도의 정신이 순숙하고, 禪寂을 안락으로 삼으며, 두 번이나 사찰의 주지가 되었고, 그 후에는 대중교화를 그만두었다. 설법은 하지 않는다고 할지라도 사람들에게 聞思修의 불도 입문법을 보여 주고, 공양을 받지 않는다고 해도 대중의 이익을 도모하는 데 힘썼다. 때문에 책들을 조사하고 읽어서 諸典을 집록하여 그 잘못을 바로잡고 그 精要를 보아 근본을 밝혀내고 곁가지를 총괄하였다. 그물이 벼리에 의지해 있듯이 條目은 흐트러지지 않고, 뜻에 의하고 말에 의하지 않으며, 법에 의지하고 사람에 의지하지 않았다. 문자를 떠나지 않고 해탈의 모습을 보여 주고, 옛날과 오늘을 밝게 비추어서 등불의 꺼짐이 없었다. 또한 법안문익 이후의 治平(1064~1067) 말에 이르기까지의 달마의 법사 전체 19세까지를 계속하여 기록하였다. 전부 24권으로서 표제에 『禪源通錄』이라는 제명을 붙였다. 때는 희녕 4년(1071) 정월 보름. 樂全居士 安道가 서문을 쓰다.[10]

---

10) "楞伽阿跋多羅寶經, 乃先佛所說, 第一眞實妙義, 故爲之佛語心品. 祖師達磨, 以付二祖曰, 吾觀震旦所有經敎, 惟此楞伽四卷, 可以印心. 祖祖相付, 傳爲心要. 後至東山, 以爲楞義理深微, 非淺智粗心所能窺測, 故每用金剛般若經, 開示衆等, 令其易解. 逮于曹溪, 以大慈悲, 一音演說, 對答偈句, 揭如日月. 其所開導, 直指本心, 未嘗離楞伽自証智覺之大旨也. 由是領悟者多, 法周沙界. 初二祖常言, 此經四之後, 變成名相, 深可悲哉. 自衣止, 不傳諸方, 分化地殊南北, 名標頓漸. 參學之流, 各相祖述, 道場相望, 源流寡廣, 去聖逾遠, 時風益薄, 堪任大事, 根器誠難. 然輕重不可欺於權衡, 方圓不能出於規矩. 但兎角龜毛, 泥牛木馬, 務爲深隱, 巧愈〈諭?〉彌甚, 名相之言, 諒非虛示. 初六祖敎諸門人說法, 必令先定宗旨. 雖以三科起用, 究竟二法盡除. 故知, 一問一答, 豈苟而已. 若其具無礙弁才, 入淨圓三昧, 隨其語默, 佛法現前, 緣與信合, 事實稀有. 故黃壁禪師, 每謂衆曰, 江西會下, 唱道之師, 八十餘席, 得大寂正眼, 三兩人爾, 則知, 爲世度門, 傳佛法印, 大善知識, 豈易偶哉. 自賓鉢羅窟, 諸聖賢衆, 相結集多羅等藏, 其紀述之來尙矣. 至于中華, 則有蕭梁續法·元魏付法藏傳, 以至于唐寶林·心要·祖堂等集 國朝傳燈錄, 時代·師承·本末詳備. 近吳興有其壽僧拱辰, 道意純熟, 禪寂爲樂, 再啓法筵, 尋復捨衆. 雖不顯談說, 而示人聞修之法, 雖無所作受, 而爲衆利益之事. 故閱上以來, 諸傳集錄, 正其差訛, 攬其精要, 推明統本, 總括橫枝. 若網在網, 條目不紊. 依於義不依語, 依於法不依人. 不離文字, 示解脫相, 徹照今古, 乃無盡燈. 又續 法眼之後, 至治平之末, 達磨法嗣, 通十有九世, 凡二十四卷, 題曰禪源通錄. 時熙寧四年正月望日. 樂全居士安道序."(四庫全書珍本初集本-21丁左-23丁右).

필자는 이전에 『선원통록』은 희녕 4년(1071)에 24권으로 일단 완성되고, 나아가서 보필된 『祖源通要』 30권(『오등회원』 권13, 西余拱辰章. 續藏 2乙-11-3 〈통권138〉-228右上)으로 성립된 것은 아닐까 하고 생각하였지만, 『선원통록』 24권의 숫자가 誤寫가 아님이 『조원통록촬요』 4권에서도 판명되었다.[11] 이 서문의 출현에 의하여 공진의 『전등록』 찬술설은 완전히 부정되고, 공진의 찬술이 되는 별본의 『禪(祖)源通錄』의 존재가 확실해졌다. 『선원통록』은 『전등록』보다 두 세대가 많은 19世까지 치평(1064~1067) 말기까지의 선자들의 전기가 담겨 있었던 것 같다. 『조원통록촬요』에는 明覺重顯의 법사인 17세 辰宗義懷(993~1064)가 알려져 있기 때문에 법안종 19세 慧明延珊의 법사 普慈幻旻(999~1059) 등의 활동을 포함시켜 찬술된 것으로 보인다. 이 책이 景祐 3년(1036)에 성립된 『천성광등록』과 建中靖國 원년(1101)에 성립된 『建中靖國續燈錄』 사이에 위치하여 현존하였다면 특히 법안종과 운문종의 동향을 보다 선명하게 해 주었을 것임에 틀림없다. 또한 「서문」 가운데는 『祖堂』이라는 명칭이 보이는데, 동시대의 明敎契嵩(1007~1072)도

---

11) 『中外日報』(1984년 10월 19일)에 의하면 고려대학도서관에서 동국대 고익진 교수가 『祖源通錄撮要』 4권을 발견하여 연구한 것이 서술되어 있다. 그 기사 가운데 "이번에 발표된 이 자료는 『조원통록촬요』 4권으로 조선 중종 24년(1529)에 전라남도 광양현 백운산 만수암에서 崇黙으로 추정되는 선승에 의하여 편찬되었다. 이것은 11세기 말경 중국 송시대 湖州 西余山의 승려 拱辰이 편찬했던 『祖源通錄』 24권을 4권으로 축소한 것이다."라는 내용이 있다. 1쪽의 사진에 「通錄撮要」 「住湖州西余山釋拱辰編」이라는 문자가 보이지만, 인용된 冒頭는 『統要云…』이라고 분명하게 『종문통요』의 則이기 때문에 과연 『조원통록』이 어느 정도 촬요되어 있는가 하는 문제가 남아 있다. 최근 駒澤大學大學院 博士課程 정무환(性本)의 주선으로 고익진 씨의 「조원통록촬요의 출현과 그 자료가치」의 논문의 요지를 정리했던 메모와 『불교학보』 제21집(동국대학교 불교문화연구원, 1984년 10월)의 〈부록〉 『조원통록촬요』의 영인본을 입수할 수가 있었다. 정 씨에게 감사함과 더불어 내용의 검토는 금후를 기다리고자 한다.

그 존재를 알고 있던『조당집』임이 거의 틀림없고,[12] 인용된 책의 제목으로부터도 주목된다.

鄭昴이 쓴 後序의 설명이 소흥 2년 이전부터 논의되어 왔다고 간주한다면 혹 공진이 찬술한『禪(祖)源通錄』과『景德傳燈錄』의 혼동이라기보다, 먼저 道原 撰『佛祖同參(源)集』과 사이에 혼란이 있었을지도 모른다. 어쨌든「선원통록서」와「불조동참집서」의 출현은 종래『전등록』찬술자의 문제에 대한 의문을 완전하게 해결해 줄 수가 있었다.

그런데 다시『전등록』찬술자인 도원에 대하여 생각해 보기로 하자. 도원에 대해서는『천성광등록』권27에 천태덕소의 법사로서「蘇州承天永安道原禪師」장이 남아 있지만, 佛·佛法의 道理·祖師西來意·學人의 自己 등 여섯 가지의 문답을 기재할 뿐이고『전등록』의 찬술과 행장은 기록되어 있지 않다. 때문에 새롭게 알려진 행장을 포함시켜도 참학했던 절강성의 천태산, 개법했던 소주의 승천영안원, 그리고『선전』의 누락을 보완하고 진상을 위하여 동경에 머물렀던 적이 있었다고밖에는 알 수가 없다. 그래서『전등록』에 있는 것으로 찬술자가 직접 견문했던 事迹, 당시의 종교현상에 대한 관심, 그 가운데에는 간행 때에 보필했을 가능성도 있지만『전등록』에 기초했던 자료 등을 개관하고 분석함으로써 도원의 행장을 보충해 두고자 한다.

우선 事迹의 기술에 대하여 고찰해 보고자 한다. 가령『전등록』권17의 雲居道膺(828?~902)장에는 다음과 같은 내용이 있다.

> 唐 天復 원년(901) 가을 가벼운 질병을 보이더니 12월 28일 대중에게 최후의 방편을 열어서 개당의 사정 및 평생의 생각을 설법하였다.

---

12) 柳田聖山,「『조당집』해제」(前揭의『祖堂集索引』下冊 수록), p.1591 이하.

대중이 모두 슬퍼하였다. 그해를 넘겨 이듬해 정월 3일 결가부좌하여 영면하였다. 지금 본산에는 영당이 현존하고 있다.[13]

이 기록은 『전등록』이 찬술된 시점에서 보면, 홍주 운거산에 도응의 영당이 존재하였고, 그것을 찬술자가 직접 견문한 것으로 보인다. 또한 『전등록』권4의 牛頭法融(594~657)장에 '그 우두산의 옛 거주지에 金源·虎咆泉·錫杖泉·金龜 등의 연못 및 좌선했던 석실 등이 지금도 모두 남아 있다.'[14]는 경우도 마찬가지라고 말할 수 있을 것이다.

이와 같이 체험적인 표현으로 기록되어 있는 것으로 馬祖道一(800~880)의 影堂,[15] 平田普岸의 탑,[16] 福州 古靈神讚의 탑,[17] 衢州 子湖利

---

13) "唐天復元年秋, 示微疾. 十二月二十八日, 為大眾開最後方便, 敘出世始卒之意, 眾皆愴然. 越明年正月三日, 跏趺長往. 今本山影堂存焉."(四部叢刊本-5丁右) ; (大正藏51, pp.335下~336上).

14) "其牛頭山舊居, 金源·虎咆泉·錫杖泉·金龜 等池, 宴坐石室, 今悉存焉."(同-7丁左(大正藏51, p.228中).

15) 『전등록』권6의 마조도일 장에 "元和中, 追諡大寂禪師, 塔曰大莊嚴. 今海昏縣影堂存焉."(同-3丁左)라고 되어 있고, 元注에는 "權德興作塔銘言, 馬祖終於開元寺, 茶毘於石門而建塔也. 至會昌沙汰後, 大中四年七月 宣, 宗勑江西觀察使裴休重建塔并寺, 賜額寶峯."(大正藏51, p.246下)이라고 되어 있다. 1966년에 높이가 32센티미터이고, 폭이 43센티미터인 정원 7년(791)의 「馬祖禪師舍利石函題記」가 출토되었다. 陳柏泉, 「馬祖禪師舍利石函題記與張宗演天師壙記」(『文史』제14집, 1982년 7월) 「題記」의 全文은 다음과 같다. "維唐貞元七年歲次辛未七月庚申朔十七日景子, 故大師道一和上金舍利建塔于此地. 大師貞元四年二月一日入滅. 時洪州刺史李兼, 建昌縣令李啓, 石門法林寺門人等記." 이에 의하면 마조도일의 시적은 정원 4년 2월 1일로 결정된다. 入矢義高 編, 『馬祖의 語錄 (禪文化研究所, 1984년 10월) p.16. 西口芳男, 「마조의 전기」(『禪學研究』제63호, 1984년 12월).

16) 『전등록』권9의 天台 平田普岸章에 "終于本院. 今山門有遺塔存焉. 朝重加修飾, 賜額曰壽昌. 岸禪師即壽昌開山和尚也."(同-8丁左) ; (大正藏51, p.267上~中)이라 되어 있다.

17) 『전등록』권9의 福州 古靈神讚章에 "師後住古靈. 聚徒數載. 臨遷化, (中略) 師儼然順寂. 塔存本山焉."(同-10丁左~11丁右) ; (大正藏51, p.268中)이라 되어 있다.

蹤(800~880)의 탑,[18] 雲居道簡의 탑,[19] 廬山 開先寺 紹宗의 탑,[20] 婺州 明招德謙의 塔院[21] 등이 있다. 더욱이 杭州 羅漢宗徹의 탑이 貞明 5년 (919)에 大慈山으로 옮겨졌다는 것,[22] 항주 文喜(821~900)가 錢王에게 초청되어 龍泉의 廨署에 주석하였는데, 지금은 그것을 '慈光院'이라 부른다는 것,[23] 朗州 德山宣鑒(782?~865)이 주석했던 정사에 裴休(787~860?)가 쓴 寺額이 현존한다는 것,[24] 湖州 道場山 如訥의 三枚의 袈裟, 拄杖, 木屐이 영당에 모셔져 있다는 것,[25] 天台山 國淸寺 師靜(大

---

18) 『전등록』 권10의 衢州 子湖巖利蹤章에 "師居子湖說法四十五稔. 廣明中,無疾歸寂. 壽八十有一, 臘六十一. 今本山有塔."(同-10丁左) ; (大正藏51, p.279上)이라고 되어 있다.
19) 『전등록』 권20의 雲居山 道簡章에 "師示滅後, 廬州帥張崇, 施財建石塔於本山. 至今存焉."(同-7丁右) ; (大正藏51, p.363上)이라고 되어 있다.
20) 『전등록』 권21의 廬山 開先寺 紹宗章에 "江南國主李氏, 建寺請轉法輪. 玄徒輻湊. 暨國主巡幸洪井, 躬入山瞻謁. (中略) 國主益加欽重. 後終於山寺. 靈塔存焉."(同-13丁右) ; (大正藏51, p.375中)이라고 되어 있다.
21) 『전등록』 권23의 婺州 明招德謙章에 "師住明招山四十載. 語句流布諸方. 將欲遷化, (中略) 偈畢安坐, 寂然長往. 今塔院存焉."(同-14丁右左) ; (大正藏51, p.393上)이라고 되어 있다.
22) 『전등록』 권12의 杭州 羅漢宗徹章에 "後至杭州, 州牧劉彦慕其道, 立精舍於府西, 號羅漢院, 化徒三百. (中略) 師後示疾遷化. 門人塔于院之北隅. 梁貞明五年, 錢王廣其院, 為安國羅漢寺, 移師塔於大慈山塢. 今寺與塔並存."(同-8丁右) ; (大正藏51, p.293上)이라고 되어 있다.
23) 『전등록』 권12의 杭州 文喜章에 "(咸通) 七年, 旋浙右, 止千頃山, 築室而居. 會巢寇之亂, 避地湖州, 住仁王院. 光啓三年, 錢王請住龍泉廨署.〈今慈光院〉(中略) 大順元年, 錢王表薦賜紫衣. 乾寧四年, 又奏師號曰無著. 光化三年示疾. 十月二十七日夜子時, 告眾曰. 三界心盡即是涅槃. 言訖, 跏趺而終. 壽八十 ; 臘六十. 終時方丈發白光, 竹樹同色. 十一月二十二日, 遷塔靈隱山西塢."(同-10丁左) ; (大正藏51, p.294中)이라고 되어 있다.
24) 『전등록』 권15의 朗州 德山宣鑒章에 "師住澧陽三十年, 屬唐武宗廢教, 避難於獨浮山之石室. 大中初, 武陵太守薛廷望, 再崇德山精舍, 號古德禪院.〈相國裴休題額見存〉"(同-2丁右) ; (大正藏51, p.317下)이라고 되어 있다.
25) 『전등록』 권15의 湖州 道場山 如訥章에 "師目有重瞳, 垂手過膝. 自翠微受訣, 乃止于道場山, 薙草卓庵. 學徒四至, 遂成禪苑, 廣闡法化. 所遺壞衲三事及開山拄杖木屐, 今在影堂中."(同-9丁左) ; (大正藏51, p.320中)이라고 되어 있다.

靜)과 小靜이라고 불렸던 두 사람의 유적이 보인다는 것[26] 등 다수가 기록되어 있다.

물론 사형·사제 등에 대한 것은 찬술자의 직접적인 경험에 속하는 것이 대부분이겠지만, 전술한 사례의 지명을 순차로 열거해 보면, 홍주 운거산·금릉 우두산·홍주·천태산·복주·구주(절강성)·홍주 운거산·여산·무주(절강성)·항주 대자산·항주·낭주(호남성)·호주(절강성)·천태산 등이다. 이로부터 찬술자는 호남·강남·안휘·절강·복건 등 각 성을 거쳤기 때문에 결국 五代의 十國으로 말하자면 吳越·南唐을 중심으로 직접 견문했던 사람일 것으로 생각된다.

다음으로 『전등록』 찬술 방침에 보이는 찬자 도원의 종교관의 일면을 고찰해 보기로 한다. 불교가 인도로부터 서역을 거쳐 중국에 전승되자 중국인이 경탄한 것은 금색으로 빛나는 불상이었고, 불교자들의 神通이라든가 神異라고 말하는 부사의한 靈力이었으며, 선 그 자체보다도 좌선으로 획득되는 선정력의 부사의함이 신선한 매력이었다.[27] 후에 선종이 독립되자 선이 지니고 있는 특색은 다면성을 지니면서 신통의 매력은 물론이고, 한편으로는 정치적인 수완, 박학, 강렬한 접화, 明解한 선풍 등 독자적인 개성을 발휘했던 일군으로 조사라고 불렸던 사람들이 존숭받게 되었다. 평상의 생활에서 찾아볼 수 있는 대단히 흔한 일로서 가장 엄숙한 종교현상을 파악하는 능력의 소유가 대중에게 환영받았다. 훌륭한 개인에 대해서는 그 덕을 칭송하는 等身佛信仰이 師資

---

26) 『전등록』 권21의 天台山 國淸寺 師靜章에 "二靜上坐〈座?〉, 並終於本山. 今國淸寺遺蹤在焉."(同-10丁左) ; (大正藏51, p.374上)이라고 되어 있다.
27) 柳田聖山, 「奇跡의 魅力」(『佛敎思想7, 無의 탐구〈中國禪〉』 수록, 角川書店, 1969년 3월) 및 鎌田茂雄, 「중국불교의 역사적 성격」(『중국불교사』 제1권 수록, 東京大學出版會, 1982년 1월) 등.

의 전통을 소중히 여기는 선풍에 가미되어 사후의 眞身에게까지 미쳤다. 뒤에 서술하듯이 僧伽和尙의 등신불신앙은 대표적인 예이지만,[28] 『전등록』의 찬술자 도원은 당시의 풍조까지 전해 주듯이 등신불신앙의 사실에 대하여 상세한 기록을 남기고 있다.

선종의 대성자인 六祖 慧能(638~713)의 등신불이 膠漆되었다는 것은 특히 유명한 이야기이다.[29] 가령 『전등록』 권23의 泉州 龜洋慧忠(817~882) 장에는 다음과 같은 기록이 있다.

> 혜충선사는 遊山하며 草庵法義에게 사법하면서부터 출가했던 사찰인 龜洋山으로 돌아와 시적할 때까지 산을 내려가지 않았다. (시적한 후에) 無了和尙의 탑이 있는 곳의 동쪽 모서리 200보 쯤 되는 곳에 장례지내고 東塔이라 불렀다. 수년이 지나자 그 탑이 돌연히 붕괴되었는데 一丈 남짓 길이의 계단이 만들어졌다. 그때 主搭僧이 탑을 열어보려고 생각하였다. 밤중에 좌선삼매에 들었는데 서탑에서 좌선하는 모습의 무료화상이 나타나 말하였다. "나의 유해가 이미 그대들에게 수고를 끼쳐서 정중하게 장례를 마쳤다. 그러므로 이제 동탑은 새롭게 장례지내는 수고를 끼치지 않겠다." 탑주는 영감을 받고서 시주들을 불러서 탑을 중수하여 장엄을 가하였다. 지금까지도 신자들이 향과 등불을 공양하고 있다. 현재 陳 씨와 沈 씨의 두 眞身이라고 일컬어 지고 있는 것이 바로 그것이다. 그 무료선사는 마조의 법을 이은 사람으로서 事迹은 別章에 자세하게 기록되어 있다.[30]

---

28) 牧田諦亮,「僧伽和尙」(『中國佛敎史硏究第二』수록. 大東出版社, 1984년 11월).
29) 駒澤大學禪宗史硏究會 編, 『慧能硏究』(大修館書店, 1978년 3월) p.209 이하.
30) "師始從參禮, 以至最初示滅, 未嘗下山. 葬于無了和尙塔之東隅二百步, 目為東塔. 經數載, 其塔忽坼裂, 連階丈餘. 時主搭僧將發之. 於夜宴寂中, 見西塔定身言曰, 吾之遺質既勞汝重瘞. 今東塔不煩更出也. 塔主稟乎靈感, 召檀信, 重修補嚴飾. 迄今香燈不絕. 時謂陳沈二真身是也. 其無了禪師, 嗣馬祖, 事迹廣如別章."(四部叢刊本-21丁右左) ; (大正藏51, p.395下).

이 龜洋慧(志)忠(속성은 陳 씨)의 행장에 관해서는 黃滔가 찬술한 「龜洋靈感禪院東塔和尙碑」(『黃御史集』권5)에 상세하게 나온다. 또한 『전등록』권8의 龜洋無了(속성은 沈 씨) ; (787~867) 章에도 "지금 龜洋의 두 진신을 백성들이 믿고 의지하는 것이 마치 僧伽가 遺化하는 것과 같다."(同-11丁左)라고 기록되어 있다.[31]

僧伽는 세간에서 觀音大士의 화신으로 알려져 景龍 3년(709) 3월 3일에 시적했던 인물이다. 『전등록』권27의 僧伽章에 의하면 입멸 후에 中宗은 칙명으로 薦福寺에서 眞身에 옻칠하여 굳혀서 탑을 세우게 하려는 즈음에 성안 전체에 가득히 역한 냄새가 자욱하였다. 그러자 중종은 僧伽를 안휘성 泗洲로 돌려보내도록 축원을 하자 그 말이 끝나자마자 아름다운 향기가 가득하였다고 한다. 민중이 승가화상에 기대는 신앙은 길이 중국의 민간신앙으로 계속되었는데,[32] 그 승가화상과 마찬가지로 구양산의 두 진신의 신앙을 특필하고 있는 것은 주의해 볼만하다.

동일한 예는 같은 『전등록』권27의 明州 奉化縣 布袋和尙章에서도 보인다. 스스로 契此라고 이름한 이 승려는 배가 불룩하게 나온 모습으로 장대에 하나의 포대를 걸쳐 매고 奇行을 보이며 貞明 2년(916) 3월

---

31) 『전등록』권8의 泉州 龜洋山 無了章에 "後弟子慧忠遇澄汰, 終於白衣. 就塔之東二百步而葬, 謂之東塔. 今龜洋二眞身, 士民依怙 若僧伽之遺化焉. 慧忠得法於草庵和尙, 如本章述之."(同-11丁左) ; (大正藏51, p.260下)라고 되어 있다.
32) 『전등록』권27의 泗州 僧伽大師章에 "(景龍) 三年三月三日, 大師示滅. 勅令就薦福寺漆身起塔. 忽臭氣滿城. 帝祝送師歸臨淮. 言訖, 異香騰馥."(同-9丁右) ; (大正藏51, p.433上)라고 되어 있다. 또한 僧伽의 생몰 연대는 異說이 있다. 李邕(673~742)의 「大唐泗州臨淮縣普光王寺碑」, (『文苑英華』권85 수록)에는 景龍 4년 3월 2일에 長安 薦福寺에서 입적했다고 하고, 『宋傳』권18에서는 83세의 世壽가 가해져 있는데 628~710년의 생애로 되어 있다. 또한 경룡 2년설을 전하고 있는 『佛祖統紀』권40 등도 있다. 牧田亮諦, 「僧伽和尙」, (前揭書).

봉화현의 嶽林寺에서 시적하였다. 遺偈 가운데 스스로 미륵의 화신이라 말하였으며, 입멸 후에도 여러 곳에서 포대를 짊어지고 다니는 모습이 발견되었다고 전해져서 사부대중은 경쟁하여 포대화상의 像을 그렸다고 한다. 전기의 말미에 "지금 악림사의 大殿 東堂에 全身이 현존한다."(同-12丁左) ; (大正藏51, p.434中)고 기록되어 있다.[33] 僧伽와 布袋는 이미 선자의 격을 초월하고 있지만, 『전등록』권27의 前半은 그와 같은 파격적인 사람들이 수록되어 있다. 이것은 찬술자의 등신불신앙에 대한 비상한 관심을 엿볼 수 있는 동시에 그러한 사람들까지도 선종의 내부에 집어넣으려는 찬술자의 의도가 드러난 것이다.

  마찬가지의 표현은 韶州 靈樹如敏[34](?~918), 筠州 黃檗山慧,[35] 常州 正勤院薀 章[36]에 보인다. 또한 漳州 保福淸豁(?~976)은 유언으로 유해를 벌레 및 개미에게 보시할 것을 희망했지만 일주일이 되어도 벌레와 개미에게 침식당하지 않자 찬술자는 경이로운 눈길을 기울이고 있다.[37]

---

33) 『전등록』권27의 明州 奉化縣 布袋和尙章에 "未詳氏族. 自稱名契此. 形裁腰脫, 䫌額皤腹. 出語無定, 寢臥隨處. 常以杖荷一布囊. 凡供身之具, 盡貯囊中. 入廛肆聚落, 見物則乞. 或醯醢魚菹, 才接入口, 分少許投囊中. 時號長汀子布袋師也. (中略) 梁貞明三年丙子三月, 師將示滅, 於嶽林寺東廊下, 端坐盤石而說偈曰, 彌勒眞彌勒, 分身千百億. 時時示時人, 時人自不識. 偈畢安然而化. 其後他州有人見師亦負布袋而行. 於是四眾競圖其像. 今嶽林寺大殿東堂, 全身見存."(同-11丁左~12丁左) ; (434上~中)이라고 되어 있다. 澤村幸夫,「包袋-哄笑佛」(『支那民間の 神들』수록, 象山閣, 1941년 12월).
34) 『전등록』권11의 韶州 靈樹如敏章에 "師全不身散. 其葬具龕塔, 並廣主具辦. 今號靈樹眞身塔焉."(同-10丁左) ; (大正藏51, p.286下)이라고 되어 있다.
35) 『전등록』권20의 筠州 黃檗山慧章에 "尋住黃檗山, 聚眾開法.〈第二世住〉. 終于本山, 今塔中全身如生."(同-19丁左) ; (大正藏51, p.368上)이라고 되어 있다. 不壞의 肉身에 대한 기록이 『전등록』권12의 杭州 文喜章의 割注에도 보인다.
36) 『전등록』권20의 常州 正勤院薀 章에 "師晉天福中, 將順寂, 預告大眾. 及期, 闔城士女, 奔走至院. 師囑付訖, 怡然坐化. 門人葬于院後. 經二稔發塔, 覩全身儼然, 髮爪俱長. 乃於城東闍維, 收舍利眞骨, 重建塔."(同-21丁右) ; (大正藏51, p.368下)이라고 되어 있다.
37) 『전등록』권22의 漳州 保福淸豁章에 "師將順世, 捨眾欲入山待滅. 過芋谿石橋.

제3절 찬술자 永安道原   61

결국 청활의 유해는 다비하여 산야에 뿌려졌다. 이 예와는 달리『전등록』권20의 袁州 大平山 善道章에는 "선사의 기이한 행적은 자못 많았지만 여기에 번거롭게 기록하지는 않는다. 입멸 후에 문인들이 탑을 건립하여 본국에 석조상을 세웠다."(同-24丁左) ; (大正藏51, p.370上)고 기록되어 있을 뿐 어떤 신이인가는 기록되어 있지 않다. 그러나 그러한 기록을 남겨 두고 있다는 것은 전권을 통하여 일관된 경향이라고 말할 수 있다. 신통과 기이한 神異의 매력을 찬술자가 인정했던 것은 당시 光宅慧忠(?~776)이 인도 大耳三藏의 신통을 타파했던 공안이 크게 화제가 되었던 것과 관련시켜 생각해 볼 수가 있다. 찬술자의 법계에 속하는 玄沙師備(835~908)가 그 공안에 著語를 붙이고 있다는 점도 주의할 필요가 있다.[38] 선종에서는 龐居士의 "신통과 묘용이란 물을 긷고 나무를 하는 것이다."라는 말을 언급할 필요도 없고, 인도의 신통은 이미 선정 중심적인 매력으로는 존립할 수 없었던 것이 아니었을까.

그런데 이 등신불의 견문도 泗州·明州·常州·筠州·韶州·漳州·泉州의 지역에 한정되어 있다. 이러한 경향은 『전등록』에 기록되어 있는 선자의 활동지역을 일람표로 정리해 보면 표1의 경우처럼[39] 찬술자의 견

乃遺偈曰, 世人休說路行難, 鳥道羊腸咫尺間. 珍重芋谿谿畔水, 汝歸滄海我歸山. 即往貴湖卓庵. 未幾謂門人曰, 吾滅後, 將遺骸施諸蟲蟻. 勿置墳塔. 言訖, 潛入湖頭山, 坐盤石, 儼然長往. 弟子戒, 因入山尋見, 稟遺命, 延留七日, 竟無蟲蟻之所侵食. 遂就闍維 散於林野. 今泉州開元寺淨土院影堂存焉."(同-13丁右) ; (大正藏51, p.384中)이라고 되어 있다. 여기에서는 생략했지만 같은 기록은 牛頭宗의 法持·智威 등에도 보인다.
38) 『전등록』권5의 光宅慧忠章(同-21丁左) ; (大正藏51, p.244上).
39) 『전등록』의 목록에 기록된 활약 지역을 분석해 본 것인데, 그 경향을 살펴보는 데에는 충분할 것이다. 또한 지역별로 활약한 선자들에 대한 상세한 분석은 鈴木哲雄 박사의 『唐五代의 禪宗-湖南江西篇-』(大東出版社, 1984년 7월), 『唐五代禪宗史』(山喜房佛書林, 1985년 12월)가 있다.

〈표1〉『경덕전등록』에 나타난 五家禪者의 분포

	남악문하				청원문하					합계
	남악계		위앙종	임제종	청원계		법안종	조동종	운문종	
	마조와 제자	마조의 제자 외			설봉과 제자	설봉의 제자 외				
하북성	5(5)	12(4)	0(0)	14(11)	1(1)	8(5)	0(0)	2(1)	0(0)	42(27)
산동성	1(0)	0(0)	0(0)	1(1)	0(0)	3(1)	0(0)	0(0)	0(0)	5(2)
산서성	11(5)	12(4)	3(2)	1(1)	2(1)	12(8)	2(2)	3(2)	1(1)	47(26)
하남성	4(2)	5(1)	4(1)	7(6)	1(0)	17(8)	0(0)	6(3)	0(0)	44(21)
협서성	11(6)	16(7)	4(2)	1(0)	2(2)	30(22)	1(1)	20(14)	1(1)	86(55)
강소성	7(1)	11(3)	1(0)	0(0)	0(0)	10(6)	19(14)	5(4)	2(2)	55(30)
절강성	11(6)	28(18)	9(3)	1(0)	13(10)	47(41)	62(42)	7(6)	0(0)	178(126)
안휘성	6(3)	10(4)	3(1)	3(3)	1(1)	9(7)	5(4)	11(4)	4(2)	52(29)
강서성	21(16)	19(10)	16(11)	0(0)	4(2)	57(39)	37(18)	46(29)	10(6)	210(131)
호북성	11(3)	10(6)	16(9)	3(3)	2(2)	44(34)	4(1)	34(24)	6(5)	130(87)
호남성	13(10)	10(6)	9(2)	1(0)	3(3)	67(56)	2(1)	20(12)	16(14)	141(104)
사천성	0(0)	3(2)	5(4)	0(0)	3(1)	24(13)	0(0)	10(6)	4(3)	49(29)
복건성	4(2)	10(10)	5(3)	0(0)	21(21)	82(74)	8(7)	4(2)	0(0)	134(119)
광동성	6(1)	5(3)	3(3)	0(0)	1(1)	5(2)	1(1)	2(2)	28(27)	51(40)
신라·고려	0(0)	19(2)	1(1)	1(0)	1(0)	12(7)	3(2)	4(1)	0(0)	41(13)
不明·기타	28(16)	17(4)	8(0)	8(5)	1(0)	12(7)	0(0)	1(1)	0(0)	75(33)
합계	139(76)	187(84)	87(42)	41(30)	56(45)	439(330)	144(93)	175(111)	72(61)	1340(872)

※( ) 안은 기록이 보이는 사람의 수이다. 남악파·청원파 이외는 생략.

제3절 찬술자 永安道原

문과 밀접한 관계가 있는 것으로 보인다.

찬술자의 직접경험에서 오는 도원이 『전등록』을 작성하는 과정에서 지역적인 한계를 보여 주고 있기 때문에 최후로 수집된 자료의 구성상의 한계를 살펴보기로 한다.

가령 『전등록』 권5의 조계혜능장에는 광동성 소주 보림사로 돌아왔을 때의 모습을 다음과 같이 기록하고 있다.

> 소주의 자사 韋據는 선사를 大梵寺로 초청하여 묘법륜을 굴리고 또한 無相心地戒를 내려 줄 것을 원했다. 문인이 기록하여 『단경』이라 이름 붙였는데, 흥성하게 세간에 유포되어 있다. (중략) 법을 얻은 사람으로 印宗 등 33명은 각각 한 지역을 교화하여 正嗣라고 표방하고 있는 사람을 제외하고도, 그 이외에 名迹을 감추고 있는 사람은 헤아릴 수가 없다. 현재 諸家의 전기 가운데 간략하게 기록하고 있는 열 명은 傍出이라 부른다.[40]

도원이 『단경』을 열람한 것은 틀림없지만 어떤 계통의 『단경』이었는가 하는 문제가 남아 있다.[41] 『전등록』 권5의 목록에는 "法嗣 43인 〈19인은 기록이 보임. 10인은 傍出임〉"(同-1丁右)이라 되어 있는데 10인의

---

40) "韶州刺史韋據, 請於大梵寺轉妙法輪, 并受無相心地戒. 門人紀錄, 目為壇經, 盛行於世. (中略) 得法者, 除印宗等三十三人, 各化一方, 標為正嗣, 其外藏名匿迹者, 不可勝紀. 今於諸家傳記中, 略錄十人, 謂之旁出."(同-2丁左); (大正藏51, pp.235下~237上).
41) 惠昕本 『단경』 및 돈황본 계통 『단경』의 유포는 반드시 명확하지는 않다. 『육조단경』의 연구는 많지만 필자도 졸고, 「伊藤隆壽氏가 발견한 眞福寺文庫所藏 『六祖壇經』의 소개-惠昕本 『六祖壇經』 祖本과 比丘하여-」(『駒澤大學佛教學部論集』 제10호, 1979년 11월); 「契嵩本 『六祖壇經』의 한 추측」(『宗教研究』 제23호, 1981년 3월); 「惠昕本 『六祖壇經』 연구-定本의 試作과 敦煌本의 對照-(正)·(續)」(『駒澤大學佛教學部論集』 제11·12호, 1980년 11월·1981년 10월) 등에서 문제로 제기한 적이 있다.

傍出이란 혜흔본『단경』의 10인의 제자들 곧 神會·法珍·法如의 3인을 제외하고 法海·志誠·法達·智常·智通·志徹·志道의 7인과,『전등록』목록의 印宗 앞에 기록된 堀多·曉了·智隍을 가리키는 것으로 보인다. 아마도 혜능 本傳의 正嗣의 필두에 印宗이 있는 것은 그러한 의미를 포함하고 있는 것으로 생각된다.『전등록』권3까지는『寶林傳』및『聖胄集』[42]으로부터 구성되었다는 것은 찬술자 자신이 기록하고 있는 것으로서, 권5에『단경』의 영향이 있었다는 것은 부정할 수 없을 것이다.

또한 찬술된 당시에 널리 읽혀지고 있던 게송류가『전등록』권29의「讚·頌·偈·詩」및 권30의「銘·記·箴·歌」로 구성되었다. 가령『전등록』권5의 溫州 永嘉玄覺章에 "『증도가』1수 및 선종의 깨침과 수행의 원만한 종지를 드러내어 얕은 곳으로부터 깊은 곳으로 나아간다. 慶州 刺史 魏靖이 편집하여 거기에 서문을 붙이고 10편으로 구성하여 제목을『永嘉集』이라 붙였다. 모두 흥성하게 세상에 유행하고 있다."(同-15丁左)라는 기록은 권30에『증도가』,[43] 그리고 권5에『영가집』[44]의 각 節을 요약하여 서술한 대목이 있다.(大正藏51, pp.241中~242中)『영가집』과 마찬가지의 모습은 규봉종밀의『都序』및『裵休拾遺問』을 撮略한 곳에도 보인다.[45] 또 당시에 유행하고 있던 것을 권말에 수록했던 것으로 荷

---

42) 柳田聖山,「玄門『聖胄集』에 대하여-스타인 수집 돈황사본 제4478호 소개-」(『佛敎史學』제7권 제3호, 1958년 3월) 및 田中良昭,「『聖胄集』」(『敦煌禪宗文獻 硏究』수록, 大東出版社, 1983년 2월).
43) 田中良昭,「『禪門秘要決』」, (同).
44) 仙石景章,「『永嘉集』에 대한 하나의 試論」(『宗學硏究』제21호, 1984년 3월).
45) 졸고,「眞福寺文庫所藏『裵休拾遺問』의 翻刻」(『禪學硏究』제60호, 1981년 10월) 또한 종래『中華傳心地禪門師資承襲圖』라고 이름 붙인 日蓮宗 妙顯寺 舊藏本은 어디까지나 擬題이다. 내용으로 보아도 본문에서 시도한 명칭임이 확실해졌기 때문에 북송시기에 개판되었을 때 붙여진 것으로 생각되는『裵休拾遺問』이라는 명칭을 사용하는 것이 적절할 것이다.

澤神會(684~758)의 『顯宗記』가 권30에,⁴⁶⁾ 騰騰和尙의 『了元歌』가 권30에,⁴⁷⁾ 香嚴智閑(?~895?)의 게송이 권29에,⁴⁸⁾ 石頭希遷(700~791)의 『參同契』가 권30에,⁴⁹⁾ 洞山良价(807~869)의 게송이 권29⁵⁰⁾에도 각각 그 예가 보인다.

그러나 당시에 유행하고 있던 것이 모두 기록되어 있는 것이 아니라 匡担山 曉了의 전기,⁵¹⁾ 千頃楚南의 저술,⁵²⁾ 배휴의 발원문,⁵³⁾ 疎山光仁

---

46) 胡適, 「頓悟無生般若頌殘卷-荷澤大師顯宗記」(『神會和尙遺集』 수록, 胡適記念館, 1968년 12월) 또한 『전등록』 권5의 海澤神會章에 "天寶四年, 方定兩宗. 〈南能頓宗 北秀漸教〉 乃著顯宗記, 盛行于世."(同-24丁左) ; (大正藏51, p.245上-中)라고 되어 있다. 생몰 연대는 竹內弘道, 「新出 荷澤神會塔銘에 대하여」(『宗學硏究』 제27호, 1985년 3월)에 의한다.

47) 『전등록』 권4에 "洛京福先寺仁儉禪師, 自嵩山罷問, 放曠郊鄽. 時謂之騰騰和尙. (中略) 唯了元歌一首, 盛行於世."(同-18丁左) ; (大正藏51, p.232下)라고 되어 있다.

48) 『전등록』 권11의 鄧州 香嚴智閑章에 "師凡示學徒, 語多簡直. 有偈頌二百餘篇. 隨緣對機, 不拘聲律, 諸方盛行. 後諡襲燈大師."(同-7丁右) ; (大正藏51, p.284下)라고 되어 있다.

49) 『전등록』 권14의 石頭希遷章에 "師著參同契一篇. 辭旨幽濬, 頗有注解, 大行於世."(同-3丁右) ; (大正藏51, p.309下)라고 되어 있다. 권24의 法眼文益章에는 법안이 『참동계』를 높이 평가하고 있음을 보여 준다. 椎名宏雄, 「『參同契』의 性格과 原文」(『宗學硏究』 제23호, 1981년 3월).

50) 『전등록』 권15의 洞山良价章에 "〈師昔在泐潭, 尋譯大藏, 纂出大乘經要一卷. 幷激勸道俗偈頌誡等, 流布諸方.〉"(同-17丁右) ; (大正藏51, p.323中)이라는 割注가 있다.

51) 『전등록』 권5의 匡担山 曉了章에 "傳記不載, 唯北宗門人忽雷澄撰塔碑, 盛行于世. 略曰, …"(同-7丁右) ; (大正藏51, p.237下)이라고 되어 있어서 本傳에 略文이었던 것도 수록되어 있는 것은 오히려 특수한 예이다. 이를테면 동일한 글이 『全唐文』 권913에 수록되어 있는데, 그것은 『전등록』을 인용한 것으로 보인다.

52) 『전등록』 권12의 杭州 千頃山 楚南章에 "師平昔著般若經品頌偈一卷, 破邪論一卷, 見行于世."(同-8丁右) ; (大正藏51, p.292下)라고 되어 있는 것도 현재는 전하지 않는다.

53) 『전등록』 권12의 裴休章에 "仍集黃檗語要, 親書序引, 冠於編首, 留鎮山門. 又親書大藏經五百函號, 迄今寶之. 又圭峯禪師, 著禪源諸詮, 原人論, 及圓覺經疏, 注法界觀. 公皆爲之序. (中略) 公遂篤志內典, 深入法會, 有發願文, 傳於世."(同-9丁左) ; (大正藏51, p.93中~下)라고 되어 있다. 이 글은 『大戒訣或問』의 권말에 붙어 있는 「勸發發菩提心文」(續藏 2-8-2 〈통권103호〉)으로서 별도로 행해지고

의 게송,[54] 報恩淸護의 게송,[55] 歸宗道詮의 歌頌,[56] 龍濟紹修의 게송[57] 등은 말미에 붙어 있지 않은 예이다. 이러한 것은 찬술자에 의하여 선택된 것으로 보인다. 위에서 살펴본 것과 같이「불조동참집서」에 "혹은 겸해서 가송을 채택하여 부록으로 내놓아 편집하였다."라고 했기 때문에 이러한 것은『전등록』의 간행 이전에 남아 있었던 것일지도 모른다.

뒤에서도 검토하겠지만 특히『전등록』의 성립에 절대 누락시킬 수 없는 자료는『전등록』권19의 雪峯義存의 法嗣 南嶽 般舟道場 寶聞大師 惟勁의 글이다.

> 선사는 梁 開平(907~911) 중에『續寶林傳』4권을 찬술하여 貞元 (801) 이후 선문을 계승하여 그 원류를 기록하였다. 또 7언으로 된 『覺地頌』을 만들어서 널리 諸敎의 緣起를 설명하였다. 특별히 또『南嶽高僧傳』을 저술하였는데 모두 세간에 유전되고 있다.[58]

정원 17년(801)에 성립된『보림전』을 계승한『속보림전』4권이 완성되어 趙州從諗(778~879), 曹山本寂(840~901), 雪峯義存(822~908), 玄

있는 것으로 보인다.

54)『전등록』권17의 撫州 疎山光仁章에 "又著四人等頌, 略華嚴長者論, <u>流傳於世</u>." (同-16丁右) ; (大正藏51, p.340上)라고 되어 있는 것도 현재 전하지 않는다.
55)『전등록』권21의 金陵 報恩院 淸護章에 "五處語要偈頌, <u>別行于世</u>."(同-24丁右) ; (大正藏51, p.379中)라고 되어 있는 것도 현재 전하지 않는다.
56)『전등록』권24의 盧山 歸宗道詮章에 "師頗有歌頌, <u>流傳於世</u>."(同-17丁右) ; (大正藏51, p.403中)라고 되어 있는 것도 현재 전하지 않는다.
57)『전등록』권24의 撫州 龍濟山主 紹修章에 "著偈頌六十餘首, 及諸銘論群經略要等, 並行于世."(同-11丁右) ; (大正藏51, p.401上)라고 되어 있는 것도 현재 전하지 않는다. 또한『전등록』과 비교하여『조당집』에는 많은 게송류가 전해지고 있다. 柳田(橫井)聖山,「『조당집』의 자료가치(1)-唐期禪籍의 비판적 조치에 관한 하나의 시도-」(『禪學硏究』제44호, 1953년 10월).
58) "師於梁開平中, 撰續寶林傳四卷, 紀貞元之後禪門繼踵之源流也. 又製七言覺地頌, 廣明諸敎緣起. 別著南嶽高僧傳, 皆流傳于世."(同-19丁右) ; (大正藏51, p.360中).

沙師備(835~908) 등을 기록하고 있음에 틀림없다. 이 책은 『전등록』에 선행하는 것으로 같은 내용을 포함한 燈史로 간주되므로 『전등록』에 끼친 영향은 당시에 유행하고 있던 다른 저술류와는 비교할 수 없을 정도로 큰 것이었다고 생각된다. 더욱이 『속보림전』과 동일한 찬술자가 직접 견문했던 시대와 연결되는 자료로서 큰 영향이 있었던 책으로 현사사비의 『어록』이 있다. 『전등록』 권18 현사장에는 "선사의 應機接物은 겨우 30년이었지만 청원과 석두의 흐름을 오늘에 이르도록 단절시키지 않게 하여 장래를 轉導하였다. 펼친 법요는 많고 적은 기록 등으로 남아서 海內에 유행하고 있다. 그 밖의 어구는 각각 문도 제자들의 章 및 제방의 徵擧를 따라서 출현되었다."[59]라고 되어 있다. 소위 공안의 원류가 되는 徵擧로 언급된 古則이 각 전기에 수록되었을 가능성이 존재한다.

百丈懷海(749~814)의 「禪門規式」[60]과 投子大同(819~914),[61] 龍冊道怤의 『語要』[62]처럼, 혹은 양억 등에 의하여 약간은 조정되었다고 해도

---

59) "師應機接物僅三十祀, 致青原石頭之潛流, 迨今不絕. 轉導來際. 所演法要, 有大小鈎行於海內. 自餘語句, 各隨門弟子章及諸方徵擧出焉."(同-10丁右) ; (大正藏 51, p.347中).
60) 『전등록』 권6의 百丈懷海章에 부가되어 있는 것으로 그 가운데 "禪門獨行, 由百丈之始. 今略敍大要, 遍示後代學者, 令不忘本也. 其諸軌度, 山門備焉."(同-15丁左) ; (大正藏51, p.251中)라고 되어 있다. 『百丈清規』의 내용에 대해서는 鏡島元隆, 「『永平清規』의 배경으로서 『百丈清規』」(『道元禪師와 그 주변』 수록, 大東出版社, 1985년 3월) 참조.
61) 『전등록』 권15의 投子大同章에 "師居投子山三十餘載. 往來激發請益者, 常盈于室. 師縱之以無畏辯, 隨問遽答, 啐啄同時. 微言頗多, 今略錄少分而已."(同-9丁右) ; (大正藏51, p.320上)라고 되어 있다. 『古尊宿語要』에 수록되어 있는 『投子和尚語錄』은 天禧 5년(1021) 간행이다. 伊吹敦, 「『投子和尚語錄』의 성립에 대하여」(『早稻田大學大學院文學研究科紀要』 別冊 제12집, 1986년 3월) 참조.
62) 『전등록』 권18의 杭州 龍冊寺 道怤章에 "師三處開法語要, 隨門人編錄, 今但便概而已. (同-15丁右) ; (大正藏51, p.349下)라고 되어 있다.

『전등록』이 남악 계통에 편향되어 청원 계통이 크게 삭제되었다는 것은 생각하기 어렵다. 오히려 법안종에 속하는 찬술자였기 때문에 청원 계통의 자료를 중심으로 『전등록』이 찬술되고 그것이 전체를 일관하고 있는 것으로 간주된다.

이와 관련해서는 뒤에도 문제로 삼겠지만, 권28의 「諸方廣語」 가운데 「玄沙宗一師備大師語」, 「漳州羅漢桂琛和尙語」, 「大法眼文益禪師語」가 있어서 동시대의 선자의 법어는 현사 계통 및 법안종 이외에는 하나도 없다. 또 권29에는 「玄沙宗一大師頌」 3수, 「漳州羅漢和尙明道頌」 1수, 「大法眼禪師頌」 14수가 있고, 권30에도 「杭州五雲和尙坐禪箴」 및 「法燈禪師古鏡歌」 3수가 있다. 이처럼 법안종 사람들의 기록이 많다는 것으로부터도 찬술자의 경향을 엿볼 수가 있다.

이상 『전등록』의 찬술자인 영안도원의 전기는 상세하게 알 수가 없기 때문에 그가 기술한 경향으로부터 『전등록』을 분석하였지만, 양억 등의 간행이 있었다고는 해도 전체적으로는 법안종에 속하는 찬술자라는 대단히 한정된 관심과 종파의식이 농후하게 남아 있음을 확인할 수 있었다. 그 결과 『전등록』은 찬술자의 견해가 상당히 치우친 가운데서 찬술되었다고 말해도 좋을 것이다. 거기에 『전등록』의 역사적 성격의 일단이 있다고 말할 수가 있다.

제4절 『송고승전』과 『경덕전등록』

端拱 원년(988)에 성립된 『송고승전』(송전)과 景德 원년(1004)에 성립된 『경덕전등록』 사이에는 불과 16년의 세월 밖에 흐르지 않았음에도 불구하고 찬술된 의도의 차이를 고려한다고 하더라도 선종을 파악하는 방식에 큰 차이가 보인다. 위에서 서술한 바와 같이 이것은 『송전』과 『대명고승전』 사이의 단절을 메워 주고 있는 『전등록』의 새로운 동향이기도 하다. 그것은 또한 각범혜홍의 비판이 결과론이었음을 증명해 주는 하나의 과정이고, 또한 선종의 교단 가운데 기타 종교집단을 편입시키려는 것이기도 하였다. 중국불교의 역사는 분명히 고승전류에 보이는 十科가 붕괴되는 방향으로 흘러가는 경향을 증대시키고 『전등록』의 세계만을 정통화 하려는 방향으로 흘러갔다. 여기에서 비교해 보려고 하는 『송전』과 『전등록』의 차이는 그 이후 송대선의 과도기를 여실하게 보여 주는 큰 집단의 움직임으로 취급해도 반드시 부정할 수만은 없는 일면을 지니고 있다.

우선 『송전』에 보이는 선승에 대하여 『전등록』을 통해서 선종의 계보 가운데 배치해 보고자 한다. 거기에는 찬영이 의도적으로 배치하고 또 삭제한 선자들과 도원이 기록한 선자들 사이에 차이가 드러나 있어서 『송전』「습선편」의 성격을 엿볼 수가 있다.

표2는 『송전』에 보이는 656인의 전기 가운데,[1] 『전등록』에 138인의

---

1) 찬영의 上表文에 의하면 正傳 533인과 附傳 130인으로 도합 663인이 입전되어 있다.(大正藏50, p.710上) 塚本善隆·牧田諦亮, 「宋高僧傳 解題」(『國譯一切經

이름이 나타나 있음을 보인 것이다. '기타'라는 말은 『전등록』에는 수록되어 있지 않지만 계보를 알 수 있는 사람 혹은 계보가 분명하지 않은 선종의 사람을 가리킨다.

〈표2〉

篇名		(1) 譯經	(2) 義解	(3) 習禪	(4) 明律	(5) 護法	(6) 感通	(7) 遺身	(8) 讀誦	(9) 興福	(10) 雜科聲德	합계
宋傳卷數		1~3	4~7	8~13	14~16	17	18~22	23	24~25	26~28	29~30	
總數		44	94	132	68	19	112	24	50	56	57	656
傳燈錄 선자의 數	立傳者	0	3	94	0	6	10	3	0	8	3	127
	無傳者	0	4	22	2	2	11	2	0	1	12	56
	計	0	7	116	2	8	21	5	0	9	15	183
기타		0	2	16	1	0	5	2	1	4	4	35

〈표2〉를 더 분석해 보기로 한다. 우선 확실하게 말할 수 있는 것은 『송전』의 「습선편」과 『전등록』의 달마선이 아직 완전하게는 일치되어 있지 않다는 것이다. 그렇다면 찬영이 말한 '습선자'란 무엇을 의미하고 있는 것인가. 『송전』 권13의 천태덕소전의 付說에서는 다음과 같이 말하고 있다.

> 논하여 말한다. 범어의 禪那는 중국말로 번역하면 念修이다. 情念에 접촉되면서도 念의 의식활동이 없고, 종일토록 수행하면서도 수행에 사로잡히지 않는 것이다. 또한 중국에서는 正定이라고도 말하고, 正

和漢撰述 80』 수록, 大東出版社, 1959년 4월)도 마찬가지이다. 찬영은 단공 원년 이후에도 補筆하고 있기 때문에 현존하는 大正藏經本과 『국역일체경』을 참고하여 헤아린 것이다.

受라고도 말한다. (중략) 또한 달마는 법요를 내세워 오직 두 가지 뿐이라고 하였다. 소위 理入과 行入이다. 그런즉 곧장 가르쳐서 돌아가는 길이 없고 점차가 아니라 곧장 깨치게 하는 것이다. 문자에 의거하지 않는 것이란 수단과 방편에 의하지 않고 깨침(道)과 하나가 되는 것이다. 당시에 양나라 무제는 이해하지 못하였고, 북위의 사람들도 달마를 존중하지 않았기 때문에 달마는 소림사에서 面壁하여 혜가 한 사람에게만 마음을 인가하였다. (중략) 혜가 밑에서 승찬이 나오고, 승찬 밑에서 도신이 나왔으며, 그 도신 밑에서 두 갈래로 나뉘었다. 하나는 홍인이고, 다른 하나는 법융이다. 법융은 우두산의 법융이다. 홍인은 神秀와 慧能을 길러냈는데, 혜능이 전법의 가사를 전승하였다. 그 가사란 諸侯가 자손에게 全付하는 종묘의 寶器와 같은 것이다. 그 이후 혜능의 가르침이 이 나라에 성행하게 되었다.[2]

달마에 대하여 서술하기 이전의 생략된 부분은 佛馱跋陀羅(359~429)가 역출한 『달마다라선경』으로부터 天台智顗(538~598)의 止觀의 大系가 완성되기까지의 선의 맹아에 대하여 서술한 부분이다. 달마선이 最上乘禪이라는 설은 분명히 규봉종밀의 『선원제전집도서』의 설을 계승한 것이다.[3] 결국 선이라 하면 달마선을 지칭하는 것이라는 사고방

---

[2] "論曰, 梵語禪那, 華言念修也. 以其觸情念而無念, 終日修而無修. 又云正定也, 正受也. (中略) 又達磨立法, 要唯二種. 謂理也, 行也. 然則直而不迂, 不速而疾. 云不立文字, 乃良權合道也. 爾時梁武不知, 魏人未重. 向少林而面壁, 唯慧可以神交. (中略) 可生璨, 璨生信. 信下分二枝. 一忍, 二融. 融牛頭也. 忍生秀與能. 能傳信衣, 若諸侯付子孫之分器也. 厥後此宗越盛焉."(大正藏50, p.789中-下).

[3] 『都序』권상, '禪'에 대한 설명이 "禪是天竺之語, 具云禪那, 中華翻云思惟修. 亦云靜慮. 皆定慧之通稱也. 源者是一切衆生本覺眞性. 亦名佛性, 亦名心地. 悟之名慧, 修之名定, 定慧通稱為禪. 此性是禪之本源, 故云禪源. 亦名禪那理行者, 此之本源是禪理, 忘情契之是禪行, 故云理行."(鎌田茂雄, 『禪源諸詮集都序』, p.13, 筑摩書房, 1971년 12월)라고 되어 있다. 달마선의 훌륭한 점에 대해서는 "若頓悟自心本來淸淨, 元無煩惱, 無漏智性, 本自具足, 此心即佛, 畢竟無異, 依此而修者, 是最上乘禪. 亦名如來淸淨禪, 亦名一行三昧, 亦名眞如三昧. 此是一切三昧根本, 若能念念修習, 自然漸得百千三昧. 達磨門下展轉相傳者是此禪也. 達磨未

식은 이미 찬영에게도 있었고, 당시에 일반화된 사고방식이었다고 말할 수가 있다. 그런 의미에서는 『전등록』과 다른 점이 없을 터인데도 불구하고 「습선편」과 『전등록』은 일치하지 않는다.

그렇다면 찬영이 이미 달마선의 흐름을 무시할 수가 없었는데도 어째서 「습선편」과 『전등록』에서 달마선의 분류가 일치하지 않았던 것인가. 이 점에 대하여 생각해 보기로 한다.

이 점을 고찰하는 데 있어서 흥미로운 점은 「습선편」에 특정 종파의 법계를 의도적으로 포함시키고 있다는 것이다. 「습선편」을 五家에 적용하여 생각해 보면 師資가 연속해서 성립된 종파는 다음과 같이 위앙종과 법안종이다(계보에 대해서는 본 제4절의 말미에 실어두기로 한다).

○남악회양(9)-마조도일(10)-백장회해(10)-위산영우(11)-앙산혜적(12)-龍泉文喜(12)(위앙종).
○청원행사(9)-석두희천(9)-천황도오(10)-용담숭신(10)-덕산선감(12)-설봉의존(12)-현사사비(13)-나한계침(13)-법안문익(13)-천태덕소(13)(법안종)
〔인명 옆 ( )의 숫자는 『송전』의 권수. 이하에서도 이 절의 경우와 같다〕

이 두 종파 이외에는 임제종의 경우에 황벽희운(20)이 「감통편」에, 그리고 조동종의 경우에 약산유엄(17)이 「호법편」에 수록되어 있어서

到, 古來諸家所解, 皆是前四禪八定, 諸高僧修之, 皆得功用. 南岳天台令依三諦之理, 修三止三觀, 教義雖最圓妙, 然其趣入門戶次第, 亦只是前之諸禪行相. 唯達磨所傳者, 頓同佛體, 迥異諸門."(同, p.23)이라고 설명되어 있다. 『송전』에는 "見性成佛者, 頓悟自心本來清淨, 元無煩惱, 無漏智性, 本自具足, 此心即佛, 畢了無異. 如此修證, 是最上乘禪也."(大正藏50, p.789下)라고 설명되어 있기 때문에 종밀의 설이라는 것은 분명하다. 또한 이 부분은 『전등록』 권13의 규봉종밀장에도 인용되어 있다. 그리고 달마선의 흐름에 대해서는 鎌田茂雄, 『종밀교학의 사상사적 연구』(東京大學出版會, 1975년 3월) p.293 이하 참조.

「습선편」만으로 계보가 이루어져 있는 것은 아니다.[4] 법안종만이 청원의 문하 9세까지이고, 조동종에서 7세의 佛手行因(13)이 수록되어 있지만 6세의 鹿門處眞은 없다. 이 점은 위앙종에서도 6세의 淸化全付(13)는 수록되어 있지만 5세의 仰山光涌은 수록되어 있지 않으므로 마찬가지로 법계의 의식을 약화시킨 것으로 보인다. 임제종에 대한 취급도 임제의현 문하의 흥화존장을 수록하지 않고 志閑을 五洩靈黙(10)의 付傳으로 하고 있는 점은 법이 존속하고 있는 것은 법안종뿐이라는 주장이 깔려 있는 것으로 보인다. 다만 志閑에 대해서는 임제 문하의 灌谿志閑인지 아닌지 하는 의문이 남아 있다.

각범덕홍이 비판한 운문문언을 기록하지 않았던 점은 무슨 까닭인가. 이것은 분명한 의도를 갖고 있었음이 확실하다. 당시에 위앙종·조동종·임제종의 종파세력은 크지 않아서 법안종과 가장 대립하고 있던 세력은 운문종이다. 찬영은 그 운문종의 세력을 무시하거나 의도적으로 말살하려는 목표가 있었다. 실제로 찬영은 운문문언의 존재를 알고 있어서 「유신편」의 大聖守賢(23)의 전기에 운문선사의 도량에 나아가서 결심을 명료하게 했다고 서술하고 있다.[5] 그럼에도 불구하고 운문의 전기를 취급하지 않았다. 이 수현은 『전등록』에는 전기가 없고 운문문언 문하의 목록에 이름만 나열되어 있는 사람이다.

더욱이 법안종을 의식적으로 「습선편」에 편입시켰다고 생각되는 것은

---

4) 柳田聖山,「禪宗語錄의 形成」(『印佛硏』 제18권 제1호, 1964년 12월)에 서술되어 있듯이, 황벽회운전에 "語錄而行于世"(大正藏50, p.842下)라는 기록은 분명히 독자적인 선종의 존재를 알려주고 있다는 의미이다. 그 때문에 황벽을 「습선편」에 수록하지 않았던 의도가 보다 분명해졌다고 보인다.
5) 『宋傳』권23의 宋 衡陽 大聖寺 守賢傳에 "釋守賢, 姓丘氏, 泉州永春人也. 少而聰達淵懿沈厚, 誓投吉祥院, 從師披剪焉. 後遊學栖雲門禪師道場, 明了心決. 趣彼衡陽, 眾推説法. …"(大正藏50, p.860上).라고 되어 있다.

청원행사와 용담숭신이 「습선편」의 付傳임에 의해서 도리어 그 의도를 분명하게 알 수가 있다.

靑原行思(673~741)는 義福에 付傳되어 있지만 행사의 탑이 會昌破佛 때 파괴되었는데,[6] 이후에 문하에서 다시 건립했던 것으로 그 전기를 결부시키고 있다. 당시 청원행사의 전기에는 불분명한 부분이 많이 있었듯이, 『종경록』 권97에만 존재하는 청원행사의 법어가 마조도일의 법어와 互角을 다투는 내용으로 삼으려고 주장했던 것으로 후세에 과오가 되었던 설도 있어서,[7] 청원행사를 현창하려는 운동은 법계 문제에도 중대한 관심사였음을 엿볼 수가 있다.

또한 龍潭崇信이 天皇道悟에 付傳되어 있지만 천황도오의 전기가 특히 강조되어 있는 점도 간과할 수 없을 것이다. 천황도오 전기의 말미에는 "세상에서 천황의 문풍이라 하였다."[8]고 기록하고 있듯이, 符載가 찬술한 「荊州城東天皇寺道悟禪師碑」[9]에 없는 법어를 부가하여 『송전』은 상세하게 천황의 문풍을 보여 주고 있다. 그 付傳인 숭신의 전기가 "후에 덕산선감이 그 문하에서 배출되어 종풍이 크게 번성하였다."[10]고 결론짓고 있는 것을 보면, 그 付傳이 덕산선감의 전기에 다리 역할을 의미하고 있음에 틀림없다. 天王道悟와 天皇道悟의 문제가 언제 일어났는지는 불분명하지만, 『송전』의 성립 이후 60년이 되어 達觀曇穎(989~1060)이 丘玄素가 찬술한 「비문」을 날조하여 두 사람의 설을 주

---

6) 椎名宏雄, 「靑原行思考」(『宗學硏究』 제15호, 1973년 3월) 또한 생몰 연대는 졸고, 「三百則으로 읽는 中國禪宗史話(8)」(『傘松』 제482호, 1983년 11월)에 의한다.
7) 柳田聖山, 「마조선의 제문제」(『印佛硏』 제17권 제1호, 1968년 12월) 제2장 제1절에서는 다른 각도에서 검토해 보겠다.
8) 『宋傳』 권10, (大正藏50, p.770上) "世號天皇門風也"
9) 『全唐文』 권691.
10) 上同.

장했던 것이 그 최초라고 알려져 있으므로, 『송전』이 道悟의 전기를 과장한 것은 당시에 법계에 대한 의혹과 이설이 있었기 때문이라는 宇井伯壽 박사의 說[11]과는 거꾸로 찬영의 억지인용이 당시의 선계에 하나의 波紋을 미치자 『송전』에 대한 비판의 흐름이 마침내 天王說의 창작을 발생시킨 것이 가능했던 것은 아니었을까.[12] 『조당집』 권4의 천황도오 전기에는 "아직 행장을 볼 수가 없어서 始終의 要를 결정할 수가 없다."[13]고 되어 있듯이, 당시 천왕설이 이래저래 입방아에 오르는 상황까지 되지 않았는가 하는 생각이 든다.

이렇듯이 청원행사와 용담숭신의 付傳을 통하여 법안종의 법계를 살펴보았지만, 본래 付傳의 성격은 당시의 세력과 친밀한 관계에 있었음이 틀림없기 때문에 특히 주의를 기울일 필요가 있다.

「습선편」의 付傳은 本淨, 辯公, 智封(이상 8), 行思, 法瓶, 元觀, 全植(이상 9), 智藏, 道堅, 寶修, 志閑, 崇信, 堀多, 眞亮, 曇眞(이상 10), 一鉢和尙, 南印, 靈泉, 超岸(이상 11), 鑑宗, 洪諲, 令達, 景岑(이상 12), 休靜, 大同, 本仁, 居遁, 靈照, 道潛(이상 13) 등 29명에 이른다. 이들 가운데에는 시문에 뛰어난 사람과, 오히려 「감통편」에 수록되어야 할 사람도 있지만, 지역적으로 제한된 측면이 강하다. 會稽 雲門山(辯公), 錢塘(法瓶·道潛), 江左의 英達(志閑), 丹陽(超岸), 杭州(鑑宗·靈照), 餘杭(洪諲), 兩浙(令達) 등으로 표현되어 吳越을 중심으로 활약하고 있는

---

11) 宇井伯壽, 『第二禪宗史研究』(岩波書店, 1941년 11월) pp.471~472.
12) 天皇道悟와 天王道悟의 문제에 관해서는 忽滑谷快天, 『禪學思想史 上卷』(玄黃社, 1923년 6월) p.479 이하를 참조하고자 한다. 일반적으로는 덕산선감의 선풍이 임제선과 근사하기 때문에 임제종이 운문종과 대항하여 이것을 포함하려는 의도에서 천왕설이 발생했다고 말한다. 필자는 이와 같은 설을 일단 인정하는 입장이다.
13) 影印本-Ⅰ, p.156.

사람으로 한정되어 있기 때문이다.

또한「습선편」전체의 구성이 권8의 弘忍 및 慧能으로부터 시작하여 권13의 天台德韶에서 끝나고 있는 점도 주의해서 보아야 할 것이다. 권13은 23명의 전기를 수록하여「습선편」을 끝마치고 있지만, 封禪圓紹·香嚴智閑·淸化全付 등 3명을 제외하고는 청원 계통이라는 것도 법안종에 대한 배려가 엿보인다. 또한 高僧傳類는「明律篇」에 역점을 두었다는 특색이 있지만,「습선편」이 94명의「의해편」과 68명의「명률편」에 끼여 편집되어 있으므로「습선편」을 독립시키려는 생각에서 그 선종관을 바라보는 것은 무의미한 것이 아니다. 천태덕소는 오월국의 忠懿王으로부터「大禪師」의 號를 받고 천태산의 부흥에 진력했던 업적과 함께 오월의 대표적인 불교자로서,[14] 거기에 찬영이 규정했던 선이 있다고 말할 수가 있다.[15] 오월의 선[16]에 대해서는 다음 절에서 다시 생각해 보기로 한다.

그렇다면 천황도오와 용담숭신에 이어서 천태덕소까지의 전기의 기록 가운데 과연 법안종을 강조하려는 의식이 찬영에게 있었는지 어떤지를 구체적으로 살펴보기로 한다.

용담숭신의 문하에서 나온 덕산선감이 종풍을 크게 진작했다는 기술은 이미 숭신의 付傳에서 확인하였다. 선감의 전기에는 우선 석두의

---

14) 『宋傳』권13의 宋天台山德韶傳(大正藏50, p.789上) 또한 찬영이 찬술한 『大宋僧史略』권中에 "吳越稱德韶爲國師"(大正藏54, p.244下)라는 기록이 있다.
15) 牧田諦亮,「찬영과 그 시대」(前揭書)에서는 "『임간록』의 여러 곳에서 지적된 『송고승전』에 대한 비난을 살펴보면 南山律 계통에 속하는 찬영이 선가에 대하여 의식적 내지 무의식적으로 내보인 실수 및 주로 강남에 있었던 찬영의 자료수집에 대한 편견 등이 엿보인다."(p.126)고 설명하고 있지만, '선가'에 대해서만 그랬다고 일괄할 수만은 없는 과제가 엿보인다.
16) 『宋傳』이 吳越에 역점을 두고 편집되었다는 점에 대해서는 山崎宏,「支那中世佛敎의 전개」(淸水書店, 1942년 10월), p.409 이하에 그 분석이 있다.

손제자에 해당하는 용담숭신에게 참문하여 매일매일 몸소 방장실에 머물기를 30여 년이 되었다고 강조되어 있다. 더욱이 회창파불 이후에 朗州(호북성)의 덕산에서 開法하자 堂中에는 항상 오백 명에 달했다고 기록하고 있다. 선감의 전기에서 중요한 것은 그 제자에 岩頭全豁(23)의 이름이 없고 설봉의존만 있어서, 덕산이 설봉을 깊이 긍정했다는 것이 기록되어 있다는 점이다. 전기의 말미에는 "천하에서 激箭의 禪道라고 말하는 것으로 덕산의 문풍이 있다. 지금 襄·鄧·漢東의 법손이 지극히 번성하고 있는데 바로 그것이 덕산의 문풍이다."라고 말하여, 호북 및 하남 지방에서 번성한 선은 덕산의 법손이었다고 기술하고 있다.[17]

다음으로 설봉의존의 전기에는 특히 주목해야 할 것이 있다.『송고승전』義存의 전기는 黃滔가 찬술한「福州雪峰山故眞覺大師碑銘」(『黃御史文集』권5 수록)에 거의 기초하고 있다. 설봉이 아홉 차례에 걸쳐서 동산양개에게 참문하고, 또 세 차례에 걸쳐서 투자대동에게 참문했으면서도 결국은 덕산에게서 사법했던 것은 선종의 역사에서도 유명한 이야기이다. 덕산에게 사법했던 것은 이설이 있을 수 없으므로 지금은 거의 문제가 되지 않는다. 그러면서도 그 제자들 사이에서 문제가 발생하였다. 설봉은 대단히 뛰어난 교육자로서 수많은 제자를 배출하였다. 그 수많은 제자들 사이에서 正系의 다툼이 일어난 것이다.『송전』전기의 말미 부분과『비문』을 비교해 보면 다음과 같다.

---

17) 『송전』 권12의 덕산선감전에 "聞重湖間禪道大興, 乃杭志雲遊, 造龍潭信禪師, 則石頭宗師之二葉也. (中略) 始居德山. 其道芬馨四海, 禪徒輻湊, 伏臘堂中, 常有半千人矣. 其於訓授, 天險海深, 難窺邊際. 雪峯參見, 鑒深肯重. (中略) 天下言, 激箭之禪道者, 有德山門風焉. 今襄, 鄧, 漢東法孫極盛者是."(大正藏50, p.778中~下)라고 되어 있다.

『碑銘』
自是及玆, 凡四十年, 東西南北之夏往秋適者, 不可勝紀. 而常不減一千五百. 徒之環足, 其趨也, 馳而愈離, 弁而愈惑. 常曰三世諸佛十二分敎, 到此乃徒勞耳. 其庶幾者, 若干人. 其一號師備, 擁徒于玄沙〈今安國也〉. 其二號可休, 擁徒于越州洞巖. 其三號智孚, 擁徒于信州鵝湖. 其四號慧稜, 擁徒于泉州招慶. 其五號神晏, 今府之鼓山也. 分燈之道, 皆膺聖獎, 錫紫袈裟. 而玄沙級宗一大師, 招慶玄晤大師 鼓山定慧大師之命焉. (四部叢刊本-36丁右左)

『宋傳』
存之行化, 四十餘年. 四方之僧爭趨法席者, 不可勝算矣. 冬夏不減一千五百. 徒之環足, 其趨也, 馳而愈離, 弁而愈惑. 其庶幾者, 一曰師備, 擁徒于玄沙〈今安國也〉. 次曰可休, 擁徒于越州洞巖. 次曰智孚, 擁徒于信州鵝湖. 其四曰惠稜, 擁徒于泉州招慶. 其五曰神晏, 住福州之鼓山. 分燈化物, 皆膺聖獎, 賜紫袈裟. 而玄沙級宗一大師焉. (大正藏 50, p.782中下)(割註는 〈 〉에 표시한다. 이하 동일)

『송전』은 이와 같이 전기를 마친다. 그런데 補足하여 설봉과 현사의 종풍에 대하여 서술하여 "지금 江表에서는 대부분 이와 같은 學(修行)을 숭상한다."고 기록하고 있다. 여기에서 '이와 같은 學'이란 설봉의 문하 가운데서도 현사의 學을 강조하고 있다. 또한 위의 『비명』과 『송전』의 대조에서도 알 수 있듯이 기록된 문자로는 『비명』에 長慶慧稜(854~932) 및 鼓山神晏(863~939) 대사의 호가 존재하고 있는 것에 설봉의 宗敎의 발전이 보이고 있어서 국왕의 비호가 나타나 있다. 그러나 오월에서 발전한 현사에 대해서는 서술하고 있어도 閩의 장경혜릉 및 고산신안은 삭제되어 있다. 이것은 분명히 현사의 선에 대한 정통의식이 드러나 있어서 이미 『송전』의 설봉 전기의 성격을 보면 누구라도 그것을 의심할 수 없다. 그것은 더욱이 후술하는 천태덕소의 전기에서도 분명하다.

설봉의 문하에서 고산신안의 전기가 『송전』에 기록되지 않은 것은 현사파와 알력이 있었기 때문이라는 것은 이미 常盤大定 박사에 의하여 대단히 간단하게나마 지적되어 있는 것이 있다.[18] 현사의 전기에서는 설봉의 법을 이었다는 것을 간단하게 서술하고, 전기의 말미에 "사비는 30년 동안 교화를 펼쳐서 禪侶가 700명을 넘었다. 그 법을 얻은 사람으로 대중이 桂琛을 추천하여 神足으로 삼았다. 오늘날에 이르러서도 절강의 좌우에 산문이 왕성하게 이 종지가 전승되어 그 法嗣가 번성하고 있다. 그들이 건립한 것은 대승의 初門을 통과하여 강표의 학인으로서 그 종풍을 공부한 사람은 번뇌의 풀을 눕히지 못한 사람이 없었다."라고 기록하여, 수많은 학인이 배출된 가운데서도 羅漢桂琛(867~928)이 신족이었다는 점을 강조하고 있다.[19] 그 나한의 전기에 분명히 현사파와 고산파 사이에 대립이 있었음을 기록하고 있다. 나한은 설봉과 현사의 두 법회에 참문하여 결국 현사의 법을 이었다. 그 사법에 관해서는 다음과 같은 사건이 판명해 주고 있다.

---

18) 常盤大定, 「佛敎史上에서 두 사람의 忠懿王」(『續支那佛敎硏究』 수록, 春秋社 松柏館, 1941년 11월) p.459 ; 鈴木哲雄, 「唐五代時代의 福建의 禪宗」(『愛知學園大學文學部紀要』 제3호, 1973년 12월).
19) 『송전』 권13의 현사사비의 전기에 "備同學法兄, 則雪峯存師也. 一再相逢, 存多許與, 故目之爲備頭陀焉. (中略) 備三十年演化, 禪侶七百許人. 得其法者, 衆推桂琛爲神足矣. 至今浙之左右山門盛傳此宗, 法嗣繁衍矣. 其於建立透過大乘初門, 江表學人無不乘風偃草歟."(大正藏50, pp.785下~786上)라고 되어 있다. 현사에 대해서는 鈴木哲雄, 「玄沙師備와 福建의 禪宗」(『宗敎硏究』 제49권 제1집, 1975년 7월) 및 「法眼宗의 形成(1)」(『愛知學園大學文學部紀要』 제6호, 1976년 12월)이 있다.

계침은 현사에게서 법을 얻고 은밀하게 付授를 받았다. 당시에 신안 대사는 閩王인 王審知에게 존중받았는데, 말로써 현사를 버리고 설봉의 법을 잇도록 협박하였다. 그럼에도 불구하고 나한은 절대로 고수하여 동요하지 않았다. 그래서 끝내 신안에게 참소되어 죽었다. 참으로 안타깝다.[20]

여기에서 고산신안이 나한을 부추긴 것이 어느 정도의 강요였는지 史實 그 자체는 명확하지 않지만, 현사파와 고산파 사이에 확실히 마찰은 있었다. 羅漢院은 복건성 漳州에 있다. 閩의 남방과 吳越에서 전개된 복주현사의 세력에 대해서도 동일한 지역이었던 복주와 고산의 세력을 閩에서만큼은 유지시키려는 입장에서 고산파 측에서 계침을 부추겼을지도 모른다. 지금 여기에서 중요한 점은 찬영이 고산을 숙지하고 있으면서도 무시하고 있다는 사실이다.

이리하여 『송전』의 찬술자 찬영은 오월왕의 비호를 받아 현사파와 친밀한 관계를 지니고 있어서 현사파를 정통으로 하는 기술에 역점을 두게 되었던 것이다.[21] 나한을 정통으로 인정했던 찬영은 법안종의 개조에 해당하는 大法眼文益(885~958)의 전기에서는 기록에 혼란을 발생시키면서 흥미로운 내용을 보여 주고 있다. 나한계침의 전기에서는 '角立한 사람들이 많았다. 撫州 曹山文益과 江州 東禪休復은 모두 계침의 종지를 전승하여 각자 한 지역의 법안이 되었다. 그 아들을 보면 그 아버지를 알 수가 있는 법이다.'라고 기록하여 淸凉休復(?~943)과 함께 법안문익을 그 한 지역의 뛰어난 제자로 간주하고 있다.[22] 그러나 문익

---

20) "琛得法密付授耳. 時神晏大師, 王氏所重, 以言事聳令捨玄沙嗣雪峯. 確乎不拔. 終爲晏讒而凌轢. 惜哉."(大正藏50, p.787上).
21) 牧田諦亮,「贊寧과 그 時代」(前揭書), p.118 이하.
22) 『송전』권13 나한계침의 전기에 "初謁雲居, 後詣雪峯·玄沙兩會. 參訊勤恪, 良以

의 전기에는 나한계침과 宣法大師 羅漢智依와 혼동하고 있다. 智依는 법안문익의 제자이다.[23] 이 혼동은 지나치게 부주의한 것이지만 흥미로운 것은 법안이 계승한 법에 대하여 서술하고 있다는 점이다. 법안은 育王寺의 希覺(864~948)에게 율을 배운 후에, 長慶慧稜(854~932)에게 선을 배워서 이미 의심이 없는 경지에까지 도달하였다. 그 후에 다시 나한에게 참문하였다. 곧 '나한은 본래부터 문익이 장경에 있으면서 뛰어났음을 알고 기쁜 마음으로 접화하였다. 그럼에도 불구하고 唱導한 연유는 현사와 설봉과 혈맥이 달랐기 때문이다. 문익은 의심의 산이 문득 무너지고 거기에서 正路를 얻게 되었다.'고 서술하고 있다.[24]

현사와 설봉의 師資血脈의 법은 다른 종파와는 전혀 다른 뛰어난 점이 있었기 때문이다. 나한과 법안문익이 正路 곧 현사의 법을 계승했다는 것은 무엇을 의미하는 것인가.

그 현사의 법을 강조하는 점은 전술했듯이 찬영이 '大禪師'라고 간주했던 천태덕소에게도 있다. 덕소의 전기에서 '처음 투자산의 화상에게 발심하였고, 후에 임천의 법안선사를 친견하여 거듭해서 심요를 깨치고 마침내 법을 이었다. 이에 비로소 천태산에 들어가서 사원과 도량을 건

    嗣緣有在, 得旨於宗一大師, 明暗色空廓然無惑. (中略) 不數載, 南北參徒喪疑而往者, 不可殫數. 有角立者, 撫州曹山文益, 江州東禪休復, 咸傳琛旨, 各為一方法眼. 視其子則知其父矣."(大正藏50, p.786下)라고 되어 있다.
23) 『송전』 권13 청량문익의 전기에 "尋則玄機一發雜務俱損. 振錫南遊止長慶禪師法會. 已決疑滯, 更約伴西出湖湘. 爾日暴雨不進, 暫望西院寄度信宿, 避溪漲之患耳. 遂參宣法大師, 曾住漳浦羅漢. 閩人止呼羅漢. 羅漢素知益在長慶穎脫, 銳意接之."(大正藏50, p.788上-中)라고 되어 있다. 선법대사는 『전등록』 권25에 있는 청량문익의 법사 漳州羅漢宣法大師智依이고, 漳州 羅漢院 桂琛의 시호는 眞應禪師이다.
24) 위의 주석에 바로 이어서 "唱導之由, 玄沙與雪峯血脈殊異. 盆疑山頓摧, 正路斯得. 欣欣然挂囊栖止, 變塗迴軌, 確乎不拔. (中略) 法嗣弟子, 天台德韶·慧明·漳州智依·鍾山道欽·潤州光逸·吉州文遂. 江南後主, 為碑頌德. 韓熙載, 撰塔銘云."(大正藏50, p.788中)이라고 되어 있다.

립하였다. 얼마 지나지 않아서 덕소는 크게 현사의 法道를 일으키자 귀의하는 사람이 많았다.'고 말한 것처럼 일부러 '현사의 法道'라고 말한 점은 주목할 필요가 있다.[25] 천태덕소에게는 현재는 전해지지 않지만 『어록』이 있었던 것 같고, 또한 무엇보다도 안타까운 것은 찬영 자신이 「탑비」를 찬술했다는 언급을 『송전』에 기록하고 있으면서도 그것이 전해지지 않고 있다는 점이다. 덕소의 「탑비」를 찬술한 찬영에게는 지금까지 살펴본 것처럼 그의 선에 대한 이해에는 현사를 정통으로 하는 영향이 없다고는 말할 수 없기 때문이다. 만약 덕소의 「탑비」가 존재한다면 그 점을 확실하게 해 줄 수 있을지도 모른다.

이처럼 덕소의 전기까지 살펴보면 위에서 설봉과 현사의 '血脈殊異'라는 것은 현사를 정통으로 이해하는 것이 좋을 것이다. 설봉의 正系라고 스스로 주장한 鼓山派와는 다르다는 것이 현사의 입장이라 말할 수가 있다.

또한 선의 본질적인 의미에서도 생각해 볼 수 있다. 『전등록』 권6에 백장회해가 황벽희운에게 말한 "견해가 스승과 같다면 스승의 덕을 절반은 감소시키는 것이다. 견해가 스승을 능가해야 바야흐로 전수를 감당할 수가 있다. 그대는 스승을 초월하는 작략을 지니고 있다."(天寧寺本, p.114)는 유명한 구절이 있다.[26] 바로 여기에서 말한 '스승을 초월한

---

25) 『송전』 권13 천태덕소의 전기에 "初發心於投子山和尙, 後見臨川法眼禪師, 重了心要, 遂承嗣焉. 始入天台山, 建寺院道場, 無幾韶大興玄沙法道, 歸依者衆."(大正藏50, p.789上)이라고 되어 있다. 이 용례는 「습선편」에 한정되지 않고 「유신편」의 慧明傳(大正藏50, p.859下) 및 文輦傳(大正藏50, p.860下) 등에도 보인다.
26) 四部叢刊本의 宋板에는 이 구절이 없지만, 권16 암두전활장에 "一日, 與雪峯義存・欽山文邃, 三人聚話. 存驀然指一椀水. 邃曰. 水淸月現. 存曰 水淸月不現. 師踢却水椀而去. 自此邃師於洞山. 存・谿二士, 同嗣德山. 師與存同辭德山. 德山問, 什麼處去. 師曰, 暫辭和尙下山去. 德山曰, 子他後作麼生. 師曰, 不忘. 曰, 子憑何有此說. 師曰, 豈不聞, 智慧過於師, 方傳師敎. 其或智慧齊等, 他後恐減師半德.

다'는 생각을 '血脈殊異'라고 말한 것으로 이해할 수 있다.

설봉 문하의 현사와 운문의 연구는 이제 막 그 길에 들어선 새로운 과제이지만, 入矢義高 교수의 「설봉과 현사(上)·(下)」(『禪文化』 106호·107호, 1982년 10월·1983년 1월)의 논은 대단히 주목할 내용을 많이 포함하고 있다. 그 가운데 다음과 같은 내용이 있다.

> 설봉에게는 많은 제자가 있었지만 그 가운데서도 가장 위대한 족적을 남긴 사람은 玄沙·雲門·鏡淸·長慶·保福의 다섯 사람이다. 그중에서 현사와 운문의 두 사람은 비슷하지 않아서 오히려 비슷하게 돌출했던 것으로 진실로 유별난 놈들이라 말해도 좋을 사람들이다. 장경과 보복은 그와는 반대로 대단히 진지한 납자들로서 설봉의 가르침을 정직하게 계승한 사람들이다. 머리도 꽤나 좋은 사람들이다. 한 가운데 있는 경청이 정히 그 중간 정도에 속하는 사람이었다. 점잖은 타입이지만 좀처럼 곁에 둘 수가 없는 점이 있다. (下) pp.46~47.[27]

그 '유별난 놈들'이야말로 '血脈殊異'로 이해되어 『송전』의 설봉전에 "현사는 능엄경을 통해서 깨침에 들어갔고 식견이 대단히 뛰어났다. 그래서 청색(靑)이 남색(藍)이 되자 남색(藍)은 청색(靑)에게 양보한다(謝)는 속담과 같다."는 말처럼 찬영은 현사를 靑出於藍이라 평가하고 있다.

曰, 如是如是. 當善護持. 二土禮拜而退. 存返閩川, 居象骨山之雪峯. 師庵于洞庭 臥龍山. 徒侶臻萃."(四部叢刊本-3丁右左)라고 되어 있는 것은 설봉과 관계된 것만으로도 흥미롭다.

27) 이 논문은 1982년 7월 22일과 23일의 禪文化夏期敎養講座에서 강연한 필록으로, 필자는 그 강연을 들을 수 있었다. 長生은 배포된 유인물에 의하여 鏡淸으로 고쳤다. 또 선문화연구소에서는 入矢義高 교수의 연구반에서 1981년부터 『현사어록』 권상, 『현사광록』 3권의 윤독이 이루어졌는데, 필자는 1981년 및 1982년의 2년 동안 참가할 수 있었다. 그 성과는 역주본으로 근간할 예정이라고 들었다. 기타 鈴木哲雄, 「설봉과 현사」(『唐五代禪宗史』 수록, 前揭書) 참조.

혹은 설봉과 현사는 13세 차이로서 모두 복주의 芙蓉靈訓에게 참문하였기 때문에 이런 점에서는 형제의 관계에 있는 제자였다. 그것이 후에 설봉은 덕산에게, 그리고 현사는 설봉에게 사법했던 것을 가지고 '血脈殊異'라고 표현한 것으로 생각된다. 그 師資의 행장을 더듬어 보면 설봉으로부터 현사에게로 사법되었다고 말한 법의 내용이 특히 뛰어났다고 말하는 것이다.

어쨌든 '血脈殊異'라는 말은 천태덕소 등의 전기에서 생각해 보면 설봉의 문하에서 현사의 정통성을 주장한 것이었다. 그것이 이상할 정도로『송전』가운데서 강조되어 있는 점은 확인할 수 있다고 생각한다. 전술한 것처럼 각범덕홍은 설봉의 사형인 岩頭全豁(828~887)을 「유신편」에 포함시킨 것을 비판하고 있지만, 암두 문하의 큰 세력을 생각해 보면 여기에도 설봉 - 현사를 정통으로 하는 용의주도한 의도가 작용하고 있는 것으로 보인다.

이를테면 각범이 비판한 사람으로 永明延壽(904~975)가 있는데, 연수는『전등록』에서는 법안종 제3세 조사로 되어 있어서 각범이 말한대로「흥복편」의 고승이라기보다는 선사로 강조되어 있다. 그러나 필자는 연수의 경우 오히려「습선편」보다는「흥복편」에 배치하는 측면이 강하여, 염불선을 주장한 사람의 측면이야말로 연수를 특색 있게 드러내는 것이라고 생각한다.[28] 결국『송전』의「습선편」은 달마선을 모두 포함하고 있기는커녕, 달마선 그 자체가 이미 변화하고 있는 때에 찬술된 셈이 된다. 선종의 발전은 이미『송전』에서 보여 준 十科의 崩壞가 피할 수 없는 시대까지 도래한 것이며,『전등록』의 성립은 전혀 새로운 선종

---

28) 졸고,「송대의 禪」(『總持集=禪』수록, 靑土社,『現代思想 11, 1980년 臨時增刊』 1980년 11월).

측면의 「고승전」을 주장하는 결과가 된 것이다.

　이상 『송전』의 「습선편」이 현사의 정통을 억지로 주장하는 측면을 지니고 있다는 것을 분명히 할 수가 있었지만, 제6절에서 서술하고 있듯이 『전등록』이 그 계통에 속하는 법안종 사람에 의하여 찬술되어 동일한 경향을 지니고 있음에도 불구하고, 『송전』과 같은 편향이 발생하지 않았던 것은 「습선편」과는 다른 새로운 燈史에 의한 찬술이었음을 의미하고 있다.

(가) 南嶽系

(四祖道信) — 五祖弘忍 8 — 六祖慧能 8 — 南嶽懷讓 9 — 馬祖道一 10
                                                        └ 大明殿峻 ×14

馬祖道一 계보:
- 章敬懷惲 20
- 泐潭惟建 10 — 興善惟寬
- 廣敷靈默
- 椑樹慧叔
- 長髭道通
- 紫玉道通
- 草堂懷海
- 西堂智藏
- 百丈懷海 10 — 潙山靈祐 11 — 仰山慧寂 12 — 南塔光涌 13
                                                   香嚴智閑 13
                                              ├ 徑山洪諲 12 — 功臣合達 ×12
                                              │   南嶽全玭 12
                                              │   龍泉文喜 12
                                              │   (仰山光涌)
                                              ├ 接心瀻奭 ×12
                                              │
                                              ├ 漸山靈祐 ...
                                              │
                                              ├ 香嚴智閑 (⋯)
                                              │
                                              └ (興化存獎) — 灌谿志閑 10
                                                 臨濟義玄 12 — 千頃慈銅
                                                              (興化存獎)
- 汾州無業
- 伏牛自任
- 芙蓉大毓
- 西園曇藏
- 大梅法常
- 歸宗智常
- 鹽官齊安
- 華嚴智藏
- 月湖超岸
- 南泉普願 — 趙州從諗 11
           長沙景岑 11
           紫胡利蹤
           (子胡利蹤) 11
           稽山章宗 ×11
           (小馬神照) 11
- 天目明覺 (龍牙圓暢)
- 實氣皆宗 ×12 杭州智藏 6
                                      歸宗智常 17
                                      澧州道行 20
                                      安國慧堂 ×20
                                      嶧山法燄 ×20
                                      羅浮道行 ×20
                                      實壽神藏 ×20
                                      五台隱峰 21
                                      呂后蒙負 ×29
                                      (永泰靈端)
                                      '安國祥信 30
                                      (盤山寶積)

大慈寰中 12
長慶大安 12
寰運希運 20 — 臨濟義玄 (前出)
牛田普岸 27 ※ ○全 兗 27
                   ○上元唯約 27

稽山鑑宗 12
子胡利蹤 12
趙州從諗 12
長沙景岑 12
鯰沙神藏 12
小馬神照 12
宇寶宥通 12
蓮雲行緣 ×12

呂后文質 ×27
欽州晉化 20

※ 系譜 不詳者 《習禪篇》
- 목주 웅공사 혜랑 8
- 웅공 8
- 진당 영지사 석원 9
- 나무산 석수 10 (중인대사의 범녀 제자)
- 입방화상 11
- 항주 영태사 석영전 11 (마조下의 영원 참조)
- 항주 복수사 환공 11 (=보적계통)
- 낙경 광애사 중간 12
- 명주 복용산 유정 12
- 기주 황장산 법보 13

凡例

一. □ : 『宋傳』 習禪篇의 禪者
一. ( ) : 계보를 명확히 하기 위하여 上下에 표시한 것
一. 他 : 『宋傳』 習禪篇 이외에 들어 있는 것
一. ○ : 『宋傳』의 付傳
一. × : 『傳燈錄』에는 傳이 없음
一. ※ : 『傳燈錄』에 계보 없음
一. 인명 옆의 숫자는 『宋傳』의 권수

(Lナ) 青原系

- (四祖道信)
- (五祖弘忍)
- (六祖慧能)
  - 青原行思 9
    - 石頭希遷 9
      - 藥山惟儼 11
        - 雲巖曇晟 17
          - 洞山良价 11 ——(船子德誠)
            - 韶山寰普 12
            - 樂普元安 12
            - 雲居道膺 13
              - 永安善静 13 ——(歸宗接餘)
                - 宜州自新 30 ※
            - 龍牙居遁 13
              - 宝資徳彥 28 ※
            - 曹山本寂 13 ——(鹿門處貝)
            - 華嚴休静 13
            - 疎山光仁 13
            - 白水本仁 13
            - 樓嚴存壽 13
              - 南嶽玄泰 17
              - 天台行滿 22 ※
              - 天台令堂 22 ※
          - 石霜慶諸 12
            - 道吾圓智 11
        - 道吾圓智 11 (same)
        - 丹霞天然 11
          - 翠微無學 —○
          - 投子大同 13
            - 觀音巖俊 28
            - 天壽師會 28 ※
        - 嚴頭全豁 23
          - 瑞龍慧恭 12
          - 羅漢義存 12
            - 德山宣鑑 12
              - 龍潭崇信 10
                - 天皇道悟 10
        - (雲門文偃)
          - 瑞龍慧恭
        - (鼓山神晏)
          - 長慶慧稜 13
          - 龍冊道怤 13
          - 玄沙師備 13
            - 龍華靈照 13 ○
            - 南嶽惟勁 17
            - 耳相行修 ×30
            - 四明無作 ×30 ※
          - 瑞巖師彥 13
        - 大聖守賢 ×23
        - 龍華彥球 28
        - 羅漢桂琛 13
          - 法眼文益 13
            - 報恩慧明 28
              - 永明道潜 13
            - 永明道潜 13
            - 天台德韶 13
              - 雲塔紹巖 23
              - 天台文軰 23 ※
              - 永明延壽 28 ※
              - 報恩永安 28 ※
            - 眼眼緣德 13
            - (清凉洪進)
              - 普育常覺 28
              - 佛手行因 13
              - 重雲智暉 28

(다) 기타
(北宗・荷澤宗系等)

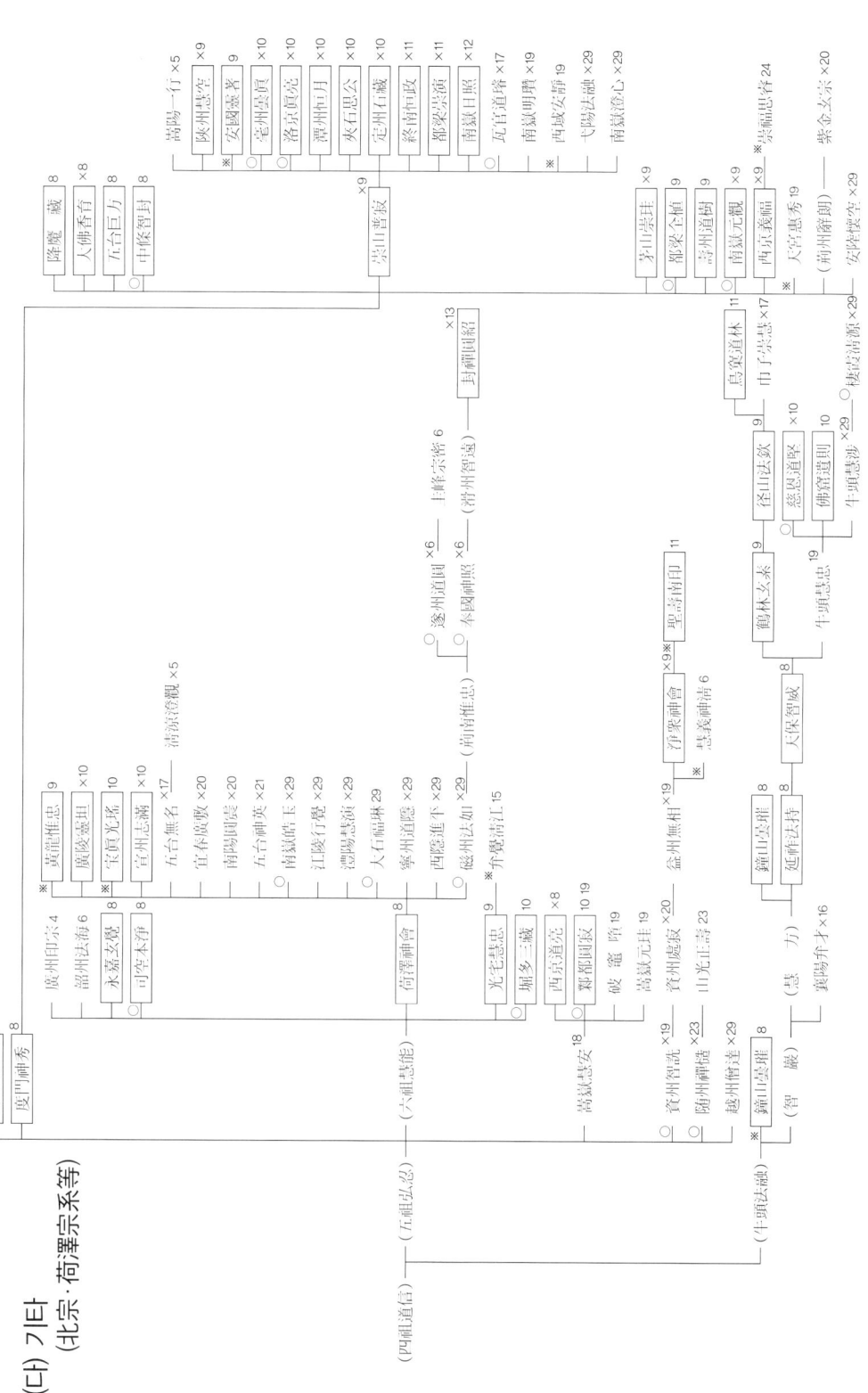

제5절 『조당집』과 『경덕전등록』

『조당집』 20권은 南唐 保大 10년(952)에 泉州 招慶院의 靜·筠의 두 선덕에 의하여 찬술된 책이다. 大正 원년(1912)에 고려판대장경의 藏外補遺版으로서 해인사에서 발견 및 소개되었는데, 특히 柳田聖山 교수의 「조당집의 자료가치(1)」(『禪學硏究』 제44호, 1952년 10월), 「조당집의 본문 연구(1)」(『禪學硏究』 제54호, 1964년 7월) 및 『조당집색인』 상·중·하책(京都大學人文科學硏究所, 1980년 3월~1984년 2월) 등에 의하여 다방면에서 상세한 연구가 이미 이루어져 있다. 여기에서는 그러한 성과에 기초하면서 『조당집』이 성립된 閩(南唐)과 『전등록』이 성립된 吳越의 선을 개관하여 『조당집』의 拈弄集團을 고찰해 보고자 한다.

『조당집』의 찬술자인 靜·筠에 대해서는 거의 알 수가 없고, 그 법계에 대하여 몇 가지 설이 출현해 있다. 그러나 柳田聖山 교수는 권4의 藥山章에 붙어 있는 拈語의 夾注 및 洞山에 관한 자료가 많이 보존되어 있는 것 등을 함께 고찰하고, 雲巖과 洞山의 계통에서 친히 입당한 신라승의 설을 제출해 두었는데,[1] 현재의 상황으로는 가장 유력한 설로 간주된다. 『조당집』은 이 두 선덕이 천주의 초경원에서 당시의 주지였던 淨修禪師 省僜의 문하에서 찬술한 것이다. 성등은 『泉州千佛新著諸祖師頌』의 저자로서 『조당집』 「서문」의 찬술자이기도 하지만 앞의 저술도

---

1) 柳田聖山 교수는 石井光雄 씨가 말한 청량문익의 법사인 金陵 淨德道場의 達觀智筠說, 水野弘元 씨가 말한 襄州 谷隱智靜과 襄州 石門慧徹의 제자인 石門筠說 등을 소개하여 自說을 서술하고 있다. 「조당집의 본문 연구(1)」(전게서).

『조당집』의 구성에 큰 영향을 끼쳤음이 柳田聖山 교수에 의하여 상세하게 논의되어 있다.

省僜에 대해서는 종래 『조당집』 권13과 『전등록』 권22 등의 기연어구가 알려져 있는 것에 불과하고, 전기에는 분명하지 않는 부분이 많이 있지만, 永覺元賢(1578~1657)이 崇禎 16년(1643)에 찬술한 『泉州開元寺志』의 성등의 전기와 『泉州府志』 권65를 참고해 보면 상당히 천명될 것이다. 이에 그 전기를 소개해 본다.[2]

---

2) 『泉州開元寺志』는 「中國佛寺寺志彙刊 제2집」(明文書局, 1990년 10월)에 수록되어 있다. 다음으로 『祖堂集』 권13의 발췌와 『泉州開元寺志』 및 『泉州府志』의 각각에서 省僜의 전기를 대조해 본다.

『祖堂集』 권13
福先招慶和尙. 嗣保福. 在泉州. 師諱省僜. 泉州仙遊縣人也. 俗姓阮氏. 於彼龍花寺菩提院出家. 依年具戒. 先窮律部. 精講上生. 酬因雖超於淨方, 達理寧固偏廣岸. 因而謂云, 我聞禪宗最上, 何必晧然而失大理. 遂乃擁毳參尋. 初見鼓山·長慶·安國. 未湊機緣, 以登保福之門. 頓息他遊之路. 後因一日 保福忽然入殿, 見佛乃擧手. 師便問, 佛擧手意作摩生. 保福擧手而便攔, 保福却問師, 汝道我意作摩生. 師云, 和尙也是橫身. 保福云, 這一橛我自揷取. 于時而云, 和尙非唯是橫身. 福深奇之. 尋遊吳楚, 遍歷水雲, 却旋招慶之筵, 堅秘龍溪之旨. 後以郡使欽仰, 請轉法輪. 敬奏紫衣, 師號淨修禪師矣. 師初開堂曰(以下 略)(影印本-Ⅳ, pp.21~22).

『泉州開元寺志』
釋省僜, 仙遊人, 姓阮氏. 出家泉之開元. 去遊吳楚, 遍叩宗匠. 已而往漳見保福展. 因入殿次, 展指佛問曰, 佛 恁摩意作摩生. 師曰, 和尙也是橫身. 展曰, 一橛我自收取. 師曰, 和尙非惟橫身. 展然之, 遂爲其嗣. 梁天成間, 刺史王延彬, 造千佛院, 致師住持. 十餘年足不踰臬. 晋開運初, 黃紹頗守郡, 遷主招慶. 閩候文進, 奏昇明覺師號. 未幾州亂. 招慶火于兵. 留從郊建節淸源寺. 其別墅名南禪, 歸招慶業, 延師爲第一世. 法徒景附, 成大法席. 宋興徐相爲藩表聞. 太祖嘉之. 賜眞覺師號. 開寶五年, 遷化, 塔號瑞光(26丁右左).

『泉州府志』 권65
省僜, 仙遊阮氏子. 常遊江左, 歷衡陽, 參叩功深. 每上堂, 叢林先達, 皆爲頫首. 王延彬, 創千佛院于開元寺, 居之十年, 足不踰闑. 後 留鄂公從効, 復延主承天寺, 宋初, 賜號眞覺禪師.〈『淸源文獻』 參開士傳〉.

또한 성등의 전기에 대해서는 졸고, 「泉州福先招慶院 淨修禪師省僜과『祖堂集』」(『駒澤大學佛敎學部硏究紀要』 제44호, 1986년 3월)에도 발표하였다.

省僜은 泉州 仙遊縣 출신이다. 선유현은 泉州府가 아니라 興化府에 속해 있다. 설봉 문하의 報恩懷岳, 安國弘瑫와 동향이다. 속성은 阮 씨이다. 선유현 龍華寺 菩提院에서 출가했다.[3] 20세에 具足戒를 받고, 우선 律部를 연찬하였고, 『彌勒上生經』을 상세하게 강의하였지만, 교학을 버리고 禪門을 두드렸다. 먼저 설봉의 鼓山神晏(863~939), 長慶慧稜(854~932), 玄沙師備[4](835~908)를 친견했지만 기연이 맞지 않았다. 省僜이 출생한 연도는 분명하지 않지만, 나이가 되어 구족계를 받은 후에 곧 현사에게 참문한 것이 아니기 때문에 현사가 시적했던 開平 2년(908)을 짐짓 25세로 간주한다면 출생한 연도는 中和 4년(884)이 된다. 이듬해 중화 5년에는 法眼文益(885~958)이 태어난다. 省僜의 생애에서 분명한 시적 연도인 開寶 5년(972)은 성등의 나이 89세에 해당하는데, 그해는 天台德韶(891~972)가 82세로 시적한 해이기도 하다. 따라서 대충 활약했던 시기를 추측할 수가 있다.

최후로 참문했던 사람이 保福從展(?~928)이다. 성등이 34세 貞明 3년(917) 무렵에 漳州 保福院에 주석했던 從展을 방문했던 것으로 보인다. 종전의 문하에 들어간 후에 곧 다른 곳에 유행하는 것을 그만두고 마침내 그 법을 계승한 것이다. 開悟한 기연은 『조당집』 쪽이 알기가 쉽지만 그 이후의 행장은 『천주개원사지』에 의해서 비로소 알려진 것이

---

3) 『大明一統志』 권77에 의하면 龍華寺는 仙遊縣의 서쪽에 있는데 唐代에 창건된 것이라고 전한다. 『泉州開元寺志』에는 支院에 菩提院이 있다는 것을 전하고 있는 것을 보아도 개원사에서 출가했다는 설은 잘못일 것이다. 또한 수계한 곳은 천주 개원사로 간주된다.
4) 『조당집』에 安國이라고 되어 있어서 玄沙師備, 安國慧球, 安國弘瑫가 고려되는데, 『현사광록』에 이름이 보이는 것 등에 의하여 여기에서는 柳田聖山의 설을 따르기로 한다. 柳田聖山, 「淨修禪師에 대하여」(「조당집의 자료 가치(1)」 前揭論文) 이하에서 이 논문을 많이 참고하였다.

많기 때문에 그 순서에 따라서 고찰해 보고, 최후로『조당집』의 성립에 깊은 관계가 있는 招慶院에 대하여 생각해 보고자 한다.

『천주개원사지』가 최초로 기록하고 있는 것으로 省僜이 주지했던 사찰은 王延彬이 개원사 내에 창건한 千佛院이다. 天成 연간(926~930)에 창건되어 성등이 개산조로 초청되었던 것으로 보인다. 천성 4년(929)이라면 성등의 나이 46세에 해당한다. 黃滔의「重建開元寺記」,『천주개원사지』및『泉州府志』권24에 의하면 개원사는 肅淸門(唐의 城西門) 밖에 있었다고 하는데 현재에도 남아 있다. 그 창건은 垂拱 2년(686)에 郡儒 黃守恭이 뽕나무에 白蓮花가 피어난 것을 부사의하게 여기고 저택을 희사하여 蓮華寺라고 이름 붙여서 匡護를 개산조로 삼았던 것에서 유래한다. 長壽 원년(692)에는 興敎寺가 되었고, 더욱이 神龍 원년(705)에는 龍興寺로 개명되었다. 玄宗이 唐 開元 26년(738)에 천하의 佛寺를 開元寺라고 이름 붙였을 때 이 사찰도 開元寺로 불리게 되었다고 한다. 그 支院으로서 千佛院이 창건되자 성등은 10년 이상에 걸쳐서 거기에 주석하고『泉州千佛新著諸祖師頌』을 저술하였다고 한다.[5] "九年少室, 五葉花開. 十載白蓮, 今日如何垂示."(Ⅳ-24)와 제자의 질문에 보이고 있듯이 적어도 10년은 蓮華寺 내의 천불원에서 교화했던 것이다.

당시의 천주는 閩의 왕 씨 일족이 지배하는 곳이었다. 閩은 王恁의 큰형인 王潮가 乾德 4년(897) 12월 6일에 죽은 후에 막내동생인 太祖 王審知가 번갈아서 福建의 留後라고 자칭한 것으로부터 六代의 王延

---

5) 椎名宏雄,「『조당집』의 편성」(『宗學硏究』제21호, 1979년 3월) 또한 蓮花寺는 사찰의 창건 유래에 의하여 白蓮寺라고도 불렸으며, 성등이 자칭 사용했던 예가『조당집』(Ⅰ-71, Ⅱ-53, Ⅳ-24)에 보인다.

政이 開運 2년(945) 8월 24일에 남당에게 항복하기까지 겨우 49년의 통치였다. 景福 2년(893) 5월 3일에 王潮가 范暉를 죽이고, 福州의 留後라고 자칭했던 것을 포함한다고 해도 7대 53년의 통치이다.[6]

閩의 王氏는 숭불자로서 알려져 있는데, 특히 忠懿王 王審知와 雪峯義存의 교류는 깊은 점이 있었다.[7] 지금 성등을 千佛院에 초청한 王延彬도 또한 불교를 보호했던 사람이다. 그의 전기가 『十國春秋』권94에 수록되어 있어서 略傳을 알 수가 있다. 왕연빈은 왕심지의 둘째 형인 王審邽의 큰아들이다. 왕연빈은 天祐 원년(904)에 왕심지로부터 平盧節度使 및 權知泉州軍州事라는 직위를 더하였다. 그것은 唐이 光化 원

---

6) 『十國春秋』권110 王氏의 「閩世系」에 世代와 在位 및 생몰 연도 등을 가해 보면 다음과 같다.

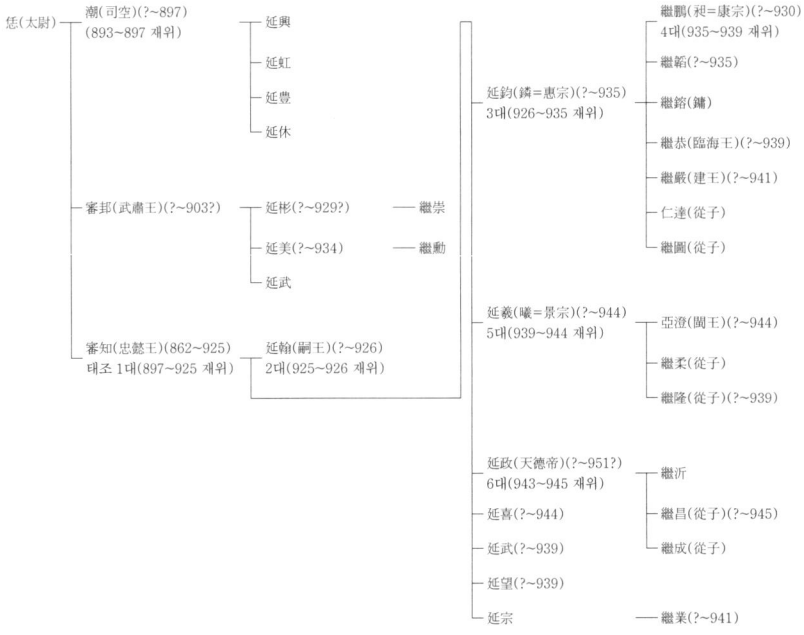

7) 常盤大定, 「佛敎史上에서 두 사람의 忠懿王」(제4절 주석 13) 참조.

년(898) 10월 7일에 왕심지를 威武軍節度使로 삼고, 광화 3년(900)에 同重書門下平章事의 직위를 더하였고, 그해에 琅琊王에 봉해졌기 때문이다. 또 이듬해(901) 왕연빈은 實授[8]를 하였다. 開平 3년(909)에 金紫光祿大夫의 직위를 더하였고, 右僕射로 직위를 옮겼으며, 琅琊郡開國男에 봉해졌고, 이어서 司空으로 직위를 옮겼기 때문이다. 또 이듬해(910) 雲麾將軍의 직위가 더해졌고, 乾化 2년(912)에는 檢校太保의 직위가 더해졌으며, 開國伯에 봉해졌기 때문이다. 또 건화 5년(915)에 檢校太傅 및 權知泉州刺史의 직위가 더해졌다. 또 게다가 貞明 4년(918)에는 檢校太尉의 직위가 더해졌기 때문이다. 이로써 정명 6년(920)까지 천주를 다스리면서 17년 동안 선정을 베풀었지만, 왕연빈은 승려 浩源의 종용으로 인하여 梁과 통하면서 泉州節度使가 되려고 노력하였다. 그러나 그 일이 발각되자 왕심지는 호원과 그 무리들을 주살하고 왕연빈을 축출하여 직위를 빼앗고 私第로 돌려보냈다.[9]

왕심지는 同光 3년(925) 12월 12일 64세로 죽었다. 그 후에 아들인 王延翰이 왕위를 이었다. 이듬해(926) 왕연한은 아우인 王延鈞을 천주자사로 삼았는데, 왕연균은 그 처우에 화를 내고 왕심지의 양자인 王延稟을 建州刺史로 내세우고 12월에 병사를 모아서 福州를 습격하였다. 12월 8일에 왕연품은 왕연한과 왕후 崔氏를 함께 참살하였는데, 그 날 왕연균이 왕위를 이었다. 왕연빈의 천주자사 再任은 더 이상 할

---

[8] [역주]實授는 어떤 직책을 부여받은 후에 실질적으로 정식적인 직무를 행하는 것이다. 實授하기 이전의 상태를 試職이라 한다.
[9] 『資治通鑑』 권271 貞明 6년조. 또한 閩國에서의 泉州統治는 光啓 2년(886) 8월에 王潮가 천주의 자사가 되었고, 景福 2년(893) 10월 4일 王潮가 복건의 관찰사가 되기까지 재임했던 것에서 시작된다. 그 이후는 王延彬의 아버지인 審邦가 乾寧 원년(894)에 權泉州刺史가 되었고, 天復 3년(903)에 죽을 때까지 재임하였다. 이듬해 왕연빈이 아버지를 뒤를 승계하였다.

수가 없었기 때문에 그 시점까지는 정치 사정으로 고려해 볼 수가 없을 것이다.

惠宗 왕연균이 즉위한 연도가 분명해진 天成 2년(927)에 왕연빈은 다시 천주자사에 임명되었던 것으로 보인다. 천주를 전후 26년 동안 다스렸기 때문에 천성 4년(929)에 죽었는지도 모른다.[10] 죽은 후에 雲州節度使兼侍中의 직위를 받았고, 雲台山에 장례지냈다. 이듬해 長興 원년에는 왕연빈의 아들인 王繼崇이 혜종 왕연균의 칙명에 의해 權判泉州事가 되었다.[11] 계숭은 장흥 3년 檢校司空의 직위를 더하였고, 龍啓 원년(933)에 檢校太保의 직위를 더하였으며, 琅瑘開男에 봉해졌다.

省僜이 왕연빈으로부터 개원사 내의 천불원에 초청받은 이후에 천주는 왕연빈의 아들인 계숭이 다스렸고, 龍啓 2년(934)에는 왕연빈의 아

---

10) 왕연빈이 죽은 해는 분명하지 않다. 『十國春秋』의 乾化 2년 연후에 기록되어 있는 "五年加檢校太傅, 權知泉州刺史. 四年加檢校太尉. 延彬再任泉州, 前後歷 二十六年〈一云十七年〉."이라는 글 가운데 '四年'의 해석과 再任을 어떻게 볼 것인 가는 省僜傳의 열쇠가 된다. 지금 '前後歷二十六年'의 숫자를 天祐 원년부터 생 각해 보면 天成 4년에 천주의 자사였는데, 泉州道匡傳 을 생각해 보면 천성 2년 에 생존해 있었다는 것은 확실하다. 王審知에게 축출된 그대로 죽은 것이 아니라 천성 4년 이듬해 왕연빈의 아들인 繼崇이 權判泉州事가 된 이유도 父子에 의한 승계로 보인다. 『천주개원사지』에 왕연빈과 僧의 교류를 말해 주는 자료로서 "天 祐二年(905)에 建法院을 건립하고 弘則律師를 주석케 하였다. 天祐 연간에 淸 吟院을 건립하여 文超法師를 주석케 하였다. 貞明 연간(915~921)에 報劤戒律 院을 건립공사를 하였지만 낙성을 보지 못하고 죽었다. 그 지위를 이은 아들 繼 武가 낙성하고 棲潛律師를 주석케 하였다. 天成 3년(928) 東金身院을 건립하여 挺贊禪師를 주석케 하였다. 長興 4년(933) 刺史 왕연빈이 道昭의 紫衣를 奏上하 였다." 등의 기록이 보인다. 장흥 4년에 왕연빈이 천주의 자사였다는 기록은 분명 히 오류이지만 일단 천성 4년을 죽은 해로 간주하고 논의를 진행시키고자 한다.
11) 『十國春秋』권94. 繼崇은 왕연빈의 불교보호정책도 승계하고 있다. 『泉州開元寺 志』의 釋師寂(?~936) 전기에 "梁貞明間, 州帥王延彬, 致之盧陽. 唐長興元年, 子 繼崇嗣位. 以水陸·淸果·北藏·封崇四刹, 使自擇. 師俱辭. 乃築室于開元西北居 之."(29丁左)라고 되어 있다. 이것은 開元寺의 支院인 淸隱院의 개창에 대한 내 용이다.

우인 王延美가 계승하였으며, 永和 원년(935)에는 왕연빈의 다른 아우인 王延武가 계승하였고, 이듬해 연무는 建州刺史가 되었다. 이후 永隆 원년(939)에 천주자사가 된 사람은 곧 康宗 繼鵬을 죽인 繼業이었다.

惠宗 延鈞(鏻)은 왕심지와 함께 鼓山神晏(863~939)에게 참문했던 기록이 『鼓山先興聖國師和尙法堂玄要廣集』에 남아 있듯이 숭불가로 전해지고 있지만,[12] 한편으로 『新五代史』 권68에 "鏻好鬼神 道家之說"이라고 일컬어지고 있다. 곧이어 왕연균은 음란한 陰事에 빠져서 永和 원년(935) 10월 19일에 李倣의 수하에게 살해되었다.

長子인 康宗 繼鵬(昶)이 다음날 즉위하였지만 왕계붕도 무당을 좋아하여 궁궐이 혼란스러웠다. 通文 4년(939)에 그 신하인 連重遇가 朱文進과 서로 모의하여 왕심지의 16번째 아들인 王延義를 왕으로 내세우자, 연희는 형인 延宗의 아들 繼業에게 명하여 윤 7월 13일에 계붕을 체포하여 술을 먹이고는 취한 틈을 타서 목매달아 죽였다.

景宗 延羲(曦)는 즉위하자 위에서 말했듯이 계업은 천주자사가 되었다. 그 계업도 永隆 3년(941) 6월에 楊沂豊과 함께 富沙王인 王延政과 내통했다고 간주되어 延羲에 의하여 福州의 교외에서 죽게 되었다. 연희는 더욱이 7월에 惠宗의 아들인 천주자사 王繼嚴이 많은 사람들에게 환영받는 것을 싫어하여 독주로써 살해하였다. 이어서 余廷英이 永隆 4년 8월에 천주자사에 임명되었다. 연희도 숭불했던 일면은 있지

---

12) 『古尊宿語要』(柳田聖山 主編, 『禪學叢書之一』 수록, 中文出版社, 1973년 3월), p.200. 또한 林澂 撰, 「唐福州安國禪院開山宗一大師碑文幷序」 결국 玄沙師備의 비석을 건립한 것도 王延鈞이다.(續藏2-31-2 〈통권126〉, p.201左下) 후술하는 것처럼 長慶慧稜을 복주의 西院에 초청한 것도 바로 이 사람이다.

만,[13] 國政은 또한 지극히 음란하였다. 여정영이 천주에서 貪穢를 부려 여자를 약탈하는 포악한 정치가 발각되자 연희는 여정영을 소환하였지만, 李眞의 여식인 李皇后에게 금전을 바쳐서 여정영은 다시 천주로 돌아갈 수가 있었다. 이후로 諸州에서는 황후에게 공물을 바치게 되었는데, 곧 여정영은 재상으로 부름을 받았다고 한다. 그 경종 연희는 영륭 6년 3월 13일에 朱文進과 連重遇가 파견한 錢達에게 말 위에서 살해되었다.

왕심지의 아들 延政은 영륭 3년 정월에 연희로부터 建州節度使의 벼슬을 받았고, 富沙王에 봉해졌다. 연정은 경종 연희의 음탕하고 잔학함에 대하여 종종 편지를 보내서 연희에게 諫한 적이 있었다. 이에 연희는 거꾸로 화를 내며 병사를 일으켜서 서로 공격하였기 때문에 마침내 원수가 되었다. 영륭 5년 2월에 부사왕 연정은 建州에서 황제라 칭하여 국호를 大殷이라 하고 天德으로 改元하였다. 형제간의 반목은 계속되어 위에서 말한 바와 같이 주문진 등의 수하에 의하여 천덕 2년(944)에 연희가 살해되었다. 사실상 閩은 통일을 하지 못했기 때문에 주문진은 연희를 살해하고는 곧 스스로 閩主라 칭하여 王氏의 종족인 延義 이하 젊은 사람과 나이 든 사람 등 50여 명을 모두 죽였다. 殷主 延政은 統軍使 吳成義에게 주문진을 토벌시켰지만 승리할 수가 없었다. 그때 주문진은 羽林統軍使 黃紹頗를 천주의 자사로 임명하였다.

晉의 元號인 開運 원년(944)에 천주의 자사가 된 황소파는 성등을

---

13) 『資治通鑑』 권282의 天福 5년조에 "秋七月, 閩主曦城福州西郭以備建人. 又度民爲僧, 民避重賦多爲僧, 凡度萬一千人.〈嗚呼, 使度僧而有福田利益, 則閩國至今存可也〉"라고 되어 있다. 또한 福建地方의 불교연구에는 竺沙雅章,「唐·五代 福建佛教의 展開」(『佛教史學』 제7권 제1호, 1958년 2월),「宋代福建의 社會와 寺院」(『東洋史研究』 제15권, 1956년 10월) 및 「福建의 寺院과 社會」(『中國佛教社會史研究』, 同朋舍, 1982년 2월)가 있다.

초경원으로 초청하였다. 성등은 61세였는데 그때까지 천불원에 주석했다고 간주한다면 천불원에 住持한 것은 16년이 된다. 성등은 초경원에 주석하자 威武軍節度使 및 知閩國事가 되었던 주문진의 奏上에 의하여 明覺大師라는 호를 받았다.[14]

그러나 당시의 천주는 잠시도 안정된 적이 없었다. 그해 10월 殷主 延政은 병사를 尤溪와 古田과 長溪에 주둔시켰다. 11월에 천주의 散員指軍使에 桃林의 留從効가 있었는데 그와 동지가 되어 주문진을 逆臣으로 간주해서 그의 심복인 황소파의 머리를 베었다. 유종효는 王氏의 부흥을 도모하여 王延美의 아들인 王繼勳을 천주의 자사로 모시려고 殷主 延政에게 조처를 취하여 그 명을 받아냈다. 12월이 되자 주문진은 황소파가 죽었다는 말을 듣고 2만 명의 병사를 거느리고 천주를 공격하였다. 殷主 延政도 2만 명의 병사를 거느리고 천주를 구하였다. 유종효는 주문진의 병사를 대파하여 統軍使 林守諒을 참하고 內客省使 李延鍔을 사로잡았다. 殷主 延政은 나아가서 복주를 공격하자 주문진은 吳越에 구조를 요청하였다. 그 전투는 윤 12월 29일에 林仁翰에 의하여 連重遇와 주문진이 참살되고, 吳成義가 두 사람의 머리를 建州로 보냄으로써 종결되었다. 招慶寺가 병화로 인하여 불에 탄 것은 바로 그 전쟁 때였고, 성등이 초경사에 주지를 한 것은 9개월로 끝났음을 알려 주는 것이다.[15]

---

14) 돈황본 S1635의 『泉州千佛新著諸祖師頌』에서 종남산의 慧觀이 그 序文 가운데서 성등을 '千佛偐禪師'라고 불렀고, 또한 "後招慶明覺大師述"(大正藏85, p.1320下)이라고 기록되어 있어서 '千佛' 및 '明覺大師'의 의미는 이로부터 명확해졌다.
15) 후술하듯이 開運 3년(946) 4월에 李弘通의 군대와 留從効의 군대가 泉州에서 전투를 벌였기 때문에 그때 招慶院이 燒失되자 다시 住持인 期間이 증수하였지만, 政情이 불안했던 것에는 변함이 없었다.

개운 2년(945) 정월에 왕연정은 국호를 閩으로 고쳤지만, 南唐軍으로 하여금 建州를 공격하도록 하였기 때문에 복주로 옮길 수가 없었다. 당시에 閩의 서쪽에 있던 국가는 太祖 李昇(888~943)이 天福 2년(937)에 건국한 齊(후에 국호를 唐으로 고쳤다)였다. 남당은 제2대 璟(916~961)을 거쳐 제3대 煜(937~978)이 開寶 8년(975) 11월에 宋에 항복하기까지 39년을 가리킨다.[16] 복주가 민왕 왕연정에게 귀속되었던 개운 2년 3월 2일에 光州의 李仁達이 都督南都內外諸軍事인 王繼昌 및 吳成義를 복주의 府舍에서 살해하였다. 다음 날 이인달은 곧 雪峰寺의 승려 卓嚴明을 모셔다 황제로 삼았다. 왕연정은 그 말을 듣고 張漢眞에게 탁엄명을 공격라하고 시켰지만 黃仁諷에게 크게 패하고 장한진은 사로잡혀서 참살되었다. 이인달은 모반을 이유로 황인풍과 陳繼珣을 죽이고 병권을 장악하자 5월 22일에는 이어서 탁엄명을 칼로 찔러죽이고 威武留後를 자칭하고 남당의 保大라는 연호를 사용하였다. 남당에서는 이인달을 威武節度使로 삼고 弘義라는 이름을 내려 주고 남당에 소속시켰다. 남당은 建州를 에워싸자 마침내 8월 24일에 閩主 延政은 항복하여 민이 멸망하게 되었다. 9월에는 許文稹의 汀州와 王繼勳의 泉州와 王繼成의 漳州가 모두 남당에 항복하였다. 10월에는 왕연정이 금릉으로 옮겼다.

開運 3년(946) 3월이 되자 위무절도사 李弘義는 천주가 일찍이 威武軍에 속했었다는 것을 이유로 천주의 자사 왕계훈 사이에 충돌을 일으키고, 4월에 아우인 李弘通에게 1만 명의 병사를 보내서 천주를 토벌하도록 하였다. 천주의 都指揮使 留從効는 이홍통이 거느린 병사의 세력에 대항하지 않은 채 왕계훈의 지위를 빼앗고 집으로 돌려보냈다. 유

---

16) 『旧五代史』 권134, 『新五代史』 권62, 『十國春秋』 권15~17에 그 전기가 있다.

종효는 스스로 軍府事를 거느리고 이홍통의 병사를 대파하였다. 그 소식을 남당에게 奏上하자 남당에서는 유종효를 천주의 자사로 임명하고, 왕계훈을 금릉으로 불러들였다. 창주의 자사 왕계성은 和州의 자사에 임명되고, 강주의 자사 허문진이 蘄州의 자사에 임명되자 閩은 완전히 남당에 귀속되었다. 남당으로 말하면 保大 4년(946)의 일이다.

천주의 자사가 된 留從効는 節, 곧 사신이 지니는 信標를 淸源寺에 세웠다고 『寺志』에서 말한다. 곧이어 『조당집』이 편성된 장소인 초경원이 건립되었다. 초경원이 한 차례 燒失되었다는 것도 그 원인이 분명하지 않은 점이 있지만, 우선 『泉州府志』 권24의 「承天寺」의 항목을 여기에 기록하여 『천주개원사지』와 맞추어 보고자 한다.

> 승천사는 崇陽門 안의 동남쪽에 있다. 唐 天祐 연간(904~907)에 왕연빈이 처음으로 福先招慶院을 북산에 창건하였다. 후에 병란으로 불에 탔다. 이에 留鄂公 從効가 別墅가 있는 남쪽 동산에 사찰을 건립하고 南禪이라 하였다. 또한 田庄 900석을 희사하여 그것도 초경원의 생계로 활용하도록 하였다. 宋 景德 연간(1004~1007)에 承天이라고 이름지었다. 元末의 兵火로 인하여 남아 있는 것이 드물다.[17]

이제 또 하나 『전등록』 권18의 長慶慧稜과 권21의 泉州招慶院道匡章을 통해서 초경원의 기록을 소개해 본다.

> 혜릉선사는 설봉을 왕래한 지가 29년 되었다. 천우 원년(906)에 이르러 천주의 자사 왕연빈의 초청을 받아 초경원에 주석하였다. 처음 개당하는 날, … 후에 閩帥가 청하여 長樂府의 西院에 주석토록 하였

---

[17] "承天寺. 在崇陽門內之東南. 唐天祐中, 王延彬, 始創福先招慶院於北山. 後燬于兵. 留鄂公從効, 乃以別墅南園爲寺, 號南禪. 捨田庄九百石, 而幷以招慶之業歸焉. 宋景德間, 賜名承天. 元末兵火, 鮮有存者."(萬曆四十年刊本, 18丁右左).

다. 그리고 사액을 주청하여 長慶이라 하였고, 超覺大師라는 호를 내렸다.[18]

천주 초경원의 도광선사는 潮州 출신이다. 혜릉화상이 처음에 초경원에 주석하자 이에 도광선사는 입실하여 시봉하였다. 혜릉화상이 閩帥의 초청을 받고 장락부에 들어가서 西院에서 크게 교화를 일으키자 도광선사가 혜릉의 뒤를 이어 초경원에 주석하였다. 그러자 學衆이 혜릉의 경우와 같았다.[19]

『조당집』은 처음에 서술한 바와 같이 석가모니, 보리달마, 혜가, 승찬, 홍인, 혜능의 각 장에서 遷化를 기록하는 대목에 보이는 연호인 保大 10년 임자년(952)에 성립되었기 때문에 유종효가 건립한 초경원에서 완성된 것이었다.[20] 지금 여기에서 소개한 초경원은 왕연빈이 天祐 3년(906)에 혜릉을 개산조로 하고, 이후를 계승했다는 혜릉의 법사인 도광이 주석했던 초경원과는 다른 곳으로서 그 장소도 다르다는 것이 명확해졌다. 다만 유종효가 초경원을 건립했을 때 왕연빈이 창건한 초경원이 燒失되었기 때문에 왕연빈의 淨業을 계승한 것으로서 초경원이 재흥되었다는 의미에서는 동일한 사찰이라고 말해도 좋을 것이다. 왕연빈이 천우 3년에 건립했던 초경원도, 그리고 『천주부지』에서 말한 천우 연간에 건립되었다는 복선초경원도 동일한 사찰을 가리키는 것은

---

18) "師在往雪峰二十九載. 至天祐三年, 受泉州刺史王延彬請, 住招慶. 初開堂日, (中略) 後閩帥請居長樂府之西院. 奏額曰長慶, 號超覺大師."(四部叢刊本 권18, 10丁左~11丁右).
19) "泉州招慶院道匡禪師, 潮州人也. 自陵和尙始居招慶, 師乃入室參侍. 曁陵和尙招入長樂府, 盛化于西院, 師繼踵住於招慶. 學衆如故."(同, 권21-10丁左).
20) 왕연빈이 창건한 招慶院은 府城의 북쪽 5리에 있는 北山(泉山이라고도 한다)에 있었다는 것이 된다.(『大明一統志』권75) 또한 泉州 承天寺에 주석했던 사람으로 承天遇猛(嗣 明壽歸省)의 이름이 알려져 있다.

판명되었다. 그러나 『조당집』에서 성등을 복선초경 화상으로 삼고 있는 것은 燒失 이전의 초경원이 복선초경원으로 개명된 것인지, 아니면 유종효가 재흥된 후에 제1세로서 초빙되었을 때 복선초경원으로 개명된 것인지 어떤지는 알 수가 없다. 성등이 『조당집』의 「서문」에서 「招慶寺主」로 삼고 있는 것은 고려에서 개판되었을 때의 오류였는지도 모르겠지만, 招慶長慶慧稜을 長慶和尙이라고 말한 것처럼 최후에 머물렀던 지역으로 나타내는 것을 통례로 삼고 있는 燈史類의 입장에서 생각해 보면 후자의 경우라고 생각하는 것이 좋겠지만, 어쨌든 복선초경원도 초경원이라고 불렸다.

그런데 이 문제와 관계되는 것이지만, 『천주개원사지』만 가지고 성등의 전기를 생각해 보면 성등과 초경원의 관련에서 중대한 사항을 생략해 버리는 결과가 된다. 그것은 추정연령으로 말하면 천성 4년(929)에 46세로 주지했던 천불원 이전의 행장이다. 성등의 처음 개당에 대한 기록은 『조당집』에 상세하게 기록되어 있다. 거기에는 분명히 질문 가운데 '招慶'이라는 두 글자를 찾아볼 수가 있다.[21] 더욱이 그 초경당에는 太尉 곧 왕연빈이 列席하고 있다.[22] 그렇다면 성등은 왕연빈의 생존 중에서 언제 초경원에 주석하였던 것인가. 과연 말한 바와 같이 도광이 초경원의 제2세였던 것인가.

우선 혜릉이 복주의 怡山 長慶寺로 옮긴 시기를 확인해 보고자 한다. 『三山志』에 의하면 乾化 4년(914)에 「招慶禪院長老僧慧陵碑」가 건

---

21) 『전등록』 권22의 招慶院 省僜章에도 保福從展에게서 인가받은 후에 "後住招慶, 初開堂, 升座, …"(前揭書, 7丁左)라고 되어 있어서 『조당집』과 같은 내용을 기록하고 있지만 '初開堂'이라는 말은 주목할 필요가 있다.
22) 『조당집』에 보이는 太尉 가운데 泉州王太尉(Ⅲ-103, Ⅳ-1)와 淸源王太尉(Ⅲ-106)는 貞明 4년(918)에 太尉가 된 王延彬으로 간주해도 좋다. 이곳(Ⅳ-23·29)도 천주 초경원이므로 왕연빈으로 생각해도 틀림이 없다.

립되었고, 그해 11월에 복건의 관찰사 王審知의 奏上에 의하여 혜릉은 玄悟大師라는 호를 받았다. 그 후에 왕심지는 同光 3년(925)에 죽었지만, 더욱이 天成 2년(927) 10월에 왕연균의 초청에 의하여 혜릉은 福州 候官縣 東孝悌鄕 永欽里의 怡山 西禪寺로 옮겼다. 그 사찰을 長興 연간(930~933)에 왕연균이 주상하여 長慶寺로 개명하였다. 이 사찰은 본래 百丈懷海의 문하로 전승된 怡山大安(793~883)이 개산했던 사찰이다.[23] 혜릉이 장경사에 주석했던 연도와 『조당집』 권13의 招慶道匡章을 거듭하여 맞추어 보면 종래에 간주되어 온 도광의 초경사 제2세였다는 설은 오류임을 알 수가 있다. 『조당집』 권13에는 다음과 같은 기록이 있다.

> 초경화상은 장경의 법을 잇고 천주에 주석하였다. 선사의 휘는 도광이고, 漢國 潮州 출신이며, 성은 이 씨이다. 閩에 들어가서 怡山에게 참문하여 은밀하게 心源에 계합되었다. 후에 천주의 王太尉의 초청을 받고 법륜을 굴렸다. 민왕이 紫衣 및 法因大師라는 호를 내렸다.[24]

이 기록에 의하면 도광이 혜릉에게 참문한 것은 복주 이산(長慶寺)으로 천주 초경원이 아니라고 하므로 곧 초경원을 계승할 이유가 없다. 초경원에 관한 한 『전등록』보다는 『조당집』의 기록이 신용할 만하다고 생각된다. 도광을 초경원에 초빙한 것도 왕연빈이다. 그렇다면 도광 이전에 혜릉의 뒤를 계승한 사람이 있다는 말이 된다. 혜릉이 천성 2년 10월에 복주로 초빙된 이후에 주석했던 사람은 도광이 아니라 성등

---

23) 『三山志』(『宋元地方志叢書』 수록) pp.7816~7817 및 p.8002. 大安은 陸希聲 撰, 「仰山通智大師塔銘」에서 말하고 있듯이 百丈의 법사라기보다는 潙山靈祐의 법사가 어울린다.
24) "招慶和尙. 嗣長慶. 在泉州. 師諱道匡. 漢國潮州人也. 姓李. 入閩參見怡山. 密契心源. 後以泉州王太尉, 請轉法輪. 閩王賜紫號法因大師矣."(Ⅳ-Ⅰ).

은 아니었을까. 그러나 성등이 주석했던 것도 오래지 않았는데, 천성 4년에는 천불원으로 초빙되었다. 그 천불원은 왕연빈이 성등을 주석시키기 위하여 창건한 개원사 내의 支阮이다. 아마도 도광과 성등은 동시대의 사람이었다고 보인다. 혜릉이 초경원을 떠났을 때 초경원에서 수행자를 지도할 수 있는 위치에 있었던 사람은 도광이 아니라 44세인 성등이었다. 본래 혜릉을 위하여 건립된 사원이었기 때문에, 성등을 천불원에 모시면서 그 후에 혜릉의 제자인 도광을 모신 것으로 보인다.

도광의 제자인 龍光澄玘(907~967)가 있다. 徐鉉이 찬술한 「金陵寂樂塔院玄寂禪師影堂記」(『徐公文集』 권28)에 의하면, 징기는 同光 원년(923) 17세 때 韶州 南華寺에서 구족계를 받고 명산을 유행하다가, 41세 天福 12년(947)에 舒州 山谷寺에 주석하였다. 그 사이에 천주에서 도광에게 참문하여 사법하였으므로, 성등이 천불원에 주석하고 있을 무렵에 도광은 초경원에서 활약하고 있었다. 그 사이에 왕연빈은 죽었다. 이러한 추측에 의한다면 성등이 開運 원년(944)에 황소파에 의하여 초경원에 초빙된 것은 再住이다. 再住했다는 것은 前住였던 도광의 시적에 따른 것은 아니었을까. 그러나 성등의 再住는 兵火 때문에 잠시 동안만 주석하였던 것이다.

이와 같이 처음 개당하여 초경원에 주석했다는 것을 감안해 보면 『조당집』의 전기에서 득법한 이후의 기록은 다시 생각해 볼 필요가 있다. 본래 『조당집』은 초경원에 대해서는 가장 정확했을 것이다.

> 선지식을 찾으면서 吳楚에서 노닐고 운수를 편력하였다. 초경대사의 法筵에 참여하여 굳게 龍溪의 종지를 감추었다. 후에 軍使가 흠앙하여 법륜을 굴려 줄 것을 청하였고, 공경하여 선사에게 紫衣 및 淨修

禪師라는 호를 내려줄 것을 주상하였다.[25]

성등은 保福從展의 휘하를 떠나서 吳楚 지방을 편참하였고, 혜릉에게 참문하여 초경원으로 돌아와서는 保福의 종지를 확실하게 확인하고 사법을 분명하게 하였다. 문제는 정수선사의 師號이다. 이 師號는 『조당집』의 「서문」에 보이는데, 후에 招慶明覺大師가 찬술한 『泉州千佛新著諸祖師』를 인용한 것에서도 '淨修禪師贊曰'이라 하였고, 『조당집』에는 정수선사의 법어가 도합 46군데에 드러나 있다. 문제는 『조당집』에 한 번밖에 사용되고 있지 않은 軍使는 도대체 누구인가 하는 것이다. 그것이 복선초경원으로 초빙했던 유종효라고 생각해도 틀림없다는 것은 권 12에 荷玉匡慧·禾山無殷·光睦行修·泐潭匡悟·龍光隱微의 각 章에 保大 9년의 기록이 보이고 있어, 『조당집』이 남당의 李璟이 내린 勅住와 賜號의 기록을 수록하고 있는 것으로부터 판명된다. 곧 성등이 정수선사의 호를 받았다는 기록은 남당에 소속되었던 천주에 대하여 가장 새로운 기록이었다. 그 성등의 章에 이어진 기록은 위에서 말한 초경원에서 처음으로 개당했다는 기록이다. 그러나 그 사이에 "후에 軍使가 흠앙하여…"라는 것이 『조당집』이 편성될 때에 첨가되어 있어서, 『조당집』의 성립에 대하여 유종효라는 최대의 외호자의 이름이 고유명사로서는 한 번도 보이지 않았을지라도 실제로는 기록되어 있었던 것이다. 유종효의 통치는 천주뿐만 아니라 보대 7년(949)에는 당시에 南州라고 개명되었던 漳州의 자사 董思安을 酖殺하고 兄인 南州副使 留從願으로 대체시켰으며, 천주에 淸源軍을 두었고, 節度使 및 泉州·漳州·等州의 관찰사가 되어 있었기 때문에 유종효가 『조당집』이 성립될 시점에 軍使라

---

25) 위에서 언급한 『조당집』 권13 省僜의 전기 참조.

고 불렸을 것이다. 그때부터 閩의 오주 개의 州가 나누어지게 되었다. 『조당집』에 "今唐保大十年壬子歲"라고 말한 정수선사의 표현이 강조된 이유는 유종효와 어떤 관계인가를 통해서 비로소 이해할 수가 있다.

그 후 남당의 이경은 유종효에게 同平章事兼侍中 및 中書令에 제수되고 鄂國公 및 晋江王에 봉하였다. 유종효는 자기는 본래 빈천하여 근본을 잊어서는 안 된다고 항상 말하면서 정치도 선정을 베풀어 사람들로부터 존경을 받았다고 한다. 특히 王氏의 두 여인이 자신이 다스리는 郡人의 처가 되었던 것에 대하여 유종효가 정중하게 받들고 경제적인 원조를 해 주었다는 『宋史』 권483의 기록은 주목해 볼 내용이다. 이어서 保唐 13년(955) 11월에 後周의 世宗은 남방을 정벌하여 남당을 공격하였다. 몇 차례나 반복된 남방의 정벌에 남당이 패하여 文泰 원년(958)에 강북 지역을 中朝에 반환하고 李景(璟을 고쳤다)은 황제의 호칭을 버리고 江南國主라 칭하며 후주의 신하임을 인정하였다. 유종효는 그로부터 세종에게 공물을 바치지 않았다. 建隆 원년(960)이 되었지만 藩으로서 奏上하여 공물을 宋에 지속적으로 보내고 있던 유종효는 李景이 洪州로 옮기게 되자 자기를 토벌하지 않을까 걱정하였다. 그래서 형의 아들인 留紹基를 이경한테 보내서 금전을 바치고, 한편으로는 吳越을 경유하여 宋에도 入貢시켰다. 건륭 3년에 태조의 사신이 도착하기 전에 유종효는 등에 난 종창 때문에 죽었다. 세수 57세로서 906~962년 동안의 일생이었다.[26] 그 사이에 남당의 이경은 건륭 2년 6월 28

---

26) 『泉州開元寺志』에 보이는 留從效의 불교관련 기록에 다음과 같은 내용이 있다. "六祖東院. 南唐昇元間, 州帥留從效, 創是院, 延禪僧如岳居之."(16丁右); "留從效, 奏賜紫衣, 號闡敎大師."(釋棲岑傳, 30丁右); "南唐保大末, 置院于開元. 留從效, 延居保福, 開法嗣溥."(釋淸豁傳, 32丁右) 또한 塚本俊孝, 「五代南唐의 왕실과 불교」(『佛敎文化硏究』 제3호, 1951년 11월)에 남당과 불교의 관계에 대하여 논의한 것이 있다.

일에 46세로 죽었고, 뒤를 이은 李煜은 開寶 8년 11월 27일에 체포되어 東京으로 압송되고 태조로부터 죄를 인정받아 남당은 완전히 종말을 고하게 되었다.

유종효의 뒤는 그를 계승할 친족이 없었기 때문에 경륭 3년(962)에 張漢思가 留後라고 자칭하였고, 陳洪進이 副使가 되었다. 이듬해가 되자 진홍진이 장한사를 廢하고 스스로 留後가 되자 이욱은 진공진을 淸源軍節度使로 삼았다. 乾德 2년(964)에 송의 태조는 淸源軍을 平海軍으로 삼고, 진홍진을 절도사 및 천주·장주의 관찰사로 삼았다. 태조가 開寶 9년(976)에 붕어하자 태종이 즉위한 후에도 진공진은 천주를 다스렸는데, 太平興國 3년(978)에 천주와 장주를 송에 바치고, 擁熙 2년(985)에 72세로 죽었다.

성등이 복선초경원에 주석한 이후에 대중은 더욱더 증가하여 그 사찰은 대총림이 되었다. 송대가 되어 徐鉉(917~992)이 복선초경원이 번성한 모습을 보고 주상하자 태조는 그것을 기뻐하며 성등에게 眞覺大師라는 호를 내렸다. 眞慧元璉이 乾德 3년(965)에 참문한 것은 바로 그간의 일이다. 성등이 開寶 5년(972)에 시적하자 탑호를 瑞光이라 하였다. 연령을 추정하자면 89세로서 884~972년의 일생인데 그 추정 연도가 크게 오류는 아니라고 간주된다. 복선초경원은 27년 동안 주석했던 곳으로, 처음 주석한 것을 합하면 30년에 가깝다. 생애의 대부분은 천주를 중심으로 하여 교화를 계속하면서 閩의 불교의 일익을 담당하여 불법의 흥륭에 진력을 다하였다. 『조당집』이 성립된 保大 10년까지만 한정해 보아도 성등이 천주에서 활약했던 시기는 25년 이상에 달한다. 성등의 전기를 통해서 알 수가 있듯이 閩의 선종은 王氏 일족의 비호 아래 성립했다고 해도 과언이 아니다.

柳田聖山 교수의 『조당집』 가운데 보이는 拈弄과 代別의 분석에 의하면 '거의 설봉 문하의 존숙들'이라고 말할 수 있는데, 사실 그 논문의 일람표에 나타나 있듯이 최종적으로 著語를 붙인 집단은 성등이 참문했던 설봉 문하의 鼓山神晏·長慶慧稜·安國師備·保福從展과, 성등 자신 및 그 제자를 포함한다면 거의가 설봉 문하에 있었다고 말할 수가 있다.[27] 더욱이 拈弄을 했던 집단에서 흥미로운 것은 그 설봉 문하에 古則이 전해지고 있는 일단계 이전을 생각해 보면 洞山 계통의 사람들이 많다는 점에 주목해야 할 것으로 보인다. 다음 절에서 고찰하는 『전등록』에 비평을 가했던 집단이 법안종 사람들에게 한정되어 있는 것과 『조당집』에 비평을 가했던 집단이 두드러지게 대조를 보이고 있는 것은 『전등록』에는 없는 『조당집』만의 역사적 성격이다.[28]

여기에서는 閩과 더불어 불교보호 정책을 했던 吳越에 대하여[29] 그 나라의 흥망을 살펴보면서 『전등록』이 성립되는 사회적 분위기를 조망해보고자 한다.

閩의 인접 국가인 吳越은 錢氏의 일족에 의하여 성립된 국가이다. 董昌이 일으킨 난리는 乾德 3년(896) 5월 19일에 錢鏐의 부하인 吳璋이

---

27) 柳田聖山,「淨修禪師에 대하여」(「조당집의 자료 가치(1)」前揭論文).
28) 『조당집』에 입전된 선자는 남악계통으로는 2세 32명, 3세 27명, 4세 14명, 5세 6명, 6세 4명이고, 청원 계통으로는 2세 7명, 3세 8명, 4세 7명, 5세 28명, 6세 47명, 7세 6명이다. 편의상 五家로 분류하자면 위앙종 9명, 임제종 7명, 조동종 22명, 운문종 1명이다. 법안문익은 顯德 5년(958)에 시적하였으므로 법안종이 없는 것은 당연하다고 해도, 그 활동에조차 주목하지 않았다. 오가의 분류로 말하면 운암 및 동산의 계통을 강조하고 있는 것은 숫자로 보아도 잘 드러나 있다. 또한 鈴木哲雄,「唐五代時代의 福建의 선종」(『愛知學園大學文學部紀要』제3호, 1973년 12월)에는 복건의 선자의 동향이 분석되어 있다.
29) 常盤大定,「佛教史上에서 두 사람의 忠懿王」. 禪宗과 吳越의 문제에 대하여 상세한 연구로는 阿部肇一,「五代吳越의 불교정책」(『中國禪宗史 研究』수록, 誠信書房, 1963년 3월).

동창을 참살함으로써 錢鏐에 의하여 평정되었다. 梁의 태조가 즉위하여 開平 원년(907) 5월 3일에 鎭海·鎭東의 절도사인 吳의 왕 錢鏐을 吳越王으로 내세우자 여기에서 오월의 건국이 성립되었다. 그 후에 太平興國 3년(978) 5월 1일에 오월왕 錢俶(처음의 이름은 錢弘俶)이 송나라에 국토를 바치기까지 오월은 3世 5王 83년 동안 존속하였다.[30]

오월의 국왕은 모두 숭불자로 알려져 있지만, 특히 마지막의 忠懿王錢弘俶의 공적은 널리 소개되어 있다. 여기에서는 『전등록』의 편찬자 永安道原의 스승인 천태덕소의 행장을 보면서 그 일단을 살펴보기로 한다.[31]

신출자료에 의해서 알려진 招慶省僜의 시적 연도는 천태덕소와 같

---

30) 『十國春秋』 권110을 참조하여 錢氏에 대한 간략한 계보를 그려 보면 다음과 같다. 在位는 錢鏐의 鎭海 鎭東軍節度使 시대부터 헤아린다.

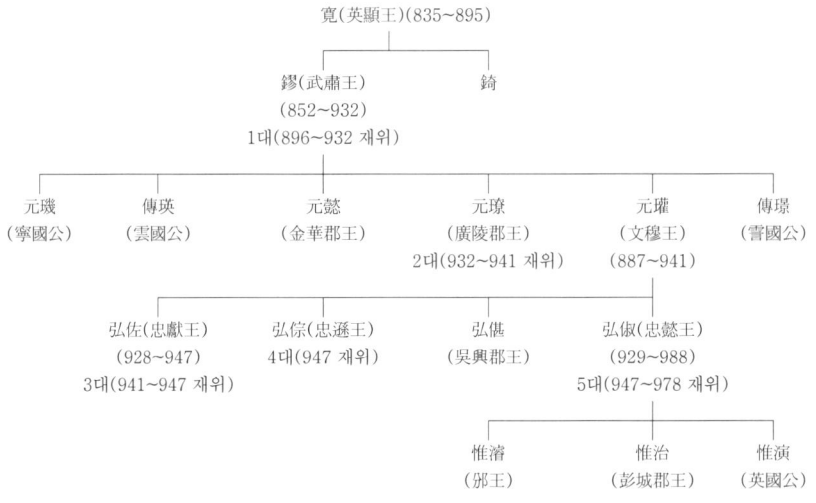

31) 위에서 언급한 논문 이외에 畑中淨園,「吳越의 佛敎 - 특히 天台德韶와 그 제자 永明延壽에 대하여」(『大谷大學硏究年報』 제7집, 1954년 10월)가 있다. 다만 덕소가 천태산에서 활약하기 이전을 논의한 것은 아니다.

은 해인 開寶 5년(972)인데, 덕소는 그때 세수 82세였기 때문에 출생한 것은 大順 2년(891)이 된다. 성등의 출생 연도는 추정으로는 中和 4년 (884)이므로 덕소보다 약간 연장자로 간주되지만 거의 동시대의 사람으로 간주해도 좋을 것이다. 『송전』의 찬술자인 찬영이 덕소를 禪者로 높이 평가하고 있는 점에 대해서는 위에서 서술하였지만, 『조당집』이 천태덕소에 대하여 언급하고 있지 않는 것은 물론이지만 그 스승인 법안 문익과 법안종의 동향까지도 언급하고 있지 않는 것은 주의할 필요가 있다.

　덕소가 출생한 장소는 浙江省 處州府 龍泉縣으로 속성은 陳 씨이고 어머니는 葉 씨라고 한다. 절강성의 용천현은 福建省과 인접한 지역이다. 『송전』에서는 縉雲 출신이라고 기록하고 있기 때문에 같은 처주부 내에 있지만 縉雲縣이 된다. 天祐 2년(905) 15세로 처주의 용천사에서 삭발하였다.

　前年인 天復 4년(904) 윤 4월 11일에 天祐로 改元되었다. 4월 21일에 鎭海·鎭東 절도사인 越王 錢鏐가 오월왕에 봉해진 것으로 되어 있지만, 그 시기는 조정에서 인정하지 않은 상태로서 朱全忠의 주선으로 인하여 吳王에 봉해졌다. 이와 같이 오월의 平定이 나날이 증대되어 가던 때였다. 그해 8월 11일 昭宗이 주전충의 부하인 史太에게 살해되었다. 겨우 13세인 昭宣帝(唐朝 마지막 哀帝)가 15일에 즉위하였다. 그러나 이 황제도 天祐 4년(907) 4월 18일에 주전충에게 멸망하고, 주전충은 22일에 開平이라고 改元하고, 국호를 梁이라 하였으며, 開封을 수도로 정하였다. 290년 동안 지속된 당조는 여기에서 종말을 고하였다. 哀帝는 이듬해 2월 21일 曹州에서 酖殺되었다. 덕소가 18세 때 강서성 信州 開元寺에서 구족계를 받은 것은 개평 2년(908)의 일이다. 신주는 후에 吳國에 속하게 된다. 吳는 武忠王 楊行密(852~905)이 天復 2년(902) 3월에 吳王이 되어 성립된 국가로서, 개평 2년은 양행밀의 장자로서 제2대가 되었던 楊渥이 5월 8일에 張顥의 부하에게 살해되고, 둘째 아들인 楊隆演이 天祐 9년(912)에 吳王이 되기까지 내란이 시작되던 시기였다. 吳越과 吳는 국경을 인접하고 있어서 천복 2년(902)에는 양행밀의 여식을 錢鏐의 여섯째 아들인 錢元璙의 처로 보내고, 일곱째 아들인 錢元瓘을 양행밀에게 인질로 보내는 등 평화를 유지하기 위한 획책도 있었지만, 항상 충돌이 반복되고 있었다. 吳가 洪州를 평정하였을 때 신주의 자사 危仔倡이 吳越로 피신하여 錢鏐에게 의탁한 사건이 일어난 것도 개평 3년(909) 7월의 일이다. 덕소가 신주 개원사에서 구족계를 받았을 때는 전란의 한가운데 있었다고 보는 것이 좋다. 수계한 이후에는 뒤에서 고찰하겠지만 오랫동안 신주의 개원사에 주석한 것은 아닌 것 같다.

武義 원년(919) 4월 1일에 吳國의 王이 된 楊隆演(897~920)도 徐溫(862~927)에게 좌지우지되다가 무의 2년 5월 28일에 병에 걸려 죽었다. 서온은 양행밀의 넷째 아들인 楊溥(900~937)를 내세웠다. 順義 7년(927) 10월 23일에 서온도 병에 걸려서 죽었고, 그해 11월 3일에 양부는 帝位를 계승하였다. 그 이후에 정권을 장악한 사람은 徐知誥(南唐의 李昪, 888~943)이다. 太和 7년(935) 9월 4일에 天祚라 改元하고, 그해 10월에 徐知誥는 齊王에 봉해졌고, 昇·潤·宣·池·歙·常·江·饒·信·海의 10州를 齊國으로 삼았다. 天祚 3년(937) 8월에 양부는 徐誥(知誥를 개명함)에게 선양할 것을 결정하였고, 10월 22일에 붕어하였다고 한다. 10월 5일에 齊王 徐誥가 금릉에서 帝位에 올라 昇元이라 改元하고, 국호를 齊를 이어서 唐이라고 하였다.

덕소는 同光 여간(923~926) 곧 33~36세 무렵에 명산을 찾아다니고 선지식을 참견하기를 헤아릴 수 없을 정도였다고 한다. 처음에 찾아 간 곳이 吳에 속해 있는 안휘성 舒州 桐城縣의 投子山이다. 투자산은 大同(819~914)이 개산했던 禪刹(寂住院·勝因寺)로서, 乾化 4년 4월 6일 96세로 시적하기까지 30여 년 동안 주석했다고 전해지는데 廣明 원년(880) 무렵부터 총림이 되었던 곳이다. 덕소가 투자에게 편참한 것을 동광 연간으로 한정한다면 투자대동이 시적한 후에 제2세가 되었던 투자대동의 법사인 感溫이라고 생각하지 않으면 안 된다. 그러나 『전등록』에서 투자대동이라고 기록하고 있는 이상 동광 연간에 얽매일 필요는 없다. 그렇다면 吳의 天祐 연간(904~919) 곧 수계하였던 천우 5년(908)으로부터 바로 투자산으로 옮겨서 대동이 시적할 때까지 참문했지만 기연이 계합되지 못하였던 것으로 보인다.

투자대동은 舒州 懷寧縣 劉氏 출신으로 낙양에서 遊化하였고, 장안 종남산에서 단하천연의 법사인 翠微無學에게 참문하여 사법한 사람이다. 대동에게 참학했던 사람으로는 '세 번 투자산에 올랐고 아홉 번 동산에 올랐다.'고 전해지는 설봉의존과 유명한 조주종심이 있다. 설봉과 조주의 행장에 의거해 보자면 咸通 원년(860) 이전에 투자산에 올랐다고 간주되기 때문에, 대동이 고향인 투자산에 隱棲한 것은 廣明 원년(880)부터 20년 이상으로 거슬러 올라갈 수 있을지도 모른다. 대동에게는 『어록』이 남아 있어서 그에 의거해 보면 60년에 가까운 것으로 상정되는 투자산에서 보여 준 활약은 새롭게 해명해야 할 선종사의 연구 과제이다.[32] 다만 의존은 함통 11년(870)에는 象骨峰(雪峰)에 들어갔기 때문에 덕소와 동시대에 참학했을 가능성은 전혀 없다.

---

32) 投子大同에게 참문한 趙州와 雪峰이 「北趙州南雪峰」으로 남북의 선을 대표하게 된 것도 흥미롭다. 入矢義高, 「雪峰과 賢師(上)」(전게 논문).

다음으로 덕소가 참문한 사람은 호남성의 潭州 益陽縣 서쪽 100리에 있는 龍牙山의 居遁(835~923)이다. 담주는 당시에 馬殷(852~930)이 건국했던 楚에 소속되어 있었다. 거둔은 강서성 撫州 南城縣 郭氏 집안에서 태어났다. 14세 때 吉州 滿田寺에서 출가하였고 숭산에서 나이가 되어 구족계를 받았다. 翠微無學, 香嚴智閑, 德山宣鑒, 白馬曇照 등에게 참문했지만 기연이 맞지 않았는데 최후로 동산양개 밑에서 대오하고 사법하였다. 그리고 시적했던 龍德 3년(923) 9월 14일까지 30여 년 동안 龍牙山 妙濟禪院에서 교화하였다. 거둔을 용아산으로 초청한 사람은 楚王 摩殷이다. 마은이 乾德 3년(896)에 담주의 자사가 되었을 무렵으로 보인다.

덕소가 대동의 휘하를 떠난 것을 대동의 시적과 관련시켜서 생각해 보면 대동이 시적한 이듬해 貞明 원년(915) 무렵에 용아거둔에게 참문했다는 것이 되는데, 덕소가 25세 때의 일이다. 거둔에게 참문한 이유는 대동이 취미무학의 휘하에 있었을 때 거기에 거둔도 있어서 대동과 거둔이 구면이었기 때문에 대동이 생전에 어떤 지시가 있었다고 간주된다. 덕소가 거둔에게 참문하여 그로부터 '道者여, 그대는 향후에 스스로 깨쳐야 한다.'는 말을 들었는데, 이 또한 기연이 익지 않았던 것을 보여 준다.

더욱이 덕소는 강서성 撫州 金谿縣 서북쪽 50리에 있는 疎山白雲禪院의 匡(光)仁을 참문하였다. 무주가 吳에 소속해 있던 開平 3년(909) 이후로 간주된다. 광인에 대해서는 澄玉이 찬술한 「疎山白雲禪院記」, (『全唐文』 권920)에 근거한 鈴木哲雄 박사의 연구가 있다.[33] 광인은 강

---

33) 鈴木哲雄, 『唐五代의 禪宗』(전게서), p.252 이하. 선승의 전기를 언급하는 데에는 대부분 이 저술을 참조하였지만, 주석에 그 모든 것이 수록되어 있지는 않음을 밝혀 두고자 한다.

서성의 臨江府 新淦縣의 李氏로 태어났는데, 會昌 3년(843) 쯤으로 간주된다. 8세 때에 吉州 薯山慧超의 법사인 政의 문하에 출가하였고, 낙양의 鉢塔院에서 수계하였다. 후에 筠州의 洞山良价에게 참문하여 사법하였다. 이어서 동산이 시적한 이듬해에 潙山을 참문하였고, 怡山大安 및 香嚴智閑에게 참문하였다. 광인은 短身이었지만 언변이 뛰어났기 때문에 矮師叔 혹은 嬭師叔이라 불리면서 두려움의 대상이었다. 조동종의 전승에서 광인에게 부여된 역할은 독자적인 것이었다. 광인은 廣明 원년(880)에 고향으로 돌아가서 嚴田山을 열었고, 中和 3년(883)에 撫州 崇仁縣 남쪽 60리에 巴山 白雲禪院으로 옮겼다. 최후로 활약한 지역이 大順 원년(890)에 撫州의 太守 危全諷의 후원으로 열었던 疎山이다. 여기에서는 위전풍의 막내인 危仔倡과 위전풍의 사위인 鐘匡時(鐘傳의 아들)의 귀의도 받았다. 그러나 撫州가 평온하지 못하였기 때문에 한때 광인은 소산을 떠나 있지 않으면 안 되었다. 왜냐하면 吳王 楊渥이 살해된 것을 계기로 위전풍이 天祐 6년(909) 6월에 信州의 자사 위자창 등과 함께 홍주를 공격하였기 때문이다. 결국 위전풍은 周本에게 패하여 7월 1일에 포로가 되었다. 강서 일대가 吳에 소속하게 되자, 광인은 소산으로 돌아가서 周公·孫公·劉信·李德誠 등의 외호를 받았다. 貞明 원년(915)에 광인이 75세 무렵에 「院記」가 씌어진 것이라고 鈴木哲雄 박사는 간주하고 있다. 광인은 그 이후에도 몇 년 동안은 더 활약했던 것으로 보인다. 덕소의 전기를 통해 보아도 그 추정은 합당하다고 간주되는데, 정원 원년인지 혹은 그 이후에도 덕소는 광인을 참문했던 것으로 보인다.

　『조당집』에 의하면 소산광인에게 참학했던 문인으로서 주목되는 사람은 설봉 문하의 鏡淸道怤(868?~937)와 鼓山神安(863~939)이 있다. 그러나 두 사람의 행장에 의하면 曹山本寂(840~901)에게 참문했다는 것은 전해지고 있지만 소산광인에게 참문했다는 것은 기록되어 있지 않다. 이 의미는 광인이 조산의 처소에 있을 때에 경청 및 고산과 문답한 것인지, 혹 두 사람이 소산에게 직접 참문한 것이 있었다고 해도 그것이 행장에는 기록되지 않은 것인지 둘 가운데 하나이겠지만, 撫州 내의 가까운 곳에 있었던 두 사찰에 함께 두 사람이 참문한 것이라고 간주하는 것이 좋을 것이다. 여기에서도 덕소는 두 사람을 만난 적이 없었던 것으로 보인다. 두 사람이 광인이 무주에 주석하고 있던 이른 시기에 참문한 것에 비하여, 덕소는 만년에 참문한 것으로 보인다. 위전풍이 태수로 있던 시기에 왕심지가 덕소의 선풍을 존숭하여 승려 세 사람을 보내서 광인을 영접토록 하자 위전풍이 거부했던 일이 있었지만, 광인을 왕심지에게 추거한 사람은 開平 2년(908) 고산에 주석했던 神安 바로 그 사람일지도 모른다.

　소산을 떠난 덕소는 그 후에도 복건성 建州의 白雲約을 비롯하여 선지식들을 참문하였는데 그것은 마치 선재동자가 53명을 찾아다는 것에 비유될 정도이다. 최후로 참문했던 사람이 法眼文益(885~958)이다. 법안이 撫州 曹山崇壽院에 주석하고 있던 시대이다. 법안과 덕소가 조산에 주석했던 것은 조동종 계통의 선풍의 전승과 『전등록』이 원자료의 전승 등에 중요한 의미를 지니고 있는 것으로 간주된다. 조산본적의 전기와 그 개창에 대해서는 제2장 제3절에서 논의하겠다.

　덕소의 스승인 법안문익은 光啓 원년(885) 절강성 항주부 餘杭縣의 魯氏로 태어났다. 덕소보다 6세 연장자인데, 추정해 보면 招慶省僜보다 한 살 아래다. 7세에 절강성 嚴州府 遂安縣(新定縣)의 智通院 全偉에게 출가하였다. 20세 때 조주 개원사에서 수계하였다. 율사인 希覺으로부터 明州 鄮山의 育王寺에서 교화가 흥성한다는 말을 듣고 법안은 그곳을 찾아가서 강의를 듣고 깊이 종지를 궁구하면서 동시에 儒典 및 文雅를 배웠다. 그 후에 교학을 버리고 남방에 있는 천주 초경원의 장경혜릉의 법회에 이르렀지만 완전한 깨달음에는 도달하지 못하였다. 당시에 招慶省僜의 존재를 인식할 수 있는 기회가 있었던 것은 충분히 고려된다. 장소가 명확하지도 않고, 기억하는 것에 혼란도 있지만 그 후에 福州城 서쪽에 있는 石山地藏院의 桂琛門下에서 疑情을 해결하고 사법하게 되었다. 동행했던 사람으로 襄州 淸谿山 洪進이 있었는데, 그 사람도 계침의 문하에서 동행하고 사법하였다. 법안이 장경이 아닌 지장에게서 사법한 것은 禪林에서 문제가 되었던지, 설봉 문하에서는 사법의 맥락에 분쟁이 많았다. 대오한 시기는 貞明 6년(920) 법안의 나이 36세 무렵으로 보인다.

漳州의 나한원 계침이 天成 3년(928) 가을, 복주성의 옛날에 머물던 곳에서 62세로 시적했을 때 이미 법사인 법안문익은 무주조산에서, 그리고 淸涼休復은 江州東禪에서 한 지역의 '正法眼'이었다고 『송전』에서는 전한다. 법안이 대오했던 무렵에 스승인 계침이 장주로 초빙되어 갔기 때문에 법안은 스승과 헤어져서 잠시 복주 閩候縣의 서북쪽 25리에 있는 甘蔗洲에 암자를 건립하고 머물고 있었는데, 청계홍진이 권유를 받고 강서성 지방으로 유행을 떠나게 되었다. 법안이 40세 때 同光 2년(924) 무렵에는 臨川의 자사에게 초청받아 무주 조산의 숭수원에 주석하였다.

이어서 법안은 강남의 國主 李昪에게 초청받아 금릉의 報恩禪院에 주석하고 定慧禪師라는 호를 받았다. 天成 3년(928), 법안이 44세 무렵이었을 때, 보복종전 및 나한계침이 입적하였다. 당시에 금릉은 義父인 徐溫이 죽고 사실상의 실권은 徐知誥(李昪)에게 옮겨갔던 시기였다.³⁴⁾ 이승은 서온이 順義 연간(921~926)에 石頭城에 건립한 興敎寺를 昇元 원년 정유년³⁵⁾(937)에 石城의 淸涼大道場으로 삼고, 무주의 조산숭수원의 淸涼休復을 초청하였다. 휴복은 법안의 사제로서 숭수원에서 법안의 뒤를 계승하였다. 그러나 휴복은 天福 8년(943) 10월 1일에 법안에게 후사를 부탁하고, 3일 밤 자시에 시적하였다. 이리하여 법안이 청량대도량의 後席을 이었는데, 顯德 5년(958) 윤 7월 5일에 74세로 시적하였다. 江寧縣 丹陽鄕에 탑이 건립되고, 全身을 장례지냈으며, 大法眼禪師라는 시호를 내렸다.

법안의 전기에도 많은 추측이 포함되어 있지만, 다시 덕소의 전기로 돌아가 보기로 한다. 덕소가 무주 조산숭수원으로 법안을 참문한 것은 법안이 동광 2년부터 천성 3년까지 주석하던 시대로서 덕소의 나이 34세부터 38세까지의 시기에 해당한다. 여기에서 덕소는 대오하는데, 그 과정을 『전등록』 권25에서는 다음과 같이 기록하고 있다.

> 덕소가 이와 같이 54명 선지식을 歷參하였지만 아직은 모두 법연이 맞지 않았다. 최후로 임천에 이르러 정혜선사에게 참문하였다. 정혜가 한 번 보고는 덕소를 그릇으로 여겼다. 덕소가 총림을 遍涉했지만 또한 참문에 게으르고 단지 대중을 따라했을 뿐이다. 하루는 정혜선사가 상당하자 어떤 승이 물었다. "어떤 것이 曹源의 물 한 방울입니까." 정혜가 말했다. "그것이 曹源의 물 한 방울이다." 승이 망연하다가 물러갔다. 덕소가 곁에 앉는 찰나에 홀연히 깨달았다. 이에 평생

---

34) 報恩禪院이 성내의 南廂嘉瑞坊에 있는 能仁禪寺가 어디인가는 분명하지 않다. 能仁禪寺는 報恩寺 라고도 불렸는데 廢寺된 것을 太和 6년(934)에 毘陵郡公 徐景運이 報先寺로 부흥시킨 이후에 昇元 연간(937~943)에 興慈寺라고 개명되었다(『景定建康志』 권46). 게다가 法眼과 李昇의 관계도 어디까지나 추측일 뿐이다.
35) 『전등록』의 '甲辰'은 오류이지만, 혹은 '甲午(934)'일지도 모른다. 여기에서는 『景定建康志』 권46의 기록을 따른다.

동안의 의심이 마치 얼음이 녹는 것과 같았다. 마침내 깨달은 것을 정혜선사에게 말씀드렸다. 정혜선사가 말했다. "그대는 향후에 반드시 國主의 스승이 될 것이다. 祖道의 光大함을 불러오는 것은 나도 그대만 못하다."(四部叢刊-2丁右).

천성 3년(928) 무렵에 법안이 금릉으로 옮겨갈 때 덕소도 동행한 것으로 보인다. 이어서 吳越國의 천태산으로 들어가게 되었다.

덕소가 고향을 떠나서 信州 開元寺에서 구족계를 받았을 때는 오월에서는 武肅王 錢鏐가 楊行密과 전쟁을 반복하고 있던 때였다. 무숙왕이 長興 3년(932) 3월 28일에 81세로 죽자, 아들인 文穆王 錢元瓘이 왕위를 이었다. 원근은 天福 2년(902)에 양밀행의 부하인 田頵에게 인질로 잡혀 있던 때였지만, 이듬해 전군이 반란을 일으켰기 때문에 양행밀과 越의 군대가 전군을 공격하여 전군이 전사하자 오월로 돌아오게 되었다. 원근은 天祚 2년(936) 정월에 徐知誥(李昇)가 大元帥府를 세웠을 때 사신을 보내서 勸進(불교를 믿지 않는 사람을 설득하여 믿게 함)했다고 하여 吳(齊)와 吳越은 화평을 맺게 되었다. 그 이후에는 閩의 王延政을 공격하였지만 크게 패하고 말았다. 이윽고 복주는 開運 4년(947)에 忠獻王 弘佐의 시대에 남당으로부터 오월로 귀속되었다.

李昇이 굳건하게 지위를 확립하였을 때 덕소는 금릉을 떠났는데, 淸泰 2년(935) 54세 때 천태산에 들어가 智顗의 도량에서 머물렀고, 후에 通元峰에 암자를 건립하였다.[36] 智顗는 天台大師(538~598)로서 덕소와 같은 陳氏의 성을 가졌으므로 당시의 사람들은 덕소를 천태대사

---

36) 어디로부터 천태산으로 들어왔는지는 분명하지 않지만 『嘉定赤城志』 권35에 "德韶. 龍泉人. 字惠舟. 淸泰二年, 入台嶺, 憩智顗道場. 後於通元峰卓庵."(『宋元地方志叢書』 수록본, p.7337)이라고 되어 있고, 권22에는 덕소가 암자를 지었던 元峰峰이 天台縣 북쪽 50리에 있다고 한다.(同, p.7227).

의 후신이라고 불렀다고 전한다.

그 천태산에서 덕소는 훗날의 忠懿王 錢弘俶을 만나게 되어 그의 행장은 크게 변한다. 忠獻王 弘左는 開運 4년(947) 6월 2일에 죽고, 아우인 忠遜王 錢弘倧이 뒤를 이었지만 나이가 어리고 또한 그 성급한 성질에 대하여 곱게 보지 않았던 旧將들이 있어서 12월에 홍종은 胡進思에 의하여 義和院에 유폐되었다. 대신에 台州에서 杭州로 돌아온 전홍숙이 여러 장군들의 옹호를 받고 왕위를 이었다. 태주의 자사였던 전홍숙에게 항주로 돌아올 것을 권유한 사람이 바로 천태덕소였다고 전한다. 그 경과를 『十國春秋』 권81의 「忠懿王世家 上」에서는 다음과 같이 말한다.

> 開運 4년(947) 봄 삼월 경인일(5일)에 불발하여 台州를 진압하고 충손왕을 내세웠다. 전홍숙을 同參相府事로 불러들였다. 때마침 승려 덕소라는 사람도 또한 전홍숙에게 "급히 돌아가시오, 그렇지 않으면 장군에게 불리할 것입니다."라고 권유하였다. 가을 9월 갑술(23일)에 마침내 태주를 출발하였다. 그날은 큰 바람이 불어서 동남쪽에 있는 구름이 누각의 모습을 하고 있었다. 식자들은 그것을 기이하게 생각하였다. 겨울 10월에 國城에 도착하여 남쪽의 저택에 머물렀다. 얼마 되지 않아서 호진사의 변란이 있었다.[37]

『전등록』 권25에는 이 기록과 이듬해 덕소가 국사로 초빙되었던 경과를 다음과 같이 보여 주고 있다.

> 처음 白沙에 머무르고 있을 때 吳越의 忠懿王이 國의 왕자로서 台州의 자사가 되었다. 선사의 명망을 듣고 초청하여 도를 물었다. 이에

---

37) "開運四年春三月庚寅, 出鎭台州. 忠遜王位. 徵弘俶同參相府事. 會僧德韶者, 亦勸弘俶, 急歸, 不然將不利. 秋九月甲戌, 遂發台州. 是大風日, 東南有雲如樓閣之象. 識者異之. 冬十月, 至國城, 居南邸. 未幾, 有胡進思之變. (以下 略)"(中華書局本-1147).

선사가 말했다. "훗날에 霸主가 되시면 부처님의 은혜를 잊지 마시기 바랍니다." 漢의 乾祐 원년 무신(948)에 충의왕이 國位를 이었다. 이에 사신을 파견하여 선사를 영접하고 제자의 예를 취하였다.[38]

그때 덕소는 58세였고, 충의왕은 20세였다. 덕소는 세간에서 13도량[39]이라 불리는 천태산의 부흥과 함께 국사가 되어 螺溪義寂(919~

---

38) "初止白沙時, 吳越忠懿王, 以國王子刺台州, 嚮師之名, 延請問道. 師謂曰, 他日爲霸主, 無忘佛恩. 漢乾祐元年戊申, 王嗣國位. 遣使迎之, 申弟子之禮."(四部叢刊本-2丁右左).

39) 『嘉定赤城志』권27~29의 「寺觀門」에 의하여 정리해 보면 13도량은 다음과 같다. 제1도량 淨明院〔현의 서북쪽 55리에 있다. 옛날에는 通圓定慧院이라 불렀다. 周의 顯德 4년(957)에 건립되었다〕 제2도량 慈雲院〔현의 서북쪽 35리에 있다. 옛날에는 安國雲居라고 불렀다. 晉의 天福 원년(936)에 건립되었다.〕 제3도량 秀嚴院〔현의 서북쪽 35리에 있다. 옛날에는 西雲院이라 불렀다. 晉의 天福 8년(943)에 건립되었다.〕 제4도량 西定慧院〔현의 서북쪽 35리에 있다. 漢의 乾祐 원년(948)에 건립되었다.〕 제5도량은 분명하지 않다. 제6도량 福應寺〔현의 서남쪽 70리에 있다. 옛날에는 普聞院이라 불렀다. 漢의 乾祐 3년(950)에 건립되었다.〕 제7도량 實相院〔현의 서남쪽 70리에 있다. 옛날에는 彌陀塔院이라 불렀다. 周의 顯德 연간(954~959)에 건립되었다.〕 제8도량은 분명하지 않다. 제9도량 護國寺〔현의 서북쪽 20리에 있다. 옛날에는 般若寺라 불렀다. 周의 顯德 4년(957)에 건립되었다.〕 제10도량 証教院〔현의 북쪽 100리에 있다. 옛날에는 無量壽佛塔院이라 불렀다. 乾隆 원년(960)에 건립되었다. 후에 여기에서 시적하였다.〕 제11도량 天宮院〔현의 서쪽 20리에 있다. 옛날에는 旃檀瑞像院이라 불렀다. 吳越 시대의 승려 德韶가 건립하였다.〕 제12도량은 분명하지 않다. 제13도량 慧覺院〔현의 서쪽 30리에 있다. 옛날에는 大覺普光院이라 불렀다.〕 옛날의 명칭은 덕소가 건립했던 시점의 명칭인데, 전해지고 있는 寺名은 宋의 大中祥符 원년(1008) 진종황제 시대에 개명된 것이다. 분명하지 않은 세 곳의 사찰은 천태현에다 그것도 덕소가 건립했던 사찰로서 實相院〔현의 서북쪽 25리에 있다. 옛날에는 保國華嚴院이라 불렀다.〕과 景福院〔현의 서쪽 25리에 있다. 周의 顯德 7년(960)에 건립되었다. 세속에서는 그것을 茶院이라 불렀다. 무릇 승려 덕소가 茗을 베풀었던 곳이다.〕과 善興院〔현의 동북 60리에 있다. 옛날에는 華亭圓覺道場이라 불렀다. 晉의 天福 원년(936)에 승려 덕소가 건립하였다.〕의 세 사찰이 언급되고 있기 때문에 그에 상당하는 것으로 간주된다. 이 가운데 『嘉定赤城志』에 의하면 제11도량·제13도량은 교원이고, 제3도량·제4도량·제6도량·제7도량·제10도량 및 경복원과 선흥원은 甲乙院으로서 반드시 선원인 곳만은 아니라는 것에서 덕소의 宗教의 특색이 있다. 덕소는 천태현에서만이 아니라 臨海縣에 保寧廣福寺〔현의 서북쪽 60리에 있다. 옛날에는 永明院이라 불렀다. 五代 시대의 승려 德韶가 건립하였다.〕는 教

987)의 의뢰를 받아서 소실되어 있던 천태의 전적을 고려 및 일본에서 가져온 업적은 높이 평가되고 있다.[40] 『전등록』에서는 위의 글에 이어서 다음과 같이 기록하고 있다.

> 천태지자의 가르침은 전한 義寂이라는 사람은 항상 덕소선사에게 다음과 같이 말했다. '지자대사의 가르침은 점점 멀어지고 있어서 대부분이 흩어져 사라져 버릴까 염려됩니다. 그러나 지금 신라국에는 그 전적이 잘 갖추어져 있습니다. 화상의 자비의 힘이 아니라면 누가 그 일을 해 내겠습니까.' 덕소선사가 충의왕에게 말씀드리자 왕은 사신을 파견하여 지의대사의 전적을 구해 오도록 하였다. 이에 사신이 신라국으로 가서 잘 서사하고 갖추어서 돌아왔다. 그리하여 지금까지 세간에 성행하고 있다.[41]

덕소는 開寶 5년(972) 6월 28일에 천태현의 서북쪽 35리의 蓮華峰에서 시적하였는데, 82세였다. 혹은 『嘉定赤城志』 권28에 의하면 현의

院과 保壽院(현의 동남쪽 7리에 있다. 옛날에는 普明院이라 불렀다.)의 教院의 탑과 多福院(현의 동북쪽 108리에 있다. 唐 長興 4년(933)에 승려 德韶가 건립하였다.)는 甲乙院 및 黃巖縣에 興善院(현의 동남쪽 3리에 있다. 옛날에는 瑞隆感應塔院이라 불렀다.)의 教院을 건립했다는 것이 전해지고 있다.

40) 이 시기는 『佛祖統紀』 권23에 의하면 建隆 원년(960)이라 하고, 『日本記略』 後篇 제4에는 天德 3년(959)로 되어 있다. 畑中淨園, 「吳越의 佛敎」(前揭論文) p.316. 또한 吳越에서 소실되었던 천태종의 전적을 고려와 일본에서 구했다는 것을 강조한 나머지 吳越에는 천태의 전적이 없기 때문에 천태교학은 진작되지 못하고, 吳越의 천태종과 趙宋의 천태종에는 단절이 있다고 일반적으로 간주되고 있다. 이러한 설에 대하여 忠懿王의 「서문」이 붙은 덕소의 법사 永明延壽의 『宗鏡錄』 100권이 통설로 건륭 2년(961)에 성립되었다는 것으로 보아 조송의 천태학에서 문제가 되는 천태종의 전적은 연수가 거의 활용하고 있으므로 오월의 천태종 교학에 대해서는 다시 생각해 볼 필요가 있겠지만, 최근에 池田魯參 교수에 의하여 의욕적으로 해명되어 있다. 池田魯參, 「趙宋天台學의 背景-延壽敎學의 再評價-」(『駒澤大學佛敎學部論集』 제14호, 1983년 10월).

41) "有傳天台智者敎義寂者, 屢言于師曰, 智者之敎, 年祀寖遠. 慮多散落. 今新羅國, 其本甚備. 自非和尙慈力, 其孰能致之乎. 師於是聞于忠懿王. 王遣使及齎師之書往彼國, 繕寫備足而迴. 迄今盛行于世矣."(上同).

북쪽 100리에 있는 無量壽佛塔院에서 시적하였다고도 전한다.『송전』에서는 생전에 '大禪師'라는 호를 받았다고 말하고, 덕소를 평가하여 "공을 성취하였지만 거기에 지배되지 않고 마음이 평탄하였다. 術數에 매우 정통하여 남의 이익을 최고로 삼았다. 지금도 江浙 지역에서는 대화상이라 부른다."[42]고 말하였다.

충의왕은 端拱 원년(988) 8월 24일에 60세로 죽기까지 덕소 문하와 교섭했다는 것이『전등록』권26의 杭州慧日永明寺智覺禪師延壽(904~975),[43] 杭州五雲山華嚴道場志峰(909~986),[44] 福州廣平院守威,[45] 杭州報恩光孝寺第五世住永安(911~974),[46] 杭州奉先寺淸昱,[47] 溫州雁蕩山願齊,[48] 杭州普門寺希弁(921~997),[49] 杭州光慶寺遇安(?~

---

42) 『송전』권13(大正藏50, p.789中). "功成不宰心地坦夷. 術數尤精利人為上. 至今江浙間謂為大和尙焉."
43) 乾隆 원년(960)에 忠懿王은 靈隱山新寺의 제1세로 연수를 초빙하였고, 이듬해 道潛이 시적한 후에 永明大道場의 제2세로서 초빙하고 있다. 영명연수가 智覺禪師라는 호를 받은 것도 忠懿王으로 간주된다.
44) 開寶 원년(968)에 普門精舍를 창건하고 志隆을 제1세로 초빙하였다.
45) 이미 吳越이 지배하고 있던 福州의 廣平院에 충의왕은 守威를 초빙하여 宗一禪師라는 호를 내렸다.
46) 永安의 受業師인 彙征도 충의왕에게 초빙되어 僧正이 되었다. 永安은 사법한 이후에 충의왕에게 초청되어 越州 淸泰院에 처음 주석하였고, 후에 杭州 報恩光敎寺 제5세로 초빙되어 正覺空慧禪師라는 호를 받았다. 또한 彙征이 임명된 僧正의 僧官에는 많은 문제가 있었음이 지적되고 있다. 竺沙雅章,「僧正과 法律」(前揭書), p.378 이하. 高雄義堅,「中央僧官」(『宋代佛敎史 硏究』수록, 百華苑, 1975년 5월), p.42.
47) 忠懿王은 軍使 薛溫에게 명하여 西湖에다 奉先寺라는 대가람을 짓게 하여 淸昱을 초빙하고 圓通妙覺禪師라는 호를 내렸다.
48) 『十國春秋』권89에 의하면 忠懿王은 願齊를 위하여 鴈蕩山普照道場을 건립했다고 한다.『전등록』에는 開寶 5년(972)에 忠懿王의 長子인 惟濬이 西關에다 光慶寺를 짓고 願齊를 초빙했다고 한다.
49) 乾德 원년(963)에 忠懿王은 希弁을 越州 淸泰院에 住持하도록 하고 慧智禪師라는 호를 내렸으며, 開寶 연간(968~976)에 普門寺 제2세로 초빙하였다. 太平興國 3년(978)에는 希弁을 慈福殿으로 초청하여 紫衣를 내리고 慧明大師라는 호를 내렸다. 忠懿王의 沒年인 端拱 원년(988)에 希弁이 고향인 常熟으로 돌아감

992),⁵⁰⁾ 天台山般若寺友蟾(?~990),⁵¹⁾ 杭州開化寺傳法大師行明,⁵²⁾ 杭州 龍華寺慧居⁵³⁾ 등 각각 해당하는 장에 기록되어 있다. 게다가 덕소의 사형과 사제를 포함하면 충의왕과 법안종의 밀접한 관계를 읽어낼 수가 있는데, 이것이 『전등록』의 편집에 중요한 사회적인 기반이 되어 있었다.⁵⁴⁾

이어서 오월의 충의왕은 宋에 국토를 바쳤다. 송대에 오월지방의 불교는 오월의 종교정책이 그대로 계승되어 번영이 지속되었다.

이제 『조당집』의 성립과 관련된 천주 복선초경원의 성등과 『전등록』의 찬술자인 영안도원의 스승인 천태덕소의 전기를 살펴가면서 兩書의 성립 기반인 사회적 배경을 개관해 보려고 한다. 천주의 선과 오월의 선에 대해서는 응당 최종적으로 비평했던 집단으로서는 나누어서 생각해 보는 것이 좋겠지만, 그 바탕이 청원 계통의 설봉 문하라는 점에서는 공통이라고 말해도 좋을 것이다.

그런데 『전등록』은 『조당집』의 존재를 알고 있었던 것일까. 현재의 연

에 즈음하여, 御詩를 주었고, 또한 금전을 내려서 希弁이 주석하는 常熟의 본찰에 높이가 200척이나 되는 7층짜리 벽돌도 된 浮圖를 창건토록 하였다.
50) 乾德 연간(963~968)에 忠懿王은 遇安에게 명하여 北關의 傾心院에 住持하도록 하고, 勅召를 내려서 天龍寺에 住持하도록 하였다.
51) 忠懿王은 友蟾에게 慈悟禪師라는 호를 내리고, 雲居山 普賢院으로부터 天台山 般若寺에 住持하도록 하였다.
52) 忠懿王은 杭州에 大和寺(六和寺·開化寺로 개명되었다)를 건립하고 行明을 住持로 초빙하였다.
53) 忠懿王은 慧居를 杭州의 龍華寺에 住持하도록 하였다. 이상은 『전등록』 권26에 기록되어 있는 것만 실었다.
54) 『조당집』이 錢氏 일족의 불법을 서술한 것은 설봉 문하의 鏡淸道怤·翠岩嶺參·齊雲靈照·越山鑑眞大師로 한정되어 있다. 福州가 후에 吳越에 지배되자 이러한 사람들이 출신 및 출세와 관련하여 오월과 관련되어 있음을 감안해 보면 당연히 『조당집』은 오월에서 성립된 선을 전승하고 있는 것도 이상할 것이 없지만, 실제로는 전면적으로 오월의 선을 소개하고 있지 않다. 여기에서 『조당집』은 閩·南唐의 선을 중심으로 하는 한계와 동시에 특색이 있다.

구단계로서는 알지 못했던 것은 아닐까 하는 생각이 든다. 그렇다면 공통의 재료는 없었던 것일까. 그 가능성으로서 항상 문제가 되는 것이 南岳惟勁의 『속보림전』의 존재이다.

유경은 福州 永泰縣 출신으로 설봉의존과 현사사비에게 참문한 사람으로, 결국 乾化 연간(911~915)에 南嶽般舟道場 報慈東藏(三生藏이라고도 한다)에게 출세하였고, 설봉에게서 사법하였다. 이 南嶽般舟道場은 太平興國 연간(976~984)에는 福嚴禪寺라고 불렸으며, 南嶽慧思(515~577)와 南嶽懷讓(677~744)의 도량으로 알려져 있다. 馬殷(852~930)은 乾寧 3년(896) 9월에 潭州의 자사가 되었고, 光化 원년(898) 5월에 적군의 장수 楊師遠을 죽이고 衡州를 지배하였다. 後梁의 태조가 즉위하자 開平 원년(907) 4월 25일에 마은은 楚王에 봉해졌다. 楚의 도읍은 潭州(長沙)이다. 유경이 남악에 들어간 것은 마은이 형주를 평정한 이후에 해당한다. 따라서 『전등록』 권19의 유경장에는 주목할 기록이 있다.

> 유경선사는 梁 開平 연간(907~911)에 『속보림전』 4권을 편찬하고, 貞元(801년에 성립된 『寶林傳』을 가리킨다) 이후 禪門繼踵의 원류를 기록하였다.[55]

『속보림전』이라는 명칭은 『조당집』 권11 惟勁章에도 보인다.[56] 더욱

---

55) "師於梁開平中, 撰續寶林傳四卷, 紀貞元之後, 禪門繼踵之源流也."(四部叢刊本 -19丁右).
56) 『續寶林傳』의 기록은 『송전』 권17(大正藏50, p.818下)의 南岳惟勁의 전기에도 보인다. 福嚴禪寺에 대해서는 『南嶽總勝集』 권中(大正藏51, p.1070下) 참조. 또한 그 출세의 연도가 「光化 연간」(『전등록』) 혹은 乾化 연간(『송전』)인가에 대해서 鈴木哲雄 박사는 南岳惟勁이 開平 원년 9월에 泉州의 招慶院에 있었음을 주장하고 있고, 『속보림전』의 草稿의 골격이 福州에서 성립되었기 때문에 여기에서는 그 설을 따르기로 한다. 다만 이 문제는 『속보림전』의 완성이 「개평 연간」인지 어떤지

이 초왕 마은은 유경을 남악으로부터 담주로 초빙하여 주석하게 하였는데, 그것은 『속보림전』이 성립된 이후로 보인다. 『송전』 권17에서 마은이 개평 연간에 유경에게 寶聞大師(『조당집』에서는 寶文大師라 기록함)라는 호를 내려 주었다고 기록한 것은 『속보림전』의 성립과 깊이 관계된 것은 아닐까. 유경은 남악에서 시적하였는데 『南嶽高僧傳』도 저술했다[57]고 전해지는데, 언제였는지 알 수가 없다. 『속보림전』이 세상에 알려진 연도를 開平이 改元된 乾化 연간(911~915)으로 간주한다면 성등과 덕소의 전기는 어떤 관계에 있는 것일까.

성등은 貞明 3년(917)부터 天成 2년(927) 사이에 吳越에서 유행하고 있었으므로 당시에 楚에서 화제가 되었을 『속보림전』을 접할 기회가 충분히 있었을 것이다. 한편 덕소는 마은에게 초빙되어 潭州 龍牙山에 주석하고 있던 居遁에게 貞明 2년(916) 무렵에 참문했었을 것으로 보이기 때문에 『속보림전』의 이야기는 당시에 가장 새로운 사건으로 알 수 있었던 것은 아니었을까. 덕소와 『전등록』 찬술의 관계는 분명하지 않지만, 불교의 흥륭에 典籍의 필요성을 느끼고 있었던 덕소에게는 충분히 『속보림전』에 대한 배려가 있었다고 간주된다. 靜·筠의 두 선덕과 영안도원선사의 견문이 『조당집』과 『전등록』의 성립에 크게 관련이 있다는 것만은 말할 수가 있을 것이다.[58]

하는 것과 당연히 관련되어 있다. 『唐五代禪宗史』(前揭書), p.471 이하 참조.
57) 盧藏用의 찬술에서는 南岳惟勁說을 오류라고 말하고 있다.(牧田諦亮 譯, 『國譯一切經 宋高僧傳 下』 前揭書, p.372) 기타 『전등록』에는 「七言覺地頌」(권29 수록), 『조당집』에는 「鏡燈頌」·「㳺渡頌」·「防邪論」 등이 있었음을 전하여, 두 게송은 『조당집』과 『종경록』 권4(大正藏48, p.535中) 및 권38(大正藏48, p.462下)을 통해서 알려져 있다.
58) 졸고, 「泉州福先招慶院 淨修禪師省僜과 『祖堂集』」(『駒澤大學佛敎學部硏究紀要』 제44호, 1986년 3월) 참조.

제6절 『경덕전등록』 권27의 특색

『전등록』은 일반적으로 '1700칙의 公案'으로 불린다. 이미 소개했듯이 양억의 서문에서 "칠불로부터 대법안의 사법제자에 이르기까지 무릇 52세, 1701명으로 하여 30권을 구성하고 그것을 『경덕전등록』이라는 제목을 붙였다."고 말하듯이, 『전등록』에 수록되어 있는 선자의 숫자에서 그와 같이 일컬어지고 있다. 공안이라는 말은 법률용어에서 온 것으로 쟁론 중의 안건을 가리킨다. 공안선의 대성은 남송의 大慧宗杲에 의하여 無字로 집약되는 형태로 이루어져 있어서 『전등록』에는 그 맹아가 있었지만 아직 公案禪이 성립된 것은 아니었다. 공안이란 곧 中峰明本(1263~1323)의 『山房夜話』 권상에서 다음과 같은 말에서 일반적으로 정착되었다.

> 어떤 사람이 물었다. "불조의 기연이 세간에서 공안이라고 일컬어지는데 그것이 무엇입니까." 내(明本)가 말한다. "공안이란 곧 公府의 案牘에 비유한 것이다. 법이 있는 곳에는 왕도의 治와 亂이 실제로 관계되어 있다. 公이란 성현과 그 행적을 함께 하고 천하에 그 길을 같이 하는 지극한 도리이다. 案이란 성현의 도리가 되는 것을 기록하는 바른 글이다. 무릇 천하가 있으면 일찍이 公府가 없을 수 없고, 公府가 있으면 일찍이 案牘이 없을 수 없다. 그것은 무릇 법을 가지고 천하의 不正을 단제하려고 하는 것이다. 공안이 행해지면 곧 理法이 활용되고, 이법이 활용되면 곧 천하가 바르게 되며, 천하가 바르게 되면 곧 왕도가 다스려진다. 무릇 佛祖의 기연 그것을 지목하여 공안이라 말하는 것도 또한 그와 같다. 무릇 한 사람의 억견이 사라지면 이에

靈源을 이해하여 妙旨에 계합되고 생사를 타파하여 情量을 초월하여 삼세와 시방의 백천 보살과 더불어 동일한 至理를 받게 된다. (이하 생략)"[1]

여기에서 말하고 있는 공안은 학인이라면 누구나 참구해야 할 문제가 된다.『전등록』에서도 당시에 공통의 話題로서 유행하고 있던 것을 집성한 것이 권27 후반부의 諸方雜擧·徵·拈·代·別語인데, 여기에서 공안이 형성되어 가는 맹아를 읽어 낼 수가 있다.

무릇 권27의 전반부는 '선문의 달자로서 출세하지는 않았을지라도 당시에 유명했던 사람 10명'으로서 金陵寶誌, 婺州善慧, 南嶽慧思, 天台智顗, 泗州僧伽, 萬迴法雲, 天台風干, 天台寒山子, 天台拾得, 明州包袋를 기록하고 있다. 천태 계통의 선관수행자를 선 가운데로 끌어들임과 더불어 민간신앙으로 침투해 가던 파격적인 인물을 선이 포섭하고 있는데, 여기에서도『전등록』의 역사적인 성격을 읽어낼 수가 있다. 이미 찬술자인 도원이 등신불 신앙으로 관심을 보여 주었던 점에 대해서는 서술하였지만, 선종의 법계에는 포함시킬 수 없다는 점이야말로 당시 종교의 일면이 있다.[2]

권27의 후반부에서도 이미 각 선자들의 전기에는 수록되지 않은 성

---

1) "或問, 佛祖機緣, 世稱公案者何耶. 幻曰, 公案乃喩乎公府之案牘也. 法之所在而王道之治亂實係焉. 公者, 乃聖賢一其轍, 天下同其途之至理也. 案者, 乃記聖賢爲理之正文也. 凡有天下者, 未嘗無公府, 有公府者, 未嘗無案牘. 蓋欲取以爲法而斷天下之不正者也. 公案行則理法用, 理法用則天下正, 天下正則王道治矣. 夫佛祖機緣, 目之曰公案亦爾. 蓋非一人之臆見. 乃會靈源契妙旨, 破生死越情量. 與三世十方百千開士, 同稟之至理也.(以下 略)"(『天目中峰和尙廣錄』, 권11상, 中華大藏經, 第一輯 제10집 수록, p.32121) 이하에서 서술하는 문제는 柳田聖山,「어록의 역사-선문헌의 성립사적 연구-」(『東方學報』제57책, 1985년 3월)에도 상세하게 설명되어 있다.
2) 藤善眞澄,「설화로 본 서민불교」(牧田諦亮 編,『五代宗敎史硏究』수록, 平樂寺書店, 1971년 3월)에서 당시의 불교가 서민에게 침투되는 예가 나타나 있다.

격의 사람이 있는데, 이름이 알려지지 않은 노파, 여인, 老宿들의 이야기와 佛傳의 이야기가 공통의 話題가 되어 있는 것으로 간주된다. 이들 화제에 대하여 선자가 擧·徵·拈·代·別이라 불리는 방법으로 자기의 견해를 서술하기도 하고 또 지도하기도 하였다. 그러한 방법은 문답과 화제에 대하여 다시 언급하기도 하고(擧), 스승이 납자의 견해를 바로잡아 주기도 하며(徵), 비평해 주기도 하고(拈), 남을 위하여 대신 법어를 내려 주기도 하며(代), 남이 했던 비평의 말에다 다시 자기의 비평을 붙이기도 하였지만(別), 그와 같은 방식에는 스승이 특별히 선호하는 것도 들어 있다. 그러한 것을 총칭하여 '著語'라고 부른다.

이제 구체적인 예를 권27에서 하나 소개해 보기로 한다.

> 외도가 세존에게 물었다. "有言으로 추구할 수도 없고 無言으로 추구할 수도 없습니다." 세존은 잠시 침묵하였다. 이에 외도가 예배하고 찬탄하였다. "훌륭하십니다. 세존이시여. 위대한 자비로 저의 미혹한 구름을 걷어내어 저로 하여금 깨침에 들어가도록 해 주셨습니다." 외도가 떠난 후에 아난이 세존에게 물었다. "외도는 어떤 도리를 터득했기에 깨쳤다고 말하는 것입니까." 세존께서 말씀하셨다. "세간의 훌륭한 말이 채찍의 그림자만 보아도 앞으로 달려가는 것과 같다."
> 玄覺行言이 물었다. "세존이 말을 몰아가는 도리는 무엇입니까." 雲居淸錫이 말했다. "알고자 하는가. 지금 승당으로 돌아간 사람은 도대체 누구인가." 東禪道齊가 이 일화를 들고는 말했다. "외도가 깨친 도리는 무엇인가. 그대들이 '세존은 잠시 침묵하였는데, 그것이 바로 말을 몰아가는 것이었다.'고 말한다면, 그와 같은 이해방식에는 깨침의 도리가 들어 있는가.[3]

---

3) "外道問佛云, 不問有言, 不問無言. 世尊良久. 外道禮拜云, 善哉, 世尊. 大慈大悲, 開我迷雲, 令我得入. 外道去已, 阿難問佛云, 外道以何所証而言得入. 佛云, 如世間良馬見鞭影而行. 〈玄覺徵云, 甚摩處是世尊擧鞭處. 雲居錫云, 要會摩. 如今歸

이 古則은 '世尊良久' 혹은 '外道問佛'의 이야기로 공안이 되어 간다. 『수릉엄경』권4(大正藏19, p.119下 이하) 및 『雜阿含經』권33(大正藏2, p.234上)을 소재로 하여 『雪竇頌古』 제65칙, 『無門關』 제32칙, 도원의 眞字 『正法眼藏』 권中의 제70칙 등에 전개되어 있어서, 송대 선자의 어록에 많이 나타나게 되었다.

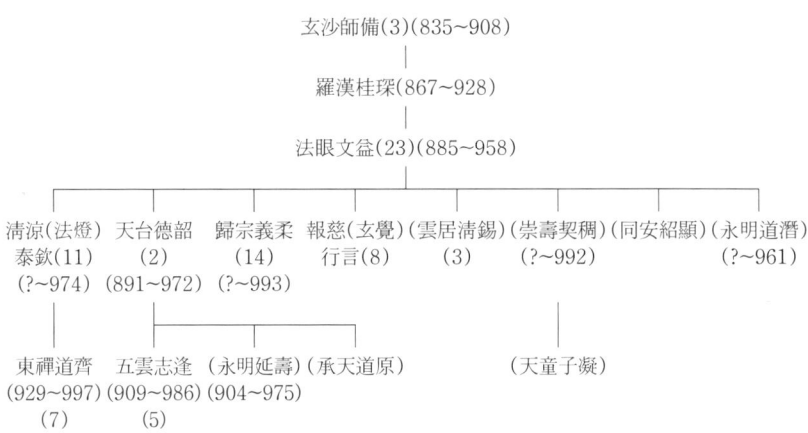

그런데 무척 흥미로운 것은 권27의 착어를 보면 74칙의 고칙에 대하여 87회의 착어를 18명이 붙이고 있는데, 그 가운데 73회의 착어는 법안종에 속하는 8명으로 되어 있다.[4] 그들 착어의 수효와 법계를 정리해 보면 위의 도표와 같다(괄호 안의 숫자는 착어의 수효이다).

이러한 사람들 가운데 법안문익과 천태덕소에 관해서는 그 전기를 서술하였기 때문에, 기타 사람들의 전기를 간단하게 보이고자 한다.

義柔의 전기는 분명하지 않다. 법안문익의 법사로서, 설봉 계통에 속

堂去. 復是阿誰. 東禪齊拈云. 甚麼處是外道悟處. 衆中道世尊良久時便是擧鞭處. 恁摩會得還得已否.〉"(四部叢刊本-13丁右).
4) 법안종 이외는 洞山이 2회이고, 潙山·仰山·南泉·雲門·大覺·大章如·天龍機가 1회 뿐이고, 法系圖에 드러난 玄沙가 3회 및 老宿이 2회가 전체이다.

하는 延壽慧輪의 법사인 廬山歸宗 제12세 道詮이 雍熙 2년(985) 11월 28일(986년 1월 11일)에 시적한 후에 제13세로서 주석했다는 것과, 法姪인 慧誠(941~1007)이 義柔가 시적했던 淳化 4년(993) 4월 이후에 제14세가 되었다는 것밖에는 알 수가 없다.

泰欽은 하북성 魏府 출신이다. 법안문익에게 사법한 후에 강서성 홍주 幽谷山의 雙林院에서 출세하였고, 같은 지역에 있는 上藍護國院으로 옮겼다. 이어서 금릉의 龍光院을 거쳐 淸凉大道場에 주석하였다. 李煜은 법안문익이 시적한 후에는 태흠에게 법을 물었다. 法燈禪師라는 賜號는 이욱의 奏上에 의한 것으로 보인다. 開寶 7년(974) 6월 2일에 시적하였다.『전등록』권30에「古鏡歌」3수가 수록되어 있다.

行言은 복건성 泉州 晋江 출신이다. 법안문익에게 사법하였고, 이욱이 새로 건립한 금릉의 報慈大道場에 주석하면서 玄覺導師라는 호를 받았다. '導師'라는 호는 보자대도량에 주석한 사형사제인 文邃가 雷音覺海大導師라는 호를 받았는데, 행언이 받은 뒤에 법안문익에게도 거듭하여 大智藏大導師라는 시호를 내려 준다. 이것은 南唐의 독자적인 賜號이다.

淸錫은 복건성 천주 출신이다. 법안문익에게 사법한 후에 강서성 吉安府 龍須山의 廣平院에 주석하였고, 南康府 建昌縣 雲居山의 眞如禪院 제8세가 되었다. 만년에는 고향인 천주의 西明院에 주석하였다.

태흠의 제자인 道齊는 홍주의 金氏로 태어났다. 疎山匡仁의 법사인 法照大師百丈安의 휘하에서 출가하였고, 홍주 유곡산 쌍림원에서 法燈泰欽에게 참문하였으며, 上藍院에게도 참문하여 거기에서 대오하고 사법하였다. 筠州의 東禪院에서 출세하였고, 홍주 쌍림원으로 옮겼으며, 후에 운거산 진여선원의 제11세가 되었다. 至道 3년(997) 9월 8일에 69세로 시적하였다. 『전등록』에 착어를 붙인 사람은 南唐과 깊이 관계되어 있다. 또한 운거산에 대해서는 이후에 서술하겠지만, 특히 조동종의 근거지와 밀접하다는 것은 『전등록』의 성립과정에서 주의하는 것이 좋다.

덕소의 제자 志峰은 절강성 余杭 출신으로, 余杭邑의 東山朗瞻院에서 출가하였다. 天福 연간(936~944)에 천태산 운거도량에서 덕소에게 참문하여 대오하고 사법하였다. 오월왕은 지봉의 道風을 숭앙하여 紫衣를 내리고 普覺大師라는 호를 내렸다. 臨按의 功臣院에 처음 주석하였고, 開寶 원년(968)에 충의왕이 普門第一世로 초빙한 것은 위에서 서술한 바와 같다. 개보 4년(971)에 국왕의 권유를 뿌리치고 大將 凌超가 항주 五雲山에 창건한 華嚴道場에 주석하였다. 雍熙 2년(985) 11월 25일(986년 1월 8일)에 77세로 시적하였다. 『전등록』 권30에 「杭州五雲和尙坐禪箴」이 수록되어 있다.

그렇다면 『전등록』 전체의 착어의 특색은 어떠한가. 그것을 고찰해보기 이전에 착어를 붙여서 비평하는 집단이 어떻게 고칙을 전승했는지 그것에 대하여 『전등록』 권27 이외의 권에서 찾아보기로 한다. 그 일례로서 『전등록』 권5의 光宅慧忠(?~776) 장에 있는 「國師三喚」의 일화를 들어 본다.

> 어느 날 시자를 부르자, 시자가 "예!"라고 답했다. 이와 같이 세 번을 불렀는데, 모두 "예!" 하고 답했다. 그러자 국사가 말했다. "내가 그대를 저버렸다고 말하려고 했는데, 도리어 그대가 나를 저버렸구나."
>
> (1) 한 승이 현사에게 물었다. "국사가 시자를 부른 뜻은 무엇입니까." 현사가 말했다. "그런 것이라면 시자가 알고 있다."

운거청석이 말했다. "자, 말해 보라. 시자는 알고 있었는가, 모르고 있었는가. 만약 알고 있었다고 말한다면, 국사가 또 〈그대가 나를 저버렸구나.〉라고 말한 것과, 만약 모르고 있었다고 말한다면 현사가 또 〈그런 것이라면 시자가 알고 있다.〉고 말한 것에 대하여 또 어떻게 商量해야 하겠는가."

현각이 한 승에게 따져 물었다. "시자가 알고 있었던 도리는 무엇인가." 승이 말했다. "만약 모르고 있었다면 어찌 예! 하고 답할 수 있었겠습니까." 현각이 말했다. "그대는 그나마 조금은 알고 있구나." 또 말했다. "만약 그런 가운데서 상량할 수 있다면 곧 현사를 친견할 것이다."

(2) 한 승이 법안에게 물었다. "국사가 시자를 부른 뜻은 무엇입니까." 법안이 말했다. "나가거라. 다른 때에 찾아오라."
운거청석이 말했다. "법안이 그렇게 말한 것은 과연 국사의 뜻을 알고 그런 것인가 모르고 그런 것인가."

(3) 한 승이 조주에게 물었다. "국사가 시자를 부른 뜻은 무엇입니까." 조주가 말했다. "어떤 사람이 어둠 속에서 글자를 쓴 것과 같이, 글자는 성취되지 않았지만 문채는 이미 빛나고 있다."[5]

이 일화는 후에 『무문관』 제17칙 등에서 공안으로 등장하지만, 『전등록』에서는 우선 (1)현사, (2)법안, (3)조주 등에서 찾아볼 수가 있다. 그런데 『전등록』에서는 한 단계를 거쳐서 雲居淸錫과 玄覺行言의 비평이

---

[5] "一日喚侍者. 侍者應諾. 如是三召, 皆應諾. 師曰, 將謂吾孤負汝, 却是汝孤負吾. (1)僧問玄沙, 國師喚侍者意作麼生. 玄沙云, 却是侍者會. 雲居錫云, 且道侍者會不會. 若道會, 國師又道, 汝孤負吾, 若道不會, 玄沙又道, 却是侍者會. 且作麼生商量. 玄覺徵問僧, 什麼是侍者會處. 僧云, 若不會, 爭解恁麼應. 玄覺云, 汝少會在. 又云, 若於這裏商量得去, 便見玄沙. (2)僧問法眼, 國師喚侍者意作麼生. 法眼云, 且去, 別時來. 雲居錫云, 法眼恁麼道, 為復明國師意, 不明國師意. (3)僧問趙州, 國師喚侍者意作麼生. 趙州云, 如人暗裏書字, 字雖不成, 文彩已彰."(四部叢刊本-21丁左~22丁右).

직접 기록된 것으로 되어 있다. 결국 찬술자인 도원과 동일한 집단인 법안종 사람들에 의하여 실제로 비평된 것이 『전등록』에 수록되어 있다.

여기의 예도 분명히 『전등록』 권27에 착어를 붙인 최종적인 집단과 일치한다. 착어를 붙인 곳에 대한 지적은 여기에서는 생략하겠지만,[6] 『전등록』의 전체적인 경향은 권1·권2·권13에는 착어가 없고, 권3~권5까지 9칙, 권6~권12까지 남악 계통의 110칙, 권14~권26까지 청원 계통의 142칙에 착어가 붙어 있어서 도합 261칙이 된다. 『전등록』이 성립된 당시의 유명한 일화로서 소위 공안이 되어가던 단계에 있었던 것이라고 말할 수가 있다. 이와 같은 261칙에 대하여 390회에 걸친 착어가 기록되어 있다.

이 가운데 『조당집』과 공통하는 착어도 있지만, 『조당집』에는 전혀 없는 법안종 사람들의 것이 많다. 그 횟수로 말하면, 법안문익이 63회, 보자행언이 50회, 운거청석이 29회, 동선도제가 23회, 청량태흠이 19회, 同安紹顯이 12회, 귀종의유가 9회, 崇壽契稠가 7회, 오운지봉이 1회, 永明道潛이 1회 등 도합 214회가 된다. 장경혜릉이 25회, 현사사비가 18회, 동산양개가 18회, 보복종전이 13회 등의 경우로서 다소 많은데, 기타 사람은 2회 내지 3회가 대부분이고, 그것도 남악 계통의 경우는 한정되어 있기 때문에 『전등록』과 법안종이 얼마나 강하게 결부되어 있는가를 보여 주고 있다. 바로 위에서 분석한 권27에 착어를 붙였던 집단의 특색과 동일하다. 새로 첨가된 3인의 전기를 간단하게 서술해 보고자 한다.

紹顯은 홍주 建昌縣 서쪽 15리에 있는 鳳棲山 同安院에 南唐 국왕

---

6) 졸고, 「『경덕전등록』의 역사적 성격(下)」(전게서), pp.23~29.

의 명에 의하여 주석했다는 것밖에는 알 수가 없다. 동안원의 世代는 분명하지 않는 점이 많지만 조동종의 道丕, 그 제자인 觀志가 주석했던 곳으로, 이곳은 조동종 거점의 하나였다는 점은 주목해야 할 것이다. 九峰道虔의 법사인 同安常察의 「同安禪師詩八首」(『전등록』 권29 수록)는 후에 '十玄談'으로 유행되어 조동종 계통의 선자들에게 애용되기에 이르른 것도 동안원과 깊이 관계되어 있다.

契稠는 천주 출신이다. 법안문익에게 사법하였고, 강서성 무주 曹山의 崇壽院에 주석한 사람이다. 숭수원에 대해서는 법안이 주석했던 곳이면서 더욱이 曹山本寂이 주석했던 곳이라는 것은 위에서 지적한 바와 같다. 淳化 3년(992)에 시적하였다.

道潛은 산서성 河中府의 武氏로 태어났다. 瑞巖山 大通院의 眞寂存壽 밑에서 출가하였고, 臨川 조산의 숭수원에서 법안문익에게 참문하고 사법하였다. 법안의 휘하를 떠난 후에는 절강성 衢州의 古寺에서 대장경을 열람할 뿐이었다고 한다. 후에 오월의 충의왕은 도잠을 府로 불러들여 보살계를 받고 나서, 慈化定慧禪師라는 호를 내렸다. 나아가서 대가람을 건립하고, 慧日永明寺의 개산조로 도잠을 초빙하였다. 도잠이 乾隆 2년(961) 9월 18일에 시적하자, 제2세로 永明延壽가 초빙되었다.

이상 법안종의 11명이 『전등록』의 대부분에 착어를 붙인 것에서 알 수가 있듯이, 『전등록』과 南唐·吳越의 선이 밀접한 관계에 있었음을 지적할 수가 있고, 『전등록』의 형성에는 강서성 조동종의 전승이 영향을 끼치고 있었다는 것도 인정할 수가 있다.

위에서 소개한 『전등록』 권26 운거도제의 전기에 '처음 균주 동선원에 주석하였다. (중략) 도제선사는 다음으로 홍주 쌍림원에 주석하였고, 후에는 운거산에 주석하였다. 세 곳에서 설법을 하였는데 그의 「語

要」·「搜玄」·「拈古」·「代別」 등을 모아 저술하였다. 이것이 제방에서 성행했지만 여기에는 번거롭게 수록하지 않는다.'라고 착어를 붙이고 있는 것이 바로 당시의 선풍이었음을 알 수가 있다. 또한 『전등록』 가운데서 가장 새로운 기록으로서 大中祥符 원년(1008) 中秋望日이라는 연월이 있고, 권26 溫州瑞鹿寺의 本先(942~1008)의 상당법어에 다음과 같은 대목이 있다.

> 本先禪師가 어느 때 말했다. 무릇 불법을 참학하는 데에는 問話를 배우는 것이 반드시 참학이 되는 것은 아니고, 揀話를 배우는 것이 반드시 참학이 되는 것은 아니며, 代語를 배우는 것이 반드시 참학이 되는 것은 아니고, 別語를 배우는 것이 반드시 참학이 되는 것은 아니며, 경론 가운데 있는 기특한 언어를 붙잡아서 배우는 것이 반드시 참학이 되는 것은 아니고, 제조사의 기특한 언어를 붙잡아서 배우는 것이 반드시 참학이 되는 것은 아니다. 만약 이와 같이 참학한다면 설령 칠통팔달한다고 해도, 불법 가운데는 그와 같은 실견처가 없으므로 乾慧의 무리가 된다고 말한다.[7]

本先은 천태덕소의 법사이다. 여기에는 당시에 착어가 유행하고 있음과 동시에 이미 그 폐해가 발생되어 있다는 것을 추측할 수가 있다.

이와 같은 착어의 경향이 곧 등사류에서는 독립된 편집을 필요로 하는 것처럼 되자, 建中靖國 원년(1101)에 성립된 佛國惟白의 『建中靖國續燈錄』에서는 正宗門·對機門·拈古門·頌古門·偈頌門의 오문으로 분류되지 않을 수 없었다. 한편 등사류 가운데는 염고문의 입장으로부터

---

7) "師有時云, 大凡參學佛法, 未必學問話是參學, 未必學揀話是參學, 未必學代語是參學, 未必學別語是參學, 未必學捻破經論中奇特言語是參學, 未必捻破諸祖師奇特言語是參學, 若也於如是等參學, 任爾七通八達, 於佛法中, 儻無箇實見處, 喚作乾慧之徒.(以下 略)"(同-21丁左).

재편성될 필요가 발생되어, 建谿沙門 宗永이 편찬한『宗門統要』10권 (紹興 3년 곧 1133년 重刊)[8]과 淳熙 10년(1183)에 晦翁悟明이 편찬한 『宗門聯燈會要』30권의 유행을 보게 되었다.

후에 등사류의 흐름에서 그 말을 빌려서 말하자면 정종문과 대기문으로만 편집되는『조당집』에 비하여『전등록』은 이미 그러한 전통에서 도출되는 새로운 요소를 가미하지 않을 수가 없게 되어, 권27의 후반에서 염고문을 첨가하게 되었다. 더욱이 염고문에 대하여 말하자면 汾陽의 無德善昭(947~1024)의「염고」를 거쳐, 明覺重顯(980~1052)이「송고」를 大成함에 따라 선과 문학이 결합되어 새로운 선문헌의 분야가 결정된 것이다.[9]

염고문의 성립은 불교의 역사에 비추어 보면, 불교를 열었던 석존에게『아함경』이 있었지만 곧 아비달마불교가 전개되었던 것과 마찬가지일 것이다. 송대선은 당대선을 종합하고 분류 및 정리함으로써 형식화 및 형해화되어 가는 측면을 지니게 되었지만,『전등록』은 새로운 송대선이 맹아가 되었음과 동시에 이미 악성적인 선을 발생시킬 맹아까지도 내포하고 있는 셈이 되었다.

확실히『전등록』권27은『전등록』을 전승한 집단을 해명할 수 있음과

---

8) 拙稿,「『宗門統要集』에 대하여(上)·(下)」(『駒澤大學佛敎學部論集』제5호, 1973년 12월·1974년 12월) 및「『宗門統要集』과 眞字『正法眼藏』」(『宗學硏究』제27호, 1985년 3월).

9) 졸고,「大慧宗杲와 그 제자들 (2)-『宗門聯燈會要』의 역사적 성격-」(『印佛硏』제19권 제2호, 1971년 3월) 및「大慧語錄의 기초적 연구 (上)·(中)」(『駒澤大學佛敎學部硏究紀要』제31호·제32호, 1973년 3월·1974년 3월)에서 문제로 삼은 것이 있다. 또한 柳田聖山 교수는 "汾陽善昭가 頌古百則을 찬술한 직접적인 동기를 이룬 것은『경덕전등록』의 성립이 큰 역할을 했다고 생각한다."(入矢義高·梶谷宗忍·柳田聖山 共著『雪竇頌古』解說, p.293, 筑摩書房, 1981년 1월)고 서술하여『汾陽頌古』의 성립 배경에 대하여『전등록』의 영향을 지적하였다.

더불어 이러한 송대선의 전개를 보여 주는 성격까지도 지니게 되었다.

여기에서 제4절과 깊이 관계되지만, 『전등록』이 법안종과의 연관성이 강화되면서, 과연 『전등록』의 편집과 법계의식이 관계되어 있는가 어떤가의 문제를 간단하게 고찰해 보고자 한다.

우선 형식적인 권수에 주목해 보자. 권14는 청원의 제1세 석두희천, 권15는 청원의 제4세 덕산선감, 권16은 청원의 제5세 암두전활·설봉의존, 권18은 청원의 제6세 현사사비, 권21은 청원의 제7세 나한계침, 권24는 청원의 제8세 법안문익, 권25는 청원의 제9세 천태덕소를 각각 권두에 분류하여 배열하고 있다. 사형사제의 관계도 당연히 배열의 순서가 관계가 없는 것처럼 보이지만 과연 그렇게 말할 수 있는 것인가. 운문종의 세력이 이미 의식에 있었다는 것은 당연하다. 따라서 사형사제가 분명하지 않는 점을 정리하여 운문문언을 권19의 冒頭에 배열하기도 하였고, 운문의 문하를 권22와 권23으로 나누기도 하였다. 또한 권22 및 권23의 2권 전체를 운문의 문하로 배열하는 방법도 가능했을 것이지만, 실제로는 그렇게 하지 않았다. 椎名宏雄 씨는 『조당집』과 『전등록』이 그 공통된 자료로 간주되는 『속보림전』에 기초하여 성립된 경우로 보이는 석두 이하부터 설봉까지에 대하여, 마조 이하에 대해서는 양자가 대응가능성이라는 점에서 載錄者와 載錄順과 載錄機緣이 일치하지만, 설봉 문하의 경우에 대해서는 대비가 불가능할 정도로 출입이 현저하다고 흥미로운 지적을 하고 있다.[10] 결국 설봉의 문하에 대해서는 방대한 자료로부터 찬술자가 자유롭게 裁量할 수가 있었을 것이기 때문에 『전등록』의 찬술자가 마음만 먹었다면 운문종을 의식적으로 현

---

10) 椎名宏雄, 「『조당집』의 편성」(전게서).

창할 수가 있었을 것이다.[11]

법안은 『전등록』 권18의 현사장에서 10회의 착어를 붙이고 있다. 거기에는 법안의 경우에 당연히 현사사비에 대한 법계의식이 있었다고 보인다. 『전등록』 권24의 법안조는 다음과 같다.

> 법안선사는 금릉으로 초빙되었다. 대도량에 3회 앉았는데 조석으로 종지를 폈다. 당시에 제방의 총림에서는 모두 선사의 선풍과 교화를 따랐다. 異域에서도 그 법을 존숭하는 사람이 있어서 멀리까지 바다를 건너왔다. 이로써 현사의 正宗이 江表에서 중흥되었다. (중략) 선사의 법을 이은 사람은 천태산 덕소(오월의 국사)와 문수(江南國의 導師)와 혜거(고려의 국사) 등 14인으로서 높이 출세하여 왕후의 깊은 예배를 받았다.[12]

'玄沙正宗'이야말로 법안종의 종파의식이라고 말할 수 있을 것이다. 이것은 법안의 법사인 항주 보은사 慧明章(『전등록』 권25)에서 보면 분명해진다.

> 후에 臨川에 이르러 정혜선사에게 참문하여 스승과 제자의 도가 계합되었다. 유행하다가 鄞水 대매산의 암자에 주석하게 되었다. 당시에 오월 내부의 선학은 흥성했지만 현사의 정종으로 보자면 그것은 문 밖에 있었다. 이에 혜명선사가 다듬어서 그들을 인도하고자 하였다. (중략) 漢 건우 연간(948~950)에 오월의 충의왕이 王府로 초빙하여

---

11) 『전등록』 권19 雲門文偃의 전기에서 '匡眞大師'의 賜号 및 '大慈雲匡眞弘明禪師'라는 諡號에 대하여 서술하지 않은 것은 南唐·吳越의 선자와 비교하면 대조적이다.
12) "師緣被於金陵. 三坐大道場, 朝夕演旨. 時諸方叢林, 咸遵風化. 異域有慕其法者, 涉遠而至. 玄沙正宗, 中興於江表. (中略) 嗣子天台山德韶吳越國師), 文遂〈江南國導師〉, 慧炬〈高麗國師〉等一十四人, 先出世, 並為王侯禮重."(四部叢刊本 -7丁左~8丁右).

법을 묻고, 명하여 資崇院에 주석토록 하였다. 혜명선사는 현사종일 대사 및 지장과 법안의 종지야말로 극진한 것이라고 설법하였다. 그로 말미암아 충의왕이 취암영참 등 제선장 및 왕성 안의 名公들에게 명하여 그 승부를 정하게 하였다. (중략) 그때 수많은 선비들이 감복하였고, 충의왕은 크게 기뻐하였다. 이에 혜명선사에게 명하여 보은사에 주석토록 하고, 圓通普照禪師라는 호를 내렸다.[13]

혜명은 대매산으로부터 와서 천태산 白沙에 암자를 건립하고 주석하였고, 천태덕소가 초빙되어 국사가 되었으며, 동시에 현사의 正宗 문제가 승부를 결정하고 있었다. 令參은 설봉의 문하에서 만년에 항주의 龍冊寺로 초빙되어 간 사람이다. 이 승부는 설봉 문하에서 현사의 정통의식과 그 정치적인 원조가 법안종의 확립에 불가결한 것이었음을 의미하는 것이다.

일찍이 남종과 북종의 시비를 결정했던 하택신회는 남종 우위의 선을 형성시키는데 큰 영향을 끼쳤고 또 확실하게 하였지만, 보은혜명이 했던 역할도 법안종의 정착에 기여했다는 것은 확실하다. 설봉의 문하에서 사법의 혼란이 존재했었지만, 현사의 正宗이 여기에서 확립되자 『전등록』은 그것을 기록하는 기념비의 한 측면을 지니고 있다고 말할 수가 있다.[14]

---

13) "後至臨川, 謁淨慧禪師, 師資道合. 尋迴鄞水大梅山庵居. 時吳越部內禪學者雖盛, 而以玄沙正宗置之闠外. 師欲整而導之. (中略) 漢乾祐中, 吳越忠懿王, 延入王府問法, 命住資崇院. 師盛談玄沙宗一大師, 及地藏法眼宗旨臻極. 王因命翠嚴令三等諸禪匠, 及城下名公, 定其勝負. (中略) 時群彥弭伏. 王大悅, 命師居之, 署圓通普照禪師."(同-9丁右~10丁右).
14) 『조당집』은 청원행사 계통을 앞에 두고, 남악회양 계통을 나중에 두어 편집하였지만, 『전등록』에서는 반대로 되어 있는 것에서 남악회양 계통이 중시되었다는 주장이 있다. 그러나 필자는 『조당집』에서 청원행사 계통의 우위는 인정하면서도, 『전등록』의 경우는 燈史의 성격으로서 최종적으로 入傳된 선자에게 정법이 두드러지게 전해졌다는 의식이 있기 때문에, 오히려 청원 계통이 나중에 편집되

제7절 皮·肉·骨·髓 득법설의 성립 배경

『전등록』이 선종의 문헌인 이상 선종의 개조인 달마상은 선의 내용을 이해하는 데에 중요한 점이 된다.[1] 여기에서는 제2절에서 고찰했던 것으로 「佛祖同參集序」에는 없지만 「傳燈錄序」에 보이는 「教外別行」이라는 일구를 단서로 하여 달마와 그 문인들의 이야기인 「皮·肉·骨·髓」의 일화를 통해서 教禪一致說로부터 教外別傳說로 옮겨가는 과정을 구체적으로 고찰해 보고자 한다.[2]

이미 柳田聖山 교수의 『初期禪宗史書의 연구』,(전게서)에 의해서 宋의 曉庵, 『祖庭事苑』 권5에 처음으로 나오는 달마 계통 불교의 상징인 '교외별전', '불립문자', '직지인심', '견성성불'이라는 용어에 대한 성립사적 연구가 자세하게 구명되어 있다. 여기에서 고찰해 보려고 하는 피·육·골·수 득법설의 성립 배경의 고려에서 중요한 지적이 있기 때문에 우선 소개해 본다.

> 었다는 것에서 청원행사 계통의 법안종 정통의식이 있었다고 간주한다. 또한 鈴木哲雄 박사가 '玄沙正宗'의 선풍을 찬영의 "玄沙는 능엄경을 통하여 깨침에 들어갔으며, 식견이 뛰어났다."(本書 제4절 참조)는 말을 단서로 하여, 현사가 『수릉엄경』을 자기 집의 약장 속에 있는 물건처럼 종풍을 자유자재하게 전개하였다는 설을 펼치고 있는 점은 흥미로운 분석이다(『唐五代禪宗史』, p.470 이하 참조). 필자도 법안종의 종풍에 대해서는 금후에 다시 종합적으로 검토해 보려고 한다.

1) 달마의 연구에 대해서는 關口眞大, 『達摩大師의 연구』(彰國社, 1957년 12월) 및 『達磨의 연구』(岩波書店, 1967년 8월)에 집대성되어 있고, 菩提達摩에 대한 最古의 문헌에 대한 역주와 해설은 柳田聖山, 『達摩의 어록』(筑摩書房, 1969년 3월) 및 『ダルマ』(講談社, 1981년 9월)가 있다.
2) 이 절은 졸고, 「圭峯宗密의 肉·骨·髓 得法說의 成立背景에 대하여」(『印佛研』 제30권 제2호, 1982년 3월) 및 「景德傳燈錄序를 둘러싼 諸問題」, (전게 논문)에 기초하여 수정 및 보완한 것이다.

무릇 교외별전이라는 것은 三乘十二分敎의 설에 의하지 않고 직접 진실을 전승한다는 뜻으로 單傳心印의 입장을 한층 명확하게 해 준 것이라고 말하면 좋을 것이다. 당시에 單傳이라는 주장은 자칫 잘못하면 단순히 교를 부정하는 暗証禪에 떨어져 일찍이 智顗의 꾸짖음을 다시 초래하는 것과 같다. 이미 종밀의 교선일치설의 출현이 그러한 시대 배경을 암시해 주고 있다. 종밀의 『선원제전집도서』에 있는 以心傳心 不立文字의 설이 결코 단순히 문자를 부정하는 것이 아님을 반복적으로 설하여, 마침내 교외별전을 말할 필요가 없이 表裏되어 있다. 따라서 종밀의 교선일치설을 계승한 永明延壽(904~976)의 『宗鏡錄』과 『송고승전』 「습선편」의 총론 등에서는 교외별전을 말할 필요가 없었던 것은 당연하다. (중략) 교외별전이라는 어구가 다른 어구보다도 역사적으로 늦게 출현한 것은 종밀과 연수 등에 대한 교선일치설의 비판을 거치고, 또한 그 주장이 필요했기 때문으로, 이심전심 불립문자의 경우에 보이는 것처럼 교선일치의 입장에서 했던 해석에 포함시킬 수 없는 것이 남아 있었던 것은 아니었을까. 적어도 『설봉어록』과 『운문광록』의 예에 보이듯이 『보림전』이 출현한 이후 『조당집』과 『전등록』 무렵에 이르는 당 말기 五家禪을 일관했던 것은 일찍이 종밀이 말했던 의미의 이심전심 불립문자보다도 교외별전이라고 불리는 것이 보다 어울리는 것이었고, 불립문자 이하의 삼구가 등장한 후에 이르러서 또한 그러한 것들에 포함될 수 없는 입장을 가장 단적으로 보여 준 것으로서 특히 이 교외별전이라는 어구가 최초로 덧붙게 된 것이 아닐까 하는 생각이 든다.(同書, pp.471~474)

'교외별전'의 주장이 교선일치설 이후에 성립되지 않으면 안 되었던 이유가 추측되지만, 어떤 이유에서였든 교외별전이라는 어구가 달마선을 상징하는 최후로서 출현한 것은 사실이다. 그 교외별전의 내용을 가장 단적으로 표현하고 있는 것이 達摩傳의 '피·육·골·수'의 일화라고 말할 수 있지 않을까.

주지하듯이 '피·육·골·수'의 일화이지만, 논의의 진행에 필요하기 때문에 關口眞大 박사의 『達磨의 연구』에서 정리한 것을 참고로 하여 성립 순서를 따라서 비교해 본다. 약호는 歷=『歷代法寶記』(774), 寶=『寶林傳』(801), 譜=『內証佛法血脈譜』(819), 裴=『裴休拾遺問』(?~841), 祖=『祖堂集』(952), 景=『景德傳燈錄』(1004), 正=『傳法正宗記』(1061)이다.

⟨歷⟩

대사가 말했다. "당나라에서 세 사람이 내 법을 얻었다. 한 사람은 내 골수를 얻었고, 한 사람은 내 뼈를 얻었으며, 한 사람은 내 살을 얻었다. 내 골수를 얻은 사람은 惠可이고, 내 뼈를 얻은 사람은 道育이며, 내 살을 얻은 사람은 비구니 總持이다."

⟨歷⟩: "大師云, 唐國有三人, 得我法. 一人得我髓, 一人得我骨, 一人得我肉. 得我髓者, 惠可. 得我骨者, 道育. 得我肉者, 尼總持."

⟨寶⟩

또 다음과 같이 말했다. "내 법을 얻은 사람은 네 사람이 있다. 한 사람은 내 골수를 얻었고, 한 사람은 내 뼈를 얻었으며, 한 사람은 내 살을 얻었고, 한 사람은 내 피를 얻었다. 내 피를 얻은 사람은 偏頭副이고, 내 살을 얻은 사람은 비구니 摠持이며, 내 뼈를 얻은 사람은 道育이고, 내 골수를 얻은 사람은 慧可이다. 그대들은 잘 수호하여 단절되지 않도록 하라."

⟨寶⟩: "又告曰, 所得吾法者, 四人. 一人得吾髓, 一人得吾骨, 一人得吾肉, 一人得吾血. 得吾血者, 偏頭副. 得吾肉者, 尼摠持. 得吾骨者, 僧道育. 得吾髓者, 汝慧可. 汝善守護, 勿令斷絶."

⟨譜⟩

달마대사가 여러 사람들에게 다음과 같이 법어를 말했다. "세 사람이 내 법을 얻었다. 한 사람은 내 골수를 얻었고, 한 사람은 내 뼈를 얻었으며, 한 사람은 내 살을 얻었다. 내 골수를 얻은 사람은 慧可이고, 내 뼈를 얻은 사람은 道育이며, 내 살을 얻은 사람은 비구니 總持이다."
〈譜〉: "達磨大師, 語諸人言, 有三人, 得我法. 一人得我髓, 一人得我骨, 一人得我肉. 得我髓者, 慧可, 得我骨者, 道育, 得我肉者, 尼總持."

〈裵〉
달마가 말했다. "세 사람이 내 법을 얻었는데, 심천이 같지 않다. 비구니 惣持의 경우는 살과 같은데, 번뇌를 단절하고 보리를 얻었다. 도육의 경우는 뼈와 같은데, 미혹한 즉 번뇌에 즉하고 깨친 즉 보리에 즉한다. 惠可의 경우는 골수와 같은데, 본래 번뇌가 없고 원래 곧 보리이다."
〈裵〉: "達磨云, 三人得我法, 深淺不同. 尼惣持如肉. 斷煩惱, 得菩提. 道育如骨. 迷卽煩惱, 悟卽菩提. 惠可如髓. 本無煩惱, 元是菩提."

〈祖〉
대사가 여러 사람들에게 다음과 같이 법어를 말했다. "세 사람이 있는데, 한 사람은 내 골수를 얻었고, 한 사람은 내 뼈를 얻었으며, 한 사람은 내 살을 얻었다. 내 골수를 얻은 사람은 惠可이고, 내 뼈를 얻은 사람은 道育이며, 내 살을 얻은 사람은 비구니 惣持이다. 내 법이 六代에 이르면 전법한 사람들에게 점차 퍼질 것이다."
〈祖〉: "大師語諸人言, 有三人, 得我法. 一人得我髓, 一人得我骨, 一人得我肉. 得我髓者, 惠可, 得我骨者, 道育, 得我肉者, 尼惣持. 我法至六代, 陵遲傳法之人."

〈景〉
9년이 지나자 서쪽의 천축으로 돌아가려고 하였다. 이에 문인들에게 말했다. "바야흐로 때가 이르렀다. 무릇 그대들은 각자 얻은 것을 말해 보라." 그때 문인 道副가 말했다. "제 소견으로는 문자에 집착하지 않고 문자를 떠나지도 없으며 도를 활용할 수 있습니다." 대사가 말했다. "그대는 내 피부를 얻었다."

비구니 總持가 말했다. "제가 지금 이해한 것으로는 慶喜가 阿閦佛國을 보았는데 한 번 보고 다시는 보지 않습니다." 대사가 말했다. "그대는 내 살을 얻었다."

道育이 말했다. "사대가 본래 공하고 오음이 없습니다. 그래서 제 견해로는 어떤 법도 얻을 것이 없습니다." 대사가 말했다. "그대는 내 뼈를 얻었다."

최후로 慧可는 예배를 드린 후에 본래의 자리에 의지하여 서 있었다. 그러자 대사가 말했다. "그대는 내 골수를 얻었다."

〈景〉: 迄九年已, 欲西返天竺, 乃命門人曰, 時將至矣. 汝等, 蓋各言所得乎. 時門人道副對曰, 如我所見, 不執文字, 不離文字, 而為道用. 師曰, 汝得吾皮. 尼總持曰, 我今所解, 如慶喜見阿閦佛國, 一見更不再見. 師曰, 汝得吾肉. 道育曰, 四大本空, 五陰非有, 而我見處無一法可得. 師曰, 汝得吾骨. 最後慧可禮拜後, 依位而立. 師曰, 汝得吾髓.

〈正〉

魏에 머문 지 9년이 되었다. 어느 날 아침 존자가 갑자기 그 문도들에게 말했다. "내가 서쪽으로 돌아가야 할 때가 되었다. 그대들은 반드시 각자 도달한 경지를 말해 보라."

그때 道副라는 사람이 먼저 말했다. "제 소견으로는 문자에 집착하지 않고 문자를 떠나지도 않으며 도를 활용할 수 있습니다." 존자가 말했다. "그대는 내 피부를 얻었다."

비구니 總持라 불리는 사람이 말했다. "제가 지금 이해한 것으로는 慶喜가 阿閦佛國을 보았는데 한 번 보고 다시는 보지 않습니다." 존자가 말했다. "그대는 내 살을 얻었다."

道育이라 불리는 사람이 말했다. "사대가 본래 공하고 오음이 없습니다. 그래서 제 견해로는 어떤 법도 얻을 것이 없습니다." 존자가 말했다. "그대는 내 뼈를 얻었다."

그리고 慧可에 이르자 앞으로 나아가서 예배를 드린 후에 본래의 자리에 의지하여 서 있었다. 그러자 존자가 말했다. "그대는 내 골수를 얻었다."

〈正〉: "居魏方九年, 尊者一旦遽謂其徒曰, 吾西返之時至矣. 汝輩宜各言所詣. 時有謂道副者, 先之曰, 如我所見, 不執文字, 不離文字, 而為道用. 尊者曰, 汝得吾皮. 有謂尼總持者曰, 我今所解, 如慶喜見阿閦佛國, 一見更不再見. 尊者曰, 汝得吾肉. 有謂道育者曰, 四大本空, 五陰非有, 而我見處無一法可得, 言語道斷, 心行處滅. 尊者曰, 汝得吾骨. 及慧可者, 趨前拜已, 歸位而立. 尊者曰, 汝得吾髓."

이상과 같이 달마 문하 득법설의 성립 과정을 정리한 결과 關口眞大 박사는 종밀의 설도 달마가 시적한 후 삼백 년 정도 지나서 돌연히 시작되어 기록된 것으로, 대단히 소박하고 평범한 것이라고 취급되어 그 기록의 설명이 허구의 이야기로 간주되었다. 그 설에 대한 異論은 아니지만 이하에서 검토하듯이 종밀의 설은 아직 피·육·골·수의 설로는 형성되어 있지 않아서, 피·육·골·수의 설이 성립되기까지는 중요한 배경이 있다고 간주된다. 그래서 우선 필자는 종밀이 피·육·골·수의 득법설을 설한 것은 어떤 의도가 있으며, 그 의도에는 종밀의 교선일치론과 교판론(禪相判釋을 포함한다)과 깊은 관계가 있는 것은 아닐까 생각하여 그 성립 배경을 새롭게 고찰해 보고자 한다.

그런데 종밀의 설이 드러난 것은 『배휴습유문』의 「中華傳心地禪門師資承襲圖」(이하 「承襲圖」로 약칭한다)라는 것은 주의할 필요가 있다.[3] 이 「승습도」는 스승과 제자의 傍系와 正系를 분명히 하려는 의도에서 드러난 것이기 때문이다. 따라서 肉·骨·髓의 득법에는 분명히 深淺을 포함하고 있다고 말하는 것이다. 『배휴습유문』「승습도」의 뒷부분에는

---
3) 졸고, 「眞福寺文庫所藏의 『裴休拾遺問』의 飜刻」, (전게서), p.82.

북종·홍주종·우두종과 하택종에 대한 심천의 문제를 전개하여, 결국 하택종의 우위를 설하기에 이른다. 방계와 정계를 표시한 「승습도」는 결과적으로는 내용의 심천을 드러낸 것이 되는 셈이다.

이와 같이 종밀의 설이 드러난 것에 주목해 보면, 결론적으로는 종밀의 肉·骨·髓의 득법설은 다음과 같은 교판론을 기초로 하여 발생된 것은 아닐까 하고 생각된다.

이 가운데 賢首大師 法藏(643~712)이 지은 『華嚴五敎章』의 五敎判[4]과 종밀의 『原人論』·『都序』의 교판 관련에 대해서는 鎌田茂雄 박사 등에 의하여 정리 및

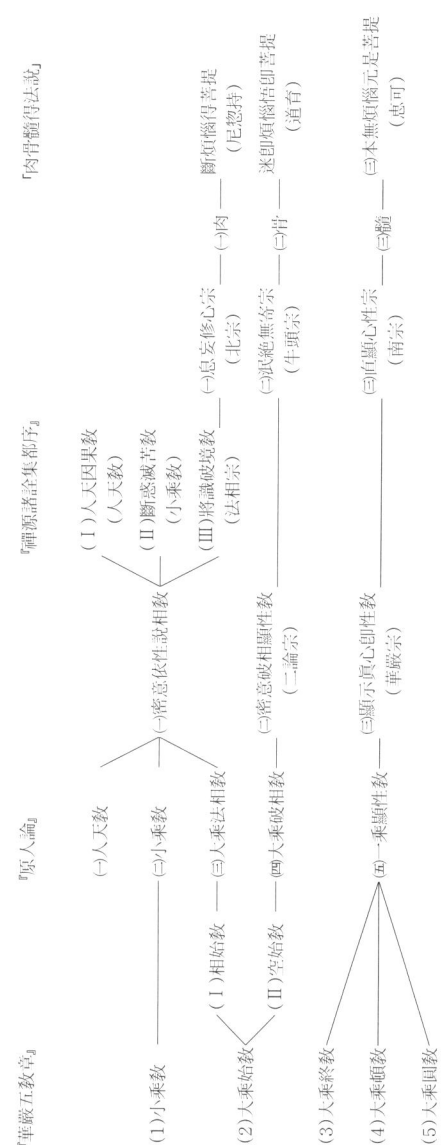

---

4) 鎌田茂雄, 『華嚴五敎章』(大藏出版, 1979년 5월)의 「五敎判」, p.137 이하 ; 吉津宜英, 「法藏의 五敎判」(『華嚴禪의 思想史的 硏究』), p.25 이하.

해설되어 있지만,⁵⁾ 肉·骨·髓의 설도 이 교판론 가운데 선상판석이라고 불리는 선의 三宗을 기초로 전개된 것은 아닐까 하고 생각된다.

무릇 皮·肉·骨·髓說의 근원이 된 전거에 대해서는 明敎契嵩(1007~1072)이『전법정종론』권하에서 羼提波羅蜜을 해석하는『대지도론』권14에 있다고 지적하고 있다.⁶⁾ 혹은『대반열반경』권18의「外道問佛」일화의 소재인 四馬가 그 전거라고도 간주된다.⁷⁾ 이것을『역대법보기』가 최초로 달마 문하의 득법 부분에서 취급하였고, 종밀이『역대법보기』를 승계하여 득법의 深淺을 문제삼은 것이다. 종밀이『역대법보기』를 승계했다는 것은 肉·骨·髓의 득법설이라는 것에 밝혀져 있다. 더욱이 柳田聖山 교수가 논의하고 있듯이,⁸⁾『역대법보기』의 達磨(菩提達摩多羅)傳의 前半에 여산의 혜원이 佛陀 및 耶舍와 함께『禪門經』1권⁹⁾을 역출하

---

5) 鎌田茂雄,『宗密敎學의 思想史的 硏究』, p.217 및 p.632.
6)『傳法正宗論』권下(大正藏51, p.781下). 이에 해당하는『大智度論』권14에는 "問曰, 云何恭敬供養, 名之爲忍. 答曰, 有二種結使. 一者屬愛結使, 二者屬恚結使. 恭敬供養雖不生患, 令心愛著, 是名軟賊. 是故於此應當自忍不著不愛. 云何能忍. 觀其無常是結使生處. 如佛所說利養瘡深, 譬如斷皮至肉, 斷肉至骨, 斷骨至髓. 人著利養則破持戒皮, 斷禪定肉, 破智慧骨, 失微妙善心髓."(大正藏25, p.164中) 라고 되어 있다.
7) 위에서 서술했듯이, 본래는『잡아함경』권33(大正藏2, p.234上)에 있는 일화로서『대반열반경』권18의「범행품」에 "復次善男子, 如御馬者, 凡有四種. 一者觸毛. 二者觸皮. 三者觸肉. 四者觸骨. 隨其所觸稱御者意. 如來亦爾. 以四種法調伏衆生. 一爲說生令受佛語, 如觸其毛隨御者意. 二說生老便受佛語, 如觸毛皮隨御者意. 三者說生及以老病便受佛語, 如觸毛皮肉隨御者意. 四者說生及老病死便受佛語, 如觸毛皮·肉·骨·隨御者意."(大正藏12, p.469中)라고 되어 있어서 '髓'는 보이지 않지만 일화에 공통성이 있다.
8) 柳田聖山,「道元과 中國佛敎」(『禪文化硏究所紀要』제13호, 1984년 3월). 이 논문은 참신하고 또 독창적인 것으로서 이하에서 서술하는 趙宋天台와 禪宗의 논쟁 및 일본 달마종과 피·육·골·수의 관련에서 대단히 유익한 시사를 받았다는 점이 있음을 밝혀두고자 한다.
9) 僞經의 하나로서 선종의 성립과 깊이 관계되는 경전이다. 柳田聖山,「禪門經에 대하여」(『塚本博士頌壽記念佛敎史學論集』수록, 1961년 2월) 및 岡部和雄,「『禪門經』」(『敦煌佛典과 禪』수록), p.365 이하.

는 일화 가운데 나오는「煩惱卽菩提」가 가장 이른 시기의 것으로 간주하는 이야기가 있기 때문에 이것을 직접적으로 승계하여 종밀이 3인 득법설을 창작했다는 것은 틀림없다. 아마 종밀은 이 일화를 창작함으로써『역대법보기』를 비판하고 초극하려고 했을 것이다.

이제 득법의 내용과 禪相判釋의 문제를 생각해 보자. 비구니인 총지(尼惣持)의「斷煩惱得菩提」의 사고방식이 북종에 배대되어 있는 점은 의심할 나위가 없다. 가령 종밀은『배휴습유문』에서 다음과 같이 설명한다.

> 북종의 주장은 중생이 본래 覺性을 지니고 있는 것은 마치 거울에 비추는 본성이 있는 것과 같고, 번뇌가 각성을 덮어서 드러나지 않는 것은 마치 거울에 티끌의 어둠이 있는 것과 같다고 말한다. 만약 스승의 言敎에 의해서 망념을 깨끗이 사라지게 하여 망념이 없어지면 곧 심성을 覺悟하여 모든 것을 知覺하는 것은 마치 닦아서 어두운 티끌을 없애는 것과 같아서 티끌이 없어지면 곧 거울의 본체가 明靜해져 모든 것을 비추어 내게 된다. 때문에 북종의 派祖인 신수대사는 오조에게 내보인 게송에서 '몸은 깨달음의 나무이고 마음은 맑은 거울대이다. 항상 불식시키는 것에 노력하여 먼지와 티끌이 붙지 않게 해야 한다.'고 말한 것이다.[10]

종밀은 돈황본『육조단경』과 가까운 寫本[11]을 보았다는 것은 틀림없

---

10) "北宗意者, 衆生本有覺性, 如鏡有明性, 煩惱覆之不現, 如鏡有塵闇. 若依師言敎, 息滅妄念, 念盡則心性覺悟, 無所不知, 如磨拂昏塵, 塵盡則鏡體明淨, 無所不照. 故彼宗主神秀大師, 呈五祖偈云, 身是菩提樹, 心如明鏡臺. 時時須拂拭, 莫遣有塵埃."(졸고, p.84).
11)『육조단경』의 텍스트와 연구는 다수가 있다. 興聖寺本의 역주와 해설은 中川孝,『육조단경』(筑摩書房, 1976년 2월)이 있고, 敦煌本으로는 Philip B. Yampolsky, *The Platform Sutra of the Sixth Patriarch*. (Columbia Univ. Press, 1967) 및 역주로는 柳田聖山,『육조단경』(『禪語錄』수록)이 있다. 양자의 대조본으로서 졸

다. 번뇌를 단절해야 비로소 보리를 얻는다는 입장 소위 漸宗이라 불리는 北宗[12]이 비구니 총지의 사고방식이었다고 말할 수가 있다.[13]

다음으로 도육의 '迷卽煩惱 悟卽菩提'의 사고방식은 선상판석으로는 어떤 宗의 입장일까. 『도서』의 분류에서 말하자면 우두종을 가리킨다. 종밀은 『배휴습유문』에서 우두종을 다음과 같이 설명한다.

> 우두종의 주장은 모든 존재는 夢幻과 같아서 실체가 없고 본래 無事로서 心(주체)과 境(객체)도 본래 공적한 것이지 지금에야 공이 된 것이 아니다. 본래 공인 존재에 미혹하여 실체가 있다고 생각하므로 곧 榮枯貴賤 등의 事가 출현한다고 말한다. 事가 相違하고 相順하는 이상 사랑함과 미워함 등의 情念이 발생하는 것이다. 정념이 발생하면 곧 모든 苦에 얽매인다. 꿈과 같이 행동하고 꿈과 같이 받아들인다면 어디에 손해가 있고 어디에 이익이 있겠는가. 이와 같이 了解하는 지혜도 또한 몽환과 같은 주체이고, 내지 하나의 진리가 깨달음보다 뛰어난 것이 가령 있다고 할지라도 그것도 또한 몽환과 같다. 本來無事에 도달한 이상 원리로서 자아를 없애고 정념을 없앤다 해도 정념이 없어지면 곧 苦를 단절하여 비로소 '일체의 고액을 건넌다'는 것이 가능하다. 우두종은 정념을 없애는 것으로써 수행을 삼는다.[14]

『반야심경』의 '度一切苦厄'이라는 어구도 있듯이, 본래 우두종은 삼

고, 「惠昕本 『육조단경』의 연구 (正)·(續)」이 있다.
12) 柳田聖山, 「北宗禪의 思想」(『禪文化硏究所紀要』 제6호, 1974년 5월).
13) 북종의 문헌으로 말하면 『大乘五方便北宗』에 "佛是西國梵語, 此地飜名爲覺. 覺在何沒處. 覺在心裏. 心在何沒處. 心在身裏. 身在何沒處. 身在妄念裏. 覺妄念, 透身心, 達本覺. 覺妄念是始覺, 透身心是本覺. 始覺是佛道, 本覺是佛體."(『鈴木大拙全集』 권3, p.191, 岩波書店, 1968년 10월)
14) "牛頭宗意者, 謂, 諸法如夢, 本來無事, 心境本寂, 非今始空. 迷之謂有, 即見榮枯貴賤等事. 事既有相違相順, 故生愛惡等情. 情生則諸苦所繫. 夢作夢受, 何損何益. 有此能了之智, 亦如夢心, 乃至設有一法過於涅槃, 亦如夢幻. 既達本來無事, 理宜喪己忘情, 情忘即絶苦, 因方度一切苦厄. 此以忘情爲修行也."(同, p.86).

론종 계통의 선에서 발전한 것이라 말하여 般若空觀의 입장에 놓인 것이다.[15] 우두종의 입장은 '깨침은 본래무사이다(本來無事爲悟)'로서 '수행은 망정이다(妄情爲修)'이므로 '미혹은 번뇌이고 깨침은 보리이다(迷卽煩惱 悟卽菩提)'라는 말보다는 '번뇌와 보리가 모두 없다(煩惱菩提都無)'라고 말하는 것이 적절할 것이다. 다만 '미혹을 가리켜 유라 한다(迷之爲有)'라고 하듯이 本來無事이지만 미혹하면 無를 有로 간주하는 입장이 되기 때문에 '미혹은 곧 번뇌'의 사고방식을 포함하고 있다고 말할 수 있다. '깨침은 곧 보리'의 사고방식은 妄情의 수행을 통하여 본래무사를 깨닫는 것이므로, 『도서』의 선상판석만큼 명확하지는 않지만 도육의 사고방식을 모두 우두종이라고 배대해도 좋을 것이다. 우두법융의 저작으로 간주되는 『절관론』[16]에 다음과 같은 말이 있다.

> 묻는다. 지금 범인은 소득이 있고 성인은 소득이 없다고 말하였는데, 그렇다면 소득과 무소득은 어떤 차이가 있습니까. 답한다. 범인은 소득이 있으므로 이미 허망이 있다. 성인은 소득이 없으므로 이미 허망이 없다. 허망이 있기 때문에 곧 같음과 같지 않음이 문제가 되지만, 허망이 없기 때문에 곧 다름도 없고 다름이 없음도 없다.[17]

---

15) 平井俊榮, 「初期禪宗思想의 形成과 三論宗」(『宗學硏究』 제5호, 1963년 4월) 및 關口眞大, 「牛頭禪의 歷史와 達磨禪」(『禪宗思想史』 수록, 山喜房佛書林, 1964년 3월).
16) 『絶觀論』의 찬술자가 누구인가에 대해서는 많은 연구가 있다. 柳田聖山, 「絶觀論과 그 시대」(『東方學報』 제52책, 1980년 3월) 여기에서는 적어도 종밀은 『圓覺經大疏鈔』 권11之上에서 "옛날 우두법융대사에게 『절관론』이 있었다."(續藏 1-14-5, 〈통권14〉, p.453左上)고 말하고, 『圓覺經略疏鈔』 권10(續藏 1-15-3) 〈통권15〉, p.197左下)에도 같은 내용이 있기 때문에 『절관론』을 법융의 저작이라고 간주했음을 확정해 두기로 한다.
17) 禪文化硏究所中國禪綠硏究班, 『絶觀論』(禪文化硏究所, 1976년 9월) 104단락, p.88. "問曰, 今言凡有所得, 聖無所得. 然得與不得, 有何異. 答曰, 凡有所得, 卽有虛妄. 聖無所得, 卽無虛妄. 有虛妄故, 卽論同與不同. 無虛妄故, 卽無異無不異."

여기에서 범과 성을 미혹과 깨달음에, 그리고 허망이 있음과 허망이 없음을 번뇌와 보리로 치환하여 생각해 보면, 도육의 '미혹은 곧 번뇌이고 깨침은 곧 보리이다(迷卽煩惱 悟卽菩提)'가 우두종의 사고방식이라고 종밀이 표현하고 있는 것도 오류는 아니라고 말할 수 있다. 우두종의 사고방식으로 말하자면 皮·肉·骨·髓의 설로 발전해 가는 『전등록』에서 도육이 말한 "사대는 본래 공하고 오음은 없습니다. 제 견해로는 어떤 법도 얻은 것이 없습니다."라는 설명이 한층 가깝다. 그러나 종밀은 세 사람이 득법한 심천을 비교하기 위하여 모든 번뇌와 보리의 論으로 통일했을 때, 도육의 설이 우두종에 배대되어 서술되었다고 보는 것이 좋을 것이다.[18] 필자는 뒤에 서술하는 四祖 道信 문하의 방계 및 정계의 문제와도 깊이 관계되어 있다고 본다.

최후의 혜가와 관련된 '본래 번뇌가 없고 원래부터 보리이다(本無煩惱 元是菩提)'가 남종의 입장이라는 것은 명확하다. 가령 『배휴습유문』의 북종 비판의 대목에 잘 드러나 있기 때문에 의역해 보기로 한다.

> 비평하여 말한다. 북종의 주장은 미혹과 깨달음을 향하여 연기의 형태로서 미혹을 바꾸어 깨닫기도 하고 번뇌를 단절하여 보리를 추구하기 때문에 性宗의 입장에서는 부정되는 가르침이다. 그러나 망념은 본래 없고 심성은 본래청정하다고 이해하지 못한다. 깨달음이 철저하지 못한 이상 수행이 어찌 진정한 것이라고 말할 수 있겠는가.[19]

---

18) 柳田聖山 교수는 위에서 인용한 「道元과 中國佛敎」의 논문에서 '道育의 說은 馬祖의 말을 곡해하여 억지로 체계화시키고 있다.'고 서술한다. 『裵休拾遺問』의 가장 큰 과제는 洪州宗보다도 荷澤宗의 우위를 설한다는 점에서 생각한다면 경청해야 할 의견으로서 마조의 말을 곡해한 일례도 긍정할 수 있지만, 필자는 모든 道育의 說은 牛頭宗이라고 간주하여 논의를 진행하기로 한다.
19) "評曰, 此但是染淨緣起之相, 反流背習之門. 而不覺妄念本無, 心性本淨. 悟旣未徹, 修豈稱眞."(同, p.84).

이 글에 대하여 鎌田茂雄 박사는 다음과 같이 알기 쉽게 요지를 설명하고 있다.

> 종밀은 북종의 가르침을 비평하여, '북종의 설은 번뇌가 곧 보리이다[煩惱卽菩提]라는 性宗의 가르침을 향하여 번뇌가 본래 공하고 심성이 청정하다는 것을 이해하지 못하여 깨달음도 철저하지 못하고 수행도 진실하지 못하다.'고 말한다.[20]

당연히 혜가의 입장으로부터 비구니 총지의 입장을 비판한 것이다. 혜가의 입장이란 『배휴습유문』에서 홍주종을 주장하는 설명 가운데서 "때문에 탐욕과 성냄의 번뇌가 모두 불성이다."라는 말에 잘 드러나 있다. 또한 홍주종을 다음과 같이 비평하고 있다.

> 비평하여 말한다. 홍주종과 북종은 무릇 그대로 반대이다. 북종에서는 아침과 저녁의 분별동작이 모두 妄이다. 홍주종에서는 아침과 저녁의 분별동작이 모두 眞이다.[21]

이러한 북종과 남종에 비하여 우두종은 '일체가 다 없다(一切皆無)'라고 종밀은 정리하고 있다.

하택종의 입장도 혜가의 입장에 들어있다는 것은 당연하다. 하택신회는 『대반열반경』 권25의 "번뇌를 단절하는 것을 열반이라 말하는 것이 아니다. 번뇌가 발생하지 않아야 이에 열반이라 말한다."[22]는 것을 經証으로 하여 『南陽和尙頓敎解脫禪門直了性壇語』에서 번뇌가 곧 보리이다(煩惱卽菩提)를 서술하여, 다음과 같이 비유로 설명하고 있다.

---

20) 鎌田茂雄, 『禪源諸詮集都序』, p.299.
21) "評曰, 此與前宗, 敵體相反. 前則朝暮分別動作, 一切是妄. 此則朝暮分別動作, 一切是眞."(同, p.85).
22) "斷煩惱者不名涅槃, 不生煩惱乃名涅槃."(大正藏12, p.514下).

제군들을 위하여 '번뇌즉보리'의 의미를 해명하는 데 허공을 비유로 들어보자. 허공에는 본래 動靜이 없어서 밝아지면 밝아진다는 입장의 허공이 되고, 어두워지면 어두워진다는 입장의 허공이 된다. 어둠이라는 허공은 밝다는 것과 다른 것이 되지 않고, 밝음이라는 허공은 어둡다는 것과 다른 것이 되지 않는다. 허공에는 밝음과 어둠이 오고 가지만 보리의 자성은 본래 동정이 없다. '번뇌가 곧 보리이다'의 의미도 마찬가지이다. 미혹과 깨달음의 다름은 있지만 보리의 자성은 원래 다름이 없다.[23]

종밀은 淨衆寺神會 – 聖壽寺南印 – 遂州道圓에게 師資相承했음에도 불구하고, 荷澤神會 – 磁州法(智)如 – 益州(荊南張)(聖壽寺)惟忠(南印) – 遂州道圓으로 승계되었다고 날조하면서까지 주장하지만, 혜가의 득법이 하택신회를 통하여 자기에게까지 전승되었다고 자각하고 있는 것은 당연하다.

달마 문하 3인의 제자에게 배당한 의도는 종밀의 선상판석이 크게 영향을 끼치고 있음을 알 수가 있다. 실은 달마 문하의 비구니 총지·도육·혜가를 통하여 북종·우두종·남종의 선상판석의 문제를 고찰해 왔지만,『배휴습유문』「승습도」를 주의해서 살펴보면 도신 문하에서 다시 이 문제가 취급되고 있다는 것을 알아차리게 된다. 우두종의 초조인 法融이 도신 문하에서는 방출임은 주지의 사실이지만, 도신 문하에 '荊州顯'이라는 이름이 보인다. 이 사람은『속고승전』권20에 수록되어 있는 荊州 四層寺 法顯(577~653)으로, 그 전기는 흥미로운 문제를 제공해 주고 있다.

---

23) "爲知識聊簡煩惱卽菩提義, 擧虛空爲喩. 如虛空本無動靜, 明來是明家空, 暗來是暗家空. 暗空不異明, 明空不異暗. 虛空明暗自去來, 虛空本來無動靜. 煩惱與菩提, 其義亦然. 迷悟雖別有殊, 菩提性元不異."(胡適 校,『神會和尙遺集』, p.244, 胡適紀念館, 1968년 12월).

법현은 호북성 형주부 江陵의 丁氏로 태어났다. 12세 때 사층사 寶冥法師 문하에서 출가하였다. 천태대사 지의가 사층사에서 禪府를 열었던 법회에서 참학하였다. 지의가 형주 玉泉寺로 온 것은 開皇 13년(593)이었고, 그곳을 떠난 것은 개황 15년(595)이었으므로,[24] 법현의 나이 17~19세 때에 해당한다. 지의가 형주를 떠난 후에는 明智·成彦·智皓 등에게 참문하였다. 그 후에는 道安의 梅梁殿中에서 30여 년 동안 좌선하였다. 貞觀 말(649년 무렵)에 이르러 蘄州 雙峰山의 道信(580~651)에게 참문하였다. 법현은 永徽 4년(653) 정월 11일에 77세로 시적하였다고 전하므로, 도신과 같은 세대로서, 그 교학의 배경은 천태종 계통의 禪觀이었다. 종밀은 『도서』에서 息妄修心宗(北宗)을 서술하여 "南先·北秀·保唐 및 宣什 등의 문하가 모두 이 부류이다. 우두·천태·慧稠 및 求那 등의 진취적인 방편도 자취는 곧 크게 같지만 견해는 곧 다르다"(전게서, p.87)고 말하고, 내용을 설명하여 "또한 모름지기 禪境에 들어가는 방편을 분명히 알아 어지러운 경계를 멀리 벗어나 閑靜處에 머물러 調身하고 調息하며 跏趺坐로 宴黙하여 혀를 윗 턱에 붙이고 한 가지 경계에 마음을 집중해야 한다."(同)고 말한다. 바로 법현의 행장에 비추어 보면 북종과 같은 부류로 분류되어 있는 것으로 보인다.

종밀이 天台敎義의 뛰어남을 인정하면서도 달마선에 미치지 못한다고 말한 것은 外道禪·凡夫禪·小乘禪·大乘禪·最上乘禪의 五種禪에 대한 설명 가운데에도 분명히 드러나 있다.

만약 자심이 본래청정하여 애당초 번뇌가 없고, 無漏智性이 본래구족하여 그 마음이 곧 부처여서 필경에 차이가 없음을 돈오하여 그로써

---

24) 池田魯參, 『國淸百錄 硏究』(大藏出版, 1982년 2월), p.119.

수행한다면, 그것은 최상승선인데 여래청정선이라고도 하고 일행삼매라고도 하며 진여삼매라고도 한다. 이것이야말로 모든 삼매의 근본이다. 만약 이 최상승선법을 끊임없이 수습하면 자연히 점차 백천삼매를 터득하게 된다. 달마 문하에서 발전하고 계승된 것은 바로 이 최상승선이다. 아직 달마가 도래하기 이전에 고래로 제가에서 알고 있는 선법은 모두 위의 사선과 팔정으로 모든 고승들이 그것을 수행하여 다 공용을 얻었다. 남악과 천태는 三諦의 도리에 의하여 三止・三觀을 수행하도록 지도하였다. 비록 그 교의는 가장 원묘했을지라도 그 취입하는 문호의 차제는 단지 위의 四禪・八定의 선 수행 방식이었다. 달마가 전승한 것만이 그대로 佛體와 동일한 방식으로 여타의 제문과는 아득히 달랐다.[25]

종밀은 『도서』에서 "三敎(密意依性顯相敎・密意破相顯性敎・顯示眞心卽性敎)와 三宗(息妄修心宗・泯絶無寄宗・直顯心性宗)의 배대를 완성했지만, 『배휴습유문』에서 홍주종과 하택종의 우열 및 심천을 논하는데 하택종의 돈오점수론을 전개하여 가장 뛰어나고 가장 깊다(最優最深)"고 서술하였다. 동시에 천태를 圓敎라고는 말하지만 『화엄경』보다 『원각경』을 중시함으로써 "知라는 한 글자는 온갖 묘용의 근원이다(知之一字 衆妙之源)"(『배휴습유문』 졸고, p.87)라는 근본적인 입장을 주장하여, 천태를 화엄에 근접시켰다. 柳田聖山 교수는 "종밀은 천태와 홍주에 대하여 편견을 벗어 버릴 수가 없었다. 오히려 천태와 홍주를 낮추는 데에 그 사람의 평생의 목표가 있었다."(『道元과 中國佛敎』, p.58)고 서술하고 있다.

후에 피・육・골・수의 일화는 四明知禮(960~1028)와 법안종 제3세

---

25) 원문은 제4절의 주석 가운데 『都序』의 인용문 참조.

인 天童子凝 사이에 천태와 선의 논쟁을 불러일으켰지만,[26] 지례의 비판은 내내 『전등록』의 皮·肉·骨·髓의 일화가 아니라 『배휴습유문』의 육·골·수 일화였다. 知禮의 『십불이문지요초』는 源淸의 『法華十妙不二門示珠指』 2권(896년 성립)과 宗昱의 『註法華本迹十不二門』 1권(998년 성립) 등의 偏向과 誤解를 분명히 하기 위하여 景德 원년(1004) 정월 9일에 찬술된 것이다.[27] 여기에서 편향과 오해란 무엇인가. 말하자면 趙宋의 천태에서 山家派가 山外派를 향해 문제를 제기한 것이다. 곧 천태이면서도 천태의 입장을 상실하고 화엄과 선을 융합하고 접근한 것인데, 이를테면 종밀교학의 수용을 가리킨다.

知禮는 이미 인쇄된 『배휴습유문』(지례는 『도서』에 대비하여 『圭峯後集』이라고 불렀다)을 비판의 대상으로 하여 그와 같은 해에 완성하였는데, 아직 알려지지 않은 『전등록』은 문제를 삼지 않았다. 게다가 비판의 내용은 종밀의 육·골·수 득법설에서 가장 심오한 것으로 혜가가 득법한 '본래 번뇌가 없고 원래 보리이다(本無煩惱 元是菩提)' 바로 그것이었다. 지례는 '번뇌가 곧 보리이다(煩惱卽菩提)'에서 '卽'의 논리를 심화시켰는데, 천태의 「性惡法門」에서 보면 혜가가 得髓한 내용은 천태에 미치지 못한다는 것이다. 지례는 '즉'의 의미를 (1)二物相合의 卽, (2)背面相翻의 卽, (3)當體全是의 卽 등 三卽으로 나누고, 천태는 當體全是의 입장에 해당하는 것으로 하여 "卽이라는 한 글자는 온갖 묘용의 문이다(卽之一字 衆妙之門)"(『敎行錄』 권3)를 근본적인 입장으로 삼았다.

---

26) 高雄義堅, 「四明知禮와 天童子凝의 論爭」(『宋代佛敎史 硏究』 수록) 및 池田魯參, 「四明知禮의 皮肉髓得法說」(『印佛硏』 제26권 제1호, 1977년 12월).

27) 『十不二門指要鈔』 「序」(大正藏46, p.705上) 및 『四明尊者敎行錄』 권4의 "忠法師天童四明往復書後敍"(同, p.896中).

3인의 득법에 대하여 결국 악을 뒤집어 선으로 삼는다(翻惡爲善)의 道育, 악을 끊고 선을 증득한다(斷惡証善)의 비구니 總持, 極頓의 慧可로서 전체를 性惡法門으로 삼아서, 斷除와 翻轉을 활용하지 않는 當體全是의 卽에 대해서는 설하지 못하는 것으로 간주하였다. 이리하여 종밀의 '知'의 一字와 지례의 '卽'의 一字는 서로 적대관계가 되었다. 전자가 眞心觀에 기초한 것임에 비하여 후자는 妄心觀에 입각한 것으로 간주하여 화엄의 性起思想과 천태의 性惡思想에 대한 평가를 3인의 득법설 가운데다 집어넣었다.

이러한 지례의 설에 대하여 天童子凝은 天聖 원년(1023) 정월 18일에 지례에게 첫 번째의 서간을 보내서 논쟁의 단서를 열었다. 자응의 설은『전등록』에 의한 皮·肉·骨·髓설에 기초한 것이다.[28] 여기에 그 일화를 현대어 번역으로 소개한다.

> 달마는 北魏에 9년 동안 머물렀는데, 서방의 인도로 돌아가려는 생각이 들자 거기에서 문인들에게 물었다. "이윽고 헤어질 때가 되었다. 그대들은 어떤가. 각각 깨달은 바를 말해 보지 않겠는가." 그때 문인 도부가 말했다. "제가 이해한 것으로는 문자에 걸림도 없고 문자를 떠남도 없는 것이 진리의 작용이라고 생각합니다." 달마가 말했다. "그대는 내 피부를 얻었다." 비구니 총지가 말했다. "제가 지금 이해한 것에 의하면 아난이 아촉불국을 한 번만 보고 다시는 보지 않은 것과 같습니다." 달마가 말했다. "그대는 내 살을 얻었다." 도육이 말했다. "사대가 본래 공하고, 오음도 없기 때문에 제가 이해한 것은 어떤 한 가지라도 이해하는 것은 가능하다는 것입니다." 달마가 말했다. "그대는 내 뼈를 얻었다." 최후로 혜가가 나와서는 예배를 드린 후에 본래의 자리로

---

28) 『教行錄』 권4(大正藏46, p.894中)에서는 『祖堂』이라는 명칭을 언급하고 있지만 『조당집』은 『歷代法寶記』의 3인 득법설을 계승하고 있다.

돌아가서 서 있었다. 달마가 말했다. "그대는 내 골수를 얻었다."²⁹⁾

자응은 첫 번째 서간에서, 皮肉髓 3인의 득법설은 傳聞이지 실증이 아니라고 하면서 『전등록』에서는 "이조는 삼배의 예를 드리고 본래의 자리로 돌아가 섰다(二祖禮三拜 依本位而立)"라고 되어 있음을 강조한다. 그에 비하여 지례는 傳聞이 아니라 3인 득법설이 『규봉후집』에 의거하고 있다는 점을 가지고 회답한다. 자응은 두 번째 서간에서는, 규봉은 知解의 宗徒로서 믿을 수가 없다고 반박한다. 이와 같이 論難이 왕복하기를 10여 차례에 이르렀다고 전하는데, 『교행록』 권4에 남아 있는 자응의 서간 3편과 지례의 답서 2편을 보면 논쟁은 소득이 없이 끝나버려, 지례의 설이 자응에게는 정면으로 수용된 적이 없었다.

이제 『전등록』의 성립을 생각해 볼 경우에 皮·肉·骨·髓의 득법설이 지례의 저작과 같은 해에 성립되었던 『전등록』에 본래부터 존재하지 않았던 것인가, 아니면 지례의 저작의 출현에 대한 선종 측의 新說인가 하는 문제가 있다.³⁰⁾ 新說의 가능성이 농후하여 『전등록』 慧可得髓의 득법설은 후에 『설두염고』 제87칙의 공안인 『유마경』 「入不二法門品」의 마지막 대목의 일화가 새로운 소재로 첨가된 것으로 보인다.

> 이와 같이 제보살이 각각 말을 마치자 문수사리에게 물었다. "보살이 불이법문에 들어간다는 것은 어떤 것입니까." 문수사리가 말했다. "제 생각으로는 일체법에 대하여 言도 없고 說도 없으며 示도 없고 識도

---

29) "達磨門下三人得法而有淺深. 尼總持云, 斷煩惱證菩提. 師云, 得吾皮. 道育云, 迷卽煩惱, 悟卽菩提. 師云, 得吾肉. 慧可云, 本無煩惱, 元是菩提. 師云, 得吾髓"(『四明尊者敎行錄』 권4(大正藏46, p.894中).
30) 졸고, 「景德傳燈錄序를 둘러싼 제문제」에서 의문은 드러나 있지만, 四明에게 답변하는 친설로 추측되고 있는 것은 柳田聖山, 「道元과 中國佛敎」(전게서) p.72가 처음이다.

없어서 모든 문답을 벗어나 있는 그것이 바로 불이법에 들어가는 것입니다." 그러고 나서 이에 문수사리가 유마힐에게 물었다. "저희들은 각자 말을 마쳤습니다. 이제 보살이 불이법문에 들어간다는 것은 어떤 것인지 그대가 말해 보시기 바랍니다." 그때 유마힐은 묵연히 말이 없었다. 그러자 문수사리가 찬탄하여 말했다. "참으로 훌륭합니다. 내지 文字와 語言이 없는 바로 그것이 진정으로 불이법문에 들어가는 것입니다."31)

이 소재가 「입불이법문품」이라는 점은 충분히 주의할 필요가 있다. 게다가 『조당집』에는 이 일화가 없다는 것도 또 하나의 증거가 된다. 『조당집』은 肉·骨·髓 3인 득법설로서 분명히 『역대법보기』를 계승한 것으로 혈·육·골·수의 4인 득법설인 『보림전』과도 다르고, 육·골·수의 득법설로 그 심천을 말하고 있는 『배휴습유문』과도 다르다. 또한 『전등록』 「서문」의 문제에서 고찰했듯이 교선일치사상을 주장한 것으로 간주되는 『불조동참집』은 『조당집』에 가깝고, 찬술자가 道原으로 되어 있는 『旧錄』에는 皮·肉·骨·髓의 일화가 없었던 것으로 간주된다. 皮·肉·骨·髓 일화의 내용에서 생각해 보면 그 일화가 교선일치의 사상에서 교외별전의 사상으로 변화해 간 것을 이해할 수가 있다. 『전등록』의 皮·肉·骨·髓 일화는 그런 의미에서는 종밀의 화엄교학을 방계로 간주하는 입장에 있다고 볼 수가 있다. 지례와 자응의 논쟁은 명각대사 설두중현도 거기에 휩쓸려서 景祐 연간(1034~1038)에 四明의 태수가 된 直閣 林殆庶가 지례와 자응의 쟁의를 그만두도록 하였다. 결국에 지례는 규봉

---

31) "如是諸菩薩各各說已 問文殊師利 何等是菩薩入不二法門 文殊師利曰 如我意者 於一切法無言無說 無示無識 離諸問答 是為入不二法 於是文殊師利問維摩詰 我等各自說已 仁者當說何等是菩薩入不二法門 時維摩詰默然無言 文殊師利歎曰 善哉善哉 乃至無有文字 語言 是真入不二法門"(大正藏14, p.551下).

종밀의 설이 異說이라는 和融의 말을 인정하고 끝을 보게 된다.

그런데 제2절에서는 『전등록』이 교선일치의 사상에서 교외별전의 사상으로 선사상이 변화해 가는 과정에서 楊億 등에 의하여 간행되었던 것은 아닐까 하고 추측해 보았다. 그러나 그 변화는 楊億 등에 의하여 간행된 것이 아니라 찬술자인 도원 그 사람 자신의 선사상의 변화 혹은 당시의 선사상 그 자체의 변화를 도원 그 사람이 느꼈던 변화에서 온 것이었다고 간주하는 것이 좋을 것이다. 육조 문하 선자들의 고칙에 대한 착어를 살펴보면 위에서 인용했던 광택사 혜충 이외에 두 단계를 거쳐서 비평되어 있는 고칙은 靑原行思(673~741) 장에서만 보인다.

> 하택신회가 찾아오자 청원행사가 물었다. "어디에서 왔는가." 하택신회가 말했다. "조계에서 왔습니다." 청원행사가 물었다. "조계의 의지는 어떤가." 그러자 하택신회가 몸을 흔들어댔다. 그러자 청원행사가 말했다. "쓸데없는 것(瓦礫)에 꽉 막혀 있구나." 하택신회가 말했다. "화상께서는 이 도량에서 사람들에게 진금을 나누어 준다고 하더군요." 청원행사가 말했다. "가령 내가 그대한테 진금을 준다면 어디에 쓰겠는가."〈현사가 말했다. "과연 청원행사답구나."〉〈운거청석이 말했다. "현사가 과연 청원행사답구나 하고 말한 것은 진금이기도 하고 쓸데없는 것(瓦礫)이기도 하다."〉[32]

이 고칙도 바로 『전등록』의 고칙을 전승하여 성립된 성격을 대표하고 있다. 선종사의 문제로 보자면 고칙 그 자체에 荷澤神會(684~758)의 선을 비판하려는 청원행사의 선이 또 하나로서 그 이전에 존재하고

---

32) "荷澤神會來參. 師問曰, 什麼處來. 會曰, 曹谿. 師曰, 曹谿意旨如何. 會振身而已. 師曰, 猶滯瓦礫在. 曰, 和尚此間莫有真金與人否. 師曰, 設有與汝, 向什麼處著.〈玄沙云 果然〉.〈雲居錫云, 只如玄沙道果然, 是真金, 是瓦礫.〉"(四部叢刊本, 권5-13丁左).

있다.³³⁾ 실은 그 청원행자 장에 크게 주목해야 할 加筆이 있다. 그것은 「靑原階級」의 일화인데, 청원행사가 六祖 慧能(638~713)에게 깊이 인정받은 이후로서, 『전등록』에서는 다음과 같이 기록하고 있다.

> 비록 문하에 學徒의 대중이 많을지라도 행사선사가 으뜸이었다. 또한 마치 이조 혜가가 말을 하지 않고 침묵을 지키자 소림달마가 그것에 대하여 골수를 얻었다고 말한 것과 같다.³⁴⁾

이 대목이 가필되어 있다는 점은 『조당집』에는 없는 것으로, 위에서 살펴본 『전등록』의 皮·肉·骨·髓의 일화의 독창성이라고 말할 수가 있다. 가필된 이 대목에 어떤 주도면밀한 의도가 들어 있다면 그것은 분명히 찬술자 도원이 속해 있는 청원 계통의 사람일 것이다. 그렇게 생각해볼 수 있다면 교외별전의 선을 주장했던 찬술자 도원이 바로 그 사람일 것이라고 생각하는 것이 타당할지도 모른다. 그러나 도원이 양억에게 「불조동참집서」를 부탁했던 시점에는 '不言得髓'의 일화가 성립되어 있지 않았다는 것이 중요하다.³⁵⁾ 새롭게 문제로 제기되었던 천태와 선의 논쟁은 이 皮·肉·骨·髓만이 아니라 『전등록』이 大中祥符 4년(1011)에 入藏되어, 그 이전 咸平 원년(998)에 入藏을 허가 받은 『보림전』10권과 함께 法系의 지속을 주장한 선종 측에 대하여 천태 측에서는 師子比丘로서 法系가 단절되었음을 비난하는 항쟁도 제기되어 있어

---

33) 졸고, 「三百則으로 읽는 中國禪宗史話(8)」(『傘松』 제482호, 1983년 11월), 제2장 제1절 참조.
34) "會下學徒雖眾, 師居首焉. 亦猶二祖不言, 少林謂之得髓矣."(同-12丁左).
35) 법안종의 선이 敎禪一致의 사상의 경향을 가지고 있다는 것은 확실하지만, 북송시대가 되면 법안종 소속 사람들 가운데 이미 교선일치의 사상으로부터 敎外別傳의 사상으로 변화한 사람이 있다는 것도 당연하다.

서 송대불교사의 한 측면을 형성하고 있다.[36]

아마 달마 문하의 득법설을 새롭게 창작한『전등록』을 승계하여 석존과 마하가섭 사이의 염화미소의 일화가 僞經인『大梵天王問佛決疑經』에 등장한다.[37] 염화미소의 일화는 景祐 3년(1036)의 찬술인『천성광등록』30권의 마하가섭 장에 처음 등장하는 것이므로『전등록』과 마찬가지로 천태종을 의식한 법안종 사람들이 만들었을 가능성도 고려된다. 이 일화가 교외별전의 사상과 깊이 관련되어 있다는 것은 말할 나위도 없다. 이것은『전등록』달마 문하 득법설의 뜻밖의 전개이다.

이상『전등록』이 교선일치의 사상으로부터 교외별전의 사상으로 변화하는 선사상사의 동향 속에서 성립되었다는 것을 고찰해 왔다. 규봉 종밀이 끼쳤던 영향은 대단히 크다. 종밀을 비판하든, 그리고 종밀을 계승하여 초극하든 송대선종의 역사는 종밀교학을 짊어지고 있는 것이다.[38] 송대의 선종사를 개관해 보아도 교선일치의 사상이 쇠퇴한 것이 아니라 교선일치의 사상과 교외별전의 사상이 서로 반발하기도 하고 혹은 교류하기도 하면서 선사상을 형성해 간 것이야말로 그 특징이 잘 드러나 있다.[39]

또한 皮·肉·骨·髓의 일화에 대한 道元의 독자적인 해석의 문제와

---

36) 高雄義堅, 전게서. 柳田聖山,「大藏經과 禪錄의 入藏」(『印佛硏』제20권 제2호, 1971년 12월)
37) 忽滑谷快天,『禪學思想史』상권(名著刊行會, 1969년 3월 復刊) 및『禪學批判論』(鴻盟社, 1905년 11월) 다만 忽滑谷의 설은『續藏』에 수록된 현존하는 二部의『大梵天王問佛決疑經』을 일본에서 작성된 僞經으로 간주하고 있지만, 북송시대에 동일한 명칭을 가진 위경이 존재하고 있었음이 알려져 있다.
38) 荒木見悟,『佛敎와 儒敎』(平樂寺書店, 1963년 4월).
39) 六祖 慧能像의 이 문제에 대해서는 졸고,「宋代禪宗史上에 보이는 六祖慧能像」(『古田紹欽博士古稀記念論集 佛敎의 歷史的 展開에 보이는 諸形態』수록, 創文社, 1981년 6월)에서 문제로 제시하였다.

肉·骨·髓의 일화가 일본 달마종에 끼친 영향의 문제는 本章의 과제에서 벗어나 있기 때문에 柳田聖山 교수의 「道元과 中國佛敎」를 참조해 주기를 바라면서, 여기에서는 언급하지 않기로 한다.[40]

---

40) 道元은 권38 「葛藤」에서 "祖道의 皮·肉·骨·髓는 深淺이 없다. 가령 그 見解에 優劣은 있을지라도 祖道는 得吾할 뿐이다."(大久保道舟 編, 『道元禪師全集』 권 上, p.332, 筑摩書房, 1970년 5월)라든가, "祖師의 身心은 皮·肉·骨·髓가 모두 祖師이다. 髓는 몸소 그대로이고 皮는 다른 것으로 변하지 않는다."(同, p.333)고 하여 皮·肉·骨·髓에 深淺을 인정하는 법이 없다. 졸고, 「三百則으로 읽는 中國 禪宗史話(5)」(『傘松』 제479호, 1983년 8월)에서 약간 생각해 본 것이 있다.

제2장 중국 초기 조동종 교단의 성립

제1절 石頭는 眞金鋪·江西는 雜貨鋪

　六祖 慧能(638~713)의 법사인 청원행사는 『전등록』 권5에, "비록 문하에 學徒의 대중이 많을지라도 행사선사가 으뜸이었다. 또한 마치 이조 혜가가 말을 하지 않고 침묵을 지키자 소림달마가 그것에 대하여 골수를 얻었다고 말한 것과 같다."[1]고 말하여 육조의 正系로 기록되어 있다. 『전등록』의 찬술자인 도원이 청원 계통이었기 때문에 주장된 것으로 보인다. 그러나 청원행사의 전기는 명확하다고 말하기는 어렵다. 그래서 여기에서는 행사의 법사인 석두희천의 전기를 확인함으로써 청원행사의 위상에 대한 방법을 취하기로 한다.

　희천에 대해서는 광동성 曲江縣 출신인 劉軻가 찬술한 「비명」이 있다고 하는데, 현존하지는 않지만 『송전』 권9 희천의 전기가 바로 그 「비명」에 기초하여 찬술된 것으로 간주된다.

　희천은 광동성 肇慶府 高要縣 陳氏의 아들로서 久視 원년(700)에 태어났다. 경원부 내의 新興縣은 육조 혜능의 출생지로서, 『신회어록』에 의하면 육조는 先天 원년(712) 9월에 韶州曹溪로부터 新州로 돌아왔

---

1) "會下學徒雖眾, 師居首焉. 亦猶二祖不言, 少林謂之得髓矣."(大正藏51, p.240上).

고, 이듬해 8월 3일에 시적하였다고 한다. 희천이 교항에 있었던 邪教를 싫어하고 육조가 남종선을 전래하고 있다는 말을 듣고는 혜능을 찾아갔다는 것은 당연한 것으로 보인다. 희천의 나이 13~14세 때 무렵이다. 혜능이 시적한 이후에는 광동성의 三水縣과 峽山 지방을 편참하였고, 廣州府 增城縣 羅浮山에 올라서 계율 등을 익혔다. 開元 16년(728) 29세 때 그 나부산에서 구족계를 받고 더욱더 깊이 율부를 궁구하였다. 때문에 육조의 '尋思去'라는 말에 의하여 육조가 시적한 후에 희천이 행사를 곧장 찾아갔다고 보는 것은 불가능하다.

여기에서 석두와 청원행사의 관계를 생각해 보기로 한다. 『江西通志』 권123 靑原山 淨居寺의 항목에서는 다음과 같이 말한다.

> 淨居寺는 廬陵縣 청원산에 있는데 당나라 行思의 도량이다. 景龍 3년(709)에 蘭若를 건립하였다. 天寶 10년(751)에 寺가 되었다. 會昌 연간(841~846)에 폐사되었다. 大中 5년(851)에 重建되었다. 宋 治平 3년(1066)에 安隱寺라는 사액을 내렸다. 崇寧 3년(1104) 칙명으로 淨居禪寺라고 하였다. 원나라 말기에 兵禍로 폐사되었다. 明 洪武 9년(1376)에 僧 師翬이 다시 건립하였고, 24년(1391)에 총림이 되었다. 사찰에는 古蹟이 많다. 唐 段成式이 쓴 碑, 顔眞卿이 쓴 題名, 宋 蔣之奇가 쓴 碑 등이 있다.[2]

行思는 俗姓이 劉 씨로서 강서성 吉安府 廬陵縣에서 태어났다. 그가 시적한 연도는 『조당집』 권3, 『송전』 권9, 『전등록』 권5에는 모두 개원

---

2) 淨居寺는 옛날의 『顔魯公文集』 권11에 의하면 永泰 2년(766) 무렵에는 靖居寺라고 하였고, 『조당집』에서도 행사를 靖居라고 부르고 있다. 또한 『全唐詩』 권10 盧綸章 및 『전등록』에서는 靜居寺로 되어 있으므로 '靖'을 '靜'으로도 표기하였다. 이러한 점은 『靑原山志略』에서도 확인할 수가 있다. 또한 宋版 『전등록』에서 靑原山을 淸原山으로 기록하고 있는 것도 본서에서는 '靑'으로 표기한다.

28년 12월 13일(741년 1월 4일)이다. 世壽에 대해서는 종래에 분명하지 않았지만 68세였다는 신출자료가 椎名宏雄 씨에 의하여 소개되어 있다.[3] 그것에 의하자면 행사가 태어난 것은 咸亨 4년(673)으로서 南嶽懷讓(677~744)보다 네 살 연장자로서 회양과 똑같이 68세로 시적한 셈이 된다. 이로써 행사의 일생은 673~741년이라는 새로운 설이 생겨났다. 이하에서는 이것에 의하여 논의하기로 한다.

위에서 소개한 『강서통지』에 의하면 행사는 경룡 3년(709) 37세 때 육조의 휘하를 떠나서 고향인 청원산에 난야를 건립하고 주석하였다. 그해는 육조가 先天 2년(713)에 시적한 해보다 이전이고, 희천의 나이 10세 때에 해당하는데 그가 육조를 참문하기 이전이었다.

청원산의 난야는 천보 10년(751)에 寺가 되었다고 하므로 행사가 시적한 후에 靜居寺라는 사액을 내린 것으로 보인다. 희천이 29세에 구족계를 받은 개원 16년(728)은 행사의 나이 56세에 해당하고, 청원산에 주석하여 20년의 세월이 지난 즈음이었다.

당시에 선의 역사에서 획기적인 사건이 일어났다. 개원 20년(732) 정월 15일에 '南宗七祖'라고 자인했던 49세의 하택신회(684~758)는 滑臺(하남성) 大雲寺의 無遮大會에서 북종에 대한 공격을 행하였다. 곧 大照普寂(651~739)을 七祖라고 칭한 것은 잘못이고, 傳衣를 創唱하였으

---

3) 椎名宏雄,「靑原行思考」(『宗學硏究』 제15호, 1973년 3월)에서 『靑原山志略』 권6 의 蕭發生 찬술, 「靑原遺碑略記」를 소개하고 있는데, 그 가운데서 "天寶六載碑略曰, 七祖, 漢長沙定王發. 後得旨曹溪, 遂住靑原. 開元二十六⟨八?⟩載化. 壽 六十八. 時朝議郎江南西道採訪判官朱元·朝議郎廬陵縣令吳自勘·僧道莫·如昱等, 印山龕於絶頂."라고 되어 있다. 다만 필자는 시적한 해인 6년은 8년의 오자로 이해하고자 한다. 또한 천보 6년(747)의 시점에서 행사를 七祖라고 말하는 것은 뒤에 서술하듯이 주목해야 할 것이다.

며, 혜능이 6조이고, 신회 자신이 7조라고 주장한 것이었다.[4] 북종에 대한 공격을 한마디로 말하자면, 종밀이 『배휴습유문』에서 말한 "師承是傍 法門是漸"(전게 논문, p.80)의 말이 전부다. 그 공격은 개원 18년 및 19년에도 행해졌는데, 20년의 공격을 정리한 것이 『菩提達摩南宗定是非論』 1권으로 전한다. 그때 공격에서 신회는 세간의 사람들에게 인정받지 못하고 오히려 북종을 지지하는 御史中丞인 盧奕(?~755)에게 탄핵되어 도읍지에서 멀리 쫓겨났다.

그러나 755년부터 762년에 걸친 安綠山(703~759)과 史思明(?~761)에 의한 반란이 일어나자 선의 역사의 흐름은 방향이 변하게 되었다. 安史의 난을 평정한 전쟁비용에 출가승의 납세금인 香水錢을 헌납한 신회는, 도읍지로 돌아와서 숙종이 至德 2년(757) 10월 23일에 장안에 들어온 후에 칙명에 의하여 入內供養을 받고 普寂과 神會의 입장이 역전되기에 이르렀다. 최근 발견되고 소개된 신회의 탑명은 永泰 원년(765) 11월 15일에 문인 慧空이 찬술한 것이지만, 거기에서도 분명하게 "大唐東都荷澤寺歿故第七祖國師大德于龍門寶應寺龍崗腹建身塔銘幷序"라고 되어 있다.[5]

이와 같이 남종의 제7조라고 자인했던 하택신회에 대하여 남종 내에서 청원행사를 제7조로 일컫는 새로운 顯彰運動이 일어났음이 柳田聖山 교수에 의하여 지적되어 있다.[6] 게다가 椎名宏雄에 의하여 소개된

---

4) 田中良昭, 「禪宗 傳燈說에서 七祖의 문제」(『敦煌禪宗文獻의 연구』 수록) p.569 이하.
5) 溫玉成, 「記新出土의 荷澤大師神會塔銘」(『世界宗教研究』 總第16期, 1984년 5월) ; 竹內弘道, 「新出荷澤神會塔銘에 대하여」(『宗學研究』 제27호, 1985년 3월).
6) 柳田聖山, 『初期禪宗史書의 研究』 pp.414~415 ; 盧綸의 「送靜居法師」의 시에 "九天論道當宸眷, 七祖傳心合聖蹤. 願比靈山前世別, 多生還得此相逢."이라는 말이 보인다.

것으로 蕭發生이 찬술한「靑原遺碑略記」가운데도 천보 7년(748)의 碑에 '七祖'라는 문자가 보인다. 어쨌든 청원을 제7조로 간주하는 것으로는 지극히 이른 시기의 주장이다. 신회의 入內는 지덕 3년(758)에 시적한 그 무렵으로 간주되기 때문이다. 柳田聖山 교수가 지적한 盧綸의 律詩에 있는 행사의 入內說과 제7조에 대한 기록은 史實로서 신뢰성이 높고, 신회 이전의 것으로 사회적 사건과 결부되지 않은 入內이기 때문에 자료가 적었을 뿐이다.

『조당집』권3 및『전등록』권5에 있는 신회와 행사 사이의 다음 문답은 史實인지 아닌지는 분명히 할 수가 없지만 행사의 선이 신회의 선보다 正系임을 주장하고 있다. 『조당집』의 문답을 보기로 한다.

> 청원행사가 신회에게 물었다. "그대는 어디에서 왔는가." 신회가 말했다. "조계의 혜능선사 밑에서 왔습니다." 행사가 물었다. "무엇을 가지고 왔는가." 신회는 거기에서 몸을 흔들어 표현하였다. 행사가 말했다. "아직은 瓦礫이 남아 있는 그대로구나." 신회가 물었다. "화상께서는 여기에서 사람들에게 진금을 나누어 주는 것 아닙니까." 행사가 말했다. "설령 그대한테 진금을 나누어 준다고 해도 그대의 어디에다 붙이겠는가."[7]

『전등록』뿐만 아니라『조당집』에도 이 일화가 수록되어 있는 것은 중요하다. 그리고 초경성등이 비평하고 있는 것도 참고가 된다.(Ⅳ, p.27) 柳田聖山 교수는 이 문답에 대하여 "이미 신회 계통의 세력이 쇠퇴했던 당 말기 무렵의 기연이 아니라 차라리 실제로 성행했던 신회 계통에서

---

7) "師問神會, 汝從何方而來. 對曰, 從曹谿來. 師曰, 將得何物來. 會遂振身而示. 師曰, 猶持瓦礫在. 會曰, 和尙此間, 莫有眞金與人不. 師曰, 設使有與汝, 向什麼處著."(Ⅰ. p.21.『전등록』의 원문은 제1장 제7절 참조).

했던 혜능현창운동에 상대하여 청원 계통이 점차 대두되기 시작했던 무렵의 일화이다."라고 말하는데,[8] 필자는 더욱더 소급될 수 있는 것이 아닐까 하고 생각한다. 여기에서 청원 계통의 순금을 파는 가게인 眞金鋪라는 주장이 맹아를 보이고 있다.[9]

희천이 행사를 방문했을 때 행사의 문하는 군집해 있어서 행사가 육조 문하의 제일인자로서 활약하고 있었다. 희천이 그 행사에게서 시적할 때까지 사사하고 있다는 것은, 희천이 남악에 들어간 모습에 대하여 『송전』 권9에서 다음과 같이 기록하고 있는 것에서도 추측할 수가 있다.

> 천보(742~756) 초에 처음 南嶽의 南寺로 갔다. 사찰의 동쪽에 바위가 있었는데 그 모습이 평평한 마루와 같았다. 이에 그 위에다 암자를 짓고 깎아지른 듯한 절벽을 벽으로 삼았다. 대중이 숭앙하고 존경

---

8) 同書, p.413.
9) 청원행사의 대표적인 문답은 『조당집』 권3의 "僧問, 如何是佛法大意. 師曰, 廬陵米作摩價."(I-111)이다. 『조당집』에서는 신회와 주고받은 문답 이외는 이것 밖에 수록하고 있지 않다. 문제는 여릉의 쌀값의 물음에 대답했던 말에 대한 의미를 어떻게 해석할까 하는 것이다. 『종경록』 권97에 "吉州思和尙云, 即今語言, 即是汝心. 此心是佛, 是實相法身佛. …"(大正藏48, p.940中)이라고 되어 있지만, 이것을 행사의 설이라고 인정해도 좋은가 하는 것이다. 이 말은 『종경록』 권14(大正藏48, p.942上)에 거의 동일한 문장이 마조의 말로 되어 있기 때문에 마조의 말이 행사의 말로 잘못 전해졌다고 일반적으로 간주되고 있어서, 마조의 출현이 선사상을 크게 변화시킨 것이라고도 일컬어진다. 그러나 남종선의 확립은 청원행사가 七祖라는 주장이 마조선보다 先行된 것으로서 그 반대일 수는 없다. 『보림전』 권10에 靑原-石頭章의 존재가 지적되어 있는 것은 그 참고가 된다. 새삼스럽게 동시대인 光宅慧忠(?~776)과 司空本淨(667~761)의 육조 문하를 바꿔서 배치해도 좋지 않을까 생각된다. 그 課題와 廬陵米作摩價가 平常心是道의 의미라는 답습된 해석은 동시에 성취되지 않으면 안 될 것이다. 中川孝, 「吉州青原山行思禪師와 그 思想」(『印佛研』 제12권 제2호, 1964년 3월) ; 柳田聖山, 「馬祖禪의 諸問題」(同, 제17권 제1호, 1968년 12월) 및 入矢義高 編, 『馬祖의 語錄』(禪文化硏究所, 1984년 10월), p.198 이하.

하여 석두화상이라 불렀다.[10]

이와 거의 동일한 문장으로 『조당집』과 『전등록』이 있는데, 모두 '天寶初'로 기록하고 있다. 개원 28년에 행사가 시적한 후로 간주하는 것이 자연스럽다. 이 南嶽入山에 대해서는 선종사에서 흥미로운 문제가 있다. 『송전』에서는 또한 다음과 같이 말한다.

> 이 남악에는 최초에 堅固·明瓚·懷讓의 세 선사가 주석하고 있었다. 세 사람 모두 조계혜능의 제자였다. 모두 그 제자들에게 말했다. "석두화상은 참으로 불법을 설할 줄 아는 사람이다. 여러분의 눈을 반드시 청량하게 해 줄 것이다." 그 말에 의하여 문인들이 석두를 숭앙하고 그에게 귀의하였다.[11]

명찬은 북종 보적의 문인이다. 중요한 것은 南嶽懷讓(677~744)이 아직은 활약하고 있는 중이었다는 점이다. 행사의 만년에 석두가 회양에게 스승의 편지를 전해 주고 있는 모습을 『조당집』과 『전등록』에서도 기록하고 있다. 더욱이 『조당집』에서는 희천이 남악으로 옮겨갔을 때부터 그 교섭을 기록하고 있다. 본래 남악회양은 산에서 살았던 수도인으로서 육조 혜능과의 인연도 희박하여, 張正甫가 찬술한 「衡州般若寺觀音大師碑竝序」(『唐文粹』 권26·『全唐文』 권619)은 마조의 문하 興善惟寬과 章敬懷暉의 요청으로 작성된 것인데 회양을 육조와 결부시켜 두고 있다.[12] 더욱이 貞元 17년(801) 『보림전』의 성립은 육조-남악-마조의

---

10) "天寶初, 始造衡山南寺. 寺之東有石, 狀如臺. 乃結庵其上, 杼載絶岳. 衆仰之號曰石頭和尚焉."(大正藏50, p.764上).
11) "初嶽中有固·瓚·讓三禪師. 皆曹溪門下. 僉謂其徒曰, 彼石頭眞師子吼, 必能使汝眼淸涼. 由是門人歸慕焉."
12) 柳田聖山, 「馬祖禪의 諸問題」(上同).

불확실한 3대의 相承을 감히 강조하고 있는 것에서 그 중요한 찬술 의도가 있다고 柳田聖山 교수는 지적하고 있다.[13] 馬祖道一(709~788)[14] 이 평생 동안 의식했던 존재는 석두희천으로서,[15] 남악회양과 어떤 관계였는가 하는 점에서 보면 같은 남악에서 활약했던 희천 쪽이 강했다고 말할 수가 있다. 행사의 편지를 전해 주러 갔던 희천과 회양의 문답에 대하여 『조당집』에서는 다음과 같이 기록하고 있는데, 그 내용은 주목해야 할 중요한 것으로서 청원 계통 선의 특징을 보여 준다.

> 석두는 곧 출발하여 남악회양화상의 처소에 도착하여 편지를 전달하기 전에 먼저 예배를 드리고 물었다. "제성인을 사모하지도 않고 자기의 영묘한 본성도 중시하지 않는 경우에는 어떻습니까." 회양이 말했다. "그대의 질문은 대단히 당돌하다. 금후로 사람들 가운데는 깨치는 사람이 없을 것이다." 석두가 말했다. "차라리 영원히 지옥에 빠질 지언정 결코 제성인의 해탈을 추구하지 않겠습니다." 석두는 기연이 맞지 않는 이상 편지도 전달하지 않고 곧바로 청원의 처소로 돌아왔다.[16]

그때 회양이 비평한 말은 수록되어 있지 않지만, 희천이 남악으로 가서 머물고 있을 때의 문답으로는 "저 납자는 언젠가 그 후손이 천하 사람들의 입을 틀어막아 버리고 말 것이다(這阿師, 他後子孫, 噤却天下人口去)."라고 회양이 희천의 역량을 인정하여, 석두 계통 선의 발전을 예

---

13) 柳田聖山, 『初期禪宗史書의 研究』, p.360.
14) 石川力山, 「馬祖敎團의 展開와 그 支持者들」(『駒澤大學佛敎學部論集』 제2호, 1971년 12월) 및 「馬祖禪 形成의 한 측면」(『宗學硏究』 제13호, 1971년 3월).
15) 西口芳男, 「馬祖의 傳記」(『禪學硏究』 제63호, 1984년 12월).
16) "師便去. 到南嶽懷讓和尙處. 書猶未達, 先禮拜問, 不慕諸聖不重己靈時如何. 讓和尙曰, 子問太高生. 向後人成闡提去. 師對曰, 寧可永劫沈淪, 終不求諸聖出離. 師機旣不投, 書亦不達, 便歸師處."(Ⅰ. p.150).

언하고 있다. 그에 이어진 문답은 희천을 대표하는 것이 되어 있다.

> 남악회양은 시자에게 명하여 석두에게 질문하도록 하였다. 시자가 석두의 처소로 가서 물었다. "해탈이란 무엇입니까." 석두가 말했다. "누가 그대를 묶었던가." 시자가 물었다. "정토란 무엇입니까." 석두가 말했다. "누가 그대를 더럽혔던가." 시자가 물었다. "열반이란 무엇입니까." 석두가 말했다. "누가 생사를 그대한테 주었는가." 시자가 돌아와서 남악에게 말씀드렸다. 남악은 곧 합장을 하고 받들었다.[17]

해탈과 정토의 문답은 『송전』에도 인용되어 있어서, 회양과 관련하여 이루어진 것이라고 말할 수는 없지만 희천의 중요한 문답이라는 점에서는 변함이 없다. 정원 17년(801)에 성립된 『보림전』 권8의 僧璨章에 있는 동일한 내용의 해탈문답은 희천의 영향으로 만들어진 것으로서 그 성립의 순서가 뒤바뀐 것은 아니다. 이것은 신회에 이어서 석두를 의식한 마조 계통의 삼조현창운동으로 간주된 것은 아니었을까.

회양이 천보 3년(744) 8월 10일 68세로 시적했을 때, 희천은 45세였다. 희천은 광덕 2년(764) 65세 때 제자인 招提慧朗에게 초빙되어 한때 梁端(潭州)으로 갔지만, 정원 6년 12월 25일(791년 2월 2일) 91세로 시적하기까지 남악에서 활약하였다. 천보 2년(743) 撫州 西裏山에 있던 마조가 강서성에서부터 교화를 시작하고 이어서 虔州 및 홍주에서 대활약을 하여, 석두와 함께 선림을 양분하기에 이르렀다. 『송전』에서는 다음과 같이 말한다.

> 강서는 大寂(道一)을 法主로 하였고, 호남은 石頭를 法主로 하면서부

---

17) "又教侍者問法. 侍者去彼問, 如何是解脫. 師曰, 阿誰縛汝. 如何是淨土. 師曰, 阿誰垢汝. 如何是涅槃. 師曰, 誰將生死與汝, 侍者却來, 擧似和尙 和尙, 便合掌頂戴."(Ⅰ. p.152).

터 왕래가 왕성하였다. 그래서 두 大士에게 친견하지 못한 사람은 무지하다고 간주되었다.

『전등록』권6의 割註에 의하면, 이 말은 劉軻의「비문」속에 있었던 것으로, 청원행사의 행장이 종래보다 명확해진 오늘날에는 청원 계통이 은연한 세력을 지니고 있었다고 이해해야 할 것이다. 확실하게 말할 수 있는 것은 그 세력이 마조 교단이 전개되기 이전에 존재하고 있었다는 점이다.

석두의 문하에 대하여 이어서 고찰해 보겠지만, 藥山惟儼의 전기도 명확하지 않는 점이 있기 때문에 위에서 天皇道悟傳에 대하여 符載가 찬술한「荊州城東天皇寺道悟禪師碑」(『전당문』권961)를 통해서 확인해 두고자 한다.

도오선사는 성이 張氏로서 婺州(절강성) 動陽 출신이다. 14세 때 출가하여 明州의 대덕에 의지하여 머리를 깎았다. 25세에 杭州 竹林寺에서 수계를 받았다. 처음에 國一(徑山法欽)에게 참문하여 5년 동안 모셨다. 大曆 11년(776)에 대매산에 은거하였다. 建中 원년(780)에 강서의 마조에게 참문하였고, 건중 2년(781)에는 석두에게 참문하여 대오하였다. 그리고 當陽 紫陵山에 은거하였다. 후에 荊南의 城東에 天皇寺가 있었는데 불에 소실되자 승려 靈鑑이 장차 修復을 도모하려고 하여 다음과 같이 말했다. "진실로 道悟선사를 화주로 모시지 못한다면 어찌 그 구가 나를 도와줄 수 있겠는가." 그때 강릉의 尹이었고 右伏謝였던 裴公이 도오선사에게 稽首하여 법을 묻고 예를 드리며 영접하였다. 선사는 본래 迎送한 적이 없고 객에게 귀천이 없었기 때문에 모두가 선사를 앉은 채로 맞아들였다. 이에 배공이 더욱더 공경하였다. 석두의 道는 거의 지금까지 왕성하였다. 선사는 등창으로 고생하였다. 임종에 이르러 대중이 문병을 하자, 선사가 갑자기 대중을 불렀다. 이에 典座가 가까이 다가가자, 선사가 말했다. "알겠는가." 전좌가 말했다. "모르겠습니다." 선사는 베개를 들어 바닥에 내팽개치고 곧 입적하였다. 세수 60세이고, 법랍이 35년이었다. 법사로는 惠眞, 幽間, 文賁의 3인이 있다. 元和 2년(708) 4월 13일이다.[18]

道悟(748~807)와 石頭의 만남은 도오 34세 때이고 석두 82세 때로서, 당시 마조와 석두 두 사람 모두에게 참문했던 유일한 사람이다. 도오에게 참문한 輩公은 후에 재상이 되었던 裵均(『新唐書』 권108)이다. 석두의 선이 형남에서 왕성했다는 것이 확인되어 있다.

호남의 석두선은 藥山惟儼(744~827)[19]이 발전시켰다. 약산의 전기에 대해서는 百丈懷海의 전기와 대조해 가면서 고찰해 보면 보다 명확해지는데, 흥미로운 점도 있기 때문에 양자를 비교하여 서술해 보기로 한다.

유엄은 강서성 南康 信豊縣(贛州府 信風縣) 韓氏의 아들로서 天玉 3년(744)에 태어났다. 다섯 살의 어린 나이에 百丈懷海(749~814)에게 갔는데, 회해는 복건성 福州 長樂縣에서 태어났다. 유엄은 17세가 되었을 때 大庾嶺을 넘어서 광동성 潮州 西山의 惠照禪師에게 사사하여 出

---

18) "師姓張氏, 婺州東陽人. 十四出家, 依明州大德祝髮. 二十五受戒於杭州竹林寺. 初參國一, 服勤五年. 大歷十一年, 隱於大梅山. 建中初, 謁江西馬祖. 二年, 參石頭, 乃大悟. 遂隱當陽紫陵山. 後於荊南, 城東有天皇寺. 頃因火廢. 僧靈鑑將謀修復. 乃曰, 苟得悟禪師為化主, 必能福我. 時江陵尹右僕射裵公, 稽首問法, 致禮迎至. 師素不迎送, 客無貴賤, 皆坐而揖之. 裵愈加敬. 石頭之道, 貽盛于此. 師患背痛. 臨終, 大眾問疾. 師蘧召, 典座近前. 師曰, 會麼. 對曰, 不會. 師拈枕子拋於地上, 即便告寂. 壽六十, 坐三十五夏. 法嗣三世, 曰惠真, 曰幽間, 曰文賁. 實元和二年四月十三日也."(『全唐文』 권691, 中華書局本 권7, p.7081) 다른 기회에 제6차 駒澤大學中國佛敎史蹟參觀團의 일원으로서 1984년 9월 6일 沙市를 방문했지만 天皇寺는 현존하지 않았다. 9월 7일 當陽縣 半月歐 紫蓋鄉으로 紫蓋史蹟을 방문했지만『當陽縣志』에 의하면 天皇道悟가 창건했다고 한다.
19) 鈴木哲雄,『唐五代의 禪宗』, p.50 이하.

家得度하였는데, 上元 원년(760)이다. 거의 때를 같이하여 회해도 惠照禪師에게 참문하여 낙발하였다. 회해는 19세인 大曆 2년(767)에 남악의 法朝律師의 문하로 들어가 구족계를 받았다. 그때 유엄은 혜조의 문하에 머물렀던 것으로 보이는데, 이윽고 유엄도 남악으로 가서 大曆 8년(773) 30세 때 希琛〈操?〉律師의 문하에서 구족계를 받았다. 그러나 회해는 남악을 떠나서 안휘성 廬江으로 가서 合肥縣 浮槎山 浮槎寺에서 수년 동안 대장경을 열람하고 나서, 南康 龔公山의 마조에게 참문하여 사법하였다. 회해의 나이 22세인 대력 5년(770) 무렵의 일이다.

한편 유엄은 계율을 깊이 궁구하였지만, 계율에 집착해서는 안 된다고 생각하여 계율을 버리고 석두희천에게 가서 참선하였다. 참선하기에 도달했던 22세의 회해 및 30세를 넘긴 유엄 등 당시 두 사람의 呻吟을 원화 13년(818) 10월 3일에 건립되었던 것으로 陳詡가 찬술한 「唐洪州百丈山故懷海禪師塔銘」(『全唐文』권446)과 太和 8년(834)에 찬술된 唐伸이 찬술한 『澧州藥山故惟儼大師碑銘竝序』를 통해서 대조해 보기로 한다.

> 懷海가 잠시 탄식하여 말했다. "망념의 근원을 깨끗하게 쓸어 버리는 상태에서야말로 청정한 법해에 유희할 수가 있다. 다만 마음만 깨친다면 또한 言詮을 필요로 하지 않는다."[20]

> 유엄은 불교의 예법·규칙·의식을 준수하여 그 행동이 前世부터 몸에 붙어 있었다. 어느 날 아침에 말했다. "한 사람의 남아대장부로서 계법을 떠나서 그 자체로서 적정할 것이다. 그런데 어찌하여 곰상스럽게

---

[20] 『澧州藥山故惟儼大師碑銘竝序』(『唐文粹』권62·『全唐文』권536) "既而歎曰 將滌妄源 必遊法海 豈惟心証 亦假言詮."

몸이 세세한 규칙에 전념하겠는가."[21]

탑명의 찬술자가 두 사람의 선풍을 얼마만큼 표현하고 있는가 하는 문제가 남아 있겠지만, 유엄의 「탑명」은 『조당집』, 『송전』, 『전등록』에 모두 계승되어 있다. 회해의 '妄滌'과 '心証'은 중국선에 새로운 전개를 가져다 주었고, 유엄의 '離法自靜'은 청원 계통 선의 성격을 생각해 볼 경우에 중요한 개념이다. 「탑명」 '自靜'이 『조당집』 등에서는 '自淨'으로 되어 있다. 아마 동일한 의미로 사용된 것으로 보인다.

'自淨'의 설을 『조당집』 권4 석두장을 통해서 살펴보기로 한다.

약산유엄이 어느 곳에서 좌선을 하고 있었다. 석두가 물었다. "그대는 여기에서 무엇을 하고 있는가." 약산이 말했다. "아무것도 하고 있지 않습니다." 석두가 물었다. "그렇다면 그것은 심심풀이의 좌선이다." 약산이 말했다. "만약 심심풀이의 좌선이라면 무언가를 하고 있는 셈이 됩니다." 석두가 말했다. "그대는 아무것도 하고 있지 않다고 말하였는데, 아무것도 하고 있지 않다는 그것은 무엇인가." 약산이 말했다. "천 명의 부처라 해도 알지 못합니다."[22]

여기 약산의 답변에 대하여 석두는 게송을 지어서 찬탄하고 있다.

지금까지 함께 살았지만 이름도 몰랐고	從來共住不知名
기분대로 어울려서 단지 걸어갈 뿐이네	任運相將作摩行
예로부터 현인이라고 해도 알지 못하니	自古上賢猶不識
덤벙대는 바보가 어찌 그것을 밝혀내랴	造次常流豈可明

---

21) 『澧州藥山故惟儼大師碑銘並序』(『唐文粹』 권62・『全唐文』 권536) "釋禮規儀 動如宿習 一朝乃言曰 大丈夫當離法自靜 焉能屑屑事細行於衣巾邪."
22) "藥山在一處坐. 師問, 儞在這裏作什摩. 對曰, 一物也不爲. 師曰, 與摩則閑坐也. 對曰, 若閑坐則爲也. 師曰, 儞道不爲, 不爲个什摩. 對曰, 千聖亦不識."(I. p.153).

백장회해의 '心証'의 예를 『조당집』 권14 마조장에서 일례를 엿보기로 한다.

> 마조가 백장에게 물었다. "그대는 어떤 가르침으로 수행자를 가르치는가." 백장이 불자를 똑바로 세우는 것으로 답을 대신하였다. 마조가 말했다. "단지 그것뿐인가. 아니면 별도로 무엇이 있는가." 백장은 불자를 내던져 버렸다.[23]

두 사람의 문답을 일부분만 소개해도 알 수가 있듯이 '體'에 철저하여 실천하는 '自靜'의 존재방식과, '用'에 철저하여 실천하는 '心証'의 존재방식에 대충은 구별할 수가 있다.

다음으로 두 사람이 출세하여 산에 주석하는 과정을 살펴보기로 한다. 회해는 마조가 강서성 建昌縣 石門山에서 정원 4년(788) 2월 1일에 80세로 시적하기까지 사사하고 있었다고 간주된다. 마조가 시적한 연대는 회해의 나이 40세 때에 해당한다. 정원 7년(791)에 權德興가 찬술한 「洪州開元寺石門道一禪師塔銘幷序」(『唐文粹』 권64·『全唐文』 권501) 가운데서는 제자의 이름으로 大珠慧海·西堂智藏·鎬英·甘泉志賢·棲靈智通·天皇道悟·章敬懷暉·興善惟寬·智廣·崇泰·惠雲 등을 들고,[24] 회해의 이름은 들지 않고 있다. 원화 10년(815)에 張正甫가 찬술

---

23) "師問百丈, 汝以何法示人. 百丈堅起拂了對. 師云, 只這个. 爲當別更有. 百丈抛下拂子."(IV. p.43).
24) 塔銘의 원문에는 寺號 등이 없지만 필자가 보충하였다. 道悟는 丘玄素가 찬술한 『天王道悟碑』의 출현에 의하여 覺範慧洪이 현혹되어 두 사람의 道悟說을 전개하여, 후에 대논쟁이 일어난다. 忽滑谷快天, 「五家法系의 論爭」(『禪學思想史』 상권 수록, 전게서) 또한 종밀의 『배휴습유문』에서도 탑명에 기초한 까닭인지 江陵悟〈兼棄徑山〉라는 말이 보인다. 天王道悟는 창작된 인물로서 그 전기는 天皇道悟를 가탁한 것이다. 또한 당시에 柳宗元이 元和 11년(816), 그리고 劉禹錫이 元和 14년에 각각 육조 혜능의 제1비문과 제2비문을 이어서 찬술했던 것은 선종사의 동향으로서 주의할 필요가 있다.

한 「衡州般若寺觀音大師碑銘幷序」에서 『壇經』의 육조 문하 10인 가운데 懷讓의 이름이 없는 것을 弁明했듯이, 陳詡의 「탑명」에서는 회해의 이름이 없음을 再弁明하고 있는데, 마조 문하에는 사람이 많아서 鵝湖大義(746~818), 南泉普願(748~835) 등도 기록되어 있지 않기 때문에 百丈에 주석하고 있지 않은 회해의 이름이 없다는 것도 이상할 것은 없다. 오히려 마조가 시적한 후에 석문산에 머물면서 塔守가 되어 마조문하를 지도하기에 이르렀지만 후에 백장산에서 활약했던 것이 중요시되었다. 정원 12년(796) 회해 48세 무렵에 南昌府 奉新縣 백장산에 들어가서 새로운 도량을 열었다.

  唐伸의 「碑銘」은 여기에서 유엄의 전기에 약간 복잡한 문제를 제공한다. 「탑명」 가운데 "大寂의 조실에 머물기를 20년을 꽉 채웠다."고 말하지만, 『조당집』, 『송전』, 『전등록』에서는 이에 대하여 전혀 언급이 없다. 더욱이 「탑명」 그 자체에도 모순되는 기록이 보인다. 유엄이 약산[25]에 들어간 것을 「탑명」에서는 정원 원년(785) 42세 무렵이라 말하는데, 『조당집』에서도 이 설을 승계하고 있다. 정원 연간은 21년 동안이지만, 구족계를 받은 773년부터 세어서 그 기간은 10년 남짓 된다. 「비명」에서 석두희천, 마조도일, 中嶽洪에게 참문하고, 羅浮(광동성), 淸凉(오대산의 청량산인지 궁금하다), 三峽(사천성 아미산인지 궁금하다), 九江(廬山) 등을 遊行했다는 표현은 물리적으로 불가능하다. 대적선사인 마조도일에게만 한정해도 유엄이 구족계를 받은 것으로부터 마조의 시적까지는 16년이므로 마조도일 한 사람에게만 20년이나 사사했다는 것은 불가능하다. 당신이 의도적으로 유엄과 마조를 결부시키지 않을 수

---

25) 1983년 9월 7일에 필자도 藥山寺跡을 방문할 기회가 있었다. 현재 지명의 표기로는 澧縣 白衣公社이다.

없었던 이유는 「탑명」이 성립되었을 당시에 남악 계통과 마조 계통 선자들 측으로부터 약산유엄의 존재를 지속적으로 의식할 필요가 있었기 때문이었다. 다만 유엄이 약산에 들어가자마자 곧장 이름이 천하에 알려졌을 리는 없다. 『조당집』은 유엄이 약산에 들어갔을 때의 상황을 다음과 같이 기록하고 있다.

> 유엄은 貞元(785~805) 초에 澧陽 芍藥山에 주석하였다. 그로부터 약산화상이라 불렸다. 약산이 처음 주석하고 있을 때 村長에게 외양간 「牛欄」을 빌려서 승당으로 만들었다. 거기에 주석하여 얼마 되지 않았을 때 20여 명의 수행자가 모여들었다.[26]

유엄은 太和 원년(827) 12월 6일 84세로 약산에서 示寂하였다. 한편 회해는 元和 9년(814) 정월 17일 66세로 백장산에서 시적하였다. 마조도 석두보다 9살 연소자로서 3년 전에 시적하였고, 백장도 약산보다 5세 연소자로서 그 14년 정도 이전에 시적한 것이 되지만, 회해가 백장산에서 활약한 것이 20년이 차지 않았음에 비하여 유엄이 약산에서 주석한 것은 40년 이상에 이른 셈이다. 여기에서 당신의 「비명」은 30년은 약산이 사람들에게 알려지지 않았음을 강조하여 碩臣 및 重官들이 귀의했다고만 기록하여 그 이름을 언급하고 있지 않다. 『송전』에 기록된 재상 李翶, 재상 崔群, 상시 溫造(766~835) 등과 교섭한 것은 그 주요한 것으로서 실제로 알려져 있다. 유엄이 山居修道型이라는 점은 분명하지만, 당신의 「비명」에서 의도적으로 마조와 교섭했던 측면 및 隱逸의 측면을 가지고 애써 강조하고 있음도 사실이다.

---

26) "師於貞元初, 居澧陽芍藥山, 因號藥山和尚焉. 師初住時, 就村公乞牛欄爲僧堂. 住未得多時, 近有二十來人."(I. p.168).

그런데『조당집』가운데서 가장 독창적으로『조당집』의 편집에서 대단히 중요한 기록이 약산유엄장에 수록되어 있는 道吾圓智(769~835)의 출가 일화이다.『조당집』에 의하면 도오원지와 雲岩曇晟(780~841, 宇井伯壽 說에 의한다)은 도오가 형이고 담성이 아우로서 두 사람은 王氏의 속가 형제라고 전해진다. 그 일화를 소개한다.

두 형제의 출신지는 種陵 建昌縣(海昏縣)이다. 아우인 담성은 고향 석문산의 회해 밑에서 어린 나이에 출가하였는데, 회해가 백장산으로 옮겼을 때에도 계속 사사하였지만 오랫동안 깨치지 못했다. 가업을 이어서 軍役을 맡고 있던 형인 원지는 20년이 지나서 우연히 백장산에 갔다가 아우와 만났다. 형제가 이야기를 나누는 가운데 형도 어머니가 돌아가신 지금 회해 밑에서 출가하고 싶다는 소원을 말하여, 회해의 지시로 百丈涅槃선사 밑에서 출가하게 되었다. 그 후에 아우와 함께 洛陽으로 가서 구족계를 받고 다시 백장산으로 돌아왔다. 일 년이 지나자 형은 열반선사의 지시에 따라서 수행의 장소를 바꿔서 약산으로 가서 유엄 밑에서 아우보다 먼저 깨쳤다. 깨친 후에는 아우인 담성이 빨리 약산 밑으로 오기를 기다리고 있었다. 어느 날 아우에게 한 통의 편지를 썼다. 그 편지의 내용에는 "석두는 眞金鋪이고 강서는 雜貨鋪이다."라는 말이 있었기 때문에 수행의 장소를 바꿔서 약산으로 오라는 권유였다. 鋪는 店을 말한다. 석두는 약산의 스승이고, 강서는 백장의 스승인 마조도일을 가리킨다. 잡화를 파는 가게보다 진금을 파는 가게 쪽이 좋다고 하여 마조 계통을 비판한 것인데, 구체적으로는 백장회해의 비판을 보여 주고 있는 내용이었다. 백장의 문하에 있던 담성은 그 편지를 읽고 형의 지시를 따라야 할 것인가 말 것인가 점점 고민이 깊어졌다. 백장은 담성의 고뇌를 알아차리고 원지의 편지를 읽어본 후에 "나를 낳아 준 사람은 부모이고 나를 성취시켜 주는 사람은 도반이다."라고 말하면서 형의 지시를 인정하여 그 말을 따르도록 권장하였다. 그러나 담성은 처음부터 오랫동안 사사해 온 백장의 문하를 떠나서 약산의 문하로 갈 생각이 없었다. 그러자 백장은 대책을 강구하여 담성에게 약산이 있는 곳으로 편지를 전해주도록 하였다. 스승의 분부로 약산에게 간 담성은 약산이 시적할 때까지 그 곁을 떠나지 않았다.

그러나 이 일화는 역사적 사실이 아니다. 원지는 담성과 같이 남창부 건창현(豫章海昏) 출신이지만, 속성은 張氏로서 어려서 출가하였다. 『조당집』은 원지가 46세 때 출가했다고 말하지만, 그해는 814년으로서 회해가 1월 17일에 시적한 연도이기 때문에 전혀 말이 되지 않는다.

이제 그 역사적 사실을 묻는 것은 당면의 문제가 아니기 때문에, 이 일화가 의도하는 것을 생각해 보기로 한다. 백장의 편지를 가지고 약산을 친견했던 담성은 약산과 다음과 같은 문답을 하고 있다.

> 약산이 담성에게 물었다. "백장에는 그 밖에 어떤 설법이 있는가." 담성이 말했다. "어느 때 설법이 끝나고 대중이 법당에서 내려가려고 할 때 백장이 대중을 불렀습니다. 대중이 머리를 돌리자 백장은 〈이게 무엇인가.〉 하고 말했습니다." 약산이 말했다. "어째서 일찍이 말하지 않았는가. 海兄은 아직도 건재하다. 그대를 통해서 백장의 면목을 알 수가 있겠다." 그러고 나서 약산이 운암에게 물었다. "목전의 생사는 어떤가." 운암이 말했다. "목전에 생사가 없습니다." 약산이 말했다. "20년 동안 백장에 있었으면서 아직 속기도 없애지 못하였구나." 운암이 도리어 물었다. "제 경우가 그런 상태라면 화상의 경우는 어떻습니까." 약산이 말했다. "비칠비칠하고 휘청휘청하며 실수투성이로서 그럭저럭 세월만 보내고 있다."[27]

---

27) "又問, 更有什摩言句. 對曰, 有時說法了. 大衆下堂次, 師召大衆. 大衆廻首. 師曰,

이 일화는 백장과 약산이 모두 인정했던 선자로서, 전기를 통해서 보더라도 두 사람은 구면으로서 계통이 왕성하게 교류하고 있었음을 엿볼 수가 있다. 스승과 제자의 만남은 개성과 개성이 서로 하나가 되는 것이므로, 그 당시의 선자들은 가장 어울리는 지도자가 있으면 제자에게 적절한 방식으로 소개해 주는 것을 아무런 거리낌도 없이 행하였다. 후세와 같은 宗我見이 없이 비판의 대상이었던 백장이 그 후에 취했던 처리방식과 度量의 위대함에 일종의 놀라움을 느낀다.

"석두는 眞金鋪이고 강서는 雜貨鋪이다."라는 도오원지의 말은 확실히 전술했듯이 강서를 비판하는 의미로 사용되고 있는 것이지만 잡화포의 표현에 대해서는 다른 각도에서 후에 고찰해 보려고 한다. 그렇다면 진금포의 선풍이란 무엇인가. 그것은 약산이 말한 非思量의 좌선에 가장 잘 드러나 있다. 그 일화는 『조당집』이 아닌 『전등록』 권14에 보인다.

> 약산이 좌선하고 있을 때 어떤 승이 물었다. "그렇게 오롯하게 앉아서 무엇을 생각하는 것입니까." 약산이 말했다. "아무것도 생각하지 않는 것을 생각하고 있다." 승이 물었다. "아무것도 생각하지 않는 것을 어떻게 생각한다는 것입니까." 약산이 말했다. "생각하는 것이 없다."[28]

좌선이란 '自靜'의 당체에 철저한 것으로서 千聖도 알지 못하는 不爲의 佛行으로 표현되고 있다. 좌선의 표현은 약산에 이르러서 至極해졌다. 그런데 그 진금포는 진실한 사람을 찾기 위한 것이므로 많은 제자가 육성될 수 없었다.

是什摩. 藥山曰, 何不早道. 海兄猶在. 因汝識得百丈矣. 師問雲巖, 目前生死如何. 對曰, 目前無生死. 師曰, 二十年在百丈. 俗氣也未除. 巖却問, 某甲則如此, 和尙如何, 師曰, 懸懸拳拳 羸羸垂垂 百醜千拙 且與摩過時."(Ⅰ, p.177).

28) "師坐次, 有僧問, 兀兀地思量什麼. 師曰, 思量个不思量底. 曰, 不思量底如何思量. 師曰, 非思量."(四部叢刊本-8丁右).

한편 비판의 대상으로 표현된 잡화포는 관점을 바꾸어 보면 마조 계통의 선을 훌륭하게 표현한 말이다. 마조 계통의 좌선에 대해서는 磨塼作鏡의 일화로 전승되고 있다는 점에 특생이 보인다. 『조당집』 권3에서는 다음과 같이 말하고 있다.

> 마조가 어떤 곳에서 좌선을 하고 있었다. 남악회양이 벽돌을 가지고 와서 마조의 면전에서 돌 위에다 갈아댔다. 마조가 물었다. "무엇을 하시는 것입니까." 남악이 말했다. "벽돌을 갈아서 거울을 만들고 있다." 마조가 말했다. "벽돌을 간다고 해서 어떻게 거울이 되겠습니까." 남악이 말했다. "벽돌을 갈아도 거울이 되지 않는다. 좌선하여 어찌 부처가 되겠는가."[29]

좌선에 집착되어 있는 것으로는 부처가 될 수 없음을 경계하고 있다. 그 이유에 대하여 逸文의 『보림전』에서는 다음과 같이 말한다.

> 만약 앉아서 부처를 닦으려고 한다면 부처는 앉는 것과 누워 있는 것에 관계가 없다. 만약 앉아서 선을 닦으려고 한다면 선은 정해진 형상과 관계가 없다.[30]

부처는 行住坐臥의 활발한 행동 가운데 살아 있고, 선은 모든 행동의 자유무애한 작용 가운데 있다고 주장한다. 북종선을 부정한 『曹溪大師傳』의 "도는 마음에 의하여 깨친다. 어찌 앉음새에 있겠는가."라는 말을 계승했다는 것은 당연하다. 더욱이 그 주장이 철저하게 되어 있

---

29) "馬和尙在一處坐. 讓和尙將塼去, 面前石上磨. 馬師問, 作什麼. 師曰, 磨塼作鏡. 馬師曰, 磨塼豈得成鏡. 師曰, 磨塼尙豈不成鏡, 坐禪豈得成佛也." (Ⅰ. p.144).
30) 椎名宏雄, 「『寶林傳』 逸文의 硏究」(『駒澤大學佛敎學部論集』 제11호, 1980년 11월), "若學坐佛, 佛非坐臥, 若學坐禪, 禪非定相."

음을 보면 『보림전』에서 창작되었을 가능성이 강한만큼 이 일화가 성립된 직접적인 동기는 진금포라는 종풍의 부정을 주장하기 위한 것은 아니었을까. 이것이 중국선의 중심사상으로 발전해 간 것이다. 柳田聖山 교수의 설은 801년에 성립된 『보림전』이 마조선의 정통성을 주장하기 위하여 찬술되었다고 하는데, 하택선으로부터 진금포의 선풍으로 전개된 이후에 나타난 잡화포의 주장으로 간주된다.

入矢義高 교수는 "지금 그대가 보기도 하고 듣기도 하며 지각하기도 하고 인식하기도 하는 그 작용, 바로 그것이 본래 그대의 본성 혹은 본심이라는 것이다. 그 마음을 떠나서 별도로 부처가 있을 수 없다."(『종경록』 권14)라는 주장을 마조선의 핵심으로 간주하는 입장에서 잡화포에 대하여 다음과 같이 설명한다.

그는 "불심과 같을 리가 없는 그대의 마음을 여기에서 보여 주겠다."라고 말하는 형태로서 납자를 다그치는 일은 하지 않았다. 각각의 근기에 대응한 善敎方便의 활용을 싫어하지 않았다. 때로는 "그대가 모른다[不會]고 하는 바로 그 마음이 실은 바로 불성이다."라고까지 말해 주었다. '모른다(不會)고 하는 마음'이 아니라 '不會之心卽佛性'이라고 말한다. 그는 "선도 취하지 않고 악도 취하지 않는다."는 사람이었으므로 하근기의 사람에게도 "문 앞이나 쓸어라."와 같은 것은 시키지 않았고, 교묘하게 향상으로 이르게 하는 힌트와 용기를 주었다. 그러나 방편의 수단을 활용하는 위험성도 한편으로는 충분히 알고 있었다. 그러므로 "내 말을 기억해 두지 말라."고 덧붙이는 것도 잊지 않았다. 곧 "내 말을 기억하여 금과옥조로 삼아서는 안 된다."는 것이었다. 그러나 그 마조선이 이윽고 만물가게에 해당하는 잡화포로 대접받게 된 것은 훌륭한 선의 스승이었던 까닭에 어쩔 수 없었던 것이라고 말

해야 할 것이다.[31]

잡화포는 이윽고 철저하게 전개됨으로써 마조선의 매력이 되어 일상에서 가장 필요한 용품을 파는 가게로서 大店鋪가 되었다. 사실 仰山 慧寂(807~883)은 잡화포에 대하여 다음과 같이 의미를 변화시켜서 사용하고 있다.[32]

> 매일 상당하여 대중에게 말하였다. "그대들은 각자 밖에서 찾지 말고 자기를 돌아 보라. 내가 했던 말을 기억해 두어서는 안 된다. 나는 그대들이 시작이 없는 과거부터 광명을 등지고 어둠을 쫓으며 망상을 추구하는 뿌리가 깊어서 최후에는 신속하게 뽑아내기 어렵게 되어 있음을 가엽게 생각한다. 그래서 임시로 방편을 시설하여 그대들이 끝없는 과거부터 쌓아온 거친 번뇌를 없애 주려는 것이다. 黃葉으로써 돈을 바라고 우는 아이를 그치게 하듯이 상인이 갖가지 재화물 속에다 순금을 섞어서 점포에다 진열해 두고 팔려고 하여 찾아와서 사려는 사람의 마음의 輕重을 헤아려 보는 것과 같다. 그래서 〈석두는 보석점〉이라 말하고 〈우리는 잡화점〉이라고 말한다. 어떤 사람이 잡화가 필요하다고 말하면 나는 그것을 꺼내어 주고, 순금을 바란다면 나는 그 사람에게 준다."[33]

---

31) 入矢義高 編,『馬祖의 語錄』「序」. 물론 여기에서는 雜貨鋪의 의미가 본래부터 사용된 비판적인 말로 서술되어 있다.
32) 이상 眞金鋪와 雜貨鋪 이야기는「曹洞五位」의 성립과 관련한 것으로, 柳田聖山 교수는 '나를 낳아 준 것은 부모이고 나를 성취시켜 준 것은 도반이다.'(「道吾와 雲巖」)(『純禪의 時代-祖堂集 이야기』수록, 禪文化研究所, 1985년 7월)라는 것으로서 흥미로운 해설을 붙이고 있다. 또한 沖本克己,「『馬祖의 語錄』을 둘러싸고」(『馬祖의 語錄』수록)에서는 仰山의 말이 아니라 馬祖의 말에 틀림없다고 하는데, 馬祖像에서는 그렇게 간주되더라도 이야기의 배경에서는 眞金鋪 계통이 먼저 주장된 것으로 보인다. 앙산이 팔고 있는 雜貨가『전등록』권11에서는 쥐똥으로 바뀌어 있는 것도 그런 경향에 속한다.
33)『전등록』권11에도 동일한 내용의 上堂이 있다. 여기에서는『조당집』권18에 의한다. "每日上堂. 謂衆云, 汝等諸人, 各自迴光返顧. 莫記吾語. 吾愍〈憨?〉汝無始

잡화포는 교화의 수단인데 방편으로 활용함으로써 그 문하는 큰 교단이 되었다. 후에 하택종을 주장했던 종밀이 잡화포의 집단인 홍주종과 차이점을 설명하여 하택종의 우위를 세 가지 점에서 해명하였다. 첫째는 隨緣의 應用만을 설하고 있는 홍주종에 반하여 하택종은 自性의 本用을 설하였다. 둘째는 홍주종은 非量에만 의거하여 불성을 推知함에 반하여 하택종은 불성을 現量에 의하여 直覺한다. 셋째는 홍주종은 점수를 인정하지 않음에 반하여 하택종은 돈오점수에 의하여 수행의 필요성을 설한다[34]는 것이다. 그러나 홍주종은 하택종이 지니고 있는 본성에 대한 안이한 태도를 돌파하여 전개하지만, 홍주종도 또한 점차 현실성에 대하여 안주하게 되어 自然外道로 흘러갔다.

종밀의 홍주종 비판과는 달리 그 후에 마조 문하로부터 마조의 卽心是佛을 비판하는 사람들이 등장한 것은 그것을 말해 주고 있다. 또한 진금포의 계통으로부터 洞山良价가 출현하여 佛向上事를 주장하는 배경의 하나도 거기에 있었다. 이제 陸希聲(?~891?)이 찬술한 「仰山智通大師塔銘」(『전당문』 권813)을 소개하여 이 문제의 흐름에 대하여 살펴보기로 한다.

曠劫來, 背明投暗, 逐妄根深, 卒難頓拔. 所以假說方便, 奪汝諸人塵劫來鑢識. 如將黃葉止啼, 亦如人將百種貨物, 雜渾金玉, 一鋪貨賣, 秖擬輕重來機. 所以道, 石頭是眞金鋪, 我者裏是雜貨鋪. 有人來覓雜貨鋪, 則我亦拈他與, 來覓眞金, 我亦與他."(V, pp.51~52) 또한 『조당집』에서 仰山慧寂을 내세운 것은 중요하다. 특히 그 法嗣로서 浿江(한국의 평안도) 출신인 五冠山 順之는 화엄과 선을 총합하는 독자적인 선으로서 순지를 특별히 기록한 것은 주목해야 할 것이다. 앙산에게 진금포와 잡화포의 총합설이 전개되어 있는 의미도 그것과 관계된다. 위산영우의 『警策文』(『全唐文』, p.919 수록) 가운데 "故云, 生我者父母, 成就者朋友"라는 일구가 있는 것도, 이 경우에 주의할 필요가 있다. 田中良昭 박사의 前揭書에 돈황본의 『警策文』에 대한 연구가 있다.

34) 鎌田茂雄, 『禪源諸詮集都序』, p.364.

(앙산혜적이 납자들에게 정확하게 조계혜능의 일심을 지시한 것에 대하여) 납자는 종종 그 旨趣를 상실하고 눈썹을 치켜뜨며 눈동자를 굴려서(불성 그 자체로 삼고) 나무를 두드리는 것으로 경계를 삼는다. 이리하여 서로 배우면서 희롱하는 것을 佛敎로 간주해 버리는 것은 결코 앙산선사에게 허물이 있는 것은 아니다.[35]

그런데 다시 진금포로 돌아가서 도오원지와 운암담성 일화의 일부분을 소개하지 않으면 안 된다. 담성은 약산 문하에서 수행하였지만 『조당집』에 의하면 일생동안 깨치지 못했다고 전한다. 『조당집』 권16의 남전보원장에는 다음과 같은 기록이 있다.

> 도오는 약산한테서 남전한테 갔다. 남전이 물었다. "그대의 이름은 무엇인가." 도오가 말했다. "원지입니다." 남전이 물었다. "智는 도달할 수 없는 도리인데 어떻게 표현을 한단 말인가." 도오가 말했다. "결코 언어로 표현할 수 있는 것이 아닙니다." 남전이 말했다. "과연 그렇다. 언어로 표현한다면 머리에 뿔이 날 것이다."
> 그로부터 사나흘이 지나서 도오가 운암과 함께 승당 앞에서 바느질을 하고 있을 때의 일이다. 남전이 지나가다가 도오를 보고 사나흘 이전과 똑같이 물었다. "원지수좌는 지난번에 〈智는 도달할 수 없는 도리이므로 결코 언어로 표현할 수 있는 것이 아니다. 언어로 표현하면 머리에 뿔이 날 것이다.〉라고 말했는데, 지금은 그것을 어떻게 실행하고 있는가."
> 도오는 곧장 똑바로 일어서서 승당 안으로 들어가더니 남전이 지나가

---

35) "而學者往往失旨, 揚眉動目, 敲木指境. 遞相效斅, 近於戱笑, 非師之過也." 이것은 『배휴습유문』의 "홍주종의 주장은 마음을 일으키고 생각을 움직이며 손가락을 튕기고 눈동자를 움직이며 행위하는 것과 행동하는 것 모든 것이 곧 불성전체의 작용이다. 다시 별다른 작용이 없이 전체의 탐·진·치는 선을 짓고 악을 짓는 것이고, 고를 받고 낙을 받는 것도 모두 불성이다(洪州意者, 起心動念, 彈指動目, 所作所為, 皆是佛性, 全體之用. 更無別用, 全體貪嗔癡, 造善造惡, 受樂受苦, 此皆是佛性)."(졸고, p.84)라는 것을 이어받고 있다.

기를 기다렸다가 다시 나왔다. 이에 운암이 도오에게 물었다. "남전화상이 조금 전에 질문하였는데 어째서 대답하지 않았는가." 도오가 말했다. "사형은 참으로 영리하군요." 운암은 남전의 처소로 가서 물었다. "조금 전에 화상께서는 사제인 도오수좌에게 그러한 인연을 질문하셨을 때 어떤 대답을 했어야 좋았겠습니까." 남전이 말했다. "도오수좌는 異類中行을 하고 있었다." 운암이 물었다. "이류중행이란 무엇입니까." 남전이 말했다. "다음과 같은 말을 들어 보지 못했는가. 〈智는 도달할 수 없는 도리이므로 결코 언어로 표현할 수 있는 것이 아니다. 언어로 표현하면 머리에 뿔이 날 것이다.〉 그것을 如如라고 하더라도 이미 어긋난 것이다. 모름지기 이류중행을 해야 한다."
운암은 아직 진정으로 영리한 사람이 아니었다. 도오는 운암의 인연은 약산에 있다고 생각하였다. 그리고는 곧 운암과 함께 약산으로 돌아갔다. 약산이 물었다. "그대는 어디에서 왔는가." 운암이 말했다. "여기 돌아오기 전에 남전한테 갔습니다." 약산이 물었다. "남전은 요즈음 어떤 방편을 활용하여 學徒들을 가르치던가."
운암은 이전 남전과 주고받은 문답에 대하여 말씀드렸다. 약산이 물었다. "그대는 그 인연을 알고 있었던가." 운암이 말했다. "저는 그곳에 살고 있었지만 그 인연을 확실하게 알지 못하였기 때문에 곧장 일부러 돌아온 것입니다."
약산이 그 말을 듣고 크게 웃었다. 그러자 운암이 물었다. "이류중행이란 무엇입니까." 약산이 말했다. "내가 오늘은 피곤하다. 그대는 잠시 물러났다가 다음에 다시 오너라." 운암이 말했다. "저는 특별히 이 때문에 돌아왔습니다. 바라건대 화상께서는 자비를 베풀어 지도해 주십시오." 약산이 말했다. "그대는 잠시 물러나 있거라. 노승이 오늘은 몸이 아프다. 그러니 다른 때에 다시 오라."
운암이 예배를 마치고 곧 밖으로 나갔다. 도오가 방장 밖에 서 있다가 운암이 약산의 의도를 이해하지 못했음을 듣고서 엉겁결에 혀를 깨물었는데 피가 흘러나왔다. 이에 잠시 후에 운암이 있는 곳에 가서 물었다. "사형이 화상의 처소에 가서 그 인연을 물으니 화상께서는 뭐라 말씀하셨습니까." 운암이 말했다. "화상께서는 나한테 아무것도 말해 주지 않았다네."

그러자 도오는 그때 머리를 숙이고 아무런 말도 하지 않았다. 후에 두 사람은 도오산과 운암산에 주석하였다. 도오가 천화하려는 즈음에 洞山과 密師伯이 찾아온 것을 보자, 도오가 밀사백에게 말했다. "운암사형은 이 大事가 있는 줄을 모르고 있습니다. 내가 이전에 약산에 있었을 때 운암사형에게 말해 주지 못했던 것이 후회스럽습니다. 그러나 어쨌든 약산의 법사임에는 틀림없습니다." 그러고 나서 도오는 밀사백에게 자세하게 그 일에 대하여 말해 주었다.[36]

운암이 평생 깨치지 못했던 것은 운암 그 사람의 성격과 관계된다. 도오가 비평하고 있듯이 지나치게 영리하여 보살행을 가리키는 異類中

---

36) 이 문답은 진금포와 동산양개를 결부시킨 것으로 대단히 중요한 문제를 포함하고 있다. "道吾到南泉. 師問曰, 闍梨名甚麼. 道吾對云, 圓智. 師云, 智不到處, 作麼生道. 吾對云, 切忌說着. 師問曰, 灼然. 說着則頭角生也. 却後三五日間, 道吾與雲巖相共在僧堂前把針. 師行遊次, 見道吾依前問, 智闍梨前日道, 智不到處, 切忌說着. 說着則頭角生也. 如今合作麼生行李. 道吾便抽身起, 却入僧堂內, 待師過後, 却出來. 雲巖問道吾, 和尚適來問, 何不祇對. 道吾云, 師兄得與麼靈利, 雲巖却上和尚處問, 適來和尚問智師弟, 這个因緣, 合作麼生祇對. 師云, 他却是異類中行. 雲巖云, 作麼生是異類中事. 師云, 豈不見道, 智不到處, 切忌說着. 說着則頭角生. 喚作如如, 早是變. 直須向異類中行. 雲巖亦不先陀. 道吾念言, 他與藥山有因緣矣. 便却他也去藥山. 藥山問, 闍梨何處來. 巖云, 此迴去到南泉來. 藥山云, 南泉近日, 有什麽方便, 示誨學徒. 雲巖擧似前話. 藥山云, 汝還會他這个時節也無. 雲巖云, 某甲誰在他彼中, 只爲是不會他這个時節, 便特歸來. 藥山大笑. 雲巖便問, 作麼生是異類中行. 藥山云, 我今日困. 汝且去, 別時來. 巖云 某甲特爲此事歸來. 乞和尚慈悲. 藥山云, 闍梨且去. 老僧今日身體痛. 別時來. 雲巖禮拜了, 便出去. 道吾在方丈外立, 聽聞他不領覽. 不覺知, 咬舌得血. 却後去問, 師兄去和尚處問因緣, 和尚道个什麼. 巖云, 和尚竝不爲某甲說. 道吾當時低頭不作聲. 在後各在別處住. 至臨遷化時, 見洞山密師伯來. 道吾向師伯說, 雲巖不知有這一則事. 我當初在藥山時, 悔不向他說. 雖然如此, 不違於藥山之子. 道吾却爲師伯, 仔細說此事."(IV. pp.119~121) 또한 '洞'이 '神'의 誤字일 가능성이 있다. 이에 의하여 神山密師伯 一人說이 성립된다면 洞山 전기의 고찰에서 크게 영향을 끼칠 것이다.

行할 수가 없었던 것이다. 『조당집』의 말을 빌리자면 진정한 先陀婆가 되어 있지 못하였다. 진금포 계통은 운암이 평생 깨치지 못했다는 것에 의하여 그 宗教를 깊이 하였던 것으로 보인다. 진금포가 깨달음의 세계에 안주해 있는 모습으로서 功勳의 주변에 떨어진 것을 강하게 경계한 것은.[37] 그 단적인 표현이다. 진금포라면 아무래도 화려한 인상을 받겠지만 실제로는 그와 반대로 깨침에 의지하지 않는다는 것은 명리를 멀리하고 作佛作行을 철저히 해 나가는 것을 말한다. 약산의 종풍이란 '비칠비칠하고 휘청휘청하며 실수투성이로서 그럭저럭 세월만 보내고 있다(懸懸挙挙, 羸羸垂垂, 百醜千拙, 且與摩過時).'는 것으로서, 바로 노인이 간신히 살아가고 있는 모습을 가리킨다.

또한 여기 제1절에서 마조선의 문제는 충분하게는 검토되어 있지 않다. 馬祖란 七祖問題 이후의 馬氏라는 조사를 가리킨다. 『보림전』의 南嶽懷讓章에서조차 嵩山慧安(582~709) 밑에서 깨쳤음을 주장하고 있어서, 본래 육조 혜능과의 연관 관계는 희박하다. 게다가 마조는 四川의 불교를 등에 업고 출현하였다. 入矢義高 교수는 마조선은 본래 방편을 좋아하지 않았다고 말하여, 본래는 방편을 활용할 필요조차도 없었던 것으로 보인다. 馬祖의 선 및 馬祖像에 의한 선을 구별하는 것은 곤란하지만 종밀이 취한 홍주종의 선은 마조 그 사람의 선이 아니다. 柳田聖山 교수가 말하고 있듯이 종밀의 상대는 黃檗希運으로서, 종밀이 말하는 홍주종이란 황벽희운의 선이다. 종밀의 안중에는 청원-석두의 선은 없어서 무시했던 것으로 보인다.[38] 하택신회가 남종의 제7조가 되

---

37) 『조당집』 권6의 동산장에 "問 飯百千諸佛不如飯一無修証之者 未審百千諸佛有何過 師曰 無過 只是功勳邊事 僧曰 非功勳者如何 師曰 不知有 保任卽是"(Ⅱ. p.59)라고 되어 있다.
38) 『圓覺經大疏鈔』 卷三之下에서는 七家로서 ①北宗(神秀·普寂), ②淨衆宗(智

었기 때문에 황벽희운의 선까지 분석하는 문제는 금후에 남겨진 중요한 과제였을 것이다. 여기에서는 그간에 확실하게 청원-석두의 선, 곧 진금포의 선으로 일컬어진 존재가 있었던 것을 주장해 왔다. 결국 석두희천은 육조 혜능과 연관될 수 있는 충분한 요소를 지니고 있어서, 석두가 혜능의 선을 거양했던 것을 통하여 중요하게 여겨야 할 점을 서술한 것이다.[39] 마조, 그의 선은 어떤 의미에서는 진금포라고 불리는 선에 무척 가까웠던 것은 아닐까. 여기에서는 문제를 제기하는 형태로만 덧붙여 두기로 한다.

詵·處寂), ③保唐宗(老安·陳楚章 無住), ④洪州宗(懷讓·道一), ⑤牛頭宗(法融), ⑥南山念佛宗(宣什), ⑦荷澤宗(神會)를 들고 있다. 만년에 지은 『배휴습유문』에서는 석두계통의 선이 무시되어 「中華傳心地禪門師資承襲圖」이 六祖門下는 光宅(慧)忠〈大宗師也〉神會七 印宗師〈能和尚 先在坐下 聽涅槃經也〉南嶽(懷讓〈洪州得之〉韶州(行)瑫의 5인만 기록되어 있을 뿐이다. 이상 두 가지 문헌은 그 명칭마저 보이지 않지만, 『都序』에서는 第二宗 泯絶無寄宗으로는 우두종·석두 계통을 들고, 十室로는 ①江西, ②荷澤, ③北秀, ④南侁, ⑤牛頭, ⑥石頭, ⑦保唐, ⑧宣什, ⑨稠那, ⑩天台를 들어서 석두를 배열하고 있다. 그 의미는 석두의 선이 종밀의 교선일치 체계의 구축에는 무시되어 종풍이 취급되지 않았던 측면과, 종밀에게는 당시 석두 계통이 세력이 상대되지 못했던 것과 관련된다. 그러나 견해를 달리해서 보자면, 아무리 그렇더라도 완전히 무시할 수만은 없는 것으로 석두선이 존재했었다는 셈이 된다.

39) 석두와 육조 혜능의 관계에 대하여 『송전』 권9에는 다음과 같은 일화가 전한다. "聞大鑑禪師南來學心相踵, 遷乃直往大鑑. 衎然持其手, 且戲之曰, 苟爲我弟子當肯. 遷迫爾而笑曰, 諾. 旣而靈機一發, 廓若初霽. 自是上下羅浮, 往來三峽間. 開元十六年, 羅浮受具戒. 是年歸就山. 夢與大鑑同乘一龜, 泳於深池. 覺而占曰, 龜是靈智也, 池是性海也. 吾與師乘靈智遊性海久矣. 又何夢邪."(大正藏50, pp.763下~764上).

제2절 동산양개의 전기

余靖(1000~1064)의 문집인 『武溪集』 권9에 수록된 「筠州洞山菩利禪院傳法記」는 景祐 5년(1038) 정월에 찬술된 것이지만, 이 「전법기」에 의해서 동산의 초기 교단이 밝혀지게 되었다.[1] 오가의 하나로서 조동종이 주목된 것은 종풍의 독자성과 더불어 강서성의 동산을 중심으로, 동일한 계통의 사람들에 의해서 무릇 1세기에 걸쳐서 교단이 확실하게 유지되어 갔기 때문이다.

우선 동산 및 동산파 문하에서 몇 세대에 걸쳐서 유지되었던 山名 및 寺名과 그 장소[2] 및 주요한 동산파 문하의 法界圖를 내보이면 다음과 같다.

(1) 洞山菩利寺 　　　 瑞州府 新昌縣 동북쪽 50리
(2) 曹山寶積寺 　　　 撫州府 宜黃縣 북쪽 30리
(3) 雲居山眞如寺 　　 南康府 建昌縣 서남쪽 30리
(4) 廬山歸宗寺 　　　 南康府 星子府 廬山 金輪峰下

---

1) 본 절은 졸고, 「동산과 동산양개」(『駒澤大學佛敎學部論集』 제7호, 1976년 10월)에 기초하여 개정을 가한 것이다.
2) 주요한 山名 등에 해당한 것이고, 그 이외에도 조동종의 근거지가 되었던 곳도 있다. 특히 한반도에는 雲居道膺 문하에 利嚴(870~936)이 출현하여 九山禪門의 하나로 須彌山 廣照寺(황해도 해주)를 형성하였고, 같은 운거 문하에서 慶猷(871~921)와 逈微(864~917)가 출현한 것도 주목해야 할 것이다. 또한 山名과 寺名도 달리 일컬어졌던 이름도 있지만, 장소와 거리는 편의상 『大明一統志』 등을 따랐다.

(5) 鳳棲山同安寺　　　南康府 建昌縣 서쪽 15리
(6) 疎山白雲寺　　　　撫州府 金谿縣 서북쪽 50리
(7) 黃檗山 報恩光孝寺　瑞州府 新昌縣 서쪽 120리
(8) 百丈山大智壽聖寺　南昌府 奉新縣 서쪽 140리
(9) 九峰山崇福寺　　　瑞州府 上高縣 서쪽 50리

이러한 사찰의 모두가 최초부터 조동종이었던 것은 물론 아니다. 동산이 위치하는 瑞州에만 한정해서 보아도 蘇轍(1039~1112)은 「筠州聖壽院法堂記」(『欒城集』권23 수록)에서 다음과 같이 말한다.

> 唐 儀鳳 연간(676~679)에 육조가 불법으로 영남지방을 교화하였다. 두 차례 전승되어 마조가 강서에서 부흥시켰다. 이에 洞山에는 良价가 있었고, 黃檗山에는 希運이 있었으며, 眞如山에는 大愚가 있었고, 九峰山에는 道虔이 있었으며, 五峯山에는 常觀이 있었다. 高安은 비록 작은 땅이었지만 거기에 다섯 개의 도량이 있었다. 곧 제방을 유행하면서 담론하던 승려들이 족적을 그 지역에 남겼다. 선법으로 精舍라고 이름 붙인 경우는 24개소가 있었다. 여기의 2개소〈5개소?〉는 다른 지역에서는 볼 수가 없는 곳들이다. (四部叢刊本)

선종사에서 저명한 사찰이 창건되었던 瑞州府에는 청원 계통의 대집단을 형성했던 조동종 개산조의 도량인 동산보리사가 존재하고 있다. 조동종의 개산조인 동산양개의 전기를 이하에서 서술해 보기로 한다. 전기자료는 위에서 말한 「전법기」(본서의 자료 1) 및 『조당집』권6, 『송전』권12, 『전등록』권15에 의한다.

良价는 越州 諸暨縣 혹은 會稽 諸暨縣으로 기록되어 있듯이 절강성 紹興府 諸暨縣으로 元和 2년(807)에 태어났다. 속성은 兪氏로서 양개

가 어머니에게 쓴 편지인 「辭北堂書」 및 어머니로부터 받은 「孃回書」에 의하면 적어도 한 명의 형과 한 명의 동생이 있어서 양개는 차남으로 간주된다.[3)]

원화 8년(813)에 7세에[4)] 마을의 사찰로 가서 출가하였는데, 『조당집』에서는 당시의 모습을 다음과 같이 말한다.

> 처음 마을 사찰의 주지가 있는 곳으로 가서 아이로서 행자가 되었다. 그때 주지는 동산을 감당하지 못했지만 동산은 조금도 싫어하는 마음을 일으키지 않았다. 2년이 지났을 때 원주는 동산의 효순심을 알고서 동산에게 『반야심경』을 송념하도록 하였다. 동산은 이틀도 지나지 않아서 외워 버렸다. 주지가 다시 다른 경전을 송념하도록 시키려고 하자, 동산은 주지에게 말했다. "송념했던 경전도 아직 충분히 알지 못하였는데, 더욱이 다른 경전은 배울 필요가 없습니다." 주지가 말했다. "전에 잘 외웠는데 어째서 모른다는 것이냐." 동산이 말했다. "『심경』 속의 일구를 모르겠습니다." 주지가 물었다. "어느 대목을 모른단 말이냐." 동산이 물었다. "〈無眼耳鼻舌身意〉의 대목을 모르겠습니다. 스님께서 저한테 설명해 주십시오." 주지는 입을 다문 채로 침묵을 지키면서 "이 아이는 보통내기가 아니다."라고 생각하였다.[5)]

---

3) 양개의 전기에 대해서는 宇井伯壽, 『第三禪宗史硏究』(岩波書店, 1966년 6월, 제2판) 및 鈴木哲雄, 『唐五代의 禪宗』(전게서)을 참고해서 검토하였다. 어머니와 주고받은 편지의 자료는 史實인지 아닌지 검토의 여지가 남아 있다.
4) 『宗門聯燈會要』 권20에 初出하는 숫자이다. 宇井伯壽 박사도 "마을의 사찰에 들어간 것은 7세 또는 8세 때임에 틀림없다."(同, p.141)고 말하지만, 전후의 행장에서 추측하여 그 무렵으로 간주하는 것이 좋다.
5) "初投村院, 院主處出家. 其院主不任持. 師並無欺嫌之心. 過得兩年, 院主見他孝順, 敎伊念心經. 未過得一兩日念得徹. 和尙又敎上別經. 師啓師曰, 念底心經尙乃未會, 不用上別經. 院主云, 適來恰怜念得, 因什摩道未會. 師曰, 經中有一句語不會. 院主云, 不會那裏. 師曰, 不會無眼耳鼻舌身意. 請和尙爲某甲說. 院主杜口無言, 從此法公不是尋常人也."(Ⅱ. pp.49~50).

이 일화는 양개 전기의 특색 가운데 하나로 전승되고 있지만, 어린 양개의 불법에 대한 의단으로서 이후에 悟道의 인연이 된 무정설법의 일화와 깊은 관계가 있다. 주지는 五洩靈黙에게 양개를 지도해 줄 것을 부탁하게 되었다. 『조당집』에서는 이어서 다음과 같이 말한다.

> 주지는 곧 오설화상의 처소로 데리고 가서 이전의 일을 상세하게 말하면서 "이 아이는 내 손으로 지도할 상대가 아닙니다. 화상께서 거두어 주십시오." 오설이 허락하였다. 동산은 오설에게 투신하여 3년이 지난 후에 得度(削髮)하기를 마치고 나자 오설에게 물었다. "화상께 아룁니다. 저는 행각하고자 하니, 허락해 주시기 바랍니다." 오설이 말했다. "행각할 곳을 선택하지 않았다면 남전한테 가서 묻거라." 동산이 말했다. "한 번 떠나면 반연이 다할 것입니다. 외로운 학은 다시는 둥지로 돌아오지 않습니다."[6]

양개와 마조 문하의 五洩靈黙(747~818)의 관계는 모든 자료에서 인정하고 있다. 五洩山은 五泄山이라고도 쓰는데, 諸暨縣의 서쪽 50리에 있다.[7] 양개의 생가가 諸暨縣의 어느 지역에 있었는지 분명하지 않지만 어린 나이에 오설영묵과 관계가 있었다고 하면 오설산과 가까운 곳에 양개의 생가가 있었던 것으로 보인다. 諸暨縣 출신의 선승으로 筠州 武當山 慧忠(?~776)이 있는데, 양개의 무정설법에 대한 일화의 疑團은

---

6) "院主便領上五洩和尙處, 具陳前事, 此法公不是某甲分上人, 乞和尙攝收. 五洩容許. 師蒙攝受, 過得三年後, 受戒一切了, 諮白和尙, 啓師, 某甲欲得行脚, 乞和尙處分. 五洩云, 尋取排擇下, 問取南泉去. 師曰, 一去攀緣盡, 孤鶴不來巢."(同).
7) 『嘉泰會稽志』권8에는 "三學禪院은 縣의 서쪽 60리에 있다. 唐 元和 3년(808) 조계 제4대인 靈黙禪師가 건립하였다. 咸通 6년(865) 五洩永安禪院이라는 사액을 받았다. 天祐 3년(906) 應乾禪院으로 개명되었다. 이후에 현재의 삼학선원이라는 額으로 바뀌었다. 夾巖으로 이루어진 山峰 및 五洩溪谷으로부터 響鐵嶺에 이르기까지 모두가 그곳에 속한다."(7丁右左)라고 기록되어 있으며, 권9에는 "오설산은 縣의 서쪽 54리에 있다."(29丁右)라고 기록되어 있다.

고향의 고승인 혜충과 깊은 관계가 있음도 생각해 보는 것이 좋을 것이다. 더욱이 직접적으로 지시했던 영묵의 영향이 큰데, 특히 인용문의 말미에서 서술하고 있듯이 남전보원에게 참문해 보라고 지시해 준 의미는 양개의 생애를 크게 변화시켰다고 말해도 과언이 아니다.

영묵은 天寶 6년(747) 江蘇省 毘陵(常州府 武進縣)의 宣氏로 태어났다. 홍주의 마조도일에게 찾아가서 출가하고, 이어서 석두희천에게 참문하여 대오하였다. 때문에 석두의 법사였다고 말해도 이상할 것이 없는 인물이다. 貞元 원년(875) 무렵에 천태산으로 들어가서 白沙道場에서 2년 동안 주석하다가 東道場으로 옮겼다. 후에 金華府 東陽縣 동쪽 80리에 있는 東白山에서 閉關하고 좌선을 하였다. 이어서 浦陽(金華府 浦江縣)에서 크게 교화하였다. 元和 3년(808)에 양개가 2세였을 때 陽靈의 戌將 李望에게 초빙되어 오설산에 주석하였다. 때마침 平昌의 孟簡(?~823)이 원화 9년(814) 9월부터 원화 12년(817) 정월까지 浙東觀察使가 되어 蘭若를 폐지하고 學徒들을 쫓아내 버리는 사건이 일어났다. 그러나 諸暨縣領 李冑가 오설산의 부흥을 곧장 奏疏하기를 원하여 허가를 받았다. 양개가 폐지된 마을의 사찰로부터 오설산으로 옮긴 직접적인 원인이 이 사건과 관련되었음에 거의 틀림없다. 원화 11년(816), 양개의 나이 10세 무렵, 영묵에게 가서 그 밑에서 3년을 사사하고 그곳에서 삭발하였다. 영묵은 원화 13년(818) 3월 23일, 72세로 시적하였다. 아마 말후의 제자로서 삭발한 것도, 그리고 다음으로 남전에게 참문한 것도 영묵의 시적과 모두 관계되는 것으로 보인다. 어머니의 편지를 받아 보고 아버지의 부음을 듣고 나서 출가구도하려는 의지는 더욱 더 강해졌다.

오설은 양개한테 어떤 지도를 해 주었을까? 필자는 위에서 오설은 석두 밑에서 대오한 사람으로서 석두의 법을 이은 것도 이상할 것이 없다고 말했었다. 『조당집』 권15의 오설장은 독자적인 일화를 전하고 있는데, 智閑이 편찬한 『五洩靈黙行錄』(『碑文』)에 근거한 것으로 보인다. 지한은 임제의현의 법사인 灌谿志閑(?~895)으로 간주된다.[8] 오설이 마조 문하에 들어갔을 때 百丈惟政이 野鴨子의 일화를 통하여 대오했던[9] 것을 보고, 자기도 대오하고 싶다는 서원을 마조에게 말했다. 마조는 그때, 출가는 마조 자신에게서 해도 좋지만 대오는 석두 문하에서 하는 것이 좋을 것이라고 말했다. 참으로 기묘한 말이지만 계속하여 『조당집』에서는 오설의 대오에 대하여 다음과 같이 말한다.

> 오설이 석두에 도착하여 말했다. "만약 서로 계합되는 한마디를 들려주신다면 이곳에 머물겠지만, 만약 서로 계합되는 것이 없다면 나가겠습니다." 이에 신발을 신은 채로 좌구를 손에 들고 법당에 올라가서 예배 등 일체행위를 마치고 석두의 곁에 섰다. 석두가 말했다. "어디에서 왔는가." 오설이 엉겁결에 대답하였다. "강서에서 왔습니다." 석두가 물었다. "어디에서 출가하였는가." 오설이 답변하지 않고 갑자기 소매를 떨치고 나가 버렸다. 막 문턱을 넘으려는데 석두가 "이봐!" 하고 고함을 질렀다. 오설이 한쪽 발은 문 밖에 있고 한쪽 발은 문 안에 있는 채로 고개를 돌려서 석두를 보았다. 이에 석두가 손바닥을 보이면

---

8) 제1장 제4절의 경우에도 임제 문하로 간주하였다. 『송전』 권10 甄叔의 전기에도 志閑의 碑를 말하고 있지만, 『金石萃編』 권108의 「大唐袁州萍鄉縣楊岐山故甄叔大師塔銘幷序」에는 至閑으로 되어 있고, 『全唐文』 권919에는 至賢으로 되어 있다. 灌谿志閑은 末山 비구니에게도 참문하였고, 鄂州 및 潭州에서 활약하였다. 道吾圓智가 志閑에게 참문하였고, 후에 동산은 도오원지를 방문하였기 때문에 청원 계통과도 관계가 있다.
9) 『雪竇頌古』 제53칙으로 유명한 野鴨子의 일화가 百丈惟政이라고 말하는 것은 『조당집』 독자적인 설이지만, 『전등록』 懷海章에는 없고, 『天聖廣燈錄』 권8에 처음으로 회해와 결부시켜 이야기되고 있는 것을 보면 본래 野鴨子의 일화는 회해와 무관했던 것으로 보인다.

서 말했다. "태어나서 죽을 때까지 단지 바로 그 사람이다. 그런데 고개는 돌려서 어찌하겠다는 말인가." 오설이 활연히 대오하였다.[10]

『조당집』에서는 그 후에 석두의 시자노릇을 수년 동안 했다고 말하고, 『전등록』에서는 주장자를 밟아서 꺾어 버리고 석두 문하에 머물렀다고 말한다. 두 책에서는 모두 동산의 拈弄을 전하고 있다. 위의 일화와 동일한 문답으로는, 위의 절에서 운암과 약산의 문답에서 보았듯이, 약산이 「百丈下堂의 句」(『전등록』 권6)라고 이름 붙인 것이 있어서 석두만의 교화 방법은 아니었다. 때문에 禪機는 마조 밑에서 익었지만, 석두가 최종적으로 증명을 했다고 봐야 하는 것인지 모르겠다. 동산이 석두 계통의 선을 접촉했다는 것은 중요하다. 석두가 오설에게 말한 "태어나서 죽을 때까지 단지 이것뿐이다(從生至死 只這个漢)."라는 말은 실은 뒤에서 서술하듯이 동산이 대오한 직접적인 문제가 된다.

오설이 시적했을 때 양개는 12세였다. 당시에는 수계할 연령에도 이르지 못했기 때문에 오설의 지시대로 곧장 남전의 문하에 참문한 것이 아니라, 절강의 여러 사찰에서 대승경전 등을 궁구했던 것으로 보인다. 『전법기』에서는 이윽고 21세가 되는 太和 원년(827)에 숭산에서 睿律師 한테서 수계하였다고 말한다. 숭산에서 수계한 후에 양개는 수계를 받은 이상 자신은 죽은 것과 마찬가지로 본래 없었던 자식으로 여겨 달라고 하여, 어머니에 대한 이별을 22세 무렵의 편지에서 쓰고 있다. 이윽고 오설에게 지시받은 대로 南泉普願(748~835)에게 참문하지만, 남전

---

10) "到石頭云, 若一言相契則住, 若不相契則發去. 着鞋履, 執座具, 上法堂. 禮拜一切了侍立. 石頭云, 什摩處來. 師不在意, 對云, 江西來. 石頭云, 受業在什摩處. 師不祇對, 便拂袖而出. 纔過門時, 石頭便咄. 師一脚在外, 一脚在內, 轉頭看石頭. 便側掌云, 從生至死, 只這个漢. 更轉頭腦作什摩. 師豁然大悟."(Ⅳ. pp.82~83). 入矢義高 編, 『馬祖의 語錄』, p.159.

에게 참문할 때의 모습에 대하여 『조당집』에서는 다음과 같이 말한다.

> 동산은 곧장 오설을 떠나서 남전에 도착하였다. 남전은 歸宗智常을 위하여 재를 베풀고 설법하였다. "오늘 귀종을 위하여 재를 베풀었는데, 귀종은 여기에 돌아왔는가." 대중이 답하지 못하였다. 그러자 동산이 나서서 예배를 드리고 말했다. "바라건대 화상께서는 질문해 주십시오." 이에 남전이 질문을 하자, 동산이 말했다. "도반이 기다리고 있으니 오겠지요." 남전이 곧장 법좌에서 내려오더니 동산의 등을 쓰다듬고 말했다. "비록 어리기는 하지만 잘 다듬으면 쓸만하겠구나." 동산이 말했다. "무리하게 양민을 짓밟아서 천민으로 만들지 마십시오." 이로부터 동산의 이름이 천하에 알려져서 뛰어난 지도자라고 불렀다.[11]

수계를 받은 후에 참문했다고 한다면 양개의 나이 22세이고 남전의 나이 81세 무렵이 된다. 남전은 趙州從諗(778~897)이라는 제자를 배출한 것으로 유명하지만, 남전 교단 자체도 선종사에서 중요하여 마조 문하의 선을 백장 교단과 더불어 양분했다고 보아도 좋다. 동산을 고찰해 볼 경우에 남전에게 참문했던 영향은 대단히 크다. 이미 동산의 스승인 운암담성이 異類中行의 문제를 남전 문하에서 배웠다는 것은 위에서 설명한 그대로이다. 그래서 다음으로 南泉禪에 대하여 서술해 보기로 한다.

보원은 속성을 王氏라고 하는데, 종종 王老師라고 자칭하였다. 하남

---

[11] "師便辭五洩, 到南泉. 南泉因歸宗齋垂語云, 今日爲歸宗設齋, 歸宗還來也無. 衆無對. 師出來禮拜云, 請師徵起. 南泉便問. 師對曰, 待有伴則來. 南泉趯跳下來撫背云, 雖是後生, 敢有彫琢之分. 師曰, 莫壓良爲賤. 因此名播天下, 呼爲作家也."(Ⅱ. pp.50~51) 또한 남전은 歸宗智常과 함께 20년이라고도 전하는 장기간에 걸쳐서 수행한 도반으로서, 宇井伯壽 박사는 귀종을 827년 무렵에 시적한 것으로 추측하고 있다. 귀종의 선은 『조당집』 권16 黃檗의 말을 통해서 보자면, 마조의 眞意를 터득한 사람은 한두 명에 불과하지만 盧山歸宗은 그 가운데 한 명으로 평가되는 사람이다.

성 鄭州 新鄭縣 출신으로, 天寶 7년(748)에 태어났다. 백장회해보다 한 살 연장자이다. 至德 2년(757) 남전이 10세 때 부모에게 출가하려는 서원을 말씀드리고 신정현의 서남쪽 40리에 있는 大隗山 大慧禪師 밑에서 출가하였다. 대혜선사 밑에서 苦節篤勵하여 身命을 내던지고 수행하기를 20년 동안 하여 대혜선사에게 그 器量을 인정받았다. 남전이 큰 영향을 받았음에 틀림없지만, 대혜선사에 대해서는 어떤 사람이었는지 아무것도 전하는 것이 없다. 大曆 12년(777) 30세 때 嵩山會禪寺의 暠律師 밑에서 구족계를 받고, 이후에 相扶律을 비롯하여 『능가경』· 『화엄경』, 三論 등 폭넓게 교학을 익혔다. 마조도일의 활약을 알고 나서 교학을 버리고 洪州開元寺에서 참선을 하여 대오하고 사법하였다. 마조가 시적한 貞元 4년(788) 2월 1일은 남전의 나이 41세 때인데, 그때 마조 문하에 있었던 것으로 보인다. 이후 회해와 함께 석문산으로 갔었는지, 회해가 백장으로 옮겨갈 무렵 곧 정원 11년(795)에 보원은 안휘성 池州 貴池縣의 남전산에 주석하였다. 남전의 나이 48세 때에 해당하는데, 동산은 아직 태어나지 않았다. 남전산이 곧바로 대업을 이룬 총림이 되었을 리는 없었겠지만, 그 발전하는 모습에 대하여 『송전』 권11에서는 흥미로운 표현을 전해 주고 있다.

> 계곡을 메우고 나무를 베어서 禪宇를 지었다. 도롱이를 걸치고 삿갓을 입으며, 소를 키우고, 목동과 어울리며, 산을 깎고, 밭을 넓히며, 씨앗을 뿌려서 양식을 충족하였다. 남전산에서 내려오지 않은 것이 30년이었다. 대저 큰 범종은 두드려도 소리가 나지 않았다. 이에 그 소리를 들으려는 사람이 있으면 일부러 기다려야만 했다.[12]

---

12) "埋谷刊木, 以構禪宇. 簑笠飯牛溷于牧童. 斫山畲田種食以饒. 足不下南泉三十年矣. 夫洪鐘不爲挺, 撞發聲, 聲之者故有待矣." 『宋傳』 권11(大正藏50, p.775上).

이윽고 남전에게 설법의 기회가 생겨났다. 그것은 남전의 만년에 해당하는 겨우 1년 반도 되지 않는 세월이었다. 太和 7년(833) 윤 7월 浙東의 觀察使였던 陸亘(764~834)이 宣歙의 觀察使가 되어,[13] 남전을 존숭했기 때문에 산에서 내려오도록 하여 제자의 예를 취하였다. 남전의 나이 86세 때의 일인데, 이에 남전 교단은 2년도 되지 않아서 수백 명이 되었다. 9월에 죽은 육긍에 이어서 남전은 태화 8년(834) 12월 25일(835년 1월 27일) 밤에 87세로 시적하였다. 석두희천의「탑명」도 찬술했던 劉軻가 남전의「탑명」을 찬술하였지만 전해지지 않는다.

남전의 대표적인 설법의 일단을 『조당집』 권16을 통해서 살펴본다.

> 남전은 상당하여 종종 다음과 같이 말했다. "요즘은 선사가 너무나 많다. 한 사람의 어리석은 사람도 찾아볼 수가 없다. 그대들은 마음을 잘못 활용해서는 안 된다. 大事를 몸에 붙이고자 하면 반드시 부처가 세상에 출현하기 이전을 향해서, 그리고 모든 언어 및 분별이 전혀 없는 이전을 향해서 묵묵하게 작용하고 은밀하게 행동하여 남들이 알아차리지 못하게 해야 한다. 그러한 때에야 체득할 수가 있고, 약간이나마 진정한 불법에 상응할 수가 있다. 때문에 항상 조사와 부처도 大師가 있는 줄을 모르는데 고양이와 소는 大事가 있는 줄을 안다고들 말하는 것이다. 왜냐하면 고양이와 소는 수많은 분별이 없기 때문이다. 그래서 그것을 如如라고 불러도 이미 어그러지고 만다. 반드시 異類中行을 하지 않으면 안 된다. 가령 오조 홍인 대사의 문하에는 599명의 제자가 있었지만 모두 불법을 이해하였다. 오직 노행자 한 사람만 불법을 이해하지 못하였다. 노행자는 단지 도를 체득했을 뿐이다. 가령 제불이 출세한다고 해도 단지 사람들에게 도를 체득시

---

13) 『嘉泰會稽志』 권2, p.31丁左. 『唐方鎭年表』 권5에도 太和 7년의 항목에 그 이름이 보인다.

킬 뿐이지 별다른 일이 없다."[14]

설법은 계속 이어져서 스승인 마조를 비판하는 것으로 전개된다. 마조가 말한 '청정한 이 마음이야말로 부처이다(卽心是佛)'라는 것은 방편으로서, '마음도 없고 부처도 없으며 중생도 없다(不是心 不是佛 不是物)'라고 남전은 말한다. 남전은 하택신회의 本知思想의 영향을 받았으면서 수행에조차 막히는 것을 부정함으로써 신회사상을 타파하여 위의 상당법문과 결부시키고 있다.

그대들은 지금 모두가 "나는 수행을 하여 부처가 되겠다."고들 말하고 있다. 자, 그렇다면 어떻게 수행해야 하겠는가. 무릇 영원한 과거로부터 변함이 없는 자성을 분명하게 자기의 것으로 만드는 것이야말로 진정한 수행이다.[15]

여기에는 남전선의 異類中行사상이 잘 드러나 있다. 이류중행이란 진흙을 뒤집어쓰고 물을 뒤집어쓰며 이타행에 철저한 것을 의미하는 것은 물론이고, 그 제일의 의미는 깨침에조차 집착하지 않는 自利行에 철저한 것을 말한다. 거기에는 역겨운 곳에서 고개를 치켜들고 利他行으로 들어가는 낌새도 있을 수가 없다. 남전이 마조를 비판하는 내용은 안이한 방편사상이다. 뒤에서 서술하듯이 송대 조동종의 선풍을 흔

---

14) "師每上堂云, 近日, 禪師太多生. 覓一介痴鈍底不可得. 阿儞諸人, 莫錯用心. 欲體此事, 直須向佛未出世已前, 都無一切名字, 密用潛通, 無人覺知. 與摩時體得, 方有小分相應. 所以道, 祖佛不知有, 狸奴白牯却知有. 何以如此. 他却無如許多般情量. 所以喚作如如, 早之變也. 直須向異類中行. 只如五祖大師下, 有五百九十九人. 盡會佛法. 唯有盧行者一人, 不會佛法. 他只會道. 直至諸佛出世來, 只敎人會道, 不爲別事."(IV. p.107).
15) "阿儞今時盡說, 我修行作佛. 且作摩生修行. 但識取無量劫來不變異性, 是眞修行."(IV. p.108).

히 劫外의 종풍이라고 말하지만, 남전은 이미 '부처가 출세하기 이전(佛未出世以前)'이라고 말하여, 나아가서 '空劫'과 '父母未生時'를 문제로 하고 있어서 후대의 조동선과 近似한 표현이 많다는 것은 주의할 필요가 있다. 동산이 남전문하에 있었던 기간은 알 수가 없지만, 오설의 권유도 있었기 때문에 동산이 28세, 곧 남전이 시적했던 연도까지 확실히 7년 정도는 있었던 것으로 보인다. 아직 동산의 선기는 성숙되지 않았던 것으로 보이지만, 동산이 참학했던 스승 가운데서 후에 동산의 종풍에 영향을 주었던 측면으로 생각하면 남전문이야말로 비교적 장기간에 속하는 한 사람으로 간주된다.

처음 마조도일의 문하를 대표한 사람은 大覺禪師 西堂智藏(738~817)이고,[16] 이어서 서당지장과 大智禪師 百丈懷海가 二大士로 角立하여 송대선은 서당과 백장에다 남전보원을 가미하여 三大士의 角立을 설하게 되었다. 남전선의 평가는 문하의 趙州禪에 대한 관심이 있고, 남전 그 사람은 山居修道型이었다. 마조의 선을 주장했던 사람으로 또 다른 일군의 사람들이 있었다. 中央進出型으로서 慧覺禪師 鵝湖大義(746~818), 大宣敎禪師 章敬懷暉(756~816), 大徹禪師 興善惟寬(755~817)이 이에 해당한다.

唐枝가 찬술한 「龔公山西堂勅諡大覺禪師重建大寶光塔碑銘」(『龍縣志』 권50 수록)에 의하면, 西堂智藏과 興善惟寬이 서로 名相을 달리하였는데, 유관은 北을 宗으로 삼고, 지장은 南을 宗으로 삼아서 오조홍인 문하의 신수와 혜능의 경우와 같았다고 전한다. 마조 문하의 남북의 대립은 중앙으로 진출했던 사람들과 강서성에 남아 있던 사람들 사이

---

16) 拙稿, 「洪州宗에서 西堂智藏의 位置에 대하여」(『印佛研』 제27권 제1호, 1978년 12월).

에 있었던 마조선의 평가와 관련된 것이었다. 동산이 참문했던 오설과 남전은 그 밖의 경우에 해당하였는데, 더욱이 석두 계통에 가까웠다고도 말할 수도 있고, 혹은 석두와 마조의 선사상이 나뉘기 이전의 것을 전했던 사람이라고도 말할 수가 있다. 동산의 경우에 『송전』의 말을 빌리자면 '남전선사를 친견하고서 깊이 玄契를 이해하였다.'고 한다.

남전이 시적한 835년 무렵에 새로운 주석처를 찾아 남전산을 떠난 동산은 호남성 潭州 大潙山으로 靈祐(771~853)를 찾아간 것으로 되어 있지만 여기에 문제가 있다. 영우는 백장회해가 시적한 후 元和 말년(820) 무렵에 위산에 들어가서 원숭이를 벗삼고 도토리를 먹으며 생활하였다. 동산이 참문했던 당시는 15년이 경과된 때였으므로 벌써 叢林이 형성되어 위산의 명성이 알려졌을지도 모른다. 다만 위산이 진정으로 세상에 알려지게 된 것은 李景讓 및 裴休(787~860?)의 귀의와 潙山大安(793~883)의 활약에 의한 것으로서, 會昌 연간(841~846) 이전일 수는 없다. 대담하게 추론하자면 『송전』에서 동산과 위산의 관계를 기록한 적이 없듯이 위산과 직접적인 연관은 없을지도 모른다.

동산은 위의 節에서 살펴보았듯이, 密師伯과 함께 道吾가 임종하던 해에 도오를 참문하고 있기 때문에, 백장이 시적한 후 20년이 지난 당시에 남전은 우선 동산으로 하여금 도오원지에게 사사하도록 권유한 것으로 보인다. 그러나 도오는 太和 9년(835) 9월 11일에 시적하였다. 여기에서 동산은 南泉章에서 "약산의 아들 곧 운암담성을 저버린 것은 아닙니다(不違於藥山之子)"라고 말했던 운암에게 참학하는 것이 결정되었다. 남전은 약산 문하의 선을 높이 평가하여, 湖南禪이 동산에게 어울리는 것으로 간주하고, 江西禪의 활동에 대해서는 비판적이었던 것으로 보인다. 동산 자신도 南泉禪을 더욱더 궁구할 수 있는 스승을 찾아나섰던 것으로 보인다. 이 경우에 남전 문하에 長沙景岑이 있었고, 남전과 친밀했던 사람으로 面壁으로 유명했던 池州의 魯祖寶雲과 동산의 교섭이 있었던 점은 참고가 된다. 위에서 남전선의 핵심이 이류중행을 파악하지 못했던 운암의 이야기를 살펴보았지만, 남전선의 핵심이 도오와 운암으로 이야기가 계승되고 있는 점은 중요하다.

그렇다면 위산과 동산은 어떻게 연관된 것일까. 첫째는 뒤에서 서술하는 曹山의 五位說 創唱과도 관련되지만, 동산과 石霜慶諸의 혼동이 있었던 것을 들 수가 있다. 둘째는 도오와 운암이 속가의 형제라는 설에 의하여 백장의 비판을 보았지만, 그것에 이어서 위앙종이 성립된 이후에 조동종 입장에서 위산 교단을 포섭한 것을 들 수가 있다.

첫째의 경우는 뒤에서 서술하기로 하고, 둘째의 경우를 보면 그에 관련된 자료가 충분히 있었다. 그것은 동산의 스승인 운암이 장기간 백장 문하에 있었기 때문에 운암이 위산을 방문했던 적도 있고, 운암이 위산을 잘 알고 있었기 때문이다. 필자는 동산이 직접적으로 더욱이 적극적으로 운암에게 참문하여 '무정설법의 일화'에 대하여 질문했던 것이라고 생각한다. 그때 위산의 입장에 대해서도 운암이 화제로 삼았던 것이 있었을 것이고, 이후에 위산과 어느 모로든지 관계가 생겨난 것으로 보인다. 결국 필자는 위산을 찾아간 동기가 없다는 점에 대하여 당시 위산의 정황으로 판단해 보면, 운암과 연관된 인연이 우연이라고 간주되는 것은 부정하고 싶다. 여기 둘째의 추론이 오류라고 할지라도, 동산에게 위산영우는 운암담성을 참문해 가는 과정에 불과하다는 것을 모든 자료가 보여 주고 있다. 또한 이 경우에도 徑山洪諲(813~895)이 운암 이후에 위산에게 참문하고 있다는 것도 주의할 필요가 있다.

무정설법이 동산의 경우에 어째서 문제가 되는가. 위에서 말한 것처럼 같은 고향의 광택혜충의 무정설법을 이해할 수 없었다는 것에 말미암은 것이다. 지금 또 한 가지 중요한 것은 남전의 이류중행을 언급할 경우에 깨침의 주체는 무엇인가, 그리고 깨침과 수행의 관계는 무엇인가 하는 것이 동산의 의문으로 남아 있다는 점이다. 『조당집』 권5의 운암장에 의하면 동산은 위산에게 참문하여 광택혜충의 무정설법에 대하여 물었지만, 위산은 '부모에게서 받은 입으로는 끝내 말하지 못한다.'고 말하여 澧〈醴?〉陵縣이 운암담성에게 사사할 것을 권유하였다. 위산에게 질문했던 문제에 대하여 위산이 답변하지 않았다는 것은 아무래도 자연스럽지 않아 보인다.[17]

그런데 운암산은 어디에 있을까. 이 문제도 운암에 대한 평가와 크게 관련되어 있다. 제5차 駒澤大學中國佛教史蹟參觀團은 1983년 9월 9일 瀏陽縣의 道吾山(縣의 북쪽 10리) 및 이튿날 石霜山(瀏陽縣 大瑤區 金剛鄉 石莊村, 金剛公社 石莊大隊雙華上)에 대하여 9월 11일, 雲岩山(醴陵縣 남쪽 65리, 賀家橋公社 水口山 57 林場)을 방문하였다. 사찰은 현존하지 않지만, 縣의 弁公室 및 林場의 특별한 호의를 받아서 참관단은 石碑의 사진 한 장을 제공받을 수 있었다. 그 사진의 오른쪽에는,

---

17) "洞山到潙山, 潙山卽大圓. 當時郢匠, 集徒千衆, 振化三湘, 乃見洞山來, 顧而異焉. 他日潙山密離宴室, 獨步林泉. 洞山乃疾追. 躡跡其後. 至于佛地之西, 有作務之所. 洞山遂進前禮拜而言曰, 某甲竊聞國師有無情說法之示, 曾聞其語, 常究其微, 每欲勵心, 願盡於此. 潙山欣然顧曰, 子於何獲此語耶. 洞山具述始終, 而擧. 擧了潙山乃曰, 此間亦有小許, 但緣罕遇其人, 非我所恡也. 洞山云, 便請. 潙山云, 父母緣生口, 終不敢道. 洞山不禮拜便問, 還有與師同時慕道者不. 潙山云, 此去澧陵縣側, 石室相隣, 有雲巖道人, 若能撥草瞻風, 必爲子之所重也."(Ⅱ. pp.10~11) 또한 권16 潙山章에 "洞山問, 和尙在此間住, 有什摩學禪契會底人. 師云, 某甲初住此山, 有一人, 是石頭之孫, 藥山之子."(Ⅳ. p.129)라는 내용이 운암을 가리킨다는 것은 분명하지만, 무척 암시적인 것으로서 그것도 無情說法의 일화와는 직접적인 관련이 없다는 것은 확실하다.

古寺인 雲巖寺는 구봉의 명산이다. 운암담성이 머물렀던 사찰로서 제
일이 禪關이다.〈朝□祖師의 글씨다. 홍무 3년에 승려 祖宗□〉
(古寺雲巖 九峰名山 曇晟寶所 第一禪關〈□朝□祖師筆 洪武三年僧
祖宗□〉).

이라고 되어 있고, 왼쪽에는

옹정제 을묘년에 당대의 주지인 野舟彬 和尙이 세우다.
(雍正, 乙卯年, 當代住持野舟彬和尙立)

라고 되어 있어서, 홍무 3년(1370)에는 담성이 건립했다고 전해지는 사찰이 있었다는 것이 확인되었다. 洪州·袁州·潭州를 묶어서 江西路라고 불리는 육로 가운데 醴陵이 점유하고 있는 위치는 드넓기 때문에,[18] 모든 인적이 끊긴 곳으로 간주할 필요는 없다.

다음으로 동산과 운암 사이에 있었던 무정설법의 문제를 『조당집』 권5를 통해서 살펴보기로 한다.

이에 동산이 운암에게 물었다. "무정설법은 어떤 사람이 듣습니까." 운암이 말했다. "무정설법은 무정이 들을 수가 있다." 동산이 물었다. "그런데 화상께서는 들을 수 있습니까." 운암이 말했다. "내가 듣는다면 그대는 나를 볼 수가 없을 것이다." 동산이 말했다. "그렇다면 저는 화상의 설법을 들을 수 없겠군요." 운암이 말했다. "내 설법조차 듣지 못하는데 어찌 무정설법을 들을 수 있겠는가." 그 말을 들은 동산은 무정설법에 대한 의심이 해소되었다.[19]

---

18) 青山定雄, 『唐宋時代의 交通과 地誌地圖의 硏究』(吉川弘文館, 1963년 3월) 또한 이 水口 및 山林의 장소로 보자면 『조당집』의 표현인 '醴陽縣의 側'도 '醴'은 '醴'와 통하기 때문에 같은 장소를 가리키고 있다는 것이 확실해졌다.
19) "洞山便問, 無情說法, 什摩人得聞. 師曰, 無情說法, 無情得聞. 進曰, 和尙還聞得不. 師云, 我若聞, 汝則不得見我. 進曰, 與摩則某甲不得聞和尙說法去也. 師云, 吾說法向自不聞, 豈況於無情說法乎. 因此洞山息疑情."(Ⅱ. pp.11~12).

무정설법에 대한 의심은 운암담성을 만남으로써 해결할 수가 있었다. 그때 해결했던 심정을 하나의 게송으로 다음과 같이 나타냈다.

> 훌륭하구나, 참으로 훌륭하구나.
> 무정이 설법하는 것은 사의로 미치지 못한다네.
> 귀로 들으려고 해도 그 소리는 드러나지 않으니,
> 눈으로 소리를 들어야만 비로소 알 수가 있다네.[20]

동산이 31세 때이고, 운암이 58세였을 무렵이다. 동산은 운암에게 사사하기를 5년, 운암은 會昌 원년(841) 10월 27일에 宇井伯壽의 설처럼 62세로 시적했던 것으로 보인다. 운암이 시적할 때까지는 모시지 않았다는 설도 있지만, 「전법기」에서 탈상할 때까지 모셨다고 하고, 『조당집』에는 운암의 임종에 동산이 질문했다는 기록도 있기 때문에 의심할 필요가 전혀 없다. 결국 동산이 무정설법에 대한 의문을 해결한 것은 진정한 대오가 아니라고 『조당집』 권5의 운암장에서는 다음과 같이 전하고 있다.

> 운암이 천화에 이르렀을 때, 동산이 운암에게 물었다. "화상께서 입적하신 후에 어떤 사람이 찾아와서 〈그대는 화상의 초상을 그려낼 수 있습니까.〉라고 묻는다면, 그 사람에게 뭐라고 답해야 좋겠습니까." 운암이 말했다. "그 사람에게 〈바로 그 사람이다(只這个漢).〉라고 답하거라."
> 동산이 조용히 있자니, 운암이 말했다. "이 일구는 밤송이와 같아서 삼킬 수도 없다. 만약 그렇다면 천생 만겁토록 그 동안은 끝장이다. 그대가 망념을 잠깐만 일으켜도 번뇌의 풀이 一丈이나 자랄 것이다. 하물며 언설로 설명하는 경우이겠는가."

---

[20] "可笑奇可笑奇, 無情解說不思議, 若將耳聽聲不現, 眼處聞聲方得知."

운암은 동산이 묵연히 있는 것을 보고 속마음을 말해 주려고 하자, 동산이 말했다. "화상께 말씀드리겠습니다. 〈군이 말씀하실 필요가 없습니다. 다만 이 몸이 살아 있는 한 깨달음(此事)을 위해서 애쓸 뿐입니다.〉"

화상이 천화하신 후에 삼년상(太相齋)을 마치고, 사형 密師伯과 함께 위산으로 가려다가 곧장 담주에 이르러서 큰물을 건너려고 하였다. 밀사백이 먼저 건너가고, 동산이 이쪽 언덕을 벗어나서 저쪽 언덕에 도착하기 이전에 물에 어려 비친 자신의 얼굴 모습을 보고 이전의 문제를 대오하였다. 이에 안색이 화창하게 변하더니 큰소리로 깔깔 웃었다.

밀사백이 물었다. "사제는 무슨 일로 웃는 것인가." 동산이 말했다. "사형에게 말하겠습니다. 〈운암화상의 지도 덕분으로 깨달을 수 있었습니다.〉" 밀사백이 말했다. "만약 그렇다면 그것을 언어로 표현해 보아야 할 것이다."[21]

밀사백의 말을 듣고 언어로 표현한 하나의 게송이 바로 동산의 「過水偈」로 불리어 전승되고 있는 大悟의 노래이다.

절대로 밖을 향해서 찾지 말라   切忌隨他覓
아득히 나와 더 멀어질 뿐이다   迢迢與我疏
나는 지금 혼자서 길을 가지만   我今獨自往
가는 곳곳마다 곧 그것을 본다   處處得逢渠

---

21) "師臨遷時, 洞山問, 和尙百年後, 有人問還邈得師眞也無, 向他作摩生道. 師云, 但向他道, 只這个漢是. 洞山, 吃忱底. 師云, 此着一子, 荞卤吞不過. 千生万劫休, 闍梨瞥起, 草深一丈, 況乃有言. 師見洞山忱吟底, 欲得說破衷情. 洞山云, 告師, 不用說破, 但不失人身, 爲此事相着. 師遷化後, 過太相齋, 共師伯, 欲往潙山, 直到潭州, 過大溪次, 師伯先過, 洞山離這岸, 未到彼岸時, 臨水睹影, 大省前事, 顔色變異, 呵呵底笑, 師伯問, 師弟有什麽事. 洞山曰, 告師伯, 得个先師從容之力. 師伯云, 若與摩須得有語."(Ⅱ. p.15) 또한 동산이 오도한 인연에 대해서는 柳田聖山 교수의 「위대한 天地山川의 소리」(『純禪의 時代』수록, 전게서)에 수록되어 있는 것을 본 절에서 번역에 참고하였다. 太上齋를 3년의 忌祭祀라는 의미로 해석한 것은 柳田聖山 교수의 『求道와 悅樂』(岩波書店, 1983년 1월)을 참고하였다.

그것은 곧 지금 진정 나이지만	渠今正是我
나는 지금 바로 그것이 아니다	我今不是渠
응당 그것을 이와 같이 알아야	應須與摩會
여여의 세계와 딱 계합된 줄을	方得契如如

이 일화가 전하고 있듯이 '渠'가 위에서 운암이 말한 '바로 그 사람이다(只這个漢)'에 해당한다. '只這个漢'이라는 말을 통해서 동산이 최초로 참문했던 오설영묵이 석두희천의 밑에서 대오하였던 일화는 위에서 지적한 그대로이다. 이것을 동산이 참문했던 남전과 관련하여 말해 본다면 어떨까. '이류중행'을 실천하는 '어리숙한 사람(痴鈍人)'이라고 말해도 좋지 않을까. 『전등록』 권28의 「澧州藥山惟儼和尙語」에 의하면, 약산도 "지금 내 앞에 나타난 사람은 어중이떠중이로서 쓸모없는 일을 하는 녀석일 뿐이다."[22]라는 말과 동일한 모습으로서 '痴鈍'이 고귀한 의미로 활용되고 있다.[23]

동산의 종풍에 대해서는 다음 절에서 고찰하겠지만, 이 悟道頌에서 주목해야 할 것은 제5구와 제6구로서 '渠是我'라고는 말했어도 '我是渠'라고는 말하지 않았다는 점이다. 안이한 표현을 그대로 긍정하고 있는 것이 아니다. 남전이 철저하지 못한 卽心是佛을 부정한 것과 마찬가

---

22) "如今出頭來盡是多事人, 覓箇痴鈍人不可得."(四部叢刊本-8丁右)
23) 『전등록』 권10의 남전 문하 長沙景岑章에 유명한 게송이 있다.
"도를 닦는 사람으로서 진실을 모르는 사람은
지금까지의 인식주체를 진실이라 받아들인다
무한한 과거부터 계속되어 온 생사의 근본을
어리석은 자는 그것을 본래의 몸이라 부르네"
學道之人不識眞　只爲從來認識神
無始劫來生死本　痴人喚作本來身(四部叢刊本-3丁左)
여기 '痴人'의 의미는 물론 문자 그대로의 의미이다. 識身을 本來身이라고 주장하는 설을 부정한 長沙景岑의 생각이 여기에 참고가 될 것이다.

지이다. 깨달음과 수행의 관계는 깨달음에도 집착하지 않는 곳에 '渠' 가 현전한다. '渠'가 현전하기 위해서는 무한한 수행이 필요하고, 깨달음 그 자체를 추구하여 한눈도 팔지 않는 痴鈍이 되지 않으면 안 된다. 스승인 운암이 평생 동안 未悟했다는 이야기를 위에서 언급했지만, 여기에 '悟'에 대한 심오함이 있다. 제5조인 提多迦의 傳法偈로 말하자면, '悟了同未悟'(Ⅰ. p.40)가 된다.

그렇다면 자기와 깨달음의 관계는 어떤가. 제3구와 제4구에서 그것을 서술하고 있다. 제6구에서 안이한 자기긍정을 부정했다는 것은 언급하였지만, 자기가 철저하게 되어 渠와 매개가 없는 等値의 관계가 될 경우에 無我라는 자기의 독자성이 현현한다. 그런 의미에서만 渠를 진실한 자기라고 부를 수가 있다. 본래성에 안주해 버린 자기긍정이라면 그것은 불교가 아니라 천연외도이다. 그 의미는 제1구와 제2구에 심화되어 있다. 처음부터 동산의 대오는 차안과 피안의 사이를 흘러가는 無常의 한가운데서 물에 어려 비친 얼굴의 모습을 보았다는 것에 그 단서가 드러나 있다. 밖을 향해서 찾는다고 말한 것은 無自性이고 空인 渠를 마치 실체적인 것으로 존재하여 '밖'에서 찾지 말라고 말하는 것을 가리킨다. 그 '밖'을 인식주체의 실체적인 존재로 인정해 버리면 자기는 진실한 자기일 수가 없다. 자기는 자칫 부주의하면 실체적인 我가 되어 버린다. 자기가 진실한 자기로서 현현하기 위해서는 항상 어디에서나 자기에게 철저할 필요가 있는데, 그것이 수행되지 않으면 안 된다. '只這个漢'의 '只'는 무상한 자기를 진실한 자기로서 完全肯定해 가는 것으로 매개가 없는 等値와 그 자체의 무자성을 강조한 것이라고 이해할 수가 있다.[24] 때문에 동산은 남전선과 다른 것이 아니라 운암이라는 인간

---

24) 袴谷憲昭 교수는 道元禪의 주장은 天台本覺法門의 부정에 있음을 磯慈弘, 『日

을 통해서 구체적으로 남전선을 심화시켰다고 말할 수가 있다.

동산의 '오도송'을 이와 같이 이해할 경우에 그 가운데 수행의 구체적인 실천방법이 설해져 있다는 것은 아니다. '오도송'은 오도의 내용을 보여 주는 것이기 때문에 그것만으로도 충분하지만, 동산의 선이 이해되고 전승되는 과정에서 '渠'가 종교가 지니고 있는 본질적인 이념으로 해석되어 가면서 五位思想으로 체계화된 것은 과연 동산 그에게 본래부터 있었던 것인가 어떤가는 질문해 보지 않을 수가 없다. 여기에서는 문제제기를 하는 것으로 그치고 뒤에서 다시 언급해 보고자 한다.

「전법기」와 『조당집』에서 말하고 있듯이 운암의 탈상 연도에 대오했다고 하면, 회창 3년(843) 겨울로서 동산 37세 때에 해당한다. 대오한 이후의 행장에 대해서는 「전법기」에서만 다음과 같은 기록을 볼 수가 있다.

> 武宗의 파불에 대한 조칙이 있었다. 따라서 속복을 걸치고 箕州로 법난을 피했다. 宣宗皇帝가 즉위함에 이르러 곧 復僧하였다. 이에 儀南으로부터 高安의 新豊洞에 이르렀다. [자료 1]

「전법기」의 이 기록은 운암의 시적과 탈상한 이후의 대오와 대단히

本佛敎이 展開와 그 基調 (下)』(三省堂, 1948년 11월)를 통하여 지지하는데, 그것은 他性空說에 기초한 여래장설의 부정으로부터 발생되어 온 것이라고 敎示되었다. 현재 그로부터 들었던 설은 필자의 주위에서 가장 중심된 화제로서, 인도 및 티베트불교에 어두운 필자에게는 自性空의 여래장설에 대한 정확한 의미가 이해되지 않지만 본서를 정리하는 데에 크게 시사를 받았음을 기록해 둔다. 袴谷憲昭說은 山口瑞鳳, 「티벳學과 佛敎」(『駒澤大學佛敎學部論集』제15호, 1984년 10월) 및 松本史朗, 「『勝鬘經』의 一乘思想에 대하여」(『駒澤大學佛敎學部研究紀要』제41호, 1983년 3월)의 단서가 되었는데, 이러한 두 논문으로부터 필자도 유익한 시사를 받은 것이 있다. 선을 자성청정심의 운동이라고 할 때 그 사상구조는 어떤 것일까 하고 생각해 볼 필요를 통감하고 있다. 袴谷憲昭, 「差別事象을 발생시킨 사상적 배경에 관한 私見」(『駒澤大學佛敎學部硏究紀要』제44호, 1986년 3월) ; 「道元理解의 결정적 視點(『宗學硏究』제28호, 1986년 3월).

자연스럽게 결부되어 있음을 생각해 볼 수가 있다. 『조당집』에서는 운암산을 떠나서 神山僧密과 함께 위산으로 향하는 도중에 담주에서 대오한 사실을 기록하고 있다. 그 후에 위산으로 갔는지 아닌지에 대해서는 알 수가 없다. 위산영우가 회창파불을 만났을 때의 모습은 유명하다. 鄭愚가 찬술한 「潭州大潙山同慶寺大圓禪師塔銘幷序」(『唐文粹』 권63 ; 『全唐文』 권820)에서는 다음과 같이 말한다.

> 무종은 사찰을 파괴하고 승려를 환속시켜서 마침내 위산의 사찰도 폐허가 되었다. 영우는 곧 머리를 기르고 백성이 되어, 오직 무지렁이로부터 벗어날 것만 생각하였다. 有識한 사람들은 더한층 영우를 존중하였다. 호남관찰사였던 故 相國 裵休는 불교를 대단히 좋아하여 宣宗이 즉위하여 武宗이 금지했던 것을 해제하였을 때 강하게 復僧을 원하여 영우를 자기의 가마에 태우고 영접하면서 그 제자들의 무리를 따랐다. 다음과 같은 적도 있었다. 곧 영우가 다시 수염과 머리를 깎기를 바란다는 상담을 하였다. 영우는 처음에는 기분이 내키지 않았다. 그래서 제자들에게 놀려대며 말했다. "그대들은 수염을 부처로 간주하는 것인가." 그러나 제자들은 더욱더 강하게 요구하였다. 영우는 종종 웃으면서도 그들의 요구를 따랐다. 또한 위산의 사찰이 있었던 곳으로 가서, 동경사를 창건하여 수행자들을 주석시켰다. 이윽고 제자들이 다시 모이자 이전과 마찬가지로 叢林이 되었다.[25]

이처럼 위산은 완전히 파불이 실시된 곳이었다. 동산은 밀사백과 호북성 鄂州의 百顔明哲 밑에서 회창 4년에 夏安居를 함께 보냈다. 그 후

---

25) 『唐文粹』 권63에 의하면 다음과 같다. "武宗毀寺逐僧, 遂空其所. 師遽裏首爲民, 惟恐出茧茧之輩. 有識者益貴重之矣. 後湖南觀察使故相國裵公休, 酷好佛事. 値宣宗釋武宗之禁. 固請仰而出之, 乘之以己輿, 親爲其徒列. 又議重削其鬚髮. 師始不欲, 戲其徒曰, 个以鬚髮爲佛邪. 其徒愈強之. 不得已又笑而從之. 復到其所居, 爲同慶寺而歸之. 諸徒復來, 其事如初."

에 파불의 영향이 적은 북쪽 지방으로 도피하여 산서성 冀寧 道遼縣의 蘄州에 들어간 것으로 보인다.『전법기』에서는 儀南이라고 기록하고 있는데 儀州는 산서성 冀寧 道遼縣을 가리키는 곳이므로 이 지역에 도착했다고 말할 수가 있다. 圓仁의『入唐求法巡禮行記』에 의하면, 회창 4년(844) 7월 15일조에는 山房蘭若 등 훼손된 지역을 비롯하여, 회창 5년 3월 3일조에는 승니의 나이가 40 이하인 사람은 모두 환속하라는 칙명이 있었다고 기록하고 있다. 회창 5년은 동산 39세로서 그 칙명에 해당된다. 그러나 圓仁은 회창 5년 11월 3일조에서는 鎭·幽·魏의 河北 三鎭과 潞州에서는 불법을 敬重하여 파불을 단행하지 않았음을 전하고 있기 때문에, 중국의 모든 국토에 걸쳐서 파불이 철저하게 행해진 것은 아니었다.[26]

회창 6년 3월 23일 무종이 殁하고 선종이 帝位에 즉위함에 따라서 5월 무렵부터 점차 불교의 부흥을 허락하였다. 大中 원년(847) 윤 3월에 불교 부흥의 조칙이 내려지자, 그 조칙은 회창 4년 5월에 폐지된 寺宇의 부흥까지 허락받게 되었다. 대중 원년은 동산 41세 때에 해당하는데 그해 혹은 이듬해에 復僧한 것으로 보인다.

양개가 동산에 주석하기까지는 북방으로부터 남하하면서 유행을 계속한 것으로 보인다. 宇井伯壽의 설을 참고로 하여 동산이 평생 동안 참문했던 제선지식을 살펴보면 마조 문하의 五洩·南泉·南源道明·魯祖寶雲·京兆興平·石霜大善·潭州龍山, 백장 문하의 潙山, 약산 문하의 道吾·雲巖·百顔明哲·椑樹慧省·大顚寶通 문하의 吉州薯山이 있다. 그

---

26) 小野勝年,『入唐求法巡禮行記의 研究』4권(鈴木學術財團, 1964년 2월~1969년 3월) 會昌의 破佛에 대하여 서술한 논문은 많지만, 禪僧과 破佛의 관계에 대해서는 西尾賢隆,「圓仁이 見聞한 會昌廢佛 (下)」(『花園大學研究紀要』제11호, 1980년 3월)이 있다.

지역으로는 출생지를 비롯하여 池州南泉·魯祖山, 潙山과 雲巖 이외에 안휘성의 宣州, 호북성의 鄂州, 강서성의 袁州·吉州·江州, 호남성의 潭州, 협서성의 長安인데 산서성의 蘄州와 하남성의 嵩山을 포함시키면 그 행동범위는 대단히 넓다.

그런데 신풍산과 동산의 위치 관계 및 양개의 입산 시기에 대해서는 宇井伯壽 박사가 문제를 제기한 것이 있었지만, 『전법기』의 출현으로 말미암아 그것이 깔끔하게 해결되었다. 그 가운데 두 곳에 대해서 살펴 보면 다음과 같다.

> 筠州의 산을 살펴보면 거기에 新豊洞이라는 산이 있고, 그 산에 佛刹이 있는데 菩利禪院이라는 이름이 붙어 있다. 양개는 復僧하여 儀南으로부터 高安의 신풍동으로 왔는데, 그곳은 마을의 유지인 雷衡의 산이었다. 양개는 泉石이 멋진 모습을 보고 말했다. "이 지역은 대승 불교가 뿌리내릴 장소다." 양개가 뇌형에게 그 사실을 말하자, 뇌형이 보시하였다. 산에는 처음에 뱀과 호랑이가 많이 살고 있었지만 양개가 주석하자 뱀과 호랑이가 모두 사라져 현재는 산에 호랑이가 없다. 그 산에 주석하기를 18년, 명성이 사방에 떨치자 모여드는 수행자가 오백 여명에 달하였는데, 무릎을 부딛쳐 가며 불법을 이야기하고, 서서 깨달았다. 깨닫지 못한 사람으로서 그곳에서 깨달았던 숫자는 열거할 수 없을 정도다. 양개의 명성이 장안까지 전해지나 천자는 그 산에 '咸通廣福寺'라는 사액과 대종 하나를 하사하였다. [자료 1]

「전법기」의 정식 제목은 「筠州洞山菩利禪院傳法記」이므로 보리선원이 존재하는 신풍동이 동산임은 분명하다. 新豊洞山의 약칭이 洞山으로 불리게 되었던 것이다.[27]

---

27) 『新昌縣志』 권6의 「洞山菩提禪寺」에 대한 설명은 다음과 같다. "在三十都. 名 新豊洞. 唐大中時, 良价禪師, 募雷衡地, 建廣福寺. 中有新豊·洞雲二亭, 逢渠橋,

신풍동이 동산임이 판명되었지만, 양개는 언제 입산했던 것일까. 양개는 復僧한 이후 언제 그것에 주석하였을까.『전등록』의 기록에 의하면, 泐潭에 있을 때 初上座와 문답을 하고 신풍산에 들어간 것으로 되어 있다. 양개는 늑담사에서 대장경을 읽고 연구하여 현존하지 않지만『大乘經要』1권을 찬술했다고 전해진다. 늑담은 마조가 시적한 지역이며 백장이 塔守를 살았던 곳으로, 강서성에서 參師問法한 것은 회창파불 후에도 계속되었던 것으로 보이는데, 우선 늑담에 머물렀던 것으로 간주된다.「전법기」에서는 동산에 18년 동안 주석했다고 기록하고 있다. 시적했던 咸通 10년(869)부터 역산해 보면 大中 6년(852)에는 신풍동에 들어간 셈이 된다. 등사류에서는 대중 말년에 신풍동에 들어갔음을 보여 주고 있지만, 대중 연간은 14년까지였으므로 대중 말년에는 명성이 알려져 있었던 것으로 간주할 수가 있다. 대중 6년에 입산했다면 양개 46세이고, 대중 14년은 54세가 된다. 大中은 咸通(860~874)으

考功泉, 夜合石諸勝. 後更名功德禪寺, 崇先隆報禪寺. 胡提擧俊孚, 爲鑄洪鐘. 宋眞宗, 仁宗, 賜御書飛白草字, 經傳六十卷. 黃庭堅書 有新豊吟. 蘇轍有與文長老及謝石台詩. 元末, 皆燬於兵, 寺基久廢. 明萬曆間, 丈量入版籍. 崇禎中, 擧人戴國士得其産, 迆釋淨聰, 與其徒智度, 重建. 知府陶履中有記. 國朝知府楊仲興有題詠."*禎은 正으로 되어 있는 것을『瑞州府志』에 의하여 교정한 것이다) 권3의「洞山」및「新豊洞」에 대한 해설은 다음과 같다.「三十都. 縣東北五十理. 上有菩提寺.'『瑞州府志』는 '在縣東北五十理. 舊爲新豊洞. 下有菩提寺'라고 되어 있다. '三十都. 又稱洞山. 縣北七十理.' 그리고『瑞州府志』는 '在縣東北七十理. 三十都. 卽洞山寺基也. 有菩提寺. 唐雷衡所捨.',라고 되어 있다. 더욱이 鈴木哲雄 박사는「疎山白雲禪院記」(『전당문』권920)의 "高安의 서쪽에 산이 있는데 洞山이라 한다. 곧 신풍이 이에 해당한다."는 말을 지적하고 있다.『唐五代의 禪宗』,(전게서) p.159 또한 鈴木信光,「환상의 菩提禪寺가 발견되다」(「佛敎타임즈」, 1981년 6월 25일 號)에서 최근 洞山의 모습이 소개되었고, 제3차 駒澤大學中國佛敎史蹟參觀團도 1981년 9월 7일에 방문하였다. 현재의 지명으로는 宜豊縣 同安公社 石陂大隊라고 한다. 그 당시의 보고서인 駒澤大學中國佛敎史蹟參觀團에서 발행한『中國佛蹟見聞記』제3집(1982년 8월)에는 胡紹仁이 저술한『洞山簡介』(中村信行·小川隆 번역)와 洞山의 見聞記가 수록되어 크게 참고가 된다.

로 개원되었지만, 함통 10년에 양개가 시적하기 이전에 「함통광복사」라는 사액을 받았다고 하면 당연히 대중 연간에 명성이 알려져 있었을 것이다. 『雪峰眞覺大師年譜』의 대중 7년조에는 설봉이 동산의 문하에 있었다는 그 기록도 인정할 수가 있다. 동산의 문하에 오백여 명의 대중이 있었다는 것은 『조당집』에 붙어 있는 淨修禪師의 讚에 있는 '선사가 동산에 있으면서 오백 대중을 모았다.'는 기록에서도 엿보인다.

동산의 접화와 종풍에 대해서는 다음 절에서 서술하기로 하고, 여기에서는 널리 알려져 있는 시적의 모습에 대하여 『조당집』을 통해서 살펴보기로 한다.

> 동산은 함통 10년 기축세(869) 3월 1일에 삭발을 하고 가사를 수하고 종을 치게 한 후에 엄연하게 왕생하였다. 대중이 소리를 내어 울었다. 그러자 동산이 다시 눈을 뜨고 말했다. "대저 출가한 사람은 마음에 걸리는 것이 있어서는 안 된다. 그것이야말로 진정한 수행인데, 어째서 슬퍼하고 연연해하는 것인가." 그리고는 監院을 불러서 愚痴齋를 지낼 준비를 하도록 시켰다. 施主들이 공경을 하자 점점 우치재도 길어져서 칠일이 되어서 끝났다. 동산도 또한 약간 음식을 공양하였다. 우치재의 마지막 날이 되자 말했다. "출가자들이여, 어째서 야단법석을 피워서 내가 왕생하려는 때에 이렇게들 시끄러운가." 다음 팔일 째가 되자 목욕 준비를 시켜 놓고 목욕을 마치자 똑바른 자세로 단정하게 앉아서 示寂하였다.[28]

'우치재'라고 불리는 동산 최후의 모습이다. '마음에 걸리는 것이 있

---

28) "師自咸通十年己丑歲三月一日, 削髮被衣, 令擊鐘, 儼然而往. 大衆号慟. 師復覺曰, 夫出家兒, 心不依物, 是真修行, 何有悲恋. 則呼主事僧, 令辨愚痴齋. 主者仰恋, 漸辨齋筵, 至七日備. 師亦少食. 竟日, 師云, 僧家何太鹿率, 臨行之際, 喧慟如斯. 至八日, 使開浴, 浴訖端坐長往." (Ⅱ. pp.70~71).

어서는 안 된다'고 지속적으로 수행을 설했던 동산의 종풍이야말로 어디까지나 친절하게 대중을 위하여 설법한 모습을 잘 보여 주고 있다.

동산은 세수 63세이고 승립 42세로서 동산의 남쪽에 장례지냈다. 시호를 悟本大師라 하고, 탑호를 慧覺이라 하였다. 「激勸道俗偈頌」 1권이 유행하였다.[29] 『禪門諸祖師偈頌』에 수록된 양개 문하인 居遁의 「龍牙居遁偈頌集」에는 南嶽齊己가 「서문」을 찬술하였다. 그 가운데 "咸通 원년에 이르러서 新豊 및 白崖의 두 대사의 저술이 있었는데 禪林에 널리 퍼졌다."(續藏 2-21-5〈통권116〉, p.461右上)라는 기록이 있어서, 신풍 곧 동산양개와 백애 곧 향엄지한의 게송이 함께 열거되고 있기 때문에 동산이 게송에 뛰어난 선자였음을 알 수가 있다. 더욱이 그 유행이 함통 원년이라는 기록은 중요하다. 동산과 게송의 결부는 招慶省僜의 『조당집』과 관련하여 큰 영향을 끼쳤다. 『전등록』 권29에는 동산의 「無心合道」라는 한 게송만 전하고 있지만, 『조당집』 권20에 의하면 隱山의 게송에 화답하여 동산이 지은 게송으로 동산 전기의 결론으로 소개해 두고자 한다.[30] 은산이 다음과 같이 게송으로 말했다.

청산은 백운의 아버지이고	青山白雲父
백운은 청산의 아들이라네	白雲青山兒
백운이 하루종일 의지해도	白雲終日依
청산은 도무지 몰라 준다네	青山都不知
저간의 뜻을 알아차리려면	欲知此中意
한걸음도 멀어지지 말거라	寸步不相离

---

29) 『新唐書藝文志』 권49에 "良价 大乘經要一卷"이라고 되어 있어서, 『전등록』의 기록과 일치한다.
30) 柳田聖山, 「一老一不老」(『純禪의 時代』 수록)를 참조하고자 한다.

이에 洞山이 게송으로 말했다.

도는 마음이 사람에 합하는 것도 아니고	道无心合人
사람은 마음이 도에 합하는 것도 아니네	人无心合道
만약 이와 같은 뜻을 알아차리고자 하면	欲知此中意
한쪽은 늙어도 또 한쪽은 늙지 않는다네	一老一不老

제3절 초기 조동종의 종풍

『전등록』 권15에서는 운암담성의 법사로서 (1)筠州 洞山良价(807~869), (2)遂州 杏山鑑洪, (3)潭州 神山僧密, (4)幽谿 등 네 명만 기록하고 있을 뿐이다. 권17에는 동산양개의 법사로서 (1)洪州 雲居山道膺(828?~902), (2)撫州 曹山本寂(840~901), (3)동산 제2세 道全(?~894), (4)湖南 龍牙山居遁(835~923), (5)京兆 華嚴寺休靜, (6)京兆蜆子, (7)筠州 九峰寶滿(834~896), (8)台州 幽棲道幽, (9)동산 제3세 師虔(?~904), (10)洛京 白馬遁儒, (11)越州乾峯, (12)吉州禾山, (13)明州 天童山咸啓, (14)潭州 寶盖山和尙, (15)益州 北院通, (16)高安 白水本仁(?~902?), (17)撫州 疎山匡〈光〉仁(?~915?), (18)澧州 欽山文邃, (19)明州 天童山義, (20)太原 資聖方, (21)新羅國 金藏, (22)益州 白, (23)潭州 文殊, (24)舒州 白水山和尙, (25)邵州西湖, (26)靑陽通玄 등 26명의 이름을 전하고 있어서 그들이 활약한 지역도 광범위하다. 李畋이 찬술한「重修昭覺寺記」(『宋代蜀文輯存』 권4 수록)에 의하면, 了覺禪師 休夢(827~907)도 동산의 법사이고, 또한『重續日域洞上諸祖傳』권1 등에 의하면, 일본의 瓦屋能光도 동산의 법사로 열거되어 있다. 이처럼 『전등록』에 기재되지 않은 동산 문하를 포함한다면 확실히 운암과 동산 사이에는 동산에 이르러서 크게 비약한 일면이 있다.

동산양개에게 끼친 스승의 영향은 이미 고찰해 보았지만, 동산이 위대한 선자로서 성장하는 데에는 사형사제의 영향도 간과할 수가 없다. 특히 神山僧密의 존재는 컸다. 그런데 유감스럽게도 승밀의 전기는 거의 알 수가 없다. 『전등록』 권15에서 말하고 있듯이 승밀이 남전 문하에서 수행하고 있었다는 것, 『조당집』 권6에서 말하고 있듯이 동산과 30년 동안 함께 행각했다는 기록을 감안해 보면, 동산의 수행이 대성하게 된 데에는 승밀의 역할이 헤아릴 수 없을 만큼 크다. "나를 낳아 주는 사람은 부모이고 나를 성취시켜 주는 사람은 도반이다."라는 말은 도오와 운암의 일화에 나오지만, 그것은 온전히 동산과 승밀의 관계에도 정확하게 부합된다. 가령 다음의 『조당집』 권6의 일화는 승밀의 지도에 의하여 동산이 대성했음을 보여 주고 있다.

> 신산과 동산이 행각할 때의 일이다. 사찰 안에 들어가자 동산은 좌선을 하였지만, 신산은 단지 잠만 잘 뿐이었다. 동산은 마음에 화가 치밀어 신산을 부르자, 신산은 "응!" 하고 대답했다. 동산이 말했다. "사형은 도대체 불법을 알고나 있는 것입니까." 신산이 말했다. "모른다네." 동산이 말했다. "모르고 있다면서 어찌 잠만 자고 있는 것입니까." 신산이 말했다. "그렇다면 알고 있는 사람은 잠을 자지 않던가." 동산은 뭐라고 대꾸할 수가 없었다. 신산이 말했다. "한 가닥 노끈으로 얽어매고 있구려."[1]

동산의 외곬적인 수행방식과 운암이 말한 '바로 그 사람이다(只這个漢)'라는 것이 아직 체득되지 않은 모습을 잘 알 수가 있는데, 동산은 신산에 의하여 크게 도야되고 자극받은 것으로 보인다.

그런데 신산을 '密師伯'이라고 부른다. 이 호칭은 승밀의 입장에서 말하면 法姪에 해당하는 사람이 불러 준 것이므로 동산 문하에서 존경하

---

1) "師與洞山行脚時, 到寺裏, 洞山坐禪, 師师一向睡. 洞山心悶喚師, 師應喏. 洞山云, 上座還會摩. 師曰, 不会. 洞山云, 既不會作摩生睡. 師云, 會底人還睡也無. 洞山不語. 師曰, 一条繩子自繫."(Ⅱ. p.48) 또한 본 제3절은 졸고, 「中國 初期 曹洞禪의 몇 가지 問題」(『印佛硏』 제32권 제1호, 1983년 12월)를 전면 개정한 것이다.

여 불러 준 말이었다. 조동종의 종풍은 동산뿐만이 아니라 신산을 가미한 형태로서 동산 문하로 계승되어 있다고 간주되는데, 그렇다면 동산 문하를 대표하는 사람은 누구일까. 조동종 교단에 끼친 영향이 큰 사람부터 말하자면 雲居道膺과 曹山本寂이 두 神足이라는 점은 틀림없다.

다음으로 운거와 조산의 전기를 비교하면서 간단하게 서술해 보고자 한다.[2] 다만 운거도응은 天復 2년(902) 정월 3일에 시적했다는 것은 알려져 있지만, 세수와 법랍은 전해지지 않는다. 운거는 28세 무렵에 동산에게 참문한 것으로 보이는데, 宇井伯壽는 운거의 일생을 830~902년으로 추정한다. 그러면서도 宇井伯壽說은 신풍산과 동산을 별도의 장소로 하여 고찰한 것이므로 동산에 참문했던 시기가 약간 이르다는 것은 확실하다. 필자도 당연히 大中 9년(855) 28세 무렵에 동산에게 참문했다고 수정하고자 한다. 따라서 세수 75세이고, 승랍 50세로서 828~902년의 일생으로 간주된다.[3] 이 추측에 기초하여 운거의 전기를 검토해 보기로 한다.

운거도응은 太和 2년(828)에 幽州 薊門玉田(하북성 津海道 玉田縣)의 王氏로 태어났다. 조산본적은 그 12년 이후인 開成 5년(840)에 泉州 莆田縣(복건성 廈門道 莆田縣)에서 黃氏로 태어났다. 운거의 출생은

---

2) 雲居道膺의 전기자료는 『조당집』 권8, 『송전』 권12, 『전등록』 권17, 『선림승보전』 권6을 기본으로 한다. 조산본적의 전기자료는 『조당집』 권8, 『송전』 권13, 『전등록』 권17, 『선림승보전』 권1을 기본자료로 한다. 전기의 연구로는 宇井伯壽, 『第三禪宗史硏究』에 수록된 내용 및 졸고, 「雲居山과 雲居道膺-中國 初期曹洞宗의 集團動向을 考慮하여-」(『宗敎學論集』 제10집, 1980년 12월) 등이 있다.
3) 필자도 위의 주석에서 언급한 논문에서는 宇井伯壽說을 따랐는데, 宇井伯壽說에서 말하는 洞山을 參學했던 시기가 이른 시기였다는 것이 확실하기 때문에 일단은 추정으로 논을 진행시키고자 한다. 大中 9년이란 양개가 신풍산에 들어갔다고 간주되는 대중 6년보다 3년 뒤로서, 대중 9년 이전에 이미 설봉의존이 동산에게 참문했다는 사실이 『雪峰眞覺大師年譜』를 통해서 확실하기 때문에 양개의 존재는 세상에 알려져 있었다고 이해하고자 한다.

약산유엄이 시적한 이듬해에 해당하고, 조산의 출생은 운암담성이 시적하기 일 년 전에 해당한다. 각각의 출생 연도는 동산이 22세 및 34세 때에 해당한다. 『선림승보전』 권1에서는 조산의 別諱(別諱가 『從容錄』 제52칙에는 諡號로 표기되어 있다)를 耽章이라고 기록하고 있다. 운거는 회창파불 이전의 開成 2년(837) 10세 무렵에 고향인 幽州의 延壽寺에서 출가하였고, 파불 이후 大中 6년(852) 25세 때에 구족계를 받았다. 그해는 양개가 신풍동에 들어갔던 무렵이다. 운거가 계율을 익혔던 유주는 앞의 동산의 전기에서도 서술했듯이 파불의 영향이 적었던 河北三鎭 가운데 한 곳이었다.

조산은 어려서 九經을 익혔다. 당시에 泉州는 당말의 전란을 피하여 儒者들이 모여들어서 小稷下라고 불릴 정도로 유교가 전성하였다. 조산이 유교를 익혀서 큰 영향을 받았다는 것은 후에 五位思想의 創唱과 관련하여 중요한 요소가 되었다. 이윽고 출가를 희망하여 大中 12년(858) 19세 때에 부모의 허가를 얻어 福州 福淸縣 淸元里의 靈石山 翠(碎)石院에서 출가하였다.[4] 咸通 5년(864) 25세 때에 구족계를 받았다. 운거와 조산은 같은 25세에 구족계를 받았지만, 각각 수계를 받았을 때 스승인 동산의 나이는 46세와 58세에 해당한다.

운거는 소승계를 익혔지만, 인간의 근본적인 본질을 구속하는 것이라고 생각하여 포기하기에 이른다. 그리고 유행하여 長安의 終南山에 있는 翠微院에서 우선 丹霞天然(739~824)의 제자인 廣照大師 無學에게 참문하였다. 그 밑에서 3년 동안 있으면서 석실에서 宴坐하고 있

---

4) 『淳熙三山志』 권36의 「靈石俱胝院」의 항목 및 『조당집』 권19의 觀和尙章(V. p.103) 또한 『순희삼산지』에 의하면 元修(?~887)가 무종시대에 열었던 암자로서, 조산은 원수 밑에서 출가했다는 것이 된다.

었을 때 이상한 모습을 한 두 관리가 나타나서 남방의 奇人을 찾아가라고 권유했다고 전해진다. 머지않아 홍주에서 온 승으로부터 동산양개의 선이 왕성하다는 말을 들었기 때문에, 운거는 그 부사의한 기연을 따라서 동산을 찾아가게 되었다. 위에서 추측해 보았듯이 大中 9년 (855) 28세 무렵으로서 동산양개 49세 무렵에 해당한다. 덧붙여서 말하자면 동산 문하의 龍牙居遁은 대중 8년에 수계한 이후 翠微無學에게 먼저 참문하였다.

조산은 수계한 이후 福州의 怡山大安(793~883)과 황벽희운 문하로서 당시에 복주의 黃檗寺에 주석하고 있던 복주의 烏石靈觀에게 참문하였다. 위산에 있었던 대안이 李景讓의 아우인 관찰사 李景溫에게 초빙되어 怡山에 주석한 것은 咸通 8년(867)의 일이었으므로, 조산이 동산을 찾아간 것은 동산이 시적하기 2년 전으로서 함통 8년 28세 무렵이고, 동산 61세에 해당한다.[5]

운거와 조산이 같은 28세의 나이에 동산에게 참문한 것이 되는데, 각각 처음으로 동산을 친견했을 때의 문답이 언뜻 보기에는 대단히 유사하지만, 『조당집』에서는 분명하게 차이를 강조하고 있다. 또한 뒤에서 서술하듯이 실제로 교단에서의 입장은 큰 차이가 있었다. 다음으로 운거장과 조산장을 대조해 보기로 한다.

동산이 운거에게 물었다. "그대의 이름은 무엇인가." 운거가 이름을 아무개라고 답하였다. 동산이 말했다. "향상의 입장에서 다시 말해

---

5) 『淳熙三山志』 권21에는 李景溫이 咸通 4년에 관찰사가 되었다는 舊記錄을 오류라고 하였고, 同書 권34 「西禪寺」의 항목에는 함통 8년에는 大安이 怡山으로 왔음을 기록하고 있다. 『唐方鎭年表』 권6에도 함통 8년으로 기록하고 있다. 이제 여기에서는 이 설을 따르는데, 가령 大安과 曹山의 만남이 이른 시기였다고 해도 함통 6년(865) 무렵이다.

보라." 운거가 말했다. "향상의 입장에서 말하자면 곧 아무개라고도 말할 수가 없습니다." 동산이 말했다. "내가 운암에 있었을 때의 답변과 조금도 다르지 않군."[6]

동산이 조산에게 물었다. "그대의 이름은 무엇인가." 조산이 말했다. "아무개라고 합니다." 동산이 말했다. "향상의 입장에서 다시 말해 보라." 조산이 말했다. "말할 수 없습니다." 동산이 물었다. "어째서 말할 수 없다는 것인가." 조산이 말했다. "아무개라고도 말할 수가 없기 때문입니다." 동산은 조산을 法器로 깊이 인정하였다.[7]

운거와 조산의 답변에 차이가 있다는 것보다도 운거의 답변을 동산과 그 스승인 운암의 관계에 비교하고 있는 점에 주목할 가치가 있다. 운암이 강조된 이유와 운암선과 남전선의 차이에 대해서는 뒤에 고찰하기로 한다.

그런데 조산에게는 동산을 처음 친견했을 때의 다른 문답이 『조당집』 권19의 觀和尙章에 있는데, 바로 이 경우가 행장과 일치한다.

조산이 동산에 도착하였다. 동산이 물었다. "근래에 어디에서 왔는가." 조산이 말했다. "근래에 閩中에서 왔습니다." 동산이 물었다. "어떤 불법의 기연이 있었던가." 조산이 말했다. "제가 西院大安에게 〈어떤 것이 대인의 형상입니까.〉라고 묻자, 서원대안은 〈三藏을 안치할 때가 되면 대인상이 있게 된다.〉고 말했습니다."

그러자 동산은 서원대안이 주석하고 있는 방향을 향하여 합장을 하고 말했다. "훌륭한 선지식이다." 그리고 동산이 다시 말했다. "내가 행각하던 차에 남전을 친견했을 때 남전에게도 이 기연과 동일한 것

---

[6] "洞山問, 闍梨名什摩. 師稱名專甲. 洞山云, 向上更道. 師云, 向上道則不名專甲. 洞山云, 如吾在云岩時祇待無異."(Ⅱ. p.117).
[7] "洞山問, 闍梨名什摩. 對曰, 專甲, 洞山云, 向上更道. 師云, 不道. 洞山曰, 爲什摩不道. 師云, 不名專甲. 洞山深器之."(Ⅱ. p.129).

이 있었다. 어떤 승이 〈어떤 것이 대인의 형상입니까.〉라고 묻자, 남전은 〈王老師가 세 살 때에는 대인상이 있었지만 지금은 없어졌다.〉고 말했다."

동산이 다시 조산에게 물었다. "어디 출신인가." 조산이 말했다. "포전현 출신입니다." 동산이 물었다. "어디에서 출가하였는가." 조산이 말했다. "복주의 碎石院입니다." 동산이 물었다. "碎石院은 黃檗寺와 가까운 곳인데 그대는 황벽사에 가 본 적이 있는가." 조산이 말했다. "황벽사에 가 본 적이 있습니다." 동산이 물었다. "거기에는 어떤 불법의 기연이 있던가." 조산이 말했다. "제가 〈어떤 것이 비로자나법신불의 주인공일까.〉라고 자문했을 때, 黃檗靈觀이 〈내가 만약 그대한테 말해 준다면 그것은 곧 다른 것이 되어 버리고 만다.〉고 말했습니다." 동산은 조산의 그 말을 듣더니 곧 합장하고 말했다. "그대가 古佛을 친견한 것은 그런대로 괜찮지만, 아직 질문 하나가 부족할 뿐이다."

그러자 조산이 예배를 드리고는 바로 황벽영관에게 어떤 질문의 말을 해야 할지 청하였다. 조산이 재삼 간절하게 물었는데, 그 세 번째에 이르러 이윽고 황벽영관에게 질문해야 할 말을 들을 수가 있었다.

조산은 고개를 넘어서 황벽영관에게 참문하여 이전의 일을 말씀드리고는 물었다. "어째서 일부러 말씀해 주지 않은 것입니까." 황벽영관이 말했다. "만약 내가 말해 주지 않았다고 말한다면 곧 내 입을 더럽히게 될 것이고, 만약 내가 말해 주었다고 말한다면 곧 내 혓바닥을 꼬이게 만들어 버리고 말 것이다."

조산은 곧 동산에게 돌아와서 자세하게 그 일을 말했다. 그러자 동산이 조산의 손을 잡고 등을 쓰다듬어 주면서 말했다. "그대에게는 잘 다듬으면 큰 法器가 될 소질이 충분히 있다." 그리고 동산은 곧 좌상에서 내려오더니 황벽영관이 있는 곳을 향하여 합장하고 말했다. "古佛이로다. 참으로 古佛이로다."[8]

---

8) "曹山到洞山. 洞山問, 近離什摩處. 對云, 近離閩中. 洞山云, 有什摩佛法因緣. 對云, 某甲問西院, 如何是大人相. 西院云, 安三藏時則有. 洞山向西院合掌云, 作家. 洞山又云, 某甲行脚時, 遇着南泉. 南泉也有似這個因緣. 有僧問, 如何是大人

이 일화에는 동산이 일찍이 남전 밑에서 경험했던 젊은 날의 자신을 떠올리면서 조산에게도 동일하게 기대하는 모습이 보이는데, 만년의 동산과 젊은 조산의 일화로 이해된다. 그리고 이 일화에 의하면 조산의 역량은 미지수로서, 조산이 동산 문하를 참문한 후에, 다시 복주의 황벽사에 주석했던 영관의 처소로 돌아갔다가, 또 다시 동산으로 돌아왔다고 말하고 있다.

조산이 대오한 기연은 결코 드러난 것이 없지만, 운거에 대해서는 다음과 같은 일화가 전해지고 있다.

> 동산이 다시 운거에게 물었다. "나는 남악혜사 대화상이 일본에서 聖德太子로 환생하였다고 들었는데, 그것이 거짓인가 진실인가." 운거가 말했다. "만약 혜사대화상이라면 부처도 또한 되지 못했는데 하물며 국왕이 되었겠습니까." 이에 동산이 묵묵히 운거를 인정하였다.[9]

『선림승보전』에서만 사법한 이후에 운거가 洞山 留雲峰의 깊은 곳으로 들어가서 암자를 짓고,[10] 매월 한 차례씩 양개에게 점검을 받으러

相. 南泉答曰, 王老師三藏時則有, 如今無. 洞山又問, 什摩處人. 對云, 莆田縣人. 洞山云, 什摩處出家. 對云, 碎石院. 山云, 碎石院近黃檗, 儞曾到不. 對云, 曾到. 洞山云, 有什摩佛法因緣. 對云, 某甲問, 如何是毗盧師法身主. 云, 我若向儞道, 則別更有也. 洞山聞此語, 便合掌云, 儞見古佛, 雖然如此, 只缺一問. 曹山禮拜, 便請問頭. 曹山再三, 苦切問三度, 方得問頭. 入嶺參師, 擧前話, 進問, 爲什摩故不道. 師云, 若道我不道, 則噁却我口, 若道我道, 則秃却我舌. 曹山便歸洞山, 具陳前事. 洞山執手撫背云, 汝甚有雕琢之分. 便下牀, 向黃檗合掌云, 古佛古佛."(V. pp.103~104).

9) "洞山又問師, 我聞思大和尙向, 倭国作王, 虛, 實. 師云, 若是思大, 佛亦不作, 豈況国王乎. 洞山嘿然許之."(Ⅱ. p.118).

10) 宇井伯壽說은 '설봉에 머물렀다.(留雪峰)'고 해석하였는데, 필자도 졸고, 「雲居山과 雲居道膺-中國 初期 曹洞宗의 集團動向을 考慮하여-」(『宗敎學論集』제10집, 1980년 12월)에서는 이 설을 따랐지만 '留雲峰'의 誤記이다. 眞淨克文(1025~1102)은 시적한 후에 늑담의 寶蓮峰(獨秀峰) 아래와 동산의 留雲洞의 북쪽에 탑이 건립되고 영골이 안치되었다. 졸고, 「眞淨克文의 인물과 사상」(『駒澤大學佛

방문했지만, 양개는 아직 운거가 번뇌를 다 단절하지 못하였기 때문에 도를 추구하기 위한 장애물이 된다고 꾸짖고는 그 암자를 불태웠던 사건을 기록하고 있다.[11] 그 일화는 운거의 원숙함을 인정하지 않음과 동시에 獨覺에 대한 경계이기도 하였다.

宇井伯壽說은 운거가 암자를 지었던 留雲峰의 장소와 처음에 주석했던 三峰山이 분명하지 않았기 때문에, 운거가 동산의 시적 이전에 떠났다고 간주하였지만 그것은 좀 더 검토해 보아야 할 문제이다.

『조당집』,『송전』,『전등록』은 모두 운거가 삼봉산에 주석했다고 전한다. 三峰이라는 명칭의 산은 많이 있지만, 宴殊가 찬술한『雲居山重修眞如禪院碑記』에서 운거에 대하여 '처음에 廬陵에 주석하였는데, 교화가 갈수록 더욱더 왕성하였다.'[자료 2]라고 기록하고 있으므로 강서성의 여릉에 한정시킬 수가 있는데, 廬陵道 新淦縣 동쪽 50리에 삼봉산이 있다. 그곳이 운거가 주석했던 삼봉산이라는 흥미로운 기록을『전등록』권16의 撫州 黃山月輪(859~926) 章에서도 확인할 수가 있다.

> 무주 황산월륜선사는 福州의 福唐 출신으로 성은 許氏이다. 지학의 나이에 고향에 있는 황벽산사로 가서 영관선사에게 나아가서 교법을 받고 계법을 갖추었으며, 마침내 塗水로 가서 삼봉화상을 친견하였다. 비록 문답에 조리가 있었지만 아직 기연이 계합되지 못하여, 夾山 善會의 교화가 왕성하다는 말을 듣고 그곳으로 찾아갔다.[12]

教學部硏究紀要』제34호, 1976년 3월).
11) 『禪林僧寶傳』권6 "容以為入室. 膺深入留雲峯之後, 結庵而居, 月一來謁价. 价呵其未忘情, 於道為雜, 乃焚其庵."(東洋文庫所藏五山版-29丁右).
12) "撫州黃山月輪禪師, 福州福唐人也. 姓許氏. 志學之歲, 詣本郡黃檗山寺, 投觀禪師稟敎. 及圓戒品, 遂遊方, 抵塗水, 謁三峯和尚. 雖問答有序, 而機緣靡契. 尋聞夾山盛化乃往叩之."(四部叢刊本-19丁右).

塗水는 常州의 天寧寺本에는 淦水라고 되어 있지만, 같은 장소이다.[13] 조산이 황벽사의 영관과 동산을 왕복하고 있던 무렵의 咸通 9년(868)에 15세의 월륜은 황벽사의 영관 밑에서 출가하였다. 월륜은 同光 3년(925) 12월 26일(926년 1월 13일)에 승랍 53세로 시적하였기 때문에, 함통 13년(872)에 복주에서 구족계를 받고, 바로 塗水로 가서 삼봉화상을 친견하였지만 기연이 맞지 않아서 함통 11년(870)부터 夾山에서 활약하고 있던 善會(805~881)를 찾아가게 된다. 당시에 塗水의 삼봉화상이라면 바로 道膺을 가리키기 때문에, 월륜과 도응의 만남은 함통 14년(873) 무렵으로 간주된다.

뒤에서 서술하듯이 도응이 운거산에 들어간 것은 中和 3년(883)이고, 도응이 삼봉산에 주석한 것은 『조당집』, 『송전』, 『전등록』에서 모두 出世로부터 30년이 되어 시적하였다고 기록하고 있으므로, 天復 2년(902) 1월 3일부터 계산하여 만 30년 이전에 해당하는 함통 12년(871) 무렵으로 간주된다. 양개가 시적한 함통 10년으로부터 2년 이후의 일이므로 당연히 탈상한 이후의 일로 간주해도 좋을 것이다. 삼봉산에 주석한 시대는 13년에 이르는데, 「碑記」에서 '교화가 갈수록 더욱더 왕성하였다.'는 표현은 도응의 전기가 새롭게 알려진 측면이라고 말할 수가 있다. 다만 그 지역은 당시에 王仙芝의 반란으로 인하여 세상이 안정되지 못한 상태였다.

운거는 동산이 나이 28세에 참문하여 동산이 시적한 때, 곧 운거의 나이 42세까지 사사하여 동산 교단을 유지하고 탈상한 44세까지 있었기 때문에 동산에는 17년 동안 머물렀다. 이에 『전등록』에서 말한 '室中의 우두머리 領袖'의 입장이었다.

---

13) 鈴木哲雄, 『唐五代의 禪宗』, p.240.

조산은 위에서 말한 것처럼 동산가 황벽을 왕복하였는데, 동산이 시적할 때까지는 사사하지 못하였다. 『조당집』 권8에는 다음과 같은 기록이 전한다.

> 어느 날 조산이 동산에게 하직 인사를 드리러 찾아갔다. 동산이 물었다. "어디로 가려는가." 조산이 말했다. "變異가 없는 곳으로 가려고 합니다." 동산이 물었다. "변이가 없는 곳이라면 어떻게 간다는 것이 있을 수 있겠는가." 조산이 말했다. "간다는 것도 또한 변이가 없는 것입니다."[14]

『송전』에서는 조산이 동산 문하에 있었던 모습에 대하여 "본적은 대중에 처해 있으면서 어리숙한 모습으로 지냈다. 말을 할 경우에도 어눌하게 하였다."고 서술하여, 운거와 같은 교단의 영수로서의 존재는 아니었음을 기록하고 있다. 동산을 떠난 것이 동산이 시적한 해라고 해도 조산의 나이 30세 때이므로, 조산이 동산에게 사사한 기간은 기껏해야 2년이다. 본적이 주석했던 사찰의 위치와 시기와 기간은 복잡한 문제가 관련되어 있어 분명하지 않은 부분이 많다. 曹山과 荷玉山, 曹山寶積寺와 曹山崇壽院이 각각 별개의 존재인가 혹 동일한 존재인가 하는 점이다.[15] 일단 하옥산 조산사→하옥산 조산숭수원→조산보적선원 등으로 동일한 장소가 개명된 것으로 간주하고 이하에서 논의를 진행하

---

14) "因一日辭去. 洞山問, 什摩處去. 師曰, 不變異處去. 洞山曰, 不變異處,去豈有去也. 師云, 去亦不變異."(Ⅱ. p.129).
15) 鈴木哲雄 박사는 同書, p.258 이하에서 荷玉山과 曹山의 관계를 荷玉山曹山寺로 보고 동일한 장소로 간주하고 있다. 이에 曹山寺가 崇壽院이었다고 해도 좋겠지만 지금의 장소로는 그것이 동일한 사찰인지 아닌지 분명하지 않다. 曹山寶積禪院은 大中祥符 2년(1009)에 개명된 것으로 寺事은 강서성 宜黃縣 鳳崗人民公社陳坊橋大隊에 있다. 永井政之, 「曹山의 역사를 둘러싼 제문제」(『宗教學論集』 제11집, 1982년 12월).

고자 한다.

조산본적은 동산 문하를 떠나서 曹溪로 갔다고 『선림승보전』 권1에서는 다음과 같이 전한다.

> 黎明과 (耽)章은 동산을 떠나 조계로 가서 조사의 탑에 예배하였다. 螺川으로부터 돌아와서 臨川에 머물렀다. 아름다운 山水가 있었기 때문에 그곳을 거주처로 정했다. 六祖를 志慕함으로써 이에 산을 이름하여 曹라 하였다.[16]

조산본적이 주석했던 산이 조산이라고 이름 붙은 것은 조계를 사모했기 때문이라고 한다. 다만 조계를 사모했던 사람으로 仰山慧寂이 있는데, 그것은 本寂과 慧寂이 혼동된 것으로 보인다. 여기에서 각범이 고의적으로 조계혜능을 끌어들인 것은 당연히 운거 계통에다 正系意識의 출현을 고려한 것이었다. 조산은 사실 동산 문하를 대표하고 있다. 그렇다면 본적은 언제 조산에 들어간 것일까. 『조당집』에서는 "처음에는 조산에 주석하였고, 나중에는 하옥산에 머물렀다."고 두 곳에 대한 설명을 하여, "이와 같은 두 곳의 법석에서 지낸 것이 합쳐서 20년이다. 참여한 대중이 동안거와 하안거의 경우 2백 명 및 3백 명이 넘었다."고 전한다. 하옥산 조산사의 발전은 種傳이 홍주를 지배한 시기와 겹쳐서 만년의 20년으로 간주되는데, 곧 中和 2년(882) 43세 무렵부터 天復 원년(901) 윤 6월 16일에 시적할 때까지로 보인다.

도응은 『雲居山志』 권7의 紹定 6년(1233) 3월 3일에 張大猷가 찬술한 「雲居開山緣起說」에 의하면, 中和 3년(883)에 운거산에 들어가서 개

---

16) "黎明, 章出山, 造曹溪, 禮祖塔. 自螺川還止臨川. 有佳山水, 因定居焉. 以志慕六祖, 乃名山為曹."(東洋所藏五山版 상권-4丁右).

당설법을 했다고 전하므로, 삼봉산에는 13년 동안 주석한 셈이 된다. 삼봉산을 떠난 도응은 「碑記」에 의하면, 안휘성 池州로 초빙되어 가려고 하였지만, 南平王 種傳(?~906)의 요구에 따라서 洪州 建昌縣의 운거산에 주석하게 되었다. 池州는 남전산이 있는 지역으로 스승인 동산이 참학했던 곳이기도 하므로, 도응을 초빙했던 사람은 동산 문하의 종풍을 숭모했던 것으로 간주된다. 운거의 제자에 池州廣濟와 池州嵇山의 章이 있는 것이 참고가 된다. 도응은 20년 가까이 운거산에서 활약하여 천 명이 넘는 대중(『조당집』)을 거느렸다. 조산이 시적하고 반년 후, 天復 2년(902) 정월 3일 75세 무렵에 시적하였다.

도응이 운거에 진출하자 운거 문하는 洪州 및 廬山을 중심으로 발전하였고, 撫州 및 瑞州는 조산과 기타 동산 문하에 의하여 유지되고 발전되어 갔다. 동산 문하의 발전에 지역의 차이가 보이는데, 운거집단으로부터 동산 문하의 집단으로 진출한 것은 전혀 없다. 법안문익이 동산과 조산의 집단을 가리켜서 曹洞宗이라고 부른 것은 뒤에 서술하듯이 조산 계통의 선이 복건성 및 절강성의 선과 접촉함으로써 전파되었기 때문임에 틀림없다. 법안은 제1장 제5절에서 살펴보았듯이 조산에 주석하였다.

동산 문하의 전체적인 동향은 다음 절에서 검토하기로 하고, 이상으로 동산 교단에서 운거와 조산의 위치가 크게 달랐다는 것은 분명해졌기 때문에 이어서 동산의 종풍과 운거·조산의 종풍의 차이에 대하여 고찰해 보기로 한다.

동산의 종풍은 동산이 사사했던 남전보원과 운암담성을 수용했던 방식에 크게 좌우되어, 그것을 명확하게 짚어가는 것이 중요한 요소가 된다. 『조당집』 권6의 동산장에는 이 점을 대단히 잘 보여 주는 일화가 기록되어 있다.

> 어떤 승이 동산에게 물었다. "화상께서는 남전을 사사하셨습니다. 그런데 어떻게 운암을 위하여 재를 지내는 것입니까." 동산이 말했다. "나는 운암화상의 道德을 중요시하는 것이 아니고 또한 그 불법까지도 생각하지 않는다. 다만 운암화상이 나를 위하여 설해 주지 않은 점을 중요시하는 것이다."[17]

이 문답에 의하면, 동산은 남전과 운암의 평가에 대하여 네 가지 점에서 중요한 문제를 지적하고 있다. 첫째는 동산에게 남전은 사법할 만한 가치가 있는 중요한 선자였다고 동산 및 동산문하가 간주하고 있다. 둘째는 남전이 동산에게 법을 설해 주었다는 점에 대하여 긍정하지 않고 있다. 셋째는 운암이 동산에게 법을 설해 주지 않았다는 것에서 도리어 사법하였다. 넷째는 이 문제와 직접적으로 관련되지는 않지만, 동산의 제자인 운거와 조산을 관련하여 말하자면 운암과 운거 그리고 남전과 조산이 동산을 매개로 결부되는 思想史의 계보가 상정된다는 점이다.

첫째와 넷째에 대해서는 이미 동산·운거·조산의 전기를 통하여 고찰해 보았다. 둘째의 경우도 동산의 행장과 깊이 관련되어 있다. 남전이 동산에게 설해 주었다는 일화는 남전이 귀종을 위하여 設齋했을 때의 설법이다. 남전은 동산을 칭찬하여 "비록 어리기는 하지만 잘 다듬으면 쓸 만하겠구나."라고 말했다. 이 말을 들은 동산은 "무리하게 양민을 짓밟아서 천민으로 만들지 마십시오."라고 당돌하게 말하였다. 동산의 말은 '양민(玉)을 무리하게 천민(石)으로 만들지 마십시오.'라는 뜻이다.

---

17) "問, 師見南泉, 因什摩爲雲巖設齋. 師曰, 我不重他雲巖道德, 亦不爲佛法. 只重他不爲我說破."(Ⅱ. p.51).

본래의 옥은 강한 자각의 표현이다. 그럼에도 불구하고 남전이 동산의 가능성으로서 그 옥을 인정했다는 것은 根機를 단계적으로 설정한 것으로, 그 방법에 대하여 구체적으로 시사해 준 것이었다. 남전이 불법을 설해 주었다는 것은 교화에서 친절한 수단을 일러 준 것이다. 굳이 말하자면, 第二義門과 方便門을 강조하는 남전종풍의 일면이다. 이것은 동산의 경우, 자신의 근기가 성숙되지 않았던 시기에 수용했던 방식으로서 남전선을 더한층 이해할 수 있게 되었던 것이다. 그러나 남전선은 동산의 일생에 걸쳐서 깊이 영향을 끼쳤다.

셋째의 경우를 생각해 보자. 남전에 비하여 운암과 동산은 무정설법의 일화를 통하여 결부되어 있다. 동산의 원숙함을 기대했던 운암은 '바로 그 사람이다(只這个漢)'라고 설해 주려고 했지만, 동산은 설해 주는 것을 거부하였다. 그것이 물을 건너갈 때의 대오와 관계되어 있다. 그것은 過水偈에 이어서『조당집』권5의 拈評에서 분명하게 말해 주고 있다.

> 후에 어떤 사람이 동산에게 물었다. "운암화상이 말한 〈바로 그 사람이다(只這个漢).〉는 말은 무슨 뜻입니까." 동산이 말했다. "나도 처음에는 하마터면 잘못 이해할 뻔하였다."[18]

잘못 이해하지 않았다는 것은 운암의 접화가 철저하지 않은 방식에 의거해서 도리어 철저하게 되도록 도모하는 방식으로 드러나 있기 때문이다. 셋째의 경우는 같은『조당집』에 다음과 같이 나타나 있다.

> 운암을 위하여 재를 지내고 있을 때의 일이다. 어떤 사람이 동산에게 물었다. "화상께서는 운암의 처소에서 어떤 지시를 받았습니까." 동산

---

18) "後有人問洞山, 雲巖道, 只這个漢是, 意旨如何. 洞山云, 某甲當初洎錯承當."(Ⅱ. pp.15~16).

이 말했다. "나는 운암의 처소에 있었지만 운암의 지시를 받은 적이 없었다." 승이 물었다. "운암의 지시를 받지 않은 이상 또 재를 지내서 무엇을 하겠다는 것입니까." 동산이 말했다. "비록 운암의 지시를 받지는 않았을지라도 감히 운암을 저버려서는 안 된다."

또 다른 재를 지낼 때의 일이다. 승이 동산에게 물었다. "화상께서 운암을 위해 재를 지내는 것은 도대체 운암을 인정해서 그런 것입니까." 동산이 말했다. "반은 인정하고 반은 인정하지 않는다." 승이 물었다. "어째서 전부를 인정하지 않는 것입니까." 동산이 말했다. "만약 전부를 인정하면 곧 운암을 저버리는 것이 된다." 〈이 일화를 꺼내서 어떤 승이 安國에게 물었다. "전부를 인정하는 것이 어째서 저버리는 것이 된다는 것입니까." 안국이 말했다. "비록 금가루가 귀하다지만…" 白蓮(省僜)이 말했다. "아들을 아버지로 인정해서는 안 된다."〉[19]

전면적으로 동산이 운암을 인정하는 것은 곧 스승을 저버리는 것이다. '바로 그 사람이다(只這个漢)'라고 말하는 것은 어떤 것을 한정함으로써 곧 비논리적인 상황을 만들어 버린다.

이상과 같이 동산의 선이 남전선이 아닌 운암선을 계승한 것이라면 이제 구체적인 설법으로 그 종풍을 고찰해 보기로 한다. 우선 대표적인 '洞山常切'의 일화가 『조당집』에 기록되어 있다.

> 어떤 승이 동산에게 물었다. "부처님의 세 가지 몸 가운데 어떤 몸이 개념에 떨어지지 않는 것입니까." 동산이 말했다. "나는 항상 여기에서 그 사람과 딱 부합되어 있다."[20]

---

19) "因雲巖齋, 有人問, 和尚於先師處, 得何指示. 師曰, 我雖在彼中, 不蒙他指示. 僧曰, 既不蒙他指示, 又用設齋作什摩. 師曰, 雖不蒙他指示, 亦不敢辜負他. 又設齋次, 問, 和尚設先師齋, 還有先師也無. 師曰, 半肯半不肯. 僧曰, 爲什摩不全肯. 師曰, 若全肯則辜負先師. 〈僧拈問安国, 全肯爲什摩却成辜負. 安国曰, 金屑雖貴. 白蓮云, 不可認兒作爺.〉"(Ⅱ. p.53).
20) "問, 三身中阿那个身, 不墮衆數. 師曰, 吾常於此切."(Ⅱ. p.53).

초경성등은 동산의 讚 가운데서 이 문답을 동산의 대표적인 문답으로 취급하고 있다. 다음으로 동산의 佛向上人에 대한 문답을 보자.

> 어떤 수행자가 동산에게 물었다. "주체와 객체가 없어질 경우에는 어떻습니까." 동산이 말했다. "입으로 말해 봐야 무슨 이익이 되겠는가. 입으로 하는 언설에 휘둘려 분별해서는 안 되는데, 바로 그렇게 되지 않으면 안 된다. 설사 그와 같이 되었다고 해도 그것은 부처의 주변사 밖에 되지 않는다." 납자가 나와서 물었다. "화상께 바라건대, 부처님 위에 있는 사람(佛向上人)에 대하여 지시해 주십시오." 동산이 말했다. "그는 부처님이 아니다."[21]

向上이라는 말은 현재 사용되고 있는 '상황 내지 정도가 위로 향하여 전진하는 것'이라는 의미가 아니라, 여기에서는 '그 위에'라는 의미의 속어이다. 결국 불향상인은 부처의 위를 향하여 超出하는 사람이므로 부처조차도 짓밟을 수가 없는 사람이다. 그것은 이미 부처도 아니라고 말하는 것이다. 법신조차도 짓밟아 버리지 않으면 안 된다고 하여 자기완성의 경지에도 안주해서는 안 된다. 그처럼 언제나 어디에서나 영원히 완성할 수가 없는 것을 위의 문답에서는 '切'이라고 말했다. 유일절대의 구극적인 가치를 揩定할 수 없어서 언어로 표현하여 '只這个漢'이라고 한 것이다. 그것은 획일화된 인간에게 현현하는 것이 아니라 가장 개성적인 존재방식으로 현현하는데, 그것이 바로 스승을 절반은 긍정하고 절반은 긍정하지 않는 당체인 것이다.

동산이 말한, 스승을 절반은 긍정하고 절반은 긍정하지 않는 사람이 운거에게 어떻게 계승되어 있을까. 『조당집』 권8의 龍牙居遁章을 살펴보

---

21) "問, 心法滅時如何. 師曰, 口里道得, 有什摩利益. 莫信口頭辨, 直得與摩去始得. 設使與摩去也是佛邊事. 学進曰, 請師指示个佛向上人. 師曰, 非佛."(Ⅱ. p.67).

기로 한다.

> 운거가 동산에게 물었다. "달마가 중국에 온 의도는 무엇입니까." 동산이 말했다. "만약 어떤 사람이 그대한테 묻는다면 그대는 뭐라고 말할 것인가." 운거가 말했다. "제가 잘못했습니다."
> 어떤 승이 이 일화를 꺼내어 용아에게 물었다. "동산은 도대체 답변을 한 것입니까." 용아가 말했다. "동산도 말하지 않았고, 운거조차도 말하지 않았다." 승이 나와서 물었다. "운거가 답변도 하지 않았는데 어떻게 지도자가 된 것입니까." 용아가 말했다. "동산의 가르침을 체득했기 때문이다." 승이 물었다. "동산이 뭐라고 말했습니까." 용아가 말했다. "운거가 들었던 바로 그것이다." 그리고는 다시 말했다. "그것은 육신 그대로 성불한 사람의 말이다."[22]

운거가 체득하지 못함(未得)이야말로 바로 동산의 意旨를 體得했다는 것을 가리킨다. 더욱이 동산의 경우에 말하지 않음(未道)도 知解로 만족하는 해답을 보여 준 것이 아니라는 것을 가리킨다. 그것이 육신성불이라는 말이다. 육신성불이라는 말은 육신성불한 사람이어야 비로소 들을 수가 있다. 이 육체를 가지고 있으면서 그대로 성불했다는 '육신성불'이라는 표현은 선 그 자체를 단적으로 나타낸 훌륭한 언어라고 말할 수가 있다.

동산의 종풍이 '佛向上'에 있다고 하면 교화수단으로서 방편의 활용을 본래는 좋아하지 않았다는 것인데, 그것은 방편을 본래 활용할 필요조차 없었을 것이다. 적어도 동산의 종풍의 중심이 五位思想에 있었

---

22) "雲居問洞山, 如何是祖師意旨. 洞山答曰, 忽有人問闍梨, 闍梨作摩生道. 雲居曰, 某甲罪過. 有僧持此語問師, 洞山還道得也無. 師曰, 洞山未道, 雲居也未得. 進曰, 既是未得, 因什摩喚作雲居. 云, 体得洞山意. 云, 洞山道什摩. 師云, 雲居聞底. 又師云, 此是肉身成佛语."(Ⅱ. pp.153~154).

다고는 간주되지 않는다. 특히 『조당집』에서는 체계화된 오위를 전하고 있지 않다. 그러나 대집단이라면 교화하는 데에 수단을 활용하지 않을 수 없는 측면이 발생한다. 동산의 종풍이 오위가 없었다면 어떤 종풍이었을까. 『조당집』에서는 동산-운거의 종풍이 일단은 '三路' 및 '刮骨禪'으로 강조되어 있다. 『조당집』 권6의 동산장에 보이는 展手·鳥道·玄路의 三路에 대하여 살펴보자.

> 동산이 시중설법을 하였다. "이타를 위하여 손을 펼쳐 불법을 배우고, 깨달음에 흔적을 남기지 않기를 마치 새가 날아가는 길처럼 배우며, 상대를 공하게 하기를 마치 어두운 길을 걸어가듯이 배워야 한다." 寶壽는 그 설법을 인정하지 않고 법당 밖으로 나와서 말했다. "저 화상은 무슨 일이 있어서 허둥지둥하는 것인가." 운거는 곧 화상이 있는 곳으로 가서 동산에게 물었다. "화상께서 그렇게 말씀하셨는데, 그것을 인정하지 않는 자가 한 사람 있습니다." 동산이 말했다. "인정하는 자를 위해서 설법한 것이었지, 인정하지 않는 자를 위한 설법이 아니다. 인정하지 않는 자가 있거든 그를 데려 오라. 내가 만나 보고 싶다." 운거가 말했다. "인정하지 않는 자는 없습니다." 동산이 말했다. "그대가 말하지 않았던가. 〈인정하지 않는 자가 한 사람 있다.〉고. 어째서 그렇게 〈인정하지 않는 자가 없다.〉고 새삼스럽게 말했는가. 다시 말해 보라." 운거가 말했다. "데려오면 곧 인정하게 될 것이기 때문입니다." 동산이 말했다. "모든 것이 분명해졌다. 인정하는 것이 있으면 곧 인정하지 않는다고 말하고, 나가는 것이 있으면 곧 나가지 않는다고 말한다."[23]

---

23) "師示衆曰, 展手而学, 鳥道而学, 玄路而学, 寶壽不肯出法堂外道, 這老和尚有什摩事急. 雲居便去和尚處問, 和尚與摩道, 有一人不肯. 師曰, 爲肯者說, 不爲不肯底. 只如不肯底人, 教伊出頭來. 我要見. 居云, 無不肯底. 師曰, 闍梨適來道, 有一人不肯. 因什摩道無不肯, 更道. 居云, 出來則肯也. 師曰, 灼然. 肯則不肯, 出則不出."(Ⅱ. pp.64~65).

寶壽는 임제문하의 寶壽沼를 가리키는 것으로 보인다. 동산과 운거는 이 문답에서 불향상인으로서 보수소를 인정하고, 또한 동산과 운거의 종풍이 불향상인에 있음을 확실하게 말해 주고 있다. 展手·鳥道·玄路의 三路라 해도 절대구극의 존재로 보는 차원을 엄격하게 거부하여, 절대구극의 가치를 措定하지 않고 있음을 敎導하기 위하여 삼로가 설해진 것이다. 삼로 가운데서도 특히 조도가 많이 설해져서 깨달음의 흔적을 남겨 두지 않는 자유자재한 존재방식이 동산의 종풍으로서 존중되었다.[24]

다음으로 '刮骨禪'에 대하여 『조당집』 권6의 동산장을 통해서 소개해 보기로 한다.

> 동산이 시중설법을 하였다. "제방에서는 사람들을 놀래키는 언설로 설법을 하고 있지만, 우리 선원에서는 뼈를 깎아 내는 언설이 있을 뿐이다."
> 어느 때 한 승이 동산에게 물었다. "소문에 의하면 화상께서는 〈제방에서는 사람들을 놀래키는 언설로 설법을 하고 있지만, 우리 선원에서는 뼈를 깎아내는 언설이 있을 뿐이다.〉라고 말했다고 들었는데, 사실입니까." 동산이 말했다. "그렇다. 하나의 뼈를 가지고 오라. 그러면 내가 그대를 위해 깎아 주겠다."
> 승이 말했다. "모든 곳에서 제발 깎아 주십시오." 동산이 말했다. "깎아주지 않겠다." 승이 물었다. "훌륭한 손재주를 가지고 있으면서 어째서 깎아 주지 않는 것입니까." 동산이 말했다. "그대도 알고 있을 것

---

24) 『조당집』 권6의 동산장의 "問. 承和尚有言, 敎人行鳥道, 未審如何是鳥道. 師曰, 不逢一人. 僧曰, 如何是行. 師曰, 足下無絲去. 僧曰, 莫是本來人也無. 師曰, 闍梨因什摩顚倒. 僧云, 学人有何顚倒. 師曰, 若不顚倒, 儞因什摩認奴作郞. 僧曰, 如何是本來人. 師曰, 不行鳥道."(Ⅱ. p.84) 및 권8(Ⅱ. p.154); 권9(Ⅲ. p.15) 등에도 문답이 기록되어 있다.

이다. 〈名醫는 손을 쓰지 않는다〉는 말을."²⁵⁾

괄골선에 대해서는 운거도 계승하고 있음을 알 수가 있다. 『조당집』 권8의 운거장에서는 다음과 같은 문답을 전하고 있다.

어떤 승이 운거에게 물었다. "동산화상은 〈우리 선원에서는 뼈를 깎아내는 선이 있을 뿐이다.〉라고 말했습니다. 육체가 空한데 어떻게 깎는단 말입니까." 운거가 말했다. "바로 깎아 내야 한다." 승이 물었다. "골수가 공한에 어떻게 깎는단 말입니까." 운거가 말했다. "그렇기 때문에 깎아 줄 수가 있다." 승이 물었다. "깎은 후에는 어찌 되는 것입니까." 운거가 말했다. "곧장 뼈와 골수가 없어진다."²⁶⁾

동산은 刮骨이라고 말했지만, 刮이란 무한히 空해지는 것으로서 결국은 不刮임을 서술하고 있다. 동산이 對比시켜서 비판한 '驚人之句'란 언뜻 보자면 정말로 효과적인 수단으로 보인다. 그렇지만 眞實味가 없는 기관에 떨어진 句가 되어 버려 소위 허세만 부리는 말 및 엄포만 놓는 말이 되어 버렸다. 그에 반하여 동산은 知識·分別·言語라는 毒이 골수까지 침범되어 있는 진실한 존재양상에 대하여 골수까지 깎아서 올바른 상태로 되돌려 놓으려는 것이었다. 그러나 독에 의해서 침범되었다고 간주되는 골수도 어디까지나 본래 공한 것이기 때문에, 설령 깎

---

25) "師示衆云, 諸方有驚人之句, 我這里有刮骨之言. 時有人問, 承和尚有言, 諸方有驚人之句, 我這裏有刮骨之言. 豈不是. 師曰, 是也. 將來與儞刮. 僧曰, 四方八面, 請師刮. 師曰, 不刮. 僧曰, 幸是好手, 爲什摩不刮. 師曰, 汝不見道, 世医拱手."(Ⅱ. pp.63~64). 이 문제에 대해서는 柳田聖山 교수의 「名醫는 손을 쓰지 않는다」(『純禪의 時代』 수록, 전게서)는 글에 해설이 있다. 또한 이 문답에 이어서 雲門과 西峰의 拈弄이 있지만, 柳田聖山 교수는 雲門은 雲居의 誤記일 것으로 추정한다.

26) "問, 古人道, 我這裏有刮骨禅. 身也無如何刮. 師云, 直須刮. 僧曰, 髓也無如何刮. 師云, 始得刮. 僧曰, 刮後如何. 師云, 則非骨髓."(Ⅱ. p.125).

아 낸다고 말해도 자기의 진실한 존재방식을 자각시키는 것에 해당한다. 그것이 바로 깎아 내지 않는다(不刮)는 의미로서, 三代에 걸친 名醫의 방법 곧 명의는 손을 대지 않는다고 말하는 것이다. 운거는 공하기 때문에 바로 지속적인 수행의 필요성을 설하였는데, 이것은 대승불교의 경우에 반야의 실천과 무아행의 실천을 선이 이와 같은 형태로 정착시켜 나아간 것이었다.

三路와 刮骨禪은 결국 동일한 것을 다른 말로 표현한 것이다. 동산-운거의 종풍이 남전선이 아니라 운암선의 계승임을 강조하려고 했던 것도 동산의 말처럼 깨달음에 안주하려는 사람에 대한 철저한 거부의 성격이 있었기 때문이다. 곧 동산이 언설로 표현한 '佛向上人'의 추구였다. 『조당집』권8에 있는 운거의 문답을 통해서 이제 한 가지 확실하게 해 두고자 한다.

> 어떤 승이 운거에게 물었다. "철저하게 자기를 긍정한 사람과 철저하게 자기를 부정한 사람은 같습니까. 다릅니까." 운거가 말했다. "다른 사람이다." 승이 물었다. "어느 쪽이 가볍고 어느 쪽이 무겁습니까." 운거가 말했다. "철저하게 자기를 긍정한 사람이 무겁고 철저하게 자기를 부정한 사람이 가볍다."
> 승이 물었다. "철저하게 자기를 긍정한 사람을 어째서 무겁다고 하는 것입니까." 운거가 말했다. "그 사람은 자기의 向上事를 보는데 不淨物이라고 간주한다. 그러므로 깨달음의 세계에 머물러 있지 않는다. 그러나 철저하게 자기를 부정한 사람이 되면 육체가 있음을 보지 않게 되는 것을 가지고 좋은 것으로 간주해 버리기 때문에 깨달음의 세계를 지향한 것이 된다. 그런데 어찌 가볍지 않겠는가."[27]

---

27) "問, 大肯底人與大舍底人, 是一是二. 師云, 是二. 僧曰, 阿那个是輕, 阿那个重. 師云, 大肯是重, 大舍是輕. 僧曰, 大肯底人, 爲什摩却重. 師云, 此人見自己向上事, 似不淨物. 所以不落功勳邊. 大舍底人, 則不見有身則是也. 所以屬向去勳邊

스승에 대해서는 절반은 긍정하고 절반은 긍정하지 않은 사람이라고 가르쳤지만, 자기에 대해서는 크게 긍정한 사람으로서 어디까지나 깨달음의 세계에 집착하는 것을 허용하지 않았다. 조동종의 특색이 功勳에 떨어지는 것을 강하게 경계했다는 설이 여기에 분명하게 드러나 있다. 보다 엄밀하게 운거의 설을 말하자면, 자기를 그저 긍정한다는 입장을 말하고 있는 것이 아니라 철저하게 자기를 지속적으로 긍정해 갈 것을 가르쳐 주고 있다.

이와 같은 동산-운거의 종풍이 과연 잘못됨이 없이 정착되었던 것일까. 대집단을 철저하게 지도했던 것일까. 이 문제의 고찰에 대하여 청원 계통의 石霜慶諸와 岩頭全豁이 가했던 동산에 대한 비판을 살펴 가면서 검토해 보기로 한다.

慶諸는 동산과 같은 元和 2년(807)에 강서성 廬陵道 新淦縣 玉筍鄕의 陳氏로 태어났다. 13세에 洪州 西山의 紹鑾禪師 밑에서 삭발하였고, 23세 때 숭산에서 구족계를 받았다. 낙양에서 율장을 배웠는데, 그것이 漸宗임을 알고 大潙山의 靈祐에게 참문하였다. 차례로 동산보다 먼저 운암담성에게 참문하였고, 최후로 도오원지 밑에서 대오하고 사법하였다. 회창파불을 만나서는 溜陽의 陶家坊에 숨어 살았고, 동산 만년의 咸通 9년(867) 무렵부터 石霜山에서 20년 동안 주석하였는데, 光啓 4년(888) 기해(3월 2일)에 82세로 시적하였다. 동산의 교단과 석상의 관계에 대해서는 『송전』 권12에서 다음과 같이 말한다.

그때 동산이 입멸한 지 얼마 안 되어 갑자기 먼 곳으로부터 찾아온 납자들로 에워싸였다. 때문에 깊은 산속의 사람이 없는 곳으로 들어

事. 豈不是輕."(Ⅱ. p.120).

가 띠를 엮어 움막집을 짓고 좌선을 하였다. 당시에 대중이 찾아냈는데, 갑자기 선사를 본 사람은 모두 슬피 울면서 번갈아 나서서 그들을 위하여 설법을 청하였다. 慶諸는 장차 편안하게 입적하려고 하였었다. 그러나 그들로 말미암아 조석으로 유행하는 납자들로부터 가르침의 질문을 받게 되었다. 가히 大音希聲과 같았는데, 그 설법에 응답이 없었겠는가. 이와 같이 20여 년 동안을 보냈는데, 堂中의 노숙들은 長坐不臥하여 우뚝 앉아 있는 모습이 마치 고목과 같았다. 천하에서는 그를 일컬어 枯木衆이라 불렀다. 남방에서 그것을 叢林이라고 부른 것은 禪那를 번역하여 功德叢林으로 삼은 계기가 되었다. 이에 사방의 청정한 규범을 지키는 사람이라면 정도에서 벗어난 자가 없었다.[28]

동산의 집단이 석상의 문하가 되어 枯木衆이라 불리는 독자적인 교단으로 유지되었음을 알 수가 있다. 『선림승보전』권5에 의하면, 석상의 문하에 僖宗의 둘째 아들인 邵武縣의 龍湖普聞이 있었다. 그런 인연이 있었기 때문에 희종은 특별히 석상에게 紫衣를 내려 주었지만, 석상은 굳게 고사하고 받지 않았다고 한다. 희종은 석상의 시적과 같은 해인 나흘 뒤 3월 6일, 27세로 붕어하였기 때문에 慶諸가 받은 普會大師라는 시호 및 見相이라는 탑호는 昭宗 시대로 간주된다. 이상 석상의 행장으로부터 알 수가 있듯이 동년배인 동산과 구별되지 않을 가능성이 충분히 있다. 그것은 위산에 대한 참학과 오위사상의 創唱에도 관계된다.

그런데 석상이 동산에 가한 비평에서 가장 유명한 것은 '洞山無寸草'

---

[28] 『宋傳』권12(大正藏50, p.780下). "時洞山新滅, 俄爲遠方禪侶圍遶. 因入深山無人之境, 結茅宴坐. 時衆追尋, 俟有見者, 皆號哭交請出爲吾曹. 諸將安往. 由是晨夕被遊學者扣擊, 可無希聲以應之乎. 如是二十年間, 堂中老宿長坐不臥, 屹若楷机, 天下謂之石霜枯木衆是也. 南方謂之叢林者, 翻禪那爲功德叢林也. 爲四方清則者無出其右."

의 일화로 불리는 것이다. 『조당집』 권6의 동산장을 통해서 살펴보기로 한다.

> 동산이 어느 때 말했다. "진실로 어느 곳으로 가더라도 한 줄기 풀도 없는 곳에 서지 않으면 안 된다." 어떤 사람이 그 말을 석상에게 전하였다. 석상이 말했다. 〈문만 벗어나면 곧 어디라도 풀 뿐이다. 동산이 그 말을 전해듣고 말했다. 〈대당국 안에 그만한 사람은 좀처럼 볼 수가 없다.〉[29]

佛向上人을 말한 동산으로서 깨달음의 세계에 대하여 膠着하려던 즈음에 멋지게도 석상으로부터 곧장 다리후리기를 당한 일화이다. 위에서 말한 것과 같이 동산은 결코 깨달음에 안주해서는 안 된다고 계속하여 말하였다. 여기에 인용된 설법은 깨달음의 세계에 안주하려는 것으로 서술된 것은 아니지만, 깨달음의 세계를 定言한 결과가 되어서 자승자박의 설법이 되고 말았다. 이러한 방향으로 기울어질 위험성은 이미 동산의 宗敎가 내포하고 있었던 것은 아닌가 하는 점을 보여 주는 설법이다.

다음으로 岩頭全豁이 동산에게 가한 비평을 살펴보기로 한다. 전활은 太和 2년(828)에 泉州 南安縣에서 柯氏로 태어났다. 동산보다 21세 연소자다. 淸源 靈泉寺의 誼(義)公한테 삭발하였고, 長安 西明寺의 照公에게서 구족계를 받았다. 左街의 保壽寺에서 경과 율을 익히고, 趣旨를 결택하였다. 한때 講經도 하였지만 그만두고 덕산선감에게 참문하여 사법하였다. 덕산에게 참문하기 이전에 항주의 大慈寶中 문하에서 설봉의존 및 흠산문수 등과 도반이 되었고, 동산양개한테도 참문하였

---

29) "師有時时云, 直須向万里無寸草處立.〈有人擧似石霜. 石霜云, 出門便是草. 師聞擧云, 大唐国内, 能有機人.〉"(Ⅱ. p.57).

다. 『전등록』 권16에 의하면, 임제의현에게도 참문하려고 했지만 임제가 시적하여 그만두었다고 전하고, 또 앙산혜적에게도 참문했다고 전한다. 洞庭의 臥龍山에 처음 주석하였고, 이어서 호북성 鄂州의 唐年山의 巖頭에 주석하였다. 전활의 시적은 잘 알려져 있는데, 『전등록』의 기록은 다음과 같다.

> 唐 光啓(885~888) 이후에 중원에서 도적이 일어나자 대중이 모두 그곳을 피했지만 선사는 단정하게 좌선을 하였다. 어느 날 도적떼가 도착하여 먹을 것을 요구했지만 공양할 것이 없었다. 마침내 칼에 찔렸지만 선사는 얼굴빛이 태연자약하였는데, 크게 한 번 소리를 지르고는 입적하였다. 그 소리가 수십 리 밖까지 들렸다. 세수 60세이다. 僖宗이 淸嚴大師라는 시호를 내리고 탑호를 出塵이라 하였다.[30]

그런데 암두와 흠산과 설봉의 세 사람 가운데 흠산은 동산에게 사법하였고, 암두와 설봉은 덕산에게 사법하였다. 세 사람이 행각하고 있을 때의 모습에 대하여 『조당집』 권7의 설봉의존장에서는 흥미로운 이야기를 전하고 있다.

> 설봉이 상당하여 말했다. "내가 암두와 흠산과 더불어 행각하다가 어느 객점에서 묶었는데, 세 사람에게는 각각 원하는 것이 있었다.
> 암두가 말했다. 〈나는 지금부터 헤어진 후에는 작은 배 하나를 얻어서 어부와 함께 생활하면서 일생을 보내려고 합니다.〉 흠산이 말했다. 〈나 같으면 그렇지 않겠습니다. 대도시에 살면서 절도사에게 나를 스승으로 공경토록 하여 비단옷을 걸치고, 금은으로 치장된 법상에

---

30) "唐光啟之後, 中原盜起, 眾皆避地, 師端居晏如也. 一日賊大至責以無供饋. 遂伸刃焉, 師神色自若, 大叫一聲而終. 聲聞數十里. 即光啟三年丁未四月八日也. 門人後焚之獲舍利四十九粒, 眾為起塔. 壽六十. 僖宗諡清嚴大師, 塔曰出塵."(四部叢刊本-5丁右).

앉으며, 공양은 금박 꽃을 한 칠기에다 은박 꽃을 한 칠기의 큰 쟁반에다 음식을 가득히 쌓아 놓고 먹으면서 일생을 보내려고 합니다.〉 내가 말했다. 〈나는 마을의 십자대로에다 객점을 세워 놓고 행각승에게 모두 공양하겠습니다. 그리고 행각승들이 출발할 때에는 내가 바랑을 등에 얹어 주고 주장자를 잡고서 그들을 배웅하겠습니다. 이에 행각승들이 몇 걸음 걸어가면 내가「上座여!」하고 불러세워서, 행각승들이 고개를 돌리면 나는「도중에 몸조심하게.」라고 말해 주려고 합니다.〉 그 이후로 암두와 흠산은 과연 그 서원대로 어긋나지 않았다. 단지 내 경우에만 그 서원에 어긋나서 여기 설봉산에 주석하면서 지옥으로 가는 거친 찌꺼기를 만들고 있다."[31]

세 사람은 동산의 지도를 받은 적이 있는데, 『조당집』 권7 암두장에서는 다음과 같이 동산에 대한 비평을 수록하고 있다.

> 羅山道閑이 암두에게 물었다. "화상께서는 30년 전에 동산에게 계셨습니다. 그런데 어째서 동산을 인정하지 않은 것입니까." 암두가 말했다. "그렇다." 나산이 물었다. "화상께서는 덕산의 법을 이었습니다. 그런데 어째서 덕산을 인정하지 않은 것입니까." 암두가 말했다. "그렇다." 나산이 물었다. "덕산을 인정하지 않은 것에 대해서는 묻지 않겠습니다. 단지 동산에게 어떤 결점이 있는 것입니까." 암두가 양구하고 말했다. "동산은 훌륭한 부처임에는 틀림없지만, 단지 안타깝게도 광

---

31) "師上堂云, 某甲共岩頭·欽山行脚時, 在店里宿次, 三人各自有願. 岩頭云, 某甲從此分襟之後, 討得一个小船子, 共釣魚漢子一處座, 過却一生. 欽山云, 某甲則不然. 在大州內, 節度使與某禮爲師. 處分 著錦襖子, 坐金銀床. 齋時金花楪〈楪?〉子, 銀花楪〈楪?〉子大盤裏, 如法排批喫飯, 過却一生也. 某云, 某甲十字路頭起院. 如法供養師僧. 若是師僧發去, 老僧提鉢囊, 把拄杖送他. 他若行数歩, 某甲喚上座, 他若回頭, 某甲云, 途中善爲. 自後岩頭·欽山, 果然是不違於本願. 只是老僧違於本志, 住在這裏, 造得地獄相滓."(Ⅱ. pp.110~111). 그리고 설봉의 설법과 그 비평도 남아 있다. 또한 『조당집』 권7의 암두장에는 흥미로운 後日談도 전한다. 졸고, 「三百則으로 읽는 中國禪宗史話(36)」(『傘松』 제510호, 1986년 3월) 참조.

채가 없을 뿐이다."[32]

　이 일화는『조당집』권9의 나산도한장에도 문제로 되어 있다. 암두가 동산에 대하여 광채가 없는 부처라고 말한 것은 동산의 소박함으로 그 진면목의 성격을 비평한 것이다. 거기에는 佛向上人을 이상으로 삼아서 생생하게 하나의 인간이 지니고 있는 매력을 발휘하지 않은 채로 묻어 두고 있는 동산이 나타나 있다. 위에서 살펴본 암두와 설봉의 도반인 흠산문수가 동산 문하에서 배출되었다는 것은 동산의 성격과 비교하여 그 반대 방향으로 살아가고 있음을 의미한다. 흠산은 재상이 되었던 武貞軍節度使 雷滿(?~901)의 귀의를 받고 적극적으로 사회에 대한 동향에 참여한 사람이다.

　石霜慶諸와 岩頭全豁이 내린 동산에 대한 비평을 생각해 보면, 동산은 만년에 자신의 한계를 알아차리고 다시 남전선을 재평가했던 것은 아닐까. 동산 그 사람이 자기에게 결여되어 있는 새로운 일면을 제자에게 기대한 것은 아니었을까. 일찍이 동산이 남전으로부터 "비록 어리기는 하지만 잘 다듬으면 쓸 만하겠구나."라는 말을 들었을 때 "무리하게 양민을 짓밟아서 천민으로 만들지 마십시오."라고 비판했음에도 불구하고, 조산본적에게 "그대에게는 잘 다듬으면 큰 法器가 될 소질이 충분히 있다."고 말한 것은 진실로 餘命이 없었던 동산이 조산을 통해서 남전 문하에 있었던 자신의 모습을 재발견했기 때문이었다. 그리고 남악 계통의 西院大安과 黃檗靈觀에 대하여 '作家'와 '古佛'이라고 말했던

---

32) "羅山問, 和尚豈不是三十年在洞山, 又不肯洞山. 師云, 是也. 羅山云, 和尚豈不是法嗣德山, 又不肯德山. 師云, 是也. 羅山云, 不肯德山則不問, 只如洞山有何虧闕. 師良久云, 洞山好个佛, 只是無光奴〈彩?〉."(Ⅱ. pp.90~91). 柳田聖山,「洞山僧堂의 동맹파업」(『純禪의 時代』수록)에서 취급하고 있다.

동산이 합장할 때, 그러한 모습을 보고서 새롭게 전개했던 것이 바로 조동종을 형성시켰던 조산본적이었고 또 오위사상을 체계화시켰던 것으로 간주된다. 고문헌에 의하면 오위는 동산이 지은 것이라고는 전해지지 않는다. 宇井伯壽 박사도 『洞山五位顯訣』을 분석하여 「逐位頌」을 조산이 지은 것으로 결론내리고 있다.

오위에 관련하여 현재 알려져 있는 가장 오래된 기록은 『송전』 권13에 수록된 조산의 전기로서 다음과 같다.

> 후에 초빙되어 임천의 조산에 주석하였다. 참문한 납자가 승당에 넘치고 좌선실에 가득하였다. 그곳에서 이루어진 법거량은 마치 쏘아놓은 화살처럼 그치지 않았다. 특별히 납자들의 표준으로 삼기 위한 까닭에 오위를 배열하여 설명을 나눔으로써 그 문제를 다하지 않음이 없었다.[33]

이것이 『전등록』 권17의 조산장에서는 전혀 다르게 표현되어 있다.

> 선사는 이와 같이 뛰어난 선기를 계발하였지만 일찍이 이전의 궤철을 답습한 적이 없었다. 또한 동산이 가한 오위에 대한 설명을 이어받아서 특별히 총림의 표준으로 내세웠다.[34]

南岳玄泰가 찬술한 조산의 「탑명」에 기초하여 쓰인 것으로 간주되는 조산의 전기에 오위에 관한 것이 기록된 것은 다시 결집된 동산 교단의 시대로서 동산이 시적한 이후 30년이 경과했던 것이다. 조산도 鳥道의 설법에 나타난 동산의 종풍을 상근기의 납자에게는 지도하였는데, 오

---

33) "後被請住臨川曹山, 參問之者, 堂盈室滿. 其所訓對, 邀射匪停. 特為毳客標準, 故排五位以詮量區域, 無不盡其分齊也."(大正藏50, p.786中).
34) "師如是啟發上機, 曾無軌轍可尋. 及受洞山五位詮量, 特為叢林標準."(四部叢刊本-8丁左).

위는 그 방편으로 說示되었다. 동산이 시적한 이후 135년에 성립된 『전등록』에 근거했던 자료는 『송전』의 기록과 동일한 것이었다고 간주된다. 그러나 동산의 법을 받은 이후에 오위에 대하여 설명을 가한 것은 조산 바로 그 사람이었지만, 그 分齊가 완성된 오위의 체계는 그 이후 조동종 교단의 지도원리로서 유행되었기 때문에 『전등록』에서는 동산의 오위로 개정하지 않을 수 없는 시대가 되었다.

오위가 創唱되기에 이르자 반복하여 서술했듯이 동산을 통한 남전선이 재평가되고 체계화가 시도된 것이다. 오위의 대표적인 「五位頌」을 살펴보기로 한다.[35]

正中偏	깨달음 가운데의 자기는
三更初夜月明前	한밤중에 밝은 달이 떠오르기 이전으로
莫怪相逢不相識	그를 보고 몰라봐도 괴이하다 생각 말라
隱隱猶懷昔日嫌	그 옛날 소원했음이 똑똑히 생각이 난다

偏中正	자기 가운데의 깨달음은
失曉老婆逢古鏡	잠을 잊은 노파가 古鏡을 앞에다 두고서
分明覿面更無他	분명히 비친 얼굴을 보고 자기임을 아니
休更迷頭猶認影	자기의 얼굴 잃고 그림자 추구하지 말라

---

[35] 柳田聖山,「中國禪宗史」(『講座禪』 제3권 수록, 筑摩書房, 1967년 10월)를 참조하였다. 저본은 東洋文庫所藏五山版의 『선림승보전』 권1 「五位君臣偈」이다. 五位와 「寶鏡三昧」가 세간에 알려지게 된 것은 覺範德洪의 曹山顯彰運動에 크게 힘입었다. 동산의 뛰어난 문하 가운데 한 사람으로 疎山匡(光)仁이 있다. 각범은 조산장에서 운암이 부촉했던 「보경삼매」와 「五位顯訣」과 「三種滲漏」를 한밤중에 동산이 조산에게 전수한 것에 대하여 소산이 마루 밑에 숨어서 엿듣고는 "동산의 선이 내 손안에 들어왔다."고 부르짖었다는 그럴싸한 이야기로 전해지고 있는 것은 조산에게 권위를 부여하기 위하여 지어낸 이야기에 불과하다. 오위의 전승을 이와 같이 秘傳으로 삼은 것은 아마 오위가 성립된 애초부터 있었던 경향으로서 각범에 이르러 극대화된 것으로 보인다. 田中利明,「洞山〈寶鏡三昧〉의 易과 原形〈太極圖〉의 發想 (上)」(『東方宗敎』 제66호, 1985년 10월).

正中來	깨달음 속에서 오는 사람은
無中有路出塵埃	공 가운데 길이 있어서 번뇌를 벗어나니
但能不觸當今諱	만약 今上의 휘를 저촉이라도 하게 되면
也勝前朝斷舌才	혀 잘린 옛날의 才人을 멀리 능가한다네
兼中至	자기 가운데 있는 사람은
兩刃交鋒不須避	두 칼날이 교차하면 곧 벗어나야 하는데
好手還同火裏蓮	훌륭한 무사의 손 불 속에 핀 연꽃 같네
宛然自有衝天氣	완연히 저 하늘을 찌르는 기개 보인다네
兼中到	깨달음과 자기가 일치하면
不落有無誰敢和	有無에 집착하지 않는 자 누가 화회하랴
人人盡欲出常流	모든 사람 미혹한 세계 벗어나려 하는데
折合終歸炭裏坐	양자를 화합해도 곧 지옥 속에 떨어지네

柳田聖山 교수에 의하면, 오위는 俗謠인「五更轉」의 리듬을 차용한 것으로서 본래는 평이한 작품이었던 것이 철학적인 의미를 지니게 되어 난해한 것으로 변화되었다.[36] 필자의 번역으로는 불안한 점이 있지만, 炭裏를 鑊湯地獄으로 해석한 것은 『동산오위현결』의 찬술자로도 알려진 조산 문하의 曹山慧霞인데, 『전등록』 권20에 다음과 같은 기록이 전해지고 있기 때문이다.

어떤 승이 慧霞의 곁에서 대기하고 있었다. 혜하가 물었다. "납자여, 너무 덥지 않은가." 승이 말했다. "예." 혜하가 말했다. "이 더위를 어디로 가면 피할 수 있겠는가." 승이 말했다. "확탕지옥과 노탄지옥에 들어가면 피할 수 있습니다." 혜하가 말했다. "확탕지옥과 노탄지옥에서 어떻게 피할 수 있다는 말인가." 승이 말했다. "그 밖의 어떤 고통

---

36) 柳田聖山, 『禪語錄』, p.374 이하.

도 도달하지 못하기 때문입니다." 혜하가 묵묵히 있었다.[37]

『조당집』과 『전등록』에는 없는 '洞山無寒暑'의 일화로서 송대에 유행한 원형에 해당한다. 이와 같이 진정으로 더위를 회피하는 방법은 相卽하는 것이라는 사고방식은 조산 계통의 선자가 특히 兼帶回互를 선호했음을 말해 주는 것으로 보인다. 오위는 확실히 佛向上의 체계를 의도한 것으로 간주되지만, 겸대회호의 사상이 깨달음을 靜止的인 完結態로서 취해 버렸던 폐해를 발생시켰다는 것은 사실이다. 正偏回互는 실존의 존재방식에 대한 서술을 중심으로 하였지만, 임제 계통 수행의 단계설에 강하게 영향을 받지 않을 수 없었다. 이제 동산의 오도송으로 돌아가서 생각해 보면 '渠是我'는 말했는데, '我是渠'라 말하지 않고 '我不是渠'라고 설한 것은 佛向上人을 주장하고 싶었기 때문이다. 그것이 오위에서는 '渠卽我'와 '我卽渠'의 관계로 체계화가 이루어져 마침내 그 사상이 경직화되어 갔던 것이다.[38]

---

37) "僧侍立. 師曰. 道者. 可殺炎熱. 曰, 是. 師曰, 只如炎熱向什麽處迴避得. 曰, 向鑊湯鑪炭裏迴避. 師曰, 只如鑊湯鑪炭作麽生迴避得. 曰, 衆苦不能到. 師默置."(四部叢刊本-11丁右).
38) 동산의 접화가 상근기의 사람을 상대한 경향에 있었음을 지적하느라고 고뇌하는 젊은 수행승에 대한 접화를 서술하지 못했지만, 그 부족한 부분에 대해서는 柳田聖山 교수의 「어떤 終末」(『純禪의 時代』 수록)을 포함시켜서 참조하고자 한다. 또한 道元이 「春秋」에서 '엉뚱하게도 동산에게는 偏正 등의 오위가 있어서 그것으로 납자들을 제접했다고 한다. 그것은 胡說이고 亂說로서 보고 들을 것이 못 된다.'(全集本, p.328)고 말한 것이라든가, '함부로 高祖의 불법이 正偏 등의 오위가 되어야 한다는 말은 그만두어야 한다.'(全集本, p.329)고 동산의 오위설을 부정하고 있는 것은 유명하다. 또한 졸고, 「曹山本寂의 五位說 創唱을 중심으로」(『宗敎硏究』 제28호, 1986년 3월)에서 지적하고 있듯이, 『重編曹洞五位顯訣』에 수록된 「五位顯訣」의 옛날 전승을 인정할 수가 있다고 할지라도 본서에서 문제로 삼은 雲巖의 缺悟와 깊이 관계되는 것이므로, 오위의 체계가 동산에게는 없었다고 판단한 것이다. 제3장 제1절의 마지막 주석을 참조.

제4절 동산파 문하의 성쇠

동산양개가 咸通 10년(869) 3월 8일 63세로 시적했을 때, 동산에게는 '五百衆'의 수행납자가 있었다고 전한다. 그러나 조동종이라는 교단이 성립된 것은 그 문하에 의하여 동산의 종풍이 유지되고 발전되어 갔기 때문에 가능하였다. 그 발전에 크게 외호를 했던 사람이 種傳이다. 종전이 없었다면 아마 조동종 교단의 성립은 없었다고 해도 과언이 아니다.

種傳은 洪州 高安 출신이다. 농업에 종사하지 않고 수렵을 좋아하였으며, 行商을 직업으로 삼았다. 『太平廣記』 권224에 의하면, 소금을 판매했다고 한다. 고향에서는 용감하고 의연하다고 소문이 났는데, 豫章에서 작은 商會의 우두머리가 되었다. 동산이 시적하고 얼마 되지 않았던 乾符 2년(875) 5월 및 6월에 王仙芝(?~878) 및 黃巢(?~884)의 반란이 하남 및 산동에서 일어났다.[1] 곧이어 반란이 확대되자 강서성 지역에도 戰火가 미쳤다. 그 戰火는 수많은 흥망을 반복하면서 강서지역을 점령했던 왕선지의 部將 柳彦璋도 건부 4년(877) 12월에 江州刺史 劉秉仁에게 참수되었고, 이듬해 2월에는 왕선지도 招討副使 曾元祐에게 黃梅에서 참수되었고, 강서관찰사 高湘을 축출했던 왕선지의 잔당 王重隱도 4월에 전사하였다. 어지러웠던 전란 가운데서 洪州는 일시적

---

1) 松井秀一, 「唐末의 민중반란」(『世界歷史』 6 수록, 岩波書店, 1971년 1월) ; 堀敏一, 「黃巢의 반란-唐末 變革期의 一考察」(『東洋文化研究所紀要』 제13책, 1957년 11월).

으로 왕선지의 잔당인 徐唐莒에게 점거되었다. 그 혼란 속에서 치고 올라온 사람이 種傳이다. 종전은 蠻獠를 모아서 산에 숨어서 왕선지의 군대에 저항하면서 스스로 高安鎭撫使라 칭하였다. 撫州를 지킬 수가 없게 된 유언장을 대신하여 조직을 받고 무주자사가 되었다.

이 왕선지 및 황소의 반란은 동산이 시적한 시기와 겹쳤기 때문에 한때 동산의 교단은 세력을 상실하여 동산 문하는 대부분이 호남성 瀏陽의 석상경제 문하로 이동했었다고 전해진다.

종전은 中和 2년(882) 5월이 되자 강서관찰사 高茂卿을 축출하고 이에 홍주를 지배하게 되었고, 7월 29일에는 淮南節度使 高騈의 청에 의하여 강서관찰사가 되었다. 이로써 종전이 무주를 떠나자 반란이 일어나서 무주는 南城 출신인 危全諷이 점거하고, 그의 아우인 危仔倡은 信州를 점령하였다. 종전이 위전풍을 공격할 때 죄가 있는 것은 위전풍이므로 죄가 없는 백성에게 위해를 가해서는 안 된다고 생각하여 철저하게 공격을 하지 않았던 종전에 비하여, 위전풍은 사죄를 청하여 딸을 종전의 아들인 種光時와 결혼을 시키고 화평을 맺었다. 종전은 종광시를 袁州刺史로 삼고, 健將 彰玗을 吉州刺史에 임명하였다. 종전이 지배한 지역은 서쪽으로도 강서 牙將의 호남관찰사 閔昂(頊)(?~893)과 대치하였다. 북쪽으로는 호죽성 江夏 伶人의 杜洪이 악주절도사가 되자, 종전은 동쪽의 楊行密의 군대와 길항하고 있었다.

이리하여 종전은 天祐 3년(906) 4월 24일에 죽을 때까지 30여 년 동안 강서를 다스려서 南平王에 봉해졌다. 종전이 죽은 후에 종광시가 스스로 留後임을 자처하였지만, 906년 5월이 되자 양행밀이 아들인 楊渥에게 패하여 種氏 부자에 의한 홍주지방의 통치는 붕괴되었다.

種傳과 선승의 관계는 夾山善會의 제자인 上藍令超(?~890)로부터 시작된다. 『전등록』에는 종전이 그 법사로 되어 있다. 영초는 처음에 筠州 上藍山에 주석하였고, 종전이 홍주를 지배한 후에는 홍주 上藍院(본래의 開元寺를 재건한 것이다)으로 옮겼다. 大順 원년(980) 정월 15일에 시적하였는데, 시호는 元眞大師이고, 탑호는 本空이다. 협산의 제자 可文도 袁州 盤龍山으로부터 상람원으로 옮겼는데, 종전에게 초빙된 것으로 보인다.

　동산과 종전의 관계에 대해서는 「전법기」를 통하여 처음으로 알 수 있는 내용이 있다. 동산의 제2세가 된 것은 동산의 법사인 中山道全이다. 도전은 江蘇省 常州의 宣氏로 태어났다. 동산에게 사법한 후에 호북성 通城縣 雋水의 中山에 주석하였고, 中和 2년에 종전에게 초빙되어 동산에 주석하였다. 중화 2년은 위에서 말한 것처럼 종전이 홍주를 지배하던 시대로서, 우선 동산의 부흥이 그때부터 시작되었다. 필시 동산이 시적한 직후는 운거를 중심으로 한 교단이 유지되었겠지만, 운거가 塗水의 삼봉산에 들어간 후에는 그 직후에 일어난 왕선지의 반란에 의하여 동산은 총림의 체계를 유지할 수 없게 된 것으로 보인다. 도전이 동산에 入寺한 것은 양개가 시적한 후 13년이 지나서였다. 그 도전도 景福 2년(893)에 양행밀의 공격에 의한 戰火 때문에 分寧縣으로 도적떼를 피하였다. 그곳의 戴尙書의 영접을 받고 龍安院에 주석하였는데, 이듬해 坐亡하자 동산의 동쪽에 歸葬되었다.

　동산의 제3세가 된 사람은 동산의 법사인 靑林師虔(?~904)이다. 사건은 항주 餘杭縣의 陳氏로 태어났다. 동산에게 사법한 이후 협서성 南鄭縣으로 가서 황소의 난을 피했던 僖宗과 廣明 원년(880) 12월에 만났다고 전해진다. 처음 호북성 隨州 土門의 小 靑林蘭若에 주석하였고, 종전에게 초빙되어 동산의 제3세로 주석하였다. 사건이 入寺

한 시기는 道소이 시적한 이후 무렵으로 간주되는데, 사건은 天祐 원년 (904)에 시적하였는데, 그의 『玄機示誨集』이 편집되었다고 전한다.

다음으로 종전과 관계가 있는 瑞州의 九峰寺에 대하여 살펴보기로 한다. 구봉사는 上高縣의 서쪽 50리에 있는 末山의 동북쪽에 있다. 『上高縣志』에 의하면, 九峰이란 香爐峰·天竺峰·芙蓉峰·雲末峰·峨嵋峰·淸流峰·飛雲峰·翠霞峰·倉玉峰을 말하는데, 高安大愚의 법사인 末山了然 비구니의 도량은 천축봉 아래에 있었다고 전한다. 게다가 『상고현지』에서는 그 末山에 있었던 종전의 古宅을 사찰로 만든 것이 바로 구봉사라고 하는데, 그 개산조는 동산 문하인 九峰寶滿通玄(834~896) 이다.[2] 통현의 전기는 『선림승보전』 권7에 의하여 처음으로 그 행장이 알려졌다.

통현은 호북성 郢州 長壽縣의 程氏로 태어났다. 어려서 영주의 仁王寺 사문 惠超한테서 머리를 깎았다. 구족계를 받기 위하여 낙양으로 유행하였고,[3] 그 후에 율학을 익혔지만 그것을 포기하고 호북성 武陵의 德山宣鑒에게 참문하였다. 덕산 문하에서는 깨칠 수가 없었지만 동산양개 밑에서 대오하고 사법하였다. 이에 양개가 시적한 후에 그의 塔 곁에다 움막을 짓고 3년을 지냈다. 그 후에 북쪽으로 유행하여 오랜만에 豫章으로 돌아와서 잠시 머물렀다. 북쪽으로 유행했던 시기는 中和

---

[2] 『전등록』 권17에서는 筠州九峰普滿大師라고 하여 通玄이라는 이름을 말하지 않고 있다. 普滿은 諱이고, 通玄은 別諱로 간주되지만, 일단 普滿大師를 賜號로 하여 고찰해 보고자 한다.
[3] 『선림승보전』에는 "幼依郢之仁王寺沙門惠超. 超陰察之, 外純深, 中穎悟. 超奇之 爲落髮. 受具即游洛中, 聽毗尼部."라고 기록되어 있다. 원문으로 보자면 구족계를 받은 것은 惠超 밑에 있었기 때문이라고 이해하는 것이 좋을지 모르겠지만, 당시에 낙양의 숭산에 있었던 계단에서 수계했던 예가 많았기 때문에 낙양으로 갔던 이유를 수계 때문이라고 이해하였다.

연간(881~885)의 초기로 간주되고 있지만, 예장으로 돌아왔던 시기를 가리키는 것인지도 모른다. 종전은 통현에게 참문하여 제자의 예를 취했다. 통현이 城中의 생활을 싫어하고 산림의 생활을 원하였기 때문에 종전은 통현을 위하여 末山을 구입하여 隆濟院을 창건하였다. 昭宗은 宏濟라는 사액을 내렸는데, 이후 天復 연간(901~904)에 崇福禪寺라고 개명되었다. 통현의 시적은 乾寧 3년(896) 3월 20일 63세 때였다. 통현이 융제원에 입사한 것은 건녕 연간이라고 말하기 때문에 오랫동안 주석했다는 것은 그다지 오래였다고는 보이지 않지만, 종전이 제자의 예를 취했다는 기록에는 주목해도 좋을 것이다. 더욱이 종전의 만년에 崇福禪寺라고 개명되었다는 것을 보면 개명된 당시에는 총림으로서 꽤나 번영했음에 틀림없다. 당시에 주석했던 사람은 석상경제 문하의 九峰道虔(?~921?)이다.[4] 그 도건의 문하는 동산 문하의 납자들과 많은 교류가 있었던 것으로 보인다. 후에 도건은 구봉으로부터 泐潭의 寶峰禪院 제1세로 옮겨서 주석하였다.

　다음으로 운거도응과 종전의 관계를 생각해 보기로 한다. 塗水 三峰山 시대의 도응과 종전의 관계는 기록되어 있지 않다. 삼봉산시대는 871~883년으로서 왕선지와 황소가 일으킨 반란 기간의 한가운데에 해당한다. 곧 위에서 말했듯이 도응은 中和 3년(883)에 種陵大王 種傳에게 초빙되어 운거산에 주석하였다. 『조당집』 권8에는 그 모습에 대하여 다음과 같이 말한다.

---

4) 道建이 주석한 것은 『선림승보전』 권5에 의하면 石霜慶諸가 시적한 文德 원년(888) 3월 2일로부터 3년 후인 大順 2년(891) 이후이기 때문에 通玄의 後席을 이은 것으로 보인다. 泐潭으로 옮겨간 것은 분명하지 않지만, 당시에 구봉에 주석한 사람으로는 도건 이외에는 고려되지 않는다.

처음에 삼봉에 주석하였지만, 후에는 운거산에 주석하였다. 種陵大王은 덕이 높고 지중함을 받들었는데 은근함이 보통과 달랐다. 때문에 紫衣와 師號를 내려 주려고 하였지만 도응은 재삼 굳게 사양하였다. 도응으로 말미암아 法軒이 크게 현창되었고 玄敎가 널리 퍼졌다. 15년 이상의 세월 동안 천여 명의 대중이 유지되었다.[5]

『전등록』 권17에서는 다음과 같이 말한다.

도응선사가 이와 같이 30년 동안 현관의 문을 개발하였다. 도중은 항상 일천오백 명에 이르렀다. 남창현의 周 씨가 더욱더 그 선풍을 흠모하였다.[6]

大正藏經 등에서 '種氏'를 '周氏'라고 기록한 것은 분명히 오류이다. 운거도응의 교단은 종전의 외호에 의하여 성립되었다고 간주하는 것이 좋을 것이다. 또한 『전등록』의 '三十'이라는 숫자는 운거산시대의 '二十'의 오기인지 삼봉산시대를 포함하여 생각해 보는 것이 좋을 것이다.[7] 여기에서 다시 도응이 운거산에 입사했던 중화 3년의 시점에 대하여 주목해 보고자 한다. 「碑記」에는 종전이 도응에게 운거산에 입사해 줄 것을 부탁했다고 하는데 그것은 '본래부터 도풍을 숭상하였다.'고 말하고 있기 때문이다. 그렇다면 삼봉산시대의 후기에는 도응과 종전의 사이에 어떤 교섭이 있었던 것으로 보인다. 더구나 양개가 시적한 후에 동산의 지도자인 영수는 바로 도응이었다. 중화 2년에 종전이 홍주를 다스리면

---

5) "初住三峰, 後住云居. 種陵大王仰德高重, 慇懃異常, 爲奏紫衣師號. 師再三堅止. 由是法軒大敞, 玄敎高敷. 十五餘年春秋不減千有餘衆."(Ⅱ. p.118).
6) "師如是三十年, 開發玄鍵〈鍵?〉, 徒衆, 常及千五百之數. 南昌周氏, 尤所欽風."(四部叢刊本-5丁左).
7) 그 시적한 때에 대하여 『조당집』 권8에서 언급한 "내가 출세한 이후로 딱 30년이 되었다. 그러니 이제 가야겠다(吾出世來恰三十年, 亦可行矣)."(Ⅱ. p.127)는 말이 정확한 숫자로 간주된다.

서 道全을 주석케 할 것을 결정한 후에 도응은 삼봉산에서 운거산으로 옮겨갔기 때문에 동산에 주석토록 한 결정에 도응이 관여했었을 가능성을 인정해도 좋지 않을까 추측해 본다.

종전과 도응의 관계는 도응이 시적한 天復 2년(902) 정월 3일 이후에 치른 성대한 장례에 잘 드러나 있다. 『송전』권12에서는 다음과 같은 내용이 보인다.

> 예장의 南平王 種氏가 그 장례식 비용을 제공하였다. 당시에 諸道의 禪子들은 각각 고향에서 존숭받는 사람들이었기 때문에, 그들 靈龕이 이르는 곳마다 花樹와 帳幔과 粉麪으로 만든 음식을 차려서 공양하였는데 그것을 卓祭라 하였다. 한 사람의 평생에 대한 장례의 번성함은 당시를 능가하지 못하였다. 아아! 도응이 출세하여 30년이 차도록 사람들을 교화하였으니, 그가 남겨 준 자애로운 업적을 짐작할 수가 있다.[8]

도응의 외호자로는 荊南節度使로서 僧盜라 불렸던 成汭도 알려져 있지만 그 입장이 種傳과는 비교할 바가 못 된다. 또한 도응의 법사인 道簡이 운거산의 제2세가 되는 과정에 대해서도 종전이 외호했던 것은 당연하다. 도간은 하북성 汎陽 출신이다. 受戒하고 遍參한 이후에 운거산의 도응 문하에서 대오하고 사법하였다. 도응의 제자들 가운데서 승랍이 높았기 때문에 第一座가 되었다. 도응이 시적했을 때 운거산의 제2세로 부촉되었다. 도간이 제2세가 되었을 때 第二座와 다툼이 있었다고 전해지는데, 도간이 제2세로 주석함으로써 사찰이 안정된 것으로

---

8) "豫章南平王鍾氏, 供其喪葬. 時諸道禪子各, 依鄉土所尚者, 隨靈龕到處, 列花樹帳幔粉麪, 之饌. 謂之卓祭, 一期凶禮之盛勿過于時也. 猗歟, 膺出世, 度人滿足三十年, 遺愛可知也."(大正藏50, p.781下).

보인다. 80여 세에 질병이 없이 시적하였다. 시적한 후에 廬州를 다스렸던 張崇이 재물을 보시하여 도간의 석탑을 운거산에 건립하였고, 昭化禪師라 하였다.

　조동종의 교단에서 종전과 조산본적의 관계도 간과할 수 없는 사항이다. 조산은 운거보다 어려서 동산 교단에서는 중요한 위치에 있지 않았지만, 왕선지와 황소의 반란 이후에 조산이 발전하여 동산 문하를 대표하기에 이르렀다. 그것은 필시 조산에서 강력한 외호자가 있었기 때문으로 간주된다. 조산은 撫州에 속해 있었기 때문에 자연스럽게 추측되는 외호자로는 종전이 무주를 떠난 후에 무주자사가 되었던 危全諷이다. 위전풍은 종전과 사돈관계에 있었고, 더욱이 종전이 거느린 무리 가운데 한 사람이었다. 이로부터 유명한 종전과 조산의 일화가 생겨난 것으로 보인다. 『조당집』 권8의 조산장에는 다음과 같은 일화가 전한다.

> 종릉대왕은 조산의 덕이 높음을 예전부터 숭앙하여 재삼 사신을 보내서 청하였다. 그러나 조산대사는 병에 걸려서 명을 따를 수가 없었다. 세 번째로 사신을 보내면서 사신에게 왕이 말했다. "이번에도 만약 조산대사를 모셔 오지 못한다면 다시는 나를 못 볼 줄 알아라." 사신이 왕의 뜻을 받들고 조산에 도착하여 울면서 말했다. "화상께서는 대자대비로 일체중생을 건져 주십니다. 화상께서 이번에도 만약 왕의 뜻을 받들지 않는다면 저의 가문은 망할 것입니다." 조산대사가 말했다. "專使께서는 우려하지 마십시오. 돌아가시는 길에 빈도가 고인의 게송 한 수를 대왕에게 올릴 것이니 반드시 무사할 것을 보증합니다.
> 게송은 다음과 같습니다.
>
> 부러지고 이지러진 고목이 청산에 의지하였으니
> 몇 차례나 봄을 맞이하여도 마음은 변하지 않네
> 나무꾼조차 그 모습을 보고 돌아본 적이 없으니

훌륭한 목수가 무슨 까닭에 다시 애써 찾겠는가."

사신이 돌아가서 게송을 전하니, 왕은 멀리 조산을 향하여 정례하고 말했다. "제자가 금생에는 결코 다시는 조산대사를 친견할 수가 없겠구나."[9]

마조 문하인 大梅法常(752~839)의 한 게송을 차출한 조산은 종전을 만나지는 못했지만, 제자라고 칭했던 종전이 조산을 존숭했음을 보여 주고 있다. 무주자사 위전풍이 외호함으로써 조산의 명성이 높아진 것이라고 할 수가 있다. 위전풍이 周本에게 사로잡힌 것은 開平 3년(909) 7월이다. 조산의 시적은 天復 원년(901) 윤 6월 16일이므로 조산의 법사인 慧霞가 제2세로 주석하고 있을 때에도 위전풍의 외호가 있었던 것은 아닐까 생각된다.

위전풍은 동산의 법사인 소산광인과 깊은 관계가 있었다는 것으로도 그 추측이 가능하다. 撫州金谿縣 서북쪽 50리에 있는 疎山을 匡仁이 개창한 것은 大順 원년(890)이다. 당시에 자사 위전풍에게 초빙되어 주석했던 사실이 澄玉이 찬술한 「疎山白雲禪院記」(『전당문』 권920)에 기록되어 있다. 곧이어 위전풍의 보시에 의하여 백운선원으로 가람이 정비되고, 위전풍의 아들로서 信州刺史인 危仔倡도 常住田을 보시하여 부자가 함께 匡仁을 공경하고 숭앙하였다. 여기에서 種傳과 마찬가지로 무주자사 위전풍도 동산 문하의 외호자였음을 알 수가 있기 때문에,

---

9) "種陵大王, 响仰德高, 再三降使迎請. 師乃托疾而不從命. 第三遣使去時, 王曰, 此度若不得曹山大師来, 更不要相見. 使奉旨到山, 泣而告曰, 和尚大慈大悲, 救度一切. 和尚此度若也不赴王旨. 弟子一門便見灰粉. 師云, 專使保無憂慮. 去時貧道附一首古人偈上大王, 必保無事. 偈曰, 摧殘枯木倚青林, 幾度逢春不變心, 樵客見之猶不顧, 郢人那更苦追尋. 使回通偈, 王遙望山頂禮曰, 弟子今生決定不得見曹山大師也."(Ⅱ. p.130).

조산의 개창과 관련성이 있다고 추측해도 잘못은 아닐 것이다. 당시에 조산의 수행하는 납자들 숫자는 200명 내지 300명 정도였다고 한다.

이상 동산 문하와 종전의 관계를 고찰하였는데, 종전의 외호가 동산의 교단이 유지되고 발전되는 데 얼마나 큰 역할을 하였는지 알 수가 있다. 기타 기록되지는 않았지만 천복 연간(901~904)에 홍주 고안현의 白水院에 주석했던 동산의 법사 本仁도 종전의 외호를 받았을 가능성이 높다. 백수원의 납자들은 200명 내지 300명에 달했다고 전한다. 물론 종전이 동산 문하만 외호했을 리는 없겠지만, 위에서 말한 上藍令超 이외에도 석상경제 문하의 棲賢懷祐, 앙산혜적 문하의 洪州 石亭光涌 (850~938), 임제의현-관계지한으로 계승되는 雲盖懷溢(847~934) 등도 종전의 외호를 받았다고 전한다.[10] 그러나 그러한 총림납자들의 숫자와 종전이 홍주를 지배하면서 외호했던 기간이 길었다는 점을 생각해 볼 때 동산 문하에 대한 외호는 달리 비교할 수 없을 정도로 막대하였다.

이리하여 동산 문하가 종전의 외호에 의하여 교단의 기반을 굳건히 해 나갔지만, 종전의 홍주 지배가 끝난 이후에는 어떻게 되었는지 洞山과 雲居山과 曹山에 대하여 개관해 보기로 한다.

동산의 제4세가 된 사람은 조산이 법사인 鹿頭道延(?~922)이다. 조동종이 발생한 지역으로 조산 문하가 진출했던 의의는 크다. 위에서도 주의하여 보았듯이 동산과 조산에서는 운거 계통이 주지로 주석했던 적이 없다. 운거 문하는 뒤에서 서술하듯이 南康府를 중심으로 큰 세

---

10) 雲盖山은 新建縣 서북쪽 50리에 있는데, 그 산에는 種傳이 懷溢을 위하여 건립한 龍壽禪院이 있다. 회일에 대해서는 歐陽熙가 찬술한 「洪州雲盖山龍壽院光化大師寶錄碑銘」(『全唐文』 권869)에 상세하다. 鈴木哲雄 박사, 『唐五代의 禪宗』, p.198 이하에는 그에 대한 소개 및 해설이 수록되어 있는데, 특히 임제선의 강서성 진출에 대하여 주목하고 있는 점은 경청해 보아야 할 점인데, 조동종과 임제종의 교섭의 측면으로도 중요하다.

력을 지니고 있었지만 홍주로부터 더 이상 남하한 것은 미미하였다. 다만 제4세인 道延은 조산 문하라고는 해도 「전법기」에 의하면 武義 2년(920)에 入寺하였으므로 겨우 3년 동안만 주석하고 시적하였다. 제3세 師虔이 시적한 후에 홍주는 다시 戰火에 휩싸였는데, 吳가 지배한 이후에 鎭南節度使 劉信이 치세하기에 이르러서 비로소 도연이 주지로 주석하였다. 제4세가 시적하고 제5세가 된 사람은 도연의 법사인 惠敏(?~948)이다. 혜민이 주석한 것은 27년 동안이었다. 혜민은 조산의 손제자였기 때문에 동산은 당연히 조산 계통의 근거지가 되었다. 동산이 大中 6년(852)에 신풍동에 들어간 것으로부터 97년 동안 그 사이에 住持가 결여된 적이 있었다고 해도 동산은 그 계통의 선자들이 주지를 하였는데, 특히 조산 계통으로 발전되기에 이르렀다.

이후 제6세(?~964)의 법계는 분명하지 않고, 제7세 文坦은 법안종에 속했던 것으로 보인다. 제8세는 운문 문하의 淸稟이 주석하게 되어, 동산은 운문종의 도량으로 변화했다고 보아야 한다. 「전법기」에 의하면 제11세 曉聰(?~1030), 제12세 自玉(978~1054), 제13세 鑑遷의 시대가 되었는데 모두 운문종에 속한다.[11]

운거산은 제2세 도간이 시적한 후에도 도간의 계통으로 유지되어, 제3세 道昌 및 제4세 懷嶽은 모두 도응의 법사이고, 제5세 德(住)緣, 제6세 懷(住)滿은 회악의 법사이다.『운거산지』권2에 의하면, 제7세 智深도 제6세인 懷(住)滿의 법사였다고 전한다. 이처럼 제7세까지가 모두

---

11) 제9세 彦聞의 법계는 분명하지 않고, 제10세 詮은 설봉 계통의 歸宗道詮(930~986) 문하의 九峰義詮으로 간주된다. 曉聰은 雲門-德山緣密-文殊應眞으로 계승되었고, 自寶는 雲門-雙泉師寬-五祖師戒로 계승되었다. 鑑遷은 自寶의 법사인데 감천의 사형사제인 淸弁도 동산에 주석하였다. 또한『武溪集』권7에는 「廬山歸宗禪院妙圓大師塔銘」이 있는 것을 보면 余靖은 自寶의 「塔銘」도 찬술하였다.

운거 계통에 속하는데 도응으로부터 4대에 걸쳐 있다. 제2세부터 제7세까지는 생몰 연대가 미상이지만, 도응이 중화 3년(883)에 주석하면서부터 宋이 건국될 무렵까지 적어도 무려 80년 동안에 걸쳐서 그 산에서 조동의 종풍이 진작되었다.

제8세 淸錫, 제9세 義能, 제10세 義德, 제11세 道齊(929~997), 제12세 契攢(瓌)은 모두 법안종에 속해 있어서,[12] 조동종의 근거지 가운데 하나인 운거산은 완전히 법안종의 선자들에게 인계되어 갔음을 알 수가 있다.

조산의 世代에 대하여 명확하게 기록한 문헌은 없다. 제2세인 혜하 이후에 제3세가 된 사람은 조산본적 문하의 荷玉匡(光)慧이고, 제4세가 된 사람은 광혜 문하의 荷玉福으로 간주된다. 그 후에 동산-용아 거둔으로 계승되는 崇壽道欽이 주석하였지만, 동산 문하였던 그 지역까지도 마침내 법안종이 진출하게 되었다.

법안종의 개조인 문익은 羅漢桂琛한테서 사법한 후에 조산의 崇壽院에 주석하였다. 그 후에 문익은 사형사제인 淸涼休復이 주석하였지만, 조산 숭수원의 제4세로는 법안 문하의 報恩法安이 주석하였고, 제5세로는 崇壽契稠(?~992)가 주석하였다. 조산의 寺名이 숭수원으로 개명되면서부터는 제1세 道欽, 제2세 文益, 제3세 休復이 되었다.[13]

---

12) 제8세 淸錫은 법안문익의 법사이고, 제9세 義能은 法眼-報慈行言으로 계승되었으며, 제10세 義德은 제9세 義能의 법사이다. 제11세 道齊는 法眼-淸涼泰欽으로 계승되었는데, 운거산에 20년 동안 주석하였다고 전한다. 道齊는 조동종의 明照禪師 百丈安의 문하에서 得度하였다. 제12세가 된 사람은 道齊의 법사인 契攢(瓌)이다.
13) 曹山의 山名과 寺名에 분명하지 않은 점이 있다는 것은 위에서 서술하였지만, 조산의 교단사의 흐름이 조동종으로부터 법안종으로 변해 갔다는 것은 틀림없다. 鈴木哲雄, 『唐五代의 禪宗』 참조. 조산에는 기타 석상 계통의 禾山無殷 문하의 曹山義崇이 주석했음이 알려져 있다.

이상 종전이 홍주를 통치했던 그 이후를 동산과 운거산과 조산의 교단사를 통해서 개관해 보면, 조동종의 기반은 같은 청원 계통이지만 법안종과 운문종의 진출에 의하여 그 세력이 상실되었음을 이해할 수가 있다. 조동종 교단 세력의 쇠퇴는 송대에 이르러서도 그 지역에서 회복되지 못하였다. 그러나 당말 및 오대에 강서지역에서 하나의 사원을 중심으로 하여 80년~100년의 장기간에 걸쳐 동일한 법계의 선자들에 의하여 유지되었던 조동종의 거점이 여러 개 존재하고 있었다는 것을 확인할 수 있었던 것은 중요하다.

그런데 한정된 기간이었지만 일본에서도 마찬가지로 동일한 사원이 동일한 종파에 의하여 유지되고 발전된 종파 집단의 형태가 발생되었다. 여기에서 교단으로서 조동종의 존재가 인식되어 五家로 열거되는 요소가 되었던 것이다. 게다가 교단사의 입장에서 주목해야 할 것은 조동종이라는 것은 동산종이 아니라 조산종이라는 것이다. 곧 동산의 교단은 일단 왕선지의 반란으로 분산되어 버렸는데, 그 후에 부흥된 교단에 상대되는 호칭이었다. 그때 동산을 계승했던 것이 바로 조산의 법계였다는 것을 확인할 수 있었다. 조동종이 오위사상을 가지고 교단의 지도원리로 삼아 전개시켰던 것도 그 무렵이다. 조동종의 종풍은 동산의 종풍과는 다르게 조산의 종풍이 전면적으로 표면화되어 전개되기에 이르렀다. 더욱이 그 전승을 법안종이 담당하게 됨으로써 조동종의 종풍이 확립되었는데, 균주 신창현 출신의 覺範德洪이 조산의 현창운동을 함으로써 조동종의 종풍이 고정화되는 경향으로 증진되어 갔다. 따라서 동산양개의 종풍과 조동종의 오위사상이 동일하다는 입장은 교단의 발전과정을 적용시켜서 고찰해 보면 인정할 수가 없다.

최후로 송대 조동종으로 계승되어 간 계통인 鳳棲山 同安寺에 대하여 付記해 두고자 한다.

운거도응의 법사로서는 『조당집』 권11에는 (1)杭州佛日, (2)潭州 水西 南台 등 두 사람에 대한 전기가 수록되어 있다. 또한 『전등록』 권20에는 (3)蘇州 永光院眞, (4)洪州 同安丕, (5)廬山 歸宗澹權, (6)池州廣濟, (7)歙州 朱谿謙, (8)楊州豊化, (9)雲居山 道簡, (10)廬山 歸宗懷惲, (11)洪州 大善慧海, (12)朗州德山의 제7세, (13)南嶽南台, (14)雲居山昌, (15)池州 嵇山章, (16)晋州大梵, (17)新羅雲住, (18)雲居山懷嶽, (19)阾珏, (20)潭州 龍興寺 悟空, (21)建奏 白雲滅, (22)潭州 幕輔山, (23)舒州 白水山瑋, (24)廬州冶父山, (25) 南嶽法志, (26)新羅慶猷, (27)新羅慧, (28)洪州 鳳棲山 慧志 등의 이름이 수록되어 있다.[14]

봉서산 동안사는 남강부 건창현의 서쪽 15리에 현존한다. 이 동안사의 世代와 선자의 명칭에 대해서는 『전등록』의 기록에 혼란이 있다. 동안사에 주석했던 사람으로는 同安威(九峰通玄한테 사법하였다), 同安

---

14) 조산본적의 법사로는 『조당집』 권12 및 권12에 (1)撫州曹山慧霞, (2)撫州金峰從志, (3)襄州鹿門處眞, (4)撫州荷玉光(匡)慧, (5)衡州育王山弘通의 전기가 있고, 『전등록』 권10에는 (6)筠州洞山道延(?~922), (7)衡州華光範, (8)處州廣利容, (9)泉州廬山小谿院行傳, (10)西川布水巖, (11)蜀川西禪, (12)華州草庵法義, (13)韶州華嚴, (14)廬山羅漢池(天池院智)隆山主의 이름이 보인다. 유력한 제자가 撫州를 중심으로 하여 활약하고 있는 것은 운거 문하의 활약과 다르다. 또한 雲居의 禪이 신라에 수입된 것도 주목되고, 또 운거 문하가 여산에서 활약한 것도 주목된다. 歸宗寺는 廬山 金輪峰 아래에 있는데, 마조 문하의 歸宗智常이 入寺함으로써 선종의 근거지 가운데 하나가 되었다. 도응의 제자인 澹權과 懷惲이 각각 제2세와 제3세로 주석하였고, 제4세는 회운의 제자인 弘章이 주석하였다. 제12세는 雪峰-保福從展-延壽慧輪을 계승한 道詮이 주석하였지만, 제13세 義柔는 법안의 법사이고, 제14세 慧誠은 法眼-報恩法安으로 계승되는 法眼의 후손인데 이 경우도 법안종이 진출했다는 의미가 된다. 덧붙여서 말하면 『송전』 권30에 의하면 宣州自新(?~936-947)은 운거도응의 법사에 포함시켜도 좋을 것이다. 또한 『五燈會元』 권14에 의하면 (14)의 天池院智隆은 금봉종지의 법사에 포함되지만, 『廬山記』 권1에 의하면 天池院은 羅漢池라고도 하기 때문에 동일한 인물이다. 智隆은 협서성 金州 출신이다. 南唐保大 연간에 '証眞禪師圓智의 塔'이라고 追諡된 隆禪師의 탑이 남아 있다고 전한다.

道丕(雲居道膺한테 사법하였다), 中同安志(同安威한테 사법하였다), 同安常察(九峰道虔한테 사법하였다), 同安紹顯(法眼文益한테 사법하였다)을 들고, 홍주 건창현 봉서산에 주석했던 사람으로는 鳳棲洞安和尙제1세(夾山善會한테 사법하였다), 鳳棲慧志(雲居道膺한테 사법하였다)를 들고 있다. 그 가운데 협산 문하의 同安과 운거 문하의 同安道丕에 대해서는 동일한 문답이 기록되어 있다. 이와 같은 혼란은 宇井伯壽 박사가 『第三禪宗史硏究』에서 정리하고 있듯이, 同安道丕(운거도응한테 사법하였다)-同安觀志(同安道丕한테 사법하였다)라고 해야 한다.[15] 『조당집』 권9에 의하면 道丕 이전에 협산 문하의 先洞〈同?〉安이 주석하고 있는 것으로 간주되기 때문에, 동산 문하가 주지로 주석한 이후에 석상 계통이 주석하였으며, 이윽고 同安寺의 경우도 법안종의 紹顯이 주지하게 되었다.

동안도비-동안관지로서 조동종 사람들로 유지되었던 강서의 선은 위에서도 말한 것처럼 그 이후에 송대로 이어져서는 다시 그 지역에서 큰 세력을 갖지 못하고 동산양개가 열었던 조동종의 세력은 그 지역에서 소실되어 갔다.

---

15) 鈴木哲雄 박사는 『당오대의 선종』(p.230 이하)에서, 또한 협산 문하의 同安 및 운거 문하의 同安道丕에 대하여 同安寺의 개산조를 道丕라고 전하고 있는 地方志를 근거로 하여 동일한 사람으로 내세우고, 道丕가 동안사에 들어간 시기를 道膺의 雲居山入寺보다 앞선 것으로 간주하여 道丕가 道膺을 운거산으로 勸請한 것은 아닐까 하고 추측하고 있다. 地方志에 의하면 道丕는 中和 연간(881~885)에 창건되었다고 전한다. 또한 『嘉泰普燈錄』 권1의 「傳光二燈遺錄及未詳宗師」에서는 同安寺 제2대 觀志를 同安道丕의 법사로 기록하는 한편, 同安慧敏을 洞山延의 법사로 기록하고 있다. 전자에 의하면 道丕가 제1대가 된다. 후자의 '同安'은 '洞山'의 誤記로 보인다. 때문에 그 혼란은 후대까지 계속되었음을 알 수가 있다. 또한 『投子義靑禪師語錄』 권上에서는 常察을 同安의 제4대로 기록하고 있다.

제3장 북송대 조동종의 전개

제1절 大陽警玄과 投子義靑의 代付 문제

河村孝道 박사에 의하여 소개되었던 것으로 나고야(名古屋)의 眞福寺 문고에 소장된 道元(1200~1253) 저술의 신출자료로서 草稿本의 「大悟」권에 다음과 같은 대목이 있다.

> 舒州 투자산의 의청선사가 일찍이 부산의 원감선사인 법원화상을 참문하였다. 3년이 갓 지났을 때 어느 날 법원화상이 의청선사에게 물었다. "외도가 부처님에게 물었다. 〈유언에 대하여 묻지도 않고 무언에 대하여 묻지도 않겠습니다.〉 이에 세존이 묵연히 있었다는데, 어찌 생각하는가." 의청선사가 입을 열려고 하자 법원화상이 손으로 의청의 입을 막아 버렸다. 이에 의청이 대오하였다. 그리고는 마침내 예배를 드렸다. 그러자 법원화상이 말했다. "玄機를 오묘하게 깨달았구나." 의청이 말했다. "설령 오묘한 깨달음이 있다고 할지라도 그 또한 반드시 토해내 버려야 할 것입니다."[1]

投子義靑(1032~1083)이 임제종의 浮山法遠(991~1067) 밑에서 대오한 기연을 서술한 것이다. 이 사실은 대단히 日本的인 과제를 수반하

---

1) 河村孝道,「『正法眼藏』성립의 제문제 (6)-眞福寺文庫所藏『大悟』권 草稿本의 소개-」(『駒澤大學佛敎學部硏究紀要』제38호, 1980년 3월).

여, 투자가 대오했던 것은 大陽警玄(943~1027) 밑에서가 아니면 안 된다고 주장되기에 이르렀다. 뒤에서 서술하듯이 원감은 투자에게 대양을 법을 代付시킨 사람이지만, 일본조동종에서는 투자가 대양에게서 面授嗣法했다고 史實을 곡해하여 억지설을 주장하지 않으면 안 되는 사정이 발생하였다. 이미『永平廣錄』의 古寫本인 門鶴本의『道元和尙廣錄』권9에도 다음과 같은 기록이 있다.

투자의청 화상은 3년 동안 대양에서 법원을 시봉하였다. 어느 날 법원이 의청에게 물었다. "외도가 부처님에게 〈유언으로도 묻지 않고 무언으로도 묻지 않겠습니다.〉라고 물었을 때, 세존이 양구하였다. 이에 대해 어떻게 생각하는가." 의청이 뭐라고 대답하려고 하자, 법원이 투자의 입을 막았다. 이에 의청이 활연히 개오하였다. 그리고는 곧 예배를 올렸다. 법원이 말했다. "그대는 玄機를 妙悟하였는가." 의청이 말했다. "설령 妙悟가 있다손 치더라도 반드시 토해내 버려야 합니다." 그때 곁에 있던 資侍者가 물었다. "의청화엄은 오늘 병에 걸린 듯이 땀을 흘리는구만." 의청이 고개를 돌려 말했다. "그 말은 개 같은 소리입니다."

비록 입은 막았지만 코는 또 어찌할 것인가
삼키지는 못해도 내뱉기가 어찌 어렵겠는가
그대한테 경현의 종파가 멀어짐을 대신하니
청천에는 번개치지 않아도 불꽃이 일어난다[2]

'圓鑑遠'이 '大陽'으로 바뀌었지만 道元 게송의 제3구 곧 '그대한테

---

2) "投子靑和尙, 執侍大陽三年, 大陽一日問師曰, 外道問佛, 不問有言, 不問無言, 世尊良久, 如何. 靑擬對. 陽掩靑口. 靑了然開悟, 便乃禮拜. 陽曰, 汝妙悟玄機耶. 靑曰, 設有也須吐却. 時資侍者旁立曰, 靑華嚴今日如病得汗. 靑回顧曰, 合取狗口. 縱雖掩口如何鼻, 設有未呑吐豈勞. 爲子代師宗派遠, 靑天休電激星毫." (大久保道舟 編,『道元禪師全集』권下, p.173, 筑摩書房, 1970년 5월).

경현의 종파가 멀어짐을 대신하니'라는 것은 분명히 代付를 인정한 설로 만들어졌을 것이다.[3] 寂圓門下의 제15세이고 永平의 제20세인 門鶴(?~1615)의 지시에 의하여 慶長 3년(1598) 무렵에 書寫된 門鶴本이 이미 원본과 차이를 보여 주고 있다.[4] 瑩山紹瑾(1264~1325)도 代付說에 입각하고 있지만,[5] 明州本과 瑞長本의『建撕記』는 대부설을 인정하지 않기 때문에, 영평 제14세 建撕(1415~1474 무렵)[6] 무렵에는 投子代付說을 부정하는 설이 발생되어 있었다. 물론 도원이 「面授」와 「嗣書」의 권을 찬술했다는 것으로도 이해할 수 있지만, 도원선이 근본으로 面授嗣法說을 강조하고 있는 것은 의심할 나위가 없다. 그러나 근년의 연구에 의하여 道元이 대부설을 인정하고 있었다는 것도 확인되었다. 거기에는 어떤 史實을 왜곡하면서까지 代付의 부정을 주장하지 않으면 안 되는 고정화된 宗義는 없었겠지만, 그럼에도 불구하고 한편으로는 江戶時代 종학자들의 번거로운 논의를 야기시키는 결과가 되었다.[7]

이제 중국으로 눈을 돌려볼 때 송대의 문헌에서 代付를 부정하는 설

---

3) 鏡島元隆,『道元禪師와 引用經典·語錄의 연구』(木耳社, 1965년 10월) p.45. 또한 忽滑谷快天,『禪學思想史』하권(명저보급회 복간본) 등에서 代付가 史實이라고 간주하는 定說에 대해서는 여기에서 다시 그 문제의 논의로 돌아가지는 않겠다.
4) 이 문제에 한정되지 않고 道元의 頌과 古則 사이에는 엇박자의 頌古가 보이므로 고칙이 후에 개작되었음이 알려져 있다. 졸고, 「『義雲和尙語錄』의 引用典籍에 대하여-延文二年本과 眞子『正法眼藏』의 관계를 중심으로-」(『義雲禪師研究』 수록, 祖山傘松會, 1984년 6월).
5) 樟林皓堂,「嗣承의 문제점」(『道元禪의 本流』수록, 大法輪閣, 1980년 10월) ; 光地英學,「太祖의 代授觀」(『宗學研究』 제16호, 1974년 10월) 등.
6) 河村孝道 編著,『諸本對校永平開山道元禪師行狀建撕記』(大修館書店, 1985년 4월)
7) 이 문제의 주요한 대립은 天桂傳尊(1648~1735)의『弁註』에 의한 代付肯定說과 面山瑞方(1683~1769)의『洞上金剛杵』에 의한 代付否定說로서 그 경과·역사적 의의·종학상의 문제점 등에 대해서는 鏡島元隆 박사의『道元禪師와 그 門流』(誠信書房, 1971년 10월)에 상세하게 논의되어 있다.

은 존재하지 않는다. 代付의 事實은 송판의 계통에 속하는 『舒州投子靑
禪師語錄』 권상에, 투자 자신에 의하여 분명하게 되어 있다.[8] 『續刊古
尊宿語要』 권2에는 다음과 같은 기록이 있다.

> 대중은 이 한 개피의 향이 어디에서 온 것인지 알겠는가. 천지가 낳은
> 것도 아니고, 음양의 소산물도 아니다. 위음왕불 이전의 것으로 諸位
> 에 떨어지지도 않고, 연등불 이후 과거칠불로부터 전승되어 직전하여
> 조계에 이르러 크게 분파되었다. 산승은 이전 치평 초년(1064)에 浮
> 山에서 원감선사한테서 친히 전수받았는데, 그 宗頌을 부촉해 주고
> 자세하게 자비로운 종지를 증명하면서 말했다. "나를 대신하여 대양
> 의 종풍을 계승하여라." 산승은 비록 대양화상은 알지 못했을지라도
> 부산의 법을 종지로 삼아서 사람을 알게 됨으로써 이와 같이 嗣續할
> 수가 있었다. 다시는 감히 부산원감화상의 法命付囑의 은혜를 저버
> 리지 않고 공경스럽게 영주 대양명안대사화상을 위해 살아갈 것이다.
> 왜냐하면 부모와 제불이 친한 것이 아니라 법으로써 친함을 삼기 때
> 문이다.[9]

---

8) 졸고, 「宋代曹洞宗禪籍考-投子義靑의 二種語錄-」(『駒澤大學佛敎學部硏究紀
要』 제35호, 1977년 3월)에서 논의했듯이, 『續刊古尊宿語要』의 성격은 현존하는
宋版과 비교해 보면 宋版의 경우가 오랜 형태를 지닌 어록을 발췌한 것임을 알 수
가 있다. 그것을 분명히 해 두고서, 그 속에 수록되어 있는 「投子靑和尙語」와 享
保 10년(1725)에 간행된 『舒州投子靑禪師語錄』 권上의 비교를 통해서 보면 보형
10년본이 송판 계통임을 단정할 수 있었다. 나아가서 忽滑谷快天 박사는 『선학
사상사』 하권에서 "투자의청의 행장을 기록한 最古의 것으로서 가장 확실한 것은
『舒州投子山妙續大師語錄』으로 문인인 芙蓉山의 道楷가 편집한 것이다."(同書,
p.145)라고 말하고 있지만, 『서주투자산묘속대사어록』은 일본 조동종의 室中書로
서 의청에 대한 직접적인 자료일 수가 없다고 간주된다. 面山瑞方의 설은 현재에
이르러서는 인정되지 않지만, 代付否定의 입장에서 「投子錄評」(『曹洞宗全書』 注
解3, p.618)을 저술한 『投子靑禪師語錄』을 僞撰하였다. 지금 의청의 전기를 문제
삼을 때 面山瑞方의 설은 전혀 고려할 필요가 없다.
9) 『投子靑禪師語錄』과 대교하여 교정한다. "此一瓣〈香+〉, 大衆還知來處麼. 非天地
所產, 非陰陽所成. 威音已前, 不落諸位, 然〈燃〉燈之後, 七佛傳來. 直至曹谿〈溪
=〉, 分派大廈〈夏=〉. 山僧向治平初, 在浮山, 圓鑑禪師, 親手傳得, 寄付其宗頌, 委

이리하여 熙寧 6년(1073)에 舒州 白雲山 海會禪院에서 출세하고 개당함으로써 投子가 代付한 사실을 천하에 분명하게 알렸다. 다만 투자의 대부는 중국의 경우는 일본의 경우와 달랐다는 의미에서 큰 영향을 끼쳐서 북송대 조동종 종풍의 자각과 발전의 원동력이 된 것으로 간주된다.

당시의 선종 교단에서 조동종을 고려할 경우에 佛日契嵩(1007~1072)의 『傳法正宗記』 권8 말미의 기록은 가장 대표적인 의견이었다고 간주된다.

> 평하여 말한다. 正宗은 대감혜능에 이르러서 그 전승이 이미 확대되자, 납자들이 마침내 그들 스승의 설에 힘쓰게 되면서 천하에서는 正宗이 그로부터 달라졌다. 다투어서 스스로 일가를 이루었기 때문에 위앙이라고 내세우는 사람도 있었고, 조동이라고 내세우는 사람도 있었으며, 임제라고 내세우는 사람도 있었고, 운문이라고 내세우는 사람도 있었으며, 법안이라고 내세우는 사람도 있었는데, 이와 같은 사람들은 모두 헤아릴 수가 없었다. 그러나 운문과 임제와 법안 등 삼가의 무리들은 지금 번성하고 있지만, 위앙은 이미 시들었고, 조동은 겨우 유지만 될 뿐으로서 겨우 이어져서 마치 큰 가뭄에 孤泉으로 모여드는 것과 같다. 그러나 그 성쇠가 어찌 법에 강약이 있어서 그러겠는가. 무릇 후세까지 상승시키는 사람을 얻느냐 얻지 못하느냐의 문제일 뿐이다. 『주역』에서 말하지 않았던가. '진실로 적당한 사람이 없으면 그 道는 헛되어 행해지지 못할 것이다.'[10]

證明慈旨, 云, 代吾續大陽宗風. 山僧雖不識 和尚〈大陽禪師=〉, 憑浮山宗法識人, 以為嗣續〈續嗣=〉如此. 更不〈敢+〉違浮山圓鑒和尚〈禪師=〉法命付囑之恩. 恭為郢州大陽山〈陽=〉明安〈大師+〉和尚. 何故. 父母諸佛非親, 以法為親."(續藏 2-23-5 〈통권118〉, p.449左下).

10) "評曰, 正宗至大鑒傳既廣, 而學者遂各務其師之說, 天下於是異焉. 競自為家, 故有溈仰云者, 有曹洞云者, 有臨濟云者, 有雲門云者, 有法眼云者, 若此不可悉數. 而雲門臨濟法眼三家之徒, 於今尤盛. 溈仰已熄. 而曹洞者僅存, 綿綿然猶大旱之

契嵩이 嘉祐 6년(1061)에 찬술한 책으로, 투자가 원감으로부터 代付를 받기 3년 이전이고, 대양경현이 시적한 34년 이후에 해당한다. 만약 투자가 조동종의 법을 계승하지 않았다면 틀림없이 위앙종과 마찬가지로 멸망해 버렸을 것이다. 진실로 투자라는 인물을 얻어서 조동종은 그 명맥을 보전할 수 있게 되었다. 북송대의 조동종이 이 代付를 통하여 이후에 어떻게 전개되었는가를 검토하기에 앞서 대양경현과 투자의청의 전기를 확실히 해 두고자 한다.

경현의 행장을 전하고 있는 것은 각범덕홍이 찬술한 『선림승보전』 권13이 가장 상세한데, 달리 기본적인 자료가 없다는 점에 자료의 한계를 지니고 있다. 警玄은 諱이지만, 大中祥符 연간(1008~1016)에 國諱를 피하여 警延으로도 불렀다. 경현은 天福 8년(943)에 호북성 江漢道 武昌縣 江夏의 張氏로 태어났다. 본관은 금릉 출신의 張氏이다. 仲父는 출가하여 智通이라 하였는데 금릉 崇孝寺의 주지였다. 경현은 무창을 떠나 금릉으로 가서 그 智通을 스승으로 삼아 출가하였다. 19세가 되어 구족계를 받고, 『원각경』을 익혔으며, 식견이 남들보다 뛰어났다. 지통의 지시에 따라서 유행하였고, 호남성 朗州 武陵의 梁山緣觀에게 참문하였다. 연관은 강서성 南康府 建昌縣 鳳棲山 同安寺의 법사이지만, 道丕-觀志-緣觀으로 계승되는 이들 조동종 조사의 행장은 모두 알 수가 없다. 경현이 연관 밑에서 대오한 기연은 '梁山吳處士話'로 전해지고 있다. 이제 元豊 7년(1087)의 「序」가 붙은 「投子山靑和尙頌古集」 제77칙을 元版 『四家錄』(臺灣國立中央圖書館所藏)을 통해서 소개해 본다.

引孤泉. 然其盛衰者豈法有強弱也. 蓋後世相承得人與不得人耳. 書不云乎. 苟非其人道不虛行."(大正藏51, p.763下).

대양명안화상이 양산에게 물었다. "無相道場이란 어떤 것입니까." 양산이 관음상 그림을 가리키며 말했다. "이것은 오처사가 그린 것이다." 대양이 뭐라고 말을 하려고 하자, 양산이 다급하게 따져 물었다. "이것은 有相의 그림이다. 無相의 그림은 어떤 것인가." 대양이 언하에 깨친 바가 있었다. 이에 예배를 드리고 본래의 자리로 돌아가서 그 자리에 서 있었다. 양산이 물었다. "어째서 한마디도 말하지 않는가." 대양이 말했다. "말씀드리는 것은 상관이 없지만 기록으로 남겨질 것이 염려됩니다." 양산이 껄껄껄 웃으며 말했다. "그 말은 비문에 남겨 둬야 하겠구나." 후에 과연 석비에 새겨졌다.[11]

『선림승보전』에도 동일한 일화가 기록되어 있는데, 거기에는 경현이 양산에게 바친 게송이 전하고 있다.

제가 옛적에 초심자로 수행할 땐 미혹하였기에	我昔初機學道迷
이곳저곳 산 넘고 또 물 건너 見知를 찾으면서	萬水千山覓見知
지금을 밝히고 옛날을 변별했어도 알지 못하여	明今辯古終難會
가령 무심이라 설한다 해도 더욱더 의심뿐이네	直說無心轉更疑
그러나 이제 본사께서 秦時鏡을 지시해 준 덕에	蒙師點出秦時鏡
부모미생 시기의 자기를 비추어 보게 되었다네	照見父母未生時
이제야 깨닫고 보니 어떤 것도 얻을 것이 없어	如今覺了何所得
어둠속에서 검은 닭이 눈을 얹어 두고 날아가네	夜放烏雞帶雪飛

양산이 동산의 종지를 의지하게 된 것을 칭송하였는데, 경현도 그것에 상응하는 선자로 성장하였다. 양산이 시적한 후에 호북성 襄陽道

---

11) "大陽明安和尚問梁山, 如何是無相道場. 山指觀音云, 此是吳處士畫. 陽擬進語. 山急索云, 這箇是有相底, 如何是無相底. 陽言下有省, 禮拜乃歸本位立. 山云, 何不道取一句子. 陽云, 道即不辭, 恐上紙墨. 山呵呵云, 此語上石去在. 後果上碑."(19丁左).

京山縣 大陽寺[12]의 慧堅 문하를 참문하였다. 혜견은 洞山-疎山光仁-靈泉歸仁을 계승한 조동종의 인물이다. 大陽寺는 德山宣鑒-感潭資國-白兆志圓을 계승한 大陽行沖이 제1세이고, 제2세는 그 法弟인 四祖淸皎(906~993)이다. 청교는 대양산에 주석하다가 定州慧日院을 거쳐서 蘄州四祖山의 제1세가 되었는데, 淳化 4년(993) 8월 23일에 88세로 시적한 인물이다. 혜견은 그 이후의 住持로서 경현이 혜견의 後席을 이은 것은 咸平 3년(1000) 58세 때이다. 이래로 天聖 5년(1027) 7월 19일 85세로 시적할 때까지 28년 동안 대양산에 주석하면서 동산의 종풍을 거양하였다.

그 기간에 경현의 외호자로서 王曙(963~1034)의 이름이 전해지고 있다. 왕서는『전등록』간행자의 한 사람으로서 宰相인 寇準의 사위이다. 왕서와 경현의 교섭은 두 사람의 만년으로 간주된다. 구준이 天禧 4년(1020)에 재상을 그만두게 되었을 때 왕서는 知汝州였는데, 곧이어 郢州團練副使로 강등되었을 때에 해당한다. 경현의 법사로서『천성광등록』권25에, (1)蘄州四祖山 慧海, (2)郢州興陽山 淸剖, (3)復州乾明禪院 機聰, (4)襄州白馬山 歸喜, (5)衡州崇福院 智聰, (6)南嶽福嚴院 審承, (7)南嶽方廣院 隆, (8)廣州羅浮山 顯如, (9)蘄州靈泉院 處仁 등의 이름이 보인다.[13] 특히 (2)의 淸剖와 (6)의 審承이 경현의 문하를 대표하여, 강서성의 조동종이 호북성과 호남성으로 그 근거지를 옮겨서 발전의 기초를 다지게 되었다.

---

12) 필자는 1984년 9월 11일 湖北省 荊州地區 京山縣 三陽區 太陽村의 大陽寺跡을 방문하였다. 현재는 太陽寺라고 부른다.
13) 게다가『建中靖國續燈錄』권26에서는 (10)舒州投子山義靑(1032~1083), (11)西川雲頂山(海)鵬, (12)益州覺城道齊, (13)越州雲門運, (14)天台太平惠空, (15)郢州大陽山祈, (16)襄州洞山存, (17)安州延福, (18)越州雲門寶印 등의 이름을 새로 첨가하고 있다.

경현 선풍의 일단에 대하여 『丹霞山子淳禪師頌古集』 제91칙과 제92칙에서 엿볼 수가 있다.

대양명안선사가 다음과 같이 상당설법을 하였다.
"만 길 높이의 험준한 절벽은 새들도 넘나들기 어렵다. 그러면 칼날처럼 얇은 얼음판을 거뜬하게 건너갈 자 누구이겠는가. 종승의 깊은 意旨는 언설로 표현하기가 어렵다. 그래서 불이법문에 대하여 유마거사는 침묵을 지켰다. 그러므로 달마대사조차도 중국으로 건너와서 구년 동안 면벽해서 좌선한 연후에야 비로소 혜가라는 法嗣를 얻을 수 있었다. 그런데 나 대양은 오늘도 전혀 실마리도 잡을 수가 없다. 그럼 안녕히 가시오."

한 승이 대양한테 물었다. "화상의 가풍은 어떤 것입니까." 대양이 말했다. "물이 가득 차 있는 병을 기울여 쏟아 보아도 물 한 방울 흘러나오지 않고, 천하대지에는 굶주린 사람이 하나도 없다."[14]

조동종의 역사에서 面壁九年이라는 좌선의 의미와 성격을 주장했던 의의는 위대한 것이었다.[15] 제91칙에 대하여 단하자순은 다음과 같은

---

14) "大陽明安禪師上堂云, 嵯峨萬仞, 鳥道難通. 劒刃輕冰, 誰當履踐. 宗乘妙句, 語路難陳. 不二法門, 淨名杜口. 所以達磨西來, 九年面壁, 始遇知音. 大陽今日也太無端. 珍重." "僧問大陽, 如何是和尚家風. 陽云, 滿缾傾不出, 大地沒飢人."(元版 『四家語錄』 25丁右左) 椎名宏雄, 「元版 『四家錄』과 그 자료」(『駒澤大學佛敎學部論集』 제10호, 1979년 11월), p.253.
15) 早稻田大學圖書館所藏의 五山版 『禪門諸祖師偈頌』 권上에 同安常察의 「坐禪銘」에 대한 警玄의 주석이 남아 있다. "察禪師坐禪銘〈大陽明安禪師註幷書〉. 伏以, 先德垂範, 事理不孤. 諸法空寂, 以之爲座. 禪非意想, 道絶去來. 情與非情, 二俱弗顧. 假名詮座, 禪豈定亂. 是知坐禪三昧, 發慧全該. 參學禪流, 應曉座體. 余因入室, 請益禪銘. 略而釋之於後者也. 來時不入門〈無門可入〉, 去時不出戶〈去不從來〉. 正座座不座〈不端正座〉, 正去去不去〈去不正 來不福(褊?)〉. 不是情無情〈二俱無體〉, 都緣顧不顧〈都無異顧〉. 返本不還源〈還源守住〉, 歸根無道路〈歸根路不過〉. 若唱胡家曲〈肯不全, 知不齊〉, 聲聲句不觸〈聲聲不聞, 句在藏鋒〉. 每念雪中吟〈雪中有曲, 和者何分〉, 寒燈不假燭〈寒燈不照燭, 凝然雪路分〉. 坐來石笋生〈大坐無異發〉, 那用將釿斸〈用處不當功〉. 爲報參禪人〈語密須明旨〉, 行玄不動

게송을 붙였다.

언설로 말할 수 없는 일구는 뛰어나고	不挂脣皮一句奇
보리달마의 좌선은 최상의 자비였다네	少林冷坐最慈悲
이 가르침은 전수될 수가 없음을 알라	須知此道非傳授
雪中斷臂했던 혜가도 이미 억지였다네	立雪神光已強為

新井勝龍 교수의 五位硏究에 의하면, 경현은 납자의 근기에 따라서 功勳的으로 베풀지 않을 수가 없었지만, 曹洞五位에 대하여 정통의 古義로 復古시키려는 의도를 지닌 사람으로 평가할 수가 있다.[16] 임제 계통의 기관이 조동종에 영향을 주었으면서도 조동종이 그 독자성을 상실하지 않았던 점은 경현의 설법에서 그 일단을 찾아볼 수가 있다. 그리고 투자 문하의 발전에 수반된 경현의 현창운동은 활발하였다. 현재 전해지고 있지는 않지만 張守(1084~1145)의 『毘陵集』 권10에 紹興 3년(1133)에 쓴 『大陽明安禪師古錄』의 「서문」이 남아 있다.

대양명안선사 고록 서
무릇 功은 점수로써 가능하고 깨침은 돈오를 말미암는다. 점수는 쉽지 않고 돈오는 어렵지 않다. 하룻밤과 구 년은 멀지도 않고 가깝지도 않다. 옛날을 생각해 보면 우리 세존께서는 불자들이 역겁 동안 漂沈하면서 生死를 반복하는 것을 불쌍하게 여겨서 대법문을 열어서 힘

足〈切忌當風〉. 應須不恁麽〈通身終不住〉, 恁麽却成局〈事理莫教滯所執〉. 放下勞把捉〈把捉來不著〉, 撒手還拘束〈放曠絶所知〉. 步步不將來〈展手不當今, 行時無說路〉, 促延無斷續〈步步無間斷〉. 不全座中人〈座中不守全, 終無座相〉, 太陽那巨旭〈太陽無意, 照不當今〉."(18丁右左) 諸法空寂으로 파악하고, 근원으로 돌아가서 住를 고수하지 않는다는 坐禪觀에는 그 이후의 조동종의 기본적인 입장이 서술되어 있다고 말할 수 있다.
16) 石附(新井)勝龍, 「大陽警玄禪師의 中國曹洞宗旨 復古의 위치(1)~(3)」(『宗學硏究』 제13호~제15호, 1971년 3월~1973년 3월).

을 다하여 건져 주고, 쌓아 온 중생습을 다 없애 주며, 불퇴전하도록 해 주었다. 번뇌가 다하여 밝게 드러나야 비로소 本原을 보는데, 그것은 마치 지혜를 호지한 연후에야 순숙해지는 것과 같다. 그러나 오늘날 사람들은 용맹심이 없고 견고력이 없어서 입과 귀로 전하는 것을 삼고, 아직 깨치지 못한 것을 깨친 것으로 삼으며, 허공까지 타락하여 머물 곳이 없다. 또한 더욱더 심각한 사람은 습기가 다 없어지지 않았는데, 淫慾과 貪嗔을 부리면서도 스스로 걸림이 없다고 말한다. 고해에 유전하면서 영원히 벗어날 기약이 없는데, 세간의 導師를 말미암아 가볍게 空寂을 말하지만 끝내 末學으로 하여금 眞에 미혹하고 妄을 쫓아가게 만들어 버리니, 그 또한 불쌍하지 않은가.

대양산의 명안연공선사는 동산의 玄孫이고 양산의 적자이다. 진정으로 불조가 부촉하는 심인을 얻어서 事와 理를 兼融하고 開遮에 자재하였다. 機鋒을 똑바로 대면하고, 하늘과 땅을 대번에 초월하며, 온 힘을 다하여 후학을 접인하였다. 오직 학인이 사견에 떨어질 것을 염려할 뿐으로 막고 방지하며 비유를 열었고 부처님의 자비를 갖추었다. 동산부터 그 이래로 가풍이 타락하지 않았다. 眞歇老人이 『古錄』을 出示하였는데 一語와 一句가 모두 진실한 법을 갖추었다. 비록 명안대사에 卽하지는 못했을지라도 가히 전수할 만한 것일 뿐만 아니라 또한 그것을 벗어나서는 증명할 수도 없다. 근세에 선사들이 바람을 얽어매고 그림자를 붙잡는다고 해도 그 말을 의심하는 후학들에게는 먼 훗날의 말일 뿐이다. 扁首에 써붙여서 널리 유포시키니, 납자들에게 바라는 것은 입과 귀를 믿지 말고, 쉽다고 소홀히 하지 말며, 어렵다고 피곤해하지 말고, 분명하게 실수하지 말며, 무상도를 깨치는 것이다. 소흥 계축년(1133) 6월 초하루에 동산거사가 쓰다.[17]

---

17) "大陽明安禪師古錄序. 夫功以漸修, 道由頓悟. 漸修匪易, 頓悟匪難. 一宿九年, 非久非近. 憶昔我世尊, 憫佛子等, 歷劫漂沈, 周迴生死, 開大法門, 極力拯救, 揩磨積習, 令不退轉. 垢盡明現, 始見本原, 猶在護持, 然後純熟. 今一世人, 無勇猛心及堅固力, 口耳所傳, 未証爲証, 墮落虛空, 無棲泊處. 又有甚者, 習氣未除, 淫慾貪嗔, 自謂無礙. 流轉苦海, 永無出期, 由世導師, 輕談空寂, 遂令末學迷眞遂妄.

眞歇淸了(1088~1151)에 의한 대양경현의 현창에 대한 일단이다. 『인천안목』에 『明安別錄』의 인용이 있는데, 혹 그 『別錄』이 바로 이 『古錄』으로 간주된다.

대양경현에게 법사가 없었을 리는 없겠지만, 투자가 그 법을 代付에 의하여 계승함으로써 그 派가 발전하게 되었다. 다음으로 투자의 행장을 고찰해 보기로 한다.[18] 주요한 전기자료는 『建中靖國續燈錄』(1101년 성립) 권26, 『投子靑禪師語錄』(1084년 序), 『禪林僧寶傳』(1124년 序) 권17, 『續刊古尊宿語要』(1238년 序) 地集 등이다.

의청은 天聖 10년(1032)에 산동성 膠東道 益都縣 靑社의 李氏로 태어났다. 그해는 대양경현이 시적한 지 5년 후에 해당한다. 의청이 태어나자마자 곧 아버지가 돌아가시고 어머니는 병에 걸려서 아들을 양육할 수가 없었기 때문에 의청은 풀숲에 버려졌다. 이로써 양부모에 의해 양육되었다고 한다. 宇井伯壽 박사는 『속등록』에 王氏라고 되어 있으므로 태어난 것은 왕 씨이지만 주워다가 길렀던 사람이 이 씨였다고 추측하고 있다.

『속등록』에서는 8세라고 하는데, 다른 자료에 의하면 7세 때 靑州 妙相寺의 文秀上人 밑에서 출가하였다. 15세가 되어 試經을 통해서 得度

不亦悲乎. 大陽明安延公禪師, 洞山玄孫, 梁山嫡子. 眞得佛祖所付心印, 事理兼融, 開遮自在, 機鋒覷面, 坐斷乾坤, 至其出力, 接引後學. 惟恐學人或墮邪見, 防閑開譬, 具佛慈悲. 洞山以來, 家風不墜. 眞歇老人, 出示古錄, 一語一句, 具眞實法. 雖非卽此, 可以傳授, 亦非離此, 而能証明. 與近世師, 繫風捕影, 疑語後學者, 異日道也. 因書扁首, 廣衍流布. 所期學者, 勿信口耳. 不忽所易, 不倦所難, 端的不差, 証無上道. 紹興癸丑六月朔旦. 東山居士序."(『四庫全書』 珍本別集本-7丁左~8丁右).

18) 졸고, 「宋代曹洞宗禪籍考-投子義靑의 二種語錄-」(『駒澤大學佛敎學部硏究紀要』 제35호, 1977년 3월) 가운데서 투자의 전기자료를 정리해 둔 것에 기초하여 서술하겠다.

하였는데, 그해 혹은 이듬해에 구족계를 받았다. 수계한 이후에 우선 『百法明門論』을 배웠고, 법상학을 연구하였으며, 이후에 『화엄경』을 배웠다. 『선림승보전』 이후의 자료에서는 『화엄경』을 배운 장소를 낙양으로 기록하고 있다. 이윽고 『화엄경』의 종지에 통효하자 출가와 재가인들로부터 부름을 받아 강설하게 되었는데 法侶가 운집하였다. 어느 때 강설을 하게 되었는데, 『화엄경』 「범행품」의 諸林菩薩의 게송이 의미하고 있는 "만약 모든 보살이 이와 같이 觀과 行이 상응하게 되면 제법 가운데서 분별견해가 발생하지 않게 되어 일체불법이 곧장 현전하여 처음 발심할 때에 곧 아뇩다라삼먁삼보리를 얻게 된다. 그리하여 일체법이 자기의 마음에 즉한 자성인 줄을 알고 지혜의 몸을 성취하는데, 그것은 다른 것을 말미암아 깨친 것이 아니다."[19]는 대목의 '卽心自性'이라는 구절을 만나게 되어, 법은 문자를 벗어나 있으므로 강설에 집착하지 않아야 함을 알고서 교학을 버리고 선종의 문을 두드리기에 이르렀다. 의청은 『화엄경』과 깊은 인연이 있어서 『화엄경』의 강사였기 때문에 靑華嚴이라고도 불린다.

『어록』의 행장에 의하면, 우선 운문종의 明覺重顯 문하의 祖印禪師 長蘆智福에게 참문했다고 전해진다. 지복은 江州의 夏竦(985~1051)과 속가로 보면 동성동본인데, 명각에게 사법한 이후 네 곳에 주석하였다. 豫章郡 王趙宗諤(?~1082)의 외호를 받은 인물이다. 의청이 참문한 것은 강소성 淮揚道 儀徵縣 眞州의 長蘆崇福禪院(현재의 지명으로는 南京市 大廠區 長蘆鎭이라고 한다)이다. 장로숭복선원은 운문종과 조

---

19) "若諸菩薩, 能與如是觀行相應, 於諸法中, 不生二解. 一切佛法, 疾得現前, 初發心時, 卽得阿耨多羅三藐三菩提. 知一切法, 卽心自性. 成就慧身, 不由他悟."(大正藏10, p.89上).

동종의 뛰어난 선자들이 주석했던 곳이다. 다음으로 覺海禪師 蔣山贊元(?~1086)에게 참문하였다. 찬원은 절강성 婺州 義烏縣 傅大士의 末裔로 태어났다. 임제종의 慈明禪師 石霜楚圓에게 참문하여 사법한 후에 蘇台·天峰·龍華·白雲 등을 거쳐 금릉의 蔣山太平興國寺에 주석하였다. 王安石(1021~1086)의 귀의를 받은 것으로도 유명했다.[20] 의청은 眞州로부터 금릉의 장산으로 가서 찬원에게 참문하였다. 다만 그 당시의 유명한 두 사람의 존숙과는 기연이 맞지 않았다.

의청이 최후로 참문한 사람은 圓鑒禪師인 浮山法遠(991~1067)이다. 법원의 전기는 『선림승보전』 권17과 그것을 비판한 『雲臥紀談』 권상에 상세하다. 원감은 淳化 2년(991)에 하남성 鄭州 圃田縣의 沈氏(王氏라고도 전한다)로 태어났다. 17세 때 임제종의 首山省念 문하인 幷州의 三交智嵩을 은사로 삼아 출가하였다. 수계한 이후에 다시 수산성념 문하인 無德禪師 汾陽善昭(947~1024)와 明壽禪師인 汝州 葉縣의 廣教歸省에게 참문하여 두 사람 모두에게 인정받고 明壽歸省이 법을 이었다.

天聖 7년(1029) 이전 무렵에 許式(字는 叔矜)의 명에 의하여,[21] 안휘성 舒州 潛山縣 북쪽 3리에 있는 太平興國寺에서 출세하였다. 의청은 1032년에 태어났으므로 의청이 태어나기 3년 이전의 일이다. 慶曆 3년 계미년(1043)에 潛山縣의 西北 天柱山의 月華庵으로 들어갔다. 이어서 경력 6년 병술년(1046)에 한림학사 呂溱(字는 濟叔)의 청에 의하여 舒州 桐城縣의 浮山華嚴寺에 주석하였다. 皇祐 3년 신묘년(1051)에 부산의 주지를 물러나서 화엄사의 서쪽 암자로 옮겼다. 황우 5년 계사년(1053)이 되

---

20) 三浦國雄, 『王安石 -濁流에 서다』(集英社, 1985년 1월) p.232 이하.
21) 許式이 淮南에 있었던 것은 『北宋經撫年表』(中華書局, 1984년 4월) 권4, p.299에 의거하여 知洪州 이전으로 추측한다.

어 姑蘇山(강소성 吳縣 서쪽 30리) 天平寺의 초청에 응하였다.

至和 연간(1054~1056)에 부산의 옛날 거처로 돌아갔지만, 다시 부산의 주지로 초청되어 주석하였다. 그곳에서 주지로 주석한 후에 노쇠를 이유로 會聖巖으로 들어갔다. 부산은 舒州에 있는데 府名은 安慶府라고도 불렸는데, 淸代에는 안경부가 懷寧·桐城·潛山·太湖·宿松·望江의 여섯 개의 縣을 거느리게 된다.『安慶府志』권2에 의하면, 浮山은 浮渡山이라고도 하는데, 동성현의 동쪽 90리에 있다. 부산은 72峰과 350의 巖으로 이루어져 있는데, 會聖巖은 翠蓋峰 아래에 있는데 수백 명이 들어갈 수 있는 깊고 넓은 巖이라고 하며, 회성암의 왼쪽으로는 棲眞巖이 있어서 法遠의 탑이 현존하고 있다. 歐陽修(1007~1072)가 참문하여 바둑경기를 들어서 설법하는 因棋說法을 했던 곳으로 유명하다.

의청이 부산 회성암의 원감에게 참문했던 시기를 보여 주는 문헌은 없지만, 처음 개당한 법어로부터 역산해 보면 대충 경과를 추측할 수가 있다. 의청이 熙寧 6년(1073)에 舒州 白雲山 海會禪院에서 개당한 시기는 득법한 후에 潛衆 곧 대중 가운데 들어간 지 10년 이후라고 말하므로, 그 10년 이전에 부산을 떠났다고 한다면 治平 원년(1064)으로 의청은 33세에 해당하고 원감은 74세에 해당한다. 개당법어에 의하면, 대양의 법을 얻은 것과 부산을 떠난 시기는 같은 해가 된다. 外道問佛의 일화에 의한 大悟가 득법하기 3년 이전인 嘉祐 7년(1062)으로서 의청의 나이 31세 때가 되고, 그 大悟는 원감에게 참문하여 3년 이후이므로 의청이 원감을 만난 것은 嘉祐 5년(1060)으로서 의청이 29세이고 원감이 70세로 간주된다.『어록』의 행장을 宇井伯壽 박사는『어록』의 편찬자인 淨因自覺의 찬술이라고 주장한다. 필자도 정인자각이 1106~1112

년 무렵에 十方淨因禪院에 주석했을 때에 찬술한 것으로, 의청에 대한 전기의 가장 중요한 자료로 간주된다. 그 『어록』에서는 大悟의 경과를 다음과 같이 보여 주고 있다.

> 당시에 부산 원감선사의 명성이 천하에 가득하였다. 의청은 곧 법석을 옮겼다. 법원선사가 회성암에 들어갔을 때 참문하였는데, 법원선사가 청색의 매를 얻는 꿈을 꾸었는데, 새벽에 의청이 회성암의 문을 두드리고 찾아오는 것을 보았다. 법원이 웃으면서 말했다. "내 꿈에 그대가 감응하니 상서롭구나." 마침내 다른 巖에 머물게 하고 外道問佛의 인연을 살피게 하면서 오직 적묵하여 망념을 떠나 스스로 비추어 보게끔 시켰다. 의청은 한결같은 정진으로 情見과 解會를 소멸하고 공겁 이전을 향하여 몸소 궁구하여 무릇 3년이 되지 않아서 깨칠 수가 있었다. 어느 날 법원이 말했다. "그대가 화두를 기억하고 있다면 어디 한번 들어 말해 보라." 의청이 막 말을 하려고 하는데 법원이 갑자기 손으로 의청의 입을 막아 버렸다. 이에 의청이 활연히 대오하였다. 전신에 땀이 흘렀는데 평소처럼 감사의 예배를 드렸다. 법원이 말했다. "그대는 玄機를 잘 깨달았구나." 의청이 말했다. "설령 잘 깨달았다고 하더라도 그것 또한 반드시 토해내 버려야 할 것입니다." 그때 곁에 있던 資侍者가 말했다. "저 녀석은 오늘 병에 걸린 듯이 땀을 흘리는구만." 의청이 말했다. "개 같은 소리입니다." 이로부터 법원은 제방에서 잔혹한 수단으로 단련시키는 사람으로 소문이 났다.[22]

의청의 대오에 대한 경과는 『선림승보전』과 『가태보등록』에도 보이는

---

22) "時浮山圓鑑遠禪師, 道價滿天下. 師徑趨法席, 值遠退休會聖嵓. 因夢獲靑色俊鷂, 曉見師扣嵓禮謁. 遠笑云, 吾之夢子應其祥矣. 遂留別嵓, 看外道問佛因緣, 專令寂默離念自照. 師一味滅情見解會, 向空劫已前體究. 凡三載未能自省. 一日遠曰, 汝記得話頭, 試請擧看. 師纔擧, 遠急以手掩師口. 而師豁然大悟. 通身汗流, 尋卽禮謝. 遠云, 子妙悟玄機邪. 師曰, 設有妙悟 也須吐却. 時資侍者在傍云, 這漢今日如病得汗. 師云, 合取狗口. 自是遠方痛下毒手烹煉."(亨保十年間本-28丁左~29丁右).

데,²³⁾ 『속등록』에 보이는 대오에 대한 기록은 이들과 다르다.

> 부산 원감선사의 법석에 있었다. 원감이 그가 법기인 줄 알고 곧 입실을 허락하여 外道問佛의 인연을 제시하였다. 어느 날 바위에 걸터앉아서 이전의 외도문불의 일화를 들고 있었는데, 갑자기 나무를 치는 소리(板聲)을 듣고는 홀연히 개오하였다.²⁴⁾

기연의 일화가 '외도문불'이었다는 것은 공통이지만, 板聲을 듣고 개오한 것으로 되어 있다. 의청은 대오한 이후 3년 후에 대양경현의 법을 代付하게 되었다. 원감법원은 明壽歸省에게 사법한 후에 天禧 연간(1017~1021)에 兩漢 및 隨郢 지방을 유행하다가 대양경현 밑에서 기연이 서로 계합되었다. 그러나 이미 원감은 임제종의 법을 계승하고 있었다. 경현은 '나는 늙었다. 洞上의 一宗에 마침내 사람이 없게 되었구나.'라고 한탄하고, 그날부로 몸에 지니고 있던 直裰과 皮履를 의탁하고 자신의 법을 계승할 만한 사람을 발굴해 줄 것을 원감에게 부탁하였다. 바로 그것에 상응한 사람이 투자의청이었다. 『어록』에서는 代付의 경과를 다음과 같이 기록하고 있다.

> 또 3년이 지났다. 법원이 다음과 같이 말했다.

---

23) 『禪林僧寶傳』 권17에 "至浮山, 時圓鑒遠禪師, 退席居會聖岩. 遠夢得俊鷹畜之, 既覺而青適至. 遠以為吉徵, 加意延禮之. 留止三年, 遠問曰, 外道問佛, 不問有言, 不問無言時, 如何, 世尊默然. 汝如何會. 青擬進語. 遠驀以手掩其口. 於是青開悟拜起. 遠曰, 汝妙悟玄機耶. 對曰, 設有妙悟也須吐却. 時有資侍者在旁曰, 青華嚴今日如病得汗. 青回顧曰, 合取狗口, 汝更忉忉, 我即便嘔."(東洋文庫藏五山版, p.33丁左)라고 되어 있기 때문에 『어록』의 행장에 의심은 없다. 『어록』의 '寂黙離念自照', '空劫已前' 등의 용어에 주목해 보면 원감이 大陽警玄의 선법으로 전했던 것에는 후세 黙照禪의 중요한 용어가 들어 있기 때문에 원감은 임제선과 대조적인 선으로서 조동선을 표현했던 것이 아닐까 생각된다.

24) "抵浮山圓鑑禪師法席. 鑑知其法器, 即許入室, 示外道問佛因緣. 一日巖間坐次, 因舉前話, 忽聞板聲, 豁然開悟."(續藏 2乙-9-2〈통권136〉-176右下).

"조동의 종풍은 실로 계승이 어렵다. 나는 70여 명의 대선지식에게 참문하여 증명받지 않은 적이 없었다. 말후에 영주의 대양명안선사에게 친견하여 무릇 수년이 지나서야 바야흐로 黙契하였다. 그리고 명안이 皮履와 直裰을 부촉하였다. 그러나 나는 이미 사법한 곳(得處)이 있어서 감히 초심을 저버릴 수가 없었기 때문에 그 사실을 명안에게 고하였다. 〈만약 노사께서 연로하시어 법을 이을 사람이 없으시다면 마땅히 제가 그 衣信을 지니고 있다가 오로지 大器를 가려내어 劫外의 후손으로 삼아서 반드시 正宗의 密旨를 유통시켜 단절되지 않도록 하겠습니다.〉 그러자 명안이 흔연히 그것을 허락하고 말했다. 〈그 때가 되어 사람을 얻게 되면 나의 게송으로 증명을 삼게 해 주시오.〉 명안의 게송은 다음과 같다.

    대양산의 넓디넓은 지역에 펼쳐진 풀밭이
    그대로 인하여 번성하게 되기를 기다린다
    임제종파의 새싹이 바뀌어서 무성한 곳에
    깊고 또 은밀하게 신령한 뿌리 뻗게 하라

그리고 끝으로 또 명안은 다음과 같이 말했다. 〈득법한 후에는 대중 가운데 숨어서 10년이 지나야 바야흐로 널리 펼칠 수가 있을 것이다.〉 이제 그대(의청)는 반드시 先師(명안)의 은밀한 현기에 계합되어야 이에 진정한 법기가 된다. 나는 이제 대양명안의 영정(眞像)과 가사(衣信)와 讖偈를 그대한테 부촉한다. 그대는 반드시 대양의 종풍을 계승해야 한다. 나는 세상에 오래 머물지 못할 것이다. 반드시 잘 호지하되 이곳에 머물지 말라."
의청은 마침내 떠나는 길에 올랐다.[25]

---

25) "又經三年, 遠曰, 曹洞宗風, 實難紹擧. 吾參七十餘員大善知識, 無不投証. 末後見郢州大陽明安禪師, 凡數年方黙契. 而明安以皮履直裰付囑. 然吾以先有得處, 不敢昧〈昧?〉初心, 以實告明安. 若老師尊年, 無人繼嗣, 即某甲當持此衣信, 專淘擇大器, 以為劫外種艸, 庶正宗密旨流化不絶. 明安忻然許之曰, 它時得人出吾偈以為証. 偈曰, 陽廣山頭艸, 憑君待價焞. 異苗翻茂處, 深密固靈根. 其末又批

이리하여 대양경현의 법은 원감법원을 매개로 하여 투자의청에게 대부되었다.[26] 이후에 곧 원감의 휘하를 떠난 의청은 널리 제방을 유행하였고, 두루 祖塔에 예배하였으며,[27] 마침내 廬山의 慧日寺에 주석하면서 대장경을 열람하였다. 『가태보등록』에 의하면 원감의 지시를 따라서 여산 棲賢寺의 圓通禪寺 法雲法秀(1027~1090)에게 참문했다고 전한다.[28] 법수는 감숙성 秦州 隴城縣에서 辛氏로 태어났고, 운문종 明覺 重顯 문하의 振宗禪師 天衣義懷(993~1064)의 법사이다.

熙寧 6년(1073)에 舒州 白雲山 海會禪院에서 출세하였는데, 위에서 설명했듯이 천하에 代付를 공표하였다. 당시 의청의 나이 42세로서, 前年인 희녕 5년에 48세로 시적한 白雲守端의 뒤를 계승하였다. 수단은

云, 得法後潛衆十年, 方可闡揚. 今子應先師密記. 乃眞法器也. 吾今以大陽眞像衣信識偈, 付囑於汝. 汝當續大陽宗風. 吾住世不久, 宜善護持無留此閒. 遂送登途."(同, p.29丁右左).
26) 『雲臥紀談』에서는 "慶曆·皇祐間, 師之道大顯著. 接投子靑, 續洞上宗派, 指老東山, 參白雲端. 於宗門可謂有功矣. 出處差紊其可乎."(續藏 2乙-21-1〈통권 148〉, pp.12左下~13右上)고 圓鑒法遠을 평가하여, 투자의 代付와 함께 五祖法演(1024~1104)으로 하여금 白雲守端(1025~1072)에게 참문하도록 지시했던 공적을 높이 평가하고 있다. 확실히 이후의 禪宗敎團史에서 보면 큰 공적이라고 말할 수가 있다.
27) 『語錄』권上에는 모두가 이 당시의 遊行에 한정되는 것은 아니지만, 三祖鑑智禪師, 四祖大醫道信, 五祖大滿禪師, 投子慈濟大師, 廬山遠法師, 雲居弘覺禪師, 同安第四代察禪師 등의 탑과 雙谿田道者의 眞堂을 예찬한 게송이 남아 있다.
28) 『普燈錄』권2에는 "復指依圓通秀禪師. 師至棲賢, 無所參問. 唯嗜睡而已. 執事白秀云, 堂中有僧日睡, 當行規法. 秀曰, 是誰. 云, 義靑上座. 曰, 未可待與按過. 秀卽曳杖入堂見師正睡, 乃擊床呵曰, 我這裏無閑飯與上座喫了打眠. 師云, 和尙待敎某何爲. 曰, 何不參禪去. 云, 美食不中飽人喫. 曰, 爭奈大有人不肯上座. 云, 待肯堪作甚麽. 曰, 上座曾見甚麽人來. 云, 浮山. 曰, 怪得恁麽頑賴. 遂握手相笑歸方丈. 由是道聲籍甚."(續藏 2乙-10-1〈통권137〉, p.33右上)라고 되어 있다. 또한 『가태보등록』에 의하면 이 법어 앞에는 원감이 하나의 게송을 보냈다고 기록되어 있지만, 『어록』에 의하면 '辭浮山和尙'이라고 하여 義靑의 게송으로 기록되어 있다. 그것이 곧 "須彌立太虛, 日月輔而轉. 群峰漸倚他, 白雲方改變. 少林風起叢, 曹谿洞簾卷. 金鳳宿龍巢, 宸苔豈車碾."(전게서, p.33丁左)의 오언율시이다.

호남성 衡陽의 葛氏로 태어나서 楊岐方會의 법사가 되었는데, 문하에 五祖法演을 배출하였다. 의청에게 이 法系와 어떤 교섭이 있었음에 주목할 필요가 있다.[29]

또한 개당법어를 보면 ①宣疏, ②拈香祝聖, ③拈香文武官僚, ④嗣法香, ⑤山谷長老白槌(法筵龍象衆 當觀第一義), ⑥住持垂語·問答·提綱, ⑦白槌(諦觀法王法 法王法如是)의 순서로 기록되어 있지만, 이 형식은 『칙수백장청규』 권3의 入院의 開堂祝聖과 거의 동일하기 때문에 개당법어의 가장 이른 시기의 것으로 주목된다. 동시에 당시의 선림이 대단히 강한 국가불교적인 색채의 성격을 지니고 있었음을 엿볼 수가 있다. 海會禪院에서 했던 개당설법을 보면 그 受請上堂에서 帖을 받았다는 것은 그 이전에 舒州 潛山縣 太平興國寺로부터 서주 백운산 해회선원으로 돌아와 있었다는 것을 알 수가 있다. 백운산은 太湖縣 북쪽 30리에 있다.

외호자로는 無爲子 楊傑(字는 次公)이 있다.[30] 양걸은 안휘성 無爲 출신으로 嘉祐 4년(1059)에 進士가 되었다. 양걸이 의청을 백운산으로 초청한 시기는 그가 舒州의 태수였다. 元祐 연간(1086~1094)에 禮部員外郞 및 知潤州가 되었으며 70세로 죽었다. 『가태보등록』 권22에는 운문종 振宗義懷의 법사에 그 이름이 올라 있다. 진종의 법사인 원통법수에게 의청이 참문했던 것은 전술한 그대로이다. 양걸은 수많은 선자들과 교류가 있었는데, 芙蓉道楷와 주고받은 문답도 전한다.

---

29) 『法演禪師語錄』 권下에 「悼投子靑禪師」라고 하여 "寂住峯頭雲, 灑落曹溪水. 高張浮渡帆, 直入大洋裏. 運載旣緣終, 昨夜狂風起. 鬏角女子戴瓊花, 八十翁翁穿繡履."(大正藏47, p.666下)라는 게송이 남아 있는 것은 참고가 된다.
30) 『어록』에는 「楊次公讚師眞」으로서 "一隻履, 兩片皮. 金鴦烏啼處木鷄蜚. 半夜賣油翁發笑, 白頭生得黑頭兒."라고 楊傑이 義靑을 讚한 게송이 남아 있다. 『續刊古尊宿語要』 권2 참조.

다음으로 元豊 3년(1080)에 서주 투자산의 勝因禪院으로 옮겼다. 백운산에서 접화한 기간은 8년에 이른다. 투자산은 桐城縣의 북쪽 2리에 있다.[31] 투자산의 개산은 제1장 제5절에서 서술했던 석두희천-단하천연-취미무학으로 계승되는 慈濟大師 大同(819~914)이다. 의청이 백운산과 투자산에 주석한 것과 이후 시적할 때까지를 『어록』 권하의 행장에서는 다음과 같이 기록하고 있다.

熙寧 6년(1073)에 다시 서주로 돌아왔다. 태수 양공이 덕이 높은 선사를 흠모하였는데, 그 지방 사람들도 또한 선사의 高風을 숭앙하여 예를 갖추고 권청하여 백운산 해회선원에 모셨다. 선사는 기연이 무르익었음을 黙照하시고, 마침내 곧 명을 받아들였다. 治平 원년(1064)에 得法하고 출세할 때가 이르렀음을 조용히 생각해 보니, 마침내 명안대사의 10년 讖言에 부합되었다. 선사는 禪機가 예리하고 뛰어났으며, 宗旨가 미묘하고 면밀하였으며, 망념을 여의고 분별교학을 단절하였으며, 情識으로 어찌해 볼 수 있는 대상이 아니었다. 해회선원에 8년 동안 주석한 후에 투자산으로 옮겨서 다시 4년을 주석하였다. 오직 낡은 衲衣만을 걸쳤고, 추울 때는 움직이지 않으면 조용히 침묵을 지켰으며, 반연을 잊고 寂照하게 지내면서 앉고 누움에 대나무처럼 정갈하였다. 그리고 가풍은 적막하여 趣向할 곳이 없었다. 옛적에 투자산의 개산조인 자제선사가 受記를 말했다. '만약 이 탑이 붉어지면 내가 다시 돌아올 것이다.' 언젠가 그곳 사람이 工人에게 명하여 탑을 수선토록 하여 마노색이 되어 있었는데 얼마 후에 선사가 그것에 도래하였다. 사람들은 모두 선사가 바로 자제선사의 후신이 아닌가 생각하였다. 투자산은 본래 물이 부족하였는데 선사가 주석한 이후로

---

31) 『安慶府志』 권2에 의하면, 勝因禪院의 옛터는 桐城縣의 북쪽 2리에 현존하였지만, 明 嘉靖 연간(1522~1566) 말에 그 마을에 있는 紳士가 墳園을 만들었기 때문에 廢寺가 되었고, 乾隆 원년(1736)에 다른 곳에 慈濟寺가 건립되었다고 전한다.

는 甘泉이 솟구쳐서 그 지역을 널리 적셔 주었다. 태수 賀公이 그곳에 방을 붙여서 '再來泉'이라 하고, 다음과 같은 시를 붙였다.

자제선사의 법음을 이은 사람에 대하여
이름을 붙이니 자제선사의 再來라 하네

원풍 6년(1083) 4월 말에 가벼운 병이 보이자, 移書하여 郡官 및 시주자들에게 이별을 고하였다. 5월 초나흘이 되자 목욕을 하고 법좌에 올라 설법하였다. 법좌에서 내려와서 다음과 같은 게송을 글로 남겼다.

백운과 투자에서 주석하였지만
도를 넓혔다고 말할 수가 없다
그대들과 이제 곧 작별을 하니
앞으로는 이제 나를 찾지 말라

마침내 가부좌를 하고 천화하였다. 대낮인데도 산색이 어두웠고, 바윗결을 스치는 바람은 새들의 울음소리를 냈으며, 향기가 계곡에 가득하였다. 오색의 사리와 영골을 수습하여 선원의 서북쪽 三峰庵에 탑을 새웠다. 탑 뒤에다 芙蓉道楷가 나무 한 그루를 심어 두자 그날 수십 개의 꽃봉오리가 일제히 피어났는데, 그 또한 기이한 일이었다. 세수 52세이고, 승랍 37세이다.[32]

---

32) "熙寧六年, 復還舒州. 太守楊公, 欽慕碩德, 郡人亦仰師高風, 具禮勸請, 住白雲山海會禪院. 師默照機緣成熟, 遂即授命. 退惟治平元年得法, 至出世時, 果符明安十年之識. 師鋒鋩迅高, 宗旨妙密, 離念絕學, 非情識所可擬. 自住海會八年, 移席投子, 復四年. 唯破衲弊衣, 寒槁冷默, 忘緣寂照, 坐臥如竹木. 而家風蕭條, 無可趣向. 昔投子開山慈濟禪師受記曰, 吾塔若紅是吾再來. 忽邦人命工飾其塔, 為碼碯色. 未幾師來. 人皆疑師為慈濟後身. 投子素艱水, 而師住後, 有甘泉涌出, 汲之不窮. 太守賀公榜之為再來泉, 題詩云, 能嗣師音者, 名為師再來. 元豐六年四月末, 示有微疾. 移書告別郡官檀信. 至五月初四日, 盥沐陞座, 退而書偈曰, 兩處住持, 無可助道. 珍重諸人, 不須尋討. 遂跏趺而化. 山色晝昏, 崑風號作鶴鵲, 香滿谷. 收五色舍利靈骨. 以閏月二十三日, 塔于院之西北三峯庵. 塔後有芙蓉一株. 是日數十華盡發, 亦可異也. 俗壽五十二, 僧臘三十七."(亨保十年刊本-29丁左~30丁右).

원풍 6년(1083)[33] 5월 4일에 투자의청은 52세의 생애를 마감한다. 사법한 제자는 『속등록』과 『가태보등록』 등을 참고해 보면 (1)東京 天寧 芙蓉道楷(1043~1118), (2)隨州 大洪 第一世 報恩(1058~1111), (3)滁州 龍蟠山 壽聖寺 曇廣, (4)沂州 洞山雲, (5)長安 福應文, (6)兗州 光化祥, (7)南嶽 延洪善, (8)普賢標, (9)果侍者 등 9명이 알려져 있다. 『어록』의 행장은 도해가 부용산에서 활약하던 政和 원년(1111) 무렵에 自覺의 것으로, 도해 문하 조동종의 발전에 따른 의청의 현창운동으로서 간행된 것이다.[34]

의청에게는 『어록』이 있는데, 그것은 宋板의 古形을 지니고 있는 북송시대의 대단히 귀중한 예에 속한다. 그 「서문」은 안휘성 龍眠의 李沖元(李元中, 元沖)에 의하여 의청이 시적한 직후에 찬술된 것이다. 이충원은 舒州 출신으로 글씨에 뛰어났으며, 李公麟 및 李亮工과 함께 龍眠三友라 불린 사람이다. 『勝因禪院語錄』은 自覺이 重編한 것이 있기 때문에 이전에 있었던 『어록』을 재편한 것으로 간주된다. 『續刊古尊宿語要』의 原典은 자각이 중편한 것이지만, 이충원은 그 이전의 『어록』에다 「서문」을 붙인 것으로 보인다. 다만 元版 『四家錄』에서는 그 「서문」을 「投子靑和尙頌古集序」라고 고쳐 놓고 있다.

---

33) 『續燈錄』과 『普燈錄』은 元豊 5년이라고 말하지만, 4월·5월·윤 6월에 각각 示疾·遷化·建塔한 것을 같은 해로 간주하여 閏月이 들어있는 元豊 6년이라고 보는 것이 옳다고 생각한다.
34) 『어록』의 행장에는 "嗣法出世者, 十餘人. 如道楷·報恩, 相繼住隨州大洪. 而聖天子欽重道德, 皆被詔唱道都城, 宗風大振. 然師之法子法孫, 星分碁布. 以洞山門庭峻高, 得者如大死人. 而氣息俱盡. 非髑髏無識, 莫能知之. 謹以實狀, 刊錄後, 異苗飜茂之句, 如呼谷照鏡, 虛明絶朕, 任運之應, 不可得而名邈."(同-30丁左~31丁右)라고 기록되어 있다.

서주 투자청선사어록 서

옛날 대양산에서는 木人이 홀로 앉아 있고 石女가 아이를 배어 몇 년이 지나도 움직이지 않았다. 산의 상서로운 풀은 누가 밭을 갈아 재재한 것이고 고갯마루의 진흙소는 누가 맡아서 기른 것인가. 부처님(空王)의 집에서는 수레의 굴대가 부러지려고 하고, 부처님(古佛)의 나룻터에서는 뱃전이 망가지려고 한다. 오직 절반이나 구멍이 난 가죽신발(皮履)과 꿰맨 자국이 없는 무명적삼(布衫)만 남아 있을 뿐이다. 당시에 그것을 마주친 사람에게 주었지만 도저히 이해하지 못하였다. 그러자 月華庵의 부산원감이 크게 한탄하며 눈썹을 찡그리고는, 그것을 지니고 金谷巖으로 들어가서 의청(白雲老子)에게 분부하였다. 이에 金雞가 알을 품고, 丹鳳은 병아리를 낳으며, 玉樹에 꽃이 피고, 蟠桃에 열매가 달렸다. 그리고 곧장 산하가 진동을 하고, 대지가 벌컥 뒤집혔다. 참으로 무척이나 신선하고 또한 한바탕 기괴한 모습이다. 이로부터 기름을 파는 시장에는 옛날의 점포가 다시 열리고, 옛날 사당의 향로에는 상서로운 향연기가 다시 피어오른다. 胡家에서 노래하는 소리가 들리니 그 음률이 하늘까지 솟아오르고, 구멍이 없는 피리에서 소리가 나는데 그 누가 귀를 기울이는지 모른다. 제방에 전해지거든 각자 잘 호지해야 한다. 만약 知音이라도 만난다면 많은 사람들이 피리를 불고 노래를 부를 것이다. 때는 원풍 7년(1084) 4월 보름날에 용면의 이원충이 서문에 붙인다.[35]

이 「서문」은 대양의 법을 원감의 대부에 의하여 의청이 계승하여 백

---

35) "舒州投子青禪師語錄序. 昔大陽山中, 木人孤坐, 石女懷胎, 頻年不擧. 山前瑞艸, 付與誰耘, 嶺畔泥牛, 何人收放. 空王殿上, 車軸將摧, 古佛渡頭, 船舷欲破. 唯有半穿皮履, 無縫布衫. 當時覿面呈人, 到底承當不下. 月華圓鑒, 浩歎攢眉. 攜歸金谷巖中, 分付白雲老子. 於是金雞抱卵, 丹鳳生雛, 玉樹開華, 蟠桃結子. 直得山河振動, 大地掀騰. 不妨特地新鮮. 也是一場奇怪. 從此賣油市上舊店重開, 古廟香爐祥煙再起. 胡家曲子, 韻出青霄. 寫向無孔笛中, 未知誰人側耳. 諸方傳去, 各善護持. 若遇知音, 大家吹唱. 時元豐七年四月望日. 龍眠李元冲序."(亨保十年刊本, 권上-1丁右~2丁左).

운산 해회선원에서 설법했던 사실을 보여 주고 있는 것에 주요한 내용을 이루고 있다. 의청이 받아서 계승한 종풍으로서 가장 중요한 것은 「浮山和尙出十六題令師頌」가운데서 다음과 같은 「識自宗」의 2수에 잘 나타나 있다.

佛祖도 언어로 하면 깨달음에서 점점 멀어지니	佛祖言時路轉乖
非思量人의 언어야말로 딱히 계합될 수 있다네	石人語話頗同諧
쓸데없이 棒喝을 쓰면 신속한 수단이라고 해도	徒施棒喝門庭迅
활용하려는 그 찰나에 벌써 깨달음이 매몰되네	擬動之間早自埋
세계가 성립되기 훨씬 이전부터	空劫威音前
人知를 초월한 별천지가 있었네	別有一壺天
황궁에서 사냥하는 모습 본다면	御樓觀射獵
수풀이 무성한 밭이라 하겠는가	豈是刈茅田[36]

투자가 대양으로부터 계승한 木人과 石女라는 비사량의 경계는 동산과 조산이 확립했던 가장 기본적인 조동종의 종풍을 계승한 것이다. 그 접화 수단은 棒과 喝을 활용하는 종풍과는 다르다는 것을 명확하게 보여 주고 있다. 송대 조동종의 선자가 즐겨 활용하는 '空劫威音前'은 투자에 의하여 정착되었다는 것도 간과해서는 안 된다. 空劫前이란 成住壞空을 반복하는 세계가 성립되기 이전을 말하고, 威音前이란 과거장엄겁의 최초불인 威音王佛以前을 가리킨 것으로 이것 역시 세계가 성립되기 이전을 가리킨다. 父母未生以前과 동의어로 사용되고 있다.

원감법원에게는 班固의 『漢書藝文志』의 九流에 빗대어 만든 '浮山九帶'의 기관이 있어서 宏智正覺으로 전승되었기 때문에,[37] 그것이 조동

---

36) 同, 권上-30丁左, 『續刊古尊宿語要』권2 참조.
37) 『宏智錄』권4의 小參15(名著普及會本, p.261)에 인용된 대목이 있다.

종에 끼친 영향은 당연했다고 간주된다. 투자에게는 「五位頌」・「五位偏正謠」・「四料揀」・「四賓主」 등의 기관이 있는데, 대양의 기관을 전승하고 있다. 그 가운데 하나인 「오위송」을 살펴보기로 한다.

오위송 및 서문
무릇 (깨달음의 입장에서 보자면) 드넓은 허공은 하나여서 별과 달에 의하여 나누어지지 않는다. (자기의 입장에서 보면) 대지는 한계가 없어 번영하기도 하고 쇠락하기도 하며 저절로 달라진다. 그래서 객체는 달라진 객체가 없어서 미혹과 깨달음의 두 법도 있을 수가 없다. 주체는 그대로 주체가 아니라 언어와 형태를 빌려서 표현될 뿐이다. 그 언어는 偏과 圓이 가고 머물면서 겸대하여 완전하게 통한다. 그 존재는 시비에 떨어지지 않고 모든 현상에도 한정되지 않는다. 幽玄한 가르침은 물과 달이 하나로 융합되어 있는 이상 근본의 근원이 석존이 열반했던 金河로부터 뿔뿔이 나뉘어 흘러내려 왔다. 그러나 틀에 박힌 깨달음에 떨어지지 않고 다시 영묘한 작용으로 돌아온다.

正中偏　　　　깨달음 속의 자기는
星河橫轉月明前　은하수 펼쳐진 하늘에 달이 뜨기 이전
彩氣夜交天未曉　별빛과 밤이 交着되어 동이 트기 이전
隱隱俱彰暗裏圓　은은하게 완전한 어둠으로 드러난다네

偏中正　　　　자기 속의 깨달음은
夜半月明羞自影　야반에 달이 뜨니 자기 얼굴 부끄러워
朦朦霧色辨何分　안개가 자욱한데 어떻게 구별하겠는가
混然不落秦時鏡　혼연일체이니 秦時鏡에 집착하지 말라

正中來　　　　깨달음 속에서 나온 사람은
火裏金鷄坐鳳臺　불 속의 金鷄가 봉황의 자리 앉아 있고
玄路倚天通陌上　현로가 허공에 뻗쳐 모든 길에 통하네

披雲鳥道出塵埃　　구름 벗은 鳥道는 티끌을 벗어나 있네

兼中至　　　　　　깨달음과 자기가 일치된 곳을 향하면
雪刃籠身不回避　　시퍼런 칼날이 감싸면 피할 수 없지만
天然猛將兩不傷　　타고난 장수는 전혀 상처를 입지 않고
暗裏全施善周備　　어둠 속에서도 온전하고 주도면밀하네

兼中到　　　　　　깨달음과 자기가 일치되면
解走之人不觸道　　뛰는 사람이 길에 발자국 남기지 않고
一般拈掇與君殊　　똑같이 비평하지만 그대와 다르면서도
不落是非方是妙　　옳고 그름 없어야 곧 묘용이라 말하네[38]

　오위 가운데 제4위가 '偏中至'가 아니라 '兼中至'이지만 결코 공훈적인 임제선과는 같지 않다. 그래서 조동오위가 지니고 있는 回互兼帶의 사고방식이 상실되어 있지 않다고 말할 수가 있다. 위에서 지적한 것처럼 원감법원이 임제종에서 사법했다고 말한 自覺[39]이 명확해지면 해질

---

38) 전게서, 33丁左-3丁左.
39) 圓鑑法遠의 임제선 종풍은 과연 무엇인가를 명확하게 해 두지 않는다면 이 결론은 충분하지 않지만, 원감에 대한 자료가 적고, 남아 있는 상당법어로도 그것을 판단하는 것은 어렵다. 이제 원감이 크게 영향을 받았던 無德善昭의 설명 가운데 『汾陽無德禪師語錄』 권상의 「五位頌」을 참고로 하여 정리해 두고자 한다.

正中來　　　　　　깨달음 속에서 나온 사람은
金剛寶劍拂天開　　금강보검으로 하늘을 찔러서 열고 나면
一片神光橫世界　　한 조각 부사의한 광명이 세계에 뻗쳐
晶輝朗耀絶塵埃　　맑고 밝은 빛이 모든 티끌을 초월하네

正中偏　　　　　　깨달음 속의 자기는
霹靂鋒機著眼看　　벽력같이 창끝으로 눈동자를 찔러대니
石火電光猶是鈍　　거기에서는 전광석화도 오히려 무디니
思量擬擬隔千山　　막 사량만 하려해도 천 겹에 막힌다네

偏中正　　　　　　자기 속의 깨달음은

看取輪王行正令　　전륜성왕이 펼쳐가는 정법행을 본다면
七金千子總隨身　　칠금의 천자라도 모두 그 뒤를 따르니
途中猶自覓金鏡　　도중에서 다 금거울을 찾는 것과 같네

　　　兼中至　　　　깨달음과 자기가 일치된 곳을 향하면
三歲金毛牙爪備　　세 살 금모사자가 이빨과 발톱 갖추고
千邪百怪出頭來　　온갖 악마 및 요괴가 머리만 내밀어도
哮吼一聲皆伏地　　큰소리 한 번에 다 땅바닥에 엎드리네

　　　兼中到　　　　깨달음과 자기가 일치되면
大顯無功休作造　　마치 무공능처럼 크게 보인 행도 없이
木牛步步火裏行　　木牛가 불길로 뚜벅뚜벅 걸어들어가니
眞箇法王妙中妙　　진정한 법왕이여 그 묘용 참 절묘하네
(大正藏47, p.605下.『人天眼目』大正藏48, p.315上 참조)

송대에 전해진 洞山의「偏正五位頌」, 동일한 내용으로 曹山이 改名한 五位, 無德이 改變한 五位 등 3종의 관계는 다음과 같다.

　　　　洞山　　　曹山　　　無德
(1) 正位却偏 ― 正中偏 ＼ 正中來
(2) 偏位却正 ― 偏中正 ╳ 正中偏
(3) 正位中來 ― 正中來 ／ 偏中正
(4) 偏位中來 ― 偏中至 ↔ 兼中至
(5) 相兼帶來 ― 兼中到 ― 兼中到

무덕선소의 오위설은 曹洞五位를 계승하면서도 제1위와 제2위, 제3위와 제4위가 對句의 관계로서 법의 실상을 설명했던 原意와 다르게 수행의 階程을 설한 체계로 변화되었다. 무덕의 법사인 慈明楚圓은 정중편·편중정·정중래·겸중지·겸중도라고 명명하여 제4위를 조산의 '편중지'로부터 '겸중지'로 변경했을 뿐만 아니라 내용의 측면으로는 무덕의 영향을 받았다. 여기에서 바로 북송대 조동종의 선자가 자명오위의 명칭을 사용했을 경우에 그 내용이 과연 임제선을 拂拭하고 있는 것인지 어떤지에 대한 오위연구가 발생되었다. 여기 제3장 제1절에서 고찰해 본 투자의 오위는 그런 의미에서 무덕의 경우와는 크게 다른 점을 지적할 수 있다. 필자는 다음의「오위현결」의 경우에도 오래된 전승으로 인정하지만 그것은 조산본적의 創唱이라고 추정한다. 졸고,「曹山本寂의 五位說 創唱을 둘러싸고」(『宗學硏究』제28호, 1986년 3월).

"正位는 偏을 떠나 있다. 그러나 偏에 나아가서 변별해야 정과 편의 두 의미가 원만해진다. 偏位는 편위일지라도 동시에 정과 편의 두 의미를 원만히 구비하고 있다. 그래서 편위 가운데서 변별하는 것은 有語 가운데 無語이다. 혹 正位 가운데서 오는 경우가 있는데 이것은 無語 가운데 有語이다. 혹 偏位 가운데서 오는 경우가 있는데 이것은 有語 가운데의 無語이다. 혹 정과 편이 함께 겸대하여 오는 수록 代付에 의거했던 조동종 대양경현이 법을 투자의청에게 전했을 때, 무엇보다도 구별된 형태로서 조동의 종풍이 전승된 것은 아닐까 생각된다. 대부의 문제는 함부로 사법하지 않는다는 조동종의 성격을 보여준 것임과 동시에, 임제종과 대조적인 조동종의 자각을 촉구하고 있다는 점에서 북송시대 조동종의 역사에서 획기적인 사건이라고 말할 수가 있다.

경우도 있는데, 그 속에서는 有語니 無語니 하는 것을 따로 설하지 않는다. 그 속에서 모름지기 정면으로 나아가야 한다. 그 속에서는 원만하게 굴러가지 않음이 없으므로 모름지기 원만하게 굴려가야 한다. 그러나 도중에 있는 언어는 모두 병통이다. 대저 수행납자 자신이 먼저 모름지기 어구를 변별하여 정면으로 나아가야 한다. 有語는 이렇게 오는 것이고, 無語는 저렇게 가는 것일 뿐이다. 훌륭한 선지식에게 언어가 없을 수는 없다. 그러나 유어와 무어에 걸리지 않을 뿐인데, 그것을 일컬어 兼帶語라 한다. 겸대어는 전혀 的的함이 없다. 저 道吾圓智스님이 입적에 즈음하여 대중에게 말했다. "그때 운암스님은 (약산스님의 말속에) 그것이 있는 줄을 몰랐다. 그래서 내가 후회스러운 것은 당시에 운암스님에게 그것에 대하여 일러주지 않았다는 것이다. 비록 그렇다고 할지라도 (운암스님이) 약산스님의 뜻을 거스른 것은 아니었다." 저 도오원지스님은 어떻게 해서 저토록 간절한 노파심에 계합되었는가를 보라. 남전스님이 말한 '異類中行하라.'는 도리를 神山僧密은 아직도 그런 도리가 있는지조차 모르는구나."(正位却偏, 就偏辨得 是圓兩意. 偏位雖偏, 亦圓兩意. 緣中辨得, 是有語中無語. 或有正位中來者, 是無語中有語. 或有偏位中來者, 是有語中無語. 或有相兼帶來者, 這裏不說得語句. 正面而去, 有語是恁麼來. 無語是恁麼去. 作家中不無言語, 不涉有語無語, 這個喚作兼帶語. 兼帶語全無的的也. 他智上座臨遷化時, 向人道. 雲巖不知有, 我悔當時不向伊說. 雖然如此, 且不違於藥山蔡子. 看他智上座合作麼生老婆也. 南泉曰, 異類中行, 且密闍黎不知有.『曹山語錄』大正藏47, pp.451下~452中. 宇井伯壽,『第三禪宗史研究』, pp.270~299 참조). 또한『續刊古尊宿語要』권2(續藏 2-23-5〈통권118〉, pp.451右下~452右上)에 의하면, 원감법원이 투자의청에게 命한 16제의 게송이란 ①識自宗, ②死中活, ③活中死, ④不落死活, ⑤背捨, ⑥不背捨, ⑦活人劍, ⑧殺人劍, ⑨平常, ⑩利道拔生, ⑪言無過失, ⑫透脫, ⑬透脫不透脫, ⑭稱揚, ⑮降句, ⑯方入圓이다. 亨保十年刊本에는 ⑭에 '稱揚'이라는 제목이 누락되어 있다.

제2절 隨州 大洪山의 조동종 부흥

투자의청이 활약했던 안휘성 서주의 백운산 해회선원과 투자산 승인 선원은 북송시대 조동종 교단의 근거지가 되지 못한 채 마감되었다. 그 지역을 대신하여 큰 발전의 기반을 구축한 곳이 호북성 隨州의 大洪山이다.

대홍산[1]은 마조도일의 법사인 慈忍靈濟大師 善信(?~827)이 寶曆 2년(826)에 개산한 것이다. 선신이 시적한 唐 文宗(826~840 재위)으로부터 幽濟禪院이라는 사액을 받았다. 晋 天福 연간(936~944)에 奇峰寺로 개명되었고, 元豊 원년(1078)에는 다시 靈峰寺로 개명되었다. 元祐 2년(1087) 9월 조칙에 의하여 율원에서 선원으로 바뀌었고, 紹聖 원년(1094)에 투자의청의 법사인 報恩이 숭산 소림사로부터 초빙되어 隨州 大洪山 靈峰寺 十方禪院의 초대 주지로 주석하였다. 이로부터 이 지역에 조동종이 발전하는 기초가 구축되었다.

보은[2]은 嘉祐 3년(1058)에 하남성 衛州 黎陽의 劉氏로 태어나 이름을 欽憲이라 하였다. 집안은 독실한 불교도였는데, 19세 때 武功으로 급제하여 관리가 되었다. 그러나 출가의 길을 추구하여 北都 福壽寺의 智深 밑에서 삭발하였다. 보은이라는 휘는 神宗으로부터 받은 것이라고 전한다. 구족계를 받고 나서 유행하여 안휘성 舒州로 의청을 참문하였다. 그곳이 백운산 해회선원이 있던 곳이었기 때문으로 보인다. 거기

---

1) [자료 3] 참조.
2) [자료 4] 참조.

에서 대오한 모습을 范域이 쓴 「탑명」에서는 다음과 같이 말하고 있다.

> 보은이 어느 날 이른 아침에 의청이 주석하는 곳에 입실하였다. 의청이 물었다. "동이 텄는가." 보은이 말했다. "날이 밝았습니다." 의청이 말했다. "날이 밝았으면 발을 걷어라." 보은이 그 지시를 따라서 발을 걷으려고 할 때 돌연히 개오하여 마음에 응어리가 사라졌다. 이에 곧 깨달음의 내용을 의청에게 사뢰자, 의청이 그것을 훌륭하다고 인정하였다.[3]

그리하여 의청 문하에 머물렀다. 원풍 6년(1083)에 의청이 시적하기까지 사사하였고, 그 후에 운문종의 圓通法秀(1027~1090)와 圓照宗本(1020~1099)을 참문하였는데, 두 사람이 모두 보은을 뛰어난 인물로 인정하였다.

元祐 4년(1089)에 河南尹이 되었던 재상 韓縝(1019~1097)[4]은 보은을 숭산 소림사로 초빙하였다. 이어서 위에서 말했듯이 紹聖 원년(1094)에 초빙되어 수주 대홍산 영봉사 시방선원에 주석하였다. 재상인 范純仁(1027~1101)이 소성 2년(1095)에 知隨州가 되어 보은을 외호하였다. 보은에게는 『어록』 3권 이외에 『曹洞宗派錄』 3권, 『授菩提心戒文』 1권, 『落髮授戒儀文』 1권이 있었다고 전해지는데 현존하지 않지만, 당시 세상에 왕성하게 유통되었다고 한다. 「탑명」에 의하면 선원 안에다 계단을 건립하여 禪儀를 확정하여 크게 궤범을 새롭게 함으로써 대홍산을 천하의 선림으로 발전시켰음을 특기하고 있다. 대홍산이 본래 율원이었다는 것, 그리고 당시의 성격이 분명하지는 않지만 이전의 주지가 瑠璃戒壇이 있는 숭산의 소림사에 주석했다는 것으로부터도 보

---

3) [자료 4] 참조.
4) 『北宋經撫年表』 권3, p.192. ; 『宋史』 권215.

은이 계율부흥에 노력했다는 것이 주목된다. 이 지역의 조동종 부흥이 계율 중시의 성격을 지니고 있었다는 점을 간과할 수는 없다.[5]

대홍산에 주석한 지 10년, 崇寧 2년(1103)에는 駙馬都尉 張敦禮의 초청을 받아서 報恩은 동경의 法雲禪寺에 勅住하였다. 그러나 1년도 지나지 않아서 산천으로 돌아갈 것을 청하여 허락받고 숭산을 거쳐서 호북성 京山縣 大陽寺로 옮겼다. 당시의 주지는 아마 보은의 법사인 慶旦으로 간주된다.

대홍산은 주지가 공석이었기 때문에 崇寧 5년(1106)에 보은이 再住하였다. 再住하기를 6년, 政和 원년(1111) 7월 14일에 54세의 나이로 시적하였는데, 그 모습에 대하여 「탑명」에서는 다음과 같이 말하고 있다.

> 7월 14일에 한 승이 보은에게 물었다. "오랜 세월 동안 眞諦를 연설하셨습니다. 최후의 한마디를 내려 주십시오." 보은이 눈을 뜨고 그 승을 응시하였다. 그러자 그 승이 다시 물었다. "선사께서는 서방극락정토에 왕생하시려는 것입니까." 보은이 말했다. "사방을 초월한 사람이 알 수가 있다." 승이 다시 물었다. "필경에 그것은 生입니까, 死입니까." 보은이 말했다. "생사간에는 터럭 한 올도 들어갈 틈이 없다." 이에 말을 마치고 결가부좌한 채로 시적하였다.[6]

보은은 일찍이 張公의 주청에 의하여 紫衣를 하사 받을 기회가 있었지만, 그것을 받지 않았고, 師號도 받지 않았다. 그와 똑같은 사실이 대홍산의 제2대가 되었던 芙蓉道楷의 시대에는 사회적인 사건으로 불거지게 되었다.

---

5) [자료 3]은 崇寧 원년(1102) 정월 보름날에 張商英이 찬술한 것이다. 그때의 주지였던 報恩이 건립한 것이지만, 현재 알려진 것은 慶預가 중건한 것이다. 崇寧保壽禪院이라는 명칭은 숭녕 연간(1102~1106)에 국가에서 내린 것이다.
6) [자료 4] 참조.

보은이 숭녕 2년에 동경의 법운선사로 옮긴 이후에 대홍산의 제2대가 된 사람이 부용도해였다.[7] 도해는 보은이 활약했던 기반을 답습하여 법손에 훌륭한 인재를 배출하기도 하였고, 북송대 조동종 교단을 크게 발전시켰던 주역이었다. 도해의 第一碑는 韓韶가 찬술하여 산동성 臨沂縣에 건립하였지만 그 비는 전해지지 않고, 현재 알려져 있는 것으로는 王彬이 찬술한 第二碑로서 법손인 慧照慶預의 부탁으로 조성된 것이다. 第二碑가 성립된 의의에 대해서는 다음 절에서 논의하기로 한다.

도해는 慶曆 3년(1043)에 산동성 沂州縣의 崔氏로 태어났다. 보은보다 15세 연상이고, 스승인 의청보다는 11세 연하에 해당한다. 어려서부터 神仙術을 익히고 辟穀術을 터득하여 伊陽山에 은거하였다. 그러나 신선술이 궁극이 아님을 알아 포기하고, 東京 述聖院의 德遝을 은사로 불문에 귀의하였다. 熙寧 6년(1073) 31세 때 試經得度하였고, 이듬해 구족계를 받는데, 보은의 법형에 해당한다. 수계한 후에는 제방을 유행하면서 많은 선지식을 참방하였다.

최후로 서주 투자산의 의청에게 참문하여 한마디에 현묘한 경지에 도달하여 師資가 깊이 계합되었다. 「탑명」에는 개오한 기연이 기록되어 있다. 『선림승보전』 권17에 의하면 의청에게 참문한 것은 白雲山 海會禪院에서였다고 하여, 다음과 같이 개오한 기연을 전하고 있다.

> 도해가 의청에게 물었다. "불조의 언구는 불조의 일상 다반사와 같습니다. 그 이외에 또 설교한 언구가 있습니까." 의청이 말했다. "畿內에 천자의 칙명이 처음에 禹·湯·堯·舜에 의거한 것인지 그대가 말해 보라." 도해가 답변을 하려고 했다. 이에 의청이 불자로 때려 주고 말했

---

7) [자료 5] 참조.

다. "그대가 질문하려는 생각이 일어났을 때 벌써 20방을 맞아야 할 것이다."

여기에서 도해는 의청의 말을 듣고 종지를 깨달았다. 그리고는 예배를 드리고는 곧장 그 자리를 떠났다. 그러자 의청이 도해를 불러세웠다. "다시 돌아오라." 그러나 도해는 돌아보지도 않았다. 이에 의청이 말했다. "그대는 미혹이 없는 철저한 경지에 도달하였다." 도해는 손으로 귀를 막았다.[8]

의청은 명안선사 대양경현의 가사와 신발(衣履)을 도해에게 부촉하였다. 도해는 의청의 문하를 떠나서 河南府 澠池縣의 북쪽 30리에 있는 韶山에다 암자를 짓고 호랑이를 벗삼았다. 산림에서 주석하였지만 그 명성이 사방에 퍼졌다.[9] 元豊 5년(1082) 40세 때 沂州 蒙陰縣의 남쪽 8리에 있는 仙洞山에서 출세하였다. 이것은 의청이 시적하기 1년 전으로서 보은은 아직 출세하지 않았었다. 선동산은 蒙陰山이라고도 불린다. 이어서 洛陽縣 서남쪽 30리에 있는 龍門 乾元寺로 옮겼고, 나아가서 낙양현의 동쪽 20리에 있는 招提寺(白馬寺라는 이름으로도 유명하다)에 주석하였다. 韓縝이 元祐 4년(1089) 무렵에 소림사에 초청된 보은과 함께 그 지방에서 투자 문하가 교화를 확장했음이 알려져 있다. 낙양에서 활약한 것은 도해가 보은보다 먼저였다.

도해는 늦어도 元祐 6년(1091)에 慧照慶預가 대양산에 참문하기 이전에 낙양으로부터 호북성 郢州 京山縣의 대양산으로 옮겼다. 대양산은 명안선사 경현이 무려 30년 동안 주석했던 곳이다. 경현이 시적한

---

8) "(謁青華嚴於淮山海會), 問, 佛祖言句, 如家常茶飯, 離此外, 別有為人言句也無. 青曰, 汝道寶中天子勅, 還假禹湯堯舜也無. 楷擬詶之. 青以拂子撼之曰, 汝發意來, 早有二十棒也. 於是楷悟旨於言下, 再拜卽去. 青評曰, 且來. 楷亦不顧. 青曰, 汝到不疑之地耶. 楷以手掩耳."(東洋文庫所藏五山版, 34丁左)
9) 『僧寶傳』에서는 鄉里인 沂州 馬鞍山에도 閑居했었다고 전한다.

이후에도 그 문하인 大陽祈와 大陽慧에 의하여 유지되어 갔다. 그리고 다시 도해가 그 지역에서 교화를 떨쳤다. 『속등록』이 편집된 建中靖國 원년(1101)에는 大陽山楷로 入傳되어 있기 때문에, 당시에 도해의 중심적인 도량으로 간주되어 있었음을 알 수가 있다. 崇寧 2년(1103)에 대홍산으로 옮기기까지 대양산의 주지로 13년 이상 주석했다는 것이 『湖北金石志』의 신출자료를 통해서 알려졌다. 韶聖 원년(1094)에 대홍산에 보은이 초청된 것은 법형인 도해가 그 지역에서 활약하고 있었던 것도 한 원인이었다고 보인다.

보은이 숭녕 2년(1103)에 동경의 法雲禪寺로 초빙되어 초대 주지가 되었는데, 이후 그곳의 제2대 주지가 도해였다. 이처럼 동경에서 주지를 지낸 것은 보은이 도해보다 먼저였다. 그러나 위에서 말했듯이 보은은 1년도 채우지 않고 동경을 떠났고, 그 뒤를 따르기라도 하듯이 숭녕 3년에 도해가 동경의 十方淨因寺에 칙명을 받아 주석하였다. 도해가 대홍산에 주석한 것이 2년으로 그 활동지역이 동경으로 옮겨졌다. 더욱이 도해는 十方淨因寺로부터 天寧萬壽寺로 옮겼다. 그것이 大觀 원년(1107) 겨울로서 도해 65세 때인데, 그곳에서 주지로 주석한 것은 도해가 희망한 것이 아니라 강요에 의한 것이었다. 이에 대하여 『선림승보전』에서는 "中使를 파견하여 강제로 주지하도록 하고 그만두는 것을 허락하지 않았다(差中使押入不許辭免)."고 표현하였다. 여기에서 도해의 淄州流罪事件이 발발한다. 이제 각범덕홍의 『石門文字禪』 권23 「定照禪師序」를 통하여 그 사정을 살펴보기로 한다.

달마의 도는 여섯 번째 전하여 조계에 이르렀다. 조계로부터 분파되어, 강서와 석두의 두 종파가 되었다. 이미 천하를 밝게 비추어 납자들이 운집하여 그들을 따랐다. 두 종파를 말미암아 오가로 나뉘었다. 지금은 오직 임제종과 운문종만 특별히 번성하고 있다. 동산의 오본 선사는 機鋒이 어렸을 때부터 특출하였다. 그러나 연대가 점점 멀어지자 안타깝게도 그 전기가 사라졌다.

원풍 연간(1078~1085)에 大長老 道楷라는 사람이 있었는데, 그 명성이 뛰어나서 京洛까지 떨쳤다. 그 師承을 따져 보면 投子 青華嚴의 嫡嗣이다.

青公은 대양명안의 眞子로서 동산의 제7세가 되는 玄孫이다. 大觀 4년(1107)에 京師의 大法雲寺 주지 자리가 공석이 되자, 담당관리가 青公의 도행을 조정에 주청하여 주지 자리를 계승시켜 줄 것을 원하였다. 聖旨를 받들어 그 청이 가납되자, 이윽고 開封의 大尹 李孝壽가 青公을 드러내어 禪學이 총림에 우뚝하니 반드시 기려서 드러내야 한다고 주청하니, 紫方袍를 내려 주고 定照禪師라는 호를 내려 주었다. 左璫이 조칙을 가지고 法雲禪寺에 이르렀다. 도해는 성은을 사양하고, 이에 固辭하는 표를 올려 말하였다.

"삼가 성은의 자비를 받았습니다. 특별히 彰善閣祇候譚禎을 보내시어 臣에게 定照禪師라는 賜號와 紫衣와 二道의 恩牒을 내려 주시니, 곧바로 臣이 성은을 받들고 나서 향을 사루어 법좌에 올라서 聖壽를 앙축드립니다. 삼가 생각해 보니, 臣은 행업이 서툴고 도력도 미약하여 일찍이 이익과 명예를 받지 않겠다는 서원을 일으켰습니다. 그 뜻을 굳게 지켜 온 세월이 오래 되었습니다. 바라건대 이와 같은 불도(僧道)로써 이후에 사람들로 하여금 뜻을 불법에 전념할 수 있게 해 주십시오. 지금 그와 달리 성은을 받아들인다면 혹 끝내 이익과 명예로 더럽히는 것으로서 본래의 서원을 어기게 되는 것인데 어떻게 사람들을 가르치겠고, 어찌 폐하께서 臣을 주지로 임명한 御意를 받들어 칭할 수가 있겠습니까. 이에 이전에 내려 주신 모든 恩牒을 감히 그대로 받들 수가 없습니다. 엎드려 바라건대, 성은의 자비로써 감히 臣의 어리석은 마음을 헤아려 주십시오. 감히 신이 固辭하는 청을 사양하지 마시고 특별히 윤허를 내려 주십시오. 臣은 이가 다 빠질 때까지 도를 행하여 위로는 天恩에 보답하고자 합니다."
황제가 그것을 읽고 나서, 大尹 李孝壽에게 직접 가서 조정에서 베푸는 황제의 善意를 보이도록 하라고 명하였다. 그러나 도해는 집요하게 주지 자리로 돌아가지 않았다. 이에 개봉부의 이효수가 그간의 상황을 갖추어 올리자, 황제가 대노하여 도해를 거두어 大理寺('대리시'라고 발음한다)로 보냈다. 그곳의 관리는 도해의 충성이 우연히 역린을 건드렸다는 것을 알고 도해를 연민하는 마음을 가지고 물었다.
"스님께서는 초췌하십니다. 무슨 병이라도 있습니까." 도해가 말했다. "병은 없습니다." 관리가 말했다. "질병이 있으면 형벌을 면할 수 있습니다." 도해가 말했다. "평소에는 질병이 있었는데 지금은 실로 없습니다. 어찌 감히 질병을 핑계로 요행으로 聖朝에 끼친 죄를 벗어나고자 하겠습니까."

관리가 오랫동안 탄식하다가 마침내 형을 집행하려고 옷을 縫掖으로 갈아입혀서 淄州로 유배를 보냈다. 도성의 도속들로서 그 모습을 지켜보는 사람이 운집하였는데 모두 도해를 위해 눈물을 흘렸다. 그러나 도해는 평안한 마음으로 화도 내지 않고 평소와 같이 편안하게 걸어갔다.
淄州에 이르자 집을 빌려서 머물렀다. 사방에서 납자가 다투어 몰려들어 도해를 따르니 사람으로 길을 가득 메웠다. 오호라. 선사가 순수하게 한 번 출현하여 퇴폐해져 가던 동산의 종풍을 일으켜 세워 그 도를 세상에 드러냈다. 그리하여 聖朝가 바야흐로 道로써 천하를 다스리게 되어 천하가 맑아지고 有德이 높이 나부꼈다. 天時와 人事가 때마침 서로 계합됨이 이와 같았다. 그러니 도해 혼자서만 그 재앙이 닥치는 것을 의심했겠는가. 무릇 어찌 동산의 도만 의심스럽게도 홀로 이리저리 흩어져서 끝내 진작되지 못하는 경지에 이르렀겠는가. 도대체 또한 전생의 재앙이 성취되어 인연의 나타남이 이와 같을 수 있겠는가. 이런 소식을 들은 사람은 오랫동안 한숨을 쉬지 않을 수가 없었다.

나 각범이 그런 상황을 발췌하여 기록함으로써 일찍이 선사를 이해하게 되었고, 납자들로 하여금 道心의 견고함이 이와 같아야 함을 일깨워 주게 되었다. 하늘을 이기고서 목숨을 마치려는 사람이라면 가히 웃어 버리지 않을 수가 없을 것이다.[10]

『선림승보전』을 보면 大法雲寺는 天寧萬壽寺의 誤記이지만, 이 기록은 도해의 淄州流罪事件을 상세하게 논한 것이다. 이 사건은 조동종의 교단사에 획기적인 일이었다.

대체적으로 당시의 紫衣와 賜號와 恩牒의 下賜는 어떤 상황에서 있었던 것일까. 『宋會要』禮5, pp.15~16 및 p.23의 崇寧寺觀에 의하면, 불교신도였던 재상 蔡京은 崇寧 2년(1103) 9월 17일에 천하의 州軍에

---

10) "達磨之道, 六傳而至曹谿. 自曹谿派而為江西石頭二宗. 既昭天下, 學者翕然從之. 由二宗以列為五家. 于今唯臨濟雲門為特盛. 洞山悟本禪師, 機鋒竪亞而出, 年代寢遠, 惜其無傳. 元豐中, 有大長老道楷者. 赫然有聲于京洛間. 問其師承, 乃投子青華嚴嫡嗣. 青公為大陽真子. 蓋洞山七世女孫也. 大觀元年, 京師大法雲寺虛席. 有司以公有道行, 請于朝, 願令繼嗣住持, 奉聖旨, 可其請. 未幾, 開封大尹李孝壽, 表公談以禪學卓冠叢林, 宜有以褒顯之. 即賜紫方袍, 號定照禪師. 左璫持詔, 至法雲. 楷謝恩已, 乃為表辭曰, 伏蒙聖慈, 特差彰善閣祇候譚禎, 賜臣定照禪師號, 及紫衣牒二道. 臣戴睿恩已, 即時焚香升座, 仰祝聖壽. 伏念臣行業迂疎, 道力綿薄. 嘗發誓願, 不受利名. 堅持此志, 積有歲年. 庶幾如此僧道後來使人專意佛法. 今雖蒙異恩, 若遂忝冒則自違素願, 何以教人. 豈能仰稱陛下所以命臣住持之意. 所有前件恩牒, 不敢祇受. 伏望聖慈察臣愚悃. 非敢飾辭, 特賜允俞. 臣沒齒行道, 上報天恩. 上閱之, 以付李孝壽. 躬往諭朝廷旌善之意. 而楷執拗不回. 開封府尹, 具以其事聞. 上大怒收楷, 送大理寺. 吏知楷忠誠而適批逆鱗, 有憐之之意. 問曰, 長老枯悴, 有病乎. 楷曰, 無之. 吏曰, 有疾則免刑配. 楷曰, 平時有疾, 今實無. 豈敢藉疾僥倖聖朝, 欲脫罪譴耶. 吏歎息久之竟就刑. 縫掖其衣, 編管緇州. 都城道俗觀者如市. 皆為之流涕. 而楷神和氣平, 安步而去如平日. 至緇州僦屋以居. 而四方衲子爭奔隨之, 接武于道. 嗟乎, 禪師粹然一出, 支洞山已頹之綱, 道顯著于時矣. 而聖朝方以道治天下, 海內肅清, 旌表有德. 天時人事, 適相偶如此. 而楷獨罹此禍可疑也. 夫豈斯道疑獨閒關至此卒不能以振興之耶. 抑亦夙殃成就, 緣會如是耶. 聞之者, 莫不長喟. 余因疏其事, 以授嘗識禪師者, 使學者知道固如是而視. 欲勝天滅命者, 可以發一笑也."(四部叢刊本, pp.253~254) ; 『石門文字禪』권23 「定照禪師序」(嘉興藏23, p.690上~中).

崇寧寺額을 내려서 徽宗의 聖壽를 축원토록 하는 주청을 드렸다. 그것이 윤허되어 각 州軍에 하나씩 숭녕사를 두고, 10월 10일에 誕節을 맞이하여 紫衣·度牒이 하사되었고, 나아가서 소위 崇寧萬壽大藏이라 불리는 刊刻大藏經(東禪寺版)이 수여되기에 이르렀다. 그해 10월 1일에는 御史中丞 石予의 上言으로 인하여 道觀에도 崇寧觀을 두었다. 이듬해 2월 8일에는 崇寧寺觀이라는 名額에다 萬壽라는 두 글자가 더해지게 되었다. 마침 휘종의 시대가 되어 駙馬都尉 張敦禮가 報恩을 동경에 초빙한 것과, 이어서 道楷까지 동경에 초빙한 것도 국가불교의 색채가 강고하게 되었을 때였다. 곧이어 政和 원년(1111) 8월 8일에 崇寧萬壽寺觀은 휘종의 誕節名을 따서 天寧萬壽寺觀으로 개명되기에 이르렀다. 숭녕사의 기능은 오로지 聖壽를 축원하는 도량으로서, 唐의 大雲·開元·龍興 등과 같이 官寺의 제도가 되었다.[11]

도해의 치주유죄사건은 그 숭녕만수사(후에 천녕만수사로 개명됨)에서 일어난 것이다. 각범이 기록하고 있듯이 그 사찰에 억지로 주지를 시키려는 목적으로 定照禪師라는 賜號와 紫衣와 二道의 恩牒이 도해에게 하사된 것이다. 그것을 辭退한다는 것은 당시 위정자의 종교정책에서 본다면 새로운 제도에 대한 반대의 의지를 표명하는 것이 된다. 도해가 오로지 불법을 위하여 마음을 주력했던 본래의 서원은 결과적으로 체제비판으로 비쳤던 것이다. 그것을 관철시켰던 도해의 생활방식이야말로 조동종 부흥의 원동력이었다고 간주된다. 그 사건이 일어났던 大觀 원년은 채경이 재상의 지위를 맡고 있었다.

流罪된 지역은 淄州였다. 치주는 산동성 濟南道 치주현으로 濟南府

---

11) 竺沙雅章,「北宋末 崇寧寺觀과 南宋의 賜額」(『中國佛敎史會史硏究』 수록) p.95 이하.

에 속하고, 고향인 兗州府沂州는 府와 경계가 접해 있다. 마침내 도해의 道心에서 우러나온 사퇴로서 반체제의 입장에 있지 않다는 것이 인정되어 자유를 허락받았다. 『선림승보전』에 의하면 大觀 11년(1108)의 겨울로서 도해 66세 때였다. 이효수는 대관 3년 8월에 知蘇州가 되었기 때문에,[12] 이효수가 開封尹이었을 때 賜號를 주상했던 것으로부터 발단된 사건은 이효수가 다시 주상하여 도해가 동경의 大寺에 주지를 하려는 의지가 없음을 인정하는 것으로 결착되었다.[13]

자유로운 신분이 된 도해는 天台山 및 雁蕩山으로 유행하려는 작정으로 고향을 지나가게 되었다. 그때 아버지는 건재하였지만 노령이었던 까닭에 도해는 고향에 머물면서 지내게 되었다. 아버지는 90세에 가까운 나이였던 것으로 보인다. 그때 樞密이었던 劉奉世가 芙蓉湖에 암자를 짓고 도해를 초빙하였다. 부용호의 위치에 대해서는 예로부터 혼란이 있었지만, 신출자료에 의하여 고향인 兗州府沂州가 존재했다는 것은 틀림없는 것으로 鄒城縣 서북쪽 70리에 있는 부용산자락 아래에 있는 부용호를 가리키는 것이다. 和化 7년(1117) 겨울에는 華嚴禪寺라는 額을 내렸고, 이어서 興化寺라는 額을 내렸다. 부용호에서 활약한 도해에 대하여 「탑명」에서 전하고 있는 것으로 간과해서는 안 되는 측면이 있다. 그것은 간척사업에 힘을 발휘했다는 사실이다. 「탑명」에는 다음과 같은 내용이 전한다.

> 본래 부용호의 풍부한 물은 100여 리에 걸쳐 드넓게 넘쳐흘렀다. 이전에 선사가 말했다. "만약 흘러가 버리는 물을 막아서 하천으로 돌릴 수 있다면 좋은 논밭 수천 이랑을 확보할 수 있을 것이다." 提擧

---

12) 『吳郡志』 권11, p.2313.
13) 道楷가 意志를 中貴人인 王松年에게 표명했던 것은 [자료 5] 참조.

常平倉의 使者가 그 말을 듣고 地方官을 파견하였다. 도해가 계획을 맡아서 수로를 만들고 고인 물을 흘려보내서 간척을 하자, 모든 것이 도해가 말한 그대로였다. 일찍이 향초(菰)와 부들(蒲)로 물에 잠겨 있던 토지는 모두 비옥한 논밭으로 변했다. 마을 사람들은 도해의 행위를 훌륭한 것이라 인정하고 서로 동반하여 논밭을 사찰에 보시하여 사찰의 세입이 풍부해졌다. [자료 5]

芙蓉湖畔에서 10여 년을 지내고, 政和 8년(1118) 5월 14일에 76세로 입적하였다. 16일에 다비를 마치고, 9월 15일에 부용호에 탑을 건립하여 영골을 모셨다.

부용도해에게는 생전에 편찬된 『般陽集』이 있었다고 전해지지만 현존하지 않는다. 劉跂의 『學易集』 권6에 그 「서문」이 남아 있다.

반양집 서
옛적에 벼슬은 鄭圃에게 맡기고, 토지는 孔道에 맡겼다. 西游한 불자들 대부분이 줄을 지어서 나아간 곳을 물어보면 五台山이 아니면 招提寺였다. 초제사는 西都의 도량으로서 지금의 부용호의 노인 道楷公께서 옛날에 주석했던 곳이다. 대선지식으로서 徒衆이 폭주하여 마치 오대산에 있으면서 나누어 禮謁을 받는 것과 같았다. 그 후에 자리를 옮겨서 東州에 주석하였다. 기연의 語句와 게송 등이 종종 사람들에게 회자되어 그 도풍의 명성이 이르는 곳마다 귀의하지 않는 사람이 없었다. 이에 臨淄의 趙候는 도해공의 게송을 베껴서 『반양집』이라는 제호를 붙였다. 그리고 그것을 나한테 보내고는 「서문」을 청하였다. 나는 일찍부터 불도를 믿어왔지만 나이만 먹었을 뿐이지 아무런 소득도 없다. 妙語(부용도해의 법어인 十八般妙語를 가리킨다)를 살펴보고 뭐라고 말을 붙여 보려고 해도 진리에 어두워 마음이 없고 멍하여 할 말이 없다. 대저 표범의 가죽에서 반점을 없애 주는 것을 나는 할 수가 없다. 괜히 사족만 될 뿐인데 어찌 그렇게 할 수 있겠는

가. 오호라. 동산양개 이후 五世가 지나서는 거의 법맥이 단절될 뻔하였는데, 투자의청 이래로 一傳하여 부용도해에 이르러 크게 진작되었다. 흥망성쇠는 하늘이라 해도 또한 사람을 말미암는 것이다. 정화 5년(1115) 시월 보름날에 河間의 劉某가 「서문」에 붙인다.[14]

般陽이란 도해가 流罪를 갔던 淄州의 지명이다. 「탑명」에서 말하고 있는 도해의 '解行相應하고 履踐篤至'라는 입장을 流罪事件에 의탁하여 이름 붙인 것으로 보인다. 도해의 법어는 『續刊古尊宿語要』地集 부분에 전하는데, 『祇園正儀』로서 別行된[15] 다음의 시중설법에 종풍이 집약되어 있다. 그 내용은 불도에 대한 도해의 엄격한 자세를 보여 주고 있다. 『속간고존숙어요』를 통해서 소개해 보기로 한다.

다음과 같이 시중설법을 하였다.
"대저 출가는 번뇌를 싫어하는 것이다. 생사를 벗어날 것을 추구하며 번뇌심을 그만두고 망념을 그치며 반연을 단절하는 것이다. 때문에 출가라 말한다. 그런데 어찌 利養을 등한히 하여 평생 동안 매몰되고 말 것인가. 모름지기 양단을 떠나고 중간마저 놓아 버려야 한다. 소리를 듣고 색을 보더라도 바위에 꽃을 재배하는 것처럼 해야 하고, 이익을 보고 명예를 보더라도 눈 속에 티끌이 붙은 것처럼 해야 한다. 하

---

14) "般陽集序. 往歲守官鄭圖, 地當孔道. 西游釋子, 多所延接, 問其所詣, 非五台卽招提. 招提, 西都道場, 今芙蓉湖老人楷公, 昔所棲止. 大善知識, 徒衆輻湊, 幾在台山, 分受禮謁. 其後遷寓東州. 機緣句偈, 往往在人. 風聲所臨, 靡不歸嚮. 于是臨淄趙候, 摹公偈頌, 號般陽集. 詒書鄙人, 請爲序引. 某甲歲信道, 老無所得. 究觀妙語, 欲加形容, 而悶乎情忘, 嗒焉辭喪. 夫與豹除斑, 未之能也, 爲蛇畵足, 豈其然哉. 嗚呼, 洞山之後, 五世而幾息, 投子以來, 一傳而大振. 興衰, 天也亦由人歟. 政和五年十月望日. 河間劉某序."(四庫全書珍本別集本-11丁右左). 졸고, 「宋代禪籍逸書序跋考」에서 처음으로 소개한 것이다.
15) 道元은 「行持 下」에서 "그것이 바로 祇園의 正儀다."(全集, p.155)라고 말했는데, 寬政 4년(1792)에 玄 透卽中의 跋을 붙여서 간행한 것이 續藏 2-16-1 〈통권 111〉, p.85右上~左上에 수록되어 있다.

물며 무시이래로 일찍이 어떤 일인들 경력하지 않았겠는가. 또한 차제를 몰랐던 것만이 아니라 머리를 뒤집어 꼬리로 만들어 버린 것에 불과하였다. 다만 이와 같은 상황일 뿐인데 어째서 모름지기 괴롭게 탐욕부리고 연연하는가. 지금 그치지 않으면 다시 어느 시절을 기다릴 것인가. 때문에 先聖들은 사람들을 가르침에 단지 이것만을 그치도록 했을 뿐이다. 지금 바로 이때에 충실할 수만 있다면 다시 어떤 일이 남아 있겠는가.

만약 마음에 無事의 경지를 터득한다면 불조들조차도 오히려 원수와 같을 뿐이고, 일체 세간적인 일에는 자연히 냉담해진다. 바로 그와 같은 냉담한 경지가 비로소 어떤 것에도 상응할 수가 있다. 그대들은 들어보지 못했는가. 〈隱山은 죽음에 이르기까지도 사람들에게 자신을 내보이는 것을 긍정하지 않았고, 조주는 죽음에 이르기까지도 사람들에게 알리는 것을 긍정하지 않았다. 區坦은 도토리와 밤을 주워서 음식으로 충당하였고, 大梅는 연잎으로 옷을 만들어 걸쳤으며, 紙衣道者는 단지 종이만으로 옷을 입었고, 玄太上座는 다만 베만 걸쳤다. 石霜은 고목당을 만들어 두고 사람들과 더불어 앉고 누우면서 단지 납자들의 마음을 죽은 것처럼 고요할 것을 요구하였고, 投子는 사람들에게 각자 쌀을 변통하여 함께 끓여서 밥을 먹으면서 단지 사람들의 일거리를 덜어 주고자 하였다.〉 자, 말해 보라. 종래의 제성인은 이와 같은 모습들이었다. 만약 장점이 없었다면 어떻게 甘得했겠는가. 여러분들이여, 만약 이와 같이 체득하여 궁구한다면 진실로 손해를 끼치지 않는 사람은 될 것이다. 그러나 만약 여기에서 이해하지 못한다면 향후에 더욱더 많은 노력을 기울여야 할 것이다. 산승은 하는 일이 없으면서 감사하게도 산문을 담당하고 있다. 어찌 앉은 채로 常住物을 허비하고 까마득히 先聖의 부촉을 잊어버릴 수 있겠는가. 이제 곧장 고인이 住持한 體例를 본받으려고 한다. 여러분과 의논하여 정해서 결코 산을 내려가지 않고, 음식공양에도 나아가지 않으며, 화주도 내보내지 않고, 오직 本院에서 한 해에 거둔 수익으로 고르게 360

분으로 만들어서 매일 하루 분량을 취하여 사용하고, 사람의 수에 따라 늘이거나 줄이지 않는다. 밥을 지을 만한 여건이 되면 밥을 짓고, 밥을 짓기에 부족하면 죽을 쑤며, 죽을 쑤기에도 부족하면 미음을 만들 것이다. 새로 도착한 사람이 있어도 차와 간식만 내놓고 다시 점심을 준비하지 않는다. 오직 하나의 다실만 설치하여 스스로 거기에 가서 사용하게 하여 일을 줄이고 오로지 弁道에만 힘쓰도록 한다. 또한 하물며 생계가 구족되어 있고, 풍경도 쓸쓸하지 않다. 꽃은 피어서 웃고, 새는 지저귄다. 목마는 영원히 울고, 石牛는 잘도 달린다. 하늘 밖의 청산은 빛이 바랬고, 귓가에 흐르는 샘물은 소리가 없으며, 고갯마루에서 원숭이가 울고, 이슬은 한밤중의 달빛을 적시며, 수풀에서 학이 울며, 바람은 맑은 새벽의 소나무를 휘감아 돈다. 봄바람 부니 고목에서는 피리 소리가 나고, 가을 낙엽이 조락하니 찬 수풀에 꽃이 핀다. 옥 계단에는 이끼 무늬가 선명하고, 사람들의 얼굴은 안개와 노을빛을 띠고 있다. 세간의 소리와 티끌은 고요해지고 소식은 가라앉으니, 一味로 한적하니 달리 찾을 것이 없다.

산승이 오늘 여러분들 앞에서 집안일에 대하여 설하였는데 그것은 벌써 형편에 적합한 일이 아니다. 그렇다면 어떻게 다시 법당에 오르고 입실하여 방망이를 집어들고 불자를 세우며, 동쪽에서 喝을 내뱉고 서쪽에서 주장자를 휘두르며, 눈썹을 치켜세우고 눈을 부라리며, 놀람병이 일어난 것처럼 해야 하겠는가. 이것은 오직 그대들을 짓눌러 가라앉히는 것일 뿐만 아니라 더구나 또한 先聖을 저버리는 것이 될 것이다. 그대들은 들어보지 못했는가. 달마가 서쪽에서 도래하여 소실산 아래에서 구 년 동안 면벽하였고, 이조 혜가는 눈 속에 팔을 잘랐으니, 말하자면 온갖 어려움과 괴로움을 받았다는 것을. 그렇지만 달마는 일찍이 한마디도 해 주지 않았고, 혜가도 일찍이 한마디도 듣지 않았다. 그렇다면 과연 달마가 사람들을 위하지 않았다고 해야만 옳겠는가, 혜가가 스승을 구하지 않았다고 해야만 옳겠는가.

산승은 매번 옛 성현들의 행위를 이야기할 때마다 곧 몸 둘 바가 없음을 아는데, 그것은 부끄럽게도 후인이 나약한 탓이다. 또한 하물며 백 가지 진수성찬으로 번갈아 공양을 받을 때면 〈나는 네 가지 일이 구족되고 나서야 바야흐로 발심하겠다.〉고 말하기도 한다. 다만 염려되는 것은 손발을 쓸 틈도 없이 곧 생을 마치게 되는 것이다. 세월은 쏜 화살과도 같으니, 더욱 애석하다. 비록 그렇더라도 다시 여러분의 장점을 따라서 서로 제도해 줄 뿐이다. 산승도 또한 그대들을 억지로 할 수는 없다. 그대들은 일찍이 고인의 다음과 같은 게송을 본 적이 있는가.

　　산과 밭을 훑어 알밤으로 밥을 짓고
　　산과 들 채소 뜯어서 묽게 버무려서
　　먹고 싶은 만큼 실컷 먹게 맡겨 두고
　　먹지 않은 것은 그대로 남겨 둔다네.

　　엎드려 바라건대 같은 도반들이여, 각자 정진하시오.
　　안녕히 가시오."16)

---

16) 일반에 유포되어 있는『가태보등록』권25에 수록된 示衆 및 저본으로 삼은『續刊古尊宿語要』는 字句의 異同이 많기 때문에, (普)의 약부호를 사용하여 이하에 교정을 표기해 둔다. "示眾云, 夫出家者, 為猒塵勞. 求脫生死, 休心息念, 斷絕攀緣, 故名出家. 豈可以等閑利養, 埋沒平生. 直須兩頭撒開, 中間放下, 遇聲遇色, 如石上栽花, 見利見名, 似眼中著屑. 況從無始已來, 甚事不曾經歷. 又不是不知次第, 不過翻頭作尾. 止於如此, 何須苦苦貪戀. 如今不歇, 更待何時. 所以先聖教人只要盡却. 今時能盡今時, 更有何事. 若得心中無事, 祖佛猶是冤家. 一切世間, 自然冷淡. 直須這邊冷淡, 方始那邊相應. 你不見, 隱山至死, 不肯見人, 趙州至死, 不肯告人. 匾坦拾橡栗為食, 大梅以荷葉為衣. 紙衣道者只披紙, 玄泰上座只著布. 石霜置枯木堂, 與人坐臥, 祇要得死了你心, 投子使人各自辦米, 同贲共餐, 祇要得省取你事. 且道, 從上諸聖, 有如此榜樣. 若無長處, 如何甘得. 諸仁者. 若也於斯體究, 的不虧人, 若也不肯承當, 向後深恐費力. 山僧行業無取, 忝主山門. 豈可坐費常住, 頓忘先聖付囑. 今者輒欲効古人住持體例. 與諸人議定, 更不下山, 不赴齋, 不發化主. 唯是本院莊課一歲所得, 均作三百六十分, 日取一分用之, 更不隨人添減. 可以備飯, 即作飯, 作飯不足, 即作粥, 作粥不足, 即作米湯. 新到相見, 茶湯而已, 更不煎點. 唯置一茶堂, 自去取用. 務要省緣, 一向辦道. 又況活計具足, 風景不疎. 花解笑, 鳥能啼. 木馬長鳴, 石牛善走. 天外之青山寡色, 耳畔之鳴泉無聲. 嶺外猿啼, 露濕中宵之月, 林間鶴唳, 風回清曉之松. 春風起而枯木龍吟, 秋葉凋而寒林花發. 玉階鋪苔蘚之紋, 人面帶烟霞之色. 音塵寂爾, 消息沉然. 一味蕭條, 無可趣向. 山僧今日向諸人前說家門, 已是不著便. 豈可更去陞堂入室,

또한 『선림승보전』에 기록된 부용도해의 遺偈는 그의 생활방식을 유감없이 잘 보여 주고 있어서, 도해의 인물됨과 종풍을 엿볼 수가 있다.

내 나이가 이제 일흔 여섯 살이 되니	吾年七十六
세상과 맺은 인연은 이로써 족하다네	世緣今已足
생전에는 천당에도 아무런 애착 없고	生不愛天堂
죽어서는 지옥도 전혀 두렵지 않다네	死不怕地獄
할 일을 내려놓고 몸이 삼계 벗어나니	撒手橫身三界外
당당하여 어떤 것에도 구속되지 않네	騰騰任運何拘束

사법한 제자는 『속등록』권26과 『가태보등록』권5 등의 기록을 정리하면, (1)西京 龍門南, (2)西京 招提玉, (3)鄧州 丹霞子淳(1064~1117), (4)東京 淨因 枯木法成(1071~1128), (5)襄陽府 石門元易(1053~1137), (6)成都 大智齊璉(1073~1145), (7)潼川府 海山修己, (8)東京 淨因自覺(?~1117), (9)福州 普賢善秀, (10)襄陽府 鹿門自覺(1075~1127), (11)

拈搥竪拂, 東喝西棒, 張眉努眼, 如癇病發相似. 不唯屈沉上座, 況亦辜負先聖. 你不見, 達磨來到少室山下, 面壁九年, 二祖至於立雪斷臂, 可謂受盡艱辛. 然而達磨不曾措了一辭, 二祖不曾問著一句. 還喚達磨 做不為人得麼, 還喚二祖做不求師得麼. 山僧每至說著古聖做處, 便覺無地容身. 慚愧後人軟弱. 又況百味珍羞, 遞相供養, 道我待四事具足, 方可發心. 祇恐做手脚不迭, 便是隔生隔世去也. 時光似箭, 深為可惜. 雖然如是, 更在諸人從長相度. 山僧也強你不得. 諸仁者. 還曾見古人一偈麼. 山田脫粟飯, 野菜淡黃虀. 喫則從君喫, 不喫任東西. 伏惟同道, 各自努力. 珍重."(續藏 2-23-5〈통권118〉-454右上~左上)
＊猒=厭(普), ＊花=華(普), ＊已=以(普), ＊甚事=不是(普), ＊祖佛=佛祖(普), 間=事(普), ＊直須這邊冷淡=없다(普), ＊泰=太(普), ＊祇=只(普), ＊得=없다(普), ＊各自=없다(普), ＊餐=湌(普), ＊祇=없다(普), ＊道=없다(普), ＊効=略歛(普), ＊住=為住(普), ＊是=將(普), ＊即=則(普), ＊即=則(普), ＊即=則(普), ＊一向=專一(普), ＊花=華(普), ＊能=解(普), ＊色=見(普), ＊外=上(普), ＊而=時(普), ＊花發=華散(普), ＊階=堦(普), ＊烟=煙(普), ＊沉=宛(普), ＊前=面前(普), ＊搥=槌(普), ＊眼=目(普), ＊來=西來(普), ＊辭=詞(普), ＊做=作(普), ＊還=없다(普), ＊待=없다(普), ＊祇=只(普), ＊諸=他(普), ＊你=敎你(普), ＊曾=없다(普), ＊一=없다(普), ＊虀=齏(普).

西京 天寧禧誧(1057~1115), (12)隆興府 泐潭 闡提惟照(1084~1128), (13)建昌軍 資聖南, (14)襄陽府 洞山道微, (15)太傅 高世則居士, (16)隨州 大洪守恭, (17)西京 少林江, (18)潼川府 景山居, (19)靈岩應, (20)合州鑑, (21)朝請 崔公居士, (22)齊州善應, (23)西京 尼道深, (24)提刑 楊傑居士 등 24명이 알려져 있다.[17]

崇寧 3년(1104)에 도해는 대홍산을 물러나서 동경의 十方淨因寺로 옮겼다. 그 뒤를 계승한 사람은 京山縣 大陽寺에 은거하고 있던 第一代 報恩으로서, 「탑명」에 의하면 再住한 것은 숭녕 5년(1106)의 때였다고 전한다. 보은이 再住한 지 5년 이후인 政和 원년(1111) 7월 14일에 대홍산에서 시적하였다. 정화 3년 4월 7일에 보은의 「탑명」이 완성되었다. 「탑명」에는 "법질로서 숭녕보수선원 주지이고 전법사문인 守恭이 입석하다(守恭法姪, 崇寧寶壽禪院住持, 傳法沙門 守恭 立石)."는 말로 되어 있다. 수공은 부용도해의 법사로서 제3대 주지였다는 것은 확실하지만, 그 행장에 대해서는 알 수가 없다.

제4대의 주지가 된 사람은 부용도해의 법사인 丹霞子淳이다. 그런데 대홍산의 역사에서 중요한 것은 자순이 주지를 지내면서 火災가 일어났는데 그것을 다시 부흥시켰다는 사실이다. 자순의 전기와 대홍산을 부흥시킨 모습에 대하여 「탑명」을 중심으로 엿보기로 하자.

諱를 子淳이라 하는 것은 『가태보등록』 등에 전해져서 일반적으로 알려져 있지만, 「탑명」에서는 德淳으로 기록되어 있다.[18] 자순은 治平 원

---

[17] 『가태보등록』에는 廬山의 慧日南을 목록에 수록하고 있지만 西京의 龍門南과 동일인으로 간주된다. 또 『가태보등록』에서는 (6)을 長安 天寧의 大用齊璉으로 기록하고 있다.
[18] 正式的인 諱는 德淳이었는데, 그것이 존칭으로서 子淳이라 불리면서 그대로 통칭이 되었을지도 모른다. 『補續高僧傳』 권9에도 子淳으로 기록되어 있다.

년(1064)에 사천성 劍州 梓潼縣의 賈氏로 태어났다. 그보다 한 살 연상으로서 사천성 彭州 崇寧縣에서 駱氏로 태어난 圜悟克勤(1063~1135)이 있고, 세 살 연하로서 사천성 邛州 臨邛縣에서 李氏로 태어난 佛眼淸遠(1067~1120)이 있다. 어렸을 때 재동현의 大安寺에서 출가하였고, 27세 때 道凝을 은사로 삼아 삭발하고 구족계를 받았다. 義學에 정통하였지만, 그만두고 우선 호북성 荊州 玉泉寺에서 圓鑒法遠의 법사인 玉泉謂芳을 참문하였다. 그 후에 호남성 大潙山의 眞如禪師 慕喆에게 참문하였고, 이어서 강서성 泐潭山 寶峰禪院의 眞淨大師 克文을 참문하였으며, 또한 대홍산의 報恩 밑에서 공부하면서 함께 奬勵를 받았지만 기연이 계합되지 않았다.

최후로 대양산의 도해를 참문하여 그로부터 법기를 인정받아 도해의 문하에서 대오하였다. 그 대오한 기연에 대하여 「탑명」에서는 다음과 같이 전하고 있다.

> 도해가 垂示하여 말했다. "한 걸음 자기를 향하면 만에 하나도 잘못됨이 없다." 또 말했다. "세계가 성립되기 이전의 자리에서 자기를 완전하게 이해하고, 불조가 출세하기 이전의 자리에서 체득해야 한다." 그 말을 들은 자순은 홀연히 깊은 도리에 계합되었다. [자료 6]

眞如慕喆은 元豊 3년(1080) 무렵부터 대위산에 주석하였고, 紹聖 원년(1094)에는 동경의 大相國寺 智海禪院으로 옮겨서 주석하였기 때문에 자순은 元祐 8년(1093) 30세 무렵에 참문하였는데, 진여가 移住했을 때 그 곁을 떠난 것으로 보인다. 眞淨克文이 張商英한테 寶峰禪院에 초빙된 것은 紹聖 4년(1097) 73세 때이다. 진정은 그곳에서 6년 동안 주석하다가 숭녕 원년(1102) 10월 16일에 78세로 시적하였다.[19] 자순은 진정이 보봉선원에 주석한 초기에 참문하였는데, 시적할 때까지 머문 것은 아닌 것으로 보인다. 당시 진정 문하에 湛堂文準과 覺範德洪이 있었기 때문에 자순과 교류는 있었다. 그러나 자순이 언제 대홍산의 보은에게 참문했는가에 대해서는 분명하지 않지만, 진정 문하에 있었던 것은 일 년을 갓 넘기고 석문산으로부터 대홍산으로 옮긴 것으로 보인다. 보은의 문하에서도 마찬가지로 일 년 정도 머물렀던 것으로 보이는데, 대양산의 도해를 참문한 것은 元符 2년(1099), 자순의 나이 36세 무렵으로 보인다. 도해한테 사사하였고, 그 문하에서 대오하였으며, 다른 곳으로 유행하는 것을 그만두었다. 도해가 보은의 後席으로서 대양산으로부터 대홍산의 제2대 주지로 주석하게 되자 자순도 그에 따라서 首座가 되어 도해가 대홍산에서 교화하는 것을 돕게 되었다. 숭녕 2년(1103)은 자순의 나이 40세에 해당한다.

이듬해 도해는 동경의 시방정인선원으로 초빙되었는데 자순도 王信玉에게 초빙되어 하남성 南陽縣 丹霞山 棲霞寺에서 출세하였다. 단하산은 석두희천 문하인 天然의 도량으로서,[20] 오랫동안 폐허가 되어 있

---

19) 졸고, 「眞淨克文의 인물과 사상」(『駒澤大學佛敎學部硏究紀要』 제34호, 1976년 3월) 각범이 찬술한 「雲庵眞淨和尙行狀」(『石門文字禪』 권30 수록)에 의거하였지만, 또한 각범이 찬술한 「泐潭準禪師行狀」(同)에 의하면 진정극문이 석문으로 옮긴 연도를 紹聖 3년으로 기록하고 있다. 『北宋經撫年表』 권4에서는 소성 2년 10월 초하루에 張商英이 權知洪州가 되었다고 기록하고 있기 때문에, 장상영이 歸宗의 淨名庵에서 진정극문을 친견하고 그 이듬해 석문으로 초청했다는 것은 소성 3년으로 해석할 수도 있을 것이다. 또한 『丹霞子淳禪師語錄』에서 「和無盡居士牧牛頌」으로서 "頭角崢嶸未兆前, 亂雲深處任安眠. 不隨芳艸遙山去, 何用芒童更著鞭."(續藏 2-19-3 〈통권124〉-247左下)이라는 게송이 남아 있는 것도 그 무렵에 무진거사 장상영과 인연이 있었던 것으로 보인다.
20) 『단하자순선사어록』에 「丹霞開山天然禪師」·「丹霞第二代無學禪師」·「丹霞第三代安禪師」·「丹霞第四代勳〈勤?〉禪師」 등의 眞贊이 남아 있다.

던 사찰을 크게 부흥시키고, 規矩를 정비하여 安禪靜慮 곧 좌선하는 도량으로 소생시켰다. 10년 동안 주석하였는데,[21] 병에 걸려서 하남성 唐州 大乘山 普嚴禪院으로 退去하였다. 政和 4년(1114) 자순의 나이 51세 무렵이다. 보엄선원의 주지는 자순의 법사인 利昇이었고, 西庵의 명칭은 『어록』에 의하면 慧照庵이라고도 하고, 「頌古序」에 의하면 無住庵이라고도 전한다.

정화 5년(1115) 隨州의 태수인 向公의 초청에 의해서[22] 자순은 9월 25일에 당주 대승산에서 大洪山 保壽禪院의 제4대 주지의 청을 수락하였다. 주지를 하는 동안에 화재가 일어나서 황폐하게 되었지만, 이듬해에 부흥되자 납자들이 모여들어 500명 정도가 되어 활기가 회복되었다.[23] 정화 7년 봄에 微疾을 보이더니, 3월 12일 오전 4시 무렵에 宏智正覺에게 발견되었는데, 54세로 시적하였다. 그해는 스승인 도해가 시적하기 1년 전에 해당한다. 자순은 단하산과 대홍산의 경영에 진력을 다하였지만, 그가 의도했던 것은 「自宗」이라 불리는 한 게송에 훌륭하게 드러나 있다. 자순은 또한 게송을 많이 남겨 『송고』로서 조동종의 입장을 명확하게 했다는 점에서 그 의의를 인정할 수가 있다.

---

21) 단하자순이 지은 「退居後以二偈示預環二禪者」 가운데 제1게송으로서 "十年同此振綱維, 萬種諕訛悉共知. 今日脫然無一事, 坐觀明月照瑠璃."가 있다. 여기에 '十年'이라는 숫자가 보이는데, 굉지의 전기 등을 통해 보더라도 10년 동안은 주지를 하고 있었던 것이 확실하다.
22) 『어록』 가운데에는 재가인에게 준 게송도 많다. 提擧湖北蒲卣(字는 君錫)·龐婆·汲助教醫博·劉書記朝奉·安撫張學士·王汝弼宣教·吳雲叟公裕·任善友·隨守向大夫·張居士·張伯威·章陽叔·劉于叔 등의 이름이 보인다.
23) 『어록』의 상당은 단하산시대의 것이 아니라 대홍산시대에 한정된다. 天寧萬壽禪寺의 祝聖上堂은 隨州의 天寧萬壽禪寺에서 政和 6년 봄에 행해진 법어로 보인다.

>자종
>공겁의 자기는 무엇에 의지해 지킬 필요가 없는데
>불조라 해도 곧 종래부터 입을 열기가 어려웠다네.
>구 년 동안 면벽했던 것도 너무나 번거로운 것인데
>어째서 다시 억지로 밉고 고움을 나눠야 하겠는가.[24]

스승인 도해와 마찬가지로 면벽좌선을 강조하고 있으며, 그 계통의 종풍으로 전승되어 갔다. 『어록』의 본래 「서문」은 아니지만 근년에 소개된 것으로서 그의 법사 굉지정각이 단하의 『송고』에 붙인 「서문」을 보면[25] 단하자순에 대하여 다음과 같이 말하고 있다.

>단하산 자순선사 송고 서문
>참학한 비구승 정각이 서술하다
>영남 이후로 종파가 나뉘었는데 조동의 일종은 그 門庭이 孤峻하다. 초승달이 구름에 갉아먹혀도 맑은 물결을 범하지 못하니 뜻은 저절로 뚜렷하고, 옥 실과 금 바늘은 宛轉하게 虛玄하여 바늘 끝도 드러나지 않는다. 正과 偏이 兼到하니 묘용이 다하여 공훈을 잊고 밝음과 어둠이 서로 통하니 힘을 다하여 正位와 偏位를 굴린다. 면면하여 그 최고에 해당하는 사람으로서 어찌 단하자순선사만 한 분이 있겠는가. 단하선사께서는 어느 날 무주암으로 퇴거하시고는 종풍이 추락될까 안타까운 마음에 從上의 기연을 끌어모았다. 처음 靑原階級으로부터 마지막 保壽上堂에 이르기까지 모두 100칙으로 꾸며 모아서 게송을 붙여서 깨침에 이르도록 하여 자상함을 후손에 남겨 주었다. 그 종지를 해명함은 은근히 징조가 일어나기 이전까지 통하였고, 그 종지를 내세움은 은밀하게 無功用의 이후까지 계합되었다. 안개는

---

24) "自宗. 空劫自己無依守, 佛祖從來難啟口. 九年面壁太多端, 那堪更強分姸醜."
25) 椎名宏雄, 「元版『四家錄』과 그 자료」(전게 논문). 또한 百則의 계보를 참고로 하면 조동종의 선자를 중심으로 거양했던 것이 일목요연하다.

옛 길에 자욱한데, 玉馬를 타고 이끼 밭을 밟으며 가니, 달은 넓은 바다에 드리워 진흙소를 타고 담황색의 밭을 간다. 모든 體가 用에 즉한데 어찌 허공의 덩어리에 막히겠고, 모든 事가 眞에 즉하여 그림자 자국도 드러나지 않는다. 유리 궁전 위에서는 신하가 자리를 물러남으로써 임금에게 조알하고, 翡翠簾 앞에서는 자식이 몸을 굴려 아버지를 향한다. 功에 의지하여 位를 해명하고 일손을 내려놓고 집으로 가는 길로 돌아온다. 깊은 산속 바위 위의 말라 버린 나무에는 꽃이 피어나고, 옛날 개울의 차가운 얼음에서는 불꽃이 일어난다. 구름이 밀려와 비를 뿌려도 만물을 적시려는 마음이 없고, 밝은 해가 하늘에 빛나지만 온갖 강물에 떨어져도 비추려는 마음이 없다. 줄이 없는 악기의 노래는 궁상각치우에 속하지 않고, 처음부터 知音이 있어서 서로 증명을 해 준다. 삼가 「서문」에 붙인다.[26]

조동의 종풍이 回互와 宛轉의 묘용으로 확립되어 있음을 알 수가 있다. 단하의 『어록』에 五位頌 2수가 있는데, 제4위가 '偏中至'로 되어 있는 것을 보면 조동오위의 古意를 분명히 하려고 노력했음을 알 수가 있다.[27]

---

26) "丹霞山子淳禪師頌古序. 參學比丘僧正覺述. 嶺南之後, 派列歧分, 曹洞一宗, 門庭孤峻. 月鉤雲餌, 不犯淸波意自殊, 玉線金針, 宛轉瘧玄鋒个露. 止偏兼到, 妙盡忘功, 明晦叶通, 力窮轉位. 綿綿乎克當其冑者, 奚有丹霞淳禪師歟. 師一日退居無住庵, 慨宗風之欲隆, 乃採撫從上機緣. 首自淸源, 下之保壽, 總一百則, 集而爲頌, 俾乎至道, 垂裕後昆. 其明宗也, 潛通於未兆之前, 其立旨也, 密契於無功之後. 烟籠古路, 乘玉馬以踐苔紋, 月鎭滄溟, 駕泥牛而耕練色. 全體卽用, 豈滯虛凝, 全事卽眞, 不彰影迹. 瑠璃殿上, 臣退位以朝君, 翡翠簾前, 子轉身而就父. 借功明位, 撤水廻途. 幽巖枯木騰芳, 古澗寒氷發燄. 密雲致雨, 濟萬物以無心, 呆日麗天, 落百川而非照. 無絃曲調, 不屬宮商, 自有知音, 遞相証據, 謹序."(臺灣國立中央圖書館所藏 元版『四家錄』) 굉지의 나이 24~25세 무렵에 찬술한 것으로, 젊은 시절의 굉지연구에 대한 귀중한 자료이다.

27) 『어록』의 오위. "正中偏, 寶殿烟籠月色前. 井底燃燈天未曉. 暗中誰辨往來源. 偏中正, 嫫母臨粧羞照鏡. 三更玉戶不挑燈. 混融非露當年影. 正中來, 運步紅爐偏九垓. 寶月夜光隨皦靜. 披雲終不露纖埃. 偏中至, 大用無私何擬議. 當鋒那肯落今時. 他家自有超倫志. 兼中到, 及盡有無眞個妙. 披毛戴角火中行. 縱橫不落今

사법한 제자에 대하여 『가태보등록』 권9 등에 의하여 정리해 보면, (1)眞州長蘆 眞歇淸了(1088~1151), (2)慶元府 天童宏智正覺(1091~1157), (3)隨州大洪 慧照慶預(1078~1140), (4)處州 治平湮, (5)郢州 大陽滿, (6)廬山 歸宗明, (7)唐州 大乘利昇, (8)武當佛巖, (9)隨州修山 등의 이름이 알려져 있다. 『송고』의 편자인 慶環도 『어록』에 이름이 보이기 때문에 법사의 한 사람으로 간주해도 좋을 것이다.

대홍산의 제5대가 된 사람은 政和 8년(1118) 9월 1일에 자순의 「탑명」을 立石했던 善智인데, 『가태보등록』의 목록에 의하면 제1대 보은의 법사이다.[28] 제4대 자순까지 수주 대홍산은 계율의 부흥 및 가람의 부흥이 일어났고, 規矩가 정비되어 조동의 종풍이 그 지역에서 성립되고 전승될 수 있었음을 이해할 수가 있다. 그 기반은 자순의 法嗣들의 활약에 의한 것으로, 이후 크게 발전하게 되었다.

時道. 又, 正中偏, 寶月光凝海底天. 何事漁舟難滿載. 流輝爭肯透波瀾. 偏中正, 水雲深鎖漁家境. 一派長江極目淸. 日照筠竿那露影. 正中來, 一葉輕舟泛遠灘. 錦鱗不觸香鉤餌. 何得絲綸更犯瀾. 偏中至, 收絲却返蘆花裡. 高歆龜枕恣情眠. 長江信任波濤起. 兼中到, 更闌六宅無音耗. 縱橫澤國路優游. 樵人擧步應難造."(전게서, 246右下~左上) 또 하나 元版 『四家錄』에 수록되어 있는 것이 있는데, 神岡己선사를 대신하여 찬술하게 된 신출자료로서 王宷(1078~1118)의 「丹霞山淳禪師頌古集序」도 자순의 종풍을 고찰할 때 참고가 된다. "丹霞山淳禪師頌古集序. 朝奉大夫·前權發遣陝州軍府事, 王宷爲神岡己禪師讚. 靑原宗派之下, 十二代所著機緣, 丹霞杖拂之前, 七十人見成公案. 從頭拈掇, 脫體提撕, 旣諧古木之音, 遂入胡笳之曲. 木人唱處, 石女和時, 蓋同七月陳圃, 有光周業, 何異六卿賦晋, 不出鄭風. 欲令後世兒孫, 認得自家父祖, 更須言語道斷, 方乃文字性空. 切忌葛藤, 妄生荊棘. 東岡老弟, 請廣其傳, 南陝小儒, 謹爲之序. 南山書."(전게서) 椎名宏雄 박사는 「元版 『四家錄』과 그 자료」 논문에서 神岡己(己)를 芙蓉道楷 문하의 梅山修己(己)와 동일인일 것이라는 설을 주장하고 있다.

28) 『가태보등록』 권5 등을 참고해 보면 報恩의 법사는 (1)隨州 大洪山 淨嚴守遂(1072~1147), (2)隨州 大洪山 善智, (3)善光璉, (4)大陽慶旦, (5)西禪遠 등의 이름이 알려져 있다.

제3절 芙蓉道楷의 三賢孫

報恩이 紹聖 원년(1094)에 대홍산의 제1대 주지로 주석하면서부터 제4대 子淳이 政和 7년(1117) 3월 12일에 시적하기까지 24년 동안 투자의청파 문하에 의하여 주지가 유지된 대홍산은 북송시대 조동종의 근본도량이 되었다. 제2대 도해가 산동성 臨沂 부용호에서 시적한 것은 자순이 시적한 이듬해인 정화 8년 5월 14일이다. 도해는 대홍산에 주석한 지 겨우 2년이었고, 게다가 자순이 스승보다 먼저 시적하였다. 더욱이 대홍산이 조동종의 도량으로 비약적으로 발전하는 기반이 주지의 계승만으로 성립되지 않았던 것은 분명하지만, 제6대 慧照大師 慶預가 도해를 현창함으로써 대홍산은 일약 조동종의 중요한 근거지가 되기에 이르렀다.

도해가 시적한 연도에 立石된 것으로 韓韶가 찬술한 자순의 「탑명」에는 자순의 법사로서 두 사람만 언급하고 있다.

> 法嗣로서 출세한 사람은 두 사람이다. 그들은 현재 唐州 大乘山 普嚴禪院에 주석하고 있는 利昪과 隨州 水南太平興國禪院에 주석하고 있는 慶預이다. [자료 6]

여기에는 자순의 법사와 대홍산의 관계를 서술한 것이 없다. 현재 전해지지 않지만 같은 韓韶가 찬술한 도해의 「탑명」이 臨沂에 건립되어 있다. 아마 자순의 「탑명」과 같은 해에 찬술된 것으로 보이는 도해의 「탑명」에는 내용으로 보아도 대홍산의 주지를 강조한 것으로 간주된다. 宣和 3년(1121)에 대홍산의 제6대 주지를 살았던 혜조는 도해가 시적한 9년 후인 靖康 2년(1127) 4월 15일에 王彬이 찬술한「隨州 大洪山 崇寧保壽禪院 十方第二代 楷禪師 塔銘」을 立石한다. 이것이 곧 도해의 第二碑의 성립이다. 그 입성의 의도에 대하여 혜조에게 도해는 受業師이고 은사였지만, 부용호의 塔廟는 아득히 멀어서 예배를 할 수가 없었기 때문에 영골을 옮겨서 모심으로써 근본을 잊지 않으려는 것이었다고 말한다. 대홍산에다 도해의 영골을 안치한 것이야말로 대홍산이 조동종의 근본도량으로 되는 결정적인 사건이었다.

도해의「탑명」이 성립된 정강 2년은 도해의 법손들이 새롭게 활약한 시기였다. 도해의 법사에 대하여 다음과 같이 말한다.

> 그 가운데서도 단하자순의 법사가 그 이후에도 가장 발전하였다. 현재 慶預는 대홍산의 주지로서 2천여 명의 납자가 모여 있다. 淸了는 長老寺에 주석하고 있으며, 正覺은 普照寺에 주석하고 있으면서 모두 천 명의 납자가 모여 있다. 이들을 가리켜서 천하의 三大禪刹이라고 말한다. 조동의 종지는 이로부터 크게 진작되었다. [자료 5]

자순의「탑명」이 기록된 9년 후에는 부용도해의 법계가 이처럼 크게 변화하고 있음을 알 수가 있다. 그 이후에도 이와 같은 경향은 더욱더 증대된다. 소흥 23년(1153) 7월 1일에 대홍산에 입석된 경예의「탑명」의 처음 부분은 다음과 같은 말로 시작된다.

> 부용도해선사에게는 세 명의 뛰어난 法孫이 있다. 근래에 佛敎者로서 세간에 이름이 높은 사람은 慶預와 淸了와 正覺이다. 아직 청료와 정각이 유행하고 있을 때에 경예는 隨州 水南太平興國禪院 및 대홍산 崇寧保壽禪院의 二大刹의 주지로 있었다. [자료 10]

제3절 芙蓉道楷의 三賢孫

부용도해의 三賢孫으로 표현되어 있는 것이 주목된다. 또한 경예의 「탑명」의 찬술자인 榮嶷은 동경에서 부용을 참문한 적이 있다고 기록되어 있다. 게다가 부용의 第二碑를 찬술한 王彬도 "부용의 도풍을 仰慕한다."고 기록하고 있다. 부용의 淄州流罪事件은 당시 불교에 마음을 기울이고 있던 사대부들에게 관심을 불러일으켰음에 틀림없는 만큼 부용은 그 법계에서 중요한 비중을 점유하고 있었다.

대홍산 조동종의 발전에서 그처럼 부용은 빼놓을 수 없는 인물이었다. 부용의 행장에서 대홍산의 주지로 지냈던 것이 중요한 위치를 점유한 것은 아니었을지라도 그 법계의 사람들에게 부용은 仰慕해야 할 佛者와 같은 존재였다. 혜조가 부용도해의 영골을 대홍산으로 옮겨간 것은 그 이후 조동종의 발전에서 말하자면 커다란 의의가 있다. 또한 芙蓉湖의 華嚴寺(興化寺)가 그 이후 어떻게 유지되어 갔는지 알 수는 없지만, 적어도 부용의 법손이 부용에서 크게 활약했었다고는 전해지지 않는다. 부용호의 탑묘는 방치되고, 그것을 지키는 사람도 없어져 버렸던 것으로 보인다.

제6대 혜조는 남송이 되면서 福建의 雪峰山에서 주지가 되었고, 진헐과 굉지도 절강성을 중심으로 활약하였지만, 그 이후로 조동종 발전의 기초는 역시 대홍산에 있었다. 굉지에 대해서는 章을 바꾸어 검토하겠지만, 지금은 대홍산의 세대를 따라서 그 후의 주지들에 대하여 소개하고, 이어서 진헐의 전기를 살펴보려고 한다.

혜조경예는 元豊 원년(1078) 호죽성 京山縣 胡氏로 태어났다. 진헐보다 10세 연장이고, 굉지보다 13세 연장이다. 元祐 6년(1091) 14세 때 대양산의 도해 밑으로 가서 10년 후에 得度하고 이어서 수계하였는데, 崇寧 원년(1102) 25세 때에 해당한다. 도해는 혜조가 法器임을 인정하면서도, 사법한 단하산의 자순문하로 보내서 자순의 교화를 돕도록 하였다. 그것은 도해가 대홍산을 떠나서 동경으로 옮겼을 때의 일이다. 그 후에 혜조는 줄곧 자순에게 사사하여 자순이 政和 5년(1115)에 대홍산으로 주석처를 옮겼을 때도 따라가서 교화를 도왔다. 대홍산이 화재로 황폐되었을 때도 그것을 부흥시키는 데 크게 노력을 기울였다.

정화 7년 3월 12일에 자순이 시적하였다. 그 해에 혜조는 隨州 水南 太平興國禪院의 주지가 비어 있었기 때문에 隨州 태수의 초청을 받아 그곳에서 주지를 맡았는데, 자순의 생전이 아니라 시적한 이후로 보인다. 처음 개당에서 자순의 사법을 분명히 하고,[1] 慧照大師라는 호를 받았는데, 40세 때의 일이다. 4년 후 宣和 3년(1121)에 대홍산으로 옮겨서 제6대 주지가 되어 13년에 걸쳐 대홍산의 발전에 진력하였다. 그 동안에 도해의 현창운동에 진력한 것은 위에서 말한 것과 같다.

북송이 멸망하고 北地의 金나라와 대치하여 남송이 성립되었다. 혜조는 소흥 3년(1133) 가을에 대홍산을 떠나 廬阜를 거쳐서 복건성 雪峰의 西室에서 閉關하였다. 張守가 福州府城의 乾元寺의 주지를 하도록 시켰지만, 소흥 5년에 진헐청료가 설봉산의 東庵으로 퇴거하였기 때문에 崇聖寺의 後席을 계승하였다. 주지를 한 지 6년, 소흥 10년 6월 22일에 63세로 시적하였다. 다비를 한 후에 영골을 설봉산과 대홍산의 양탑에 안치하였다.

세대는 명확하지 않지만, 혜조를 이어서 대홍산을 발전시킨 사람으로 淨嚴大師 守遂가 있다. 이제 정엄의 전기에 대하여 살펴보기로 한다.

---

[1] 慧照慶預의 사법은 그 「탑명」에 의하면 제자가 결정했던 것으로 되어 있다. 도해에게 사법한 적도 있었지만, 혈맥은 동일하여 자순에게 사법한다. 대오의 기연은 전해지지 않지만, 개당법어는 주목된다. [자료 10] 참조.

淨嚴守遂는 熙寧 5년(1072)에 사천성 遂寧府 蓬溪縣에서 章氏로 태어났다. 13세 때 고향에 있는 南巖院의 自慶에게 사사하였다. 27세 때 得度하고 수계한 후에는 蜀의 講席을 거쳐 禪刹을 유행하였다. 蜀에서는 기연이 맞지 않아서 호북성 玉泉寺의 懃에게 참문하고 副寺가 되었다. 이어서 大洪報恩 밑에서 대오하고, 보은의 교화를 도왔다. 아마 보은이 再住한 崇寧 5년(1106) 35세 무렵에 대오한 것으로 보인다. 政和 원년(1111) 7월 14일에 보은이 시적하였기 때문에 탈상을 한 후에 江浙의 여러 사찰을 유행하였다. 제5대 善智가 대홍산의 주지를 맡자 다시 대홍산으로 돌아가서 監院이 되어 교화를 도왔다.

隨守인 袁灼의 명에 의하여 정화 8년(1118)에 雙泉禪院에서 출세하였다. 원작은 守遂의 도덕을 공경하여 淨嚴大師라는 호를 奏上한 인물이다. 정엄은 쌍천으로부터 수남태평흥국선원으로 옮겼다. 곧이어 靖康 2년(1127)에 물러났지만 安守의 李公濟의 명을 받고 호북성 德安府 延福禪院에 주석하였다.

전란으로 세상이 불안정하여 소흥 5년(1135)에 東堂으로 물러났다. 그러나 수개월도 되지 않아서 대홍산으로 초빙되었다. 전란으로 황폐화된 崇寧保壽禪院 13년에 걸친 정엄의 주지생활로 인하여 700여 대중이 거주하는 도량으로 부흥되었다는 것은 신출자료에서 전하고 있는 내용이다. 소흥 17년(1147) 3월 4일 저녁 무렵에 76세로 시적하였다. 정엄에게는 유명한 『佛祖三經』의 주해가 있다.

그 이후 3世代의 주지에 대해서는 명확하지 않지만,[2] 대홍산의 제11

---

2) 당시에 대홍산에서 주지를 했던 사람으로서 고려되는 사람은 혜조경예의 법사로서 榮巖에게 혜조경예의 「탑명」을 의뢰했던 大洪居寧과 宏智正覺의 법사인 大紅法爲가 있었다. 또한 임제종 楊岐派의 月庵善果의 법사인 老衲祖証이 있다.

대가 된 사람은 정엄의 법사인 明悟大師慶顯이다. 이제 그 전기에 대하여 살펴본다.

明悟慶顯은 사천성 廣安縣에서 王氏로 태어났다. 정확한 연도는 알 수 없지만 숭녕 원년(1102) 무렵으로 보인다. 惟益 밑에서 출가하였고, 제방을 유행한 후에 佛性法泰, 月庵善果, 宏智正覺에게 참문하였지만 기연이 맞지 않았다. 굉지의 지시를 따라서 대홍산의 淨嚴守遂에게 참문하고 대오하였다. 정엄의 문하에 3년 동안 있다가 洞山賢의 補處를 하였다. 곧이어 대홍산에 주석하였지만 그 年次는 확실하지 않다. 淳熙 7년(1180) 무렵에 78세로 시적하였다. 宗瑄과 宗邃의 요청을 받아서 張淵이 2년 후에 「탑명」을 찬술하였고, 순희 9년(1182) 8월 24일에 종선과 종수 등이 立石하였다.

경현의 賜號는 覺照慧空佛智明悟大師의 여덟 글자이고, 道號는 牧蛇이다. 대홍사 제11대 명오경현의 「탑명」이 立石된 것은 제1대 보은이 紹聖 원년(1094)에 주지를 맡은 것으로부터 세어서 88년 후에 해당한다. 報恩-守遂-慶顯의 3세대는 특히 장기간에 걸친 주지를 하면서 대홍산의 부흥에 노력해 왔다. 또한 道楷-子淳-慶預의 3세대는 조동종의 근본도량으로서 대홍산을 유지시켰다. 이리하여 송대에 隨州 대홍산은 조동종 발전의 기반을 담당하였다.

부용도해의 삼현손 가운데 한 사람인 혜조경예에 대하여 그가 해냈던 역할과 대홍산의 발전에 대하여 서술하였다. 혜조에게는 『어록』이 있었지만 현존하지 않는다. 張守의 『毘陵集』 권10에 수록되어 있는 「서문」을 소개해 본다.

설봉혜조선사어록 서

혜조경예선사는 여래의 밀인을 얻어서 대홍산의 고봉정상에서 좌선을 하면서 대법륜을 굴렸다. 문자의 자성을 떠나고 언어의 길을 단절하며 부처를 초월하고 조사를 초월하고 마음이 태허와 같았다. 연을 따르고 근기에 따르며, 접인하고 조복함에 이르러서는 太醫王처럼 병에 따라서 약을 주었고, 금모사자가 포효하면 온갖 짐승이 벙어리가 되는 것과 같았다. 건염 연간(1127~1130) 이래로 襄漢 지역에 오랑캐가 발호하여 황폐된 땅이 천 리나 되었지만 대홍산은 우뚝하여 그곳의 표범과 호랑이는 오히려 침을 흘리면서도 감히 道俗을 침범하지 못하였다. 혜조선사에 의지하여 방면된 사람이 거의 수천 내지 수만 명에 이르렀다. 그것이 어찌 우연이었겠는가. 나 張守가 甌閩을 다스리게 되면서 비로소 혜조선사를 乾元寺로 모셔서 설봉의 주지를 맡아 주도록 하였다. 더불어 혜조선사의 제자 청료선사가 주지로 주석하면서 전후를 이어서 종풍이 크게 진작되었고 道價가 크게 높아졌다. 문인들이 혜조선사의 전후의 언구를 나한테 보여 주었다. 내가 찬탄하여 "옛적에 단하자순에 대하여 들었을 때는 그것을 인식하지 못하였는데 이제야 그 세 제자에 대하여 알게 되었구나."라고 말하였다. 혜조선사가 무릇 단하자순의 嫡嗣로서 첫째이고, 그 다음 제자가 청료선사인데 永嘉의 龍翔寺에 주석하고 있으며, 그 셋째 제자가 정각인데 四明의 天童寺에 주석하고 있다. 일가에서 三傑이 출현하였는데 모두 동남지역의 대도사가 되었다. 소문을 들은 사람은 분주하게 달려갔고, 참문한 사람이 가득 찼다. 그곳에서 좌선하는 사람이 항상 천 명이 넘었다. 무릇 인가를 받은 사람들로 곧 총림이 형성되었다. 이에 龍象이 또한 가득하였다. 지혜의 횃불이 밝아진 곳은 어둠이 저절로 사라졌는데, 다시 방편문을 열어서 無說로써 설법을 하여 널리 일체중생을 제도하였다. 줄이 없는 거문고 위에서는 저절로 음률이 일어났고, 백옥의 밭에서는 저절로 桃李 밑에 길이 생겨났다. 이에 보고 들은 사람이라면 스스로 깨닫게 되니 어찌 그런 사람이 없었겠는가.

소흥 8년 무오년(1138) 2월 그믐날에「서문」에 붙이다.[3]

부용도해의 三賢孫은 동남지역의 대도사로서 '一家의 三傑'로 불렸던 것이다.[4]

다음으로 삼현손 가운데 한 사람인 진헐청료에 대하여 검토해 보기로 한다. 청료의 전기는 사형사제의 관계에 있는 굉지정각이 찬술한 「탑문」에 의하여 알려진 것이지만, 看話禪의 대성자인 대혜종고 사이의 관계는 종래에 지적된 적이 없는 중요한 과제인데 그것을 고려하여 전기를 살펴보기로 한다.

眞歇은 道號이고, 휘는 淸了이며, 시호는 悟空禪師이다. 『信心銘拈古』에 의하면 寂庵이라고도 불렸다. 진헐은 元祐 3년(1088)에 사천성 西川道 綿陽縣 安昌에서 雍氏로 태어났다.[5] 혜조경예보다 10년 연하

---

3) "雪峰慧照禪師語錄序. 慧照預禪師, 提如來密印, 坐大洪山孤峰頂上, 轉大法輪. 文字性離, 言語道斷, 超佛越祖, 心如太虛. 至于隨緣應機, 接引調伏, 如太醫王, 對病與藥, 金毛哮吼, 百獸皆瘖. 建炎以來, 襄漢莽爲盜區, 赤地千里, 大洪屹然, 其間豹虎, 環視垂涎, 而不敢犯道俗. 依師獲免者, 殆數千萬人. 夫豈偶然也哉. 余師甌閩, 始挽師來乾元, 繼主雪峰. 與其弟了, 住相後先. 宗風大振, 道價益高. 門人以師前後言句示余, 歎曰, 昔聞丹霞淳, 而不及識. 乃識其三子. 師蓋嫡嗣也. 次卽了, 住永嘉之龍翔. 其季覺, 住四明之天童. 一家三傑, 皆爲東南大導師. 聞者奔趣, 見者厭滿. 所至坐下, 常千餘衆. 凡經印可, 便爲叢林. 龍象亦盛矣哉. 慧炬所燭, 昏霾自消. 猶且開方便門, 以無說說, 普度一切. 無絃琴上, 品就宮商, 白玉田中, 種成桃李. 卽見與聞, 而自悟入. 豈無其人邪. 紹興八年, 歲在戊午, 二月晦日序."(四庫全書珍本別集, 8丁左~9丁右) 졸고,「宋代禪籍逸書序跋考」에서 소개한 것이 있다.
4) 최근까지 慧照慶預가 丹霞子淳의 법사 가운데서 중요한 위치를 점유하고 있었음이 알려지지 않았던 것은 그 법손에 인재가 없었다는 것도 그 이유였다.『가태보등록』 권13에서는 그의 법사로서 (1)臨江軍 慧力悟, (2)福州 雪峰慧深, (3)饒州 薦福演, (4)泗洲 普照充, (5)隨州 智門雅 등 5명을 들고 있을 뿐이다.「탑명」에 법사로 언급되어 있는 鵝湖子淳과「탑명」을 의뢰했던 大洪居寧에 대해서도 그 행장은 전혀 알 수가 없다.
5) 『겁외록』의「宴坐自讚」에 의하면, 宣和 5년(1123)에 36세가 되었기 때문에 이로부터 역산하여 출생한 연도로 삼았다.

이고, 宏智正覺과 大休宗珏보다 3년 연상이며, 大慧宗杲보다 1년 연상이다. 스승인 단하자순이 그 24년 전에 사천성 劍州 梓潼縣에서 태어났다. 사천성은 위에서 말했듯이 대홍산에 주석했던 정엄수수와 명오경현 등의 출신지역이기도 하는데, 그 무렵 사천 출신의 조동종 선자를 많이 헤아려 볼 수가 있다. 어렸을 때부터 부처님을 보는 것을 좋아하였고, 11세 때 聖果寺의 淸俊 밑에서 출가하고『법화경』을 공부하였다. 18세 때 試經을 통해서 得度하였고, 이듬해에 구족계를 받았다. 成都의 大慈寺로 가서『원각경』·『금강경』·『기신론』등 강의를 듣고 大意를 깨달았다. 峨嵋山의 普賢大士를 참례한 후에 濾水를 따라서 宜賓縣 근처를 지나서 濾縣으로 들어갔다. 郡守가 崇寧寺를 지어서 주석하게 하였지만 사양하였다. 그리고 重慶 훨씬 아래에 있는 奉節縣의 瞿塘狹을 지나와서 그 입구에 우뚝 서 있는 큰 바위의 灔澦堆를 지나서 蜀을 벗어났다. 荊楚로부터 沔漢을 거쳐서 북상하였고, 이어서 鄧州 南陽縣 丹霞山으로 자순을 찾아갔다.『겹외록』에서는 대오의 기연을 다음과 같이 기록하고 있다.

> 진헐이 처음 단하자순을 친견하였다. 단하가 물었다. "세계가 성립하기 이전의 자기란 무엇인가." 진헐이 답변하려고 하였다. 그러자 단하가 말했다. "그대는 너무 말이 많구나. 잠시 나가 있거라." 어느 날 鉢盂峯에 올랐는데, 그곳에서 활연히 契悟하였다. 곧 돌아와서 단하자순을 뵙고 바로 곁에 서 있는데, 단하가 갑자기 귀를 한 방 때려 주고 말했다. "그대가 무엇인가 알아차렸다고 생각하였다." 진헐이 흔연히 예배를 드렸다. 다음 날 단하가 상당하여 말했다. "태양이 孤峰을 비추니 비취색이 되고, 달빛이 계곡물을 비취니 차가워진다. 조사가 전승한 현묘한 奧義가 마음에 남아 있어서는 안 된다."(그리고는 곧 단하가 법좌에서 내려왔다.) 진헐이 말했다. "오늘 법좌에 올라서는 곧

저를 속이지 못하였습니다." 단하가 말했다. "그대는 어디 한번 내가 오늘 법좌에 올랐던 것에 대하여 말해 보라." 진헐이 양구하였다. 단하가 말했다. "잠깐 동안 아무것도 보이지 않았다고 생각하였다." 진헐이 곧장 일어나서 밖으로 나가 버렸다. 단하가 어느 날 방장실 뒤에서 좌선을 하고 있었다. 진헐이 인사를 하였다. 단하가 진헐이 오는 것을 보고도 무시하였다. 진헐이 물었다. "유마가 뭐라고 말했길래 문수가 곧 찬탄한 것입니까." 단하가 미소를 지었다. 진헐이 예배를 드렸다. 단하가 말했다. "그대는 내가 그대를 위해 말해 주기를 기다려서는 안 된다." 진헐이 말했다. "저도 또한 귀머거리는 아닙니다."[6]

「탑명」에서는 '공겁이전의 자기란 무엇인가'라는 질문을 받고 답변하려는 찰나에 단하한테 한 방 얻어맞고 개오했다고 전한다. 깨달음의 기연이 한주먹(一掌)에 의한 것으로서 진헐의 어록이 『一掌錄』이라 불렸다는 것도 이로부터 유래한 것이다. 단하의 교화는 공겁 이전의 자기를 해명시키는 것에 있다. 그것은 언어로 표현하려고 하면 찰나에 어그러지고 만다. 한주먹 얻어맞고 침묵을 지키든 혹은 좌선을 하든 바로 거기에서 겁외의 종풍을 체득한 것이다. 그것은 뒤에 소개하는 「一掌錄 서문」 속에서 劉子翬(1101~1147)의 게송에 잘 드러나 있다. 『겁외록』의 기연에 의하면 대오한 후에 부용도해의 법사인 石文元易(1053~1137)에게도 참문하였다. 元易은 진헐의 고향과 가까운 사천성 潼州川 銅山

---

[6] "師初見丹霞. 霞問, 作麼生是空劫已前自己. 師擬對. 霞云, 儞鬧, 且去. 一日, 登鉢盂峯, 豁然契悟. 徑歸見丹霞, 方侍立, 霞劈耳便掌云, 將謂儞知有. 師忻然禮拜. 來日, 霞上堂云, 日照孤峯翠, 月臨溪水寒. 祖師玄妙訣, 莫向寸心安. 便下座師云, 今日陞座便瞞我不得也. 霞云, 儞試舉我今日陞座看. 師良久. 霞云, 將謂不瞥地. 師抽身便出. 霞一日, 在方丈後坐. 師問訊. 霞見來不顧. 師云, 維摩道箇什麼, 文殊便生讚嘆. 霞微笑. 師禮拜. 霞云, 儞不待我為儞說. 師云, 我又不是患聾."(續藏 2-29-3 〈통권124〉-315右下) *寬永七年刊本에는 〈便下座〉가 없다. *便下座=없다(寬永7年刊本).

제3절 芙蓉道楷의 三賢孫

에서 銳氏로 태어난 사람이다. 大觀 4년(1110)에 鄧州 招提寺에서 출시하고, 10여 개의 名刹에 두루 주석했던 사람이다. 襄陽府 石門山에도 주석한 적이 있었는데, 그때인지 혹은 초제사에 주석하고 있었을 때인지 분명하지는 않지만 진헐이 참문한 적도 있었다. 자순이 단하산에 주석한 것은 1104~1114년 사이였다. 진헐은 다시 남양에서 단하자순을 참문하였기 때문에 자순이 唐州 大乘山의 西庵으로 물러나기 이전에 자순에게 참문한 셈이 된다. 진헐의 대오는 당시의 행장으로 보아 大觀 2년 21세 무렵으로 간주된다.

단하의 휘하를 떠나서 汝州 香山 天寧 觀音禪院의 普証大師 枯木法成(1071~1128)에게 참문하였다. 고목은 부용도해의 법사로서 향산에서 1107~1112년 사이에 주지를 지냈다. 진헐은 고목이 政和 2년(1112) 左街淨因禪院에 주석하기 이전에 참문한 셈이 된다. 고목의 휘하를 떠나서 하북성 眞定府 深州를 거쳐서 오대산에서 文殊大士를 참례하였다. 深州에서 했던 문답이 남아 있지만 그 상대방이 누구를 가리키는지는 알 수가 없다.

오대산으로부터 동경을 거쳐서 정화 3년(1113)에 眞州 長蘆崇福禪院의 祖朝道和에게 참문하는 동안에 保寧, 智海의 佛鑑慧勤(1059~1117), 法雲의 佛照杲, 雲蓋 등에게도 참문하고 있다. 혜근은 舒州 懷寧 汪氏 출신으로 五祖法演의 법사이다. 舒州 太平興國禪院에서 출세하였다. 정화 원년(1111)에 동경의 大相國寺 智海禪院에 주석하였고, 정화 5년(1115)에 建康府 蔣山 太平興國禪院으로 옮겼으며, 정화 7년 11월 8일에 시적한 인물이다.

佛照杲는 眞淨克文 문하에서 紹聖 3년(1096) 11월 21일에 대오하였고, 廬山의 귀종사에서 출세하였으며, 동경의 淨因寺 및 法雲寺에 주석했던 인물이다. 保寧이란 建康府 지역의 保寧禪院인데, 여기에서는 아마 圓璣(1036~1118)를 가리킨 것으로 보인다.

圓璣는 福州 臨氏 출신으로, 黃龍慧南의 법사이다. 洪州 翠巖廣化元에서 출세하였고, 廬山의 圓通으로부터 崇寧 2년(1103)에 保寧禪院으로 옮겼다. 정화 5년(1115. 정화 7년이라고도 말한다)에 保寧이 神霄宮이 되자 그날 城南으로 물러났고, 정화 8년 9월 22일에 83세로 시적하였다. 雲蓋란 호남성 潭州雲蓋山이다. 진헐이 참문한 사람은 운개의 守智(1025~1115)로 간주된다.

守智는 복건성 劍州 龍津의 陳氏 출신으로, 황룡혜남의 법사이다. 道吾山에서 출세하였고, 운개산으로 옮겼다. 元祐 원년(1086)에 西堂으로 물러나서 무려 30년 동안 閉關하고 산을 내려가지 않았다. 정화 4년(1114)에 潭州 開福寺에 주석하였고, 이듬해 3월 7일에 91세로 시적하였다. 다만 여기에서 雲蓋를 雲蓋守智라고 해도 진헐이 그를 언제 만났는지는 분명하지 않다.

강소성 淮陽道 儀徵縣(揚州府 儀眞縣) 長蘆崇福禪院으로 祖照道和(1056~1123)를 참문한 것은 정화 3년(1113) 진헐 26세 때였다.『겁외록』에서는 다음과 같이 전한다.

> 진헐이 장로의 祖照를 참문하였다. 조조는 진헐이 오는 것을 보고 물었다. "어디의 승인가." 진헐이 말했다. "四川의 승입니다." 조조가 물었다. "나이가 몇인가." 진헐이 말했다. "스물 여섯입니다." 조조가 물었다. "아직도 우왕좌왕하고 있는가." 진헐이 선상을 흔들고 말했다. "단지 여기에 있을 뿐입니다." 조조가 갑자기 할을 해대자, 진헐이 곧 예배를 드렸다.[7]

---

7) "師見長蘆祖照. 照見來便問, 甚麽處僧. 師云, 川僧. 照云, 年多少. 師云, 二十六.

祖照는 明覺重顯-振宗義懷-圓照宗本-大通善本으로 계승되는 운문종에 속하는 인물이다. 장로숭복선원에는 운문종 사람들이 대부분 주지를 지냈다. 명각의 문하에는 祖印智福과 그 법사인 法海가 있다. 진종의 문하에는 圓通法秀·圓鑑體明·廣照應夫·長蘆鑑 등이 있다. 원조의 문하에는 淨照崇信이 있다. 광조응부의 법사인 慈覺宗賾은『禪苑淸規』의 편찬자로 유명하지만, 자각도 장로에 주석한 인물이다. 조조도화가 장로에 주석한 것도 운문종의 발전과 무관한 것은 아니다. 조조의 법사인 長蘆法永이 주지를 하고 있는 것으로부터도 운문종의 중요한 도량이었음을 알 수가 있다. 조조는 진헐에게 후사를 부탁하여 법을 이어 줄 것을 희망했던 적도 있었다. 그러나 진헐이 병에 걸린 조조를 대신하여 陳璋의 초청에 의하여 宣和 4년(1122) 7월에 주지대행을 하고, 이듬해 5월에 개당했을 때까지는 이미 자순의 법을 잇는 향(嗣法香)을 피우고 있었다. 그것을 조조는 기뻐하지 않았다고『叢林盛事』권 하에서 전하고 있다.[8] 당시 장로에는 오조 법연 문하의 佛眼淸遠과 佛果克勤이 참문하고 있어서 진헐과 주고받은 문답이 남아 있다. 佛眼은 臨邛 출신이고, 佛果는 彭州崇寧 출신으로, 진헐과 같이 蜀의 선사이다. 조조는 누가 장로를 계승해 갈 것인가를 고민하고 있었는데, 조조 자신의 後席이 蜀의 선사에 의해 계승되는 꿈을 꾸고서 처음에는 촉의 선사가 불과인지 불안인지 추측했었다고「탑명」에는 기록되어 있다.

결과적으로 촉의 선사 가운데 한 사람이었던 진헐이 장로에서 처음 개당했던 것은 36세 때였다. 진헐은 굉지정각을 불러서 首座로 임명했

照云, 猶自亂走在. 師撼禪牀云, 只在者裏. 照便喝. 師便禮拜."(續藏 2-29-3 〈통권124〉-315左下) *年=季(寬永七年刊本), *師云=없다(寬).
8)『叢林盛事』권下(續藏 2乙-21-1 〈통권148〉-46左上).

다. 굉지와 동년배인 大休宗珏도 그 이전에 조조도화에게 참문하고 수좌였던 진헐 밑에서 대오하였다. 진헐이 주지를 맡고 있을 때도 대휴는 그곳에 머물고 있었다. 굉지가 선화 6년(1124)에 泗州의 大聖普照禪寺에 주지로 주석하고 있을 때 진헐문하에서 第一座로 활약했던 사람은 대휴종각이었다. 이처럼 굉지와 대휴는 장로에서 진헐의 교화를 도왔다. 足巖智鑑도 진헐이 장로에서 개당했음을 알고서 진헐에게 참문하였기 때문에 진헐 문하에 굉지와 대휴와 족암이 같은 승당에 모였을 것으로 보인다. 굉지가 떠나면서부터 진헐과 대휴와 족암, 이 세 사람이 그 후에도 행동을 함께 했던 것은 확실하기 때문에 진헐 계통의 三代祖師가 서로 道를 추구하며 수행하고 있었음을 알 수가 있어서 기묘한 인연을 엿볼 수가 있다.

 선화 5년 8월에 조조도화가 천화하였는데, 진헐은 장례식에서 스승의 예를 취하였다고 전한다. 그해 10월에 化主가 되어 걸행을 떠나서 이듬해 2월에 소득을 가지고 돌아왔다. 선화 5년의 개당으로부터 建炎 2년(1128) 6월에 퇴원하기까지 6년 동안 진헐은 장로에 주석하였다. 진헐의 나이 36세부터 41세까지이다. 그 후에 주지를 계승한 사람은 圓悟克勤과 趙令衿의 천거에 의한 宏智正覺이다. 靖康의 變 이후 政情의 불안도 있었기 때문에 굉지가 주지를 지낸 것은 2년으로 끝났다. 이후 굉지는 진헐을 따라서 補陀洛迦山을 향하였지만 도중에 그만두고 천동산에서 무려 30년 동안에 걸쳐 주지를 맡게 되었다.

 건염 2년 6월에 장로를 물러난 진헐은 錢塘을 지나서 8월에 明州의 梅岑에서 觀音大士를 참례하였다. 매잠이란 보타락가산을 가리키는 것으로 觀音靈場으로 유명하다. 『補陀洛迦新志』권2에 의하면, 그때 律寺가 禪寺로 바뀌어 진헐이 禪寺의 제1세가 되었다고 한다. 진헐은 건염 4년에는 굉지가 주석하고 있던 천동산에서 함께 結制를 하였다. 5월에 天台國淸寺로부터 3회나 초청을 받았지만 응하지 않았다. 8월에는 鴈蕩山을 유행하였고, 10월에는 天台縣의 북쪽 50리에 있는 天封寺를 거쳤으며, 11월에는 福州의 雪峰山 崇聖寺의 제16대 주지가 되었다. 당시에 知福州는 程邁(1068~1145)였지만, 소흥 2년(1132) 7월에는 張守가 知福州가 되었다. 장수는 曾懋로 대체될 때까지 4년 동안 知福州로 있었다. 장수는 이미 「大陽明安禪師古錄序」 및 「雪峰慧照禪師語錄序」에도 보이듯이 혜조와 진헐과 굉지 등과 교류가 있었던 인물인데, 특히 진헐과 가장 인연이 깊은 관계였다.

진헐이 설봉산에 주석하자 모여든 납자들의 수가 장로산의 천칠백명을 넘었다. 진헐은 阿育王山에서 소흥 6년부터 주석하기까지 43세부터 49세까지 그 사이에 이 설봉산에 주석하였다. 소흥 5년에 진헐이 설봉의 東庵으로 물러났을 때 설봉의 주지를 계승한 사람은 위에서 서술했던 혜조경예로서, 소흥 10년 6월 22일에 시적할 때까지 주석하였다.

진헐이 설봉에 주석하고 있는 동안에 大慧宗杲가 福州로 찾아갔다.[9] 진헐과 대혜의 교섭을 고찰해 보기로 한다.

대혜는 元祐 4년(1089)에 안휘성 宣城縣에서 奚 씨로 태어났다. 16세 때 慧雲院의 慧齊를 참례하고 스승으로 모셨다. 得度受戒한 후에 유행하여 20세까지 부용도해 문하의 洞山道微한테 鄧州 京山縣 大陽山에서 참문하여 조동의 종지를 익혔다고 한다. 여기에서는 조동종의 元首座와 堅首座에게도 참문하였다. 대혜의 조동종지 이해는 그때의

---

9) 졸고, 「大慧普覺禪師年譜의 연구 (上)·(中)·(下)」(『駒澤大學佛教學部研究紀要』 제37·38·40호, 1979년 3월·1980년 3월·1982년 3월) ; 「虎丘紹隆과 大慧宗杲」(『佛教史學硏究』 제25권 제1호, 1977년 12월) 등에 의한다. 또한 대혜에 대한 연구는 대단히 많은 과제가 있기 때문에 달리 기회를 바꾸어 검토해 보고자 한다.

경험이 크게 영향을 끼쳤다. 그 후에 여러 선지식을 참문하는데, 泐潭 寶峰寺에서 湛堂文準(1061~1115)을 만나게 된다. 문준은 眞淨克文의 법사이지만 대혜가 문준과 인연을 맺은 것은 세 가지 점에서 중요한 계기가 되었다고 필자는 생각한다. 그것은 곧 (1)평생 동안 대혜의 선풍에 영향을 주었던 진정극문을 알았다는 것, (2)사법하게 된 원오극근에게 참학하도록 권유를 받았다는 것, (3)문준의「탑명」을 추구하여 張商英을 알게 되었다는 것 등이다.

대혜는 문준이 시적한 후 곧바로 원오를 만나지 않고, 37세 때 선화 7년(1125) 5월 13일에 동경의 天寧萬壽禪寺의 원오 밑에서 대오하였다. 천녕만수선사는 위에서 서술했듯이 大觀 원년(1107)에 부용도해의 淄州 流罪事件이 발생했던 장소이다. 대혜는 대오에 대하여『어록』권17에서 禮侍者를 위한 보설에서 다음과 같이 말하고 있다.

> 후에 동경의 천녕사에서 원오화상의 상당을 만났다. 거기에서 원오가 일화를 들어 언급하였다. "한 승이 운문에게 물었다. 〈제불이 깨달은 것은 무엇입니까.〉 운문이 말했다. 〈동산이 강물의 위로 걸어간다.〉 만약 원오 나 같았으면 그렇게 말하지 않았을 것이다. 〈제불이 깨달은 것은 무엇입니까.〉라고 질문을 받았다면, 〈훈풍이 남쪽에서 불어오니 궁전이 겨우 시원해진다.〉고 답하겠다." 이에 홀연히 前際와 後際가 단절되었다.[10]

이어서 원오와 문답한 후에 大悟徹底를 증명받았다. 동경에서 작별을 하고 揚州로 떠날 때 원오가 대혜에게「법어」를 내려 주었다. 그것을

---

10) "後來在京師天寧, 見老和尚陞堂. 舉, 僧問雲門, 如何是諸佛出身處. 門曰, 東山水上行. 若是天寧即不然, 如何是諸佛出身處, 薰風自南來, 殿閣生微涼. 向這裏忽然前後際斷."(大正藏47, p.883上).

『臨濟正宗記』의 「발문」에서는 다음과 같이 말하고 있다.

> 나는 제자들이 늘어나는 것을 기뻐하는 것이 아니다. 정법안장을 철저하게 본 자가 생겨나서 임제정종을 일으킬 수가 있는 것을 기뻐할 뿐이다. 그래서 많은 납자들이 있기 때문에 分坐하여 지도하기를 바란다. 오랫동안 도읍지는 정정이 불안하기 때문에 서로들 이 汴京을 떠나지 않으면 안 되게 되었다. 이에 작별에 임하여 바라는 것은 바로 이것을 기억해 달라고 餞別하는 것이다.[11]

원오가 대혜한테 기대하는 일단을 알 수가 있다. 대혜가 원오로부터 분좌했을 때 향을 들고서,

> 이 몸이 중생을 대신하여 지옥의 고통을 받을지언정 결코 불법에 대하여 인정을 두지 않을 것이다.[12]

라고 서원하여, 죽비를 잡고 제자를 지도하는 수단으로 삼았다고 『年譜』에서는 전하고 있다. '대혜'라는 이름이 총림에 알려지자 靖康 원년 (1126) 4월에 右丞相 呂好問(1064~1131)의 奏上에 의하여 佛日大師라는 호를 받았다.

그해 8월에 대혜는 원오의 휘하를 떠나서 揚州 天寧寺에 머물렀다. 揚州 高郵縣 乾明寺에 머물고 있던 원오는 鎭江府 金山龍遊寺에 주석

---

11) "予不喜得人, 但喜此正法眼藏有覷得透徹底, 可以起臨濟正宗. 遂於稠眾指出令分座訓徒. 久之會都下擾攘, 相與謀出汴, 臨分書此以作別."(『禪門諸祖師偈頌』 권2 수록, 續藏 2-21-5 〈통권116〉-47左下).
12) 『年譜』에는 37세 조항에 "寧以此身代眾生受地獄苦, 終不以佛法當人情."라고 기록되어 있다. 「四卷本普說」 권1의 瑩上座가 청한 보설에 "老漢云, 不信道, 我手團辣, 世間事用得人情, 唯有這箇用人情不得. 參須實參, 悟須實悟, 證須實証."(東洋文庫所藏五山版, p.22丁右)라고 기록되어 있어서 대혜의 접화 수단이 신랄했음을 엿볼 수가 있다.

하였다. 금산은 浮玉山이라고도 하는데, 그곳에서의 주지생활은 잠깐 동안이었다. 원오는 건염 원년(1127) 11월 6일에는 부옥산에서 南康軍 雲居眞如禪院의 초청을 받았다. 원오가 진헐을 眞州의 長蘆山으로 처음 찾아간 것은 선화 4년(1122) 60세 무렵으로 간주된다.[13] 원오가 다시 양주로 돌아갔던 정강 원년(1126)은 39세인 진헐이 長蘆崇福禪院에 주석하며 활약하고 있던 시기였다. 원오는 장로산의 총림이 왕성하다는 것을 새삼스럽게 알고 있었음에 틀림없다. 원오가 금산에 주석하게 되자 대혜는 普明慧琳과 함께 금산의 원오에게 인사를 드리러 갔다. 이틀 밤을 머물고 나서 紹隆藏主(1077~1136)와 함께 원오의 휘하를 떠나서 虎丘雲巖寺에 머물렀다. 그해에 紹隆은 고향인 和州 開聖禪院에서 처음으로 개당을 하였다.

원오가 건염 2년 4월에 운거진여선원에서 개당을 하자, 九江에 있는 江州能仁禪寺에서 6월 13일에 주석했던 굉지정각은 한 철을 마치고 원오를 찾아갔다. 위에서 말했듯이 진헐이 물러난 후에 공석이었던 장로의 주지로 굉지정각을 추천한 것은 圓悟와 趙令衿이었다. 그 추천에 의하여 그해 9월 15일에 굉지가 장로로 주석하게 되었다. 대혜가 운거로 원오를 다시 찾아간 것은 10월로서, 굉지와 대혜조차 엇갈리게 되었다. 대혜는 운거의 수좌로서 원오의 교화를 대신하여 펼치게 되었다. 이윽고 원오는 건염 3년 윤 8월에 蜀으로 돌아갔는데, 원오의 나이 67세 때였다.

---

13) 圓悟는 宣和 6년(1124) 9월에 建康府 蔣山에 있을 때 東京 天寧萬壽寺로 와달라는 초청을 받았다고 『대혜연보』에 기록되어 있다. 蔣山에서 주지를 지낸 것은 佛鑑慧勤이 시적한 政和 7년(1117) 11월 8일(2월 8일이라고 읽기도 한다. 그 이유는 세로쓰기로 기록되어 있는 글에서 一一月八日을 二月八日로 읽는 경우에 해당한다) 이후로서, 祖照道和의 꿈과 관련시켜서 본다면 祖照의 만년으로 간주된다.

제3절 芙蓉道楷의 三賢孫 339

이처럼 원오는 대혜가 출세하기 이전에 同鄕이었던 진헐을 알고 있었고, 또 굉지를 높게 평가하여 주지로 추천하는 등 조동종의 선자들과 교류를 하고 있었다. 당시에 대혜가 진헐과 굉지에 대하여 모르고 있었을 리가 없다. 오히려 같은 세대의 선자로서 강하게 의식하고 있었다고 말할 수가 있다.

세상이 불안하자 시절인연을 기다리고 있던 대혜는 大刹의 주지를 오히려 고집스럽게 거부하였다. 운거진여선원의 깊은 곳으로 운문의 옛터를 방문하고 그 海昏雲門庵에서 자신의 수행과 납자들에 대한 지도를 계속하였다. 이윽고 소흥 4년(1134)에 그 江西 지역을 떠나 3월에는 福州 長樂縣의 廣因寺에 머물게 되었다. 당시 복주의 설봉산은 진헐이 주지를 맡고 있었는데 납자들이 천칠백 명에 도달하였다. 진헐이 주지를 하고 있는 설봉의 菩提會에 초청받아 도착한 대혜가 설했던 「普說」에서 다음과 같이 말하고 있다.

> 선지식들이여, 진헐화상이 말하는 선을 보라. 모두가 사려분별이 없이 납자들의 질문에 대하여 거침없이 설하여 하나도 막히는 것이 없다. 자연스럽게 바람이 물 위로 불어오는 것처럼 화상의 여실한 설법이 있을 뿐이다. 그것은 마치 보현보살이 佛華莊嚴三昧에서 나오고, 보혜보살이 구름이 일어나듯이 잇달아 이백 가지 질문을 하자 보현보살이 물병에서 물을 졸졸 따라내는 것처럼 이천 가지 답변을 하는 것과 같다. 또한 한 번도 사려분별된 것이 없다. 그것은 깨달음을 얻은 자유자재한 것으로 法性의 설법이라 불리고 있기 때문이다. 그러나 오늘날 납자들은 자신이 한 번도 깨닫지 못했으면서 이리저리 사려분별로 꿈속을 헤맨다. 그리하여 다음 날 설법하는 자리에 오르지 않으면 안 되는 경우에는 전날 밤에 잠을 포기하고 이 책에서 몇 구절 암기하고 저 책에서 몇 구절 암기하여 차근차근 나열해서 몇 마디 말

을 할 수가 있게 되면 꽃과 비단처럼 드러내지만, 눈밝은 사람에게 냉정하게 발각되면 그 자리에서 한바탕 웃음거리만 되고 만다. 그대들에게 권한다. 명안종사는 참으로 만나보기가 어렵다. 이미 만났다면 그 자리에서 마치 하나의 수미산을 기댄 것처럼 하는 것이 좋다. 모름지기 한 걸음 물러나서 수많은 자아의 미혹에 휩싸여 온 것을 내려놓고, 지금까지 책자를 통해서 암기하여 배워 온 것을 한 쪽에다 치워버려야 한다. 무리하게 억지로 주인공이 되려고 해서는 안 된다. 어느 날인가 죽은 사람이 되어 염라대왕에게 얻어맞는다면 그 까닭은 바로 그 주인공이 되려고 했기 때문이다. 이것은 나 대혜(雲門)가 그대들을 속이는 말이 아니다. 이런 말들은 충분히 근거가 있는 것들이다.[14]

이처럼 대혜는 진헐에 대하여 '明眼宗師'(大正藏47, p.863下)라고 높이 평가하고 있지만, 진헐의 설법 그 자체를 전면적으로 인정하고 있는 것은 아니다. 그는 「보설」 후반에서 다음과 같이 말한다.

가령 진헐화상은 항상 납자들이 목전의 인식작용이 깨달음이라고 생각하여 지식과 이해의 추구를 멈추지 않는 줄 알고서 부득이하게 납자들에게 인식작용이 싹트기 이전(劫外) 그대로가 좋은 것이라고 가르치고 있다. 그러나 진실의 입장에서 말하자면 그러한 것은 쓸데없는 것일 뿐이다. 그것은 일시적인 방편이다. 참으로 달을 가리켜서 납자들에게 보여 주려는 것이므로 달을 보지 않으면 안 되는 것이므로

---

14) "爾看他真歇說禪. 都不計較, 據學人問處, 信口便說, 更無滯礙. 自然如風吹水, 只為他實見實說. 如普賢菩薩從佛華莊嚴三昧起, 普慧菩薩如雲興致二百問, 普賢菩薩如缾瀉以二千酬. 又何曾思量計較來. 蓋得法自在, 稱法性說. 如今人不曾親證親悟, 只管百般計較. 明日要陞座, 一夜睡不著, 這箇冊子上記得兩句, 那箇冊子上記得兩句, 鬪鬪湊湊, 說得一片, 如華似錦, 被明眼人冷地覷見, 只成一場笑具. 奉勸諸人, 明眼宗師, 難逢難遇. 既得遭逢, 如靠一座須彌山相似. 直須退步, 放下許多人我無明從前冊子上記持學得底, 撥置一邊. 不要彊作主宰. 他時異日閻羅老子打鬼骨臀, 便是打這般彊作主宰底. 不是雲門謾爾諸人. 這話有分付處."(『語錄』권13 수록,「師到雪峯值建菩提會請普說」大正藏47, p.863中).

손가락을 달로 생각해서는 안 된다. 그러나 오늘날 납자들은 그것을 이해하지 못하고 실제로 진헐이 말한 그와 같은 것이 있다고 잘못 생각하고 있다. 조사들이 말한 '잘못 아는 것으로 어찌 방편을 이해했다고 하겠는가.'라는 말이 그것이다. 방편의 언어를 알지 못한 이상 그것으로는 연등불의 뱃속에서 좌선한다고 해도, 흑산 밑의 망자의 동굴에서 부동으로 좌선한다고 해도, 엉덩이에 굳은살이 박힌다고 해도, 입속에 침이 가득 찬다고 해도, 뱃속에는 여전히 깜깜한 번뇌덩어리뿐이다. 그것으로는 미래의 영겁토록 꿈에도 진리를 볼 수가 없다.[15]

대혜가 좌선을 수단으로 간주하는 사고방식에 입각해 있는 한 진헐이 말한 空劫承當이 진리로 이해되는가 아닌가는 문제로 남을 것이다. 대혜가 가한 묵조선 비판의 구조에 대해서는 다시 제4장 제2절에서 살펴보기로 한다.

이 菩提會는 소흥 4년 12월 8일이다. 그 보설 가운데서 대혜는 자칭 雲門이라는 말을 사용하여 廣因寺에서 지낸 하안거에 대하여 서술하고 있다. 林遵善(字는 適可)이 閩縣의 남쪽 洋嶼에 雲門庵을 창건하고 대혜를 초빙한 것은 그해의 언제인가는 분명하지 않지만, 여름 안거 이후의 일로 간주된다. 『대혜연보』의 소흥 4년 조에 다음과 같은 기록이 있다.

---

15) "只如真歇尋常見學者多認目前鑑覺求知見覓解會無有歇時, 不得已教人向劫外承當. 據實而論, 這一句已是多了. 此是一期方便. 如指月示人, 當須看月, 莫認指頭. 如今人理會不得, 將謂實有恁麼事. 祖師所謂錯認何曾解方便. 既不識方便語, 便向燃燈佛肚裏座, 黑山下鬼窟裏不動坐得. 骨臀生胝, 口裏水瀝瀝地, 肚裏依前黑漫漫地. 驢年夢見麼."(『語錄』권13 수록, 「師到雪峯值建菩提會請普說」大正藏47, p.864上~中).

林適可司法이 양서에 암자를 창건하였다. 대혜를 초빙하여 그 암자에 주석토록 하였다. 당시에 선종의 납자들 사이에서는 妙悟를 내던져 버리고 납자들을 寂黙으로 들어가도록 지도를 하는 사람이 있었다. 이에 『弁邪正說』을 저술하여 그들을 공격하여 일시의 폐해를 구해 주었다.[16]

이것은 대혜가 「보설」 가운데서도 종종 반복하여 언급한 것이다. 가령 소흥 26년(1156)에 復僧한 후에 설했던 「보설」에 다음과 같은 내용이 있다.

> 요즈음 제방에는 일종의 黙照邪禪이 일반화되어 있다. 이 풍조는 왕년에 복건지방에서 지극히 번성하였다. 나 묘희가 소흥 초기(1134)에 閩으로 가서 운문암에 주석하고 있을 때 거기에서 黙照邪禪을 배격하는 데 힘썼다. 그들 무리는 부처님의 혜명을 단절시키는 자들이다. 그래서 천불이 출세한다고 해도 참회가 통하지 않는 자들이다.[17]

실은 뒤에 고찰해 보겠지만 黙照邪禪에 대한 비판을 통하여 대혜의 看話禪이 대성해 간다. 대혜가 당면하여 적대한 상대 중에 최대 인물이

---

16) 『大慧年譜』의 紹興 4년 항목 "林適可司法, 刱菴於洋嶼, 延師居之. 時宗徒撥置妙悟, 使學者困於寂默. 因著辨正邪說而攻之, 以救一時之弊."(졸고,「大慧普覺禪師年譜의 研究(上)」p.140) 이 사실은 朱熹도 알고 있었다고 하여 내용에 혼란이 보이는데, 『朱子語類』권126에 "昔日了老, 專敎人坐禪. 杲老以爲不然. 著正邪論排之. 其後杲在天童. 了老乃一向師尊禮拜. 杲遂與之同. 及死爲之作銘."이라고 기록되어 있다. 黙照에 대한 대혜의 공격은 소흥 4년부터 설봉산의 진헐청료에 대해서 처음으로 진행되었다는 새로운 설에 대해서는 柳田聖山,「看話와 黙照」(『花園大學研究紀要』제6호, 1975년 3월) ; 졸고,「大慧宗杲와 그 제자들(6) -眞歇淸了와 관계를 둘러싸고-」(『印佛研』제23권 제1호, 1974년 12월) 및 「大慧宗杲와 그 제자들(8) -眞歇淸了와 관계를 둘러싸고(承前)-」(『印佛研』제25권 제1호, 1976년 12월) 등을 참조한다.
17) "而今諸方有一般默照邪禪. (中略) 此風往年福建路極盛. 妙喜紹興初, 入閩住菴時, 便力排之. 謂之斷佛慧命. 千佛出世不通懺悔."(前揭語錄, 권17,「錢計議請普說」大正藏47, p.885上).

설봉산의 진헐청료였던 셈이 된다. 설봉산 진헐의 세력이 그만큼 컸었다고도 말할 수가 있다.

소흥 6년(1136), 49세의 진헐은 阿育王山 廣利禪寺의 제13대로 주석하였다. 육왕은 사리신앙의 사찰로서 해외에까지 알려진 명찰이다. 인접한 대찰이었던 천동사에서는 法弟인 굉지가 활약하고 있었다. 明州 지역에 조동종이 진작되었던 것으로 보인다. 진헐은 이듬해 建康으로 갔는데 蔣山으로 왕림해 달라는 초청을 받았지만 고사하였다. 소흥 8년 4월에는 溫州의 龍翔·興慶의 合額禪院으로 주석하였다. 후에 江心山 龍翔寺라고 불리면서 十刹 가운데 제6찰에 해당되었고, 진헐이 개산조가 되었다. 진헐은 三門·大殿·法堂·方丈 등을 건립하고, 溫州를 통과하여 흐르는 甌江의 中州에는 雙塔을 높게 세워서 대가람을 구축하였다. 그리고 千 이랑의 밭을 받아서 경제적으로도 안정되었다. 여기에서 진헐은 51세부터 58세까지 8년 동안 주지를 지냈다.

진헐은 소흥 15년 2월에 용상사를 물러났지만, 4월에는 徑山의 주지를 맡으라는 조칙이 내려와 5월에 入院하였다. 대혜가 처음으로 주지를 지냈던 사찰이었다.

대혜는 양서의 운문암으로부터 泉州 小谿의 운문암으로 옮겼고, 소흥 7년(1137) 7월 21일에 臨安府 明慶院에서 徑山能仁禪院의 개당설법을 행하였다. 대혜는 대찰의 주지를 할 마음이 없었던 것 같지만, 그가 어쩔 수 없이 출세한 이유는 소흥 5년 8월 8일에 成都 昭覺寺에서 시적한 스승 원오극근이 시적에 즈음하여 내린 유촉이 있었기 때문이다. 그것을 강력하게 추천했던 사람이 主戰論者였던 재상 張浚(字는 德遠)(1097~1164)이었다. 제13대로서 경산에서 처음으로 주지를 지냈던 대혜는 당시에 49세였다. 그러나 대혜가 처음으로 주지를 지냈던 경산시대는 오래 지속되지 못하였다. 북방의 이민족에 상대하는 주전론자인 無垢居士 張九成(字는 子韶)(1092~1159)과의 교섭으로 말미암아 講和派인 秦檜(字는 會之)(1090~1155)로부터 모의가 있는 것으로 간주되어, '神臂弓' 사건에 의하여 호남성 衡州 지역으로 流罪를 받게 되었기 때문이다. 그것은 소흥 11년 5월, 대혜의 나이 53세 때의 일인데, 처음으로 주지를 지냈던 경산은 5년으로 끝나게 되었다.

경산의 제14대 주지는 상세하게 알려져 있지 않고,[18] 제15대 주지가 된 사람이 진헐이었다. 대혜가 떠나고 4년 후의 일이다. 대혜와 진헐은 종풍을 달리하였기 때문에 대혜 이후에 진헐을 초청한 사람이 누구였는가 하는 것은 흥미로운 일이지만, 그에 대해서는 어떤 기록도 남아 있지 않다. 대혜가 경산에서 주지를 하고 있을 때 장준은 재상의 지위에 있었다. 대혜는 개당하여 향 하나를 들고 留守大丞相에게 감사를 드렸다. 유수대승상은 『연보』를 참고하자면 대혜를 직접 초청한 知臨安 呂頤浩(字는 元直)(1071~1139)였다. 여이호는 소흥 3년 9월 7일에는 左相을 그만두었지만 장준과 친밀한 주전론자였다. 대혜가 경산에서 주지를 하고 있던 9월 13일에는 장준도 右上을 그만두게 된다. 그 대신 실권을 장악한 사람이 소흥 8년 3월 7일에 재상이 된 진회였다. 그해 2월 4일에 臨安府도 여이호로부터 張澄으로 대체되었다. 진헐이 경산에 주석하고 있을 때는 장징이 知臨安에 재부임했을 때인데 당시 재상은 진회가 맡고 있었다. 때문에 진헐을 초청한 사람은 아마 이들 강화파 사람들과 관계가 있었는지 모른다.

---

18) 『扶桑五山記』에 의하면, 제14대는 妙空明으로 기록되어 있다. 이것은 대혜가 再住한 이후의 妙空了明으로 간주된다. 世代는 후에 정리된 것으로서 반드시 정확한 것만은 아니다. 그러나 일단 『扶桑五山記』에 의거한다. 졸고, 「중국 五山十刹制度의 기초적 연구(3)」(『駒澤大學佛教學部論集』 제15호, 1974년 10월).

진헐이 경산에 주석한 것이 6년이었는데 납승은 천 명이 넘었다. 경제적으로 어려워서 걸행을 통하여 유지되었다. 소흥 20년 2월에 병에 걸려서 장로산으로 退隱할 것을 원하였지만 그것도 잠깐이었고, 다시 주지할 것을 요청받았다. 소흥 21년(1151)에 城의 동북쪽에 있는 皇亭山에 崇先顯孝禪院이 칙명으로 창건되었다(19년에 崇先顯孝華嚴敎寺로 건립되었다고도 한다). 이 사찰은 高宗의 어머니인 顯仁皇太后(韋賢妃)(1080~1159)의 功德寺였다. 이 선원의 개산조가 진헐인데, 그는 病氣를 참고 6월에 주지를 맡았다. 9월 15일에 慈寧太后(顯仁皇太后)를 영접하여 개당하였고, 금란가사를 받았다. 자녕태후는 72세이고, 진헐은 64세였다. 개당한 후에도 病氣는 치유되지 않은 채 자녕태후로부터 돈을 받아서 水陸法會를 勤修하였다. 10월 1일에 中使의 문안에 감사의 예를 드리고 작별한 후에 결가부좌하여 시적하였다. 자녕태후로부터 향과 비단을 받아서 그것으로 葬齋를 치렀다. 全身은 숭선현효선원의 서쪽 桃花塢에 모셨다. 소흥 23년 8월에는 悟空禪師라는 시호를 내렸고, 탑명은 靜照이다. 소흥 23년에 崇先의 주지를 계승한 사람은 법사인 竹筒德朋(?~1167)이다. 덕붕은 塩官의 顧氏로 태어났다. 소흥 18년에 경산이 진헐청료 문하에 들어와서 대오하였고, 진헐이 숭선현효선사로 옮겼을 때 그곳에 따라가서 교화를 도왔다. 죽통이 숭선현효선사의 주지가 되었을 때 두 차례 자녕태후한테 초빙되어 설법을 하였고, 法衣를 받았으며, 매년 一道의 恩牒이 하사되었다.[19]

진헐의 법사로는 「탑명」과 『가태보등록』 권13에 의거하여 정리하면,

---

19) 曹勛(1098~1174)의 『松隱集』 권30에 「崇先顯孝禪院記」가 현존하지만, 개산조인 진헐청료에 대한 언급이 없는 것은 진헐의 주지생활이 너무나 단기간에 불과했기 때문이다.

(1)眞州 長蘆 妙覺慧悟, (2)明州 雪竇 大休宗珏(1091~1162), (3)建康府 移忠 報慈傳卿, (4)臨安府 崇先顯孝德(得)朋(?~1167), (5)福州 龜山義初, (6)建康府 保寧興譽, (7)眞州 北山法通, (8)溫州 鴈山 能仁壽崇(崇壽), (9)潭州 上藍祖卿, (10)溫州 龍翔道暉, (11)溫州 幽巖了諒, (12)州 壽山德初, (13)福州 神光道新 등의 이름이 보인다. 傳卿과 祖卿은 동일인일지도 모른다. 진헐은 출세하여 30년 동안 여섯 곳에서 교화를 하였는데, 여섯 곳이란 長蘆·雪峰·育王·龍翔·徑山·崇先으로 선화 5년(1123)에 장로에서 개당한 것으로부터 29년 동안 교화한 셈이 된다.

진헐이 소흥 21년에 64세로 시적했을 때, 대혜는 그 前年에 流罪 지역을 衡州에서 梅州로 옮겨졌는데, 풍토병으로 많은 제자를 잃고 가장 비참한 고통을 견디고 있었다. 그때 진회는 재상의 지위에 있었다. 진회가 소흥 25년 10월 22일에 66세로 죽자, 18년 동안에 걸친 그의 재상시절의 정치도 크게 변화를 보이게 되었다. 대혜의 復僧도 이것과 무관하지 않지만, 그간의 사정은 뒤에 굉지와 관련하여 고찰하기로 한다.

진헐의 어록은 두 가지가 세상에 유행했었다고 「탑명」에서는 말한다. 하나는 『劫外錄』이고, 다른 하나는 현존하지 않지만 『一掌錄』이었다. 『겁외록』은 建炎 2년(1128) 6월에 장로를 물러난 41세 이전까지의 기록이다. 그것의 간행에 대해서는 이하에서 서술하겠지만 그에 의하면 소흥 2년(1132)으로 한정된다. 『일장록』은 건염 4년부터 소흥 5년까지 43세부터 48세인 설봉의 주지를 지내는 도중으로 소흥 4년 2월 이전의 기록으로서 『속간고존숙어요』가 그것의 발췌임이 확인되었다.[20] 두 가지 모두 대혜가 묵조사선이라고 공격하기 시작한 소흥 4년 하안거 이후보

---

20) 졸고, 「大慧宗杲와 그 제자들(8)」 및 「宋代禪籍逸書序跋考」에서 지적해 두었다.

다 그 이전에 간행된 것임을 확인할 수 있다는 것은 대혜가 가한 묵조선 비판을 고찰하는 데 대단히 중요한 점이다.

中橋居士 吳敏(1089~1132)은 「眞州長蘆了禪師劫外錄序」에서 다음과 같이 말하고 있다.

> 장로의 청료선사는 부용도해의 法孫이고 단하자순의 法子이다. 鉢盂峯에서 법을 얻었는데 얻음이 없는 것으로써 얻었다. 一葦江邊에서 법을 설하였는데 설함이 없는 것으로써 설하였다. 구름처럼 가고 물처럼 머무르니, 법을 묻는 사람이 항상 천칠백 명이었는데 들음이 없이 들었다. 나 오민이 일찍이 그 조실에 들어간 적이 있었는데 돌연히 멍한 느낌이었다. 마치 溫伯雪子가 말을 잊은 것과 같았고, 淨名居士가 침묵한 것과 같아서 내가 알아차릴 수가 없었다. 텅 빈 산이 아름다운 옥을 품고 있는 것과 같고, 은하가 가을날의 달과 섞여 있는 듯한 모습을 관찰할 수 있었다. 그래서 그것을 보려고 해도 볼 수가 없고, 그것을 말하려고 해도 말할 수가 없었다. 항상 승당 앞의 풀이 짙어 가는 것을 돌아보고, 승당 문 밖의 신발이 가득함을 사랑하였다. 이에 만금의 양약으로 창자를 씻어내고 뼈를 바꾸는 것과 같았다. 그리하여 잠깐 동안에 병자가 일어나 달리고, 사람들이 輕安하여 일찍이 병에 걸린 적이 없는 것과 같았다. 또한 우레가 쳐서 비가 내리고 초목이 싹을 틔우더니 언제인가 싶게 하늘이 맑아서 구름의 흔적도 없으며, 하늘은 맑고 만물은 봄을 맞으니 비가 더 이상 쓸모가 없는 듯하였다. 비록 그렇지만 어찌 그것뿐이겠는가. 나무닭은 서리가 내리니 홰를 치며 울고, 돌호랑이는 구름이 끼니 울부짖으며, 새가 울지만 산은 그윽하고, 매미가 떠들썩하지만 숲은 고요하다. 세상에서 쇠뿔을 보고 소인 줄 알고, 말 울음 소리를 듣고 말인 줄 아는 사람이라면 부디 그러한 경지가 되어야 한다. 선사의 법어는 무릇 上堂·法要·偈頌·機緣 등 약간으로 편집되었다.

中橋居士 吳敏이 「서문」에 붙이다.[21]

그 저술의 명칭에서 볼 수 있듯이 진헐의 종풍은 '劫外'라고 말해도 좋을 것이다. 이것은 송대 조동종이 표방하고 전승해 온 종풍이기도 하다. 겁외의 종풍이란 세계가 성립되기 이전, 분별의식이 발생되기 이전을 곧바로 이해하는 것이다.『겁외록』에 드러난 대표적인 설명을 소개해 보면, 선화 5년(1123) 진헐이 36세 때 쓴 것으로서 장로산에서 교화가 가장 왕성했을 때의「宣和癸卯宴坐自讚」이 좋은 자료가 된다.

선화 계묘년에 연좌하는 초상화에다 자찬을 붙이다

그대는 삼십육 년 동안 소란만 피우다
이 육체에 돌연히 들어앉게 되었는데
일천칠백 명이나 되는 모든 납자들이
그대한테 다들 완전히 속고 말았다네
지금 혓바닥 끝을 싹뚝 잘라내 버리면
바로 대천세계가 다 무너지고 만다네

---

21) "眞州長蘆了禪師劫外錄序. 長蘆了禪師, 芙蓉之孫, 丹霞之子也. 得法於鉢盂峯上, 以無所得而得. 說法於一葦江邊, 以無所說而說. 雲行水止, 從而問法者, 常千七百人, 以無所聞而聞. 予嘗造其室, 窅然空然. 溫伯雪子之忘言, 淨名居士之杜口. 予莫能知也. 觀其抱美玉於空山, 混銀河之秋月. 視之不見, 言之莫及. 時時顧堂上之草深, 憐戶外之履滿. 於是萬金良藥, 湔腸易骨. 斯須之間, 病者起走, 人人輕安, 得未嘗病. 又如雷雨既作, 草木萌動, 頃刻霽止了無痕痕, 天清物春雨已無用. 雖然 豈直如是而已. 木鷄啼霜, 石虎嘯雲, 鳥鳴山幽, 蟬噪林寂. 世有望角知牛, 聞嘶知馬者, 其庶幾歷其藩乎. 師語蓋上堂法要偈頌機緣凡若干篇. 中橋居士 吳敏序."(駒澤大學圖書館所藏, 寬永七年(1630) 刊本『眞州長蘆了和尙劫外錄』, 1丁右左) 面山瑞方이 明和 4년(1767)에 「서문」을 붙여서 간행한 『劫外錄』(『續藏』의 저본)에 이 「서문」이 "紹興二十八年正月旦"이라고 찬술된 것처럼 연호가 붙어 있는데, 面山瑞方이 진헐의 시적 연도를 통하여 억측했던 설로서 이는 완전한 오류이다. 岸澤文庫에는 明曆 3년(1657) 간본의 『眞州長蘆了和尙劫外錄』 및 元龜 2년(1571)에 貫之梵鶴이 찬술한 『眞州長蘆了禪師劫外錄』이 있는데, 거기에도 吳敏序의 年號는 없다.

> 겁외인은 아득하여 날 밝기 전이므로
> 실체 없는 사람을 오색치장하지 말라[22]

'宴坐'하고 있는 모습의 頂相에 찬을 붙이고 있음에 주목해야 한다. 겁외의 종풍을 이해하는 단적인 존재방식이 바로 그 연좌이다. 『겁외록』은 상당·법요·게송·기연의 네 가지로 분류하여 편집되어 있다고 「서문」에서 말하고 있다. 현재 알려져 있는 『겁외록』과 그 抄는 上堂·法要·機緣·偈頌·頌古·自讚·宏智의 銘(혹은 탑명)으로 구성되어 있다. 「서문」을 쓴 吳敏은 字가 元中인데, 眞州 출신의 재상이다. 소흥 2년 11월 27일에 죽었기 때문에,[23] 「서문」은 그 이후는 아닐 것이다. 근년에 굉지의 법사 가운데 한 사람인 衢州 烏巨山 乾明禪院에 주석했던 正光은 오민의 아우인 吳叙라는 사실이 밝혀졌다.[24] 오민은 李綱(1083~1140)을 추천하여 金軍이 대거 남하하자 그 대책으로서 徽宗의 퇴위와 欽宗의 옹립을 획책했던 사람이다. 그리고 이망은 主戰論者로 알려져 있는데 남송에서 高宗이 즉위하자 곧 재상이 된 인물이다.

진헐의 어록 가운데 하나였던 『一掌錄』은 그 이망이 「서문」을 붙였는데, 『梁谿全集』 권137에 수록되어 있다.

---

22) "宣和癸卯宴坐自讚. 三十六年作怪, 撞入者箇皮袋. 一千七百衲僧, 被你熱瞞式煞. 如今坐斷舌頭, 直下大千俱壞. 劫外迢迢曉未萠, 莫把虛空糚五彩."
23) 『建炎以來繫年要綠』 권60, 12丁左(中文出版社, 1983년 3월).
24) 佐藤秀孝, 「宏智禪師의 晩年의 행실에 대하여」(『曹洞宗研究紀要』 제16호, 1984년 8월) 吳敏이 죽자 祖母인 韓氏는 출가했던 吳敏의 아우 吳叙에게 벼슬에 나아갈 것을 원하여 소흥 3년 6월 16일에 벼슬에 나가는 것을 허락받았지만 세속으로 돌아가는 것을 희망한 것은 아니었다. 또한 『儀徵縣志』 권20 및 『揚州府志』 권29에 의하면, 儀徵縣의 北山에 있는 崇因永慶寺는 靖康 원년(1126)에 재상이 되었던 吳敏이 功德院으로 삼았던 사찰로서 北山寺라고도 불렸고, 진헐 청료의 법사인 法通이 개산조로 초빙되었지만 북산사는 곧 전란으로 인하여 城內로 옮겼는데, 元의 大德 연간(1297~1307)에 본래의 자리로 옮겨지고, 또 吳敏의 묘지도 존재했었다고 전해진다.

설봉 진헐청료선사의 일장록에 붙이는 서문

달마로부터 유통된 정법안장은 한 등불이 백천 등불로 나뉜 것과 같아서 마음으로써 마음에 전승되었다. 법에는 남종과 북종이 없으므로 사람의 근기에는 차별이 있을지라도 그것이 돌아가는 곳은 하나이다. 설봉의 청료선사는 단하자순에게서 법을 얻었고, 단하자순은 법을 부용도해에게서 얻어서 조동의 종지를 전승하였다. 그 문풍은 높이 솟아서 천 길 벼랑처럼 아득하니 시설된 가르침도 모두 상근기에 대한 것으로 중하근기가 헤아릴 수 있는 것이 아니다. 청료공은 스스로 眞歇이라는 호를 사용하였다. 청료는 옛적에는 장로산에서 법을 펼쳤는데, 지금은 설봉산에서 그 법석을 열었다. 납자들이 운집하여 선사를 따르는 사람이 항상 천오백여 명이었다. 그처럼 총림이 왕성한 적은 일찍이 없었다. 근기에 따라서 가르침을 내려 주고, 병에 따라서 약 처방을 시설하였다. 훌륭한 선지식의 가르침의 수단이 있어서 진실로 良醫의 藥石이었다. 한 마디 한 구절이 모두 공겁중의 안목을 지시한 것으로서 임시방편이 아니었다. 그 문도들이 기연의 어구를 모아서 一掌錄으로 만들었는데, 처음에 터득한 법이 一掌을 말미암은 까닭이었다. 집록이 완성되자 梁谿 및 病叟에게 보였는데, 病叟가 찬탄하여 게송으로 설했다.

　　　　제일 게송
진헐은 한 손으로 뺨을 얻어맞았고
대우는 옆구리를 세 번 얻어맞았네
종풍이 암묵적으로 계합되고부터는
종횡의 전도조차도 다 선이 되었네

　　　　제이 게송
正令이 잘 실행되는 상상의 근기여
여기에 모인 납자는 의심하지 말라

제3절 芙蓉道楷의 三賢孫　351

곧장 포효하여 야간의 뇌 분쇄해야
비로소 금모사자 새끼라 할만 하네

게송을 설하여 마치고는 그 일장록에 수록하였다. 그 법어를 쓴 것으로 인하여 편찬된 책의 머리에 제목으로 삼았다고 한다.
　　소흥 4년 세차는 갑인년(1134) 2월 초하루에 서문을 쓰다.[25]

『일장록』은 현존하지 않지만 『속간고존숙어요』의 地集이 그 발췌에 해당한다는 것은 위에서도 언급한 적이 있다. 一掌은 대오의 기연이었는데, 『가태보등록』 권9에 수록된 진헐의 다음과 같은 상당법어에서도 스스로 말하고 있다.

> 상당하여 말했다. "나는 先師(단하자순)의 一掌을 경험하고서 그 동안의 사소한 기량이 모두 없어졌다. 그래서 입을 열고 말하는 곳에서 추구하려는 것도 불가능하게 되었다. 지금 이처럼 유쾌한데 그것에 철저하지 못할 사람이 있겠는가. 만약 재갈을 물고 안장을 짊어진 경우가 아니라면 각자의 형편에 따라야 한다."[26]

技倆은 有所得 또는 有所悟로 작용하는 수단을 말한다. 言說과 棒

---

25) "雪峰眞歇了禪師一掌錄序. 自達磨流通正法眼藏, 如一燈分百千燈, 以心傳心. 雖法無南北而機有差別, 其歸一也. 雪峰了禪師, 得法于丹霞淳, 淳得法于芙蓉楷, 傳曹洞宗旨. 門風孤峻, 壁立千仞, 有所施設, 皆被上機, 非中下根器所能窺測. 了公自號眞歇. 了昔法演于長蘆. 今開席于雪峰. 學徒雲集從之者, 常千五百餘衆. 叢林之盛, 所未曾有. 隨機提令, 應病施方. 有作者之鈐鎚, 眞良醫之藥石. 一言一句, 皆示空劫中眼目, 非苟然也. 其徒集機緣語句, 爲一掌錄, 以初得法由一掌故. 錄成以示梁谿・病叟. 病叟讚歎爲說偈言. 其一曰, 眞歇頰邊遭一掌, 大愚脇下築三拳, 自從墨契宗風後, 顚倒縱橫總是禪. 其二曰, 正令全提上上機, 學人到此莫驚疑, 直須吼裂野子腦, 始是金毛獅子兒. 說偈畢以其錄歸之. 因書其語置篇首云. 紹興四年歲次甲寅二月朔序."(靜嘉堂文庫所藏本, 11丁右-12丁右).
26) "上堂曰, 我於先師一掌*下, 伎倆俱盡. 覓箇開口處不可得. 如今還有恁麼快活不徹底漢麼. 若無銜鐵負鞍, 各自著便."(續藏 2-乙10-1〈통권137〉-75左下) *掌이 靜嘉堂文庫所藏本에는 作이지만, 宮內廳書陵部所藏 五山版에 의하여 교정한다.

喝을 弄하지 않는 조동의 종풍이 단하자순의 一掌을 경험함으로써 체득되어 기량이 더 이상 불필요하게 되었다. '겁외'와 '일장'의 어록이라는 명칭이 진헐의 종풍을 잘 드러내 주고 있다. 自號인 '眞歇'과 '寂庵'은 같은 뜻이다. 그의 시호인 '悟空'과 탑호인 '靜照'도 眞歇이라는 이름에 어울리는 말이다.

진헐에게는 『信心銘拈古』의 저술도 남아 있다. 거기에 붙어 있는 義遠의 「발문」은 다음과 같다.

> 소흥 연간(1131~1162)에 대혜종고는 오조 법연의 선법의 정통성을 주장하여 묵조의 선풍을 비방하였다. 진헐청료가 이 『신심명염고』를 쓴 것은 대혜의 실중에 들어가서 그 무기를 탈취하고 그 방패를 공격한 것과 같았다. 『신심명염고』를 읽어 보면 그것을 알 수 있을 것이다. 義遠이 경건하게 발문을 붙이다.[27]

진헐의 『신심명염고』가 대혜의 묵조선 비판에 대응하여 찬술된 것인지 아닌지는 알 수가 없다. 그러나 대혜가 대성시킨 간화선과 비교하면 그 종풍이 크게 다르다는 것은 확실하다. 대혜가 黙照邪禪이라고 공격했던 妙悟를 부정한 사람은 진헐이었지만, 굉지는 진헐의 종풍을 서술하여 「탑명」에서 '깨침으로써 법칙을 삼는다. 오직 깨침으로만 상응한다.'[28]고 서술하고 있다. 이것은 대혜 측에서 진헐에 가한 공격의 선봉

---

27) "當紹興間, 妙喜正統東山, 詆訾默照. 寂菴是擧, 可謂, 入其室, 操其戈, 取其矛, 擊其盾. 覽者當自得之. 義遠敬跋."(續藏 2-29-3 〈통권124〉-328右上) 여기에서 如淨門下인 無外義遠이 이것을 포함시켜서 간화선과 묵조선의 문제를 취급한 논문으로 古田紹欽,「公案의 역사적 발전형태에서 진리성의 문제」(宮本正尊 編, 『佛教의 根本眞理』수록, 三省, 1956년 11월) ; 武田忠,「大慧의 黙照禪批判과 曹洞禪」(『東北福祉大學論叢』제6권, 1966년 3월) ; 佐藤秀孝,「無外義遠의 활동과 그 선풍」(『曹洞宗學研究紀要』제17호, 1986년 2월) 등이 있다.
28) [역주] 『眞歇清了禪師語錄』「崇先眞歇了禪師塔銘」(卍續藏71, 778下) "以悟為則 惟證相應."

을 꺾으려는 것을 겨냥한 것인지 혹은 굉지가 진헐의 종풍이 초기의 것으로부터 변화했음을 주장한 것인지 상세하게 말할 수는 없겠지만, 진헐의 선을 고려해 볼 때 진헐과 대혜 사이의 관계를 떠나서는 말할 수 없다는 것만은 확실하다.

    이리하여 부용도해의 삼현손은 호북성으로부터 절강성과 복건성까지 조동선을 발전시켰을 때 새로운 간화선과 대결하는 국면에 놓이게 되었다.

제4절 鹿門自覺派의 변천 －北傳曹洞宗－

단하자순파의 南傳曹洞宗은 道元이 수입하면서부터 일본에서 큰 세력을 지닌 일본조동종으로 발전했지만, 중국에서는 그 흐름이 元代에 단절되어 버렸다. 道元派 이외에 일본에 전승된 조동종으로는 宏智派의 東明慧日(1272~1340)과 東陵永璵(1285~1365)의 두 派도 있지만 큰 교단으로 형성된 것은 아니다. 중국에서 전승된 조동종은 芙蓉道楷-鹿門自覺-靑州希弁-大明寶-王山體-雪巖滿으로 相承되었고, 그 설암 문하에서 萬松行秀(1166~1246)가 출현하여 북지에서 조동종 발전의 기초가 구축되었다. 이 조동종을 北傳曹洞宗이라 부르기로 한다.[1]

북전조동종은 鹿門自覺을 天童如淨의 법사로 간주하는 설도 출현하여 후에 그 계보에 혼란을 초래하지만, 여기에서는 북송대 부용도해 문하의 활동 가운데서 북전조동종에 대한 계보의 확인을 중심으로 녹문자각파에 대하여 간단하게 서술해 보려고 한다. 北地는 정복왕조인 遼·金·元의 근거지로서, 그 지역의 불교에 대해서는 달리 새롭게 고찰할 필요가 있다.

부용도해의 법사로서 『속등록』과 『가태보등록』에서는 녹문자각이라는 명칭은 보이지 않는다. 『가태보등록』 권5에서 동경의 淨因自覺을 수록하고 있는데, 다음과 같은 행장을 볼 수가 있다.

동경의 淨因自覺선사는 靑州 출신으로 속성은 王氏이다. 어려서는 儒

---
1) 長谷部好一,「洞門의 동향과 그 系譜-芙蓉楷下에 대하여-」(『印佛硏』제18권 제1호, 1969년 12월)에 鹿門自覺派의 동향이 정리되어 있다.

業을 공부하였다. 司馬溫公에게 발탁되어 그 문하에 10년 동안 머물렀는데, 고상하게 섬기면서 마음에 공명심이 없었다. 어느 날 낙발을 하고 부용을 따라서 유행하였는데, 선법의 실천은 정밀하였고 契悟함은 超絶하였다. 숭녕 4년(1105)에 대승산에 나아가 출세하였다. 휘종 황제가 그 명성을 듣고 조칙을 내려서 淨因禪院에 주석토록 하였다.[2]

정인자각의 만년에 대해서는 기록이 보이지 않는데, 녹문자각과 동일인이라는 설에 대해서는 이 자료에서는 적극적으로는 말하고 있지 않다.

그럼에도 불구하고 甘泉山 普濟寺의 行通(1097~1165)의 「塔記」에는 행통이 靑州希弁의 법을 이어서 "洞宗의 제11세가 되었다."[자료 16]라는 기록이 보인다. 더욱이 그 「탑기」에는 청주희변의 행장이 간단하게 언급되어 있는데, 다음과 같다.

> 동산의 雲孫인 弁公은 우선 녹문자각에게 참문하여 '洞上宗을 再來시킨 인물'로 인정받았다. 이어서 부용호의 道楷老人에게 사사하였다. [자료 16]

이 「탑기」는 大定 5년(1165) 8월 15일에 기록된 것인데, 거기에 녹문자각의 존재가 확실하게 드러나 있다. 천동여정이 아직 4살이었을 때 그 법사가 활약했을 리는 없다. 洞宗의 제11세란 洞山良价 제1세-雲居道膺 제2세-同安道丕 제3세-同安觀志 제4세-梁山緣觀 제5세-大陽警玄 제6세-投子義靑 제7세-芙蓉道楷 제8세-鹿門自覺 제9세-靑州希弁 제10세로 상승되어, 행통이 제11세라는 것은 확실하다.

---

2) "東京淨因自覺禪師, 靑州人. 族王氏. 幼以儒業. 見知於司馬溫公, 留門下十餘年, 事高尙而無意功名. 一旦落髮, 從芙蓉游, 履踐精密, 契悟超絶. 崇寧四年, 出住大乘. 徽宗皇帝, 聞其名, 詔居淨因."(續藏 2乙-10-1〈통권137〉-54右上).

그런데 부용도해의 법사로서 襄州 鹿門山에서 주지를 지냈던 사람으로 傳照法燈이 있다. 이 인물에 대해서는 각범덕홍이 찬술한 『石門文字禪』 권29에 수록되어 있는 「탑명」이 존재한다. 더욱이 1984년 9월 9일에 녹문산을 방문했을 때 우연히 다음과 같은 「탑명」을 발견할 수가 있었다.

宋故襄陽 녹문산 제2대 법등선사 탑기

선사의 휘는 法燈이고, 속성은 王氏이며, 成都 華陽 출신이다. 承天院의 圓明大師에게 나아가 은사로 삼았다. 23세 때 낙발하고 구족계를 받았다. 元符 연간(1098~1100)에 蜀을 떠났다. 일찍이 夾山齡 선사에게 도를 물었고, 후에 동경 천녕사의 도해선사의 법을 이었다. 大觀 3년(1109)에 淄守인 李擴이 선사의 慈慕함을 듣고 太平興國禪院의 주지로 청하였다. 운수납자가 폭주하여 승당을 건립하자 찬연하게 일신되었다. 사방의 명산대찰로부터 수천 리를 멀다 하지 않고 사람을 보내서 초청하였지만 선사는 돌아보지 않았다. 안휘성 當塗의 貴公卿들로서 服膺하지 않는 사람이 없었다. 몇십 년만에 法道가 크게 진작되었다. 정화 7년(1117) 3월에 聖旨를 받들어 襄陽 鹿門山의 政和萬壽禪寺에 주석하였다. 당시에 蒲陽公이 정무를 맡고 있었는데, 선사의 기특함을 보고 조정에 추천하여 성지를 얻어서 杭州 臨平의 崇寧萬壽禪院에 주석토록 하였는데 襄陽의 사람들이 첩지를 내던지고 論訴를 하자, 이에 다시 성지를 얻어서 녹문산에 주석토록 하였다. 이로써 선종의 가르침을 널리 펼치자 10년 만에 대중이 오백 명을 넘었다. 이에 큰 승당을 지었는데 큰 건물의 내외에 수백 명이 가득하였다. 건염 원년 정미년(1127) 5월 13일에 시적하였다. 세수가 53세이고, 법랍이 30세였다. 녹문산의 서쪽이고 한수의 동쪽인 곳에다 塔葬하였다. 문하에 제자로는 明顯 등 70명이었다. 선사는 도덕이 뛰어났고 널리 베풀었으며 중생을 제도하고 대중을 거느렸다. 기이한 事蹟

은 「別記」에 수록되어 있다. 이로써 간략하게 세간에 머물렀던 시말을 서술하여 말한다.
건염 원년 5월일에 監寺 了思가 입석하다.[3]

이 「탑기」에서 주목해야 할 것은 법등이 '녹문의 제2대'라는 점이다. 그렇다면 제1대는 도대체 누구일까. 덕홍이 찬술한 법등의 「탑명」에는 더욱더 주목해야 할 기록이 남아 있다. 정화 7년에 법등이 녹문산의 정화만수선사의 주지생활에 대하여 기록한 뒷부분에는 다음과 같은 내용이 있다.

> 초기에 惠定禪師自覺이 녹문사를 律寺로부터 禪寺로 바꿨다. 그 개창은 미완성으로 끝난 채 자각선사가 시적하였다. 개미와 벌들이 모여들었던 이전의 황폐한 건물은 10분의 7 정도가 남아 있었다. 법등은 이러한 건물을 모두 새롭게 중건하였다. (중략) 시적한 이후에 법등은 건염 원년 5월 22일에 그 全身이 산 입구의 別園에 있는 惠定塔의 동쪽에 탑이 건립되고 안장되었다. [자료 8]

---

3) 鹿門寺林場 場長 申家玉氏에게 분명하지 않은 문자에 대하여 현지에서 조회하여 그 답변으로 전해 받은 것이다. 이 자리를 빌어서 감사의 뜻을 전한다. "宋故襄陽鹿門第二代燈禪師塔記. 禪師諱法燈, 俗姓王氏. 成都華陽人也. 投承天院圓明大師爲師. 年二十五〈三?〉, 落髮受具. 元符間, 出蜀. 嘗問道於夾山齡禪師, 後嗣法東京天寧楷禪師. 大觀三年, 淄守李擴, 聞師慈慕, 請住太平興國禪院. 雲衲輻輳, 營建崇宇, 煥然一新. 四方名山巨刹, 不遠數千里, 遣使禮請, 師弗顧也. 當塗貴公卿, 莫不服膺焉. 將幾十載, 法道大振. 於政和七年三月內, 奉聖旨, 住襄陽鹿門政和萬壽禪寺. 時浦陽公秉政, 見 師大奇之. 薦於朝, 獲旨住杭州臨平崇寧萬壽禪院. 襄人遂投牒論訴, 復得旨住鹿門. 敷揚宗敎, 經歷十載, 象盈五百. 營創宏堂, 大廈內外, 幾數百楹. 於建炎元年 丁未五月十三日, 去化. 閱世五十三, 僧臘三十夏. 塔葬於鹿門之西, 漢水之東, 門弟子明顯等七十人. 師之道德, 高才博施, 濟物統衆. 異事具載別記. 姑略叙寓世始末云. 建炎元年五月日. 監寺了思立石." '*' 부분은 선명하지 않다. 누구의 찬술인지, 그리고 『別記』가 무엇을 가리키는지는 분명하지 않다. 王彬이 찬술한 道楷의 「탑명」에서 말하는 "鹿門法燈禪師塔"과 어떤 관계인가 하는 것도 명확하지 않다.

제1대는 녹문자각이었음을 알 수가 있다. 자각은 惠定律師라는 號를 받았기 때문에 그 경력은 당시에 화려했었음에 틀림없다. 그 녹문자각의 제자로 간주되는 인물의 기록이 같은 『석문문자선』 권30의 「祭鹿門 燈禪師文」에 보인다.

> 대저 皇宋 건염 원년(1127) 정미년 5월 경인월 朔 20일에 특별히 復僧을 베풀었다. 제가 삼가 차와 과일로 제사를 지내면서 감히 분명하게 法燈公선사의 영전에 고합니다. 명안대사 경현의 종풍은 부처님의 수명을 계승하였는데 몇 차례나 단절되었다가 존속되어 법등선사에 이르러 크게 진작되었습니다. 부용도해가 동쪽으로 가자 그를 따라서 磻陽에 이르렀는데, 그것은 마치 도오원지에게 석상경제가 있는 것과 같았습니다. 定惠禪師가 이미 천화한 후에는 녹문에 주석하였는데, 그것은 마치 청림사건이 신풍의 동산을 계승한 것과 같습니다.[4]

녹문자각의 賜號가 定惠인지는 분명하지 않지만, 녹문법등이 청림사건에 비유되고 있는 것은 무엇을 의미하는 것일까. 청림사건은 제2장 제4절에서 살펴보았듯이 동산 곧 신풍의 제3세이다. 동산의 제2세는 中山道全이다. 도전과 사건은 모두 동산양개의 법사이다. 사형사제에 해당하는 사건이 도전의 後席을 계승하고 있듯이, 마찬가지로 부용도해의 법등이 자각의 주지를 계승하여 녹문산에서 주석했음을 의미하는 것이라고 말할 수가 있다.

녹문자각이 부용도해의 법사로서 존재했었지만, 당시의 자료인 行通의 「탑명」과 『석문문자선』에 의하여 확인할 수가 있었다. 그렇다면 淨因

---

4) "維皇宋建炎元年歲次丁未五月庚寅朔二十日, 特叙復僧. 某謹以茗果之奠, 敢昭告于燈公禪師之靈. 明安宗風, 續佛壽命. 幾絶而存, 至師大振. 芙蓉東去, 隨至磻陽, 如道吾智而有石霜. 定惠旣化, 遷住鹿門, 如靑林虔而繼新豊."(四部叢刊本 -19丁左).

제4절 鹿門自覺派의 변천 -北傳曹洞宗-

自覺과 鹿門自覺은 별개의 인물일까. 동일인임을 보여 주는 적극적인 자료는 송대에는 알려져 있지 않다. 그러나 『가태보등록』의 정인자각의 전기와 지금 서술해 본 녹문자각의 전기는 동일인이라고 보아도 무리는 아닐 것이다.

녹문자각의 시적은 법등의 전기에서 고찰해 보면 정화 7년(1117) 3월 이전으로 추측된다. 부용도해가 시적한 것은 정화 8년 5월 14일이다. 청주희변은 행통의 「탑기」의 기록에 보이듯이 녹문자각에게 참문하였고, 이어서 부용도해에게도 사사하였지만, 녹문자각의 문하를 떠난 이유는 자각의 시적에 의거한 것으로 보인다.

자각이 정인사에서 주지를 지낸 것은 唐州 大乘山 普嚴禪院에 숭녕 4년(1105)에 주석한 이후에 해당한다. 枯木法成은 정화 2년(1112)에 정인선원에 주석하였고, 선화 원년(1119) 이전에 大潙山密印寺로 옮길 때까지 주지를 하고 있었음이 알려져 있다.[5] 때문에 자각이 정인사에서 주지를 지낸 것은 정화 2년 이전으로 간주된다.

위에서 서술했듯이 법등의 전기로부터 고찰해 보면 자각이 녹문사에 주석한 것은 정화 7년 3월 이전이므로 정인사에 주석하고 있던 자각이 녹문사로 옮겼다고 보는 것이 자연스럽다. 선사의 號를 받을 정도였던 부용 문하의 녹문자각이 『가태보등록』에 기록되지 않을 리는 없었을 것이므로 정인자각의 만년의 행장이야말로 녹문사 제1세로서의 활약이 있었던 것으로 보인다.

기연의 어구에 문제점은 남아 있지만, 위에서 추측했던 것과 거의 동일한 행장을 수록하고 있는 전기가 『佛祖正宗道影』 권3의 녹문자각의

---

5) 졸고, 「大潙山의 中興에 대하여-조동종과 접점을 고려하여-」(『中國佛蹟見聞記』 제5집 수록, 中國佛教事蹟參觀團事務局, 1984년 8월 및 [자료 7] 참조).

대목에 존재한다. 자각의 법사인 普照希弁의 전기를 비롯하여 대부분의 전기는 신용해도 좋다고 말하는 것이 결론이다. 다만『불조정종도영』4권은 光緖 6년(1880)에 守一空成이 重編한 것이므로 그것이 기초한 자료의 신뢰성이 결여된 까닭에 이상과 같이 복잡한 논증이 된 것이다.

각설하고,『불조정종도영』권3의 녹문자각 및 청주희변의 전기를 소개함으로써 두 사람의 전기를 정리하기로 한다.

제46세 녹문자각선사

선사는 靑州에서 王氏로 태어났다. 젊어서 유학을 배웠고, 司馬溫公에게서 가르침을 받았다. 소성 연간(1094~1098)에 부용 밑에서 낙발하였다.

선사가 물었다. "胡家의 노래는 五音에 떨어지지 않고, 음운은 푸른 하늘을 벗어나 있습니다. 화상께 청하건대 그런 노래를 불러 주십시오." 부용이 말했다. "나무 닭은 한밤중에 울고, 무쇠 봉은 새벽에 울부짖는다." 선사가 말했다. "그렇다면 한마디의 노래는 천고의 음운을 머금고, 승당에 가득한 운수납자들이 모두 知音이 됩니다." 부용이 말했다. "혓바닥 없는 아이가 화답가를 부른다." 선사가 말했다. "참으로 본분작가의 종사로서 인천의 안목이십니다." 부용이 말했다. "두 겹의 입술을 함부로 놀리지 말라." 이에 선사가 契悟하자, 부용이 인가하였다.

숭녕 연간(1102~1106)에 조칙을 받고 정인선원에 주석하였다. 정화 5년(1115)에 녹문으로 옮겼고, 정화 7년(1117) 2월에 말후구를 하여 시중설법을 하고 시적하였다. 다비를 하여 사리를 수습하였는데 콩알과 같았다. 청주에서 장례를 지내고 입탑하는 날에 꽃이 비내리는 듯한 감응을 보였다.[6]

---

6) "四十六世鹿門自覺禪師. 師生靑州王氏. 少業儒, 受知司馬溫公. 紹聖間, 從芙蓉落髮. 師問, 胡家曲子, 不墮五音. 韻出靑霄. 請師吹唱. 蓉曰, 木雞啼子夜, 鐵鳳

자각은 산동성 청주의 왕 씨로 태어났다. 어려서 유학을 배웠다. 司馬光(1019~1086) 문하에서 10년 동안 머물렀지만, 속세의 일을 원하지 않고, 명예를 추구하지 않았다.

소성 연간에 부용도해 문하에 출가하였다. 도해는 소성 연간에는 호북성 郢州 大陽山에서 주지를 하고 있었기 때문에 그곳을 참문했던 것으로 보인다. 혹은 도해가 낙양의 乾元寺와 招提寺에서 주지를 하고 있었기 때문에 이미 자각은 도해를 알고 있었는지도 모른다. 도해 문하에서 있었던 기연의 어구는 『속등록』 권26 부용도해 조에 어떤 한 승과 주고받은 문답으로 기록되어 있는 것을 보자면 반드시 녹문자각의 기연이라고만은 단정할 수가 없다.

도해는 숭녕 2년(1103)에 대양산으로부터 대홍산으로 옮겼다. 더욱이 그 이듬해에는 동경의 十方淨因寺에 주석하였다. 자각은 동경에는 도해를 따라가지 않은 것으로 간주되는데, 숭녕 4년에 하남성 唐州 大乘山 普嚴禪院에서 출세하게 된다. 보엄선원은 후에 단하자순 문하인 利昪이 주지를 지낸 곳이기도 하다.

도해는 大觀 원년(1107) 겨울에 시방정인사로부터 天寧萬壽寺로 옮겼다. 자각이 정인사로 옮긴 것은 도해의 後席을 계승하여 주지가 되었기 때문이다. 『불조정종도영』은 자각이 정인사의 주지를 숭녕 연간에 지낸 것으로 기록하고 있으므로 도해의 흔적을 계승한 것은 틀림없지만, 숭녕 연간에 대승산을 물러나서 정인사의 도해의 문하에 몸을 의탁하고 있었는지도 모른다. 정인사에 주석한 도해는 위에서 말한 것처럼 枯

叫天明. 師曰, 恁麼則一句曲含千古韻, 滿堂雲水盡知音. 曰, 無舌童兒能繼和. 師曰, 作家宗師, 人天眼目. 蓉曰, 禁取兩片皮, 師契悟. 蓉印可. 崇寧間, 詔住淨因. 政和五年, 遷鹿門. 政和七年二月, 擧末後句, 示衆而化. 灰燼舍利如菽. 葬青州. 入塔日, 感雨花之應."(『佛祖正宗道影』 권3, 光緖六年重刊本-32丁右).

木法成이 정화 2년(1112)에 그 後席을 계승할 때까지 그 사이에 주지를 맡고 있었던 것으로 간주된다. 다만 이미 여러 차례에 걸쳐서 지적했듯이, 도해가 천녕만수사의 주지를 초청받고서 紫衣와 賜號를 거절한 것은 도해를 淄州로 流罪하는 사건으로 발전되었다. 도해의 법사였던 자각이 그 사건과 무관하게 정인사에 계속 주석하고 있을 수는 없었던 것으로 보인다. 혹은 도해가 치주로 流罪되었을 때 자각도 도해를 따랐기 때문에 자각의 행장이 분명하지 않게 되었다고도 간주된다. 도해가 치주에서 流罪의 상황에 있었을 때 그를 따랐던 사람으로 鹿門法燈이 알려져 있다.

『불조정종도영』에서는 정화 5년에 자각이 녹문산으로 옮겼다고 기록하고 있다. 律寺로부터 禪寺로 바뀐 녹문산의 개창이 절반 정도도 이행되지 못하였는데, 시적했다는 기록으로 보자면 그 年號는 신용할 수 있는 것이 아닐까. 정화 7년 2월에 자각은 녹문산에서 시적하였다. 3월에 법등이 주지를 맡았다고 전하는 것은 「탑기」의 기록이다.

『불조정종도영』에 보이는 녹문자각의 전기는 청주희변이 찬술한 「탑지」에 기초한 것이라고 기록되어 있다. 이 「탑지」는 현존을 살펴볼 수가 없는 것이지만 이상에서 검토해 왔듯이 年號에 큰 착오를 보인 것은 아니다. 아울러 정인자각의 법사로서 東京 華嚴寺의 眞懿慧蘭과 亞松聖 등도 전해지고 있다.

다음으로 녹문자각의 법사인 청주희변에 대하여 살펴보기로 한다.

제47세 普炤希弁선사

선사는 홍주의 黃氏이다. 11세 때 아버지가 돌아가셨기 때문에 초상을 치르고 출가하였다. 18세 때 구족계를 받았다. 襄州鹿門에게 참문하였다.

녹문이 시중설법을 하였다. "온 대지가 곧 납자의 한 권의 경전이고, 온 천지가 곧 납자의 하나의 눈이다." 이에 선사가 물었다. "온 천지가 곧 납자의 하나의 눈이라는 것이 무엇입니까." 녹문이 말했다. "그대는 한 권의 경전에 꽉 막혀 있구나." 선사는 석연해졌다.

정화 5년(1115) 겨울에 선사는 눈 내리는 밤에 大事를 해결하였다. 아침이 되자 녹문이 인가를 하였다. 유행하기 위하여 녹문을 떠나 단하를 거쳐서 부용도해 선사에게 참례하였다. 선화 연간(1119~1125)에 출세하여 천녕사에 주석하였다. 室中法語로 백 가지 질문을 내세워서 납자를 감변하고 시험하였다. 이후 奉恩寺를 거쳐서 萬壽寺 · 仰山의 棲隱寺에 주석하였다. 金의 皇統 9년 기사년(1149)에 시적하였다. 탑을 仰山의 棲隱寺 및 陽台의 淸水院의 두 곳에 나누어 건립하였다. 세수가 69세인데, 宋 소흥 19년(1149)에 해당한다.[7]

희변[8]은 元豊 4년(1081)에 홍주에서 黃氏로 태어났다. 11세 때 아버지를 잃고, 그 후에 출가하여 元符 원년(1098) 18세 때 출가하여 구족계를 받았다.

정화 5년(1115)에 희변이 35세 때 녹문산에 주석하고 있던 자각에게 참문하였고, 그해 겨울에 일대사를 해결하였다. 다음날 날이 밝아서 녹

---

[7] "四十七世普炤希弁禪師. 師洪州黃姓. 年十一, 丁父憂, 服悉〈喪?〉出家. 十八, 具戒. 參襄州鹿門. 門përvec眾, 盡大地是學人一卷經, 盡乾坤是學人一隻眼. 師便問, 如何盡乾坤是學人一隻眼. 門曰, 汝被一卷經遮却也. 師釋然. 政化五年冬, 師雪夜發明大事. 拂旦門與印證. 尋離鹿門, 經丹霞, 禮芙蓉師翁. 宣和間, 出 住天寧. 室中立百問. 勘驗學者. 次奉恩, 住萬壽 · 仰山. 金皇統九年己巳, 示寂. 塔分仰山棲隱 · 陽台淸水院二處. 壽六十九. 當宋紹興十九年."(同-34丁右).
[8] 「長淸縣靈巖寺寶公禪師塔銘」 [자료 7]에도 諱는 希弁으로 기록되어 있다. 『五燈會元續略』 권1에서는 녹문자각을 天童如淨의 법사로 기록하여, 녹문자각의 법사에 靑州 普照寺一弁을 기재하고 있다. 靑州天寧寺와 靑州普照寺의 관계도 알 수가 없다. 희변의 전기는 長谷部幽蹊, 「『祖燈辨訛』 考釋(2)」(『禪硏究所紀要』 제14호, 1985년 12월)에 취급되어 있다.

문자각의 인가증명을 받고, 자각의 법사가 되었다. 자각은 희변에 대하여 洞上宗의 再來人으로 인정하여 기대를 걸었다. 자각은 정화 7년 2월에 시적하였기 때문에 희변은 그때까지 자각을 따랐던 것으로 보인다.

희변은 녹문산을 떠나서 단하산으로 향했다. 가령 사법한 후에 곧장 단하산을 찾아갔다고는 해도 당시의 주지는 단하자순이 아니었다. 자순은 정화 4년에는 단하산을 물러나 唐州 大乘山의 西庵으로 옮겨갔었다. 자순은 정화 5년 9월 25일부터 대승산에서 大洪山 保壽禪院의 초청을 받아 3년 동안 주지를 지내고, 정화 7년 3월 12일에 시적하였다. 자순 이후에 단하산에 주석한 사람은 사형사제지간이었던 禧誧였던 것으로 보인다. 그러나 희포도 정화 5년 9월 4일에 59세로 시적하였기 때문에 희변이 만난 사람이라고 한다면 그 이후에 주석했던 사람으로서 枯木法成의 법사인 普月로 간주된다.

어쨌든 당시 단하산은 부용도해의 계통에 의하여 유지되어 간 것으로 보인다. 희변은 단하산으로부터 산동성 부용호의 도해를 참문하였다. 그 도해도 정화 8년 5월 14일에 76세로 시적하였다.

선화 연간(1119~1125)이 되었을 때 희변은 청주의 천녕사에서 출세하였다. 그 기간에 室中에서 백 가지 질문을 내세워서 납자를 감변하였다. 『續藏』에 수록되어 있는 『青州百問』이 그 기록인데, 현존하는 것은 후대의 비평이 보입되어 있다.

遼나라는 마침내 선화 7년(1125)에 金나라에게 멸망되었고, 金이 燕都를 방비하게 되었다. 희변은 燕都의 奉恩寺·萬壽寺(華嚴寺)·仰山棲隱寺에 주석하였다. 사법제자 행통은 天會 연간(1123~1137)에 만수사의 희변에게 참문하였고, 靈巖寺玉은 天眷 3년(1140) 이후에 再住했던 만수사에서 희변에게 사사하여 대오하였다. 희변은 만년에 앙산서은사에 주석하였고, 행통은 앙산에서 대오하고 사법하였다. 희변은 皇統 6년에 再住했던 만수사로부터 앙산으로 물러났는데, 황통 9년에 69세로 앙산서은사에서 시적하였다. 『불조정종도영』에서는 仰山棲隱寺와 陽台淸水院의 두 곳에 탑을 건립했다고 전한다. 양태청수원과 희변에 대한 행장의 관계는 알 수가 없다.

이상과 같이 자각과 희변의 전기를 통하여 부용도해-녹문자각-청주희변의 법계가 확인되었는데, 이 법계에 의하여 북지에서 조동종이 전승되어 간 모습에 대하여 알 수가 있다. 여기에서 희변 문하는 확실히 북전조동종으로서 뿌리를 내리고 있었다.

청주희변의 제자에 大明寶(1114~1173)가 있다. 나아가서 대명보의 제자에 靈巖惠才가 있다. 모두 『金文最』 권56에 「長淸縣靈巖寺才公禪師塔銘」과 「長淸縣靈巖寺寶公禪師塔銘」이 남아 있지만 缺字가 있어서 의미가 분명하지 않는 대목이 많다. 먼저 혜재의 전기를 검토한 이후에 대명보에 대하여 언급해 보기로 한다.

혜재의 「탑명」을 찬술한 사람은 徐僕이고, 의뢰한 사람은 혜재의 법사인 靈巖廣方이다.

혜재는 하남성 歸德府 睢陽에서 韓氏로 태어났다. 10세 때 전란으로 부모와 형제를 잃고 조모와 숙부에게 양육되었다. 智昭의 문하에 들어가서 『上生經』·『肇論』·『法界觀』 등을 배웠고, 황통 2년(1142)에 智昭를 따라서 축발하고 구족계를 받았다. 어느 날 지소의 허가를 받고 심지를 구명하기 위하여 유행에 나섰다. 開封의 法雲和 및 單父의 普照通을 참문하였으며, 나아가서 산동성 및 하북성의 제선지식들에게 모두 참문하였다.

최후로 하북성 磁縣 磁州 大明寺로 寶를 참문하고 그 문하에서 服

膺하면서 더 이상 유행하지 않았다. 太師인 張浩의 청에 의하여 大明寶가 燕都의 앙산서은사로 옮겨가자, 혜재도 이에 따라갔다. 어느 날 開禪하는 종소리를 듣고 開悟하여 방장실에 나아갔지만, 증명을 받지 못하였다.

대명보가 앙산서은사를 물러나자, 그것을 계기로 하여 혜재는 멀리 유행을 하였다. 하북성 涿州의 範老·獻州의 欽老·保州의 明老·鎭府의 鍾老 등을 참문하였다. 주지를 맡아달라는 초청의 말을 듣고는 하남성 熊耳山으로 도피하였다. 이윽고 다시 滏陽의 대명보의 문하로 돌아와 本志를 따라서 대명보의 인가증명을 받았다.

대명보의 문하를 떠나서 산동성 東平 靈泉에 一室을 짓고 은거하였다. 출세한 사찰은 분명하지 않지만, 그 후에 大舟의 延慶寺 및 忻州의 普照寺 등에서 주지를 지냈고, 나아가서 靈巖寺에 주지로 주석하였다.[9] 주지를 하는 동안에 영암사의 옛 가람을 일신하였다. 만년에는 興化寺에 주석한 것으로 알려져 있다. 승랍이 47세로 알려져 있지만, 시적한 연도는 기록되어 있지 않다. 「탑명」의 의뢰는 大定 26년(1189)이고, 찬술된 것이 대정 27년 11월 27일이다. 법사로서 中都의 萬安浦滌,[10] 盆都의 普照宗如, 義州의 大明善住, 單州의 普照道明, 大舟의 延慶圓明 등이 알려져 있다.

혜재의 의뢰를 받고 翟炳이 찬술한 것이 대명보의 「탑명」이다.

대명보는 政和 4년(1114)에 磁州에서 武氏로 태어났다. 어릴 때부터

---

9) 『山左金石志』 권19에 「釋惠才靈巖寺詩刻」이 있는데, 이에 의하면 大定 18년(1178) 6월에는 주지를 하고 있었던 것으로 보인다. 영암사에 대해서는 春日禮智, 「山東靈巖寺行」(『支那佛教史學』 제4권 제1호, 1940년 5월) 등이 있다.
10) 『金石萃編』 권156의 「靈巖寺滌公開堂疏」에 의하면, 大定 23년(1183) 9월에 영암사에서 행한 개당이 알려져 있다.

출중하였고, 골상도 훌륭하였다. 6세 때에 마을의 王氏 집에서 유교전적을 배웠다. 19세 때 磁州 寂照庵의 祖榮 문하에서 출가하였다. 天眷 3년(1140) 27세 때 試經을 통과하고 구족계를 받았다.

조영의 문하를 떠나서 대명보는 燕都 만수사의 희변이 洞下의 법을 널리 펴고 있다는 소문을 듣고 그곳을 참문하였다. 희변은 일견하고는 대명보가 뛰어난 법기임을 인정하였다. 이에 특별한 대우를 받으면서 知藏의 임무를 맡았다. 「탑명」에서 대오한 모습에 대해서는 기록하고 있지 않지만, 『불조정종도영』 권3에서는 다음과 같이 기록하고 있다.

> 선사가 희변선사를 청주로 참문하여 물었다. "사구를 떠나고 백비를 단절한 입장에서 달마가 서래한 뜻에 대하여 말씀해 주시기 바랍니다." 희변이 말했다. "어제도 어떤 사람이 그런 질문을 하고 나갔었다." 선사가 물었다. "그러면 오늘은 또 어떻습니까." 희변선사가 말했다. "그대는 그것을 터득하고 있으면서도 통 그것을 모르고 있구나." 선사가 예배를 드렸다. 희변이 말했다. "안타깝게도 몽둥이가 부러져 버렸구나." 선사가 곧 진땀을 흘렸다.[11]

「탑명」에 의하면 대명보가 희변한테 참문한 곳은 청주가 아니다. 기연어구에 대해서도 확정할 수가 없다. 「탑명」에서는 대오한 이튿날에 인가증명을 했다고 말한다. 대명보가 희변의 문하를 떠날 때 法衣 및 三頌을 받고 산동성 兗州 泗水의 靈光으로 은둔하였다.

濟南府尹 韓爲의 요청에 의하여 공석으로 있던 靈巖寺에 주지로 주석하였다. 『金石萃編』 권154에 「長淸靈巖寺寶公開堂疏」가 있는데, 황

---

11) "師參弁公於靑州. 問, 離四句絶百非, 請師直指西來意. 弁曰, 昨日有人恁麼問打出去也. 師曰, 今日又如何. 曰, 儞得恁麼, 不識痛癢. 師禮拜. 弁曰, 可惜許, 棒折也. 師直得汗下."(37丁右).

통 9년(1149) 8월에 개당했음을 알 수가 있다. 대명보의 36세 때에 해당하는데, 그해에 스승인 희변이 앙산에서 시적하였고, 법사인 행통이 후석을 계승하였다. 희변의 뛰어난 두 명의 제자가 두 大刹에서 동시에 교화를 펼치고 있었다. 행통의 「탑기」의 기록에는 앙산을 계승한 행통이 그곳에 주석한 것이 '數十年'에 이르렀다고 하는데, 행통은 大定 4년(1164)에 물러났기 때문에 '十數年'의 오기로 보인다.

그런데 『金石補正』 권123에는 王珰의 찬술로 되어 있는 「眞定府十方定林禪院第四代傳法住持賜紫通法大師塔銘」이 있다. 통법대사는 缺文으로 諱를 알 수가 없지만, 조동종에 속하는 大洪報恩의 법사이다. 元豊 5년(1082)에 眞定府 獲鹿縣에서 米氏로 태어났다. 22세 때 구족계를 받았고, 天寧昭를 은사로 삼았다. 그 후에 동경에서 淨因自覺과 法雲杲에게 참문하였고 이어서 단하자순을 친견하였는데, 그들 모두에게서 법기로 인정을 받았다. 최후로 대홍산에서 보은에게 사사하여 사법하였다. 天會 7년(1129)에 定林禪院에 주석하였고, 天眷 3년(1140) 4월 25일 59세로 시적하였다. 이 「탑명」의 立石은 貞元 원년(1153) 4월 25일로서 「中都仰山棲隱禪寺傳法住持比邱師孫法寶立石」으로 되어 있다. 정원 원년은 행통의 「탑기」에 의하면 행통이 앙산에서 주지를 하고 있던 시기에 해당한다. 만약 행통에게 再住가 있었다고 한다면 그 기간에 주지를 했던 사람이었다고 간주된다. '師孫法寶'의 의미는 명확하지 않지만, '선사의 법손인 寶'라고 해석할 수도 있고, '선사의 孫인 法寶'라고 읽을 수도 있다.

그렇다면 대명보가 앙산에서 주지를 했던 것은 언제일까. 통법대사의 「탑명」을 立石했던 사람과 관계는 무엇인가. 대명보를 앙산으로 초청한 사람은 張浩이다. 장호가 太師·尚書令·南陽郡王이 된 것은 大定 2

년(1162)이었고, 이듬해에 죽었다. 장호의 肩書가 후에 붙여진 것이라고 해도 행통이 대정 4년에 앙산을 물러나기 이전에 대명보가 앙산에서 주지를 하고 있었다는 것은 확실하다. 그렇다면 정원 원년에 통법대사의「탑명」을 立石한 사람은 대명보라고 간주해도 틀림없을 것이다.

『불조정종도영』에 의하면 정원 3년 을해년(1155)에 寶는 滏陽의 大明寺로 옮겼다. 대명보의 나이 42세 때이다. 부양은 대명보의 출신지역으로 납자들이 많이 모여들었다. 그 年號가 옳다고 한다면 대명보가 앙산에서 주지를 지낸 것은 길지 않았다. 대명사는 均慶西寺의 옛터에 건립된 사찰로서, 후에「大明寺」라는 寺額을 매입한 것이다. 대명사에서 했던 활약에 의하여 寶의 명성이 천하에 알려졌다. 만년에 邯鄲縣의 紫山 및 林縣의 筳峪으로 물러났다. 그 시적은 대정 13년 7월 7일로서, 세수가 60세였다. 사법한 제자로는 靈巖惠才, 蔚州人山持善口(?), 性璘, 磁州大明圓智 등이 알려져 있으며, 梁朗이 찬술한「西庵院智崇禪師塔銘」(『金文最』 권55)에 의하면 智崇도 영향을 받고 있다. 또한 虛明敎亨(1150~1219)의「虛明禪師塔誌」(『金文最』 권56 ; 『佛祖通載』 권20)에 나오는 선사인 鄭州普照玉이 磁州大明寶와 동일인이라는 설도 있지만, 그것은 분명히 다른 사람으로 보인다.[12]

이상에서 녹문자각-청주희변의 북전조동종은 대명보-영암혜재에

---

12) 虛明敎亨은 元好問이 찬술한「告山贇禪師塔銘」가운데서 龍興汴에 대하여 "汴南遷後, 嗣法虛明亨公. 齋法兄弟, 最後蒙印可於臨濟一枝."(『金文最』 권56)라고 서술하고 있듯이 임제종에 속한다. 柳田聖山 교수의「中國禪宗史系圖」(『禪家語錄Ⅱ』수록, 筑摩書房, 1974년 2월)에서는 汾陽善昭-瑯琊慧覺-泐潭曉月-毘陵眞-白水白-天寧党-慈明純-鄭州普照玉-虛明敎亨의 相承을 보여 주고 있다. 普照玉의 계통에서『임제록』을 重刊한 雪堂普仁과「서문」을 찬술한 五峰普秀가 출현하였다. 普照玉과 大明寶를 동일인으로 간주하는 설로 陳但의『釋氏疑年錄』권8(p.237, 中華書局, 1964년 3월)이 있다.

의하여 발전되었음이 알려져 있다. 그러나 유감스럽게도 대명보의 「탑명」에는 缺文이 있어서 대명보의 법사에 王山體가 있다는 것은 확정할 수가 없다. 왕산체와 그 법사인 雪巖滿에 대해서는 『五燈會元續略』권 1, 『續燈正統』권35, 『續燈存稿』권11의 경우처럼 녹문자각을 천동여정의 법사로 간주하는 계통과 똑같은 자료인가 아닌가는 『불조정종도영』권3을 신용하는 이외에 지금으로서는 확정할 방법이 없다.

이 절의 결론을 맞이하여 雪巖滿의 법사인 萬松行秀의 약전을 기록해 두기로 한다.[13]

諱를 行秀라 하고, 號를 萬松이라 하는데, 주석했던 암자의 명칭도 萬松이고, 萬松老人이라 존칭된다. 乾道 2년(1166)에 蔡氏로 태어났다. 본관은 河內의 하남성 懷慶府 解라고 하는데 아버지가 하북성 威縣의 북쪽 洺水로 옮긴 후에 만송이 태어났다. 15세 때 출가를 뜻하여 邢州 淨土寺의 贇公에게 사사하였다. 수계한 이후에 유행하여 燕京의 潭柘寺 및 慶壽寺를 거쳐 萬壽寺의 勝黙光에게 참문하였다. 승묵광은 大明寶의 법사인 王山體의 법을 계승한 인물이다. 최후로 磁州의 大明寺에서 승묵광의 법형인 雪巖滿(?~1206)에게 2년 동안 사사하여 인가를 받고 법을 계승하였다.

그 후에 邢州의 정토사로 돌아가서 萬松軒을 짓고, 이윽고 寺內의 尊宿으로 초정되어 출세하였다. 연경으로 나아가서 만수사에 주석하였고, 泰和 6년(1206)에 仰山棲隱寺로 옮겼으며, 이어서 報恩弘濟寺[14]로

---

13) 萬松行秀의 전기자료에 대해서는 永井政之, 「萬松行秀의 傳記를 둘러싼 諸問題 -資料·弘濟寺·舍利塔-」(『飯田利行博士古稀記念東洋學論叢』수록, 國書刊行會, 1981년 1월)을 참조.
14) 永井政之, 「萬松行秀의 傳記를 둘러싼 諸問題-資料·弘濟·舍利塔-」(『飯田利行博士古稀記念東洋學論叢』수록, 國書刊行會, 1981년 1월)에 의하면 현재 중국불교협회가 위치하고 있는 廣濟寺가 이 사찰에 해당된다고 한다.

나아가서 주석하였다. 그 후에 萬壽寺에 再住하였고, 紹定 3년(1230)에 佛牙를 받았다. 만년에는 弘濟寺 안의 從容庵으로 물러나서 淳祐 6년 (1246) 4월 7일에 81세로 입적하였다.[15] 득법한 제자가 120명이라 하는데, 특히 湛然居士 耶律楚材(1190~1244) 및 李屛山(?~1231)과 교류하였다.

만송이 성취했던 역할 가운데서 특필해야 할 것은 『宏智頌古』에다 示衆·著語·評唱을 붙여서 『從容錄』을 찬술하여, 南傳曹洞宗과 北傳曹洞宗을 통합하여 조동종의 종풍인 좌선 중시의 사고방식을 명확하게 했다는 점이다. 만송은 또한 『宏智拈古』를 평창하여 『請益錄』을 찬술하였다. 또한 만송의 제자인 林泉從倫은 投子義靑의 『頌古』와 丹霞子淳의 『頌古』에 평창 등을 가하여 『空谷集』과 『虛堂集』을 찬술하였다. 이리하여 萬松父子에 의하여 조동의 종풍이 燕都에 거양되었다. 몽골의 태종인 오고타이칸이 남송과 대치하고 있던 북방의 金을 멸망시킨 것은 端平 원년(1234)으로 만송의 나이 69세 때이다. 연경을 도읍으로 정한 元이 이윽고 남송을 멸망시키고 중국의 전국토를 통일한 것은 祥興 2년(1279)이지만, 태조인 칭기즈칸이 金의 연경을 함락시킨 것은 嘉定 8년(1215)이기 때문에 원대에 전개되는 조동종의 기초는 만송으로부터 시작되었던 것이다. 더욱이 태조와 태종이 文治를 위주로 다스린 것은 金의 遺臣이었던 耶律楚材가 주도했던 것이었기 때문에 야율초재와 교류했던 것으로 알려진 만송행수의 북전조동종의 위상은 보다 중요한 의미를 더해 주고 있다.

만송은 그 후에 敎團史의 입장에서도 중요하다. 연경에서 활약한 만

---

15) 『祖燈大統』 권35 등에는 윤 4월 7일로 기록되어 있다. 만송의 탑은 北京 西城區 塼塔胡同 동쪽 입구에 현존한다.

송의 제자로 雪庭福裕(1203~1275)가 있어서 숭산 소림사에 주석하였으며, 숭산이 조동종의 거점이 되어서 원대와 명대에까지 계승되어 간다. 숭산 이외에도 북전조동종의 활약으로 두드러진 지방은 濟南의 泰山을 중심으로 하는 산동성이다. 이윽고 명대 말기 및 청대 초기가 되면 임제종의 세력에 점유되고 말았지만, 당시에 남전조동종의 세력 범위였던 강서와 절강 지방에까지 조동종의 세력은 신장되어 갔다. 湛然圓澄(1561~1627)·覺浪道盛(1592~1659)·永覺元賢(1578~1657) 및 그 법사인 爲霖道霈(1615~1702)·無異元來(1575~1630) 등의 활약이 돋보인다.

이처럼 중국의 후대까지 법계가 유지되었던 북전조동종은 부용도해의 법사인 녹문자각의 법계로 알려져 있다.

제4장 굉지정각과 묵조선의 확립

제1절 굉지정각의 전기자료 및 약전

송대 조동종을 대표하는 선승은 누구인가 하는 질문을 받는다면 宏智正覺(1091~1157)의 이름을 언급하는 데에 이론을 제기할 사람은 우선 없을 것이라고 생각한다. 그러면 어째서 굉지인가 하는 질문을 받는다면『굉지록』6책으로부터 그 사상의 독자성과 송대 조동종의 종지의 집대성을 발견할 수가 있기 때문이라고 답할 수가 있다.『굉지록』6책(각 책에 권수는 없다)은 大分縣 泉福寺에 宋版이 현재 소장되어 있어 樓井秀雄 박사의 감수 아래 三浦勝利氏의 편집 협력을 얻어서 필자는 名著普及會에서 영인하여 간행할 수가 있었는데, 텍스트의 문제는[1] 그「해제」에서 상세하게 논의해 두었다. 이제 여기에서는 그 문제점을 간단하게 정리하고자 한다.

종래에 사용되어 오던 대정신수대장경 등의『宏智禪師廣錄』9권은

---

[1] 樓井秀雄 監修, 石井修道 編輯, 禪籍善本古注集成『宏智錄』(名著普及會, 1984년 5월) 필자가 酒井得元·小坂機融 등 두 교수의 지도를 받아 텍스트의 문제에 대하여 최초로 논의한 것은 졸고,「宏智廣錄考」(『駒澤大學佛教學部研究紀要』제30호, 1972년 3월)이다. 그 이전에 宋版의 泉福寺本에 주의를 불러일으킨 뛰어난 논문으로 靑龍號法,「高祖가 가져 온 宏智錄에 대하여(上)·(下)」(『禪學雜誌』제22권 제5호~제6호, 1918년 5월~6월)가 있다.

천복사본 6책을 재편성한 것이기 때문에 큰 문제를 남겨 두고 있다. 寶永 5년(1708)에 간행된 『굉지선사광록』 9권 9책은 천복사본 6책을 재편집했을 뿐이지 동일한 내용이기 때문에 주의하여 사용한다면 誤脫字 등을 제거하여 문제가 없겠지만, 굉지가 어느 시기에 설법한 것인지, 그리고 텍스트는 언제 간행된 것인지 등의 문제에 대해서는 정확하게 판단할 수 있는 자료로서는 전혀 충분하지 않다. 거기에 착안한 洞水月湛(1728~1803)은 寬政 3년(1791)에 보영 5년본을 천복사본으로 복원하여 누락되어 있던 권1 부분의 富直柔의 「서문」과 「개당법어」를 첨가하여 宋版의 형태를 頭注에 붙여서 『굉지선사광록』 6권 6책으로 간행하였다. 다만 관정 3년본은 보영 5년본의 行數·字數·방점·훈독법 등을 답습한 것이다. 이 관정 3년본을 그대로 대정신수대장경의 저본으로 삼으면 문제가 적어서 괜찮았겠지만, 보영 5년본이 가장 널리 유포되어 있기 때문에 『大正藏』본의 경우 그 원본을 이해하는 데에 더욱더 복잡하여 기묘한 교정본이 되어 버리고 말았다. 『大正藏』본의 저본은 駒澤大學圖書館에 소장된 것으로, 관정 3년에 간행된 『굉지선사어록』 6권 6책(도서번호 123-56)을 6권 9책으로 개정한 것이다. 그 저본과 갑본인 보영 5년의 간행본 『굉지선사광록』 9권 9책을 교정하였는데, 각주가 저본의 전체에 미친 것은 아니었다. 특히 권1의 冒頭는 각주 전체가 생략되었고, 저본이 결정된 이유는 그것을 선택한 사람에게도 애매한 상태 그대로 간행되었던 것으로 보인다. 현재로서는 천복사본으로 영인되어 있기 때문에 송판의 형태를 그르칠 염려는 줄었다고 생각한다. 요컨대 『大正藏』본은 권1에 富直柔의 「서문」과 「개당법어」를 첨가하였고, 9권본을 관정 3년본 및 천복사본의 경우처럼 6권 6책으로 복원한 것이었다. 더욱 엄밀하게 말하자면 천복사본으로 완전히 교정한 이후가 아니라면 사용할 수 없다고 말할 수 있다.

「해제」에는 천복사본과 관련하여 굉지의 전기도 검토해 두었다. 게다가 천복사본 이외에 明又續藏의 경우 妙叶淨啓가 重編한 『明州天童景德禪寺宏智覺禪師語錄』 1책 4권 등 굉지의 연구에 필요한 자료에 대하여 현단계에서 알 수 있는 것은 모두 보완해 두었다. 지금 여기 제1절에서는 본서에서 일관되게 고수해 왔던 것처럼 원문자료를 제공해 주는 태도를 견지하여 굉지의 기본적인 전기자료에 대하여 全文을 비교 및 대조해 두고자 한다.[2] 이로써 굉지연구의 원전자료는 거의 망라되었다고 생각한다.

굉지정각의 전기를 기록한 사람으로는 左朝請郎·直龍圖閣·知太平州軍州事·提擧學事·兼管內勸農營田使인 陽羨의 周葵(1098~1174)가 찬술하였고, 左宣敎郎 試起居舍人·兼玉牒所檢討官·兼權中書舍人인 歷陽의 張孝祥이 썼으며, 左太中大夫 權吏部尙書·同修國史·兼侍讀인 會稽의 賀允中이 題蓋한 「宏智禪師妙光塔銘」[3](1158년 2월 무렵)이 있고, 또한 皇叔·慶袁軍承宣使·提擧江州太平興國宮·安定郡王인 趙令衿(1158년 沒)이 찬술한 「勅諡宏智禪師後錄序」[4](1158년 4월 初吉)가 있으

---

2) 전기자료에 대한 원문의 비교는 졸고, 「慧照慶預와 眞歇清了와 宏智正覺」(『駒澤大學佛敎學部硏究紀要』 제36호, 1978년 3월)에서 시도한 것이 있다.
3) 현존하는 「妙光塔銘」은 『天童寺志』 권9에 의하면, 費隱通容(1593~1661)의 重建으로 간주된다. 비문의 陰記에 牧雲通門(1599~1671)이 쓴 '淵黙雷聲'이라는 글자는 갑오(1654)에 성립된 것이다.
4) 『天童寺志』 권9에서는 「勅諡宏智禪師序碑」라고 되어 있다. 여기에서는 「諡號序」로 약칭한다. 「行業記」가 「塔銘」을 계승했다는 것은 스스로 기록하고 있는 것이지만 「諡號序」가 참조되었는가 아닌가에 대해서는 언급이 없다. 찬술자인 趙令衿과 굉지가 교류했던 것은 확실하다. 異本의 校合 등이 가능하다면 굉지의 행장을 이해하는 데 더욱더 중요한 자료가 될 것이다. 또한 『천동사지』 권8에 「발문」이 남아 있다. "狀元于湖張孝祥, 宏智禪師塔碑後跋. 宏智禪師, 旣入滅. 度其弟子, 各以其所得散而之四方. 余之所見慕南獨卷卷不忍捨其塔廟以去, 庶乎築室三年者. 今又觸熱走三衢, 求文于超然居士, 將刻石記末句. 非信道之篤有是

며, 또한 左朝奉大夫·侍御史인 王伯庠(1106~1173)이 찬술한 「勅諡宏智禪師行業記」(1166년 6월)이 있고, 『宗門聯燈會要』(1183) 권29, 『嘉泰普燈錄』(1202) 권9, 『五燈會元』(1252) 권14, 『五家正宗贊』(1254) 권3, 『佛祖歷代通載』(1341) 권20, 『禪宗正脈』(1489) 권7 등이 있으며, 명대 이후의 전등사서류에도 列傳되어 있고, 또한 明又續藏에 수록된 묘협 정계가 중편한 4권본 『어록』에도 간결한 「行業」(1672년 간행)이 있다.

이하 「탑명」, 「諡號序」, 「行業記」의 세 가지 기본자료 및 전등사서류로는 가장 오래되고 정확한 『가태보등록』의 굉지장 등 네 가지를 비교해 가면서 전기를 서술해 보려고 한다. 이에 여기에서 사용하는 자료의 略付號는 찬술자의 성씨인 周, 趙, 王의 한 글자와 『가태보등록』의 普자로 삼는다. 자료의 원전에서 「탑명」[5]은 『兩浙金石志』 권9, 「諡號序」는 『天童寺志』 권8, 「행업기」는 천복사본, 『가태보등록』은 속장경본을 사용하고, 명저보급회에서 간행한 『굉지록』 가운데 수록된 「탑명」(明又續藏의 『어록』)을 참고하였다. 이 「탑명」의 原刻碑는 소흥 29년(1159) 7월 보름에 法姪인 大休宗珏(1091~1162)가 立石한 것으로, 현재 비문의 陰記에는 濟北後裔인 樗臾(牧雲通)門이 「淵默雷聲」(본래는 『장자』「在宥篇」에 나오는 말)이라고 쓴 큰 글씨가 천동산의 古天童(東谷)에 존재하고 있다. 또한 『가태보등록』은 문답의 대목을 일부분 생략하고 있어서 다른 자료

哉. 紹興戊寅十月, 張孝祥書."(3丁右) 紹興戊寅은 소흥 28년(1158)이다. 또한 『천동사지』 권9에 의하면, 비문의 陰記에는 「大用庵銘」이 기록되어 있고, 潘良貴(1094~1150)의 「발문」이 있었다고 한다. 이전에 졸고, 「宏智廣錄考」(『駒澤大學佛敎學部硏究紀要』 제30호, 1972년 3월)의 논문에서 서술한 『後綠』의 予想說은 訂正한다.

5) 「탑명」은 原刻碑 이외에도 『八瓊實金石補正』 권114 ; 明又續藏本 『語錄』(『續藏』에도 轉載되어 있다) ; 『天童寺志』 권7에도 남아 있다. 그러나 여기에서는 『兩浙金石志』에 기초하였는데, *표시된 용어에 대해서만 明又續藏本을 활용하였고, 全文에 대한 교정은 가하지 않았다.

도 비교를 위하여 기록은 약간씩 이동시켜서 괄호 안에 중복됨을 표시하였다. 결국 「탑명」을 중심으로 전체를 6단으로 나누어서 비교하며 전기를 서술해 보았다.

1. 찬술 이유

(周) : 紹興戊寅春二月, 詔諡故明州天童山景德寺僧正覺宏智禪師, 塔曰妙光. 其徒相與侈上德意, 刻之琬琰, 傳示永久, 且使來告, 求銘師塔. 余聞, 中國自東漢, 始有經像, 學焉者, 率以有為為功德. 逮梁益甚, 達磨自竺乾西來, 傳佛心印. 佛道由是大明. 至唐裒崇諸祖, 有易名名塔之號. 其去圓寂, 或已百年, 或二百年. 今師亡未幾, 而蒙上賜字裒, 所以寵光之至矣. 非能荷佛法棟梁, 得祖師命脈, 攝化緇素, 為人之師, 出入生死, 如游戲事, 何以得此哉. 乃摭其示世之實, 序而銘之.
(참고 : *표시된 용어에 대해서만 明又續藏本을 활용하였고, 全文에 대한 교정은 가하지 않았다. -역자-)

[번역] 소흥 무인년(1158) 봄 2월에 조칙으로 故明州天童山景德寺僧正覺에게 宏智禪師라는 시호를 내리고, 탑을 妙光이라 하였다. 그 門徒들이 서로 선사의 덕을 드러내려는 뜻에서 아름다운 옥돌에다 새겨서 영구히 전승하려고 하였다. 또한 사람을 보내서 선사의 탑에 새길 글을 구한다는 말을 전해 왔다. 내가 듣건대, 중국에서는 동한시대부터 처음 經像이 있었는데 그것을 연구하는 사람들은 모두 有為로써 공덕을 삼았다. 그것은 梁의 시대가 되면서 더욱더 심하였다. 달마는 천축으로부터 서래하여 佛心印을 전승하였다. 佛道는 이로부터 크게 밝

아졌다. 당대에 이르러 제조사를 찬탄하고 떠받들어 이름을 바꿔 주고 탑호를 지어 주었다. 그것은 圓寂한 이후 혹 백 년이 지나거나 혹 이백 년이 지나서도 그랬다. 이제 선사께서는 입적하신 지 얼마 되지 않았지만 위의 宏智禪師라는 네 글자를 가지고 기린 것은 그 德光이 지금에 미쳤기 때문이다. 불법의 동량을 짊어졌을 뿐만 아니라 조사의 명맥을 얻어서 출가와 재가를 교화하였고, 인간의 스승이 되어 생사에 출입하기를 유희를 즐기는 것처럼 하였으니, 그 누가 이렇게 할 수가 있었겠는가. 이에 선사가 세상에 보여 준 실천을 거두어서 序로 삼아 그것을 새기는 바이다.

(趙) : 6. 〈示寂〉 부분을 참조.

(王) : 宣和六年, 向公子諲, 使發運事. 夢僧導至古寺, 金其牓曰隰州, 莫測也. 秋九月, 泗洲普照王寺, 闕住持者. 向公聞長蘆第一座僧正覺, 倡曹洞宗, 衲子信嚮, 具疏與帖, 請補其處. 旣至 問其鄕里, 曰隰州. 始悟昨夢, 愈加敬禮. 師蓋自此七坐道場, 名振天下. 嗚乎, 達人大士, 出應於世為人天師, 夫豈偶然也哉.

[번역] 선화 6년(1124)에 向公 子諲이 發運事를 보냈다. 그리고 한 승의 안내를 받아서 古寺에 이르러 그 액자에 씌어 있는 隰州라는 글자를 보았던 꿈도 헤아릴 수가 없었다. 가을 9월에 泗洲의 普照禪寺 및 阿育王寺의 주지가 공석이었다. 이에 향공은 장로의 제1좌의 승려인 정각이라는 사람이 조동의 종지를 번창시키고 납자들의 신망이 두텁다는 말을 듣고서 疏와 帖을 갖추어 보조선사와 아육왕사에 주지가 되어 줄

것을 청하였다. 그것에 이르러서 鄕里를 물어보니 隰州라고 하였다. 비로소 지난날의 꿈을 깨치고 더욱더 敬禮를 하게 되었다. 선사는 무릇 이로부터 일곱 곳의 도량에 주지를 하였고, 명성이 천하에 떨쳤다. 오호라. 達人과 大士들이 출현하여 세간의 사람들에게 人天師라 불리는 것이 어찌 우연이겠는가.

(普) : 〈제목만 있고 내용은 없음.〉

「탑명」에서는 굉지선사가 시호를 받은 것을 계기로 하여 시호의 성격과 역사를 서술하고 굉지의 덕을 칭송하여 그것을 영구히 전승하려고 周葵가 찬술하기에 이르렀다고 말한다. 「행업기」에서는 向子諲(1086~1153)과 굉지의 만남을 향자인의 꿈으로 설명하여 사주 보조사에서 처음 개당한 경위를 서술하고, 그 이후 굉지의 활약이 우연이 아니었다는 것으로 기록하고 있다. 이 「탑명」은 『굉지록』 권2의 「송고·염고」에 대한 「後序」를 소흥 4년(1134) 12월 22일에 향자인이 찬술하였는데,[6] 그것에 기초하여 쓴 것이다.

---

6) "後序. 余頃將漕淮南, 夢僧導至一古寺基, 有巨棟十數, 大書其榜曰, 隰州. 金碧煥然. 覺而異之. 嘗語人莫能占. 後數月, 主普照者, 眾訟抵獄. 余生於泗而又從官往來廿餘年. 憫禪席猥冗, 因欲以振起之, 其徒走權貴門, 皆為之地. 余志終不可奪. 時雪峯了住長蘆, 與比丘千五百人俱. 今天童覺居上首, 與眾推出. 余乃勸請, 力行祖道, 無有怖畏, 遠近歸依, 戶外屨滿. 他日相見, 問其鄕里, 則曰隰州人也. 忽省昨夢, 若合符節. 聞者莫不稽首贊歎, 咸謂此事不可不書. 而執筆輒嬾. 退居清江之上二年矣. 惠慈上人, 自天童由雪峯, 持二老書來, 問訊懃懇, 出天童拈提古德機緣. 因記夢事之大略, 題其後, 不獨可以砥礪禪流, 且為叢林盛事云. 紹興四年十一月廿二日, 薌林居士向子諲書." (名著普及會本, p.149).

2. 誕生부터 受戒까지

(周)：師李姓, 正覺名也. 隰州隰川人. 祖寂, 父宗道, 世學般若. 母趙氏, 嘗夢五臺山一僧, 解右臂環與之. 已而有娠. 遂屏葷茹, 及師之生, 右臂隆起如環狀. 年甫七歲, 警悟絶人, 日誦數千言. 十一, 出家, 十五, 落髮(十八, 游方, 三十四, 出世). 得度於淨名〈明?〉寺本宗大師, 得戒於晉州慈雲寺智瓊律師.

[번역] 선사의 성은 李氏이고, 이름은 正覺으로 隰州의 隰川 출신이다. 조부의 이름은 寂이고, 부친의 이름은 宗道인데 세세토록 반야를 공부하였다. 모친은 趙氏인데, 일찍이 오대산의 한 승이 오른쪽 어깨의 고리를 풀어서 전해 주자 그것을 받는 꿈을 꾸었다. 그러고 나서 임신을 하였다. 그로부터 냄새나는 음식을 멀리하였다. 선사가 태어났을 때 오른쪽 어깨가 솟아 있었는데 고리의 모습과 같았다. 7세 때에 슬기롭고 영리하여 사람들보다 뛰어났는데, 매일 數千言을 읽었다. 11세 때 출가하였고, 15세 때 낙발하였으며, 18세 때 유행하였고, 34세 때 출세하였다. 淨明寺의 本宗大師에게 득도하였고, 晉州 慈雲寺의 智瓊律師에게서 수계를 하였다.

(趙)：天童覺和尙, 河東隰州人. 俗姓李氏. 其祖父久參佛陀禪師, 時號李行者. 母夢梵僧與一隨球環, 覺而有娠. 誕生禪師夜, 屋發光, 比隣皆驚. 及師長成, 左臂腕上有肉痕, 若隨球相. 不欲示人而間有見者. 師自童稚喜佛典. 天性機敏, 自達宗理. 每白父母, 再四方從其志, 十五歲, 祝髮, 受具足戒.

[번역] 천동정각화상은 하동의 습주 출신이다. 속성은 이 씨인데, 조부는 오랫동안 佛陀禪師에게 참문하였기 때문에 당시에 李行者라 불렸다. 모친은 자신한테 梵僧이 하나의 고리(隨球環)를 주는 꿈을 꾸었는데, 깨어 보니 임신을 하였다. 선사가 탄생하던 날 밤에 지붕에서 발광을 하자 인근의 사람들이 모두 놀랐다. 선사는 성장하면서 왼쪽 어깨와 팔뚝에 肉痕이 생겨났는데 고리(隨球)의 모습과 같았다. 남들에게 보여 주고 싶지 않았지만 간혹 그것을 본 사람이 있었다. 선사는 어려서부터 佛典을 좋아하였다. 천성이 기민하여 스스로 선종의 이치(宗理)에 통달하였다. 매번 부모에게 출가할 것을 말씀드렸는데, 네 번째에 이르러 마침내 그 뜻을 따라 주었다. 15세 때 축발을 하였고, 구족계를 받았다.

(王)：師姓李氏. 母趙誕師之夕, 光出於屋. 人皆異之. 七歲誦書, 日數千言. 少日, 遂通五經. 祖寂, 父宗道, 久參積翠老南之子佛陀遜禪師. 嘗指師謂其父曰, 此子超邁不群, 非塵埃中人. 宜令出家. 異日必為大法器. 十一歲, 得度於同郡淨明寺本宗. 十四歲, 得戒於晉州慈雲寺智瓊.

[번역] 선사의 성은 이 씨이다. 모친은 趙氏인데, 선사가 태어난 날 저녁에 광명이 지붕에서 비쳤다. 사람들이 모두 그것을 기이하다고 말하였다. 7세 때에는 책을 읽었는데, 매일 數千言에 달하였다. 어렸을 때에 마침내 五經에 통달하였다. 조부는 이름이 寂이고, 부친은 이름이 宗道인데, 오랫동안 積翠老南의 법사인 佛陀遜선사에게 참문하였다. 일찍이 선사를 가리켜 그 부친에게 말하였다. "이 아이는 뛰어나서 보통 사람들과 어울릴 수 없습니다. 속진에 있을 사람이 아닙니다. 꼭 출

가시켜야 합니다. 그러면 훗날 반드시 대법기가 될 것입니다." 11세 때 고향의 정명사 본종에게서 득도하였고, 14세 때 晉州 慈雲寺 智瓊에게서 수계를 하였다.

(普)：慶元府天童宏智正覺禪師, 隰之隰川人. 族李氏. 母夢五臺一僧解環與, 環其右臂, 乃孕. 遂齋戒及生師, 右臂特起若環狀. 七歲, 日誦千言. 祖寂, 父宗道, 久參佛陀遜禪師. 遜嘗指師謂其父曰, 此子道韻勝甚, 非塵埃中人. 苟出家, 必爲法器. 十一, 得度於淨明本宗, 十四, 具戒.

[번역] 경원부 천동사 굉지정각선사는 습주의 습천 출신으로 가계는 李 씨이다. 모친은 오대산의 한 승이 고리를 풀어서 그 고리를 오른쪽 어깨에 걸어 주는 꿈을 꾸고 잉태를 하였다. 그로부터 재계하여 선사를 낳았는데 오른쪽 어깨가 특별히 솟아서 고리의 모습과 같았다. 7세 때 매일 千言을 읽었다. 조부는 이름이 寂이고, 부친은 이름이 宗道인데, 오랫동안 佛陀遜선사에게 참문하였다. 손선사가 일찍이 선사를 가리키면서 그 부친에게 말했다. "이 아이에게는 道의 韻이 있습니다. 대단히 뛰어나서 속진에 있을 사람이 아닙니다. 만약 출가한다면 반드시 법기가 될 것입니다." 11세 때 정명사의 본종에게서 득도하였고, 14세 때 구족계를 받았다.

굉지는 휘를 正覺이라 하는데, 산서성 隰州의 隰縣에서 李氏로 태어났다. 『굉지록』 권4의 소참 11에서 굉지 자신이 "나 천동은 습주 출신이다."(名著普及會本, p.253)라고 서술하고 있다. 조부는 이름이 寂이고, 부친은 이름이 宗道인데, 황룡혜남의 법사인 佛陀禪師 德遜에게 참문하였기 때문에 조부의 경우에 李行者라고 불렸던 불교신자였다. 모친 趙氏도 마찬가지로 불교에 귀의하고 있었는데, 굉지를 임신했을 때 오대산의 한 승에 대한 꿈을 꾸었다고 전한다. 굉지의 오른쪽 어깨에는 肉痕이 있었던 모양인데, 그것이 탄생의 일화와 결부되어 이야기되고 있다. 「諡號序」의 기록 내용은 전체적으로 귀중한 내용을 전하고 있지만, 연령에 1년의 차이가 보이는 경우도 있기 때문에 그것에 의용할 때에 주의할 필요가 있다. 굉지가 태어난 것은 元祐 6년(1091)이다. 굉지의 敎養은 가정환경과 관련되어 몸에 배었다고 간주되는데, 더욱이 그 천성부터 뛰어난 것으로 보인다. 7세 때 數千言을 읽었다고 하는데, 五經을 비롯하여 佛典에도 통달하였다. 『굉지록』에 전개되어 있는 外典에 대한 해박한 지식은 유아기의 교육으로부터 되살아난 것으로 보인다. 11세 때 고향에 있는 정명사의 本宗禪師 밑에서 출가하였다. 곧이어 14세(15세)가 되어 산서성 臨汾縣 晋州로 나가서 慈雲寺의 智瓊 밑에서 구족계를 받지만, 일반의 경우보다 이른 수계 연령도 선사의 비범성을 말해 주고 있다. 구족계는 진헐청료보다 빨랐지만, 사법과 출세의 연도에 의거하여 진헐을 법형으로 부르는 경우가 많다. 本宗과 智瓊에 대해서는 알 수가 없다.

3. 丹霞子淳에게 득법하다

(周) : 十八, 游方, 三十四, 出世. (得度於淨明寺本宗大師, 得戒於晉州慈雲寺智瓊律師), 得法於舒州丹霞山德淳禪師.

[번역] 18세 때 유행하였고, 34세 때 출세하였다. 淨明寺의 本宗大

師에게 득도하였고, 晉州 慈雲寺의 智瓊律師에게서 수계를 하였다.
(p.404, 5.〈明州 天童山의 부흥〉(2) 참조)

蓋師初以宴坐入道, 淳以空劫自已示之廓然大悟.

[번역] 무릇 선사는 처음에 연좌를 통하여 깨침에 들어갔다. 자순이 空劫의 自己로써 그것을 지시하자 확연대오하였다.

(趙):十九〈八〉, 始行脚徧參諸方. 在處爲衆推重. 後見丹霞淳和尙. 不數載, 機警相投, 大明曹洞宗旨. 二十四歲, 遷入書司. 又値淳和尙住大洪山, 令其入僧. 淳和尙遷化.

[번역] 18세 때 처음 행각에 나서서 제방을 편참하였다. 이르는 곳마다 대중에게 받들어 존중받았다. 후에 단하자순화상을 친견하였다. 몇 년이 지나지 않아서 기민하게 서로 의기투합하여 조동의 종지를 크게 천양하였다. 24세 때 書司로 직무를 옮겼다. 또 단하자순화상이 대홍산에 주석하게 되자, 그곳으로 들어가서 入僧을 맡게 되었다. 단하자순화상이 천화하였다.

(王):十八歲, 出游諸方. 訣其祖曰, 若不發明大事, 誓不歸矣. 至晉·絳間, 或以無憑沮師. 邑尹見師英拔, 因以所執扇示之曰, 爲我下一轉語. 師應聲援筆, 書偈其上. 尹大喜爲請憑以行. 渡河之洛, 坐夏於少室山, 日撷蔬茹, 供給病僧. 蔬且盡, 則採藥苗繼之. 游龍門, 遇鄕僧, 挽師同歸. 師曰, 出家行脚, 本為參尋知識了生死事. 鄕關非所懷也. 腰包徑至汝州香山. 成枯木一見深所器重. 一日, 聞僧誦蓮經, 至父母所生眼, 悉見三千界, 瞥然有省. 急詣丈室, 陳所悟. 山指臺上香合曰, 裏面是甚麼物. 師曰, 是甚麼心行. 山曰, 汝悟處又作麼生. 師以手畫一圓相呈之, 復抛向後. 山曰, 弄泥團漢. 有甚麼限. 師云, 錯. 山曰, 別見人始得. 師應喏喏. 丹霞淳禪師, 道價方盛. 師乃造焉. 霞問, 如何是空劫已前自己. 師曰, 井底蝦蟆吞却月. 三更不借夜明簾. 霞曰, 未在, 更道. 師擬議. 霞打一拂子云, 又道不借. 師忽悟作禮. 霞云, 何不道取一句子. 師云, 某甲今日失錢遭罪. 霞云, 未暇得打爾. 且去. 時二十三歲矣. 霞退居唐州大乘. 師從焉. 住山昇和尚, 亦淳之嗣子, 舉師立僧. 霞住大洪. 師掌記室. 宣和三年, 遷首座. 時金粟智·雪竇宗·保福悟·鳳山釗, 皆參隨之.

[번역] 18세 때 제방의 유행에 나서면서 그 조사에게 작별하며 말했다. "만약 大事를 발명하지 못한다면 맹세코 돌아오지 않을 것입니다." 晉州·絳州의 지역에 이르렀을 때는 혹 머물 곳이 없는가 하면, 혹 선사를 붙잡은 곳도 있었다. 邑의 尹이 선사의 훌륭함을 알아보았다. 그로 인하여 들고 있던 부채를 가리키면서 말했다. "저를 위하여 여기에다 한 말씀(一轉語)해 주시기 바랍니다."

선사가 그 말에 응하여 붓을 들어 부채에다가 게송을 써 주었다. 尹이 크게 기뻐하면서 머물러 줄 것을 청하였지만 뿌리치고 길을 떠났다. 강을 건너서 洛으로 가서 소실산에서 여름안거를 지냈다. 매일 풍성귀를 채취하여 병든 스님에게 공급해 주었다. 풍성귀가 다하면 약초를 뜯어서 계속 공급해 주었다. 용문을 유행하는 도중에 고향의 스님을 만났는데 선사에게 더불어 고향으로 돌아가자고 하였다. 이에 선사가 말했다. "출가하여 행각하는 것은 본래부터 선지식을 참문하여 생사대사를 해결하려는 것입니다. 그런데 고향으로 돌아가려는 뜻을 어찌 품을 수 있겠습니까."

걸망을 메고 곧장 汝州의 香山으로 갔다. 法成枯木은 대번에 법기임을 알아보았다. 어느 날 한 승이 『蓮經』읽는 소리를 듣다가 '부모로부터 물려받은 눈으로 삼천대천세계를 두루 본다(父母所生眼 悉見三千界)'는 대목에 이르러 문득 깨쳤다. 이에 급히 방장실로 가서 깨친 것을 말씀드리니, 香山(고목법성)이 臺 위에 있는 향합을 가리키고 물었다. "저 속에 어떤 것이 들어있는가."

선사가 말했다. "그것은 어떤 마음입니까." 향산이 말했다. "그대가 깨친 것은 무엇인가." 선사가 손으로 一圓相을 그려서 바치는가 싶더니 다시 뒤로 던져 버렸다. 그러자 향산이 말했다. "이런 엉터리 녀석을 상대하다가는 끝이 없겠구나." 선사가 말했다. "그게 아니지요." 향산이 말했다. "헤어진 사람을 만나면 반가운 법이다." 선사가 말했다. "예, 바로 그렇습니다."

단하자순선사의 道價가 대단하자, 선사가 곧 그곳으로 찾아갔다. 단하가 물었다. "空劫已前의 자기란 무엇인가." 선사가 말했다. "우물 속의 두꺼비가 달을 삼켜 버리니, 삼경이 되어도 夜明簾이 필요가 없네." 단하가 말했다. "그렇지 않다. 다시 말해 보라." 선사가 뭐라고 말하려고 하는데, 단하가 불자로 한 방 때려 주고 말했다. "그래도 또 필요가 없다고 말하겠는가." 이에 선사가 홀연히 깨치고는 예배를 드렸다. 그러자 단하가 말했다. "어째서 한 마디도 말하지 않느냐." 선사가 말했다. "제가 오늘 돈도 잃고 죄도 지었습니다." 단하가 말했다. "더 이상 그대를 때려 줄 것도 없구나. 자, 나가거라." 그때가 23세였다.

단하자순이 唐州의 大乘山으로 물러나자, 선사도 따라갔다. 대승산의 利昇도 또한 단하자순의 법사였는데, 선사를 추천하여 입승이 되게 하였다. 단하자순이 대홍산에 주석하자, 선사는 記室을 맡았다. 이후 선화 3년(1121)에 首座가 되었다. 그때 金粟法智·雪竇嗣宗·保福信悟·鳳山世釗 등이 모두 선사를 참문하여 隨行하였다.

(普)：逾三年, 渡河之洛, 坐夏少室. 秋至香山, 謁枯木成禪師, 染指法味. 即造丹霞. 霞問, 如何是空劫已前自己. 云, 井底蝦蟆吞却月. 三更不借夜明簾. 曰, 未在. 更道. 師擬議. 霞打一拂子曰, 又道不借. 師於言下釋然作禮. 霞曰, 何不道取一句. 云, 某今日失錢遭罪. 霞曰, 未暇打得你. 且去.〈時年二十三〉. 霞領大洪. 師掌牋記. 宣和三年, 命首眾. 得法者已數人.

[번역] 3년이 지나자, 강을 건너서 洛으로 가서 소실산에서 여름안거를 지냈다. 가을에 향산에 도착하여 고목법성선사를 참문하고 法味를 터득하였다. 이후에 곧 단하산으로 갔다. 단하자순이 물었다. "공겁이전의 자기란 무엇인가." 선사가 말했다. "우물 속의 두꺼비가 달을 삼켜 버리니, 삼경이 되어도 夜明簾이 필요가 없네." 단하가 말했다. "그렇지 않다. 다시 말해 보라." 선사가 뭐라고 말하려고 하는데, 단하가 불자로 한 방 때려주고 말했다. "그래도 또 필요가 없다고 말하겠는가." 이에 선사가 언하에 마음이 분명해지자 예배를 드렸다. 그러자 단하가 말했다. "어째서 한 마디도 말하지 않느냐." 선사가 말했다. "제가 오늘 돈도 잃고 죄도 지었습니다." 단하가 말했다. "더 이상 그대를 때려 줄 것도 없구나. 자, 나가거라."
〈그때의 나이가 23세였다.〉 단하가 대홍산을 거느렸다. 이에 선사가

牋記를 맡았다. 이후 선화 3년(1121)에 首衆에 임명되었다. 그 밑에서 득법한 사람이 이미 여럿이었다.

　　18세에 유행을 하였고, 숭산 소림사에서 여름 안거를 지냈으며, 가을이 되어서는 여주(하남성 臨安縣) 香山의 天寧觀音禪院의 고목법성에게 참문하였다. 고목에 대해서는 『北山小集』에 「탑명」이 남아 있어서 전기가 알려져 있다.[7] 고목은 부용도해의 법을 잇고, 大觀 원년(1107)에 향산에서 출세하였다. 굉지가 고목에게 참문한 것은 그 이듬해 고목의 나이 38세 때이다. 그 만남은 굉지와 중국조동종의 관계를 고려할 경우에 중요한데, 깨침의 기연문답이 『법화경』이었다는 점은 주의할 필요가 있다.

　　이어서 고목의 법형인 단하자순이 鄧州(하남성 鄧縣) 丹霞山棲隱寺에서 왕성하게 교화하고 있다는 소문을 듣고 참문하였다. 자순이 단하산에서 출세한 것은 숭녕 3년(1104) 41세 때이다. 굉지는 단하 밑에서 23세 때에 개오하였으므로, 고목 밑에서는 영원히 머물 수가 없었고, 고목의 지시도 있었기 때문에 곧장 단하가 주석하고 있는 곳으로 찾아간 것으로 보인다. 굉지의 개오는 '공겁이전의 자기'를 '不借'의 입장에서 철저화한 것이었다. 사형인 진헐청료와 동일한 개오를 참고한다고 해도 이 집단의 종풍이 '공겁이전의 자기'를 명확하게 해 두는 것을 안목으로 삼고 있음도 잘 알 수가 있다. 그때가 정화 3년(1113)의 일로서 자순의 나이 50세 때였다.

　　그해였는지 아니면 이듬해인 정화 4년이었는지, 자순이 병에 걸려서 唐州(하남성 沘源縣) 大乘山 西庵으로 물러났다. 굉지도 자순을 따라

---

7) [자료 7] 참조. 法成(1071~1128)은 號가 枯木이고, 普証大師는 시호를 받았다.

갔는데, 당시 대승산 保嚴禪院에는 자순의 법사인 利昪이 주지를 맡고 있었다. 利昪은 굉지를 立僧首座에 임명하였다. 그 무렵 굉지의 행장을 알 수가 있는 문헌이 椎名宏雄氏에 의하여 발견 및 소개되었다.[8] 대만의 국립중앙도서관에 소장되어 있는 元版『四家錄』에 수록되어 있는 『丹霞山子淳禪師頌古』에 있는 굉지의 「서문」이 그것이다.

   단하산 자순선사 송고에 대한 서문
   참학한 비구승 정각이 서술하다
영남 이후로 종파가 나뉘었는데 조동의 일종은 그 門庭이 孤峻하다. 초승달이 구름에 갉아먹혀도 맑은 물결을 범하지 못하니 뜻은 저절로 뚜렷하고, 옥 실과 금바늘은 宛轉하게 虛玄하여 바늘 끝도 드러나지 않는다. 正과 偏이 兼到하니 묘용이 다하여 공훈을 잊고 밝음과 어둠이 서로 통하니 힘을 다하여 正位와 偏位를 굴린다. 면면하여 그 최고에 해당하는 사람으로서 어찌 단하자순 선사만 한 분이 있겠는가. 단하선사께서는 어느 날 무주암으로 퇴거하시고는 종풍이 추락될까 안타까운 마음에 從上의 기연을 끌어모았다. 처음 靑原階級으로부터 마지막 保壽上堂에 이르기까지 모두 100칙으로 꾸며 모아서 게송을 붙여서 깨침에 이르도록 하여 자상함을 후손에 남겨 주었다. 그 종지를 해명함은 은근히 징조가 일어나기 이전까지 통하였고, 그 종지를 내세움은 은밀하게 無功用의 이후까지 계합되었다. 안개는 옛 길에 자욱한데, 玉馬를 타고 이끼 밭을 밟으며 가니, 달은 넓은 바다에 드리워 진흙소를 타고 담황색의 밭을 간다. 모든 體가 用에 즉한데 어찌 허공의 덩어리에 막히겠고, 모든 事가 眞에 즉하여 그림자 자국도 드러나지 않는다. 유리 궁전 위에서는 신하가 자리를 물러남으로써 임금에게 조알하고, 翡翠簾 앞에서는 자식이 몸을 굴려 아버지를 향한다. 功에 의지하여 位를 해명하고 일손을 내려놓고 집으로 가는

---
8) 椎名宏雄, 「元版『四家錄』과 그 자료」(『駒澤大學佛敎學部論集』 제10호, 1979년 11월).

길로 돌아온다. 깊은 산속 바위 위의 말라 버린 나무에는 꽃이 피어나고, 옛날 개울의 차가운 얼음에서는 불꽃이 일어난다. 구름이 밀려와 비를 뿌려도 만물을 적시려는 마음이 없고, 밝은 해가 하늘에 빛나지만 온갖 강물에 떨어져도 비추려는 마음이 없다. 줄이 없는 악기의 노래는 궁상각치우에 속하지 않고, 처음부터 知音이 있어서 서로 증명을 해 준다. 삼가 「서문」에 붙인다.[9]

굉지가 나이 24 혹은 25세 때에 찬술한 것이다. 「탑명」에 의하면, 후에 부용도해가 그 「서문」을 보고 "납승 가운데 이런 사람이 있었던가. 우리의 조동종이 추락하지는 않겠구나."라고 찬탄했다고 전한다.

정화 5년(1115) 9월 25일에 자순은 대승산의 慧照庵에서[10] 隨州大洪山 保壽禪院의 受請上堂을 하고 제4세로 주석하였다. 굉지도 자순을 따라가서 記室을 맡아서 자순을 도와서 교화를 펼쳤다. 그런데 자순이 대홍산 보수선원에서 주석한 연도에 火災를 만났다. 이에 노력을 기울여서 이듬해 정화 6년에는 부흥시킬 수가 있었고, 점차 납자들도 늘어나서 5백 명 정도가 되어 활기를 되찾았다. 그러나 자순은 정화 7년 봄에 병환을 보이더니, 3월 12일에 54세로 시적하였다. 그때 굉지의 행적은 분명하지 않지만 대홍산에 머물면서 탈상을 했던 것으로 보인다.

굉지의 법형인 慧照慶預가 선화 3년(1121)에 隨州 水南太平興國禪院에서 대홍산의 제6세로 주지를 맡고 있었을 때, 굉지는 31세로 首座

---

9) 「丹霞山淳禪師頌古序」에 대해서는 제3장 제2절에서도 이미 소개하였기 때문에, 원문은 그에 해당하는 주석을 참조하기로 한다. 椎名宏雄氏는 「元版 『四家錄』과 그 자료」(『駒澤大學佛敎學部論集』 제10호, 1979년 11월)의 논문에서 "『사가어록』에는 마침 이 珍貴한 「서문」이 독특한 書寫體로 刻字되었다. 이것이 굉지의 眞筆을 模刻한 것이라면 단정하여 기품이 있는 필적은 굉지의 墨跡이 달리 알려지지 않았던 것만으로도 귀중한 遺存이다."(同, p.235)라고 서술하고 있다.
10) 「隨州大洪山淳禪師語錄」(續藏 2-29-3 〈통권124〉-243左下) 「頌古序」에서 말하는 無住庵과 동일한 장소로 간주된다.

가 되었다.「행업기」에 의하면, 후에 굉지의 법사가 된 金粟法智·雪竇嗣宗·保福信悟·鳳山世鈞 등이 이미 그 당시에 참문하여 隨行하고 있었다고 전한다.

4. 普照·太平·圓通·能仁·長蘆에 주석하다

(周)：三十四. 出世. (中略) 初住泗州普照禪寺. 繼住舒州太平·江州圓通·能仁·真州長蘆.

[번역] 34세 때 출세하였다. (중략) 처음에 四洲의 보조선사에 주석하였다. 이어서 舒州의 太平, 江州의 圓通·能仁, 真州의 長蘆에 주석하였다. (p.405, 5. 〈明州 天童山의 부흥〉(5) 참조)

(趙)：眞歇禪師. 住長蘆. 虛首座席以待之. 此皆僕昔在廬山侯溪上塔間居之時, 親覩是事. 禪師初來首與貧菴. 傳道者, 照闍提·雲居高菴·秀峰祥, 叉手. 皆一時宗匠, 共爲莫逆之交. 僕一日凌晨, 乘月作別于山下有偈云, 與君携手下山隅, 霜滿平川月滿廬. 珍重之人善行李, 小橋流水不相辜. 師甚肯之. 自後聲價愈高, 道義益盛. 四洲普照, 虛席甚久. 始爲向薦林, 用諸禪所擧, 乃爲出世. 次爲先兄置制, 開法圓通. 眞歇退長蘆, 師繼其後.

[번역] 진헐선사가 장로에 주석하였는데, 수좌의 자리가 비어 있어서 그것을 기다리고 있었다. 이것은 모두 나 趙令衿이 옛날 廬山 侯溪上塔에 머물고 있었을 때 친히 그것을 보았던 것이다. 선사가 처음 수좌로

왔을 때는 암자가 가난하였다. 선사가 전도한 사람인 照闡提·雲居高 菴·秀峰祥 등이 제자가 되었는데, 모두 당시의 종장들로서 다함께 막역한 사이가 되었다. 나 조영금이 어느 날 이른 새벽에 달빛 아래서에 작별하며 산 아래에서 게송으로 말했다.

> 그대와 함께 손을 잡고 벌써 산 아래까지 내려 왔네.
> 서리는 넓은 강에 가득하고 달빛은 갈대에 젖어 있네.
> 작별 인사를 하는 사람이여 떠나는 길 잘 살펴가시오.
> 징검다리 흐르는 물가에 이르러 서로 돌아보지 마소.

선사가 흔쾌히 긍정하였다. 그 후로 명성은 더욱더 높아지고, 깨침의 뜻이 더욱더 흥성하였다. 사주 보조선사의 주지 자리가 비어 있은 지 오래였다. 비로소 그곳의 사람들을 위하여 여러 선덕들의 추천을 받아서 출세하였다. 다음으로 先兄(闡提惟照)를 도와서 分座하였고, 원통 숭숭선원에서 개법하였다. 진헐이 장로산을 물러났을 때 선사가 그곳의 주지를 맡았다.

(王): 明年, 分座於廬山圓通照闡提席下. 眞歇住長蘆. 聞師名, 遣書招之. 撞鍾出迎. 大眾聳觀. 師鬚眉奇古, 傾然而黑, 衣裓破弊, 履襪皆穿. 眞歇遣侍者易以新履. 師却之曰, 吾豈爲鞵而來邪. 眞歇與眾懇請居第一座. 時眾踰千七百. 見師年少, 初亦易之. 至秉拂, 老於參請者, 無不心服. 又二年, 住泗洲普照. 實始出世, 嗣法淳和尚. 前此分寺之半, 爲神霄宮. 而又兩淮荐饑, 齋厨空乏. 二時所須, 雜以菽麥. 師至命純以秔. 庫僧辭不給. 師命如初. 已而檀施填委. 徽宗皇帝, 南幸. 師領眾起居. 上見寺僧千餘, 填擁道左, 方袍整肅, 威儀可觀, 異之有旨召師. 面受聖語, 還其故寺之半. 師之受請而未至也, 僧伽塔相輪中, 香煙騰空, 直亘東南. 師入寺乃止. 建炎元年, 住舒州太平. 又住江州圓通·能仁. 自能仁謝事, 游雲居. 時圓悟勤禪師, 住山. 會長蘆虛席, 大眾必欲得師. 圓悟與安定郡王令衿, 力勉共行入寺. 未幾知事以乏糧告. 師不答. 時大寇李在, 抄界境上, 領兵入寺. 無不惶駭. 師安坐堂上, 待其來以善言誘之. 在, 稽首信服. 揮其眾輦金穀以供眾, 一方亦賴以安.

[번역] 이듬해(1122) 여산 원통선사의 照闡提의 문하에서 分座하였다. 진헐이 장로산에서 주지를 맡았을 때 선사의 명성을 듣고 서한을 보내서 초청하였는데, 종을 치고 몸소 마중을 나왔다. 대중이 놀라서 살펴보니, 선사의 수염과 눈썹은 예스럽고 길고 짙었으며, 걸친 옷은 낡았고, 신발과 버선은 모두 구멍이 나 있었다. 진헐이 시자를 시켜서 새로운 신발로 갈아 신도록 하자, 선사는 그것을 거절하며 말했다. "제가 어찌 가죽신발 때문에 왔겠습니까."

진헐이 대중을 위하여 간곡하게 청하여 제일좌로 머물게 하였다. 당시의 대중은 천칠백 명이 넘었는데, 선사의 나이가 젊은 것을 보고 처음에는 모두 얕잡아 보았다. 그러나 일단 拂子를 치켜들자 구참납자들도 마음으로 복종하지 않는 자가 없었다.

다시 2년이 지나서 泗洲의 보조선사에 주석하였다. 실로 처음으로 출세하여 자순화상에게서 사법하였다. 그 이전에 사찰의 절반이 분할되어 도교사원인 神霄宮이 되었다. 더구나 또 淮南과 淮北 사람들이 몹시 굶주렸기 때문에 모든 주방이 텅텅 비었다. 때문에 하루에 두 끼만 먹었는데도 콩과 보리를 섞어야만 했다. 선사가 지엄한 명을 내려서 오로지 메벼만 먹도록 하였다. 그러자 庫僧이 사퇴하여 그것마저도 더 이상 공급되지 못하였다. 그러나 선사의 명령은 여전히 초지일관하였다. 그러자 시주들이 줄을 이었다.

휘종황제가 남쪽으로 행행하였다. 선사는 대중을 거느리고 일상생활을 하였는데, 황제는 천여 명이나 되는 사찰의 승려가 길 한쪽으로 가득 늘어섰는데 승복이 정숙하고 위의가 갖추어져 있는 모습을 보고 기이하게 생각하여 명을 내려서 선사를 불렀다. 면전에서 칙지를 받고 곧장 이전에 도교사원에 할애되었던 보조선사의 절반을 반환받았다.

선사가 초청을 받고 아직 이르지도 않았는데 벌써 승가탑의 상륜부에서는 향 연기가 허공으로 솟아오르더니 동남쪽으로 뻗쳤는데, 선사가 보조선사에 들어가자 곧 그쳤다. 건염 원년(1127)에 舒州의 태평선사에 주석하였다. 또한 江州의 원통선사와 능인선사에도 주석하였다. 능인선사에서 주지를 그만두고 운거진여선원으로 갔는데, 그때 원오극근선사가 주석하고 있었다. 때마침 장로산 숭복선원의 주지가 공석이었다. 대중이 극구 선사를 희망하였다. 원오도 安定郡王인 趙令衿과 함께 애써 장로숭복선원으로 가 줄 것을 권유하였기 때문에 숭복선원에 들어갔다. 얼마 되지 않아서 知事가 양식이 부족하다고 보고하였지만 선사는 개의치 않았다. 그때 도적단의 이재 국경을 침범하여 병사를 거느리고 사찰에 들어왔지만 두려워하지 않았다. 선사가 승당에 앉아서 도둑떼가 오는 것을 기다렸다가 설법을 하여 그들을 교화시켰다. 이재가 머리를 조아리고 마음으로 감복하였다. 이에 부하들에게 명하여 수레에 실은 돈과 곡식을 털어서 대중공양을 하였고, 또한 그것으로 시주에 충당해 달라고 하였다.

(普)：四年, 過圓通. 時眞歇, 初住長蘆. 遣僧邀至. 眾出迎見其衣鳥穿弊, 且易之. 眞歇俾侍者易以新履. 師却曰, 吾爲鞋來耶. 衆聞心服, 懇求說法, 居第一座. 六年, 出住泗之普照. 次補太平·圓通·能仁, 及長蘆·(天童).

[번역] 선화 4년(1122) 여산원통사에서 지냈다. 그때 진헐이 처음 장로에 주석하였는데, 승을 보내서 장로에 오도록 하였다. 대중이 나와서 마중하였는데 옷과 신발에 구멍이 나 있는 것을 보고 곧 얕잡아 보았다. 진헐에 시자를 시켜서 바꿔 주려고 새 신발을 신도록 하자, 도리어 선사가 말했다. "제가 신발 때문에 왔겠습니까."
대중이 그 말을 듣고 마음으로 감복하고서 간절하게 설법해 줄 것을 원하자, 진헐은 선사를 제일좌에 앉혔다. 선화 6년(1124)에 원통사를 나와서 泗洲 普照禪寺에 주석하였다. 이어서 태평흥국선원·원통숭승선원·능인선사 및 장로숭복선사·천동선사에 주석하였다.

선화 4년(1122) 굉지 32세 때 여산원통사에 주석하고 있던 闡提惟照 밑에서 지내다가, 그곳에서 分座하였다. 천제는 부용도해의 법사로서 굉지의 法叔에 해당한다. 이후 건염 원년(1127)에 굉지는 그 원통사에서 주지를 맡았다.「諡號序」에서는 당시에 교류했던 내용을 전하고 있는데, 雲居高庵善悟 및 秀峰景祥과 막역한 도반이었다고 말한다. 고암선오(1074~1132)는 양기파 佛眼淸遠의 법사이고, 수봉경상(1062~1132)은 임제종 眞如慕喆의 법사이다.
이듬해 선화 5년, 진헐이 36세로 장로산에 주석하고 있을 때, 굉지가 초청을 받고 首座가 되었다. 초청받았을 때는 모습이 초라했고 또 굉지의 나이가 젊었음에도 불구하고 불자를 잡은 모습이 거룩하였기 때문에 고참납자들도 마음으로 감복했던 이야기는 굉지의 전기에 미담으로 전해지고 있다.

이윽고 굉지의 명성이 천하에 알려졌는데, 선화 6년(1124) 10월 1일에 四洲(안휘성 鳳陽府)의 僧伽大師와 연고가 깊은 大聖普照寺에서 출세하였다. 『굉지록』 권1에는 이후 다섯 개 사찰의 상당법어가 기록되어 있어서 상당법어를 했던 연대에 대해서는 졸저의 해제에서 상세하게 분석하였다.

泗州大聖普照禪寺	선화 6년(1124) 10월 1일-상당번호 1~79
舒州太平興國禪院	정강 2년(1127) 4월 23일-상당번호 80~91
江州廬山圓通崇勝禪院	건염 원년(1127) 10월 18일-상당번호 92~114
江州能仁禪寺	건염 2년(1128) 6월 13일-상당번호 115~122
眞州長蘆崇福禪院	건염 2년(1128) 9월 15일-상당번호 123~165

『大正藏』 등의 『굉지록』 권1에는 富直柔의 「서문」[11]과 사주대성보조선사의 개당법어[12]가 빠져 있다는 것은 이미 지적한 그대로이다. 새롭

11) 다음의 注는 모두 松ケ岡文庫=松, 寬政三年本=寬, 泉福寺本=泉, 寶永五年本=寶 등 4가지 판본에 의하여 교정한다.
 "長蘆覺和尙語錄序 長蘆覺老禪師, 芙蓉楷師之嫡孫, 大洪淳公之嗣子. 妙齡見道, 分半座於靈山. 早歲入塵, 轉法輪於塵刹. 縱復彌天之弁, 莫當掣電之機. 或錄微言來求序引. 夫楞伽山頂, 妙絶躋攀, 威音世外, 誰相付囑. 入道環之虛處, 識空劫之外人. 功勳及盡而不得姓名, 回互旁參而但知尊貴. 擬之則喪身失命, 議之則饒舌傷眉. 無象無爲, 不出不入. 須信江淮卷地, 木馬嘶風, 廬皖倚天, 石虎吼月. 分識不妨郞慕, 當家自有兒孫. 雖然水泄不通, 靈光洞耀, 正使隣虛忽起, 大地全收. 凡厥摳衣, 毋勞捕影. 紹興元年十月朔. 河南富直柔序."
 *長蘆覺和尙語錄序=없다(寶). *楷=揩(寶). *塵=廊(寶). *掣=製(寬)(寶). *外=前(松), *囑=屬(寬). *互=牙(泉). *但=伹(寶). *眉=慈(寶). *妨=好(寶). *郞=卽(寬). *全=金(泉). *年=없다(寬). *富=府(泉).
12) "泗州大聖普照禪寺上堂語錄 侍者集成編

게 보입된 개당법어에 의하면, ①宣疏, ②拈香祝聖, ③拈香文武官僚, ④嗣法香, ⑤天寧長蘆白椎(法筵龍象衆 當觀第一義), ⑥住持・垂語・問答・提綱, ⑦天寧長蘆白椎(諦觀法王法 法王法如是)의 순서로 기록되어 있는데, 이 형식은『칙수백장청규』권3 入院의 開堂祝壽과 거의 동일하

師於宣和六年十月初一日, 在本寺開堂. 知府大夫度疏與師. 拈呈示云, 衲僧變通之道, 宰官外護之心, 盡在擧處圓成了也. 諸人若向這裏薦得, 可謂破微塵而出大經, 就諸緣而入三昧. 其或未然, 更煩僧正大師說破, 貴使一衆共知. 宣疏罷. 師陞座拈香云, 此一瓣香恭爲今上皇帝祝延聖壽, 伏願齊天地之蓋載, 萬壽彌昌, 順陰陽之生成, 兆民有賴. 次拈香云, 此一瓣香, 奉爲發運・龍圖・知府大夫, 通判大夫, 泊合府文武宷僚. 伏願椿松壽考, 凌雲水難老之姿, 葵藿心傾, 奉日有不移之志, 內安宗社, 外護佛家. 又拈香云, 此一瓣香, 混沌未鑿之前, 威音未興之際, 祖師保之爲慧壽, 衲僧傳爲心宗, 綿古迄今相承不斷. 諸人還知落處麼. 丹霞法窟曾投眞子之一籌, 洪嶺僧林分付利生之半座. 正理人無曲斷, 此心誰敢自欺. 奉爲隨州大洪山第四代淳和尙, 用酬法乳之恩. 令天下有鼻孔底衲僧各各聞玆香氣. 遂就座. 天寧長老白椎云, 法筵龍象衆, 當觀第一義. 師云, 若論第一義諦, 生諸法而爲之母, 會衆聖而爲之家. 智不能知, 言不能議. 衆中莫有能宛轉鼓唱底衲僧麼. 出來建化門頭相見. 僧問, 如何是正中偏. 師云, 雲散長空後, 虛堂夜月圓. 進云, 如何是偏中正. 師云, 白髮老兒羞照鏡. 進云, 如何是正中來. 師云, 霜眉雪鬢火中出, 堂堂終不落今時. 進云, 如何是偏中至. 師云, 大用現前不存軌則. 進云, 如何是兼中到. 師云, 夜明簾外排班早 空王殿上絶知音. 僧問, 於一毛端現寶王刹, 坐微塵裏轉大法輪旨如何. 師堅起拂子云, 這箇是普照拂子. 進云, 未審. 微塵裏如何轉大法輪. 師云, 蹉過久矣. 進云, 恁麼則學人禮謝去也. 師云, 禮謝卽得. 師乃云, 妙靈無像, 圓照不遺. 融古今於一時, 會聖凡於當處. 是二儀生成之本, 乃萬物造化之元. 體虛而明, 不夜之光燄燄. 緣應而準, 無私之用綿綿. 寶月破幽, 不類太空斷滅. 眞機歷化, 那隨幻妄遷流. 巍巍堂堂, 浩浩蕩蕩, 不可以相取, 不可以事求. 唯心証神契, 超出有無情量之表. 獨妙於清淨滿覺之境. 正恁麼時, 臣奉君也, 有承明之道, 父就子也, 有撫會之功. 到這裏具眼衲僧, 還知有旁參奉重底道理麼. 良久云, 木人夜半穿靴去, 石女天明載帽歸. 久立衆慈, 伏惟珍重. 天寧長老白椎云, 諦觀法王法, 法王法如是, 師便下座."

*集成=없다(寶). *這=者(寶). *裏=裡(寬)(泉)(寶), 이하 동일. *瓣=弁(松)(泉)(寶), 이하 동일. *泊=洎(寬)(泉). *宷=宋(泉)(寶). *考=耉(寶). *傾=頋(寬). *綿=緜(寶). *籌=壽(泉). *用=再(寬). *椎=槌(寬)(泉). *云=曰(寶). *家=象(寶). *言不能議=言不能知言不能議(寶). *堂=淨(松). *云=曰(寶). *偏=兼(松)(寶). *大法輪=이하 松版의 泉福寺本에 남아 있다. *堅=豎(寶)堅(寬). *云=曰(寶). *箇=个(松). *蹉=羞(寶). *會=兊(寶). *用=冉(寬). *太=大(寬). *出=出乎(寬). *表 '表' 아래 '무릇 누락된 말이 있다 蓋有脫語'의 四字가 있다(寶). 다만 松版에도 누락된 말(脫語)이 있다. *椎=槌(松).

기 때문에 개당법어의 기록으로는 이른 시기의 것으로 귀중하다.[13] 법어의 내용에서는 앞의 「丹霞山淳禪師頌古序」와 마찬가지로 오위사상이 나타나 있는 점은 주목할 필요가 있다.

굉지를 보조선사로 초청한 것은 向子諲이었지만, 향자인에 대해서는 앞에서 서술한 그대로이듯이 곧이어 향자인은 대혜종고에게 사사하게 된다. 굉지의 외호자가 대혜 밑으로 달려간 것은 향자인에 한정되지 않지만, 그것은 굉지선의 성격과 卽時代性에 대한 한계를 전하고 있다는 점에서 주목하지 않으면 안 된다. 보조선사 시대에서 문제가 되는 것은 상당 65의 「再入院上堂」이다.

「행업기」에서 전하고 있듯이 보조선사의 절반은 도교사원인 神霄宮이 되어 있었다. 정강 원년 정월에 휘종은 南幸하여 15일에 鎭江에 도착하기 전에 보조선사에서 정연한 자세로 천여 명의 승려들로부터 마중을 받았다. 휘종은 그 모습에 감탄하여 굉지를 불러서 대담을 하고서, 神霄宮이 되었던 사찰의 절반을 본래의 사찰로 돌려 주게 하였다. 거기에서 초청을 받은 굉지가 入寺한 것을 「再入院」이라 부르게 되었던 것으로 보인다. 보조선사에서는 聞庵嗣宗이 수좌가 되어 굉지를 보좌하였고, 문암은 굉지가 보조선사를 떠난 후에 그 주지 자리를 이어서 출세하였다.

정강 2년(1127) 4월 23일, 굉지 37세 때 舒州 태평흥국선원에 入院(주지)하였다. 舒州에는 白雲山 海會禪院 및 投子山 勝因禪院이 있어서 투자의청과 관련하여 조동종과 인연이 있는 지방이다. 그러나 겨우 5개월 정도 주지를 지낸 후에 그해 가을 혹은 초겨울에는 강주여산 원통숭승선원으로 옮겼다. 직접적으로는 趙令衿의 형인 趙令峸의 초청에

---

13) 마찬가지로 『투자의청어록』에 보이는 것은 제3장 제1절에서 서술하였다.

의한 것으로 전해지고 있다. 그해 10월 18일에 東林寺에서 개당하게 된다. 원통선사는 이미 천제유조 밑에서 굉지가 분좌했던 곳이다.[14] 천제는 당시에 늑담의 寶峰禪院으로 옮겼지만, 조영성만이 아니라 원통선사의 외호자 및 수행자들의 초청에 의하여 굉지가 주지를 했던 곳으로 보인다. 외호자 가운데 한 사람은 「天童覺和尙小參語錄序」의 찬술자인 憑溫舒로 간주된다. 「天童覺和尙語錄序」의 찬술자인 范宗尹(1100~1136)이 굉지를 만난 것도 건염 원년 겨울 여산에서였다.

더욱이 이듬해 6월 13일에는 강주능인선사에 주석하였다. 능인선사는 九江市 내에 현존하는 것으로 교통의 요소에 있지만 여기에서도 한철만 나고 곧 물어나서 南康의 운거진여선원으로 유행하였는데, 그때 주지는 원오극근이었다. 「행업기」에 의하면 원오는 조영금과 함께 당시 주지가 비어 있던 장로산의 주지로 굉지를 강력하게 추천했다고 전한다. 그 과정은 굉지와 원오의 교류를 전해 주는 흥미로운 이야기이다. 굉지가 건염 2년 9월 15일에 장로숭복선원의 주지로 들어갔는데[入院], 10월에 교대하는 형식으로 다시 대혜가 金陵으로부터 운거진여선원으로 원오를 참문하였다. 필자는 대혜가 굉지를 강하게 의식하게 된 최초의 기회가 아니었을까 생각한다.

진헐하고도 인연이 있었던 장로숭복선원으로 入院(주지)하였는데, 그 지역에 대한 金의 공격으로 인하여 政情이 불안하였기 때문에 굉지가 주지를 지냈던 기간은 겨우 1년으로 끝나고 만다. 「행업기」에서 도적단인 李在와 관련된 일화를 전해 주고 있는 것도 당시 상황을 반영한 것이었다. 장로산에서 했던 退院上堂이 기록되어 있지 않은 것으로 보아

---

14) 『굉지록』 권1의 93의 「入院上堂」(名著普及會, p.34) 다만 '三年前'이라는 것은 '五年前'의 誤記이다.

도 굉지의 南下는 兵火를 회피했던 다급한 행동이었던 것으로 보인다. 다만 장로산에서는 「拈古」의 찬술도 있었고, 『굉지록』권1의 小參도 장로산에서 이루어졌음을 고려해 보면, 굉지선의 가장 대표적인 '默照'의 선사상은 그 시기에 확립되었다고 말할 수가 있다.

그 默照禪을 표명하는 대표적인 작품인 「默照銘」의 성립은 『굉지록』의 구성으로 보아 장로산시대라고 간주해도 거의 틀림없다. 그 이전에 지었을 가능성이 있다고 해도 천동산시대까지는 내려오지 않는다. 또한 「송고」는 굉지 작품을 대표하지만 사주 보조선사에서 성립된 굉지의 저술 가운데 가장 이른 시기에 해당한다. 현존하는 천복사본으로 보자면 상상에 불과하겠지만, 소흥 원년(1131) 10월 초하루에 찬술된 富直柔의 「長蘆覺和尙語錄序」에 기초하자면 생전에 아마 굉지의 『어록』은 『장로각화상어록』이라는 명칭으로 간행된 것으로 보인다. 그 내용은 현재의 권1(아마 『僧堂記』를 제외한)에 해당되어, 당시 선종사에서 가장 크게 사상적인 영향을 끼쳤던 것은 장로산시대 이전의 굉지선이었다고 간주된다.

5. 明州 天童山의 부흥

(周) : 晚乃住今天童, 初師過舒·蘄, 遍禮祖塔. 夢至一山寺, 長松夾道, 有句紀之曰, 松逕森森窈窕門, 到時微月正黃昏. 及至天童, 宛如昔夢. 故有終焉之志. 歲在戊午, 被旨住臨安府靈隱寺. 未閱月丐歸. 於天童最久.

[번역] 만년에 이르러 지금의 천동사에 주석하였다. 처음에 선사는

舒州·蘄州를 거쳐서 널리 조사들의 탑을 참례하였다. 꿈에 어떤 산사에 이르렀는데 큰 소나무가 우거진 오솔길이었다. 이에 몇 마디를 기록하였다.

소나무 오솔길 울창하여 고요하고 한가로운 산문
도착해 보니 희미한 달빛에 바로 황혼이 되었다네.

천동산에 이르고 보니 완연히 옛적의 꿈과 같았다. 때문에 그곳에서 생을 마칠 뜻을 내었다. 무오년(1138)에 이르러 勅旨를 받고 臨安府 靈隱禪寺에 주석하였다. 그러나 한 달도 되지 않아 천동사로 돌아오고 말았다. 때문에 천동사에서 가장 오랫동안 주석하였다.

(1) 唯祖道自達磨五傳而離為南能·北秀, 其後益離而為五家宗派. 今為仰·法眼二宗中絶, 而臨濟·雲門·曹洞三家, 最盛. 顧其徒, 未必深究其師之道, 而襲其跡, 更相詆訶, 未有能一之者. 師嘗曰, 佛祖之燈, 以悟為則, 惟證乃知. 若執其區區之跡, 則初祖見神州有大乘氣象, 崎嶇數萬里而來, 使有方便, 豈不顯以示人, 而少林九年, 似專修壁觀者. 六祖云, 道由心悟, 豈在坐也. 大慧亦云, 坐禪豈能成佛. 學者可便以是為初祖之過耶.

[번역] 대저 조사의 도는 달마로부터 다섯 번 전승되어 남종의 혜능과 북종의 신수로 갈라졌다. 그 후에 더욱더 오가의 종파로 갈라졌다. 그러나 지금은 위앙종과 법안종은 중도에 단절되었고, 임제종과 운문종과 조동종의 三家는 鼎立되어 있다. 그 종도들을 돌아보면 아직도 그 조사들의 도를 깊이 궁구하지 못하고, 각각 그 족적을 답습만 할 뿐으로 서로가 비판하면서 아직 하나로 나아가지 못하고 있다. 선사가 일찍

이 다음과 같이 말했다. "불조의 등불은 깨침으로써 법칙을 삼는다. 다만 증득한 사람만이 그것을 이해한다."

만약 그 구구한 족적에 집착한다면 곧 초조인 달마의 경우 중국에 대승의 기상이 있음을 보고 험난한 산과 물을 건너서 수만 리 찾아와서 방편을 부려 어찌 사람들에게 내보이지 않고 소림사에서 9년 동안 오로지 벽관을 수행했던 그 사람과 같을 수가 있겠는가.

(2) (蓋師初以宴坐入道. 淳以空劫自已示之, 廓然大悟.) 其後誨人專明空劫前事. 惟師徹證佛祖根源, 機鋒崚激, 非中下之流所能湊泊. 而晝夜不眠, 與眾危坐, 三輪俱寂, 六用不痕, 宗通說通, 盡善盡美. 故其持身也嚴, 其倡道也文, 其莊嚴佛事, 接引迷途.

[번역] (무릇 처음에 선사가 좌선으로 불도에 들어왔을 때 자순이 공겁이전의 자기로써 지시하여 확연히 대오하였다.) 그 후에 납자들에게 오로지 空劫以前事를 구명하도록 가르쳤다. 다만 선사는 불조의 근원을 철저하게 깨치고 기봉을 날카롭게 했기 때문에 중하근기의 무리가 모여들어 머물러 있을 곳이 아니었고, 또한 밤낮으로 잠을 자지 않고 대중과 더불어 좌선하였으며, 三輪이 모두 고요하였고 六時의 작용에 흔적을 남기지 않았으며, 종통과 설통으로 善을 다하였고 美를 다하였다. 때문에 그 몸가짐이 엄격하였고 그 도를 번창시킨 것에 글을 활용하였으며, 그 불사를 장엄하여 미혹한 길에 들어가는 사람을 이끌어 교화하였다.

(3) 亦惟恐不至, 自初得戒, 坐必跏趺, 食不過午. 所至施者相踵, 悉歸常住. 間以與餓疾者. 而一瓶一鉢, 丈室蕭然. 諸行方厲, 而一性常如, 非出于矯拂也.

[번역] 또한 단지 깨침에 이르지 못함을 염려할 뿐이었고, 처음에 계를 받으면서부터 좌선을 하는데, 반드시 가부좌를 하였고, 공양에는 정오를 넘기지 않았다. 이르는 곳마다 보시하는 사람이 줄을 이었는데, 그것을 모두 사찰의 상주물로 돌렸다. 간혹 굶주리거나 병에 걸린 사람에게 주었다. 그리고 물병 하나와 발우 하나를 지녔을 뿐으로 방장실도 단출하였다. 일상의 모든 행위에 주도면밀하였고 항상 여법하게 행동하여 억지로 꾸민 것이 없었다.

(4) 淳作頌古, 令師敘其首. 芙蓉楷禪師見之曰, 僧中有此耶. 吾宗不墜矣.

[번역] 자순이 『송고』를 지어서 선사로 하여금 그 서문을 쓰도록 하였다. 부용도해 선사가 그것을 보고 "승가에도 또 이런 사람이 있었던가. 우리의 조동종은 단절되지 않겠구나."라고 말했다.

(5) 其退能仁, 受長蘆之請, 適游雲居, 圓悟勤禪師, 見其提唱以偈送之, 有一千五百老禪將之語. 然辯才三昧, 自然成文, 非出於思惟也.

[번역] 곧 능인선사를 물러나자 장로산에 주석해 달라는 초청을 받았다. 마침 운거진여선사를 유행하고 있을 때 원오극근선사가 그 提唱을 보고서 게송을 써서 보내왔는데 '일천오백 명을 거느릴 만한(老禪

將)이로다.'라는 말이 들어 있었다. 곧 辯才三昧가 자연스럽게 글을 성취한 것이지 분별사유를 통하여 나온 것이 아니었다.

(6) 其任天童, 前後凡三十年, 寺爲一新. 即三門爲大閣, 廣三十楹, 安奉千佛. 又建盧舍那閣, 旁設五十三善知識. 燈鑑相臨, 光景互入. 觀者如游華藏界海. 所以輝燿塵世, 使生厭離, 以發起善根. 而僧堂衆寮臥具飮食器, 用所以處其徒者, 亦皆精微華好, 如寶坊化城. 又即浜海之隙, 障其鹹鹵而耕之, 以給僧供. 末年, 至不發化人, 而齋廚豐衍, 甲於他方. 學者無一不滿得以專意於道. 然師所規畫, 人競趨之, 不動聲色, 坐以告辦. 疑有鬼神, 陰爲之助, 而師無作相也. 然則師之所在, 願一見威儀, 聞謦欬, 效供養, 示皈依者, 越數百千里, 襁負而至, 戶外之履, 常踰千數. 其辦道之勤, 得道之多, 獨冠一時. 而識曹溪之路者, 必能牧潙山之牛, 非因眾力推出, 不肯輕以爲人. 當世賢士大夫亦樂與之游者, 內外進也.

[번역] 천동산에 주석한 것이 전후해서 무릇 30년이었는데, 사찰이 일신되었다. 곧 삼문을 큰 전각으로 확장하였고, 넓이가 30개 기둥이 들어가는 건물에다 천불을 봉안하였다. 또한 盧舍那閣을 건립하고 두루 53선지식을 모셨다. 석등이 서로 비추어 그 광경이 서로 상입하였다. 그것을 본 사람들은 마치 연화장세계해에 노니는 것과 같았다. 이에 속진을 비추어 厭離心을 발생시켜줌으로써 선근을 불러일으키는 이유가 되었다. 그리고 승당과 요사채의 와구와 공양그릇도 그곳에 기거하는 대중에게 맡겨 두자 또한 모두가 정미롭고 화려하게 꾸며서 마치 사찰이 화성과 같았다. 또한 해변의 유휴지에 대해서 둑을 막고 소금기

를 빼서 농사를 지어 승려의 공양에 충당하였다. 말년에 사람들을 교화할 수 없게 되자 齋廚(사찰에서 쓸 제물을 마련하는 주방)를 풍요롭게 하여 다른 곳에 비해 최고를 만들었다.

이에 납자들은 한 사람도 만족하지 않은 사람이 없어 오직 불도수행에만 전념하게 되었다. 그리고 선사가 정해 놓은 규범에 대하여 사람들이 다투어 그것을 따랐고 불평이 없었으며, 좌선으로써 弁道를 가르쳤다. 대중들은 귀신이 음으로 도움을 주는 것으로 여겼는데 선사는 그런 형상을 만들지 않았다. 그런즉 선사가 가는 곳이라면 그 威儀를 언뜻 보고 기침소리를 들으며 공양을 하고 귀의를 보여 줄 것을 바라는 사람이 수백천 리를 넘어서 어린애를 업고 이르렀는데 문 밖에는 신발이 항상 천 켤레가 넘었다. 이처럼 부지런히 변도하여 도를 깨친 자가 많았던 것은 오직 그 한때가 으뜸이었다. 그리고 조계로 가는 길을 아는 사람이라면 반드시 위산의 소를 기를 뿐이지 여러 가지 수행의 힘에 의존하지 않아야만 보살행을 가벼이 할 수 없게 되었다. 그리하여 당세의 賢士와 大夫들도 또한 선사와 더불어 교유하는 것을 좋아하는 사람이 안팎으로 모여들었다.

(趙)：建炎間, 兵火犯境, 師地難浙東四明, 將訪眞歇于寶陀山. 州府敦請爲天童主人. 師堅辭不就. 後爲雲水肩至法座而受之. 人情嚮合, 禪林增光, 馨香大佈. 紹興九〈八?〉年, 被旨移席靈隱. 未兩月, 獲旨再住天童. 三十年間, 道俗欽仰, 傳法之外, 院宇一新. 王公大人, 樂與之遊. 衲子奔輳, 如水就下, 常滿一千二百衆.

[번역] 건염 연간(1127~1130)에 兵火로 국경이 침범당했다. 선사가

浙東의 四明으로 피난하여, 장차 보타산으로 진헐을 참방하려고 하였다. 州府가 극구 천동사의 주인이 되어 줄 것을 요청하였다. 그러나 선사는 굳게 사양하고 나아가지 않았다. 후에 운수납자들을 위하여 책임을 짊어지고 법좌에 나아가서 그 요청을 받아들였다. 이에 사람들이 모여들어 선림이 더욱 빛났고 그 향기가 널리 퍼졌다.

   소흥 8년(1138)에 勅旨를 받아 영은사로 주석처를 옮겼다. 그러나 2개월도 되지 않아 칙지를 받고 다시 천동사에 주석하였다. 30년 동안 道俗의 흠앙을 받았고, 전법하는 이외에도 가람을 일신하였다. 왕·공·대인들이 선사와 교유하는 것을 즐겼다. 납자들이 모여들었는데 마치 물이 낮은 곳으로 흐르는 것과 같아서 항상 일천 이백 명의 대중으로 가득 찼다.

   (王)：建炎三年秋, 渡江至明州, 欲泛海禮補陀觀音. 道由天童山之景德寺. 適闕主者. 眾見師來, 密以告郡. 師微聞即遁去. 大眾圍繞, 通夕不得行. 不得已而受請. 未幾虜人侵犯境內, 諸寺皆謝遣雲游. 師獨來者不拒. 或以為不可. 師喻之曰. 明日寇至, 寺將一空. 即今幸其尚為我有, 可不與眾共之乎. 已而寇至, 登塔嶺以望, 若有所見. 遂歛〈斂？〉兵而退, 秋毫無所犯. 人皆歡服以為神助. 伯庠, 聞師名舊矣. 歲在戊午, 教授州學, 始識其面. 嘗訪師自小白捨舟道. 松陰二十餘里, 雄樓傑閣, 突出萬山之中. 固已駭所未見. 入門禪毳萬指, 默座禪床, 無謦欬者. 伯庠, 頃侍先參政, 遍歷襄漢·江西·南嶽, 未有如是盛也. 聞之長老尊宿, 皆云, 天童舊眾, 不滿二百. 師之來, 四方學者, 爭先奔湊, 如飛走之宗鳳麟, 百川之赴滄海. 今踰千二百眾矣. 來者益多, 甌釜將槁. 主者惶懼, 不知所以為計, 白師以僧糧垂盡. 師笑曰, 人各有口, 非汝憂也. 言未既,闇者告嘉禾錢氏航米千斛艤於岸矣. 紹興八年九月, 被旨住鹽安府靈隱寺. 將行大眾悲號, 有鳥萬數亦哀鳴, 隨師 踰數時乃散. 十月, 有旨還天童. 前後垂三十年, 寺屋幾千間, 無不新者. 異時長蘆·雪峯, 僧方盛時, 各居一堂, 別為四五. 天童衲子既多, 師以己意指授匠者, 為一堂以處眾千二百人, 悉皆容受. 雄麗深穩, 實所創見. 即兩山間, 障海潮而田之, 歲入三倍於前. 凡眾所須無不畢具. 此雖有為事, 然他人睥睨不敢措手者. 師優游其間, 即日趣辨.

[번역] 건염 3년(1129) 가을에 강을 넘어 명주에 이르렀는데, 바다를 건너 보타산의 관음보살을 참예하려고 하였다. 가는 길에 천동산의 경덕사를 거쳐가는데 마침 주지가 공석이었다. 대중은 선사가 오는 것을 보고 은밀하게 郡에 알렸다. 선사가 은밀히 그 소식을 듣고서 문을 닫고 숨어 버렸다. 그러자 대중이 밤새도록 둘러싸고 가지 못하게 하였다. 이에 할 수 없이 대중의 청을 받아들였다. 그러나 얼마 되지 않아서 오랑캐가 국경을 침범하여 모든 사찰에서는 운수납자를 다 돌려보냈다. 선사만이 홀로 찾아오는 사람을 막지 않았다. 그러나 사중의 어떤 승이 객승이 찾아오는 것을 반대하자 선사가 일러서 말했다. "내일 도적이 온다면 사찰은 텅 빌 것이다. 지금은 다행스럽게도 객승이 우리가 있는 곳으로 찾아오니, 대중이 그들과 함께 해야 하지 않겠는가."

과연 도적들이 도착하여 塔嶺에 올라서 바라보니, 사찰에 군인들이 모여 있는 것처럼 보였다. 마침내 도적들은 병사를 거두어 물러났기 때문에 추호도 침범을 받지 않았다. 대중들이 모두 탄복하여 신장들이 도왔다고 말하였다. 나 伯庠도 선사의 명성을 들은 지 오래였다. 그러나 무오년(1138)이 되어서야 州學에서 가르치면서 비로소 그 면모를 알 수가 있었다.

　일찍이 선사를 참문하기 위하여 小白에서 배를 내려서 길을 걸어갔는데, 소나무 그늘이 20여 리나 되었고, 웅장한 누각과 빼어난 문설주가 여러 산들 가운데 우뚝 솟아 있었다. 이전부터 지금까지 본 적이 없던 것이라서 깜짝 놀랐다. 문으로 들어가자 수많은 대중이 선상에 앉아서 黙坐하고 있었는데 기침소리 하나 나지 않았다. 나 백상은 근래에 參政을 모시고 襄漢·江西·南嶽 등을 편력하였는데, 아직까지 이처럼 왕성한 모습을 본 적이 없었다. 그래서 長老尊宿들에게 물어보니, 모두들 말하였다. "천동사도 옛날에는 2백 명이 되지 않았습니다. 그러나 사방에서 납자들이 앞을 다투어 몰려들자, 마치 날고 달리는 것들이 봉과 기린을 으뜸으로 삼는 것과 같고, 온갖 강물이 창해에 이르는 것과 같게 되었습니다. 지금은 천이백 대중이 넘습니다."

　찾아오는 납자가 더욱더 많아져서 밥솥이 부족하고, 주지를 맡은 사람은 황송하게도 어떻게 거두어야 할지 모를 정도였다. 이에 선사에게 대중의 양식이 거의 바닥이 날 정도가 되지 않았느냐고 말씀드리자, 선가가 웃으며 말했다. "사람들은 각자 입을 가지고 있는데 그대가 걱정할 것이 아닙니다."

　말을 마치고 얼마 되지 않았는데, 문지기가 嘉禾의 錢氏가 배로 쌀 千斛을 싣고 도착했다는 보고를 하였다. 소흥 8년(1138) 9월에 칙지를 받고 臨安府 靈隱寺로 옮겼다. 그곳으로 가려고 하자 대중이 슬프게 통곡하였고, 수만 마리의 까마귀도 또한 슬프게 울어대며 선사를 따라서 여러 시간이 지나도록 흩어지지 않았다.

　10월에 다시 칙지를 받고 천동사로 돌아왔다. 전후에 걸쳐 30년 동안 주석하며, 사찰의 건물은 수천 칸이 되었는데, 새로 짓지 않은 것이 없었다. 한때 장로산과 설봉산에서 대중이 바야흐로 왕성했을 때 각자가 一堂에 거주하였는데, 특별히 4~5명이 거주하기도 하였다. 천동사의 납자들도 이미 많아졌기 때문에 선사는 자신의 뜻대로 기술자들에게 지시하여 一堂씩 일천이백 명이 거주할 수 있도록 하였는데 그 모두를 수용할 수가 있었다. 우람하고 아름다우며 지극히 평온하여 실로 처음 보는 모습이었다. 두 산 사이를 두고 조수를 막아서 그곳을 밭으로 활용하였다. 이에 세입이 이전보다 세 배나 많아졌다. 그래서 대중이 필요로 하는 것을 모두 갖추지 못하는 것이 없었다. 이것이 비록 有爲의 불사였다고 할지라도 더욱이 다른 사람은 흉내낼 수도 없는 수단을 조치한 것이었다. 선사는 그 동안에 유유자적하면서도 날짜가 되면 신속하게 弁道하였다.

(普) : (次補太平·圓通·能仁, 及長蘆)·天童. 而天童屋廬湫隘. 師至創闢一新, 衲子爭集, 萬指⋯. (中略) 師住持以來, 受無貪而施無厭, 歲艱食, 竭己有, 及贍眾之餘 賴全活者數萬. 日常過午不食.

[번역] 다음으로 太平 圓通·能仁 및 長蘆·天童에 주석하였다. 그런데 천동사의 가람이 낡고 비좁았다. 선사가 이른 이후로 새로 건립하여 일신하자, 납자들이 다투어 모여들어 천 명이 넘었다. (중략) 선사가 주지를 맡은 이래로 받은 시주물에 대하여 탐욕이 없고, 베풀어 주는 것에도 싫어함이 없었다. 양식이 부족한 해가 되면 몸소 시주물을 얻어 등에 지고 와서 대중을 구휼하였다. 이리하여 생활을 의지한 사람이 수만 명이었지만 일상에 늘 오후가 되면 不食하였다.

북송이 멸망하였지만, 북방으로부터 金의 공격에 의하여 정정의 불안은 곧 해결되지 않았다. 兵火를 피하여 진주 장로숭복선원을 물러난 굉지는 진헐이 주지를 맡고 있는 補陀洛迦山의 觀音靈場으로 향했지만, 그때 주지가 공석으로 있던 천동산에 초청되어 주지를 맡게 되었다.

　『굉지록』 권3은 건염 3년(1129) 11월 2일의 受請上堂으로부터 기록되어 있다. 굉지는 소흥 8년(1138) 9월에 칙지를 받고 臨安府 靈隱寺에 주석하였지만, 겨우 1개월 만에 물러나서 다시 천동산에서 주지를 하였다. 이후로 소흥 27년 10월 8일에 시적할 때까지 30년 가까이 활약하였다. 그 사이에 굉지가 찬술한 「天封塔記」(名著普及會本, p.518)와 근년에 寧波의 天封塔을 해체하고 중수하면서 발견된 것으로, 소흥 14년의 귀중한 유품과 밀접한 관계가 있는 것으로 밝혀졌다. 다만 『굉지록』의 「해제」에서도 서술하였지만, 『굉지록』 권3의 상당에는 再住한 이후의 기록은 없고, 영은사에 주석했던 과정도 명확하지 않아서, 권5의 眞贊을 제외하고, 만년 20년의 기록에 대해서도 명확하지 않은 점이 있다.

　그러나 굉지의 행장에서 有爲의 佛事라 해도 천동산의 부흥은 큰 족적이다. 부흥이란 가람의 내외를 일신함과 더불어 規矩의 정비였다. 천동산은 굉지가 주석함으로써 일종의 독자적인 종풍이 육성되는 도량이 되었다. 천동산은 이후에 五山의 하나가 되었지만, 반세속적인 주지들이 좋아하는 산이 되어 흥미롭게도 천동산을 거쳐서 靈隱寺와 徑山에 올라 주석하는 선자는 대단히 희귀한 사람이 되었다.[15] 굉지가 首都였던 임안부 영은사에 불과 1개월밖에 주지를 하지 못하였던 것은 당시의 권력에 대하여 형식적으로 틀에 박힌 것을 싫어한 것으로 내심으로

---

15) 졸고, 「中國 五山十刹制度의 기초적 연구」(『駒澤大學佛敎學部論集』 제13~제16호, 1982년 10월~1985년 10월).

반골의 정신을 드러낸 것이었다고 간주된다. 이후에 그것이 기록에 없는 것은 침묵하여 말하지 않음으로써 적극적으로 좌선에 매진한 일면이 있었던 것도 사실이다.

굉지의 종풍에 대해서는 후술하듯이, 장로산에서 확립된 默照禪은 천동산이라는 도량을 얻어서 개화되었다. 굉지에 의하여 천동산에서 확실하게 뿌리내린 묵조선의 종자는 時機를 만나서 발아되었고, 그 종자는 부패함이 없이 영원히 호흡을 지속하게 되었다.

굉지가 천동산에서 주지를 맡은 것이 38세였고, 再住한 것이 48세였으며, 시적한 것이 67세였다. 천동산의 역사 가운데서 잊어서는 안 될 사람으로 굉지가 있고, 굉지의 행장에서도 천동산은 그 이후의 영향으로 고려해 보아도 가장 중요한 도량을 점유하고 있다. 굉지가 송대 선종사를 대표하게 된 것도 천동산에서 보여 준 활약을 빼놓고는 생각할 수가 없다.

6. 示寂

(周)：*丁丑秋九月壬申, 師入四明, 又命舟至越上, 徧見常所往來者, 若與之別. 冬十月己亥, 始還山飯客, 笑語無異平日. 昔旦, 作遺書與佛日杲禪師. 且為其徒書四句偈, 投筆而逝. 自佛日住育王, 與師相得驩甚. 嘗戲曰, 脫我先去, 公當主後事. 及佛日得遺書, 夜至天童. 凡送終之禮, 悉主之. 因舉師弟子法為繼席. 識者方知二尊宿各傳一宗, 而以道相與, 初無彼此之間也. 龕留七日, 顏色如生, 初議茶毘以收舍利. 或曰, 師嘗薙髮有墜火中者, 輒成舍利. 自是遺髮人所爭取, 豈嫌無舍利也耶. 丙午, 乃奉全身, 葬山之東谷. 自師之化, 風雨晦冥, 至葬開霽, 迄事復雨.

送者逾萬人. 彌亘山谷. 無不涕慕歎仰者. 壽六十七, 僧臘五十三. 度弟子二百八十人. 嗣法者, 嗣宗·法智·世釗·道林·法潤·信悟·法為·慧輝·了默·師秀·行從·宗榮·法聰·清萃·正光·集成·道圜·法濟·明慧·中翼·法恭·子靈·師儼·師全·覺照·法海, 皆於諸方坐大道場. 若其分化幽遠, 晦跡林泉, 則又未易悉紀也.

[번역] 정축년(1157) 가을 9월 임신일(10일)에 선사는 四明에 들어갔다. 또한 배를 준비시켜서 越上에 이르러 두루 돌아다니며 항상 왕래하는 사람들을 볼 때마다 그들과도 이별하듯이 하였다. 겨울 10월 기해일(7일)에 비로소 산으로 돌아와서 객승에게 공양을 대접하고 담소하였는데 평소와 다름이 없었다.

이튿날 아침(8일) 유서를 작성하여 佛日宗杲선사에게 보냈다. 또한 대중들을 위하여 四句偈를 쓰더니 붓을 내려놓고 입적하였다. 불일종고는 아육왕산에 주석하면서부터 선사와 서로 대단히 각별하였다. 일찍이 유희하며 말했다. "내가 먼저 죽으면 그대가 반드시 후사를 맡아 주시오."

불일종고가 유서를 받고서 그날 밤으로 천동산에 이르렀다. 무릇 장례의 일체를 맡아 주관하였다. 선사의 제자인 法爲를 천거하여 주지를 계승시켰다. 이에 식자들이 비로소 두 존숙이 각각 一宗을 전승하여 道로써 서로 맺어져서 처음부터 피차에 격의가 없었음을 알았다. 감실에다 일주일 동안 안치하였는데 안색이 살아 있는 것과 같았다. 처음에 다비하여 사리를 수습할 것을 논의하였는데, 어떤 사람이 말했다. "선사는 일찍이 머릿카락을 깎아서 불 속에 던진 적이 있었는데, 그것이 곧 사리가 되었다. 그로부터 자른 머리카락은 사람들이 다투어 가져갔으니 어찌 사리가 없다고 의심하겠는가.”

 병오일(14일)에 이에 전신을 받들어 천동산의 東谷에 장례지냈다. 선사가 입적하자 그때부터 비바람이 심했는데 장례 때가 되니 맑게 개었고, 장례를 마치니 다시 비가 내렸다. 봉송하는 사람은 만 명이 넘었다. 빼곡하게 계곡을 메웠는데 눈물을 흘리면서 경모하고 찬탄하지 않는 사람이 없었다. 세수가 67세이고, 승랍이 53세였다. 제자로 제도해 준 사람이 280명이었다. 법을 계승한 사람은 嗣宗·法智·世釗·道林·法潤·信悟·法爲·慧輝·了默·師秀·行從·宗榮·法聰·淸萃·正光·集成·道圜·法濟·明慧·中翼·法恭·子靈·師儼·師全·覺照·法海 등이었는데, 모두 제방에서 대도량에 앉았다. 그 교화는 더욱더 멀리 나뉘어져 족적이 임천을 두루 덮었다. 그런즉 또한 그것을 쉽게 다 기록할 수가 없다.

　　銘曰,
　師昔侍佛靈鷲山, 受佛囑叅來人間.
　慧刀慈力鑴世頑, 出入生死非其難.

　一性常如萬行圓, 筆端三峽爲波瀾.
　化城仍作寶所先, 華藏界海生塵寰.
　攝化四海犇人天, 學者爭趨曹洞關.
　示以自己空劫前, 得無所得非言傳.

　弟子所至闍法筵, 無盡之燈耀大千.
　海山秀處東谷原, 我作銘詩詒永年.

 紹興二十九年七月望日, 住持嗣祖法姪比丘宗珏立石. 四明陳奇·陳曦模刊.

銘으로 말한다.
선사는 옛적에 영취산에서 부처님을 시봉하여
부처님의 촉루를 받아서 인간세계에 오셨다네.
지혜 칼과 자비 힘으로 세간의 미혹을 자르고
삶과 죽음에 출입하면서도 어려움이 없었다네.

불성은 항상 여여하였고 만행은 원만하였으며
빼어난 붓 끝은 三峽 계곡에 파란을 일으켰네.
化城을 인하여 보배 있는 곳보다 앞에 만들고
화장세계 바다에는 미진의 세계를 발생시켰네.
사해를 교화하여 인천의 중생을 일깨워 주었고
납자들이 다투어 조동의 관문으로 모여들었네.
자신의 면모를 空劫以前事로 대중에게 보였고
무소득을 터득하니 언어도 전승하지 못한다네.

납자가 이르는 곳 어디에나 법연을 널리 펴서
무진의 등불을 삼천대천세계에 비추어 주었네.
바다와 산의 풍경이 빼어난 곳 동곡의 언덕에
내가 銘으로 쓴 시를 통해 영원히 전승한다네.

소흥 29년(1159) 7월 보름날에 주지이고 嗣祖의 法姪로서 比丘 宗珏이 立石하고, 사명의 陳奇와 陳曦가 模刊하다.

(趙) : 紹興二十六年, 育王缺人. 師擧妙喜佛日禪師主之, 親爲勸請文. 妙喜住育王, 城府開堂. 師擧上首白椎, 傾倒劇談瀾論. 執其手云, 吾二人皆老大, 惟吾二人, 儞唱我和, 我歌儞拍. 苟一旦有先臨, 然則存者爲主其事. 後圓寂, 留頌遺余, 以示永訣. 而妙喜竟爲主喪, 不渝盟也. 眞可謂, 南山與秋色, 氣勢兩相高. 于二公見之矣. 今越帥舍弟, 深亦推重,延入府庭. 問道旬日. 十月十七日. 始還山. 次日午. 飯對從容. 談笑自若. 索湯沐浴. 易衣需紙. 揮染育王書. 囑爲後事. 及書偈告衆. 末後一著光明四布. 歎未曾有. 居生之日. 語錄偈頌言句一一不遺. 師于常所用扇. 惟書菩提二字. 甚不凡也. 延平慕南上人. 不負平日法義. 求序于余. 余曰. 更請佛日大禪老. 爲末後句始得. 功案大備. 此老不動聲氣. 拈佛祖命脈以接雲水. 上人當更問. 不涉廉纖語如何話會. 佛慣得其便. 上人恐未免竹篦也. 急著眼減一半. 參. 紹興戊寅四月初吉. 皇叔·慶遠軍承宣使·提擧江州太平興國宮·安定郡王. 趙令衿序.

[번역] 소흥 26년(1156) 아육왕사에 주지가 공석이었다. 선사가 묘희 불일 종고선사를 추거하여 아육왕사의 주지가 되게 하였는데 친히 권청문을 썼다. 묘희가 아육왕사에 주석하여 城府에서 개당하였다. 그러자 선사는 그곳의 상수제자에게 白椎를 시키고 모든 문제에 대하여 담론하고 논의하였다. 선사가 묘희의 손을 잡고 말했다. "우리 두 사람은 모두 늙었습니다. 우리 두 사람을 생각하자면 그대가 노래하면 내가 화답하고 내가 노래하면 그대가 박자를 맞춥니다. 진실로 일단 먼저 눈을 감는 자가 있으면 곧 남아 있는 자가 후사를 맡아 주기로 합시다. 이후에 원적에 즈음하여 게송을 남겨 나한테 보내 주면 그것으로 영결을 하겠습니다."

그리고 묘희가 마침내 상주가 되어 맹약을 지키게 되었다. 진실로 남산과 가을색은 그 기세가 둘 다 높다고 말하는데, 두 사람이 그것을 보여 주었다. 현재 越帥인 舍弟가 또한 높이 받들어서 府庭으로 초청하여 열흘 동안 도를 물었다. 10월 17일에 비로소 천동산으로 돌아왔다. 이튿날 정오에 공양하며 객승을 상대하며 조용히 담소를 하였는데 편안해 보였다. 湯頭를 불러서 목욕을 하고 옷을 갈아입고 종이를 가져오라 하여 육왕사에 보내는 글을 써서 후사를 부촉하였고, 아울러 게송을 써서 대중에게 알렸다. 말후에는 한줄기 광명이 사방에 퍼지자 미증유한 일이라고들 찬탄하였다. 살아생전의 어록과 게송의 언구 하나도 빠뜨리지 않았다. 선사가 항상 사용하던 부채에다는 오직 菩提라는 두 글자를 썼을 뿐인데, 무척 범상하지 않았다.

延平의 慕南上人이 상식의 法義답지 않게 나한테 「서문」을 구하였다. 내가 말했다. "다시 불일종고 대선로에게 청해 보십시오. 말후구를 위해서는 그것이 좋을 것입니다. 공이 완전하게 갖추어져 있는 불일노인은 소리도 내지 않고 불조의 명맥을 잡아서 운수납자를 교화해 줍니다. 부처님이라 할지라도 그 수단을 따를 것입니다. 上人도 아마 죽비를 피할 수 없을 것입니다. 정신을 바짝 차려서 일생을 반감하지 마십시오. 參!!"

소흥 무인년(1158) 4월 초하루 길일에 皇叔·慶遠軍承宣使·提擧江州太平興國宮·安定郡王인 趙令衿이 「서문」에 붙이다.

(王)：二十七年秋九月, 忽來城中, 謁郡僚及素所往來者, 又之越上, 謁帥守趙公令誤. 因遍詣諸檀越家, 若與之別. 十月七日, 還山飯客如常. 八日辰巳間, 沐浴更衣, 端坐告眾. 顧侍者, 索筆作書, 遺大慧禪師, 屬以後事. 又書偈曰, 夢幻空花, 六十七年. 白鳥煙沒, 秋水天連. 擲筆而逝. 龕留七日, 顏貌如生. 壽六十七, 僧臘五十三. 大慧夜得書, 即至山中. 以十四日, 奉師全身, 葬東谷塔. 道俗送者, 增山盈谷, 無不涕慕. 自師之逝, 風雨連日, 及葬開霽, 事畢如初. 師具大慈悲, 誘接不倦. 投籌入室, 潛符密證者, 不可勝紀. 師於受施無貪, 行施無厭. 歲饑艱食, 竭已之長. 兼輟贍眾之餘. 賴以全活者. 亡慮數千萬人. 居常施者. 金帛滿前. 悉歸於眾. 丈室蕭然. 弊衣糲食. 不破中飡. 以終其身. 每薙髮聚之. 必生舍利五色. 或髮貫其中. 有得墮齒者. 舍利生生不已. 葬後人祈禱之. 或得於茵蓆. 或得於衣履. 不常其處. 寺去水遠. 師鑿石為㘰. 子母相銜. 齋厨浴室. 無不周徧. 官家婦人. 有入寺者. 欲盥手㘰中. 忽蛇躍而出. 婦人驚倒. 久之乃蘇. 貴人子餔法堂西. 酒肉自隨. 或止之不從. 俄而法鼓雷震墮地. 貴人子惶懼而去. 今有震跡存焉. 一日小行者. 僵仆於地言曰. 我護伽藍神也. 與太白神角力. 可令僧眾誦呪助我. 或曰. 何不以告堂頭. 神曰. 我聞覺和尚住此十餘年矣. 每至寢堂欲見之. 即戰慄〈慄?〉不能前. 竟未之識也. 其為文初不經意. 下筆即成. 中書舍人潘公良貴. 請銘大用菴. 親為書石. 歎曰. 與三祖信心銘相後先矣. 師去世之五月. 詔諡宏智禪師. 塔曰妙光. 參知政事周公葵為之銘. 凡師應世之跡. 見於塔銘者. 茲不復敘. 嗚乎. 此特師之事業. 可形於言者爾. 若乃妙用縱橫. 不痕不跡. 全超空劫之前. 洞徹威音之外. 不可得而擬議者. 又非文字之所能載也. 乾道二年六月日. 左朝奉大夫·侍御史. 王伯庠記.

[번역] 소흥 27년(1157) 가을 9월에 홀연히 성중으로 찾아와서 군료 및 본래부터 왕래하던 사람들을 만났고, 또한 越上으로 가서 帥守인 趙公令詪을 만났다. 널리 모든 시주자들을 찾아보고 그들과 작별을 하였다. 10월 7일에 천동산으로 돌아와서 객승들과 공양을 하였는데 평소와 같았다. 8일 진시와 사시 사이에 목욕을 하고 옷을 갈아입고 端坐하여 대중에게 알렸다. 시자를 돌아보고 붓을 찾아서 글을 써서 대혜선사에게 보내서 후사를 부촉하였다. 또한 게송을 써서 다음과 같이 말했다.

꿈속과 환영과 허공의 꽃처럼,
육십칠 년 동안 살아 왔다네.
백조는 안개 속에 사라져 가고,
가을 물길은 하늘까지 닿았네.

붓을 내려놓고 입적하였다. 감실에다 7일 동안 모셔 두었는데 안색이 살아 있는 것과 같았다. 세수 67세이고, 승랍이 53세였다. 대혜가 그날 밤에 글을 받고 곧장 산중으로 찾아왔다. 14일장으로 선사의 전신을 봉안하여 東谷에 장례지냈다. 출가자와 재가자들로서 봉송하는 자가 산과 계곡에 가득하였는데 눈물을 흘리며 추모하지 않는 자가 없었다. 선사가 입적한 날로부터 연일 비바람이 불더니 장례일이 되자 맑게 개었다가 장례가 끝나자 다시 비바람이 불었다.

선사는 대자비를 갖추어 교화를 게을리하지 않았다. 산가지를 방에 던져 넣었는데(교화한 사람의 숫자를 산가지로 비유한 것) 은근하게 부합되고 은밀하게 계합된 사람은 다 기록할 수 없을 정도였다. 선사는 시주물을 받아도 탐욕을 부리지 않았고 그것을 베풀어 줄 때에도 싫어함이 없었다. 흉년이 들어서 먹을 것이 부족해지면 자신의 공양물을 남겨서 대중을 도와서 부족함을 보충하였다. 이로써 온전히 의지하는 사람이 수천 내지 수만 명이었다.

언제나 보시물과 돈과 비단이 앞에 쌓이면 모두 대중에게 돌려주었고, 방장실은 단출하여 헤진 옷과 현미뿐이었으며, 평생토록 午後不食을 어기지 않았다. 머리카락을 깎을 때마다 그것을 모아 두었는데 반드시 오색의 사리가 되었다. 어떤 머리카락은 속까지 투명하였다. 빠진 이를 얻은 자도 있었는데 사리가 생생하지 않음이 없었기 때문에 장례를 지낸 후에 사람들이 그것에다 기도를 드렸다. 어떤 사람은 선사가 앉았던 자리를 얻었고, 어떤 사람은 옷과 신발을 얻었는데 그런 행위는 특별한 것이었다.

천동사는 물길이 멀었는데 선사가 바위를 뚫어서 도랑을 만들었다. 이로써 어머니와 아들이 서로 물을 마시고, 아울러 주방과 욕실에서 널리 활용하지 않는 곳이 없었다. 宦家의 부인으로서 사찰이 들어온 사람이 있었는데, 도랑에서 손을 씻으려고 하였는데 홀연히 뱀이 튀쳐나오자 부인은 놀라 자빠졌다 한참 후에 깨어났다. 이에 귀인의 아들이 법당의 서쪽에다 건물을 지어 놓고 술과 고기를 즐겼다. 사람들이 말려도 듣지 않았다. 그러자 갑자기 법고가 우레처럼 진동하더니 땅이 꺼졌다. 귀인의 아들이 놀라서 도망갔다. 지금도 진동했던 곳이 남아 있다.

하루는 어린 행자가 땅에 엎드려 말했다. "저는 가람을 수호하는 신입니다. 太白神과 더불어 힘을 겨루고 있습니다. 그러니 대중으로 하여금 誦呪토록 해서 저를 도와주시기 바랍니다." 한 승이 말했다. "어째서 당두화상에게 알리지 않는가." 신이 말했다. "제가 듣기로 정각화상께서는 이곳에 주석한 지가 10년이 되었습니다. 매번 寢堂에 이르러 화상을 뵙고 싶어도 곧 전율이 일어나서 그 앞에 나아갈 수가 없습니다. 그런데 아직까지도 그 이유를 모르겠습니다."

그것을 글로 지었는데 처음에는 뜻이 통하지 않았지만 붓을 내려놓고 나니 완성되었다. 中書舍人인 潘公良貴가 大用菴에 새겨 놓을 것을 청하였다. 이에 선사가 친히 돌에다 글을 써 놓으니, 潘公良貴가 찬탄하여 말했다. "삼조 승찬의 「신심명」과 더불어 서로 선후가 됩니다."

선사가 입적한 지 5개월 후에 조칙으로 宏智禪師라는 시호를 내렸고, 탑명은 妙光이었다. 參知政事 周公葵가 거기에 새겼다. 무릇 선사가 세상에 계신 족적은 「탑명」에서 볼 수가 있으므로 여기에서 반복하여 서술하지는 않는다. 오호라. 여기에서는 특별히 선사의 事業을 언설로 모방했을 뿐이다. 그 묘용이 종횡한 것에 대해서는 흔적도 없고 자취도 없는 것으로, 공겁이전까지 초월하였고 위음왕불 밖에까지 통철한 까닭에, 생각으로 어찌해 볼 도리가 없고 또한 문자로 수록할 수 있는 것이 아니다.

乾道 2년(1166) 6월일에 左朝奉大夫·侍御史 王伯庠이 기록하다.

(普) : 紹興丁丑九月, 謁郡僚及檀度, 次謁越師〈帥?〉趙公令誏與之別. 十月七日, 還山. 翌日辰巳間, 沐浴更衣, 端坐告眾. 顧侍僧, 索筆作書, 遺育王大慧禪師, 請主後事. 仍書偈曰, 夢幻空華, 六十七年. 白鳥煙沒, 秋水天連. 擲筆而逝. 龕留七日, 顏貌如生. 爪髮漸長, 奉全軀, 塔于東谷. 僧臘五十有三. 其生前所遺髮齒設利, 綴之如珠, 或髮貫其中. 至今以誠心求者必得. 戊寅春, 謚宏智, 塔妙光.

[번역] 소흥 정축년(1157) 9월에 郡僚 및 시주자들을 만났고, 이어서 越帥인 趙公令誏을 만나 보고 작별하였다. 10월 7일에 천동산으로 돌아왔다. 이튿날 진시와 사시 사이에 목욕을 하고 옷을 갈아입고 端坐하여 대중에게 알렸다. 시봉하는 승을 돌아보고 붓을 찾아 글을 써서 아육왕사의 대혜선사에게 보내서 후사를 주관해 줄 것을 청하였다. 이에 게송을 써서 말했다.

> 꿈속과 환영과 허공의 꽃처럼,
> 육십칠 년 동안 살아 왔다네.
> 백조는 안개 속에 사라져 가고,
> 가을 물길은 하늘까지 닿았네.

붓을 내려놓고 입적하였다. 감실에 안치한 지가 7일이 되었는데 얼굴색이 살아 있는 것과 같았다. 손톱과 머리카락이 점점 자라났는데, 전신을 받들어 東谷에다 탑을 세웠다. 승랍이 53년이었다. 선사가 생전에 남겨놓았던 머리카락과 이빨의 設利(設利는 室利羅 또는 設利羅라고 하는데, 骨身 또는 靈骨을 가리킨다)가 있었는데 그것을 모아 보면 구슬과 같았고, 어떤 머리카락은 속까지 투명하였다. 지금도 성심을 기울여서 추구하는 사람이 있으면 반드시 성취한다.

무인년(1158) 봄에 시호는 굉지이고 탑은 묘광이라고 하였다.

소흥 27년 10월 8일에 굉지는 67세로 시적하였고, 14일에 현재 古天童이라 불리는 東谷에 장례지냈다.[16] 『兩浙金石志』에 있는 「탑명」의 '辛丑'이라는 간지는 4권본 『어록』의 「탑명」처럼 '丁丑'의 오기이다. 굉지의 만년에 주목해야 할 행장은[17] 대혜종고와 교류에 대한 것이다. 소흥

---

16) 현재는 파괴되어 남아 있지 않지만, 굉지의 부도탑이 존재했었음을 常盤大定博士는 보고하고 있다. 『中國文化史蹟』 권4 및 해설(法藏館, 1985년 7월 再刊) ; 『支那佛敎史蹟踏査記』(龍吟社, 1938년 9월).
17) 佐藤秀孝, 「宏智 晚年의 行實에 대하여-天童宏智老人像의 大慧贊을 중심으로-」(『曹洞宗硏究紀要』 제16호, 1984년 8월)은 굉지의 행장에 대한 새로운 견해가 많이 있어서 시사를 받았다. 또한 굉지의 최후 만년의 自筆인 「正覺書」를 새긴 『굉지록』 권5의 自贊의 「序」에 의한다면 묵조선의 종풍이 변함없음을 보여주고 있다. "眞精進而離妄, 法供養以無疵, 妙莊嚴以從緣, 慧方便而不縛. 毘盧性空而智身了之, 普賢毛孔而法界重重. 仰之高, 鑽之堅. 涅不緇, 磨不磷, 珊瑚瀛海夜潮, 飮其光明, 薝蔔叢林春律, 洗其寒色. 齊物蝶翻乎夢, 截流鷗赴于盟. 四明玲瓏巖寺, 束筴住山, 幾三十年. 眾集食貧, 躬出持鉢, 仍承化士, 循乞以供. 寫幻儀須鄙語, 隨處見人, 得助談柄. 僧編欲刻, 家醜莫揚. 且夫知之者愚, 言之者失. 祖證明之親到, 佛開演之恐迷. 面壁燈聯, 心空光發. 神游其奧, 靈靈自照而體虛, 道得其全, 綿綿若存而用細. 鼻孔車載不起, 舌頭鉗拔不伸, 祖意窮而通, 佛事光而備. 劍揮空而縱橫出礙, 珠受影而趣舍相隨. 雲鳥無章, 風鈴自韻, 秋蟲之語, 木蠹之文, 相傳佛選器同. 向道宗全說半. 比丘師儼, 請爲之引. 紹興二十七年夏安居日, 正覺書."(名著普及會本, p.323).

26년 3월 11일에 流罪가 풀리고 復僧된 대혜를 아육왕사의 제19세로 추거한 사람은 가까운 천동산에 주석하고 있던 굉지였다.

『大慧寶覺禪師語錄』권5에 기록되어 있는 소흥 26년 11월 23일에 했던 대혜의 明州報恩光孝禪寺의 개당법어에는 천동사의 굉지가 白槌했다고 명시되어 있다. 굉지는 그 이후에 1년도 되지 않아 시적하였다. 생전의 약속처럼 대혜는 굉지의 장례를 주관했을 뿐만 아니라 굉지의 제자인 法爲에게 천동산의 제17대 주지로 계승시켰다. 또한 소흥 28년 정월에 대혜는 굉지노인의 像에 贊을 남겼으며, 굉지를 진정한 도반이라고 상찬하였다.[18]

대혜가 敵對하는 묵조선자가 진헐청료였다는 점은 이미 지적한 그대로이지만, 굉지와 대혜는 서로가 용납되지 않는 관계는 전혀 아니었다

---

18) 「天童宏智老人像贊」의 原刻碑는 寧波市 天童寺에 현존하여, 佐藤秀孝, 「宏智晚年의 行實에 대하여-天童宏智老人像의 大慧贊을 중심으로-」(『曹洞宗硏究紀要』제16호, 1984년 8월)의 논문에 상술되어 있다. 原刻拓本=(底)을 『兩浙金石志』권9=(兩)과 『大慧普覺禪師語錄』권12=(大)를 가지고 교정한다.
"天童宏智老人. 育王妙喜宗杲贊. 烹佛烹祖大爐鞴, 煆凡煆聖惡鉗鎚. 起曹洞於已隆之際, 鍼膏肓於必死之時. 善說法要, 罔涉離微. 不起于座, 而變荊刺林爲梵釋龍天之宮. 而無作無爲, 神澄定靈. 雪頂厖眉. 良工寫出兮不許僧繇知, 虛堂掛張兮梁寶公猶迷. 簡是天童老古錐, 妙喜知音更有誰."
*爐=鑪(大). *煆=鍛(大) 이하 동일. *鍼=針(大). *肓=盲(兩). *于=千(兩). *厖=龍(兩)(大). *寫=幻(大). *掛張=卦張(兩)=張卦(大). *誰=誰의 아래에 '紹興二十八年立石'과 模刻의 탁본이 있는 것도 원래 비문의 陰記에는 없었다. 이 像讚은 「東谷無盡燈碑」의 陰記에 새겨져 있다. 비문은 無盡燈을 많은 여성의 불교신자들이 굉지의 탑에 공양해서 그 가호를 원하는 것으로서 "紹興二十八年正月日, 募緣直歲僧智宣, 山門監寺沙門惠璋, 住持傳法沙門法爲立石."이라는 刻記가 남아 있다. 대혜가 육왕사 주지를 지냈던 연대를 고려해 보면 碑의 陰記도 동시에 성립되었던 것을 重建한 것으로 볼 수가 있다. 필자도 原刻碑를 볼 수가 있었기 때문에 그 模刻된 탁본을 소지하고 있다. 근년에 이 탁본에 대하여 서술한 논문으로 椑林津龍, 「大慧宗杲의 宏智禪師像贊에 대하여」(『宗學硏究』제25호, 1983년 3월)가 있다. 또한 「東谷無盡燈碑」의 원문은 [자료 18]의 주석 26)에 참고로 기록해 두었다.

는 것이 행장에도 드러나 있다. 종풍의 차이에 대해서는 다음 절에서 검토하려고 한다.

굉지의 사법제자는 「탑명」과 『가태보등록』 권13에 의하여 정리해 보면, ①慶元府 雪竇 聞庵嗣宗(1085~1153), ②常州 善權法智, ③劍州 鳳凰世釗, ④眞州 長蘆道琳(林), ⑤法潤, ⑥慶元府 寶福信悟, ⑦隨州 大洪法爲, ⑧臨安府 淨慈 自得慧暉(輝)(1097~1183), ⑨了黙, ⑩師秀, ⑪行從, ⑫淸潭宗榮, ⑬慶元府 廣慧法聽(聰), ⑭慶元府 雪竇淸萃梴, ⑮衢州 烏巨正光(吳叙, 字는 元常), ⑯集成, ⑰道圜(圓), ⑱法濟, ⑲明慧, ⑳紹興府 能仁中翼, ㉑慶元府 瑞巖 石牕法恭(1102~1181), ㉒子靈, ㉓師儼, ㉔師全, ㉕淨居覺照, ㉖法海, ㉗襄陽府 石門 淸涼法眞, ㉘慶元府 光孝 了堂思徹, ㉙紹興府 能仁里의 29人이 열거되어 있다.[19]

또한 굉지가 만년에 교류했던 사대부 가운데 趙州의 郡守 趙令誏이 알려져 있지만, 조영현은 太祖의 차남인 燕懿王 德昭의 玄孫으로서, 송의 황실과 굉지의 관계는 그 이후 조동종이 전개되는 요인으로서 주목할 필요가 있다.

---

19) 佐藤秀孝, 「宏智 晩年의 行實에 대하여-天童宏智老人像의 大慧贊을 중심으로-」(『曹洞宗硏究紀要』 제16호, 1984년 8월)의 논문에는 『北磵集』 권3의 「千佛院記」에 의하여 潼川 千佛院 子原을 법사로 첨가시켜 두고 있다. 『굉지록』 권5에 의하면, ⑲ 明慧는 南明明慧 아니면 報願明慧인데, 그 이외에 祖印漸과 惠首座도 법사로 간주된다. 또한 『굉지록』의 편찬자 등에 대해서는 『굉지록』의 「해제」를 참조할 수가 있다. 문인들의 상세한 행장에 대해서는 금후에 검토하려고 한다.

제2절 묵조선의 확립

大慧宗杲가 대성한 看話禪은 默照邪禪의 비판과 초극에서 그 성립의 요인을 찾을 수가 있다. 간화선에 대해서는 다시 검토하지 않으면 안 된다고 간주되지만 본 절에서는 묵조선을 명확하게 하기 위하여 최소한도로 간화선과 비교를 해 보고자 한다.

대혜가 소흥 4년에 福州에 들어가서 설봉산에서 진헐청료를 만나고, 洋嶼庵에 주석하고 있던 시기에 대하여 4권본 『普說』 권3의 「方敷文請普說」에서 다음과 같이 말한다.

> 나는 후에 양서암에 주석하면서 3월 5일부터 3월 21일 사이에 계속해서 13명을 깨우쳐 주었다. 또한 84세가 되는 노화상을 한 명 지도하였다. 그의 이름은 大悲長老라 불렸다. 그에게 물었다. "일체의 존재와 관계를 갖고 있지 않는 사람, 그것은 어떤 사람입니까." 대비가 답하였다. "뭐라고 일컬을 수가 없다." 그래서 물었다. "뭐라고 일컬을 수 없는 사람, 그것은 어떤 사람입니까. 어서 말해 보시오. 어서 말해 보시오." 그가 퍼뜩 깨쳤는데, 등에는 흥건하게 땀이 흘렀다. 원래 완전한 깨달음을 믿지 않는 사람이었지만 홀연히 찰나에 깨달았다. 나는 그때부터 화두를 처음으로 사용하였는데, 그 이후에는 항상 그와 같이 사람들을 지도해 왔다. 선지식들이여, 만약 진정으로 그대들의 입장에서 깨달음을 얻었다고 한다면 곧장 밟아서 뭉개 버려라. 그것은 결코 그대들의 허물이 아니다. 어떤 사대부가 "묘희노인이 제자를 길렀는데 원수와 같았다."고 말했는데, 그 말은 참말이다. 그대들에게 만약 깨달음에 들어가는 단서가 없다면 내가 끝까지 그대들에게 주겠

다. 결코 작은 지해도 갖지 말라. 그것은 障害만 될 뿐이다.[1]

양서암의 대혜를 참문한 사람은 '깨달음'을 믿지 않는 사람이었다. 대혜는 그러한 사람에게 화두를 제시하여 대오시켜 주었다. 그 경험이 간화선을 전면적으로 이끌어 낸 계기가 되었다. 그 점은 『大慧年譜』 소흥 4년조에 다음과 같이 명확하게 제시되어 있는 것에서도 알 수가 있다.

> 司法을 지낸 林遵善 適可(字)가 洋嶼에다 암자를 지어 놓고 대혜선사를 모셔다가 주석토록 하였다. 당시에 宗徒는 妙悟를 부정하고 납자들로 하여금 寂黙에 빠져들게 하였다. 『辨正邪說』을 지어서 그들을 공격함으로써 당시의 폐해를 구원하였다. (상동)

대혜의 간화선이 '깨침'을 강조함에 상대하여, 대혜가 비판하는 선이 '깨침'을 부정하는 것으로 설해져 있는 예는 다음의 4권본 『보설』 권2의 「方外道友請普說」에도 보인다.

> 납자를 靜坐토록 하는 사람은 그 때문에 悟門을 설하지 않는다. 더

---

1) "後來住洋嶼庵, 從三月初五, 至三月二十一, 連打發十三人. 又接得簡八十四歲老和尚, 喚作大悲長老. 問他, 不與萬法為侶者, 是甚麼人, 云, 喚不起. 又問, 喚不起者, 是甚麼人, 速道, 速道. 他豁然省, 浹背汗流. 元初盡是不信悟底, 忽然一時悟. 山僧從此話頭方行, 每與人說. 禪和家, 若實在你處有所得, 便是碓搗磨磨, 他終不辜負你. 有簡士大夫說, 妙喜養子, 如生冤家. 誠哉是言. 你若未有簡入處, 我儘饒得你. 莫教有一知半解, 乃是禍來也."(東洋文庫所藏五山版, 8丁左~9丁右) 이 普說은 대혜가 아육왕사의 주지를 하던 시절에 妙智居士 方滋(1102~1172)가 청한 것이다. 그 가운데서도 진헐청료의 지도를 받고 있던 定光大師淨居尼妙道가 깨달음을 믿지 않는 사람이었지만 대혜 밑에서 대오한 사실을 서술하고 있다. 한편 위의 대목에 이어서 "今夜妙智居士與韓克明居士, 蘇宣教, 鄭教授諸公, 盡是簡中人. 其中有曾參天童覺和尚, 知有向上一著者."라는 내용이 있는 것을 보면 굉지에 대한 비판은 아니었다. 또한 大觀이 찬술한 「北礀禪師行狀」에 의하면, 그 때 사용했던 대혜의 죽비는 仲溫曉瑩을 거쳐서 北礀居簡에게 전수되었다. 졸고, 「중국 五山十刹制度의 기초적 연구(4)」(『駒澤大學佛教學部論集』 제16호, 1985년 10월).

욱이 心을 설하고 性을 설하는 사람도 悟門을 설하지 않고, 照顧脚下하라고 주장하는 사람도 悟門을 설하지 않으며, 전광석화처럼 재빠른 機關을 수단으로 삼는 사람도 悟門을 설하지 않고, 고금의 공안을 商量하는 사람도 悟門을 설하지 않으며, 도리어 찰나에 悟門을 내던져 버리고 나서 速效를 추구하려고 한다. 이와 같은 무리들은 참으로 가련하다. 선지식들이여, 己事를 발명하지 못했다면 스승을 참문하여 결택을 받아서 반드시 깨달음을 근본으로 삼지 않으면 안 된다. 宗師들은 본래 진리를 타인에게 주는 법이 없고, 다만 한 사람의 證明者에 불과하다.[2]

대혜의 선이 '깨침'을 강조한다는 점에서 여타의 선과 다르다는 것을 알 수가 있다. 그런 의미에서 '깨침'을 설하지 않는 최대의 집단이 黙照邪禪이라는 것이 된다. 『大慧書』의 「答劉寶學彦修」에서는 다음과 같이 말한다.

> 근년 이래로 선종의 불법이 폐해가 심각합니다. 어리석은 어떤 장로들은 근본적으로 깨닫지도 못하고서 미혹의 한가운데를 떠다니면서 의지할 어떤 것도 없고, 납자를 지도하는 참된 기량도 없으면서 모든 사람들에게 마치 진실한 것처럼 행세하고, 마음을 전혀 모르고 번뇌 상태에서 완전히 눈을 감고서 좌선만 하면 좋다고 하여 좌선하는 것을 그대로 깨침이라고 부르고 있다. 언충이 그런 무리들의 가르침에 미혹된 것은 참으로 씁쓰레한 일이다.[3]

---

2) "教人靜坐底, 故是不說悟門. 說心說性底, 也不說悟門, 主張顧視底, 也不說悟門, 擊石火閃電光底, 也不說悟門, 商量古今公案底, 也不說悟門, 却一時颺了悟門, 要求速効. 如斯等輩, 真可憐憫. 兄弟家既是己事未明, 來就師家決擇, 須是以悟爲則. 宗師本無實法與人, 只作得箇證明主宰而已."(同-49丁右左).
3) "近年已來, 禪道佛法, 衰弊之甚, 有般杜撰長老, 根本自無所悟, 業識茫茫, 無本可據, 無實頭伎倆收攝學者, 教一切人, 如渠相似, 黑漆漆地, 緊閉却眼, 喚作黙而常照. 彦沖被此輩敎壞了. 苦哉苦哉."(大正藏47, p.925上).

이 편지는 대혜가 복건지방에서 유행하고 있던 선풍을 비판하기 위하여 소흥 9년 51세 무렵에 처음 주석했던 徑山時代에 쓴 것이다. 劉子羽(1097~1146)와 劉子翬(1101~1147) 형제가[4] 빠져 있던 묵조사선으로부터 그들을 구해 주려는 내용이다. 복건지방의 선이란 굉지의 사형인 진헐청료가 지도하는 선풍을 직접적으로 가리키는 것이지만, 그 선을 굉지의 어록에서 '黙而常照'라는 말로 포괄하고 있는 점은 대혜선과 굉지선의 근본적인 차이점을 의미하고 있기 때문에 주목할 필요가 있다.

이상의 두세 가지 예를 통해서 대혜가 간화선을 성립시켰던 의의도 충분히 인정할 수가 있지만, 그 문제에 대해서는 여기에서 언급하지 않고, 대신 간화선과 다른 묵조선의 특색을 언급해 보고자 한다. 대혜에 의하면 묵조선의 특색은 첫째로 '깨침'을 설하지 않는다는 것이고, 둘째로 '좌선'을 중시한다는 것이다.

이제 이 두 가지 특색이 『굉지록』에서 어떻게 설해져 있는지 구체적으로 살펴보기로 한다.

먼저 대혜가 '黙照邪禪'이라고 말한 것은 『굉지록』「묵조명」에 기초하여 비판한 말인데, 「묵조명」은 건염 3년(1129) 굉지의 나이 39세 이전에 성립되었고, 소흥 원년(1131)에 公刊된 것으로 보이는 『장로각화상어록』을 통하여 선림에 유행되었다. 굉지의 선이 묵조선이라 불리는 그 原典인 「묵조명」을 먼저 소개하고, 묵조선이란 무엇인가를 설명하기로 한다.

黙黙忘言 불조의 좌선을 할 때는 언어가 단절되고

---

[4] 朱熹가 대혜선사와 진헐청료의 선에 대하여 언급한 것은 이 두 사람에게 사사함으로써 영향을 받았기 때문이다. 柳田聖山, 「看話와 黙照」(『花園大學硏究紀要』 제6호, 1975년 3월) 참조.

昭昭現前 분명한 깨달음으로 목전에 드러난다
鑒時廓爾 목전의 것을 비추어 볼 때는 밝고 분명하여
體處靈然 그 본체자리가 분명하게 존재한다
靈然獨照 분명한 세계는 깨달음이 비추어 내고
照中還妙 깨달음이 비추어 낸 세계는 언어분별을 초월해 있다
露月星河 그 모습은 나타난 달과 하늘의 은하수 같고
雪松雲嶠 눈을 이고 있는 소나무와 눈을 품은 산봉우리 같다
晦而彌明 어둠과 밝음을 초월하고 숨음과 나타남을 초월하며
隱而愈顯 어두워서 더욱 밝고 숨어서 더욱 나타난다
鶴夢煙寒 그 모습은 학이 밤안개 속에서 잠잘 때처럼 추워 보이고
水含秋遠 물이 가을빛을 머금고 멀리 흘러가는 것과 같다
浩劫空空 좌선하는 사람은 영겁토록 공하고
相與雷同 만물이 화합하여 모든 것이 공하다
妙存默處 언어분별을 초월한 세계는 좌선을 하는 곳이고
功忘照中 그 방편은 깨달음이 비추어 낸 세계 이후에도 멈추지 않는다
妙存何存 언어분별을 초월한 세계는 어떻게 존재하는가
惺惺破昏 반야지혜가 분명하게 빛나서 어둠이 사라진 모습이다
默照之道 묵조의 도는
離微之根 인경탈락의 근본이다
徹見離微 인경탈락을 철견하면
金梭玉機 훌륭한 북과 베틀과 같다
正偏宛轉 정과 편이 막힘이 없이 돌고
明暗因依 명과 암이 서로 의지한다
依無能所 의지함이 있다고 말해도 능소가 없는데
底時回互 그때에 서로 상즉한다
飲善見藥 그 모습은 선견왕이 약을 마시고 병이 나은 것과 같고
槌塗毒鼓 독을 바른 大鼓를 두드려서 번뇌를 단절한 것과 같다
回互底時 서로 상즉하는 그때에

殺活在我 살활이 자유자재하게 자기한테 돌아온다
門裡出身 좌선은 육근의 작용을 깨달음으로 드러내어
枝頭結果 어디에서나 깨달음의 열매를 맺는다
默唯至言 좌선이야말로 언어표현의 극치이고
照唯普應 깨달음이 비추어 낸 세계야말로 모든 곳에 통한다
應不墮功 두루 통해도 주선하기 때문에 방편에 떨어지지 않고
言不涉聽 언어로 표현해도 분별로는 들을 수 있는 것이 아니다
萬象森羅 삼매에 단좌할 경우에는
放光說法 모든 만물이 빛을 내어 설법한다
彼彼證明 각각이 증명하고
各各問答 각각이 문답한다
問答證明 각각이 문답하고 증명하는데
恰恰相應 그때는 완전하게 하나가 될 때이다
照中失默 깨달음이 비추어 낸 세계에 좌선이 없으면
便見侵凌 곧장 미혹에 떨어진다
證明問答 그 증명과 문답이
相應恰恰 딱 하나가 될 때에
默中失照 좌선에 깨달음이 비추어 내는 세계가 없으면
渾成剩法 모두가 쓸모없는 것이 되고 만다
默照理圓 좌선과 깨달음이 비추어 낸 세계가 이법으로서 완전하면
蓮開夢覺 연꽃이 피고 꿈에서 깨는 것과 같다
百川赴海 그 모습은 모든 강물이 東流하여 바다에 가는 것과 같고
千峯向岳 모든 산이 수미산을 향하는 것과 같다
如鵝擇乳 또 아왕이 물을 마시지 않고 우유만 가려서 마시듯 하고
如蜂探花 벌들이 꽃에 상처내지 않고 꿀을 모으는 것과 같다
默照至得 묵조일여의 세계에 도달하는 때야말로
輸我宗家 우리 조동종의 집에 당도하는 것과 같다
宗家默照 우리 조동종의 묵조일여의 세계는

透頂透底 정천으로부터 아비지옥에 이르기까지 고루 침투한다
舜若多身 그 모습은 어디에나 도달하는 허공신의 몸과 같고
母陀羅臂 모든 것을 감싸 안는 印相의 손과 같다
始終一揆 또 그것은 처음부터 끝까지 하나로 돌아가고
變態萬差 그러면서도 모든 것으로 나타난다
和氏獻璞 그 모습은 卞和氏가 구슬을 헌납한 것과 같고
相如指瑕 藺相如가 구슬의 흠집을 지적한 것과 같다
當機有準 또 그것은 수행자에 따라서 각각 가르침이 있지만
大用不勤 궤칙을 초월한 無爲無作의 작용이다
寰中天子 그 모습은 환중을 천자가 다스리고
塞外將軍 변방을 장군이 다스리는 것과 같다
吾家底事 우리 조동종의 黙照大事는
中規中矩 그러면서도 規矩에 따른 것이다
傳去諸方 제방에 전승할 경우에는
不要賺擧 잘못되게 수용되지 않도록 하라

「묵조명」가운데 있는 '黙'과 '照'는 응당 나누어서 생각해야 하는데, 그것이 서로 일여하게 될 때 묵조선의 세계가 완성된다고 말한다. '黙'이란 '語'에 상대하여 침묵한다는 뜻이지만,[5] 『굉지송고』제2칙에서 "고요하게 소림에 앉아 있어도 묵묵히 올바른 법령이 온전히 시행된다."[6]고 말하듯이, 형태적으로는 坐相의 당체를 가리킨 것이므로 좌선이라는 뜻으로 해석하는 것이 좋고, 수행을 의미한다고 말할 수가 있다. '照'란 삼조 승찬의 『신심명』에 "텅 비어 저절로 드러나니, 애써 신경쓸 것이 없다네. 분별의 경지 초월해 있어, 분별사식으로 잴 수가 없다."[7]는 말

---

5) 永嘉玄覺의 『証道歌』에 "行亦禪 坐亦禪 語黙動靜體安然"(大正藏48, p.396上)이 참고가 된다.
6) "寥寥冷坐少林 黙黙全提正令."(大正藏48, p.18下).
7) "虛明自照, 不勞心力, 非思量處, 識情難測."(大正藏48, p.376下).

을 참고한다면,[8] 텅 빈 體로부터 발생하는 자연스러운 작용으로 스스로 비추어 내는 것이다. 곧 깨침의 현현이라 말할 수가 있다. 때문에 묵조선의 구조는 修와 證의 一如를 설하기 때문에 그 중점은 깨달음의 세계 곧 부처의 세계를 表詮하는 데에 놓여 있다. 곧 깨침에 이르는 방법 내지 깨침을 위한 수행이 설해져 있는 것이 아니다. 이제 잠시 굉지의 말을 통해서 '悟'를 설하지 않고 '좌선'을 중시한다는 대혜의 비판이 어떤 것이었는지 살펴보기로 한다.

『굉지록』 권1 江州廬山圓通崇勝禪院에서 했던 상당에 다음과 같은 내용이 있다. 이 상당은 건염 2년(1128) 5월 5일, 굉지 38세 때의 설법이다.

> 상당하여 말했다. "오월도 중순이로다. 농가에서는 바빠서 쉴 틈이 없다. 논밭에다 모종을 하는 것은 일반적으로 가을에 수확하여 쌀을 얻기 위한 것이다. 그러나 우리네는 그것과 반대의 상황이다. 벼가 다 자라서 익어도 베어 들이지 않고 단지 비바람에 의해 썩도록 내버려 둘 뿐이다. 선지식들이여, 이 몸은 몸 그대로 신체로서 완성되어 있고, 두 눈은 눈 그대로 있어야 할 곳에 자리하고 있다. 마찬가지로 깨달음의 소식은 처음부터 털끝만치도 어긋남이 없이 완전한 그대로이다. 그러니 미혹하지 않는다면 다시 무엇을 의심할 것인가. 본래의 자리에 돌아가서 좌선을 하면 술잔에 비친 것은 뱀이 아니라 바로 활의

---

[8] 平井俊榮 박사의 『中國般若思想史硏究』(春秋社, 1971년 3월)에서 "興皇時代가 되면 더욱이 '佛智란 黙照하는 것이다.'라고 지극히 실천적인 표현을 갖고 보여 준 경우도 있다."(p.320)고 하여 黙照라는 용어가 이른 시기에 사용된 일례를 지적하고 있다. 굉지가 사용한 일례는 『肇論』 및 僧肇의 이름에 가탁된 『寶藏論』에서 영향을 받아서 사용된 것으로 간주해도 좋겠지만, 직접적으로는 『신심명』에 기초한 것으로 보인다. 원래 『北宗殘簡』 제7편 및 제8편에 의하면, "離念是體, 見聞覺知是用. 寂是體, 照是用."(宇井伯壽, 『禪宗史硏究』, p.470, 岩波書店, 1949년 7월)으로서 照는 體用의 用으로 취급되어 왔다.

그림자임을 알 것이다."⁹⁾

이 상당법어는 비유도 비근한 것으로서 알기 쉬워서 묵조선의 특색을 잘 드러내 주고 있다. 일반적으로 선은 깨침을 기대하여 수행을 하는데, 묵조선자는 깨침을 기대해서는 안 된다고 설하고 있다. 왜냐하면 깨침은 처음부터 완비되어 있기 때문이다. 깨침이 완비되어 있지 않다는 것은 잘못된 가르침이라고 말한다.

천동사시대의 『굉지록』 권4 「법어」를 통해서 더욱더 묵조선의 특색을 살펴보기로 한다.

> 좌선하고 있는 사람은 수행도 깨침도 없다. 본래부터 완성되어 있다. 그 사람은 염오되어 있지 않고, 철저하게 청정하다. 진실로 그 완전하고 청정한 곳에서 착안하여 그대로 가장 명철하게 비추어 완전히 번뇌가 없게 되고 몸으로 분명하게 실천해 가면 생사의 미혹한 세계는 원래 뿌리도 없고 생사의 출몰은 원래 흔적조차 없어서 본래의 광명이 정상을 비추고 허공 위까지 작용이 드러나서 본래적인 깨달음의 지혜가 작용에 상응하여 허공 위까지 빛을 내기 시작하는 것이다. 진정으로 여기와 저기 그리고 전과 후의 분별이 없어서 비로소 완전한 상태가 된다. 언제나 어디에서나 법을 설하고 법을 전승하며 대광명을 비추어 부처의 세계가 출현한다. 그것은 본래부터 존재하는 것으로서 어느 것 하나도 밖으로부터 빌려 온 것이 없고, 하나하나의 확실한 결착이 자기 가운데에 있었던 것이다.¹⁰⁾

---

9) "上堂云, 五月半, 農忙亂. 插田心是秋成飯. 却道, 禾熟不臨場. 祇麽任從風雨爛. 禪和子. 一身了一身. 兩眼對兩眼. 箇中絲髮初無間. 老狐涎盡復何疑. 再坐盤中弓落盞."(名著普及會, p.39).
10) "渠非修証, 本來具足. 他不污染, 徹底清淨. 正當具足清淨處, 著得箇眼, 照得徹, 脫得盡, 體得明, 踐得穩, 生死元無根蔕, 出沒元無朕迹, 本光照頂, 其虛而靈, 本智應緣, 雖寂而耀. 真到無中邊, 絕前後, 始得成一片. 根根塵塵, 在在處處, 出廣長舌, 傳無盡燈. 放大光明, 作大佛事. 元不借他一毫外法, 的的是自家屋裏

'本來'라든가 '元來'라고 표현된 철저한 자기긍정이라는 특색을 지니고 있어서 결코 미혹한 사람으로 취급되는 것이 아니다. 곧 본래청정 및 본래구족을 주장하는 것이다. 여기에서는 '悟'를 빌려 올 필요가 없다. 대혜가 '悟'를 강조하여 비판한 대상은 그 본래성에 가부좌를 하고 깨침에 안주하고 있는 묵조선의 아류였다. 결국 굉지가 묵조선을 주장했을 때 그와 같은 본래성에 안주할 위험성 곧 번뇌를 그대로 인정해 버리는 자연외도의 입장을 발생시킬 위험성은 충분히 고려되어 있었다.

이제 또 하나 '묵조'라는 용어가 드러나 있는 것으로 굉지의 선풍을 가장 대표하는 상당을 『굉지록』권3에서 살펴보기로 한다. 이 상당은 건염 4년(1130), 굉지 40세 때의 법어이다.

> 굉지선사가 상당하였다. 한 승이 물었다. "모든 작용을 멈추고 모든 성인도 어찌할 수 없는 사람이란 어떤 사람입니까." 굉지가 답했다. "대지의 끝까지 철로 된 곤륜산과 같다." 그러자 다시 물었다. "지금까지 반려가 없고 다만 홀로 높이 드러나 출현하는 사람 말입니까." 선사가 말했다. "굴러 넘어진 사람을 마주치면 어떤 말을 해 줘야 좋겠는가." 그 승이 말했다. "맑은 바람이 밝게 빛나는 달을 스치는 것과 같습니다." 선사가 말했다. "그런 경우의 일구는 분명하게 측면으로부터 돌진해 갈 필요가 있다." 승이 답했다. "그렇다면 고금을 관통하고 천지를 뒤덮게 될 것입니다." 선사가 말했다. "그 또한 어설픈 놈이다." 승이 물었다. "어설픈 사람이 되지 않기 위해서는 또 어찌해야 합니까." 선사가 말했다. "고금을 뒤덮을 수가 없고, 천지를 다 감싸안을 수가 없다." 그리고 나서 선사가 말했다. "선지식들이여, 그러한 사람은 본래 완전하고 명백하며, 본래 마음이 平靜하고 분명하다. 미래가 영겁토록 현존하고, 허공과 일체가 되어 모습도 남겨 두지 않는다. 세

事."(同, p.298).

계가 성립하기 이전의 우리 종풍은 담백하고, 깨침의 모습은 온전히 평평탄탄하다. 그러한 사람이 바라보는 눈의 작용은 번뇌를 단제하여 몸으로 체험하는 마음의 대상은 아직 싹도 트지 않는다. 그 모습은 구름이 눈을 감싸고 있는 것처럼 차가운 것으로 학이 조용히 잠들어 있는 것과 같고, 허공이 가을빛을 드러내면서 기러기가 흔적을 남겨 놓지 않고 아득히 날아가는 것과 같다. 침묵은 오직 좌선을 하고 있는 것만으로도 그 자체가 깨침을 비추어 내고 있어서, 마치 물이 충분히 가득하여 순수하고 맑은 모습이다. 情識을 집중하면 미혹한 사람이 의지하는 기세계를 만들고, 지각분별을 일으키면 미혹한 사람이 되어 버린다. 情識의 多少에 따라서 육도윤회의 세계로 나뉘고, 지각분별의 大小에 따라서 삼승이 구별된다. 객관세계가 진실 그대로를 취하게 되면 모든 곳에서 부처를 볼 수가 있고, 주체의 작용이 절묘하게 되면 미혹을 타파하고 진실을 출현시킬 수가 있다. 그러한 모습은 투명한 구슬이 대상의 어떠한 색깔도 비추어 내는 것처럼, 사람이 없는 빈 계곡이 소리에 상응하여 메아리치는 것과 같다. 가령 범부를 초월하여 성인이 되면 입장을 변화시켜서 자유자재하게 작용하는 것과 같다. 자, 말해 보라.〈그러한 길은 어디에 있는가. 자, 확실하게 몸으로 파악하였는가.〉" 양구하고 말했다.

"새벽의 바람 어둠의 안개를 씻어 탁함이 없고
은은하게 청산은 일직선으로 가로누워 있구나."[11]

---

11) "上堂. 僧問, 萬機休罷, 千聖不携底, 是甚麽人. 師云, 金剛際下鐵崑崙. 進云, 從來無伴侶, 只麽獨孤標. 師云, 轉側相逢, 合談何事. 進云, 清風拂白月. 師云, 那時一句子歷歷要旁提. 進云, 恁麽則貫古通今, 該天括地去也. 師云, 又是驢前馬後. 進云, 不落驢前馬後底, 又作麽生. 師云, 古今該不得, 天地廓難包. 師乃云, 好諸禪德, 本圓本明, 本寂本靈. 亘曠古而有種, 混太虛而無形. 劫外家風澹薄, 壺中田地丕平. 望時眼力欲斷, 體處心緣未萠. 雲懷雪意兮鶴夢杳杳, 天作秋容兮鴻飛冥冥. 唯默默而自照, 故湛湛而純清. 想凝而結成器界, 知覺而流作眾生. 情多少而岐分六道, 智大小而區別三乘. 境真則觸處見佛, 道妙而破塵出經. 猶明珠而應色, 似空谷而傳聲. 只如超凡入聖, 轉位隨緣. 且道, 路頭在甚麽處, 還體悉得麽. 良久云, 曉風摩洗昏煙淨, 隱隱青山一線橫."(同, p.159).

이 상당에서는 굉지의 종풍을 대표하는 것으로 '시간 및 공간의 제한을 벗어난 가풍(劫外家風)'과 '묵묵하면서 또한 스스로 비추어 본다(唯黙黙而自照)'라는 용어가 나온다. 또한 비유의 경우에도 「묵조명」 등과 공통하는 明鏡 그리고 동일한 明珠와 空谷이 활용되고 있어서 굉지선의 이해에 큰 도움이 된다. 이 상당도 '본래 원만하고 본래 밝으며 본래 고요하고 본래 신령스럽다(本圓本明 本寂本靈)'라고 드러난 본래성이 강조되어 있다는 점은 중요하다. 그리고 그 당체가 無爲로, 自然히, 또 無作으로 확립되어 있다고 주장하는 것에는 경험적인 깨침을 서술하고 있지 않다는 것을 잘 이해할 수 있다.

이처럼 無爲인 본래성의 체계가 조동오위설의 수용이기도 하여 굉지가 법의 실상을 표현하는 경우에 回互를 중시하는 오위를 강조하게 되었다. 오위는 위에서 말한 것처럼 너무나 잘 통합 및 정리되어 있어서 결점이 없다는 것에 도리어 결점을 남겨 두고 있어서, 굉지가 설한 묵조선은 완성된 체계화 가운데서 신선한 문제를 내포하고 있다. 더욱이 본래성에 대한 굉지의 강조가 조작이 없는 좌선을 중시함으로써 더한층 깨침의 체험을 부정하는 방향으로 이끌어 갔다. 소흥 7년에 憑溫舒가 찬술한 「天童覺和尙小參語錄」의 「서문」에 다음과 같은 말이 있다.

> 천동노인은 일찍이 영묘하여 漢東까지 소문이 났다. 道法이 점차 江淮까지 번성해지자 吳越을 널리 뒤덮었다. 經行이 미쳤던 도읍지에서도 관심을 보였다. 그러자 일시에 명승지의 납자들이 다투어 모여들었는데 빠진 곳이 없었다. 건염 말기(1129)에 인연을 따라서 머물렀는데 태백봉의 기슭과 바닷가의 모퉁이에 암자를 짓고 좌선을 하였다. 법회에 납자들의 거래가 항상 수천 명이었다. 선사가 바야흐로 적묵으로써 대중을 이끌었는데 올올하여 枯株와 같았다. 그럼에도 불구하

고 신발이 문 밖에 가득하였는데, 침묵으로만 끝나는 것을 용납하지 않았다. 때문에 正座에 맞추어 거양해 주었고, 묻는 납자가 있으면 그에 응하여 법요를 베풀어 주었으며, 도리에 따라서 그 단초가 되는 말로 해결해 주었다.[12]

굉지의 지도방식을 말하자면 적정세계에서 좌선하는 것이었다. 납자들이 수행하는 모습은 일찍이 호남성 潭州의 石霜山에서 지도했던 慶諸의 집단을 枯木衆이라 불렀던 것과 마찬가지로 굉지의 집단도 또 고목중이라 불리는 것이 어울렸다. 이것은 憑溫舒 개인의 견문에 한정된 것이 아니었다. 『굉지록』에는 천동산에 건립된 승당에 대하여 기록했던 귀중한 「僧堂記」가 수록되어 있다. 소흥 2년 겨울부터 공사를 시작하여 4년의 봄에 완성했다. 그 승당은 천 명을 대상으로 하여 14칸으로 20架의 승당을 前堂과 後堂으로 두 개를 건립하고, 정원으로 마무리한 대규모적 장소였다. 大乘寺에 소장되어 있는 「大宋名藍圖」에서 徑山의 僧堂戒臘牌는 854員으로 되어 있지만, 천동산은 전당과 후당으로 나뉘어 있어서 좌선하는 장소가 많았던 것으로 보인다. 이 「승당기」가운데에도 굉지 자신이 그 지도방법에 대하여 다음과 같이 말한 내용이

---

12) "天童老人, 蚤以英妙, 發聞漢東. 道法寖盛於江淮, 大被於吳越. 經行所暨, 都邑爲傾. 一時名勝之流, 爭趨之如不及也. 建炎末, 應緣補處, 太白之麓, 海隅斗絶, 結屋安禪. 會學去來, 常以千數. 師方導衆以寂, 兀如拈株. 而屨滿戶外, 不容終默. 故當正座擧揚, 或隨叩而酬以法要, 或因理而畢其緒言."(同, p.237) 또한 이어서 "門人躡音, 輒爲紀錄. 歲月未幾, 溢于簡編. 惟悟本正脈, 粗續而僅存, 大陽本宗, 幾償而復起, 閱世三四, 至是紹隆. 迅雷當空, 震徹九地, 句萌甲拆, 自然生榮, 而彼元氣洪造, 初豈有意哉. 方來學徒, 讀此書而知谷之應聲, 會此旨而同水之傳器, 始信佛及衆生, 皆承恩力, 豈虛語也哉. 紹興丁巳歲除日, 參學憑溫舒序."라고 되어 있다. 또한 『枯崖和尙漫錄』 권中에서는 "短篷遠禪師, 平生不設臥具, 晝夜枯坐, 得遠鐵橛之稱."『續藏 2乙-21-1 〈통권148〉-83左下』라고 하여, 굉지파의 明極慧祚 문하인 短篷遠에 이르기까지 그와 같은 경향이 남아 있었음을 알 수 가 있다.

있다.

　이 승당은 겨울에는 따뜻하고 여름에는 시원하다. 낮에는 향을 피우고 밤에는 불을 밝힌다. 그 가운데서 발우를 펴고 죽을 먹는다. 또 발을 씻고 좌선을 한다. 좌선은 마음의 밭을 갈아서 마음의 산란함을 다스리고 지도하는 종지는 寂靜을 근본으로 삼는다. 좌선하는 모습은 마치 가을의 물이 오래된 우물에 깃들어 있듯이 고요하고, 그 깨침이 비추어 내는 모습은 마치 봄날의 꽃이 아름다운 무늬를 만들어 내듯이 베를 짠다. 심연의 세계에서 묵묵히 坐定하여 찬연한 세계를 비추어 낸다. 그 모습은 물이 구멍에서 가득히 흘러나오는 것과 같고, 인기척 없는 고요한 계곡에서 소리에 상응하여 메아리가 치는 것과 같다. 이법은 평등하여 하나가 되고, 지혜는 자연과 상응한다. 움직임과 고요함의 모든 威儀作法은 바늘과 돌침이 서로 相承하는 것과 같고, 번뇌가 새는 것을 막아서 오래된 번뇌를 제거하여 갈아서 빛내는 것과 같다. 그 모습은 갈아서 빛이 나도록 만든 창끝과 같고, 옥돌의 모서리를 연마하는 것과 같다. 길의 이정표를 높이 치켜세우니 멀리서부터 도달하여 고인의 도를 추모한다. 납자가 탁발하는 마음과 보시자의 힘을 하나로 모아서 보시자의 보시물을 헛되게 하지 않는다. 아아! 그럼에도 불구하고 일반적으로 근기가 열악하여 學道가 疲弊하면서도 易行을 기대하고 速成을 추구할 뿐이다. 機關을 수단으로 하고 방편을 삼아서 제멋대로 행동하는 것을 佛祖의 道라고 간주하고 있다. 공허한 말로 공격하는 것에만 힘쓰면서 실제로는 빈껍데기뿐으로 내실이 없어서 억지로 속이는 말로 이겨 보려고 해도 실로 돌아갈 것이 없다. 견문은 미혹만 반복하고, 지혜는 마음을 어지럽히는 것에 불과하다. 이것이야말로 불조가 꾸짖는 것이고, 천마외도가 즐겨 틈을 엿보는 것이다. 그 죽음에 이르는 병의 새싹은 서둘러서 치료해야지 늦추어서는 안 된다.[13]

---

13) "冬溫夏涼, 晝香夜燈. 開盂而飯, 洗足而坐. 耕牧其間, 警導以寂. 秋涵古井, 春

後半 부분의 문장에 주목하자면 굉지는 자연외도의 선을 주장하고 있는 것이 아니라는 것은 분명하여, 대혜의 비판이 굉지선의 전부를 나타내는 것이 아님을 알 수가 있다. 더욱이 대혜가 비판하기 이전에 굉지는 간화선이 빠질 위험성을 지적하여 機關에 떨어진 선이 이미 있었는데 그 잘못에 대하여 비판하고 있다. 그러나 前半 부분으로 눈을 돌려 보면 寂黙世界에 안주할 위험성도 내포하고 있다. 無爲自然은 자칫 無事禪에 빠져 버릴 경향이 있다.

나아가서 굉지가 좌선을 강조했던 것으로 유명한 「坐禪儀」가 있다는 것이 잘 알려져 있다. 「좌선의」에 대해서는 다음 절에서 고찰해 보기로 하고, 여기에서는 좌선의 문제를 다른 각도에서 검토해 보기 위하여 『굉지송고』 제2칙의 「達磨廓然無聖」의 일화와 『설두송고』 제1칙의 동일한 고칙을 가지고 그 취급방법을 비교하여 소개해 보고자 한다.

『설두송고』 제1칙

擧. 梁武帝問達磨大師, 如何是聖諦第一義. 達磨云, 廓然無聖. 帝云, 對朕者誰. 達磨云, 不識. 帝不契. 遂渡江至魏. 武帝擧問志公. 志公云,

---

人化機. 淵兮默成, 粲兮用光. 水盈科而流, 谷隨呼而響. 理契平等, 智應自然. 動靜威儀, 針砭相益. 撥責滲漏, 磨瑩瘢痕. 淬礪光芒, 錯䃃圭角. 高標遠到, 追武古人. 丐心施力, 等不負負. 噫, 器劣學弊, 希易欲速. 以機械爲蹊, 放蕩爲詣. 耕于空言, 餒無所穫. 戰于彊辨, 勝無所歸. 見聞流習, 知解汨心. 佛祖之所呵, 魔外之得便. 其疵癘萌蘖, 治不可緩也."(同, p.80) 계속하여 "登崑崙之丘, 決河源之水. 濯肝膽之洿, 盪心目之翳. 生滅跡亡而妙存, 有無轍泯而過量. 大夜之夢破, 永劫之疑拔. 出家之志償, 行脚之事辨. 相從儔侶, 殆庶幾焉."이라 결론 맺고 있다. 橫浜國立大學 교수인 關口欣也 공학박사로부터 소흥 12년 7월 15일에 굉지가 自筆한 「明州天童山景德寺新僧堂記」의 宋의 拓本이 東福寺에 현존한다는 가르침을 받았다. 『原色日本의 美術 29』(小學館, 1971년 6월 9일).

陛下還識此人否. 帝曰. 不識. 志公云. 此是觀音大士傳佛心印. 帝悔. 遂遣使取. 志公云. 莫道陛下發使去取. 闔國人去. 他亦不回.

頌曰.

聖諦廓然. 何當辨的. 對朕者誰. 還云不識. 因茲暗渡江. 豈免生荊棘. 闔國人追不再來. 千古萬古空相憶. 休相憶. 清風匝地有何極. 師顧視左右云. 這裏還有祖師麼. 自云. 有. 喚來與老僧洗脚.

(入矢·梶谷·柳田 共著, 『雪竇頌古』, p.9, 筑摩書房, 1981년 1월)

『굉지송고』 제2칙

舉. 梁武帝問達磨大師. 如何是聖諦第一義. 磨云. 廓然無聖. 帝云. 對朕者誰. 磨云. 不識. 帝不契. 遂渡江至少林. <u>面壁九年</u>

頌曰.

廓然無聖. 來機徑挺. 得非犯鼻而揮斤. 失不回頭而墮甑. 寥寥冷坐少林. 默默全提正令. 秋清月轉霜輪. 河淡斗垂夜柄. 繩繩衣鉢付兒孫. 從此人天成藥病.

(名著普及會本, p.82. 밑줄은 필자)

유명한 고칙을 취급하는 방식이 전혀 다르다. 굉지의 송고를 취급하는 중심과제가 '면벽구년'의 좌선에 있다는 것은 일목요연하다. 굉지는 스승이 찬술한 『丹霞頌古』에 「서문」을 붙인 것으로 알려져 있다. 『단하송고』의 고칙은 거의 조동종 계통에 한정되어 있음에도 불구하고, 『굉지송고』의 고칙은 오가를 평등하게 취급하고 있다. 그 출전은 『설두송고』에 기초하고 있는데, 여기에서도 보이듯이 굉지가 독자적인 어구로

제2절 묵조선의 확립 441

바꾸어 두고 있는 예가 많다. 굉지는 '설두야말로 백 년 전의 작가였다.'[14]라고 존경하면서도, 설두 당시에 존재했던 임제종에 대한 의식을 불식시켜서 불법의 근본이 좌선에 있다는 것을 강조하는 데 노력하고 있다.[15]

이상 대혜의 비판을 통하여 묵조선이 '깨침(悟)'을 설하지 않는다는 것, 그리고 '좌선'을 중시했다는 것이 굉지의 언행 가운데에 어떤 표현으로 존재하는가를 살펴보았다. 대혜가 단정했던 경향을 묵조선이 지니고 있는 것은 확실하다.

여기에서 이 두 가지의 특색을 구조적으로 관련시켜 생각해 볼 경우에 어떤 관계에 놓여 있는가를 살펴보고자 한다. 이 문제의 검토에 대해서도 대혜가 흥미로운 발언을 하고 있다. 4권본 『보설』 권4의 「妙心居士孫通判請普說」이 바로 그것이다.

> 또 말했다. '시각을 본각에 합치시키면 그것을 부처라 말한다.'라는 말은 '지금의 시각으로써 본각에 합치시킨다.'라는 것이다. 종종 黙黙의 무리들은 無言寂黙을 가지고 始覺으로 삼고, 威音王那般으로 삼으며, 本覺으로 삼는다. 본래부터 그런 도리는 없다. 이미 이러한 도리가 없거늘 어찌 그것이 깨달음이겠는가. 만약 모든 것이 그대로 깨달음이라면 어째서 다시 미혹이 있겠는가. 만약 미혹이 없다고 말한다면 어찌 석가노자가 明星이 나타났을 때 홀연히 문득 깨달아서 自家의 本命元辰(생명을 주관하는 별로서 본분도리를 비유한다)이 원래 그 자리에 있었음을 알아차렸던 것은 또 어찌할 것인가. 때문에 '시각을 인하여 본각에 합치시킨다.'고 말한다. 참선납자가 홀연히 콧구멍

---

14) "雪竇一百年前作家"『굉지록』권3, 명저보급회본, p.214.
15) 졸고, 「宏智錄의 역사적 성격(上) -宏智 頌古·拈古를 중심으로-」(『종학연구』제14호, 1972년 3월) 또한 조동종과 운문종의 교섭은 더욱더 깊이 고찰하지 않으면 안 되는 문제로서, 明覺重顯이 굉지에게 끼친 영향도 금후의 과제로 삼고자 한다.

을 찾아내는 것이 곧 그러한 도리에 해당한다. 그런데 此事는 모든 사람이 본분에 갖추고 있지 않음이 없다.[16]

이것은 대혜가 높이 평가하고 있는 無盡居士 張商英의 『注淸淨海眼經』(不傳)의 한 대목을 부연한 것으로, 이 원리의 기본적인 발상은 『기신론』에 기초한 것이라고 말할 수가 있다. 『기신론』에서는 다음과 같이 말한다.

> 말한 覺의 뜻이란 心體가 離念한 것을 말한다. 離念의 相은 허공계와 같아서 偏在하지 않는 곳이 없어서 법계와 동일한 相으로서 여래의 평등법신이다. 이 법신에 의거해 설하여 본각이라 말한다. 왜냐하면 본각의 뜻은 시각의 뜻에 상대하여 설한 것이고, 시각은 곧 본각과 동일하기 때문이다. 시각의 뜻이란 본각에 의거하는 까닭에 더욱이 불각이 있고, 불각에 의거하는 까닭에 시각이 있다고 설한다. 또한 心源을 깨닫기 때문에 구경각이라 말하는 것이고, 심원을 깨닫지 못하기 때문에 구경각이라 말하지 않을 뿐이다. (중략) 그러나 실제로는 시각에 차이가 있는 것이 아니다. 四相은 동시에 존재하는 것이지 모두 자립하는 것이 아니다. 그것은 본래평등하여 동일한 覺이기 때문이다.[17]

---

16) "又曰, 始覺合本覺之謂佛. 言以如今始覺合於本覺. 往往默照之徒, 以無言默然為始覺, 以威音王那畔為本覺. 固非此理. 既非此理, 何者是覺. 若全是覺, 豈更有迷. 若謂無迷, 爭奈釋迦老子於明星現時忽然便覺, 知得自家本命元辰元來在這裏. 所以言, 因始覺而合本覺. 禪和子家, 忽然摸著鼻孔, 便是這箇道理. 然此事人人分上無不具足."(東洋文庫本, 3丁左, 大正藏47, p.878中~下 ; p.888上 참조).
17) "所言覺義者, 謂心體離念. 離念相者, 等虛空界無所不遍, 法界一相, 即是如來平等法身. 依此法身說名本覺. 何以故, 本覺義者, 對始覺說, 以始覺者即同本覺. 始覺義者, 依本覺故而有不覺, 依不覺故說有始覺. 又以覺心源故名究竟覺, 不覺心源故非究竟覺. (중략) 而實無有始覺之異. 以四相俱時而有皆無自立. 本來平等同一覺故."(平川彰 著, 『大乘起信論』, p.102, 大藏出版, 1973년 10월).

이것은 『기신론』의 시각에 대하여 不覺·相似覺·隨分覺·究竟覺의 사상의 진전을 생략하고 인용한 문장이다. 대혜는 '悟'를 강조하지만, 『기신론』에서 말하는 '覺'과 결부시켜서 생각해 볼 수가 있다. 이 분류는 일본의 천태종에서 독자적으로 전개되었던 '從因向果'의 시각법문과 '從果向因'의 본각법문과 유사한 것으로서 대단히 주목할 만한 점이다. 대혜가 경험주의에 의한 깨침을 강조한 것으로부터 발생한 해석이었다.

대혜도 "此事는 모든 사람이 본분에 갖추고 있지 않음이 없다(此事人人分上 無不具足)."이라고 서술하고 있듯이, 원리적으로는 본각문에 입각하고 있다. 그러나 현실적으로는 "지금은 시각을 본각에 합치시키고 있다(以如今始覺 合於本覺)."는 점을 강조하고 있다. 남종선으로 성립된 唐代禪에서는 본래 본각과 시각으로 나누어서 생각하는 인간 파악을 부정하려고 한 것이었지만, 대혜는 철저한 현실긍정을 주장한 唐代의 선과는 다른 불철저한 아류의 禪者를 실제로 견문했던 것이다. 그래서 어쩔 수가 없는 입장에서 時勢를 비판한 것으로, 대혜는 도리어 시각문에 섰던 것이다. 그처럼 대혜선이 발생하지 않을 수 없었던 당시 禪界의 분석에 대해서는 여기에서는 접어 두겠지만, 묵조선의 흐름에 편승한 아류의 사람들이 대혜가 당면했던, 좋아할 수 없는 집단으로서 가로막고 있었다. 현재의 수행납자가 '悟'를 경험하지 않고는 석존의 大悟와 동일해질 수가 없다고 대혜는 말한다. '지금(如今)'이란 납자에게는 불각의 입장이다. 그런데 묵조선에서는 그것에 대하여 무엇이라고 설하는가. "시각(무언묵연)이 그대로 본각(위음왕나반)(始覺(無言黙然)卽本覺(威音王那般))"이라고 하여 묵묵하게 좌선하고 있는 곳에 본래면목인 깨침이 현전하고 있다고 말한다. 묵조선은 '모든 것이 그대로 깨달음(全是覺)' 곧 자기가 완전한 부처이고, 깨달음 그 자체라고 말한다. 이것은 경험을 통한 '悟' 혹은 '覺'을 필요로 하지 않는다는 것이다. 위에서 서술했던 일본불교에서 강조한 '因으로부터 果로 향한다(從因向果)'의 시각법문이 대혜선과 같은 입장에 해당하고, '과로부터 인으로 향한다(從果向因)'의 본각법문이 묵조선의 입장에 해당한다. 수행과 悟의 관계에 대하여 여기에서 대혜선과 묵조선이 전혀 相入될 수 없는 입장으로 분류된다.

대혜가 말한 수행과 悟의 관계를 『굉지록』에서는 어떻게 설하고 있는지 새로운 용례를 살펴보기로 한다. 『굉지록』 권4의 「법어」에서 다음과 같이 말한다.

> 묵묵하게 좌선하면 저절로 진실한 곳에 머물러 여여하게 되어 외계의 事象으로부터 벗어나 있다. 좌선의 세계는 훤칠하게 밝아서 번뇌가 없이 곧바로 탈락해 있다. 원래부터 그 자리에 도달해 있었던 것이지 금일에 새롭게 도달한 것이 아니다. 본래 있었던 곳에서 영원한 과거로부터 歷歷하여 어둡지 않고 靈靈하여 그 자체에서 빛을 내고 있다. 비록 그렇지만 부득불 수행에 힘쓰지 않을 수 없다. 진실로 묵조의 경계가 되는 때에는 한 터럭 끝만큼도 새롭게 발생하는 것이 없고, 한 티끌만큼도 사라지는 것이 없다. 心·意·識의 작용을 그치고 枯木·寒巖과 같게 되면 어디까지나 명명백백하게 된다. 만약 심·의·식을 그쳐서 잘라 내지 않으면 설령 묵조의 경계에 도달한다고 할지라도 미혹한 세계를 탈출할 수가 없다. 곧바로 미혹한 세계를 탈출하여 분명하게 감각의 대상에 얽매이지 않고 청정한 상태가 되어 외계의 事象에 구애받지 않게 된다. 뒤로 물러나서 손을 놓아 버리고 철저해지게 되면 곧 빛을 내어 세간에 상응할 수가 있고, 개개가 서로 투합하고 어디에서나 딱 합치된다. 때문에 그것을 '모든 법이 감추어져 있지 않고 고금에 항상 드러나 그대로 존재한다.'고 말한다.[18]

---

18) "默默自住, 如如離緣. 豁明無塵, 直下透脫. 元來到箇處, 不是今日新有底. 從舊

묵묵하게 '좌선'하는 때에 그대로 투탈된 '証'의 세계가 현현한다는 것이다. 그 세계는 새롭게 드러나 있는 것이 아니라 원래 도달해 있었던 것이다. 그처럼 굉지선의 특색은 修와 証을 不二로 하여 証이 본래 구족되어 있다고 설한다. 지금 대혜가 말했던 용어에 주목해 보면, 굉지에게는 '悟'와 '覺'의 용어가 적고 '証'의 용어가 많다. 証은 묵조선의 '照'의 작용을 표현한 것인데, 체험적인 깨침의 동적인 표현보다도 오히려 관조적인 깨침의 정적인 표현을 드러내 주고 있다. 때문에 대혜가 묵조선에서 '悟'를 설하지 않는다고 말한 것은 시각문을 설하지 않는다고 판단해 버린 것과 동일하여 굉지가 証에 시종일관한 것을 말한 것이다.

이처럼 대혜의 비판을 통하여 굉지선의 특색을 고찰해 보았는데, 이 경우에 간화선과 묵조선 사이에 파국적인 대립이 지나치게 강조되어 배척하는 태도가 없었을 리는 없다. 이제 굉지선에 존재하는 또 하나의 특색을 가하여 그것이 전면적인 대립은 아니라는 점, 혹은 대혜의 비판에서 구조적으로 간과되었던 문제를 고찰해 보기로 한다.

굉지가 「묵조명」을 찬술했을 때 거의 동시기의 작품으로 간주되는 「至游庵銘」이 있다. 이 글은 굉지선의 특색에 대하여 至游禪이라고도 부를 만큼 중요한 측면이 있다는 것을 가르쳐 주고 있다.

> 장로산 제일좌인 臻兄은 오랜 기간에 걸쳐서 사사하면서 깊이 불도의 奧義를 궁구하였다. 그 후에 깨친 오의를 불자를 지니고 납자들에게 가르쳐 지도하였다. 이 즈음에 나한테 말했다. "선가의 일상생활은 游燕하고 항상 그런 가운데 지내야 합니다. 그래서 부처님께서도 함부로

家曠大劫前, 歷歷不昏, 靈靈獨耀. 雖然恁麼, 不得不為. 當恁麼為時, 直教一毫不生, 一塵不翳. 枯寒大休, 廓徹明白. 若休歇不盡, 欲到箇境界, 出生死, 無有是處. 直下打得透, 了無思塵, 淨無緣慮. 退步撒手, 徹底了也, 便能發光應世, 物物相投, 處處恰好. 所以道, 法法不隱藏, 古今常顯露."(同, pp.300~301).

부대끼지 말라고 단속하셨고, 독거자의 지붕은 비좁게 하라고 말씀하셨습니다. 곧 암자가 바로 그것입니다. 내가 머무는 곳에다 사형께서 이름을 하나 지어 주셨으면 합니다." 그래서 나는 '至游'라는 이름을 붙였다. 대저 불도인의 至游란 허공 끝을 밟고, 妙明의 세계를 지키며, 진실의 醇을 마시고, 청렴결백한 곳에 머물며, 더욱이 절벽에서도 한걸음 내디디고, 세계가 성립되기 이전의 곳에다 몸을 뒤집고, 깨침을 대번에 얻어서 영원히 존속하며, 분별상대를 끊고, 자연스럽게 활동하여 끝이 없이 대응하는 것이 계곡의 메아리와 같고 물에 비친 달과 같다. 대상세계에 걸림이 없고, 주체는 진리와 하나가 되어 나와 남의 대립이 없으며, 시비가 이 자리에서 사그라지니, 각이 지고 둥글며 크고 작음에 역력하게 각각의 분상을 드러낸다. 이와 같은 경지에 이르는 사람은 모든 세간에 들어가서도 진정으로 유희삼매에 계합된다. 이것을 至游라 말한다. 납승의 거주처는 집을 얽어매고 지붕을 갈대로 엮어서 머물면서 세간 밖에 은둔하는 것에 한정되지 않는다.[19]

이 글에 이어서 4言 52句의 銘이 있다.[20] 이 「서문」에 의하면 굉지선

---

19) "長蘆第一座臻兄老禪, 相從久如, 深造道妙. 姑以所得之奥, 柄麈調牧雲來衲子. 茲日語予曰, 禪家動靜游燕, 常在其中. 佛束比丘不可肆意, 獨居者屋, 則尖頭簡, 所謂庵者是也. 我所住處. 師可以名之. 隨問而應曰, 至游. 夫道人之至游矣, 履虛極, 守妙明, 飲眞醇, 住淸白. 斷崖放足, 空劫轉身, 一得妙存, 亡絕對待, 自然出應無方, 谷響水月. 塵塵無礙, 心心一如, 彼我相応, 是非斯泯, 方圓大小, 歷歷不爽. 能如是也, 入諸世間. 眞契游戲三昧. 斯可謂至游矣. 衲僧之所住處, 何必縛屋編茨, 孤兀世外."(同, pp.466~467).
20) "납자의 지유에는 방소가 따로 없네. 어찌 오고 가는 주처에 구별 있으랴. 거래의 흔적 없고 말조차 끊겼으니, 찬물에 잠긴 하늘 구름에 눈내리네. 이토록 분명하니 또 뭐가 필요하랴. 만나 보면 곧 누구라도 소식 안다네. 고개 돌려 바라보니 秋山에 찬 안개, 묵묵한 좌선 수행 면면한 지유로다. 지유와 면면한 좌선 천지의 전후요, 허공에 계합한 몸 만상에 원만하네. 그 속을 거닐자니 번개조차 느리고, 시방을 얽어매니 깨침이 툭 트이네. 탁 트인 깨침은 시방세계 사무치니, 거울 영상 谷響에 水月 松風이로다. 조작없이 응하니 정과 편이 무언가. 사려 번뇌 물리치니 널리 자유롭네. 옛집에 돌아오니 노란 갈대 벙글고, 물 고요한 밤배엔 달빛이 교교하다. 이 같은 지유야말로 진실한 삶이니, 하늘 인간 초월하니 구름에 잡히랴. 휠칠한 지유의 가풍 당당한 면목은, 부동의 몸과 마음 청량한 진리모습, 발

은 결코 世外에 고립되어 있지 않다. 삼매는 遊戱三昧로서 모든 세간에 스며들어가 자유자재한 작용을 보여 주어야 함을 강조하고 있다. '靜'으로서 묵조선을 보아 왔지만 당연히 거기에 '動'으로서 至游禪을 겸비하지 않으면 안 된다는 것을 알 수가 있다. 至游란 본래 『列子』에 나오는 용어로서 銘 가운데서도 같은 『열자』의 '眞樂'과 상대하여 사용되었지만, 「서문」에 있듯이 유희삼매의 작용 혹은 그 경지에 이르는 세계를 가리키고 있어서 禪語로 轉用한 것으로 볼 수가 있다. 굉지가 사용하는 용어에는 『장자』 「제물편」에서 설한 '環中의 道樞'의 '環中'과 같이 중요한 굉지선의 표현에 노장사상의 용어를 사용한 경우가 대단히 많다. 굉지가 『노자』 제25장을 답습하여 '홀로 서서 변하지 않고 두루 다니되 위태롭지 않다(獨立不改 周行不殆).'(명저보급회본, p.46) 등과 같이 상당법어에 말하고 있는 것은 그 전형적인 일례이다. 가령 環中이라는 용어의 용례로서 『굉지록』 권4의 상당에서는 다음과 같이 말한다.

> 상당하여 다음과 같이 말했다. "진리는 언어로 표현할 수가 없어서 석가모니는 光耀土(初轉法輪의 지역이었던 바라나시를 가리킨다)에서 문을 닫음으로써 진리를 설하였다.[21] 그 가르침을 전승할 수가 있어서 달마는 소실산에서 침묵하면서 면벽하였다. 그것을 진실로 이해하는 걸음 머문자리 암자 놓고 머무니, 겁외의 가풍에 주인공이 따로 없네. 이러한 지유에다 이 같은 묘락이여, 최상의 바탕에다 깨침을 펼쳐 주네."(因系以銘曰, 道人至游, 了無方所. 何辨從來, 何求止住. 去來迹絶, 言詮句滅. 寒水吞空, 垂雲作雪. 十分明白, 還須轉側. 直下相逢, 箇中誰識. 識也回頭, 煙冷山秋. 默默自得, 綿綿至游. 至游綿綿, 後地先天. 虛空體合, 萬像理圓. 其間游刃, 電掣機鈍. 該括十方, 通同一印. 一印通同, 十方混融. 鏡影谷響, 水月松風. 應之自然, 誰正誰偏. 明明絶慮, 恰恰周旋. 歸復舊家, 黃蘆放華. 夜船隱隱, 桂魄斜斜. 至游如是, 眞實行履. 不墮人天, 何曾雲氷. 家風寥寥, 無可咬嚼. 枯槁身心, 淸涼法藥. 相期底處, 結庵而住. 量外難窺, 主中之主. 如是至游, 如是眞樂. 傳最上機, 提第一著.)(同, p.467) 역자 번역.

21) 光耀土는 初轉法輪의 지역이었던 바라나시를 가리킨다.

사람은 無體의 거울과 같고, 묵조선을 행하는 무심한 마음이다. 깨침의 도는 절대의 하나에 딱 계합되어 반야지혜의 자유로운 작용이 있고, 언어표현이 천하에 가득히 드러나도 구두선이 아니다. 만약 이와 같이 될 수가 있다면 불도가 문자와 언어를 떠나고 단절해야 비로소 이해할 수가 있다. 청정하고 묘명한 깨침은 그대들의 본래적인 자유로운 작용으로서 답습해 갈 수가 있다. 이것을 어떻게 체득하면 좋겠는가. 자, 알겠는가." 그러고 나서 결론을 맺었다.

    금닭은 유리달걀을 쪼아서 타파하고
    옥토끼는 하늘문을 쳐서 열어젖힌다.[22]

  상대세계를 단절한 근원에서 하나인 바로 그것을 環中으로 간주하고 있다. 環 곧 둥근 구멍 가운데 딱 계합되어 자유자재하게 작용하는 樞 곧 지도리와 같이 道樞는 천변만화하는 현상의 세계에 자유자재하게 상응할 때,[23] '至游'가 존재한다. 『종용록』 제63칙에서는 "환중은 텅 빈 곳으로서 체이고, 순환은 끝이 없는 것으로 용이다(環中虛處 體也 循環無窮 用也)."라고 표현한다. 至游禪이란 智游禪이라고 이름 붙여도 좋을 것이다.

  이 至游禪으로서 굉지선을 강조하면 대혜선과는 파국적으로 대립되어 있는 것으로 납득하지 않아도 좋을 것이다. 『굉지록』 권5의 소참에서 다음과 같이 말한다.

  굉지가 말했다. "참선을 제일로 삼아야 하는데, 그것으로 하지 않으면

---

22) [역주]"上堂. 無法可說, 釋迦於光耀土而掩門, 有意相傳, 達磨在少室山而面壁. 知音者鑑, 默照者神. 道契環中而有智游, 言滿天下而無口過. 若能恁麽去, 方知道離文字絶言語. 清淨妙明是諸人本所游踐處. 作麽生體悉. 還會麽. 金鷄啄破瑠璃卵, 玉兎挨開碧落門."(同, p.197).
23) 環中의 道樞에 대해서는 福永光司가 저술한 『莊子』「內篇」(p.49 이하, 1966년, 朝日新聞社)을 참조.

안 되는 것은 생사의 미혹을 벗어나는 것이다. 만약 생사를 벗어나지 못한다면 무엇을 선이라 부를 것인가. 자, 말해 보라. 어떻게 하는 것이 생이고, 어떻게 하는 것이 사이며, 어떻게 하는 것이 생사에서 벗어나는 것인가. 만약 의식활동이 근본적으로 미혹하여 감각을 따라서 모든 곳에 끌려다니고, 함부로 미혹된다면 자유가 없는 곳에서 태어난 이상 더욱이 자유가 없는 곳에서 죽어갈 것이다. 만약 분명하게 밝혀낸 사람이라면 본래부터 온 곳이 없는 줄을 알고, 명백하게 그와 같이 작용할 것이다. 결국 언제나 어디에서나 철저하게 벗어나 의지하는 것이 없고, 모든 존재 가운데서 빼어나는 것을 보여 줄 것이다. 이러한 때에는 사대와 오온의 구성요소에 얽매임이 없이 와서 비로소 미혹을 벗어나는 길이 있어서 납월 삼십일이 되어도 조금도 변함이 없이 그렇게 가는 것이다. 소위 오더라도 오는 곳이 없고, 가더라도 이르는 곳이 없다고 말하는 것이다. 그때 청정하여 인과관계가 없고, 독립하여 의지하는 곳이 없다. 전·중·후의 삼제를 끊고, 육근이 空하게 된다. 때문에 매우 광대하고 반짝거린다고 말한다. 아득하게 의식분별의 세계를 뛰쳐나와서 의식과 분별로 도달할 수가 없는 곳이다. 心·意·識이 싹트려고 하면 곧 번뇌망상이 되어 버리고 만다. 만약 모든 심의식이 없어져 버린다면 천당도 그대한테 다가오지 않고, 지옥도 그대한테 다가오지 않는 것이다. 시방은 허공으로서 아무것도 없어서 번뇌가 없고 텅 비어 명백하다. 성성하여 이와 같이 오는 것이 곧 제불보살이 발생하는 것이고, 어리석음에 탐착되어 종자를 만들면 중생이 발생하는 것이다. 생전에 선과 악을 함께 하여 몸에 붙여서 선도와 악도를 만들어 가는 것이다. 만약 선과 악이 뜬구름처럼 일어났다가 소멸해도 모두 근거가 없어서 그 자리에는 중생과 부처가 서 있을 곳이 없다. 육조 혜능화상이 말했다. 〈선도 생각하지 않고 악도 생각하지 않는 바로 그러한 때에 나 明上座의 부모가 아직 발생하기 이전의 본래면목을 돌이켜 보는 것이 좋다.〉 선지식들이여, 아직도 休歇하지 못하고서는 휴헐할 수가 없다. 그대들이 휴헐하게 되고 또 안온하게 된다면 수많은 성인일지라도 제휴할 수가 없다. 제휴할 수 없는 그것이 바로 그대들 자기이다. 그래서 도리로 취하고 언설로 표현하며 함부로 방과 할을 행하는 것은 하나도 필요로 하지 않는다. 그렇게 하는 것은 모두 미혹한 행위를 반복하는 것이다. 만약 더욱이 그러한 것들의 처분을 받는다면 그리고 그러한 것들의 指圖를 받는다면 이것도 또한 依草附木(여우나 삵과 같은 동물의 종류가 초목에 의지하여 변화하듯이 수행하는 이가 언어와 문자에 구애되어 진여의 본성에 바로 나아가지 못하는 것을 비유한다)일 뿐이다. 곧장 無師智·自然智를 가지고 견성하여 부처에도 머물지 않고, 대오하여 스승도 필요로 하지 않게 되면 비로소 겨우 선승으로서 氣息이 생겨난 셈이다. 자, 말해 보라. 그렇다면 그것을 어떻게 실제로 행하여 생사를 단절하고 범성을 초월할 수 있겠는가." 그리고 나서 굉지가 말했다. "(無縫塔과 같이) 그림자가 없는 나무 아래에는 難破船이요, 瑠璃寶殿에는 아는 사람의 그림자도 없네."[24]

위에서 대혜가 묵조선의 구조에 대하여 말한 본각문의 방식으로는

---

[24] "師乃云, 參禪一段事, 其實要脫生死. 若脫生死不得, 喚什麼作禪. 且道, 作麼生生, 作麼生死, 作麼生脫. 若一念迷本隨情, 牽在一切處 紛紛紜紜, 膠膠擾擾. 既從不自由處生, 還從不自由處死. 若是分曉漢, 本無所從來. 明白恁麼用, 便於一切時一切處, 脫徹無依. 萬象中出一頭地. 恁時不帶四大五蘊來, 方有出身路子, 臘月三十日, 依舊恁麼去. 所謂來無所從, 去無所至. 箇時淨無夤緣, 廓無處所, 三際斷, 六門空. 所以道, 恢恢焉, 晃晃焉. 迥出思議之表, 也思不到, 議不及. 心念纔萌, 便成流注. 若是一切心念盡, 也無天堂到儞, 也無地獄到儞. 十方虛空, 純淨無垢, 廓然明白. 惺惺恁麼來是諸佛菩薩生處. 癡愛投種是眾生生處. 其間善惡兼帶, 便成善道惡道. 若或善惡如浮雲, 起滅俱無處, 這裏生佛立不得. 六祖和尚道, 不思善不思惡正當恁麼時, 還我明上座父母未生時本來面目. 諸兄弟, 未休休去, 未歇歇去, 儞若歇得盡, 休得穩, 千聖不可攜. 不可攜處是儞自己. 不要作道理, 咬言句, 胡棒亂喝. 盡是業識流轉. 更若取他處分, 受他指註, 又是依草附木. 直須無師智, 自然智, 見性不留佛, 大悟不存師, 方有些子衲僧氣息. 且道, 作麼生行履, 得斷生死超凡聖去. 無影樹下合同船, 琉璃殿上無知識."(前揭書, pp.246~248) 이 소참은 道元이 『正法眼藏』「深信因果」에서 굉지를 비판하는 撥無因果의 外道의 견해와 비슷하다.

이 소참의 내용을 다 취할 수가 없다. 여기에서는 분명히 시각문의 요소를 포함시켜 두고 있다. 선이 生死透脫을 겨냥한다는 점은 대혜선도 마찬가지이다. 가령 黃知縣에 대한 편지에서 '다만 生死라는 두 글자를 가지고 코 끝에다 붙여 두고서 잊어서는 안 됩니다.'[25)]라는 경우처럼, 생사를 정면으로 취급해야 할 과제로 삼는 것이다. 이와 같이 본다면 굉지선이 '悟'를 전혀 설문하지 않았을 리가 없는 셈이 된다. 그럼에도 불구하고 대혜는 굉지를 평가하여 4권본 『보설』 권2 「方敷文請普說」에서 다음과 같이 말한다.

> 선지식들이여, 만약 결정적으로 妙悟가 있다고 믿는다면 곧 여기 아육왕사로 와서 참구하시오. 만약 悟가 지엽적인 것이라고 믿는다면 다른 곳으로 가서 참구하시오. 나 묘희는 사람들을 속이지 않는다. 여기에서 가까운 봉우리의 천동산에는 굉지화상이 주석하고 있다. 그분은 一級의 지도자이다. 나 묘희가 행각하고 있을 때 그분은 이미 立僧首座였다. 또한 여기에는 그분에게서 사법하여 출세한 제자도 있다. 그대들은 오로지 그분에게 물어 보시오. 만약 그분이 깨침은 지엽적인 것이라고 말한다면 나는 그분을 눈먼 사람이라고 말할 것입니다.[26)]

대혜의 이 보설은 굉지의 만년에 해당하지만, 분명히 대혜는 깨침의 유무로써 자신과 굉지의 선을 구별하고 있다. 한편 굉지는 동시기에 진헐청료의 「탑명」을 찬술한다. 그 「탑명」의 冒頭는 "불조의 등불이 동서로 전승되었다. 깨침으로써 법칙을 삼는다. 오직 깨침으로만 상응한

---

25) "但把生死兩字, 貼在鼻尖兒上, 不要忘了."(大正藏47, p.936下).
26) "禪和家. 若信決定有妙悟, 便來這裏參. 若信悟是枝葉, 却往別處參. 妙喜不瞞人. 這裏鄰峯有天童和尚, 是第一等宗師. 自家行脚時, 他已立僧了. 又有出世高弟在這裏. 你但去問他. 若總道悟是枝葉. 我敢道, 他也是箇瞎漢."(東洋文庫所藏本, p.44丁左).

다."[자료 11]라는 말로 시작된다. 이 글은 위에서 살펴보았듯이, 周葵의 「탑명」에도 강조되어 있는데 대혜와 만년의 우호를 서술한 것으로 두 사람의 식자 사이에 원래 '彼此間이 없다'는 것을 알 수가 있다. 아마도 悟의 유무에 대하여 파국적인 대립을 만년의 교류로써 완화시키려는 의도가 충분히 작용하고 있다는 것이 예상되고 있는데, 굉지의 다른 전기류에도 동일한 경향이 보인다. 그 대립을 완화시키는 요소는 굉지선에 있는 至游禪의 일면이 捨象되어 과소평가되었기 때문에 대립이 발생했던 것이다. 본래 묵조선은 일본의 천태본각사상과 같이 본각문에 철저해 있는 것이 아니라 시각문이 존재하고 있었다.

그러나 지유선의 성격이 굉지선 가운데에 들어 있음을 강조했다고 해도, 필자는 時機에 대한 양자의 차이로부터 荒木見悟 박사가 그의 저술 『大慧書』(筑摩書房, 1969년 5월)의 해설에서 보여 준 양자에 대한 다음과 같은 평가는 누구나 인정하지 않을 수 없는 설명이라고 생각한다.[27]

> 그렇다면 어째서 대혜선과 묵조선의 관계가 倂存 및 好敬하지 못하고 깨침의 유무라는 파국적인 논의로 끝까지 갈 수밖에 없었던 것인가. 이것을 간명하게 요약하자면 깨침의 卽時代性과 超時代性 혹은 역사적인 충족성과 개별적인 충족성의 대립으로 돌릴 수가 있을 것이다. (중략) 깨침이란 원래 時流를 초월해서 영원에 冥合하여 지나치게 깊이 역사적 상황에 밀착하는 것은 '현재에 떨어질' 염려가 있다는 비판도 있겠지만, 정치적 인간으로서 사대부계층을 움직이는 힘을 고조시키기 위해서는 즉금의 現實在에 집중적인 대결을 다루는 대혜와 같은

---

27) 졸고,「禪의 時機觀 - 宏智·大慧·道元의 禪의 비교를 중심으로-」(『日本佛敎學會年報』제49호, 1984년 3월) 다만 대혜에게도 위험성이 존재하는 것은 사실이다. 졸고,「大慧禪에서 선과 염불의 문제」(藤吉慈海 編,『선과 염불 - 그 현대적 의의』수록, 1983년 6월)를 참조.

부류의 행동방식이야말로 고뇌하는 지식인의 가슴에 응답하는 것을 지니고 있었다.(同, pp.257~259)

사실 굉지의 지도를 받은 사람들이 후에 대혜의 문인이 되었던 예가 압도적으로 많았다. 굉지의 선이 초시대성과 개별적인 충족성의 특색을 지니고 있을 때, 그 특색이 즉시대성과 역사적 충족성의 요구에 부응하는 선으로서 어떻게 전개해야 할까 하는 과제를 내재하고 있었던 것이다.

제3절 『굉지록』과 도원선

굉지의 묵조선은 대혜가 대성한 간화선과 대단히 대립적인 선으로 위치하고 전승되어 영향을 끼쳤으며, 일반적으로 송대선의 二大思潮로 불리게 되었다. 西巖了惠(1198~1262)는 그 관계를 '不共戴天의 怨讐'라고까지 표현되었는데,[1] 그러한 대립이 파국적인 것으로 간주되어 왔다. 각각의 선이 지니고 있는 성격은 이와 같은 대립의 측면만으로는 충분히 파악할 수 있다고는 생각하지 않지만, 그러한 경향에 있다는 것은 앞의 절에서 살펴본 그대로이다. 거기에는 동일한 선종이라고는 간주되지 않는 다른 선사상이 존재하고 있는 것도 확실하다. 이에 양자가 다르기 때문에 묵조선이 어떤 특색을 지니고 있는지 확실하게 할 수가 있다고 간주한다.

그런데 도원선(道元禪)은 도원이 입송하여 중국 조동종의 天童如淨에게 사법함으로써 성립된 것이므로 묵조선의 흐름에 속하고, 간화선에 속하지 않는다는 것은 자명한 이치다. 그 때문에 도원선이 간화선과는 달리 묵조선에 가까워 그 유사성을 인정하지 않으면 안 된다. 그러나 과연 도원선이 묵조선과 완전히 일치하는 것일까. 여기 제3절에서는 양자의 유사성을 인정한 바탕에서 그 차이점을 명확하게 함으로써 묵조선의 특색을 탐구하려는 것이다. 양자가 가깝기 때문에 그 가운데서

---

1) 『西巖和尙語錄』 권上에 "兼權育王上堂. 隰州宣州二老漢. 昔據南山, 有不共戴天之讎. 一人列五位君臣, 一人展三玄戈甲. 直得青山鎖恨, 大海銜冤. 追今一百餘年, 未能解釋. 慧上座, 今日既乘兩山之權, 不免與之平和去也. 卓主丈一下. 夜靜家家月, 春融處處花."(續藏 2-27-2 〈통권 122〉, p.170右下).

차이를 뽑아낼 수 있다면 앞의 절과는 다른 의미에서 묵조선의 특색을 발견할 수 있을 것으로 생각한다.

도원선의 修証觀을 고찰하기 위하여 필요한 약전을 서술해 두고자 한다. 도원은 正治 2년(1200)에 村上元氏의 가계를 이은 堀川 大納言 久我通具(1170~1227)의 아들로[2] 京都에서 태어났다. 어머니에 대해서는 확정된 것이 없다. 4세 때 『李嶠雜詠』을 읽고, 7세 때 『左傳』 및 『毛詩』를 읽었다고 전한다. 8세 때 어머니가 돌아가시자 無常을 절감하고 道心을 일으켰다. 9세 때 世親의 『俱舍論』을 읽고 불교를 배우기 시작하였다. 그 무렵 외가의 인척으로 간주되는 藤原氏 松殿基房(1145~1230)의 부탁으로 양자가 되었다. 基房은 도원에게 성인식을 올려 주고 조정의 군신으로 삼으려고 하였다. 그것을 알아챈 도원은 13세 되던 봄에 木幡의 松殿山莊을 몰래 빠져나와서 比叡山 기슭에 이르러 외삼촌인 良顯法眼에게 출가시켜 줄 것을 원하였다. 양현은 도원에게 친부인 通具와 양부인 基房이 화를 내어 허가하지 않는 것이 아닐까를 물었지만, 도원은 生母의 遺誡 및 祖母와 姨母가 양육해 준 은혜에 대하여 菩提를 追善한다는 이유로 출가할 것을 강력하게 원하였다. 양현은 그 결의에 감격의 눈물을 흘리고 入室을 허락하였다. 이에 곧 양현의 지시에 따라서 橫川 首楞嚴院 般若谷에 있는 千光房에 들어갔다.

---

2) 일반적으로 源通親(1149~1202)으로 간주하고 있지만, 이 설은 채용하지 않는다. 아버지가 通親이 아니고 通具인 주요한 이유로는 ①『行狀記』등에 있는 黃龍의 제10세와 洞山高祖 제13세라는 숫자의 입장에서 "村上天皇의 제9대 후손이며, 後中書王의 제8세로서 고아였다."는 내용을 산정한 것, ②출가할 때에 친부가 생존했다는 良顯法眼의 발언, ③『道元和尙廣錄』「爲育父源亞相上堂」의 내용에서 양친에 대하여 언급한 것 등이 있다. 山端昭道, 『傳光錄』에 보이는 高祖의 慈父」(『傘松』 통권 367호, 1974년 4월) 참조. 이하 『三大尊行狀記』등 오래된 전기에 기초하고, 中世古祥道, 『道元禪師傳硏究』(國書刊行會, 1979년 1월)의 설을 주로 따랐다.

14세가 되자 天台座主인 公圓僧正에게 삭발하였고, 4월 10일 戒壇院에서 보살계를 받고 비구가 되어 比叡山의 천태학을 중심으로 깊이 불교학을 연구하였다. 18세 때까지 대장경을 두 차례 열람하고서 하나의 큰 의심에 봉착하였다. 『三大尊行狀記』에서는 그 의심에 대하여 다음과 같이 말한다.

> 宗家의 大事 및 法門의 大綱을 배워 보니, 그것은 곧 本來本法身 〈性?〉 天然自性身이라고 말한다. 顯敎와 密敎의 종지도 그 도리를 벗어나지 않는다. 여기에서 크게 의심이 일어났다. 본래부터 法身이고 法性일 것 같으면 제불은 무슨 까닭에 다시 발심하고 수행을 한단 말인가.

이 의심은 比叡山을 내려와 三井園城寺의 公胤僧正에게도 질문하였다. 이에 公胤은 入宋하여 선종을 배워서 수행의 문제로 해결하도록 교시해 주었다.[3]

그 가르침에 따라서 선종을 배우려고 建保 5년(1217) 18세가 되던 가을에 比叡山을 나와서 京都의 建仁寺 明全에게 사사하였다. 이미 開山을 했던 榮西는 建保 3년(1215) 7월 5일에 75세로 시적하였다. 명전은 영서의 高弟였다. 명전에게도 입송할 계획이 있었다. 때문에 그 계획을 따라서 도원은 貞應 2년(1223) 2월 22일에 京都를 출발하여 博多에

---

[3] 河村孝道,『諸本對校永平開山道元禪師行狀建撕記』, p.161, 大修館書店, 1975년 4월. 이 의문은 도원 자신이 말한 것이 아니라 傳記作者의 창작이다. 그러나 이하에서 서술하고 있듯이, 天童如淨 밑에서 身心脫落하는 경과에서 교묘하게 젊은 도원의 내면적인 과제를 보여 준 것이라고 필자는 생각한다. 그 의문이 아무리 천태교학으로서 초보적이고 피상적이라고 해도 일단은 그와 같이 취급하는 것이 좋을 것이다. 이 문제를 보다 깊이 본각법문에 대한 비판으로 바꿔서 이해해야 한다고 주장하는 大著로서 山內舜雄,『道元禪과 天台本覺法門』(大藏出版, 1985년 6월)이 있다.

서 商船을 타고 4월 초순에 明州에 도착하였는데, 도원 24세 때였다.[4]
明全은 곧 俊芿과 관계가 깊은 明州子城의 남쪽 2리 반 쯤에 있는 十方律院인 景福寺를 방문하였다. 堂頭는 妙雲講師였다. 도원은 구족계첩을 소지하고 있지 않았던 까닭에 배에 머물렀는데, 허가를 받고 天童山 了然의 숙소에 머물고 있던 明全한테 찾아간 것은 하안거가 끝난 이후 7월의 어느 날이었다. 그때 천동산의 주지는 대혜파인 無際了派였다. 도원이 배에 무려 3개월 동안 체재하는 사이에 아육왕사의 典座를 만났는데, 그 경험이야말로 대륙의 선을 접촉하게 된 귀중한 체험이었다고 『典座敎訓』에서 술회하고 있다. 그것은 문자를 알고 弁道를 요해하는 기회였다.[5] 乾坤院本 『傳光錄』 등에 의하면, 그해 8월 무렵에 도원은 了派의 법형인 浙翁如琰(1151~1225)한테 五山第一인 徑山에서 참문하였지만, 경산에는 오랫동안 머물지 않고 그해 10월에 다시 명주로 돌아왔다가 천동산으로 돌아갔다. 이듬해 嘉定 17년 1월 21일에 천동산에서 了派의 嗣書를 친견했다고 「嗣書」에서 전하고 있다. 얼마 안 되어 그해 4월 이전에 了派가 시적하였다. 이후에 머물게 될 곳은 了派가 유서를 보낸 淨慈寺의 如淨이 예정되어 있었지만, 도원은 7월 5일 榮西의 10주기 祠堂供養을 마치고 영서와 인연이 깊은 天台萬年寺를 중심으로 유행에 나섰다. 아마 영서와 관련된 모든 사찰을 방문하는 것이

---

4) 도원의 在宋中의 족적에 대해서는 伊藤秀憲, 「道元禪師의 在宋中의 動靜」(『駒澤大學佛敎學部紀要』 제42호, 1984년 3월) ; 鏡島元隆, 「道元禪師의 在宋中의 行實」(『道元禪師와 그 周邊』 수록, 大東出版社, 1985년 4월) 참조. 또한 명확하지 않은 台州小翠巖에 대해서는 盤山思卓과 어떤 관계인가를 통하여 台州瑞巖이 아닐까 하는 추정에 근거하여 논의를 진행시키기로 한다.
5) 도원이 身心脫落하는 과정 속에서 典座와 주고받은 문답이 점유하고 있는 위상에 대한 흥미로운 발언으로는 衫尾玄有, 「道元」(『講座佛敎思想』 제6권 수록, 理想社, 1974년 11월)이 있다.

입송 이전부터 명전의 계획이었던 것으로 보인다. 명전은 병에 걸렸기 때문에 도원 혼자서 해로를 통하여 補陀洛迦山을 참례하였고, 천동산 제25대 無用淨全의 법사인 盤山思卓을 台州 黃巖縣 瑞巖寺에서 참문하였다. 서암사는 일찍이 嘉定 8년(1215)부터 이듬해에 걸쳐서 여정이 주지를 지냈던 곳이다. 대혜파인 無用 문하에서 높은 평가를 얻고 있던 새로운 천동사에서 주지를 지낸 여정의 덕망을 도원은 그 무렵에 처음으로 알게 된 것으로 보인다. 이듬해 寶慶 원년 봄에는 雁蕩山을 방문하였고, 육로를 통해서 天台山 및 大梅山을 경유하여 천동산으로 돌아왔다. 영서가 부흥에 진력하였던 천태산 平田萬年寺에서는 元鼎을 참문하여 그로부터 大梅法常과 맺은 깊은 인연을 들을 수 있었다. 그때 이미 도원은 고차원의 참선에 대한 안목을 지니고 있어서 원정으로부터 梅華의 문양이 그려진 비단의 嗣書를 친견하게 된 것에 감격하면서도 원정의 법을 잇는 것에 대해서는 완곡하게 사양하고 있다. 그 이유는 무엇일까. 원정이 '大潙·仰山의 令嗣話'에 무관심했기 때문임에 틀림없다. 그 일화는 眞字『正法眼藏』(金澤文庫本) 권中의 제3칙에 있는데, 도원선의 확립에 중요한 일화로 간주되고 있다.

　　대위산의 대원선사가 좌선하고 있을 때 앙산이 곁에 공손한 자세로 서 있었다. 위산이 물었다. "혜적수좌여, 요즈음 종문에서 사법의 상황은 어떠한가." 앙산이 답했다. "분명히 그 점에 대하여 의심하고 있는 사람이 있습니다." 위산이 물었다. "혜적수좌는 어떻게 생각하는가." 앙산이 답했다. "저는 단지 피곤하면 눈을 감고, 건강할 때는 좌선할 뿐입니다. 그러므로 그것에 대해서는 말씀드릴 것이 없습니다." 위산이 말했다. "그런 경지에 도달하는 것조차 참으로 어렵다." 앙산이 말했다. "제 견해로는 그 한 마디를 보태는 것조차도 불가능합니다." 위산이 말했다. "그대는 한 사람을 교화하는 것도 할 수가 없다." 앙산이 말했다. "예로부터 성인들도 모두 그랬습니다." 위산이 말했다. "분명히 그대가 그와 같이 답하는 것을 비웃는 사람이 있다." 앙산이 말했다. "저를 비웃을 수 있는 사람은 저와 동참하는 사람입니다." 위산이 말했다. "동참하지 않고 빠져 나가는 경우에는 어찌하겠는가." 이에 앙산이 선상의 주위를 한 바퀴 돌자, 위산이 말했다. "고금을 찢어 버렸구나."[6]

嗣法이란 只管打坐(좌선)을 실천하는 것이라는 앙산의 說示는 도원선의 핵심으로 이끌어 간 것이라 말할 수가 있다. 이미 "일본으로 돌아와서 교화를 하겠다."는 마음을 지니고 入宋하였던 도원이 西川의 납자로부터 "필경에 무엇을 할 것인가."라는 질문을 받은 것이 바로 "打坐는 正法眼藏이고 涅槃妙心이다."라는 도원선의 핵심에 대한 開眼이었다는 점으로 간주해도 좋을 것이다. 도원은 元鼒를 만나면서부터 원자의 嗣書인 매화가 그려진 비단으로부터 유래하는 대매법상과 관련된 인연의 부사의함을 진실로 느꼈다. 그것이 천태로부터 천동으로 돌아와서 大梅山 護聖寺의 旦過寮에서 보았던 대매법상의 靈夢과 결부된 것이었다.

도원이 입송하여 대륙에서 견문했던 내용의 대부분은 宗義의 형식화, 사원·승려의 귀족화, 승풍의 세속화로서, 좌절과 실망 등이 도원을 짓누르고 있었지만, 嘉定 17년 하안거 해제 이후에 새로 천동산의 주지가 되었다고 전해 들은 여정선사에 대한 기대감을 가지고 面授하였다.

---

6) "大潙山大圓禪師坐次, 仰山侍立. 師云, 寂子. 近日宗門中令嗣作麼生. 仰云, 大有人疑著此話. 師云, 寂子又作麼生. 仰云, 某甲祇管困來合眼, 健卽坐禪. 所以未曾說著. 師云, 到這田地也難得. 仰云, 拋某甲見處著此一句語亦不得. 師云, 子爲一人也不得. 仰云, 自古聖人盡皆如是. 師云, 大有人笑汝與麼祇對. 仰云, 解笑某甲是某甲同參. 師云, 出頭作麼生. 仰遶禪床一迊. 師云, 裂破古今."(河村孝道,「眞字 『正法眼藏』의 硏究(3)」『駒澤大學佛敎學部硏究紀要』제33호, 1975년 3월).

여정은 소흥 32년(1162)에 越州 山陰縣 毛氏로 태어났다.[7] 어려서 출가하여 淳熙 7년(1180) 19세 때 교학을 버리고 雪竇山 資聖寺의 自得 慧暉 밑으로 들어갔다. 자득이 시적한 이후에 다시 순희 11년부터 설두산을 계승한 足庵智鑑에게 참문하여 사법하였다. 족암이 紹熙 3년(1192)에 시적하자, 徑山에서 대혜파의 佛照德光을 참문하였지만, 「行持 下」에 의하면 佛照의 各自理會와 貪名愛利의 선에 대해서는 통렬한 비판의 생각을 지니게 되었다. 더욱이 虎丘派의 松源崇嶽, 대혜파의 無用淨全과 遯庵宗演 등의 가르침도 받았다. 49세 때 출세할 기회가 찾아왔는데, 그 이후로 여섯 곳의 도량에 주석하였다. 일부 추정을 포함하여 주석한 기간은 다음과 같다.

(1) 建康府 淸凉寺　　嘉定 3년(1210)~가정 8년
(2) 台州 瑞巖寺　　　가정 8년(1215)~가정 9년
(3) 臨安府 淨慈寺　　가정 9년(1216)~가정 13년
(4) 明州 瑞巖寺　　　가정 15년(1222)~가정 16년
(5) 臨安府 淨慈寺　　가정 16년(1223)~가정 17년
(6) 明州 天童寺　　　가정 17년(1224)~寶慶 3년(1227)

여정은 入院했을 때 사법의 향을 사루지 않고 열반당에서 임종에 즈음했던 족암의 사법에 대하여 설명하였다. 여정의 시적은 도원이 귀국한 이후 얼마 안 된 寶慶 3년 7월 17일로서 66세였다. 이어서 천동산의 南谷庵에 장례지냈다.

이제 화제를 도원과 如淨의 面授로 돌려 보면, 도원은 「面授」권에서

---

7) 여정의 전기에 대해서는 鏡島元隆, 『天童如淨禪師의 硏究』(春秋社, 1983년 7월) 및 佐藤秀孝, 「如淨禪師再考」(『宗學硏究』 제27호, 1985년 3월)에 대부분 기초하였다.

다음과 같이 말하고 있다.

> 도원 대송 보경 원년 을유년(1225) 5월 1일에 처음 先師 天童古佛을 예배하고 면수하였다. 잠시 입실하여 가르침을 듣고는 곧 身心을 탈락하여 면수를 保任하고 일본국으로 돌아왔다.[8]

소위 面授할 때에 신심탈락한 것이다.[9] 필자는 도원이 말하고 있는 신심탈락한 때는 면수하는 때가 아니라, 일반적으로 전해지고 있는 질타를 받을 때에 탈락했다는 일화는 傳記作者가 '悟'를 강조하는 것에서 발생한 것이라고 생각한다. 「身心脫落의 일화」(『도원화상광록』 권2)라는, 질타를 받을 때의 탈락의 일화에 있듯이, 이는 경험적인 '悟'를 서술한 것이 아니라, 불법 곧 정법안장(석존의 가르침)과 '悟'의 구조(깨침의 존재방식)(「大悟」)를 서술한 것이라고 간주하고 싶다. 오히려 「신심탈락의 일화」는 『도원화상광록』 권4에 기록되어 있는 것이 참고가 될 것이다.

> 상당하였다. 佛佛祖祖가 正傳한 불법은 오직 打坐일 뿐이다. 先師 천동여정께서 대중에게 말했다. "그대들은 대매법상선사가 강서의 마조대사에게 참문했던 이야기를 알고 있는가. 대매가 마조에게 물었다. 〈부처란 무엇입니까.〉 마조가 말했다. 〈卽心是佛이다.〉 그러자 곧 하직인사를 드리고 대매산의 정상으로 들어가서 松花를 먹고, 연잎으로 옷을 입으며, 밤낮으로 좌선하면서 일생을 지냈다. 30년이 다 되도록

---

8) 『全集』 상권, p.450.
9) 衫尾玄有, 「御敎示의 수용에 대한 두 가지 문제-面授時의 脫落 및 『普勸坐禪儀』의 書風-」(『宗學硏究』 제19호, 1977년 3월). 마하가섭의 사법에는 多子塔前의 사법과 靈山拈花微笑의 사법이 있는데, 『寶慶記』에서 如淨은 다자탑전의 사법을 인정하였고, 도원은 靈山拈花微笑의 사법을 주장하였다. 그러나 「面授」 권에서는 도원과 如淨의 面授를 "靈山의 拈華이고 嵩山의 得髓이다."고 하여, 面授를 설시할 때 그것이 다자탑전의 사법과 염화미소의 사법이 동시에 성립되었음을 시사하고 있는 것으로 이해된다. 이 문제는 일본조동종지의 문제로서는 많은 과제가 남아 있음을 지적해 두는 것으로 그치고자 한다.

王位을 알지 못했고, 시주의 청에 응하지 않았으며, 이에 불도를 훌륭하게 실천하였다." 헤아리려고 하지 말라. 좌선은 곧 깨침의 모습이다. 悟는 오직 좌선하는 것일 뿐이다.[10]

建長 원년(1249) 3월 무렵에 永平寺에서 행해진 이 상당법문은 나아가서 다음과 같이 계속되고 있다.

그 대매산에 처음으로 승당이 생겼다. 곧 일본국에서 처음이라고 그 소문을 들었고, 처음으로 그것을 보았으며, 처음으로 그곳에 들어갔고, 처음으로 그곳에 앉았다. 불도를 닦는 사람으로서 행운이었다. 후에 어떤 승이 대매법상에게 물었다. "화상께서는 마조대사를 친견하여 어떤 도리를 터득하였길래 이 산에 머물게 된 것입니까." 대매가 말했다. "마조사대는 나한테 '卽心卽佛'이라고 말했다." 승이 말했다. "마조대사의 불법이 요즘에는 달라졌습니다." 대매가 물었다. "어떻게 달라졌는가." 승이 말했다. "요즘에는 '非心非佛'이라 말씀하십니다." 대매가 말했다. "그 노인네가 사람들을 헷갈리게 만드는 것은 아직도 끝날 줄을 모르는구나. 설령 비심비불이라 말한다고 해도 나는 오직 즉심즉불일 뿐이다." 승이 돌아와서 마조대사에게 그 이야기를 말씀드렸다. 이에 마조가 말했다. "매실이 익었구나."
그렇다. 곧 즉심즉불을 이해한 사람은 속세를 버리고 깊이 산속으로 들어가서 밤낮으로 좌선할 뿐이다. 이 산의 형제들이여, 모름지기 오로지 좌선해야 한다. 헛되이 세월을 보내지 말라. 사람의 목숨은 무상한데, 곧 어찌 세월을 기다리겠는가. 기도하고 기도하라. 대중들이여, 즉심즉불의 도리를 알고자 하는가. 양구하고 말했다. 즉심즉불은 이해하기 대단히 어렵다. 마음은 牆壁瓦礫이고, 부처는 泥團土塊이다. 강서의 도일이 말한 것은 拖泥帶水이고, 대매의 깨침은 依草附木이다. 즉심즉불에 어떤 도리가 있는가.

---

10) 『全集』하권, pp.77~78.

대매법상의 인연은 「諸法實相」 권에 의하면, 보경 2년 3월에도 여정이 언급했다고 전한다. 여정은 일상에서 '참선은 心塵脫落이다.'라고 말했던 것을 도원이 '참선은 身心脫落이다.'라는 신념으로 수용했던 과정으로 보면, 거기에 기초하여 고칙공안이 존재했던 것은 아닐까. '즉심즉불을 이해한 사람은 밤낮으로 좌선할 뿐이다.'라는 대매의 고칙을 빌리지 않고서는 존재할 수 없었다고 생각된다. 도원이 사모했던 대매법상은 일생동안 밤낮으로 좌선했던 사람으로, 실제로 좌선에 엄격하여 梅華와 같은 인격을 발견했던 모습을 당시에 면수하고 있던 여정과 결부시킨 것은 아니었을까. 도원이 여정에게 바쳤던 「梅華」 권이 존재하는 것도 이 경우에 참고가 되는데, 대매산의 대매법상과 만났던 靈夢은 도원의 언행 가운데서도 대단히 특이한 것이었다. 적어도 질타를 받았을 때 탈락했던 일화는 '참선은 신심탈락이다.'는 도원선의 확립 이후에 부가되어 창작된 것이라고 보는 것이 옳을 것이다. 그 반대일 수가 없다.

신심탈락이란 '오직 즉심즉불일 뿐이다.'라는 의미로서 '좌선은 곧 깨침의 모습이다. 깨침은 오직 좌선하는 것일 뿐이다.'라는 것에 대한 확신이다. 또한 신심탈락이란 「佛性」 권에서 말한 보경 원년 하안거 때의 '몸으로 나타낸 모습은 지금의 어떤 사람에게도 좌선하는 것과 같다.'라는 말처럼 용수의 變相圖에 대한 이해로서, 「佛祖」에서 말하고 있듯이 如淨까지 이어지는 佛祖를 禮拜하고 頂戴할 것을 다한 것이었다. 그것은 입송 이후에 여정과 만남으로써 터득한 '只管'의 수행을 다한 것이라 말해도 좋다. 때문에 "마침내 태백봉의 여정선사를 참문하여 평생 참학해 온 大事를 여기에서 마치게 되었다."(「변도화」)라고 말하고 있는데, 그것은 "좌선 수행을 함으로써 佛向上事를 곧장 드러내어 평생 참학해 온 大事를 신속하게 끝마친 것이다."(「변도화」)라는 의미에서 언급한 것이다. 그 이외에 경험적인 '悟'를 설정하려고 했던 傳記作者가 기록하는 신심탈락의 시점을 탐구하는 것은 도원선의 구조에서 말하자면 무의미한 것이라고 간주할 수 있다. 분명히 신심탈락했을 때에 상정할 수 있는 것은 몇 가지 있었음에 틀림없다. 가령 신심탈락의 구조가 가장 명확하게 드러나 있는 것, 그리고 질타를 받았을 때 탈락했던 일화의 소재로 간주되는 것으로서 眞福寺文庫所藏 草稿本「大悟」가 있다. (〈 〉표시는 좀이 슬어 손상된 부분을 나타냄)

先師께서는 항상 대중에게 말했다. "참선하는 사람은 身心脫落(생사의 몸을 벗어나는 것) 해야지 待悟爲則(깨침을 기다리는 것)해서는 안 된다." 이와 같은 말씀은 상당법문할 때는 법당에 올라서 시방에서 모여든 운수납자들에게 한 것이다. 소참법문할 때는 霞(雲?)堂 안에서 말하였다. 모든 운수납자들이 듣고서 〈 〉하였다. 야간에는 雲堂 안에서 주먹을 치켜들면서 동시에 벽력같이 소리쳤다. 조는 사람도 들었고, 졸지 않은 사람도 들었다. 밤중에도 말했고, 대낮에도 말했다. 그렇지만 知音이 아니라면 질문할 수가 없었다. 소위 참선〈 〉이라는 것은 佛道이고 祖道이다. 참선의 말〈 〉〈 〉사람이기 때문에 이와 같이 말한다. 身心脫落은 脫落身心이다. 이미 脫落된 것을 脫落하기 때문에 진정한 身心脫落이 된다. 이것은 小·大·廣·狹의 邊際에 국한되지 않기 때문에, 그것은 待悟爲則이 아니다. 待悟란 大悟를 기대하면서 學道하는 것인데, 그래서는 안 된다. 大悟를 기대하는 것은 기대하는 悟에 익숙해질 뿐만 아니라 大悟하려는 기대에 빠져 버리고 만다. 學道하여 大悟에 이르렀을 때 大悟는 학도를 그만두어서는 안 된다. 학도가 항상 大悟와 단절되어서는 안 된다. 만약 待悟爲則이 되어 버리면 이미 大悟現成한 후에 학도가 쓸모없게 된다. 이와 같은 견해는 佛道〈邊?〉의 行履일 뿐이다. 그와 같은 행리는 佛頭의 關捩 내지 제불의 大道가 아니다. 그것으로 古佛의 수기를 받는다는 것은 꿈속

에서도 볼 수가 없다.[11]

"참선이란 신심탈락이다. 깨침을 기다리는 것으로 법칙으로 삼는 것이 아니다(參禪者身心脫落 不是待悟爲則)."라는 것이 여정 일상의 示衆이라고 말하지만, 『여정어록』에서는 전혀 찾아볼 수가 없다. '깨침의 기다림을 법칙으로 삼는다.'라는 것을 부정하는 말과 함께 '참선이란 신심탈락이다.'라는 말이 도원의 저술에 나타난 것도 없다.[12] 그러나 도원선이 修証不二로서 待悟禪이 아님을 대단히 잘 드러내 주는 것이라 말할 수가 있다. 『도원화상광록』 권8에도 다음과 같은 말이 보인다.

> 이 좌선은 부처와 부처가 相傳한 것이고, 조사와 조사가 直指하여 유일하게 嫡嗣하는 수행 방법이다. 그 밖의 수행 방법은 그 명칭을 들어 볼 수는 있을지라도 불조의 좌선과 같지 않다. 왜냐하면 諸宗의 좌선

---

11) 河村孝道, 「『正法眼藏』 성립의 제문제(6)」, pp.41~42, 『駒澤大學佛敎學部硏究紀要』 제38호, 1980년 3월.
12) "참선이란 신심을 탈락하는 것이다(參禪者身心脫落也)." 또는 "참선이란 신심을 탈락하는 것이다. 향을 사루거나 예배를 하거나 염불하거나 참회하거나 간경하는 것을 활용하지 않고 只管打坐를 해야 身心脫落할 수가 있다(參禪者身心脫落也. 不用燒香·禮拜·念佛·修懺·看經·只管打坐始得)."는 내용으로 자주 언급된다. 「行持下」(『全集』 권下, p.158) ; 「佛性」(『全集』 권下, p.407) ; 「三昧王三昧」(『全集』 권下, p.539) ; 「辨道話」(『全集』 권下, p.731) ; 『廣錄』 권4·6·9(『全集』 권下, p.77·p.109·p.113·p.185) ; 『寶慶記』(『全集』 권下, p.377) 등에 있다. 이제 또 하나 중요한 점은 "돌아가신 천동여정화상이 주지를 하고 있을 때였다. 승당에서 대중들이 좌선을 하고 있었는데, 조는 것을 경계하기 위하여 신발로 때리기도 하고 야단을 치기도 하였지만 대중들이 모두 그것에 얻어맞는 것을 기뻐하고 찬탄하였다."(『正法眼藏隨聞記』 권2 ; 『全集』 권下, p.462)는 내용처럼 엄격하게 좌선이 실제로 行持되고 있었다. 이것을 벗어나서 "參禪者身心脫落也"라는 주장은 성립되지 않지만, 이러한 제자료를 조합해 봄으로써 전기를 구성하는 것은 「大悟」에서 부정하고 있다고 보지 않으면 안 된다. 또한 주의해 두고 싶은 것은 大慧禪이 待悟禪이라는 것은 피상적인 견해로서 대혜의 경우에도 待悟를 부정하고 있다. 그러나 간화선이 待悟禪의 성격을 가지고 묵조선과 대치되었을 때에는 그런 경향이 강화되어 있었다. 졸고, 「송대 선종사에서 본 道元禪의 위치」(『南都佛敎』 제39호, 1977년 11월) 참조.

은 깨침의 기다림을 법칙으로 삼는다. 비유하면 배를 타고 대해를 건너가는 것과 같다. 바다를 건너서는 배를 버려야 한다고 착각을 한다. 그러나 우리 불조의 좌선은 그와는 달리 곧 부처의 행위이다.[13]

깨침을 강조하는 대혜의 간화선과 전혀 다르다는 것에 바로 도원선이 있음을 알 수가 있다. 참선이 신심탈락이라는 것은 그러한 깨침의 기다림을 법칙으로 삼는 선과 전혀 다른 부처의 행위인 좌선을 주장한 것이었다. 이 불조의 좌선을 도원은 여정한테 面授함으로써 확신했던 것으로, 여정이 이후에 보여 준 말과 행동에서 매번 똑같이 신선함과 놀라움을 느끼고 면수의 기쁨을 自受用했음에 틀림없다. 그것은 보경 원년 7월 2일 이후의 입실기록인 『寶慶記』에도 보인다. 특히 "무명의 뒤덮임에서 아직 벗어나지 못한다면 불조의 수증에 도달할 수가 없다."(『全集』 하권, p.383)는 말은 주목할 필요가 있다.

여정과 면수했던 도원은 뜻밖에 그해 5월 27일에 了然寮에서 明全이 시적했다는 소식을 접하였다. 그해 도원에게는 환희와 실의가 교차되었다. 환희는 입송의 목적으로 말하면 여정의 다음과 같은 說示에서 완전한 의심의 해결을 본 것이었다고 말할 수가 있다. 『보경기』에서 다음과 같이 말한다.

(도원이) 예배하고 나서 물었다. "고금의 선지식들은 '물고기가 물을 마셔 보고 물의 차고 따뜻함을 스스로 아는 것처럼 스스로 아는 것이 곧 覺이다. 이것으로써 보리의 깨침을 삼는다.'라고 말합니다. 그러나 저 도원은 〈만약 스스로 아는 것이 곧 正覺이라면 일체중생 모두가 스스로 알고 있다. 그렇다면 일체중생은 스스로 알기 때문에 정각의 여래이어야 할 것이다.〉라고 따져 묻습니다. 어떤 사람은 〈그렇다.

---

13) 『全集』 하권, p.161.

일체중생은 無始로부터 本有의 여래이다.〉라고 말하고, 또 어떤 사람은 〈일체중생은 틀림없이 모두 여래가 아니다. 왜냐하면 만약 自覺性智가 곧 그런 줄 아는 사람은 바로 그대로 여래이지만, 아직 그것을 알지 못하는 사람은 여래일 수가 없다.〉라고 말합니다. 이러한 말들이 곧 불법일 수 있겠습니까."
화상이 설시하여 말했다. "만약 〈일체중생은 본래부터 곧 부처다.〉라고 말한다면, 그 또한 자연외도와 같을 것이다. 我와 我所를 가지고 제불에 비유한다면 未得을 得했다고 말하고 未証을 証했다고 말하는 것을 벗어나지 못하는 사람이다."[14]

『보경기』의 대부분은 筆談의 가능성이 강하여, 이 단락에서 도원의 질문에 대한 여정의 답변은 왜곡을 만들어 낸 것은 아닐지라도, 아마 本來成佛論이 自然外道라고 단정한 여정의 답변으로 충분했다고 간주하여, 도원은 이미 그것을 알고서 확신하게 되었음을 질문 가운데서 추측해 볼 수가 있다. 좌선이야말로 깨침의 모습으로서 "밤에는 二更의 三點(오후 10시 30분)까지 좌선을 하고, 새벽에는 四更의 二點 내지 三點(오전 3시 내지 3시 30분)부터 좌선을 한다."(『正法眼藏隨聞記』권2)라고 말하듯이, 여정의 문하에서 行持했던 것이야말로 본래성불론을 부정했던 것이다. 그래서 대매법상의 30년 좌선이 깨침의 모습으로 수용되었던 것이다. 대매의 깨침인 '즉심시불'의 내용은 대매가 행지하고 있는 때에 그대로 현현한 것이었다. 본래성불론은 동시에 本來本法性의 의심과 연결되어 있는 것으로, 그것이 천태본각법문과 결부되어 있다고 말할 수가 있다. 도원이 예전에 경험했던 比叡山 天台本覺法門은 진실로 자연외도의 설과 동일하였다.[15] 그것을 여정의 말을 통해서 확

---

14) 『全集』 하권, p.372.
15) 山內舜雄, 前揭書의 결론 참조.

신하게 되었다는 것이 중요한데, 本來本法性에 대한 의심이 여정을 만남으로써 해결되었다.

그러나 위에서 말했듯이 "참선은 신심탈락이다." "좌선은 곧 깨침의 모습이다. 깨침이란 좌선(只管打坐)일 뿐이다." 등의 말은 『여정어록』에는 보이지 않는다. 도원이 말한 이러한 본각법문적인 수증관보다도 『여정어록』의 설은 시각문적인 수증관이라 말하는 것이 적절하다. 여정은 굉지 묵조선의 흐름에 속하지만, 굉지와 달리 당시에 유행하고 있던 간화선을 대담하게 묵조선으로 끌어들이고 있다.[16] 결국 『보경기』에서 살펴본 본각문적인 수증관의 여정과 『여정어록』에서 살펴본 시각문적인 수증관의 如淨像 사이에는 큰 차이가 있다. 그 차이를 戒觀과 함께 검토하여 鏡島元隆 박사는 『천동여정선사의 연구』에서 다음과 같이 결론짓고 있다.

도원선의 골격인 戒觀 및 修証觀이 시각문적인 宋朝 선림의 계관 및

---

16) 如淨의 가장 대표적인 상당은 『如淨錄』보다도 『枯崖漫錄』에 인용되어 있는 다음과 같은 천동사 설법이다. "示衆上堂하였다. 心念이 부산하게 날리는 경우에는 어떻게 손을 써야 하겠는가. '趙州狗子佛性無'에서 단지 그 '無'字에 대해서만 무쇠빗자루로 쓸어 버려야 한다. 쓸어 버린 곳이 또 부산하게 날리면 부산하게 날리는 곳을 또 쓸어 버려야 한다. 이처럼 쓸면 쓸수록 점점 부산하게 날리는데, 더 이상 쓸어 버릴 수 없는 곳에서 목숨을 내놓고 쓸어야 한다. 밤낮으로 척추를 곧추세우고 용맹하게 하여 결코 그만두지 말라. 그리하여 홀연히 太虛空까지 쓸어 버리면 천차만별이 모두 크게 통한다(示衆上堂. 心念紛飛, 如何措手. 趙州狗子佛性無, 只今無字鐵掃帚. 掃處紛飛多, 紛飛多處掃. 轉掃轉多, 掃不得處棄命掃. 晝夜堅起脊梁, 勇猛切莫放倒. 忽然掃破太虛空, 千差盡豁通)." 鏡島元隆, 『天童如淨禪師의 硏究』, p.282. 無字公案은 五祖法演으로부터 비롯되었고, 大慧宗杲에 의하여 대성되었다. 平野宗淨 교수가 「狗子無佛性話를 중심으로」(『선학연구』 제62호, 1983년 11월)에서 지적하고 있듯이, 동일한 공안에 대하여 굉지정각이 취급하는 방식이 간화선의 경우와는 다르다. 여정의 說示는 분명히 간화선과 동일한 것인데, 『굉지록』에서는 그런 모습이 보이지 않는다. 졸고, 「宏智正覺과 天童如淨」(『송대의 사회와 불교』 수록, 汲古書院, 1985년 10월).

수증관을 배경으로 했던 여정에게는, 여정 개인에만 의거하여 성립된 것이 아니라 일본천태의 본각문적인 배경에 입각한 도원선사를 매개로 하여 성립된 것으로 보자면, 그것은 여정의 사상 그대로가 아니라 여정을 통한 도원선에 의하여 발생되고 개현된 계관 및 수증관이라고 말해야 할 것이다. 그런 의미에서 그것은 도원선사에 의한 여정사상의 일본적인 전개라고 말할 수가 있다. (중략) 따라서 그 일본적인 전개란 일본 천태의 본각문적인 사상의 연장선에서 조정된 것이 아니라, 일본천태의 본각문적인 사상을 부정적으로 매개하여 여정의 사상이 더욱더 심화되고 순화되었다는 의미이다.[17]

이리하여 성립된 도원선은 시각문으로서 수행의 필요성을 강하게 주장하는 한편, 본각문으로서 미혹한 사람의 수행이 아니라 그 수행이 佛作佛行이라고 설하여 깨침을 목적으로 하지 않고 그 자체로서 완결되어 있는 좌선에 대하여 설한다. 이 구조를 가리켜서 修証一等에 기초한 도원선의 핵심으로서 本証妙修라고 부른다.[18] 일본의 천태본각법문

---

17) 鏡島元隆,『천동여정선사의 연구』, p.131.
18)「변도화」에 "그 수행과 깨달음이 하나가 아니라고 생각하는 것은 외도의 견해이다. 불법에서는 수행과 깨달음이 동일하다. 지금 깨달은 분상의 수행이기 때문에 초심의 弁道가 곧 本証의 전체이다. 그런 까닭에 수행의 用心을 가르침에도 수행 이외에 깨달음을 바라는 생각을 하지 말라고 말한다. 直指의 본증이기 때문이다. 이미 수행에 깨달음이 있으므로 깨달음에 끝이 없고, 깨달음에 수행이 있으므로 수행은 시작이 없다. 그러므로 석가여래와 가섭존자 등도 깨달음의 분상에서 수행을 수용하였고, 달마대사와 대감고조 등도 역시 깨달음의 분상에서 수행을 계속하였다. 불법이 住持하는 발자취는 모두 이와 같다. 이미 깨달음을 벗어나지 않은 수행이다. 우리는 다행스럽게도 일부분의 妙修를 單傳한 초심의 변도 곧 일부분의 본증을 無爲의 경지에서 얻고 있는 것이다. 알아야 한다. 수행을 벗어나지 않은 깨달음을 더럽히지 않도록 하기 위하여 불조들은 계속하여 수행의 고삐를 늦추지 말라고 가르친다. 묘수를 놓아 버리면 본증이 손안에 가득하고 본증을 초월해 버리면 묘수는 온몸에 가득하다."(『全集』 권상, p.737)는 내용에 기초하여 말한다. 鏡島元隆,「本証妙修의 사상적 배경」(『道元禪師와 그 주변』 수록, 전게서) 또한 道元禪을 本証妙修로 표방하는 것은 道元이 어떠한 본각사상에 대해서도 全面否定하였기 때문에 적절하지 않다는 견해가 최근에 출현하였

을 중국의 시각문적인 수증관에 의해 부정적으로 매개하여 성립된 다이나믹한 본증묘수의 구조는 鏡島元隆 박사의 설명 그대로이다. 박사가 『도원선사와 인용경전·어록의 연구』(木耳社, 1965년 10월)에서 전개한 『정법안장』에 인용된 원문의 독자적인 다시 읽기의 지적으로부터도 분명하다.

다만 여기에서 지적해 두고 싶은 것은 여정의 시각문적인 수증관이 단순히 간화선의 연장선에서 조정된 것은 아니라는 점이다. 여정은 굉지를 古佛이라고 존숭하지만, 대혜에게 공격 받은 黙照邪禪에 빠질 수 있는 위험성을 충분히 알고 있었다. 그 위험성이란 묵조선이 지니고 있는 '본래성불'에 대한 安住이다. 이런 점에서 굉지 묵조선의 중요한 說示인 오위사상도 여정은 계승하고 있지 않다. 여정이 간화선에 접근한 것은 묵조사선의 극복이 필요했기 때문이다. 때문에 여정은 본각문을 부정하고 시각문에 입각하였지만, 그 여정선의 구조는 도원선이 성립하는 경과와 유사한 것으로 보인다. 도원은 저 시각문적인 수증관에 입각한 선자에게서는 찾아볼 수 없는 매력을 여정이 지니고 있음을 느꼈기 때문에 여정과 결합한 것이다. 여정이 좌선을 강조했을 때 원리적으로 수증불이를 설하고 있는 것으로 보는 것이 좋다. 鏡島元隆 박사는 수증불이는 간화선에서도 설하고 있다고 간주한다.[19] 여정이 묵조선의 흐름 가운데서 극복하지 않으면 안 되었던 문제와 도원의 의심 사이에는 공통적인 과제가 있었다고 말할 수 있다. 그것은 본 절에서 검토하고자 하는 굉지선이 지니고 있는 과제이기도 하다.

도원은 입송하여 의심을 해결하고, 보경 3년에 여정의 嗣書를 받

다. 袴谷憲昭, 『道元理解의 결정적 시점』(『宗學研究』제28호, 1986년 3월).
19) 『天童如淨禪師의 研究』, p.133.

고 귀국하였다. 귀국 이후에 경도의 建仁寺에 우거하였지만, 寬喜 2년(1230)에 深草의 極樂寺 옛터에서 閑居하였고, 天福 원년(1233)에 그 深草에서 觀音導利院興聖寶林寺를 개창하였다. 10년이 지나서 聚洛과 城隍이 있던 경도로부터 寬元 원년(1243) 7월에 波多野義重의 초청도 있었기 때문에 여정의 垂誡를 따라서 심산유곡인 越州 吉峰寺로 내려갔다. 이듬해 7월에는 吉祥山 大佛寺(1246년에 吉祥山 永平寺로 개칭함)로 옮겼다. 寶治 원년(1247)에 北条時賴의 초청으로 반년 동안 鎌倉에 나아갔지만, 다시 영평사로 돌아와서 후진의 지도에 힘썼다. 建長 4년(1252) 가을에 병에 걸렸고, 이듬해 경도에서 요양하였지만 그 효과도 없이 8월 28일 야반에 54세로 시적하였다.

도원은 그 사이에 『정법안장』[20]을 비롯하여 많은 저술을 남겼다. 開宗의 선언이라고도 말할 수 있는 『普勸坐禪儀』의 찬술에도 보이듯이 도원선은 只管打坐의 선포였다.[21] 그 구조를 분명하게 하기 위하여 많은 인용경전 및 어록이 사용되었지만, 『여정어록』의 도래는 仁治 2년(1242)을 기다리지 않으면 안 되었기 때문에 오로지 『굉지록』만이 뛰어난 어록으로 인용되었다. 寬喜 3년(1229) 8월에 찬술된 「변도화」에 '玄則丙丁童子'의 이야기가 일찍부터 인용되어 있는 것과, 『수문기』 권3에 천동산 운수납자의 증가에 따른 知事의 근심을 굉지가 타일렀던 「행업기」의 인용에서도 그러한 경향을 알 수가 있다.[22] 이후에 『굉지록』은 도원의 설

---

20) 도원의 저술에 관해서는 수많은 저술과 논문이 있으므로 당면과제에 대하여 여기에서 망라하여 서술할 필요는 없다. 『정법안장』에 대해서는 河村孝道, 「正法眼藏」(『道元의 著作』 講座 道元 제3권, 春秋社, 1980년 11월)이 간편하다.
21) 秋中義治, 「普勸坐禪儀考」(『道元禪의 체계』, 1983년 8월 再編) ; 鈴木格禪, 「普勸坐禪儀」(『道元의 著作』 수록) 등 참조.
22) 拙稿, 「『義雲和尙語錄』의 引用典籍에 대하여-延文 2년본과 眞字『正法眼藏』의 관계를 중심으로-」(『義雲禪師硏究』 수록, 祖山傘松會, 1984년 6월).

법에서 빠져서는 안 되는 어록이 되었다.[23]

여기에서 도원의 인용을 통하여 굉지선과 도원선의 同異에 대하여 이하에서 검토해 보고자 한다.[24] 이 문제를 검토할 때에 仁治 3년 (1242) 3월 18일에 찬술된「坐禪箴」을 간과할 수는 없을 것이다. 도원은 굉지의「좌선잠」을 높이 평가하면서도 독자적인「좌선잠」을 찬술하고 있다. 이하에서 양자를 대조하여 수록해 보기로 한다.

굉지 찬술「좌선잠」

삼세제불의 깨침과 그 작용과	佛佛要機,
모든 조사의 궁극적인 깨침은	祖祖機要.
事像에 집착없이 진상을 알고	不觸事而知,
대상에 걸림없이 비추어 보네.	不對緣而照.
事像에 집착없는 진상의 앎은	不觸事而知,
그런 앎이란 저절로 미묘하고	其知自微.
대상에 걸림없이 비추어 보는	不對緣而照,
그런 비춤은 저절로 精妙롭네.	其照自妙.
그런 앎이 저절로 미묘하므로	其知自微,
그 사량도 분별인식이 아니네	曾無分別之思.
그런 비춤 저절로 精妙로우니	其照自妙,
비춤에 흔적조차 남기지 않네.	曾無毫忽之兆.
그 사량 분별인식이 아니므로	曾無分別之思,

---

23) 鏡島元隆,『道元禪師와 인용경전·어록의 연구』; 졸고,「『宗門統要集』과 眞字『正法眼藏』-眞字『正法眼藏』出典의 全面的 補正-」(『宗學研究』제27호, 1985년 3월).
24)「坐禪箴」의 비교는 衛藤卽應,『宗祖 道元禪師』(岩波書店, 1944년 7월), p.270 이하에 있다. 또한 이하는 졸고,「굉지록의 역사적 성격(上)·(中)·(下)」(『宗學研究』제14호·제15호·제20호, 1972년 3월~1978년 3월)에 기초하여 전면적으로 개정한 것이다.

짝이 없는 독탈적인 존재라네	其知無偶而奇.
비춤에 흔적도 남지 않으므로	曾無毫忽之兆,
그 비춤 곧 집착 없는 앎이네.	其照無取而了.
물이 맑아 바닥까지 투명하니	水清徹底兮,
물고기 마음대로 물에 노니네	魚行遲遲.
광막한 허공은 끝이 없으므로	空闊莫涯兮,
새들은 아득하게 날아 오른다.	鳥飛杳杳.

(名著普及會本, p.465)

도원 찬술 「좌선잠」

삼세제불의 깨침과 그 작용과	佛佛要機,
모든 조사의 궁극적인 깨침은	祖祖機要.
사량하지 않아도 곧 현현하고	不思量而現,
회호하지 않아도 곧 성취되네.	不回互而成.
사량하지 않고 현현하는 것은	不思量而現,
그 현현함이 저절로 친밀하고	其現自親.
회호하지 않고 성취되는 것은	不回互而成,
그 회호가 저절로 증득된다네.	其成自証.
그 현현함 저절로 친밀하므로	其現自親,
일찍이 염오되었던 적도 없고	曾無染汙.
그 성취됨 저절로 증득되므로	其成自証,
일찍부터 정과 편도 없었다네.	曾無正偏.
일찍이 염오가 없는 친밀함은	曾無染汙之親,
그 친밀함 막힘없이 탈락하고	其親無委而脫落.
일찍부터 정편이 없는 증득은	曾無正偏之証,
그 증득 자연스럽게 공부되네.	其証無圖而工夫.
물 맑아 땅바닥까지 투명하니	水清徹地兮,
물고기 노닐되 물고기를 닮고	魚行似魚,

광막한 허공은 하늘을 뚫으니	空闊透天兮,
새가 노니는데 새와 똑같다네.	鳥飛如鳥.

(『全集』 권上., p.100)

　도원은 "굉지선사의 좌선잠은 곧 말로는 표현할 수 없을지라도 부득이하게 다음과 같이 말해야 할 것이다."라고 하여 도원은 「좌선잠」을 찬술하고 있다. 양자 사이에 내용의 차이가 있는가 없는가 하는 성급한 결론은 삼가겠지만, 이하에서 몇 가지 용례를 검토해 가면서 고찰해 보고자 한다. 다만 먼저 주목해 두고자 할 점은 도원이 굉지의 '知照'의 용어를 '現成' 및 '親証'의 용어로 변화시켜 두고 있다는 점이다. 그것은 좌선의 箴이 이법의 입장에서 관조세계를 보여 주는 굉지선에 상대하여, 도원선에서는 좌선의 당체를 몸소 닦아서 드러내는 無所悟의 현성을 보여 주는 내용으로 변화시켜서 설명하고 있다.

　그런데 굉지선과 도원선을 비교하여 검토하는 입장에서 먼저 「좌선잠」과 마찬가지로, 『도원화상광록』 가운데서 『굉지록』에서 인용된 것임을 명기하고 있는 例에 의거하여 도원이 어떻게 그것의 표현을 변화시켰는가를 살펴서 양자의 同異를 고찰해 보고자 한다.

　『광록』에 『굉지록』이 인용된 횟수는 22회이다.[25] 그 일례를 冬至上堂의 인용으로 살펴보기로 한다.

　　(도원선사가) 동지에 상당하여 다음과 같은 이야기를 꺼냈다.

---

25) 『全集』의 번호에서 歲旦上堂(권2-142, 권3-216, 권4-303) 浴佛上堂(권3-236) 浴佛上堂(권3-256, 권4-320) 結夏上堂(권3-257, 권4-322) 端午上堂(권3-242, 권4-261·326) 解夏上堂(권4-341) 中秋上堂(권4-344) 冬至上堂(권2-135, 권3-206, 권4-296) 普通上堂(권3-203·246, 권4-269, 권7-498) 및 『송고』 제25칙과 제83칙 등 합계 22회로서 중복을 제외하면 14회이다. 또한 道元에게 몇 개의 上堂이 있었는지에 대해서는 伊藤秀憲,「『永平廣錄』의 說示年代考」(『駒澤大學佛敎學部論集』 제11호, 1980년 11월)를 참조하고자 한다.

굉지고불이 천동사에 주석하고 있을 때 동짓날에 상당하여 말했다.
"陰이 極에 도달하면 陽이 발생하고
力이 窮에 도달하면 位가 굴러가네.
푸른 용은 뼈를 허물 벗고 달려가고
안개 걷히니 검은 표범은 변색하네.
삼세불의 해골 손에 쥐고자 하는가
염주 알 구멍 뚫어 한 번에 꿰어라.
밝다 어둡다 분별하여 말하지 말라
본래모습이 일면불이고 월면불이다.
설령 저울과 말 속이지 않을지라도
비싸게 사고 싸게 파는 속임수라네.
선덕들이여, 알겠는가.
쟁반 위에 굴러다니는 밝은 구슬은
손을 대지 않아도 저절로 구른다네."
(굉지고불이) 다음과 같은 이야기를 꺼냈다.
"설봉이 한 승에게 물었다. 〈어디 가는가.〉 승이 말했다. 〈일하러 갑니다.〉 설봉이 말했다. 〈그래, 가봐.〉 이에 대하여 운문이 한마디 붙였다. 〈설봉은 말만 걸어보고도 상대방을 꿰뚫어봤다.〉"
굉지선사가 말했다. "꼼짝하지 말라. 꼼짝하면 30방을 맞는다. 왜냐하면 하얀 옥에 티가 없는데 문양을 새기면 옥의 덕을 잃고 만다."[26]

이처럼 『굉지록』을 인용한 후에 도원은 다음과 같이 說示한다.

도원선사가 말했다.

---

26) 『宏智錄』권3(名著普及會本, p.152); 『宏智錄』권4(大正藏48, p.35上~中) "冬至上堂. 擧, 宏智古佛住天童時, 冬至上堂云, 陰極而陽生, 力窮而位轉. 蒼龍退骨而驤, 玄豹披霧而變. 要將三世佛髑髏, 穿作數珠子一穿. 莫道明頭暗頭, 眞箇日面月面. 直饒爾斗滿秤平, 也輪我賣貴買賤. 諸禪德. 還會麽. 槃裏明珠, 不撥自轉. 擧. 雪峯問僧, 甚處去. 僧云, 普請去. 雪峯云, 去. 雲門云, 雪峯因語識人. 宏智云, 莫動著, 動著三十棒. 爲什麼如此. 皓玉無瑕, 彫文喪德."

"설봉과 운문과 굉지의 세 존숙이 비록 그렇게 말했을지라도 대불노한(도원 자신을 가리킨다)은 또한 그렇지가 않다. 대중들은 잘 듣고 그것을 잘 생각해 보라. 흰 옥에 흠이 없지만 탁마하면 더욱더 빛이 난다. 섣달은 한 줄기 햇살만 있어도 좋은 시절로서 군자에게는 長至이기도 하다. 비록 이것이 속인에게는 아름다운 계절이지만 실로 불조의 경사스런 가피이다. 어제는 한 개피의 향이 짧기만 하였는데 그것은 음기가 극에 도달하여 재잘거리지 못하게 한 것이었고, 오늘 아침에는 한 개피의 향이 길어졌는데 그것은 양기가 발생하여 떠들썩하게 된 것이다. 이것이야말로 납승이 받아들이는 경사스런 가피로서, 불조가 즐겁게 춤추는 시절에 상응하여 곧장 공왕불과 위음왕불의 경계를 초월한 것이다. 그러니 어찌 춘하추동의 시절에 구속되겠는가. 이와 같이 견해를 터득하면 비록 성현의 命脈 및 인천의 肝膽이라 할지라도 기원정사의 콧구멍 및 계족산의 눈동자가 되지 못할 것이다. 그대들은 그러한 시절의 아름다운 모습을 알고자 하는가."
불자로써 일원상을 그리고는 말했다. "보라." 양구하고 말했다.
"눈 속에서 핀 매화가 설사 그것을 설명해 준다 할지라도 다시 한 줄기 양기가 도래하는 것을 물어야 할 것이다. 〈이 산은 北陸道의 너머에 있기 때문에 겨울부터 봄까지 눈이 녹지 않는다. 혹 7~8척이나 쌓여 있기도 하고, 혹 한 자가 넘게 쌓여 있기도 하면서 수시로 증감한다. 또한 천동선사에게도 눈 속에 핀 매화의 법어가 있다. 선사께서는 항상 매화를 사랑하였다. 때문에 (도원선사가) 이 산에 주석한 후에는 대부분 눈을 주제로 삼아서 법어를 하였다.〉"[27]

---

27) "師云, 三位尊宿雖恁麽道, 大佛老漢又且不然. 大衆諦聽. 善思念之. 皓玉無瑕, 琢磨增輝. 今月一陽佳節, 君子長至. 雖是俗人之佳節, 實乃佛祖之慶祐也. 昨日一線短去, 陰極而遏剌剌. 今朝一線長之, 陽生而閙聒聒. 乃是衲僧納慶祐, 應時佛祖賀舞踏. 直超空王威音之境界, 豈拘春秋冬夏之時候. 恁麽見得, 雖爲聖賢之命脈, 人天之肝膽, 未是祇蘭之鼻孔, 雞足之眼睛. 諸人要會這箇時節佳辰麽. 以佛子作一圓相云, 看. 良久云, 雪裏梅華設使明這邊, 更問一陽至.〈當山在北陸之越, 自冬至春積雪不消, 或七八尺, 或一丈余, 隨時增減. 又天童有雪裏梅華之語, 師常愛之. 故當山住後, 多以雪爲語〉."(『全集』권下, pp.33~34).

동지가 선림에서는 轉迷開悟의 기회와 결부되어 있어서 慶節로 간주되지만, 여기에서는 전미개오의 사고방식은 전혀 남아 있지 않다는 점이 주목된다. 더욱이 굉지의 법어에서 '하얀 옥에 티가 없는데 문양을 새기면 옥의 덕을 잃고 만다.'[28]는 말을 도원은 '흰 옥에 흠이 없지만 탁마하면 더욱더 빛이 난다.'라고 바꾸어 말하고 있는 것은 양자의 선을 비교할 경우에 중요한 단서를 제공해 주고 있다. '흰 옥에 흠이 없지만'의 상구는 완전히 동일하다. 하구의 차이는 무엇을 의미하는 것일까. 굉지는 원래 흠이 없는 옥에 대하여 지나친 세공을 가하면 도리어 옥이 지니고 있는 아름다움을 상실해 버린다고 말한다. 불교의 용어를 빌려서 생각해 보면, 본래 우리는 부처이기 때문에 그대로가 좋은 것이어서 지나친 조치야말로 쓸모없는 것이라는 말이다.

도원은 굉지와 마찬가지로 원래 흠이 없는 옥이라는 점은 인정하지만, 탁마함으로써 옥이 더욱더 빛을 증가시킨다는 것이다. 불교의 용어를 빌리자면 본래 우리는 부처이기 때문에 그야말로 수행할 때에 그 부처는 自受用할 수가 있어서 부처라는 원리로 머물러 있는 것은 인정될 수가 없다는 것이다. 수증론의 말을 빌리자면 '흰 옥에 흠이 없다'는 것은 양자가 공통으로 본각문의 입장이다. 굉지선은 시각문과 대립하는 입장으로 본각문에 서 있어서 본각문이기 때문에 수행의 필요성을 강조하는 것이 아니라 무위자연의 도가적인 입장에 가깝다. 본각문과 시각문이 상호 대립하는 한 본각문은 본각에 기울어질 가능성이 남아 있다. 도원이 본증묘수의 선을 구축한 것은 묘수를 강조함으로써 본각에 안주하는 것을 거부했기 때문이다. '탁마하면 더욱더 빛이 난다'는 것

---

28) 이 句는 『굉지록』 권1(名著普及會本, p.48) ; 권2의 염고 제33칙(同, p.129)에도 보이고 있어서 굉지가 즐겨 사용한 말이다.

은 그 묘수를 강조하고 있는 것으로서 굉지선과 동일한 것이 아니다.

이 동지상당은 『광록』 권4에도 인용되었는데, 거기에서 도원은 다음과 같이 말한다.

> 굉지선사는 이미 그와 같이 말하였다. 그러나 나 영평(도원)은 다시 말할 것이 있다. 오늘 성취한 제일의 미묘한 정법은 계·정·혜이고, 해탈이며, 해탈지견으로서 아뇩다라삼먁삼보리를 발생하여 퇴전함이 없다. 그것은 운문이 말한 목마가 울면서 달리는 것이고, 위산이 말한 코끼리를 부리는 통변이다. 그래서 삼세제불도 어깨를 나란히 할 수가 없고, 크고 작은 바위와 길고 짧은 나무도 구멍이 나고야 만다. 하늘을 맑게 하고 땅을 편안하게 하며, 시장에 들어가서는 귀한 것을 사고 천한 것을 팔며, 쟁반 속의 명주처럼 마음대로 굴려댄다. 그렇다면 어찌해야 하겠는가.
> 우뚝하고 당당하여 만상 가운데 본래 주인이고
> 명명하고 역력하여 온갖 풀마다 조사가 보인다.[29]

여기에서도 굉지가 '쟁반 속의 명주처럼 스스로 구르지 못한다(盤裏明珠 不撥自轉)'라고 말한 것을 계승하여 도원은 "쟁반 속의 명주처럼 마음대로 굴려댄다(盤裏明珠 自撥自轉)"라고 바꿔서 말하고 있는 것은 위에서 서술했던 上堂과 같은 것을 의미하고 있다.

다음으로 歲旦上堂에서 검토해 보기로 한다. 『굉지록』 권3에서 다음과 같이 말한다.

---

29) "宏智禪師旣恁麼道. 永平更有道處. 今日成就第一微妙正法, 戒定慧·解脫·解脫知見, 生阿耨多羅三藐三菩提不退不轉. 雲門木馬嘶驟, 潙山象駅通變. 三世佛非共一線長, 被穿大小石頭·長短木頭. 淸天面寧地面, 納祐斗滿稱平, 行市買貴賣賤. 盤裏明珠, 自撥自轉. 作麼生. 巍巍堂堂, 萬象之中本主, 明明歷歷, 百草頭上祖師."(『全集』 권下, p.73).

설날 아침에 상당하였다. "설날 아침에 좌선을 하니 만사가 자연스럽고 마음마다 待對가 단절되어 모든 부처가 현전한다. 강 위에 눈 내리니 청백한 기운 가득하고, 고깃배를 타고 나간 謝郞은 만족해한다. 참!"30)

도원은 설날 아침부터 좌선을 권장하고 찬탄하는 상당을 즐겨하였는데, 『광록』 권2·권3·권4에서 3회에 걸쳐 취급하고, 韻을 계승하여 자기의 입장을 분명하게 하고 있다.

[142] (도원)선사가 말했다. "오늘 아침에 大佛(도원선사)이 예배하고 그 韻을 이었다." 양구하고 말했다. "大吉의 설날 아침에 기쁘게 좌선을 하니, 시절에 상응하여 가피를 받아 저절로 천연스러워진다. 마음마다 慶快하여 봄날을 웃으면서 맞이하고, 제불이 소를 끌어다가 눈앞에 들이민다. 나타난 상서로움이 산을 덮으니 한 척이나 눈이 쌓이고, 고기 잡는 배에서는 남을 낚고 나를 낚는다네."31)

[216] 大吉의 설날 아침에 기쁘게 좌선을 하니, 납승의 辨道가 일상처럼 평온하다. 사람마다 慶快하게 봄빛을 풍기고, 콧구멍과 눈동자가 현전한다. 강 위에 눈 내리니 청백한 기운 가득하고, 고깃배를 타고 나간 謝郞은 만족해한다.32)

[303] 大吉의 설날 아침에 기쁘게 좌선을 하니, 납승의 辨道가 평온하기만 하다. 사람마다 웃는 얼굴에 봄빛이 일고, 제불의 발우가 현전한다. 매화 노래 한 곡조가 눈 덮인 온갖 봉우리에 퍼지고, 고깃배를

---

30) "歲旦上堂. 歲朝坐禪, 萬事自然. 心心絶待, 佛佛現前. 淸白十分江上雪, 謝郞滿意釣漁船. 參." 『名著普及會本, p.210』;『굉지광록』 권4(大正藏48, p.50下).
31) "師云, 今朝大佛拜續其韻. 良久云, 大吉歲朝喜坐禪, 應時納祐自天然. 心心慶快笑春面, 佛佛牽牛入眼前. 呈瑞覆山盈尺雪, 釣人釣己釣漁船."(『全集』 권下, p.36).
32) "大吉歲朝喜坐禪, 衲僧辨道平如常. 人人慶快春面, 鼻孔眼睛現前. 淸白十分江上雪, 謝郞滿意釣漁船."(『全集』 권下, p.56).

타고 나간 謝郞은 만족해한다.[33]

 도원이 제1구를 '大吉의 설날 아침에 기쁘게 좌선을 한다'고 3회에 걸쳐서 공통으로 설하고 있는 것은 굉지만의 좌선의 강조가 있었기 때문이다. 『어록』 가운데서 설날 아침의 좌선을 말하고 있는 것은 드물지만 그 말에 도원은 깊은 감동을 기억하고 있었음에 틀림없다. 그러나 굉지선이 지니고 있는 빠져들기 쉬운 위험성을 간과한 적은 없었다. 그것이 제2구의 '만사가 자연스럽다'는 말이다. 좌선에 안주하여 無爲自然이 되어 수행의 엄격함이 결여될 수 밖에 없는 것이다.

 그러나 216·303의 상당을 "납승의 변도가 평온하다"는 것으로 바꾸어 놓은 것은 주체의 적극적인 불도수행의 작용이 새롭게 첨가된 것이다. "마음마다 待對가 단절되었다"는 것을 "사람마다 慶快하게 봄빛을 풍긴다"는 것으로 바꾸어 놓은 것도 관조적인 깨침의 세계에 빠져 있는 것이 아니라 개개인의 납승이 작용하는 세계가 현전해 오지 않으면 안 된다는 것이다. 여기에서도 靜的인 本証에 빠져 있는 것이 아니라 動的인 妙修에 역점을 두고 있다는 것을 엿볼 수가 있다.

 나아가서 結夏上堂의 예를 통하여 이 문제를 고찰해 보기로 한다. 『광록』 권3의 [257]에 다음과 같은 상당이 있다.

> (도원선사가) 하안거를 결재하면서 상당하였다. "굉지선사가 일찍이 천동산에 주석하면서 하안거를 결재할 때 다음과 같이 말했다. 〈범부와 부처가 모두 한 집에서 함께 살아간다. 그러므로 常寂光土의 땅에서 평생을 지켜봤으니 이제야 부처에 뽑히려면 마음을 비워야 한다.

---

33) "大吉歲朝坐禪, 衲僧辨道平然. 人人笑面春色, 佛佛鉢盂現前. 梅謌一曲千峰雪, 謝郞滿意釣漁船. 參."(『全集』 권下, p.74).

본래부터 丘園[34]에는 깨달음의 꽃이 피어 있었다. 그러므로 구십 일 동안 나다니지 말고 일찍이 걸음을 디뎌본 적이 없는 처소를 살펴보라. 석 달 동안 잘 섭생하여 일찍이 접촉한 적이 없는 몸과 마음을 체험해 보라. 수많은 몸이 한 몸 가운데서 안거를 하고, 그 한 몸은 수많은 몸 가운데서 辨道를 한다.〉 때문에 다음과 같이 말한다.〈삼세제불의 법신 내 성품에 들어 있듯이, 나의 자성도 똑같이 부처님과 동일하다.〉[35] 또 다음과 같이 말한다.〈대원각으로써 곧 우리의 가람을 삼는다.〉[36] 만약 이와 같이 할 수가 있다면 다시 어떤 것이 필요하겠는가. 자, 어떻게 수행하면 그것을 체득하여 여래와 함께 할 수 있겠는가. 잘 이해하였는가. 삼계에다 자신의 모습을 드러내지 말라. 시방을 벗어나 자성이 공함을 해명하라."

도원선사가 말했다. "굉지고불이 비록 여래와 계합되어 있었지만, 아직 여래와 함께 안거한 적은 없었다. 나 영평은 오늘 굉지선사와 화합도 하였고, 또 여래와 동참도 하였다. 잘 알겠는가." 양구하고 말했다.

"염화미소는 지나치게 어긋나 버렸으니
부처에게 속아 한바탕 피운 난리였네.
서로 손잡고 더불어 佛殿에 나아가고
서로 눈썹을 엮어서 승당에 들어가네."[37]

---

34) [역주]丘園은 세간을 벗어나서 은거하는 곳인데 하안거를 지내는 안거처를 가리킨다.
35) [역주]『永嘉證道歌』(大正藏48, p.396中).
36) [역주]『大方廣圓覺修多羅了義經』(大正藏17, p.921上).
37) "結夏上堂. 宏智禪師曾住天童結夏上堂云, 凡聖通同共一家, 寂光田地看生涯. 而今選佛心空去, 因〈自〉有丘園開覺華. 禁足九旬看未舉步前處所, 護生三月體不觸物底身心. 多身在一身中安居, 一身在多身中辨道. 所以道, 諸佛法身入我性, 我性同共如來合. 又云, 以大圓覺為我伽藍. 若能恁麼去, 更有甚麼事. 且作麼生體悉得與如來合. 還相委悉麼. 莫與〈於〉三界現身相, 坐斷十方明性空. 師云, 宏智古佛雖與如來合, 而未與如來同安居. 永平今日與宏智和合, 與如來同參. 還委悉麼. 良久云, 拈花微笑太乖張, 剛被瞿曇亂一場. 把手共行詣佛殿, 眉毛相結入僧堂."(『全集』 권下, p.65) ; 『宏智錄』 권4(大正藏48, p.48中) 대정신수대장경본에서는 '因'이 '自'이고, '與'가 '於'이다. 〈 〉의 내용 참조.

도원은 굉지가 여래와 하나가 되어 깨침의 세계에 있는 것은 인정하지만, 여래와 함께 깨침의 세계를 자수용하면서 수행하는 것을 강조하지 않는 것에 대해서는 불만을 서술하고 있다. 아직 걸음을 떼지도 않은 그 이전의 처소에 안주하고, 대상을 접촉하지도 않은 곳에서 身心을 관조하는 것에 머물러 있는 것으로는 現成佛法이 드러나지 않는 법이다. 『원각경』의 '대원각으로써 우리의 가람을 삼는다.'[38]는 것으로 말하자면 本來成佛에 머물러 있어서,[39] 도원이 말한 '안거하고 있는 바로 이곳이 대원각이다.'(「安居」)라는 곳까지는 妙修가 도달해 있지 않다고 말할 수가 있다. 『원각경』에는 '대원각으로써 우리의 가람을 삼아 몸과 마음을 안락하게 지닌다.'라고 되어 있어서, 도원에게는 '身心安居'가 결락되어 있어 결국 수행이 강조되지 않은 채 끝나 있다.

이상 『광록』의 인용 가운데 굉지의 법어로 명기되어 있는 것에 대하여 검토해 보았지만, 도원이 굉지를 직접적으로 비난하고 있는 곳은 「深信因果」를 제외하고는 찾아볼 수가 없다. 굉지와 대혜에 대해서 도원은 「王索仙陀婆」에서 다음과 같이 굉지를 높이 평가하고 있기 때문에, 굉지의 이름을 지목하여 대대적으로 비난하는 것은 있을 수 없었을 것이다.

> 先師古佛(천동여정)은 상당할 때마다 항상 宏智古佛이라는 표현을 하였다. 그런데 굉지고불을 고불이라고 알아본 사람은 오직 先師古佛(천동여정) 뿐이었다. 굉지 당시에 경산에 大慧禪師 宗杲라는 사람이 있었는데, 남악회양의 遠孫이었다. 大宋一國이라는 것은 천하의 평판이었는데 대혜는 굉지에 비견되는 사람이라 할 수가 있었는데, 오히려

---

38) "以大圓覺, 爲我伽藍"(大正藏17, p.921上).
39) 本來成佛論에 대해서는 吉津宜英, 『華嚴禪의 思想史的 硏究』(大東出版社, 1985년 3월) 참조.

굉지보다도 더 유명한 사람이라고들 생각하였다. 이러한 오판은 대송국 안의 道俗이 모두 학문이 미천하고 道眼이 아직 열리지 않아서 남을 알아보지도 못하고 자기를 알아차리는 능력도 없기 때문이다.[40]

사실 도원은 『광록』 가운데서 『굉지록』에서 인용하면서도 굉지라는 이름을 언급하지 않고 인용하고 있는 예가 많이 있다. 명기해 두고 있지 않기 때문에 도원이 변경한 어구는 굉지선과 同異를 검토할 경우에 중요한 단서를 제공해 주고 있다. 도원은 표면적으로는 굉지를 높이 평가하고 있다. 그러나 보다 세밀하게 분석해 보면 어떤 결과가 될 것인가에 대하여 여기에서는 수증론과 문제를 결부시켜서 이하 4가지 例에 근거하여 비교·검토해 보기로 한다. 위는 『굉지록』이고, 아래는 『도원화상광록』이다.

(1) 『굉지록』
解夏日上堂. 云. 以法爲界, 也能廓徹而絶方隅. 以智爲身, 也能混融而忘彼此. 蒲團下根生底, 及盡一絲頭, 則住無住心, 拄杖頭雲起底, 行遍四天下, 則作無作相. 如雲似鶴, 恁麼去底漢, 要須知有我方能賓處而尊. 得坐披衣, 恁麼去底人, 却須識得渠乃見主中而用. 所以古人道, 借功明位, 用在體處, 借位明功, 體在用處, 衲僧能恁麼也, 身心獨脫, 動靜兩忘. 雲水是闍黎, 闍黎是雲水. 諸人還曾恁麼履踐麼. 飮水鵝能取淳味, 采華蜂不損餘香.

하안거를 해제하는 날에 상당하여 다음과 같이 말했다.
"법으로 세계를 삼으니 또 확철하여 方隅를 단절하고, 지혜로써 몸을 삼으니 또한 혼융하여 피차를 잊었네. 좌포단에 얹혀살면서 털끝의 정성까지도 다하였는데, 무주심으로 살아가니 주장자에서도 구름이

---

40) 『全集』 권上, p.595.

일어나네. 사천하를 두루 다니면서도 조작 없는 행상을 지으니, 그것은 마치 구름 위에서 학처럼 살아가는 납자라네.

요컨대, 우리네 가풍은 손님의 형편에 처해 있으면서도 존중받는 줄을 알아야 한다. 그러므로 납의를 걸치고 앉아서 좌선하는 사람이라면 그런 사람이야말로 바로 주인 가운데서 묘용을 부리면서 살아가는 사람인 줄 알아야 한다.

때문에 〈공능을 빌려서 지위를 설명하지만 작용은 본체자리에 있고, 지위를 빌려서 공능을 설명하지만 본체는 작용하는 자리에 있다.〉고 말한다. 납승이 이와 같이 한다면 몸과 마음을 훌쩍 초월하고, 움직임과 고요함을 모두 잊으며, 雲水가 곧 그대가 되고, 그대가 곧 운수가 된다. 그대들은 일찍이 이와 같이 수행해 왔던가.

거위왕은 물과 우유가 섞인 것을 마시되 우유만 가려 마시고, 꿀을 따는 꿀벌은 꽃을 취하되 꽃의 향기는 손상하지 않는다."[41]

『도원광록』
解夏日上堂. 云, 正令提綱. 飮水鵝能取淳味, 通一線道, 探華蜂不損餘香. 布袋自姿開口, 十方世界也一時自恣開口. 蒲團法歲周圓, 十方世界也一時法歲周圓. 所謂有心者知, 無心者得. 賓處而用, 主中而尊. 借位明功, 借功明位. 父子氣和, 君臣道合. 良久顧視大衆云, 瞿曇一著九旬弄, 信手拈來木柄杓. 雲水叢林自恣人, 果如是也須相慶.

하안거를 해제하는 날에 상당하여 다음과 같이 말했다.
"올바른 법령으로 국가의 기강을 세우니, 물을 마시는 거위는 淳味만 취하고, 한 가닥 길을 열어 놓으니, 꽃을 채집하는 벌은 다른 향기를 상하지 않는다. 포대화상이 방자하게 입을 여니 시방세계도 일시에 방자하게 입을 열었으며, 포단의 법랍이 가득히 원만하니 시방세계도 일시에 법랍이 가득히 원만하네. 말하자면 有心한 사람은 알아차리지만 무심한 사람은 터득하고, 손님의 형편에 처해 있으면서도 묘용을

---
41) 『宏智錄』 권3, 名著普及會本, pp.172~173 ; 『宏智錄』 권4(大正藏48, p.40中).

부리고 주인 가운데서도 존중받는다. 지위를 빌려서 공능을 설명하고 공능을 빌려서 지위를 설명하며, 아버지와 아들의 의기가 화합하고 임금과 신하의 도리가 화합된다." 양구하고 나서, 대중을 돌아보고 말했다.

"구담은 한바탕 석달 동안의 안거를 지내며
손안에 장군죽비의 자루를 힘껏 쥐어 잡고
총림의 운수납자로서 자자하는 사람이라면
그것이 곧 모름지기 서로 축하해 줄 일이다."[42]

도원의 解夏上堂이 굉지의 解夏上堂을 답습하여 이루어졌다는 것은 상하 어구의 비슷함과 인용을 통해서 분명하다. 가장 흥미로운 점은 도원선의 핵심이 되는 '신심탈락'의 용어에 대단히 가까운 표현이 『굉지록』에 '身心獨脫'로 존재하고 있다는 것이다.[43] 그러나 이 '신심독탈'의 용어를 숙지하고 있었을 도원이 이 용어를 인용하지 않았던 것은 어째서일까. 더욱이 '賓處而尊'을 '賓處而用'으로, '主中而用'을 '主中而尊'이라 하여 반대의 의미로 바꾼 이유는 무엇일까. 이 문제의 해결로서 굉지선과 도원선의 차이를 볼 수가 있는 것은 아닐까.

결국 이 上堂은 7월 15일 解夏의 상당이다. 解夏는 종래의 안거를 마치고 遊行에 나서는 때라고 굉지는 말하고 있다. 더욱이 굉지가 말한 解夏란 蒲團과 拄杖, 根과 雲, 住와 作, 賓과 主, 尊과 用, 位와 功, 體

---

42) 권2,『全集』권下, p.48.
43) 高崎直道 等,『古佛의 모방 〈道元〉』(角川書店, 1969년 5월)에서「身心脫落」의 〈身心〉이라는 표현은 일본에서 만들어낸 냄새가 난다."(同書, p.51)는 설은 성립되지 않는다. 또한 졸고,「굉지록의 역사적 성격(上)・(中)・(下)」(『宗學研究』제14호・제15호・제20호, 1972년 3월~1978년 3월)에서도 지적해 두고 있듯이, 선에서는 이미 心의 塵이라는 문제는 해결되어 있어서 心과 塵을 탈락하는 것이 바로 당시의 과제였다.

와 用, 靜과 動으로 나누고, 그런 것들이 상즉하고 회호하지 않으면 안 된다는 것이 강조되어 있다. 신심독탈은 그 상즉의 세계에 머물러 있어서 그 세계로부터의 작용이 결여되어 있다. 신심독탈의 세계는 완성된 세계로서 十成의 세계를 표현하는 것에 역점이 있다. 도원선도 身心一如를 설하는 것에는 변함이 없다.

그러나 굉지선과 마찬가지로 '本証'에 입각하고는 있지만, 그것은 원리로서가 아니라 身心學道로서의 작용이 없어서는 안 된다. 도원선은 '十成을 꺼린다.'는 것으로서 '八九成'을 주장하는 것은[44] 靜的인 혹은 관조적인 세계에 머무르지 않고 그 역점이 '本証'으로부터 '妙修'로 이행되어 간다. '본증'은 이렇다고 말하는 것이 아니라 '본증'이므로 그것이야말로 '묘수'가 된다는 것이다. 좌선이 깨침에 근거하고 있어서 깨침으로서의 좌선이라고 도원선에서는 말한다. 신심독탈의 용어는 혼동되기 쉬운 표현이기 때문에 도원은 그것을 피하여 賓과 主의 상즉에 머무르지 않고 現前成就의 불법을 표현하려고 노력한 것이라고 간주된다.

(2) 『굉지록』

上堂. 云. 溶溶曳曳山上雲. 潺潺湲湲山下水. 試問其間雲水人更於何處求諸己. 諸禪德. 心無所住. 則法離見聞. 智無所緣. 則道超情謂. 靈雲只麼悟桃花. 三十年癡今日慧. 諸人分上又作麼生. 眼裏無筋一世貧. 參.

---

[44] 이미 동산의 '佛向上事'의 '向上'에서 검토했던 과제와 동일하다. 「觀音」권에서 "불조가 단지 80퍼센트 내지 90퍼센트만 말한 것을 듣고서도 100퍼센트를 말했다고 간주해야 하는데, 말을 다하지 못한 까닭에 80퍼센트 내지 90퍼센트밖에 되지 않았다고 이해한다. 佛法이 만약 이와 같다면 올바른 이해(今日)에 도달했다고 할 수가 없다. 소위 80퍼센트 내지 90퍼센트라는 것은 100퍼센트 1000퍼센트라고 말하는 것과 같고, 무수히 많다고 말하는 것과 같다고 참학할 줄 알아야 한다."고 말하고 있다. 결론적으로 "雲巖과 道吾의 수많은 손과 눈의 관음을 참학할 때 일체제불은 관음삼매를 80퍼센트 내지 90퍼센트 성취하게 된다."(『全集』권상, p.173)는 대목에서 말하고 있는 바로 그 도원선의 특색을 가리킨다.

상당하여 다음과 같이 말했다. "산 위에 뭉게구름 몽실몽실 피어나고 산 아래에 졸졸졸 시냇물이 흘러가네. 거기에 깃들어 사는 납자에게 묻노니 또한 어디에서 모든 자기를 찾겠는가? 선덕들이여, 마음에 집착이 없으면 곧 제법에서 見聞[45]을 벗어나고 지혜에 반연이 없으면 곧 깨침이 분별생각과 언설을 초월한다. 靈雲志勤은 단지 복사꽃을 보고 깨쳤을 뿐이지만 평생 동안 품어 온 어리석음이 금일의 지혜가 되었다. 그렇다면 여러분의 경우에는 또 어찌 하겠는가.
눈동자에 힘줄이 없는 사람은
평생의 가난을 면하지 못한다.
參!"[46]

『도원광록』
上堂. 溶溶曳曳山上雲, 潺潺湲湲山下水. 試問其間雲水人更於何處求諸己. 脫落於其心, 法超見聞, 究盡於其智, 道超情謂. 正當恁麼時, 於諸人體上又作麼生. 兩耳生來對兩肩, 靈雲曾悟桃華邊.

상당하여 다음과 같이 말했다. "산 위에 뭉게구름 몽실몽실 피어나고, 산 아래에 졸졸졸 시냇물이 흘러가네. 거기에 깃들어 사는 납자에게 묻노니, 또한 어디에서 모든 자기를 찾겠는가? 그 마음을 탈락함이여, 法은 보고 듣는 것을 초월하였고, 그 지혜를 궁극까지 다함이여, 道는 분별생각과 언설을 초월하였다. 바로 이러한 때에 또한 그대들의 몸으로 무엇을 하겠는가.
두 쪽의 귀는 태어날 때부터 두 어깨와 수직이고
신령스런 구름은 일찍이 복사꽃 사연을 깨쳤다네."[47]

도원은 굉지의 上堂語에서 '心無所住'를 '脫落於其心'으로, '智無所緣'

---

45) [역주]見聞은 보고 듣는 것으로서 일상에서 발생하는 집착의 번뇌를 의미한다.
46) 『宏智錄』권3, 名著普及會本, p.155 ; 『宏智錄』권4(大正藏48, p.36上).
47) 권6, 『全集』권下, p.106.

을 '究盡於其智'로 바꾸어 놓고 있는 것이 주목된다. 굉지가 心과 智를 있어야 할 존재의 모습을 보여 주고 있는 것에 머물러 있음에 비하여, 도원은 心과 智를 신체에서 현현하지 않으면 안 되는 것으로 삼고 있다. '離'와 '超'의 용어의 차이로 말하자면, 굉지는 心(주관)과 法(객관)이 상대해 있고 心이 근거를 지니고 있지 않아서 法이 인식작용에서 벗어난 세계를 서술하고 있지만, 도원은 心을 탈락시켜서 法이 인식작용을 초월한 세계를 출현시키고 있다. '離'란 탈락하는 것과 탈락되는 것이 같은 차원에 있으므로 그 관계가 始終하지만, '超'란 그러한 차원을 초월하여 發心·修行·菩提·涅槃이 行·持·道·環되는 작용이 엿보인다. 이미 대조해 보았던 굉지와 도원의「좌선잠」에서 굉지의 '不觸事而知 不對緣而照'를 도원이 '不思量而現 不回互而成'으로 바꾸었다는 것은 여기에 보이고 있는 예와 매우 흡사하여, 도원선의 표현에서 차이를 보여주려는 사고방식을 알 수가 있다. 여기에서도「좌선잠」과 마찬가지로 분명히 굉지선의 無爲自然的인 본증의 세계로부터 脫落究盡된 '現成佛法'을 전개하고 있어서 '본증'을 공통으로 하면서도 도원선이 '묘수'를 강조하고 있음을 알 수가 있다.

(3) 『굉지록』

上堂. 云, 萬機休罷. 千聖不携. 父母非我親. 諸佛非我道. 本色衲僧, 到這裡有一條活路, 直是生滅不能移. 差別不能轉. 背塵合覺. 即物契神. 諸佛眾生, 本來平等. 大眾既是平等, 為甚諸佛為永得, 眾生為未然. 且道, 肴訛在甚麼處. 不許夜行, 投明須到. 參.

상당하여 다음과 같이 말했다. "온갖 반연을 놓아 버리고 천 부처님과도 함께 하지 않으며, 부모도 내가 가까이해야 할 사람이 아니고 제불도 내가 추구해야 할 길이 아니다. 본색납승이라면 그와 같은 경지에 도달해야만 비로소 한 줄기 활로가 트여서 곧장 생멸조차도 옮기지 못하고 차별조차도 굴리지 못한다. 그리하여 번뇌를 멀리하여 깨침에 계합하고, 사물에 즉해서도 신통에 계합하며, 제불과 중생이 본래부터 평등하다. 대중이 이미 평등하다면 어째서 제불은 그것을 영원히 터득하고 중생은 그렇지 못하는가. 자, 말해 보라. 잘못이 어디에 있는가.
밤길 떠나가는 것을 허락하지 않으니
동틀 즈음에나 모름지기 도착해야 한다.[48]
參!"

『도원광록』
上堂. 萬機休罷. 千聖不攜. 父母非我親. 諸佛非我道. 親道且致, 儞喚什麼作我. 本色衲僧, 得到一條活路以逍遙. 所謂, 雖有生滅非去來, 雖有階級免差別. 修証卽不無, 汚染卽不得. 背塵合覺, 開花結果. 諸佛衆生, 究盡來乃實相也. 旣是實相, 爲甚諸佛無量無邊, 衆生無際無窮, 大衆還要委悉這箇道理麼. 良久云, 不許夜行, 投明須到.

"온갖 반연을 놓아 버리고 천 부처님과도 함께 하지 않으며, 부모도 내가 가까이해야 할 사람이 아니고 제불도 내가 추구해야 할 道가 아니다. 부모와 道는 그렇다고 하더라도, 그대는 무엇을 我라고 부를 것인가. 본색납승이라면 한 가닥 활로를 터득하여 소요할 줄 알아야 한다. 말하자면 비록 생멸은 있을지라도 거래가 없고, 비록 계급은 있을지라도 차별을 벗어나 있다. 수행과 깨침은 곧 없지 않지만 단지 염오되지 않을 뿐이다. 번뇌를 등지고 깨침에 합치하며, 꽃이 피고 열매를 맺으며, 제불과 중생이 궁극까지 다하니 이에 실상이로다. 이미 그것이 실상인데 어째서 제불이 무량이고 무변이며 중생이 무제이고 무궁인가. 대중들이여, 이와 같은 도리를 자세하게 알고자 하는가."
양구하고 말했다.

---

48) 『宏智錄』 권1, 名著普及會本 p.22 ; 『宏智錄』 권1(大正藏48, p.5下).

"밤에는 길을 떠나지 말라
반드시 새벽은 밝아 온다."[49]

여기 굉지의 상당은 굉지가 35세 때 처음 주지를 지냈던 泗洲 大聖 普照禪寺 시대의 것이지만, 종래 언급해 왔던 굉지의 수증관인 본각법문이 철저하지 않고 대혜선의 시각법문적인 수증관과 근사하다는 점에서 크게 차이가 난다. 원리적으로는 '모든 중생과 부처가 본래 평등하다(諸佛衆生 本來平等).'는 것으로서 본각문에 입각해 있지만, 실제로는 "제불은 영원히 터득하고 중생은 그렇지 못하다(諸佛爲永得 衆生爲未然)."라고 하듯이 어디까지나 제불과 중생의 차별을 인정하고 있다.

중국의 수증관은 전통적으로 시각문에 입각해 있어서 굉지라고 해도 일본적인 본각문과는 달리 '本來性'의 원리에 기울어져 있다. 도원선의 성립이 默照邪禪의 극복에 의한 여정선의 연장선은 아니라고 필자가 주장한 것도 어디까지나 도원선에는 일본의 천태본각법문을 부정하지 않으면 안 되는 일본적인 과제가 있었음을 말해 주고 있다.

도원은 굉지선을 어떻게 초극했던 것일까. "수행과 깨침은 곧 없지 않지만 단지 염오되지 않을 뿐이다(修証即不無 汚染即不得)."라는 남악회양의 말을 끌어들임으로써 '不染汚의 修証'을 강조하였다.[50] 결국 無所悟의 좌선으로 인도된 것이다. 때문에 굉지가 사용했던 『원각경』의 '번뇌를 등지고 깨침에 합치하며(背塵合覺)'라는 것을 환골탈태시켜서 '꽃이 피고 열매를 맺으며(開花結果)'라는 것과 동일하게 제불중생이 궁극까지 다해 왔던 실상으로 삼은 것이다.

---

49) 권6, 『全集』 권下, p.107.
50) 도원선의 핵심인 本証妙修를 달리 '不染汚의 修証'이라고도 말한다. 衛藤即應, 「正傳의 佛法」, p.179 이하.; 樺林皓堂, 『道元禪의 本流』(선학연구회, 1963년 4월).

그러나 도원선은 제불과 중생을 전혀 구별하지 않았다는 점에서 굉지와 달리 제불중생의 실상이 무량무변하고 無際無窮한 이유가 제시되어 있다. 그에 대한 답변으로 굉지와 도원은 投子大同과 동일한 一轉語를 사용하는데, 도원이 轉迷開悟가 아니라는 것은 물론 무한한 수증의 연속성을 강조하여 굉지의 경우와 전혀 다른 의미로 사용하고 있다. 앞의 (2)의 상당에서도 '궁극까지 다함(究盡)'이라는 용어는 '脫落'의 용어와 함께 주목해야 할 도원의 용례이다. 특히 '본래평등'을 바꾸어서 말한 "궁극까지 다하니 이에 실상이로다(究盡來乃實相)."라는 것은 '좌선이 곧 깨침과 미혹의 모습(坐禪是悟迷之儀)'이라는 것과 마찬가지로 '결과로부터 원인으로 향함(從果向因)'에 철저한 일본적인 특색을 확실하게 해 둔 것이다.

(4) 『굉지록』

上堂. 云, 道綿綿兮用也不勤, 道綿綿兮寂也不滅. 二乘困墮於空無. 眾生執迷於分別. 菩薩區區於進修. 諸佛嘮嘮於演說. 諸禪德, 一句子妙出三乘, 一念間功超萬劫. 水月茫茫兮舟棹閑, 雪雲冉冉兮路岐絕. 明明靈靈兮唯己自知, 大辯若訥兮大巧若拙.

상당하여 다음과 같이 말했다.
"깨침의 면면함이여, 활용해도 다함이 없고, 깨침의 면면함이여, 고요해도 소멸이 없다. 이승은 소통이 안 되어서 공무에 떨어지고, 중생은 집착으로 인하여 분별에 미혹하네. 보리살타는 하릴없이 앞만 향해 나아가고, 제불은 떠들썩하게 널리 설법만 하는구나. 납자들이여, 한 마디라도 미묘하다면 삼승을 벗어나고, 찰나간의 공만 있어도 만겁을 초월한다네. 물 위에 달빛 망망하니 한가롭게 노 젓고, 하늘에는 구름 오락가락한데 길을 잃었네. 명명하고 영령함이여 자기를 아는 것이

고, 大辯才는 어눌하고 또 大巧는 졸렬하다네."⁵¹⁾

『도원광록』
上堂. 以拂子打一圓相云, 身心脫落也用也不勤. 以拂子打一圓相云, 脫落身心也寂也不滅. 二乘困而墮於空無. 凡夫執而纏於分別. 菩薩到這裏區區進修. 諸佛到這裏嘐嘐演說. 妙出三乘, 功超萬劫. 水月茫茫舟棹閑, 雪雲冉冉路岐絶. 旣到恁麽田地又作麽生. 良久云. 大辯若訥. 大巧若拙.

상당하여 불자로써 일원상을 그리고 말했다.
"신심탈락이란 작용하면서도 또한 일을 하지 않는다."
拂子로써 일원상을 그리고 말했다.
"'탈락신심'이란 고요하면서도 또한 소멸되지 않는다. 이승은 소통이 안 되어서 空無에 떨어지고, 범부는 집착하여 분별에 얽매여 있다. 보살은 그러한 경지에 도달해서도 하릴없이 앞만 향해 나아가고, 제불은 그러한 경지에 도달해서도 떠들썩하게 널리 설법만 한다. 묘용은 삼승을 벗어나고 공훈은 만겁을 초월한다. 물 위에 달빛 망망함이여 한가롭게 노를 젓고, 하늘의 구름 오락가락함이여 길을 잃었네. 이미 이러한 경지에 도달해서는 또 어찌할 것인가."
양구하고 말했다.
"大辯才는 어눌하고, 또 大巧는 졸렬하다네."⁵²⁾

두 상당법문의 큰 차이는 도원이 拂子로써 일원상을 그리고서 굉지의 두 가지 '道綿綿'이라는 용어를 '身心脫落'·'脫落身心'으로 바꾸어 놓고 있다는 점이다. 굉지는 『노자』 제6장이 道를 답습하여 用과 寂의 양면에서 道의 관계와 구조를 서술하고 있지만, 도원은 拂子로써 일원상을 그려서 구체적인 동작 가운데서 깨침의 세계를 표현하고 있다. 그리

---

51) 권1, 名著普及會本 p.48 ; 『宏智錄』 권1(大正藏48, p.12中).
52) 권6, 『全集』 권下, p.106.

고 '也'와 '而'를 나누어 사용하고 있지만 '也'에는 현성의 동적인 입장이 표현되어 있다. 身心(修)을 가지고 脫落(証)을 현전하고 탈락(증)으로부터 신심(수)을 성취하여 수증불이이지 않으면 안 된다고 설한다. "명명하고 영령함이여, 그것은 오직 자기가 스스로 알아차리는 것뿐이다(明明靈靈兮 唯己自知)."라는 말처럼 묵조선에 어울리는 용어를 삭제한 것은 수행의 작용을 말미암지 않고서는 드러나지 않는 証임을 서술한 것으로서, 여기에도 妙修에 대한 배려가 있는 것으로 보인다. 이것이야말로 도원의 신심탈락에서 탈락의 表詮이다.

이상 네 가지 용례는 분명히 『굉지록』에 기초하여 도원이 상당했던 일례로서, 그것이 굉지의 말이라고 명기하지 않은 것만으로도 어구의 비교를 통해서 차이가 검토되었다.

그 밖에 동일한 고칙을 양자가 어떻게 취급하고 있는가를 비교해 보는 것도 유효한 방법일 것이다.[53] 가령 「夾山揮劍」이라는 고칙에 대하여 「굉지염고」 제68칙과 도원의 상당을 비교해 보면 다음과 같다.

『굉지록』
舉. 僧問夾山, 撥塵見佛時如何. 山云, 直須揮劍. 若不揮劍, 漁父棲巢. 後僧舉問石霜, 撥塵見佛時如何. 霜云, 渠無國土, 何處逢渠. 僧回舉似夾山. 山上堂云, 門庭施設, 不如老僧, 入理深談, 猶較石霜百步. 頌曰, 拂牛劍氣洗兵威, 定亂歸功更是誰. 一旦氛埃清四海, 垂衣皇化自無爲.

한 승이 협산에게 물었다. "쓰레기 속에서 부처를 발견할 때는 어찌해야 합니까." 협산이 말했다. "즉시 칼로 내려쳐야 한다. 만약 그렇지 않으면 어부가 물고기를 잡으려고 둥지를 뒤지는 격이다."

---

53) 黑丸寬之,「道元禪師와 宏智頌古(1)~(3)」(『駒澤大學佛教學部論集』제7호~제9호, 1976년 10월~1978년 11월) 참조. 그 가운데에는 분명히 도원이 續韻했던 예도 검토되어 있다.

후에 그 승이 석상에게 같은 질문을 하였다. "쓰레기 속에서 부처를 발견할 때는 어찌해야 합니까." 석상이 말했다. "부처는 정해진 국토가 없는데 어디에서 부처를 만나겠는가."
그 승이 협산으로 돌아와서 석상에서 있었던 문답을 전하였다. 그러자 협산이 상당하여 말했다. "석상의 가풍이 시설로는 이 산승보다 못하거니와 깨침의 설법은 백 걸음이나 앞서가는구나." 굉지선사는 여기에 다음과 같은 송을 붙였다.

"斗牛星의 칼 휘둘러 그 기운으로 병마 씻어 주고
 그 위세로 난리 평정하니 공은 뉘한테 돌아가랴
 하루아침에 먼지가 사라지고 사해가 맑아졌으니
 皇帝 및 堯舜 옷 드리우고 무위법으로 교화했네."[54]

『도원광록』
(1) 上堂. 夾山因僧問. 撥塵見佛時如何. 山曰. 直須揮劍. 若不揮劍, 漁父棲巢. 師曰. 若是永平, 又且不然. 或有人問 撥塵見佛時如何. 祇對他道, 不勞懸石鏡. 天曉自鷄鳴. 喫飯喫茶. 出入同門.

상당하자 협산에게 한 승이 물었다. "쓰레기 속에서 부처를 발견할 때는 어찌해야 합니까." 협산이 말했다. "즉시 칼로 내려쳐야 한다. 만약 그렇지 않으면 어부가 물고기를 잡으려고 둥지를 뒤지는 격이다."
도원이 말했다. "만약 나 영평이라면 또한 그렇게 말하지 않았을 것이다. 어떤 사람이 〈쓰레기 속에서 부처를 발견할 때는 어찌해야 합니까.〉하고 물으면, 다만 그 사람한테 다음과 같이 말해 주었을 것이다. 〈애써 石鏡을 매달지 않아도 새벽이 되면 저절로 닭이 울고 밥을 먹으며 차를 마시고 같은 현관문으로 출입을 한다.〉"[55]

(2) 上堂. 永平有時入理深談. 只要諸人田地穩密. 永平有時門庭施設. 只

---
54) 권2, 名著普及會本 p.107 ; 『宏智錄』권2(大正藏48, p.24下).
55) 권3, 『全集』권下, p.57.

要諸人神通遊戱. 永平有時奔逸絕塵, 只要諸人身心脫落. 永平有時入自受用三昧, 只要諸人信修拈得. 忽有人出來, 向山僧道向上又作麼生. 但向儞道, 曉風摩洗昏煙淨, 隱隱靑山一線通.

상당하여 말했다.
"나 영평은 어떤 때는 진리에 들어가는 심오한 담론을 하는데, 다만 그대들에게 요구하는 것은 마음이 안온하고 은밀하게 되는 것뿐이다. 나 영평은 어떤 때는 門庭을 施設하는데, 다만 그대들에게 요구하는 것은 신통을 부리고 유희하는 것뿐이다. 나 영평은 어떤 때는 부지런히 번뇌를 단절하는데, 다만 그대들에게 요구하는 것은 몸과 마음을 탈락하는 것뿐이다. 나 영평은 어떤 때는 자수용삼매에 들어가는데, 다만 그대들에게 요구하는 것은 믿음으로 수행에 힘쓰는 것뿐이다. 그런데 홀연히 어떤 사람이 찾아와서 나 영평한테 향상의 도리를 말해 준다면 또 어찌하겠는가. 그럴 경우에는 다만 그대들을 향해서 다음과 같이 말해 줄 것이다.
새벽바람 불어와 저녁 안개 씻어서 맑아지니
은은한 청산에는 한 가닥 넓은 길이 열린다네."[56]

「夾山揮劍」의 고칙을 양자가 어떻게 취급하고 있는지 말하자면, 굉지의 경우에 撥塵見佛의 수행을 門庭施設과 入理深談으로 나누어 게송을 붙여서 入理深談의 세계는 無爲自然으로 돌아감을 보여 주고 있다.

도원의 상당에서 (1)의 경우는 이미 살펴본 背塵合覺을 실상으로 취급한 것과 마찬가지로 撥塵見佛도 出入同門이고 喫飯喫茶여서 새벽이 되면 저절로 닭이 우는 실상으로서 塵과 佛을 迷와 悟로 구별하지 않는다. 그리고 (2)의 경우는 더욱더 명확하여 실상인 有時의 존재 모습을 서술하여 신심탈락이 현성하는 자유자재한 작용의 行·持·道·環을

---

56) 권4, 『全集』 권下, p.67.

강조하고 있다. 여기에서도 굉지와 동일한 本証을 설하면서도 도원의 妙修에 역점을 둔 독자성이 엿보인다.

이상 몇 가지 굉지와 도원의 말에 대한 비교를 통해서 드러난 차이점을 검토해 보았다. 그 차이는 도원에 의하여 용의주도하게 설해져 있음이 판명되었다. 도원은 자기의 선을 한 번도 묵조선이라고는 말하고 있지 않다.[57] 필자는 오히려 도원이 묵조선의 계승이 아니라 그 갈등과 초극에서 도원선을 성립시킨 것이라고 생각한다. 그렇다고 해서 도원선이 간화선과 유사하다는 것은 아니고, 수증관이 전혀 다른 간화선과 도원선이 다르다는 것은 명백한 이치다. 오히려 노장사상을 불식하지 못했던 묵조선과는 도원선이 전면적으로는 일치하지 않는다는 점에서 도원선의 특색을 인정하는 것이다. 그 성립 배경은 묵조선과 도원선이 중국과 일본의 토양에서 별개의 독자성을 가지고 발생된 것이라고 말해도 좋을 것이다.[58]

---

57) 衛藤卽應,「正傳의 佛法과 禪」, p.232 이하.
58) 선종의 역사에 나타난 수증관은 다음과 같이 세 가지로 요약할 수가 있다. A. 본래부처였으므로 일체의 행위(行·住·坐·臥)가 다 깨달음의 현현이고, B. 본래부처였으므로 곧 좌선이 필요하다. 좌선할 때에 깨달음이 현현하며, C. 본래부처였지만(理로서) 현실은 미혹하기 때문에(事로서) 깨닫지 않으면 안 된다. 이들 가운데서 A는 중국 당대선의 특색이다. 임제의현은『임제록』에서 다음과 같이 말한다. "남자들이여, 불법은 애쓸 필요가 없다. 다만 그대로 平常無事하고, 屙屎送尿하며, 着衣喫飯하고, 피곤하면 잠을 잔다. 어리석은 사람들은 나를 비웃지만, 지혜로운 사람들은 이에 그런 줄을 안다. 고인이 말했다.〈밖을 향해서 수행하면 모두 어리석은 사람이다.〉그대들이 모름지기 隨處에 주인이 되면 立處가 다 진리이다. 경계가 도래해도 회피해서는 안 된다."(柳田聖山,『臨濟錄』, p.96, 大藏出版, 1972년 11월). 대혜가 본각과 시각으로 나눈 말을 빌리자면 A와 B는 본각문에 속하고, C는 시각문에 속한다. 대혜는 어쩔 수 없는 이유에 의하여 C의 입장에 속한다. B는 이미 살펴보았듯이 도원선의 특색이다. A와 B는 미묘한 차이가 있지만 宏智禪은 A의 중국선에 기울어져 적극적인 B의 주장을 행하지 못하였다. A는 자기긍정이 철저할 경우에는 당대선으로서 특색을 지니고 있었다. 그러나 송

도원선의 핵심으로부터 그 차이를 통하여 묵조선의 특색을 정리하는 단계에서, 이제 도원의 말을 한 가지 소개하고자 한다. 백장회해가 소위『百丈古淸規』를 제정하였지만, 그 내용을 보여 주고 있는「禪門規式」[59]의 다음과 같은 말을 도원은 인용하고 있다.

어떤 사람이 백장에게 물었다. "어째서 유가론 및 영락경과 같은 대승의 계율에 위지하지 않고 隨行하는 것입니까."
백장이 말했다. "우리의 선종은 대승 및 소승에 국한되지 않고, 대승과 소승과 다르지도 않다. 널리 折中에 의거하여 制範을 시설하여 그 도리(宜)에 힘쓴다."[60]

대에는 A의 잘못된 선에 해당하는 無事禪에 떨어지고 말았다. C는 잘못된 A의 선을 극복하는 것이었다. 굉지선은 B의 특색을 지니고 있으면서도 그 집단은 잘못된 A의 선과 같은 부류에 속하였다. 대혜가 黙照邪禪이라고 비판한 이유도 악성적인 A의 선을 가리키는 것이었다. 도원선은 A와 C가 대립하는 한 A부류의 잘못을 극복할 필요가 있어서 철저한 B를 강조하였다. B와 C는 다른 입장을 취하면서도 결국 C로부터 공격을 받은 A에 떨어지기 쉬운 위험성을 극복하였다. 때문에 A와 C는 병렬의 관계가 아닌 독자적인 존재성이 있었지만, 도원의 눈에 비친 것은 A의 악성적인 부류로서 A와 C가 대립하는 입장이었다. 악성적인 A를 극복하려는 점에서는 B와 C가 동일하지만, B와 C는 수증관이 전혀 달랐다. 如淨이 C의 입장이었던 것도 악성적인 A를 극복하려는 점에서는 대혜와 같았지만, 한편으로는 C에 입각하여 B의 요소를 묵조선의 계보로서 지니고 있었기 때문이다. 도원은 C로만 대세를 점유하고 있으면서도, 수행의 필요성을 강조하는 如淨이 A와 B를 포함할 수 있었기 때문에 여정과 師資契合되었던 것이다. 그것은 如淨의 신체를 통한 사상으로서 도원이 종교적인 인격을 如淨한테서 발견한 것이었다. 그러나 도원이 자연외도와 유사한 천태본각법문에 대하여 의심을 품은 것에 비하여, 如淨은 선종 내의 깨달음에 안주하려는 坐의 극복에 초점이 맞춰져 있었기 때문에 일본불교의 과제에서 도원이 품은 의심의 깊이가 如淨에게는 존재하지 않았다고 말할 수가 있다.

59) 鏡島元隆,「『永平淸規』의 배경으로서『百丈淸規』」(『道元禪師와 그 주변』수록).
60)『景德傳燈錄』권6, 大正藏51, p.251上 ; 四部叢刊本, p.14丁左 참조. "或有問百丈, 瑜伽論·瓔珞經大乘戒律, 何不依隨行耶. 百丈曰, 吾所宗非局大乘, 非異大小乘, 當博約折中設制範務其宜也."

여기 백장의 말에는 중국인의 현실 중시의 사고방식이 잘 드러나 있다. 여정의 말로 하자면 '도리에 적합하면 곧 따른다(理長則就).'는 것이다. 그런데 도원은 백장의 말에 대하여 굉장히 독자적인 생각을 '非'라는 한 글자를 첨가하여 해석하고 있다.

> 백장은 그렇게 말했지만 나는 그렇지 않다. 대승 및 소승에 국한되지 않은 것도 아니고, 대승과 소승과 다르지 않은 것도 아니다.[61]

도원은 "나는 折中에 의거하지도 않고 맥연(驀然)하게 대승과 소승을 탈락한다."(『全集』권下, p.97)고 말한다. 도원의 이 말은 본 절에서 검토해 온 문제를 명확하고 간결한 형태로 표현한 것이라고 간주된다.

도원은 '이것이냐 저것이냐.' 하는 양자택일의 입장이 아니라 '이것도 저것도' 하는 博約折中[62]의 입장도 아니다. 불교를 열었던 석가모니가 설했던 철저한 無常觀을 계승하여 '오직(只管)' 탈락된 세계를 주장할 뿐이다. 도원에게 정법이란 全一한 불법이다. 간화선과 묵조선이 양극대립의 관계에 있는 이상 도원은 양자택일과 博約折中으로는 진정한 해결이 불가능하다고 묵조선을 파악하고 있음에 틀림없다.

굉지의 묵조선이 지니고 있는 매력 가운데에는 본래성에 안주하는 위험성을 내포하고 있다는 결점이 있지만, 도원선은 그러한 묵조선을 따른 것이 아니다. 如淨禪이 선의 역사에 즉하여 묵조선의 수증을 折中에 의하여 성취되었다고 하더라도, 도원이 입송했을 때 품고 있었던 천태본각법문의 극복이라는 과제는 어디까지나 일본불교가 지니고 있

---

61) "百丈恁麽道, 永平卽不然. 非非局大小乘, 非非異大小乘."(『全集』권下, p.97).
62) [역주]博約은 『論語』 「雍也」에 "군자가 글을 널리 배우고 예로써 요약하면 도에 어긋나지 않을 것이다."라는 말이다. 이에 博約折中은 여러 가지 많은 내용을 요약하여 절충하는 것을 말한다.

었던 것이다. 탈락이란 그러한 일본적인 과제에 대하여 중국선이 지니고 있던 과제와 다른 차원의 해결로서 성립된 것이었다.

제1장에서 문제로 삼은 교외별전과 교선일치라는 과제에 대해서도 도원은 양자를 모두 비판함으로써[63] 全一한 불법을 설한 것으로, 이에 본 절의 문제를 생각하는 것에 대해서도 참고가 될 것이다. 또한 도원선은 宋代禪을 부정한 唐代禪으로 復古하는 선풍이라는 성격도 지니고 있지만,[64] 복고된 선은 당대선과 동일한 것이 아니라 그것 또한 全一한 불법에 대한 다른 차원의 선을 구축한 것이었다. 나아가서 도원선의 특색이 천태본각법문의 부정으로 성립되었다는 것으로 강조되는 것은 본각법문의 흐름에 속하는 일본달마종[65] 사람들이 도원의 對機로서 현전했던 것이 더욱더 그러한 경향을 선명하게 했던 것도 사실이다.

결국 묵조선의 본래성에 대한 안주의 위험성과 "事戒를 활용하지 않고 다만 진실로 偃臥(편안하게 눕는다는 뜻)를 활용해야 한다."(『興禪護國論』)는 일본달마종처럼 수행이 결락되어 있는 점과는 서로 사상의 유사성을 지적할 수는 있겠지만, 일본달마종과 동질이라고는 말할 수 없는 도원선의 성립 배경이 묵조선에는 존재했던 것이다. 여기에서 일본적인 과제를 가지고 도원선의 성격으로부터 종래에 지나치게 동질이라

---

63) 鏡島元隆,「南宋禪林의 一考察」(『道元禪師와 그 門流』 수록, 誠信書房, 1961년 3월).
64) 鏡島元隆, 위의 저서 ; 柳田聖山,「道元과 中國佛敎」(『禪文化硏究所紀要』 제13호, 1984년 6월).
65) 졸고,「佛照德光과 日本達摩宗-金澤文庫保管『成等正覺論』를 단서로 하여 (上)·(中)」(『金澤文庫硏究』 통권 222호·223호, 1974년 11월·12월) 일본 달마종의 論考도 최근에는 많지만 史料에 대해서는 高橋秀榮,「大日房能忍과 達摩宗에 관한 史料(2)」(『金澤文庫硏究』 242·243 합병호, 1976년 12월·1977년 1월) 연구의 동향과 문제점에 대해서는 中尾良信,「大日房能忍의 禪」(『宗學硏究』 제26호, 1984년 3월)을 참고하고자 한다.

고 간주해 왔던 묵조선을 이질적인 측면에서 달리 파악해 봄으로써 묵조선의 특색을 서술할 수가 있었다고 믿고 있는 바이다.

제4절 大休宗珏과 足庵智鑑

소흥 21년(1151) 10월 1일에 64세로 示寂했던 사형 진헐청료의 「탑명」에서 굉지정각은 다음과 같이 기록하고 있다.

> 불조의 등불이 동서로 면면하게 이어졌다. 깨침(悟)으로써 법칙을 삼았고, 오직 깨침(証)으로만 상응하였다. [자료 11]

여기에서 말하고 있는 '以悟爲則'이라는 용어는 대혜에 의하여 비판 받은 진헐선의 입장에서 말하자면, 그 이상의 비판을 가할 수 없을 정도로 멀리까지 계획하여 깊이 생각하도록(深慮遠謀) 진헐선의 결여된 측면을 서술한 것인지, 혹은 굉지 자신이 만년에 '悟'를 강조하듯이 변화된 것인지, 혹은 '以悟爲則'이란 중국선의 기본적인 성격으로서 그다지 중요시해야 할 용어가 아닌 것인지 등, 『굉지록』에는 만년의 기록이 적기 때문에 고찰하는 데에 곤란한 측면이 남아 있다.

그런데 굉지의 제자 聞庵嗣宗(1085~1153)의 시대가 되면 분명히 묵조선의 특색만으로는 파악할 수 없는 새로운 변화가 엿보인다.[1] 羅願이 찬술한 「宗白頭」의 시중에는 다음과 같은 법어가 있다.

> 일찍이 문암사종은 납자들에게 다음과 같이 시중설법을 하였다.
> "대중이여, 깨침을 體究하기 위해서는 다음과 같이 해야 한다. 첫째는 그림본에 의거하여 胡蘆를 그려서는 안 된다. 둘째는 조사의 배후

---

1) 佐藤秀孝, 「雪竇山의 聞庵嗣宗에 대하여」(『曹洞宗研究紀要』 제15호, 1983년 8월).

로 가서 차수해서는 안 된다. 셋째는 나무의 그루터기를 지키면서 토끼를 기다려서는 안 된다. 넷째는 줄도 없는데 스스로 얽매여서는 안 된다.

첫째로 그림본에 의거하여 胡蘆를 그린다는 것을 무엇을 말하는가. 요즘의 납자들은 퇴보하여 안심하지 않고 오로지 도모하려는 마음을 가지고 무리하게 도리를 지을 뿐이다. 조사가 주먹을 내세운 것을 보면 또한 주먹을 내세우고, 원상을 그리는 것을 보면 또한 원상을 그리며, 좌구를 提起하면 소매를 떨치고 곧 나가 버린다. 그리고 궁극의 경지에 도착한다고 해도 여전히 마음은 까맣게 모르고 있다.

둘째로 조사의 배후로 가서 차수한다는 것은 무엇을 말하는가. 납자가 자기를 구명하지 못했는데도 밤낮으로 고인의 공안을 이리저리 궁구하면서, 저 설화는 어떻다, 저 문답은 어떻다 하고 참구한다. 설령 알아차린다고 할지라도 단지 남의 것에 불과하고, 다른 사람의 언어에 구속될 뿐이다. 설령 가능하다고 해도 그것으로 자기의 배는 채우지 못한다. 어찌 다음과 같은 말을 들어보지 못했는가. 〈만약 宗乘을 제창하고자 한다면 반드시 자기의 흉금으로부터 유출시켜야 한다.〉

셋째로 나무의 그루터기를 지키면서 토끼를 기다린다는 것은 무엇을 말하는가. 어떤 종류의 납자는 그림자와 메아리를 이해하여 단지 한 곳에만 눌러앉거나 혹은 양구하거나 혹은 뒤로 물러나 있을 뿐이다. 그 이해에 집착하여 잊지 못하고 일생 동안 그것을 바꾸지도 않는다. 장사경잠이 말했다. 〈백척간두에 앉은 사람이여, 비록 깨침에 들긴 했으나 아직은 설익었구나. 백척간두에서 한 걸음 내디뎌야 비로소 시방세계와 한 몸이 되리라.〉

넷째로 줄도 없는데 스스로 얽매인다는 것은 무엇을 말하는가. 납자가 대중 가운데 있으면서 존숙을 친근하면서도 깨침의 결택을 긍정하지 못하고, 단지 자기의 休歇만 이해하여 오로지 어리석게 무의미한 좌선만 하여 아침부터 저녁까지 오직 꾸벅꾸벅 졸 뿐이다. 때문에 말한다. 〈그물을 벗어난 금빛 잉어가 오히려 물속에 갇혀 있고, 그림 속에서 고개를 돌린 石馬는 모래 울타리를 벗어나듯이, 非思量人은 자유자재한 작용을 보여 준다.〉 그러나 만약 본분의 좌선인이라면 항상 열심히 정진하여 일찍이 잠시도 깨침으로부터 털끝만큼도 벗어난 적이 한 번도 없고, 걷고 머무르며 앉고 누워도 항상 깨침 가운데 있다. [자료 14]

설법은 계속된다. 문암은 스승인 굉지보다 6세 연장자로서 굉지보다 4년 먼저 시적한 사람이지만, 이미 네 가지 조항 가운데 주목해야 할 설법이 드러나 있다. 둘째의 경우는 간화선의 폐해를 설한 것이고, 넷째의 경우는 묵조사선에 대한 비판이다. 이미 문암의 설법에는 대혜의 비판은 없는 것 같다. 비판은커녕 「宗白頭」의 전기에 대혜의 贊을 수록하고 있다.[2]

태호의 3만 6천 이랑의 광막한 땅은 곧 선사의 입이고, 동정호의 우뚝한 72봉우리는 곧 선사의 혀로다. 입을 움직이지도 않고 혀를 놀리지도 않으면서 아직 설하지 않은 것을 이미 설해 버렸고, 미래에 설할 것을 지금 설해 버렸다. 참으로 기이하도다, 참으로 기이하도다. 이것이야말로 우리 가풍의 진정한 백미로다. [자료 14]

다만 佐藤秀孝氏는 明覺의 贊과 유사하기 때문에 의문을 제시하고 있는데, 문암의 贊에는 없다는 설을 따르자면 羅願(1136~1184)이 「宗白頭」의 전기를 기록할 때에 묵조선과 간화선의 융화를 도모한 것으로서, 示衆도 그 전기에만 남아 있으므로 그와 마찬가지로 보자면 굉지 이후 굉지파의 활동으로서 시대가 조금 내려온 것이 된다. 그러나 時點에 다소의 전후가 있을 가능성을 인정한다고 해도, 굉지가 주장한 묵

---

2) 佐藤秀孝氏는 「雪竇山의 聞庵嗣宗에 대하여」(『曹洞宗硏究紀要』 제15호, 1983년 8월)의 논문에서 『대혜어록』 권12의 「雪竇明覺禪師」의 贊과 유사하기 때문에 聞庵嗣宗의 贊은 어떤가 하는 의문도 남아 있다. [자료 14]의 주석 9) 참조.

조선에 변화가 일어나서 급속히 간화선으로 향하는 접근이 의도되어 있다.

굉지가 示寂한 소흥 27년 10월 8일 이후에 대혜에게는 큰 변화가 일어났다. 소흥 28년 1월 10일, 대혜의 나이 70세 때 아육왕사에서 경산에 再住하는 受請上堂을 행한다. 2월 28일에 臨安府 靈隱寺에서 개당하고, 3월 9일에 경산에서 再住한 것이다.『대혜연보』에 의하면 대혜는 줄곧 경산에 주석한 것이 아니라 여기저기에서 개당설법을 하였다. 그 가운데서 대혜의 이름을 부동의 경지로 만들어 준 것은 남송 제2대 孝宗(1127~1194)에게 부름을 받은 것이었다.[3]

이미 서술해 온 것처럼 남송 제1대 고종시대는 혜조경예, 진헐청료, 굉지정각의 소위 부용도해의 三賢孫이 활약하고 있어서 조동종의 세력은 현저하였다. 효종은 소흥 32년 5월 28일에 建王瑋로부터 황태자가 되자 이름을 眘으로 바꾸고, 6월 11일에 고종의 禪讓에 의하여 36세로 皇位에 올랐다. 굉지가 시적한 이후에 경산으로 옮긴 대혜는 효종이 즉위하기 이전 소흥 29년에 內都監 黃彦節의 예방을 받고 禪의 요체를 질문받은 적이 있었다. 효종은 즉위하여 3개월이 지난 후에 대혜를 다시 불렀지만 대혜는 때마침 병석에 누워 있어서 입내할 수가 없었다. 그때 받은 호가 '大慧禪師'였다. 대혜는 효종이 즉위한 이듬해 8월 10일에 시적하였는데, 普覺禪師라는 시호를 받고 개인의 어록으로서는 처음으로 入藏되는 영예를 얻었다. 이처럼 효종이 즉위할 무렵의 선종과 맺은 인연은 우선 대혜와 맺은 깊은 교류로부터 비롯되었다.

그 후에 효종과 밀접한 관계에 있는 선자들로는 원오극근 문하의

---

[3] 拙稿,「孝宗(南宋)과 禪宗-도원의 南宋禪林觀과 관련하여-」(『宗學研究』제24호, 1982년 3월).

佛海慧遠(1103~1176)·伽堂中仁(?~1179), 대혜종고 문하의 佛照德光(1121~1203), 圓悟克勤-華藏安民으로 계승되는 別峰寶印(1109~1191)이다. 모두 양기파 원오극근 계통에 속한다. 또한 교학관계로서 교류가 있었던 사람으로는 靈山子琳·天竺若訥(1110~1191)이 있다. 이들 불교인들과 교섭한 결과 효종은 『御註圓覺經』 및 『御註金剛般若經』을 찬술하였지만, 그 사상은 '원각일심의 묘용'(同序)을 절대로 간주하는 본래성불론으로서 교선일치사상을 근간으로 하고 있다. 더욱이 그 사상은 효종의 『原道論』의 삼교일치설로 완성되었다.[4]

---

4) 『佛祖統紀』권47(大正藏49, pp.429下~430上)=(저본)과 『佛祖歷代通載』권20(大正藏49, p.692下)=(通)과 『釋氏稽古略』권4,(大正藏49, p.896上~中)=『稽』의 교정에 의한 『原道論』은 다음과 같다.
"朕觀韓愈原道論, 謂佛法相混三敎相紕. 未有能辨之者, 徒文煩而理迂耳. 若撥之以聖人之用心, 則無不昭然矣. 何則釋氏窮性命, 棄外形骸不著名相. 於世事了不相關, 又何與禮樂仁義者哉. 然猶立戒曰不殺不婬不盜不妄語不飮酒. 夫不殺仁也. 不婬禮也. 不盜義也. 不妄語信也. 不飮酒智也. 此與仲尼又何遠乎. 從容中道聖人也. 聖人之所爲孰非禮樂, 孰非仁義. 又惡得而名焉. 譬如天地運行陰陽, 若循環之無端, 豈春夏秋冬之別哉. 此世人强名之耳. 亦猶仁義禮樂之別, 聖人所以設敎治世, 不得不然也. 因其强名撥而求之則道也. 道也者, 仁義禮樂之宗也. 仁義禮樂, 固道之用也. 楊雄謂老氏棄仁義絶禮樂. 今跡老氏之書, 其所寶者三, 曰慈, 曰儉, 曰不敢爲天下先. 孔子曰, 節用而愛人, 老氏之所謂儉, 豈非愛人之大者耶. 孔子曰, 溫良恭儉讓, 老氏所謂不敢爲天下先, 豈非讓之大者耶. 孔子曰, 惟仁爲大, 老氏之所謂慈, 豈非仁之大者耶. 至其會道則互見偏擧. 所貴者淸淨寧一, 而與孔聖果相背馳乎. 蓋三敎末流昧者, 執之自爲異耳. 夫佛老絶念無爲修心身而矣. 孔子敎以治天下者, 特所施不同耳. 譬猶耒耜而耕機杼而織. 後世紛紛而惑, 固失其理. 或曰, 當如何去其惑哉. 曰以佛修心, 以道養生, 以儒治世, 斯可也. 其唯聖人爲能同之, 不可不論也.〈聖政錄〉"
＊論=없다(通)(稽). ＊謂=因言(通)=言(稽). ＊法=老之(通)(稽). ＊敎=敎之(通)(稽). ＊紕=紕(稽). ＊徒=且(通)=但(稽). ＊煩=繁(通). ＊耳=없다(通)(稽). ＊若撥之以=撥(通)(稽). ＊無不=未(通)(稽). ＊矣=없다(稽). ＊窮=專窮(通)(稽). ＊棄外形骸不著名相=外形骸(底). ＊於=而於(通)(稽). ＊了=自(通). ＊者哉=없다(通)=哉(稽). ＊猶=尚(通)=尚猶(稽). ＊婬=淫(通)(稽). ＊婬=淫(通)(稽). ＊不妄語不飮酒=不飮酒不妄語(通)(稽). ＊不妄語信也不飮酒智也=不飮酒智也不妄語信也=(通)(稽). ＊此與=如此於(通)=如此與(稽). ＊又=없다(通). ＊從=夫子從(通). ＊聖人之=없다(通)=聖人(稽). ＊孰非禮樂=없다(通). ＊惡=烏(通)(稽). ＊若=없다(通)

효종(태조의 제4남 秦王德芳의 世系)의 종교정책은 그 아들인 光宗 (1189~1194 재위) 및 손자인 寧宗(1194~1224 재위)으로 계승되었고, 理宗(태조의 차남 燕王德昭의 世系)이 영종의 황위를 계승해서도 동일한 효종의 종교정책이 계승되었다. 그 사이에 영종의 嘉定 연간(1208~1224)에 재상 史彌遠(1164~1233)에 의하여 五山制度가 奏上되어 臨安府를 중심으로 하는 국가불교의 특색은 더한층 강화되었다.[5]

이처럼 황실과 결부된 선종은 임제종 양기파에서 현저하게 보이는데, 특히 대혜파의 중앙 진출이 두드러진다. 이제 그 임제종의 동정까지 고려해 가면서 진헐파의 大休宗珏과 足庵智鑑의 행장을 중심으로 중국 조동종의 남송시기 동향을 개관해 보기로 한다.

대휴와 족암은 출생 연도는 14년의 차이가 있지만, 족암이 오래 살았기 때문에 시적 연도는 대휴보다 족암이 30년이나 늦다. 그러나 前半生의 행장은 공통하는 점이 많기 때문에, 두 사람을 비교해 가면서 전기를 서술하기로 한다.

(稽). *有=有意(通)(稽). *世=聖(通). *仁義禮樂=禮樂仁義(通). *聖人所=없다(通). *道也=없다(底). *楊=彼楊(通). *棄=槌(通). *絶=滅(通)(稽). *氏=子(通)(稽). *孔子曰節用而愛人老氏之所謂儉豈非愛人之大者耶=없다(通)(稽). *子=門(稽). *讓=遜〈讓避御諱〉(稽). *老氏所謂不敢爲天下先豈非讓之大者耶孔子曰惟=又唯(通)=又曰惟(稽). *氏=子(通)(稽). *耶=耶曰不敢爲天下先豈非遜之大者耶(通)(稽). *見偏=相遍(通)=相偏(稽). *與=於(通). *相=없다(通). *心身而已=身而(底). *耕=織(通). *杼=抒(稽). *織=耕(通). *紛=徒紛(通)(稽). *如=如之(通)(稽). *道養生=老治身(通)(稽). *其=없다(通)(稽). *聖政錄=없다(通)=〈中興治蹟十三朝聖政錄〉(稽).

도원은 당시 삼교일치설을 "一鼎三足의 邪計"(「四禪比丘」)라고 비판하지만, 그것과 對峙하는 교외별전 사상도 妄談이라고 격렬하게 비난한다. 교외별전을 주장하는 사람으로 虎丘紹隆-應庵曇華-密庵咸傑-笑庵了悟로 계승되는 晦巖大光이 육왕사에 주지를 하고 있었다고 한다(『寶慶記』).

5) 졸고, 「중국의 五山十刹制度의 기초적 연구(1)~(4)」(『駒澤大學佛敎學部論集』 제13호~제16호, 1982년 10월~1985년 10월).

대휴가 안휘성 和州 烏江 孫氏의 아들로 태어난 것은 元祐 6년 (1091)으로서, 굉지정각과 같은 해에 태어났다. 가정은 유교를 업으로 하고 있었지만, 어렸을 때부터 불교를 숭모하였다. 족암은 崇寧 4년 (1105)에 안휘성 滁州 全椒縣 吳氏의 아들로 태어났다. 양자의 고향은 인접하여 가깝다. 숭녕 5년 16세가 된 대휴는 부모에게 출가를 구하였지만 허락받지 못하였다. 이에 마음을 먹고 江蘇省 眞州 定山眞如寺 德雲 밑에서 출가하여, 18세 때 구족계를 받았다. 당시에 眞州長蘆寺에 운문종의 祖照道和가 주석하면서 활약하고 있었다. 政和 3년(1113)에 진헐청료는 그 장로사를 참문하고 마침내 수좌에 임명되었다. 그 무렵에 대휴도 祖照에게 참문하여 인정받고 시자가 되었다. 대휴는 어느 때 首座寮에 입실하여 진헐 밑에서 대오하였다.

대휴가 입실하여 물었다. "불조도 도달할 수 없는 장소는 어떤 경계입니까." 진헐이 주먹을 똑바로 치켜세웠다. 대휴가 뭐라고 말하려고 하였다. 진헐이 주먹을 휘둘렀다. 대휴가 바로 그 자리에서 領悟하고 말했다. "어느 누구도 도달하지 못한다고 말하려던 참이었습니다." 진헐이 말했다. "한 수를 양보하고 말았구나." [자료 13]

선화 5년(1123) 5월, 진헐은 長蘆寺에서 개당하였다. 그때 수좌로 초청받았던 사람이 굉지였다. 長蘆의 납자들은 헤아릴 수가 없었는데 마침내 천 칠백 명이 넘었다. 굉지가 선화 6년 10월 1일에 泗州의 大聖普照禪寺에서 출세했을 때, 대휴는 진헐로부터 수좌로 임명되어 진헐을 대신하여 설법을 하였다. 대휴의 나이 34세 때였다. 납자들 가운데는 足庵智鑑도 있었다.

족암은 어렸을 때부터 佛書를 좋아하였는데, 白紙를 경전으로 간주하였고 결가부좌한 자세로 도도하게 독송하였다고 한다.

어느 때 어머니가 족암의 손에 난 상처를 씻어 주고 있을 때였다. 어머니가 물었다. "이것이 어떤 손이냐." 족암이 곧 대답하였다. "제 손은 부처님의 손입니다." 그렇게 말하여 어머니의 大笑를 자아냈다. [자료 18]

족암은 성장하면서 매일 경문을 1천여 言을 암기하게 되었다. 곧 가정에 불행이 찾아오게 되어 그동안 의지하였던 양친이 돌아가시게 되었다. 족암은 출가를 결심하고 양친의 은혜에 보답하기 위하여 고행할 것을 맹세하였다. 진헐이 장로사에 주석하자 곧 찾아가서 참문하였는데, 대번에 훌륭한 법기로 인정받았다. 족암의 나이 20세 무렵이었다. 족암은 정진에 힘써서 연중토록 자리에 눕지 않았다고 한다. 대휴는 특히 족암에게 기대를 걸고 조동종의 발전을 의탁하였다.

건염 원년(1127)에 대휴는 蔣山의 慈受懷深을 참문했던 적이 있는데, 거기에서도 법기로 인정받았다. 당시 정세는 불안정하였다. 계속되는 金의 공격에 진헐은 난을 피하여 補陀洛伽山으로 갔다. 대휴와 족암도 함께 진헐을 따라갔다. 그 지역에서 진헐은 초청을 받아 普濟禪寺의 제1세가 되었다.

그러나 그곳에서도 群盜가 봉기하여 동남의 馬秦山으로 피난하였다. 그때 큰 파도가 하늘에 닿을 듯이 치자, 배 안에 있는 사람이 모두 놀라서 두려워하였다. 그러나 족암은 篷 밖에 앉아 있었지만 전혀 물에 젖지도 않았기 때문에 진헐을 크게 감동시켰다고 한다. 건염 4년이 되자 진헐은 법제인 굉지가 주석하고 있던 천동산에서 함께 하안거를 보냈다. 그때 대휴가 동행했었다는 것은 기록되어 있지만, 족암에 대해서는 분명하지 않다. 그 무렵 족암은 京城의 三藏道法師한테서 보살계를 받았다.

대휴는 진헐과 달리 象山縣 瑞雲峰 延壽院에서 출세하였다. 그리고 소흥 2년(1132)에 陸長民의 초청을 받고 奉化縣의 大中岳林寺로 옮겼다. 대휴가 承相 退晦居士 范宗尹과 방외의 교유를 맺은 것은 그 무렵부터였다. 入寺의 疏를 초안한 사람은 參政 孫近이었다.

진헐은 천동산에서 하안거를 마친 이후에 鴈蕩 및 天台의 天封寺를 거쳐서, 건염 4년 11월에 설봉산 崇聖寺에서 주지를 하였다. 족암은 설봉의 진헐에게 參隨하면서 3년 동안 그곳에서 친히 진헐로부터 敎導를 받았지만 대오철저하지 못하였다. 족암은 진헐의 휘하를 떠나서 四明으로 돌아가서 象山縣 鄭行山에 은거하였다. 정행산에는 요괴가 출현한다고 전해졌기 때문에 사람들이 쉽게 들어갈 수 없는 곳이었다고 하는데, 음식물이 없을 때는 솔가지를 먹으면서 주린 배를 채웠다고 전한다.

소흥 2년(1132) 족암의 나이 28세 때였다. 어느 날 한 마리의 거대한 이무기가 다가와서 머리를 치켜들고 위협하며 며칠 동안 坐床을 여기저기 기어다녔지만, 족암이 상대해 주지 않았기 때문에 어느 사이엔가 모습을 감추어 버렸다. 또 어느 날 밤에는 우레와 같은 땅의 울림소리가 들렸는데, 이튿날 아침에 보니 큰 바위가 낙하하여 암자 주변의 큰 나무들이 꺾여 있었다. 이와 같은 요괴의 변화가 갖가지로 나타났지만, 족암은 그 부동심으로 인하여 해를 입지 않았다.

이듬해 정월 14일 밤에 족암은 깊은 선정 가운데서 활연히 대오하였다. 그러나 無師自証은 천마외도라고 생각하여 정행산을 내려가서 延壽院의 然禪師를 참문하였다.

족암 延壽院의 然禪師를 친견하고 말했다. "요즈음 배는 큰데 먹을 것이 없고, 암자가 작아서 평상을 깔고 누울 곳이 없습니다. 만약 음식을 주시고 암자를 지어 준다면 이곳에 머물겠지만 그렇지 않으면 떠날 것입니다."

然禪師가 족암선사와 더불어 몇 차례 문답을 하였지만 굴복시킬 수가 없었다. 이에 然선사가 족암선사의 깨침의 경지에 대하여 질문하자, 족암선사가 말씀드렸다. "한 번 앉으면 40일 동안 몸과 마음이 밝고 맑아져서 홀연히 古鏡이 현전하듯 합니다. 그것은 하늘에서 내려온 것도 아니고, 땅에서 솟아난 것도 아닙니다. 그 자체는 본래부터 있었던 것으로 더러움과 청정함에 광명이 통철하면 힘을 들이지 않아도 저절로 빛이 납니다. 옛적에 진헐선사가 일찍이 方丈室에서 질문하셨습니다. 〈일물은 위로는 하늘을 떠받치고 아래로는 땅을 버티고 있으면서, 항상 움직이며 작용하고 있지만 움직이고 작용하는 가운데도 거둘 수가 없다. 무엇이 있어서 그렇게 할 수 있겠는가.〉 이러한 경지를 터득하여, 지금 꿰뚫고 비추어 보니 바야흐로 그것은 하늘도 덮지 못하고 땅도 싣지 못하는 줄을 알겠습니다. 가령 그것을 古鏡이라고 불러도 또한 적확한 것은 아닙니다."

그리고는 마침내 게송으로 말씀드렸다.

"하나의 거울에서 빛이 유출되어 모든 국토를 비추니
거울이 비춰 낸 작용은 무애자재하여 나눌 수가 없네.
많은 뛰어난 神과 人들이 모두 부사의하다고 말하네
범부와 성인 그 가운데 들어 있는 존재에 불과하다네."

然禪師가 말했다.
"그런 경지에 도달하는 것이 쉬운 일은 아니다." [자료 18]

정행산을 내려온 족암은 延壽院의 然禪師에게 대오를 인정받았지만, 다시 항해하여 陳山으로부터 大休宗珏의 처소로 향하였다. 그 지역 사람들은 족암에 대하여 "정행산에서 수행한 육신보살이시다."라고 인정하고, 빙 둘러싸고 게송을 구하였다고 한다. 날씨가 불순하여 배로 나아갈 수가 없는 상태였지만, 족암은 신통변화로 인하여 대번에 저쪽 언덕으로 건너갔다. 족암과 대휴의 만남에 대하여 「비명」에서는 다음과 같이 전하고 있다. 소흥 3년, 족암 29세 때였다.

> 곧장 岳林寺에 이르러, 족암이 大休宗珏선사를 친견하고 물었다. "오랫동안 尊顔을 뵙지 못했는데 잊지 않고 있었습니다. 그런데 완전히 똑같은 깨침의 경지를 설한 사람은 어떤 사람입니까."
> 종각이 말했다. "우물 속의 두꺼비가 달을 집어삼킨다."
> 족암이 말했다. "賓과 主가 성립되지 않으니, 보신과 화신을 공평하게 집어삼킵니다."
> 종각이 말했다. "빈과 주가 성립되지 않는 도리에 대하여 말해 보라."
> 족암이 말했다. "말씀드리는 것은 사양하지 않겠지만 입술이 놀랄까 염려됩니다."
> 종각이 말했다. "그렇다면 지금은 무엇을 가지고 대꾸할 것인가."
> 족암이 말했다. "수단에 의지하지 않습니다."
> 종각이 말했다. "불조도 그대를 어찌지 못하겠구나."
> 족암이 예배를 드리자, 종각은 마침내 구족계를 받도록 하였다.
> [자료 18]

족암의 戒臘은 53년이다. 족암은 이미 살펴보았듯이, 보살계를 먼저 받았다. 여기에서의 戒臘을 정식적인 것으로 간주한다면, 족암의 나이 36세 때이므로 수계가 아직 성취된 것이 아니라 7년 이후의 일에 해당한다. 더욱이 수계를 권장했다는 것은 족암이 대휴의 처소에 있었을 때는 고행하는 보살의 모습으로서 僧形의 모습을 하고 있지 않았을지도 모른다.

대휴가 악림사에서 주지를 지낸 것은 3년이었으므로 소흥 2년부터 소흥 4년에 해당한다. 그 사이에 鄞縣의 서남쪽 70리에 있는 翠巖山 寶積禪院에서 활약하고 있던 사람으로 宏智의 高弟인 聞庵嗣宗이 있었다. 족암이 문암을 만났던 것에 대하여 「탑명」에서는 이어서 다음과 같이 말하고 있다.

> 족암은 취암산 문암사종이 뛰어난 機鋒으로 교화하고 있다는 소문을 듣고는 곧 그곳으로 갔다. 당시에 족암은 바야흐로 岳林을 위해서 탁발행각을 하였다. 두 개의 布袋를 짊어지고 보시물을 모으고 있었다. 다른 수행자들이 견디기 힘든 어려움을 족암은 경험해 왔다.
> 문암이 말했다. "대중을 위하여 정진한다는 것은 수고로운 일이다."
> 족암이 말했다. "수고로움이 없는 사람을 알지 않으면 안 됩니다."
> 문암이 말했다. "尊貴位를 收容할 수 없는 경우에는 어찌하겠는가."
> 족암이 말했다. "부딪치는 곳에서 서로 만나도 서로 알아보지 못합니다."
> 문암이 말했다. "그것은 아직 수행 가운데 있는 賓과 主의 관계이다. 어떤 것이 主中主인가."
> 족암이 말했다. "병정동자가 입으로 불어서 불을 끄는 것입니다."
> 문암이 손으로 선사의 입을 막았다. 그러자 족암이 소매를 떨치고 나가 버렸다. [자료 18]

대휴는 소흥 4년에 악림사를 물러나서 취암산의 문암사종 문하에 몸을 의탁하였다. 족암이 문암을 참문한 것은 대휴와 동행한 일인지, 혹은 대휴가 악림사를 물러난 이후에 해당하는 일인지는 모른다. 족암은 결국 취암산의 문암사종 밑에서 교화를 거들었던 사람으로 간주된다.

대휴는 소흥 8년 待制인 仇悆에게 초청되어[6] 慈溪縣의 香山智度寺

---

6) 前年에 自得慧暉도 仇悆에게 초빙되어 補陀山에서 개법하고 있다.『가태보등록』권12.

에서 주지를 하였다. 소흥 25년까지 18년 동안 주지를 하는 사이에 향산지도사는 일신되어 활기를 띠게 되었다. 족암은 그 사이에 대휴를 따르지 않고 계속하여 문암의 교화를 거들었다. 문암이 취미산으로부터 雪竇山 資聖寺로 옮겼을 때도[7] 족암을 데리고 가서 수행자의 지도를 맡겼다. 설두산에 법당이 신축되자 족암에게 普說을 명하였는데, 그 설법에 대하여 문암은 미증유한 일이라고 찬탄했다고 전한다.

문암이 설두산에 入寺한 것이 언제인지는 분명하지 않지만, 소흥 23년 10월 1일에 微疾을 보이고, 3일에 上足인 翠巖宗靜에게 작별을 고하고 시적하였다. 10월 13일에 자성사의 서남쪽 모퉁이에 탑을 건립하고 全身을 장례지냈다.[8] 족암도 문암이 시적할 때까지 따랐던 것으로 보이는데, 시적한 이후는 문암의 스승인 굉지정각을 천동산으로 참문하고 거기에서도 굉지한테 뛰어난 器量을 인정받았다. 소흥 24년에 족암은 奉化縣의 棲眞院에서 출세하였다.

대휴는 소흥 25년에 尙書인 王俁의 초청을 받고 주지가 공석이었던 설두산에 주석하였다. 대휴 65세 때의 일이다. 이미 진헐은 소흥 21년에 臨安府에서 시적하였지만, 明州 일원에서는 천동산의 굉지·설두산의 대휴·서진원의 족암 등 모두 氣心으로 알려진 조동선자들이 교화를 펼치고 있었다. 大慧宗杲가 復僧하여 육왕산에 초청된 것은 이듬해 소흥 26년 11월 15일이었다. 전술한 것과 같이 굉지가 시적한 것은 소흥 27년 10월 8일이다. 천동산은 굉지의 법사인 法爲가 후석을 계승하

---

7) 後席을 계승한 사람은 開庵의 法嗣인 宗靜으로 보인다.
8) 시적한 연월일은 『가태보등록』 권13에 의한다. 또한 常盤大定·關野貞 編, 『中國文化史蹟』 권4(法藏館, 1975년 4월 再刊)에 의하면, 明州重顯의 탑에는 明覺의 영골과 開山常通·聞庵嗣宗·自得慧暉의 사리가 合祀되어 있어서 四角의 석탑은 寶篋印陀羅尼塔과 유사하여 현존하고 있다고 전한다.

였는데, 그 조치를 추진했던 사람이 대혜종고였다.

　소흥 29년 윤 6월 9일에 張俼은 知明州가 되어 7월 11일에 부임하였다. 장칭은 法爲 다음에 大休를 천동산으로 초청하였다.[9] 주석한 지 4년이 되었을 同輩인 湖心寺의 辨公이 시적하자 그 뒤를 계승하려고 하였지만 소흥 32년 8월 상순에 시적하였다. 세수는 72세였다. 제자들이 천동산의 남쪽 계곡에 전신을 장례지냈다. 탑에는 銘이 없지만, 족암이 유언으로 樓鑰에게 부탁한 글이 남아 있다.

　대휴는 同鄕이었던 張邵 및 張邵의 형제들과 깊이 교유하여 張祁의 아들인 張孝祥과도 친밀했다. 張祁와 張孝祥 부자는 대혜한테도 참문했던 사람이다. 장효상은 대혜의 법사로도 언급되어 있다. 그와 같은 외호자들로부터 생각해 보아도 대혜와 대휴 사이에는 알력이 있었다고 생각되지 않는다. 당시 조동종은 이미 대혜파로부터 공격을 받았던 黙照邪禪과 같은 성격으로부터 변화하고 있었다.

　대휴종각의 사법제자로는 足庵智鑑밖에 알려져 있지 않지만, 대휴가 시적했을 때는 족암이 58세로서 棲眞院에서 주지를 하고 있는 중이었다. 그때는 마침 天童如淨이 탄생한 해에 해당한다. 족암은 그 후에 30년에 걸쳐 활약을 하였다. 대휴가 시적한 이후에 해당하는 족암의 행장을 서술해 보기로 한다.

　隆興 원년(1153) 8월 10일에 대혜가 시적하였는데, 이듬해 족암은 서진원으로부터 慈溪縣의 定水寺로 옮겼다. 侍御인 王伯庠이 入寺疏를

---

9) 法爲가 시적한 연도 및 장소는 분명하지 않지만, 『가태보등록』권13에는 隨州大洪山法爲라고 기록되어 있으므로 만년에 대홍산의 주지를 하였던 것으로 보인다. 다만 『天童寺志』권7에는 法爲禪師의 탑이 玲瓏巖의 서쪽에 있었다고 기록되어 있기 때문에, 大休의 入院(주지가 됨)은 法爲가 시적한 이후로 간주하고자 한다.

짓고, 侍郎인 趙子瀟이 초청했던 것이다. 조자숙은 太祖 趙匡胤-德韶-惟忠-從質-世敵-令奧로 이어지는 家系로서 송의 황실에 속한 인물이다.

조자숙은 굉지의 법사인 石牕法恭과도 관계를 지니고 있다. 족암의 활약은 이 法恭과 깊이 관련되어 있기 때문에 법공의 略傳을 살펴 두고자 한다. 법공은 自號를 石窓叟라 하였다. 明州 奉化縣의 林氏 자손으로 숭녕 9년(1102)에 태어났다. 어머니는 楊氏인데, 佛光道人이라 불렸다. 아버지는 어려서 돌아가셨고, 15세 때 棲眞禪院의 則韶 밑에서 출가하였다. 宣和 7년에 구족계를 받고, 湖心寺에서 南山律을 익혔고, 굉지 밑에서 대오하였다. 이후 楊岐派의 萬年道閑과 黃龍法忠, 황룡파의 草堂善淸 등에게 참문하였고, 다시 천동으로 돌아와서 藏主 및 第一座를 맡았다. 소흥 23년에 越州의 報恩光孝寺에서 출세하였다. 石窓의 나이 52세 때의 일이다. 이어서 越州의 大能仁禪寺로 옮겨 갔다.

융흥 원년 6월 3일에 知明州가 된 조자숙에게 초청되어 명주의 보은 광효사에 주석하였다. 보은 광효사는 숭녕 2년(1103)에 崇寧萬壽禪寺로 개칭되었고, 政和 원년(1111)에 天寧萬壽寺로 개칭되었는데, 휘종은 10월 10일 天寧節의 聖壽를 축원하는 도량이 되어 그 역할을 해 온 사찰이다. 휘종이 소흥 5년 4월 21일에 붕어하자, 소흥 7년에는 천녕만수사가 報恩 光孝禪寺를 거쳐 報恩 光孝寺로 개칭되어 오로지 휘종황제를 追崇하는 도량으로 역할을 하였다.[10] 석창은 그곳에 8년 동안 주석한 후, 乾道 6년(1170)에 鄞縣 小溪의 彰聖院으로 물러났다.

족암이 조자숙으로부터 定水寺로 초청된 것은 석창이 보은 광효사

---

10) 『寶慶四明志』 권11, 6丁左. 崇寧寺觀에 대해서는 『宋會要』 禮五, pp.15~16, 禮 23 및 제3장 제2절 참조.

에 주지했던 이듬해였다. 족암보다 세 살 연장자인 석창에게 추천이 내려진 것은, 생각해 보면 당연한 것이었다. 「탑명」에는 그때 족암의 入寺를 조동종 제11세로 삼고, 대휴종각에게 사법했음을 特記하고 있다. 족암은 정수사에 6년 동안 주석하고, 乾道 5년에 물러나서 천태산으로 향했다.

건도 8년(1172) 3월 13일에 嗣秀法王趙伯圭가 이전에 부임했던 知明州로 다시 부임하였다. 조백규는 태조-德芳-惟憲-從郁-世將-令譮-子偁의 家系에 속하고, 어머니(秀王夫人張氏)가 같은 孝宗(본래는 伯琮이라 하였다)의 兄에 해당한다. 이 조백규가 건도 8년에 족암을 城內의 廣慧院으로 초청하였다. 『寶慶四明志』 권11에 의하면, 정화 8년(1118) 4월에 廣慧로 개칭했던 이 사찰은 祝聖道場 전문으로 건립되었는데, 건염 4년(1130)에 한 차례 兵火로 불타 버린 것을 새로 중건한 것이다. 중건한 이후에는 국가에 대한 협력체제의 기능을 더욱더 강화하고 유지하였다. 석창도 또한 조백규에 의하여 定海縣 瑞巖山 開善院으로 前年에 초청되었다.

조백규 이후 淳熙 원년(1174) 12월 17일에 知明州가 된 사람은 효종의 둘째 아들인 魏王 趙愷였다. 족암은 6년 동안 주석했던 광혜사로부터 순희 4년에 조개의 초청에 의하여 慈溪縣 香山智度寺로 옮겼다. 일찍이 스승인 大休가 18년 동안 장기간에 걸쳐 주지를 지냈던 곳이다. 그러나 족암의 주지는 4년으로 끝났다. 그것은 조개가 순희 7년 2월 7일에 명주에서 죽었던 것도 원인이 된 것으로 보인다. 조개를 대신하여 3월 21일에 知明州가 된 사람은 范聖大이다. 범성대는 그해에 족암을 성내의 보은 광효사로 옮기도록 하였다. 족암은 이미 연령이 76세였다.

범성대는 그해에 石窓도 설두산 자성사로 초청하였다. 석창은 入寺하였지만 사형인 自得慧暉가 순희 3년(1176)부터 주지를 하였던 淨慈寺를 물러나서, 순희 7년 가을에 설두산으로 돌아왔기 때문에 자득에게 주지를 양보하였다. 설두산은 자득이 정자사에 주석하기 이전에 주지를 지냈던 곳이기도 하였다.

석창은 다시 瑞巖山으로 돌아갔다. 석창은 순희 8년 8월 13일에 微疾을 앓았다. 그리고 19일에 사형인 자득에게 편지를 써서 부르고는 5일 후 24일에 만나서 후사를 부탁하였다. 25일 일찍이 법당에 올라가서 게송을 설하고 시적하였다. 세수는 80세였다. 법사인 古巖如璧이 後席을 계승하였다. 9월 3일에 산의 서쪽 上方이라 불리는 곳에다 탑을 건립하고 장례지냈다. 석창이 만년에 가장 깊은 교유를 나누던 사람으로 史浩가 있었다. 史氏 일족은 명주의 名門으로서 史浩·史彌遠·史崇之 등 세 명의 재상을 배출하였다.[11] 족암도 그 세 사람과 교섭이 있었다는 것은 이후에 서술하는 것과 같다.

설두산으로 돌아온 자득혜휘도 순희 10년(1183) 11월 29일, 87세로 시적하였다. 79세가 된 족암은 그해에 보은 광효사를 물러나서 西山에서 임종할 계획을 세웠다. 그것은 스승인 대휴가 일찍이 주지를 지냈던 곳이기도 하다. 그런데 주지가 공석이었던 설두산으로 억지로 초청되었다. 족암은 知覺延壽·明覺重顯 등의 전통이 깃든 도량이 폐허가 된 것을 부흥시키고, 80세의 노구로 주장자를 잡고, 순희 11년에 설두산에 주석하였다. 천동여정의 나이 23세 때이다.

이하 8년 동안 설두산의 내외를 일신하였다. 87세가 된 紹熙 2년(1191)에 족암은 東庵에 머물렀다. 이듬해 7월 25일에 병을 앓고, 8월

---

11) 졸고, 「史彌遠과 禪宗-如淨의 五山入院의 배경을 중심으로-」(『宗學硏究』 제26호, 1984년 3월).

16일에 88세로 시적하였다. 만년의 제자인 如淨이 출세한 것은 그로부터 18년 이후 嘉靖 3년(1210) 10월 5일 淸涼寺에서였다. 족암이 시적했을 때 「탑명」에는 사법 및 제도된 사람이 30여 명이라고 기록되어 있지만, 그 이름이 모두 알려져 있는 것은 아니다. 여정 이외에는 慶元府 仗錫棘林杞(?~1258)가 전해지고 있다.[12]

史浩는 족암의 祭文을 써서 "圓通을 분명하게 깨친 것은 觀音大士와 같았고, 근기를 따라서 세속을 교화한 것은 善導和尙과 같았다."[자료 18]고 찬탄하였다.[13] 「탑명」을 찬술한 樓鑰도 명주의 名門인 樓氏로서, 족암과 교유가 있었다는 것을 서술하고 있다.[14] 『攻媿集』권57에는 족암이 만들었던 錦鏡池에 대한 「雪竇山錦鏡記」에 대한 기록이 있다.[15]

---

12) 그 활약 연대로 보면 여정의 문인인 가능성도 지적되고 있다. 佐藤秀孝, 「如淨會下의 사람들」(『宗學硏究』 제28호, 1986년 3월).
13) 『雪竇寺志』卷六之下에는 「祭文」의 全文을 수록하고 있다.
 "祭足巖鑑禪師文. 維詔熙三年太歲壬子八月辛丑朔十一日辛亥, 太師·保寧軍節度使致仕·魏國公·食邑一萬九千五百戶·食實封八千一百戶, 使浩, 謹以香茗庶羞之奠, 致祭于圓寂前雪竇足巖鑑公禪師之靈. 惟師了悟圓通, 如觀音大士, 隨緣化俗, 如善導和尙. 世之獨善自利者, 或以爲不然, 而師安行自若, 不以爲歉此, 非內有所得, 何以傲然不顧如此, 倘或因人而改節是可奪也. 我嘗以是重師之特操, 聞之佛氏身心不動, 入於無量義三昧, 未嘗有言也, 至於五時九會四辨八音, 又未嘗不言, 則知師之化俗, 亦當言而言耶, 今師亡矣. 想見一念, 超然無復繫念. 前日之言, 猶在人耳. 必有高弟, 紀其緖余, 識者必自品題. 予不復云. 炷香瀹茗, 師其歆之尙饗. 開禧二年中秋日, 守庵前監寺僧道成立石." 또한 「탑명」과 시적한 날짜가 달리 되어 있다.
14) 伊原弘, 「宋代明州의 官戶의 婚姻關係」(『中央大學大學院硏究年報』 創刊號, 1971).
15) 『攻媿集』권75, 「雪竇山錦鏡記」에는 足庵智鑑이 雪竇山을 부흥시킨 것에 대하여 기록하고 있다. "雪竇山名天下, 自下二升, 旣至絶頂, 而地始平曠, 四山又環之. 寺據正中, 氣象雄秀. 二水不知所從來, 出山之兩腋而會于前, 徑赴大壑, 峭石削立, 險不可測, 崩空落崖, 飛雪千丈, 洞心駭目, 勝絶一方, 此山之所以得名也. 繇古以來, 登覽之士, 不知其機, 眩于創見, 何暇擬議. 紹興甲子, 都太守尙書莫公將來游, 乃始發妙意于萬象之表. 謂水去太亟, 屬寺僧以田爲池, 使二流匯其中, 寬納而緩出之, 則寺當少利. 有詩云, 能廢千畦淳玉雪, 不妨飛練練掛丹梯. 讀者趨之, 而四十餘年, 十易主人, 咸睥睨以爲難. 淳熙十一年, 足巖鑑公禪師旣至, 百廢

그리고 족암에 대해서는 「탑명」에 "선사는 淮南에서 태어났지만, 교화의 인연은 오직 四明에만 있었다."라고 말하듯이, 88세의 생애는 四明에서 활약한 것으로 한정되는 것에 큰 특색이 있다.

그런데 족암이 시적했을 때는 병약한 光宗이 재위하던 때로서, 2년 후 熙宗 5년(1194) 7월 5일에 崇宗에게 황위가 선양되었다. 그해 6월 9일에 황위를 선양한 효종이 붕어하였기 때문에, 실권은 손자인 崇宗에게 맡겨졌다. 숭종시대의 종교 통치로서 선종사에서 주목되는 것은 五山制度의 도입이다. 5산제도는 그 성립에 관하여 분명하지 않는 점이 남아 있지만, 史彌遠(1164~1233)이 재상으로 있을 때 숭종에게 주상하여 嘉定 연간(1208~1224)에 성립되었다는 것은 거의 인정해도 좋다

修擧. 取莫公之說斟酌之, 八月己未, 遂興畚鍤池, 深一尋, 縱四百三十尺, 廣半之. 築隄南西, 以便往來. 因橋爲聞, 視水漲落而廢縱焉. 明年二月庚子, 池成, 瀲漣拍隄, 淳瀅如拭, 千巖倒景, 空明相映. 道俗欣嘆, 見未曾有. 禽魚下上, 咸有喜色. 師問名于雪窓張武子良臣, 武子曰, 是所謂淵林錦鏡者也. 遂以錦鏡名, 而謂余記之. 余不能習陰陽家言, 然通天下一氣耳. 山如人定形, 水如人之脈絡. 或瀦或滐, 當適其中, 池之未作也. 水若建瓴, 山之氣與之俱逝而不留. 及其旣積, 則淑靈之氣, 得以扶興磅礴于玆矣. 繼自今其必有卓然超徹之士, 深藏若虛, 出于此山, 以振祖風者, 豈惟利而已哉. 曩嘗一再游焉. 間久不雨, 水僅相續, 蕭索輪囷, 固自不惡. 惟積雨瀑漲, 則尤爲壯偉可觀. 顧安得每每如許, 及今過之, 旣坐享上, 徐徹三版, 水則大至, 怒濤迅電, 凌駕震疊, 素蜺萬數, 哮吼層出, 眞天下之奇觀也. 始惟見寒莎野卉, 紛駭相應, 少焉覺兩涯石壁, 亦爲之低昂不已, 此非親至其上. 深瞰而駐觀者, 不足以知此, 莫公止謂不妨飛雪之勝, 不知此池之成, 關機闔開, 乃大有功于瀑泉也. 足嚴傳洞下心宗, 精鍊刻苦, 等慈接物, 法施不吝, 所向傾動, 緇白數主, 廢利皆立, 興之壯年, 嘗出力于此以辨衆緣, 晩座道場, 年躋八十; 適丁歉歲, 艱食之余, 他人支傾補壞, 猶懼不濟. 乃于談笑間, 成此勝事, 用錢百萬, 外不以謁諸人, 內不以費諸帑, 傾囊倒篋, 一方爲之. 信有大過人者, 是役也. 僧德宣實相其事, 妙有智思, 規畵多出其手. 又得信士單承亮割膏腴以補田之廢, 此池益可以久矣. 故倂書之, 以告來者云."
또한 錦鏡의 命名者인 張良臣은 字가 武子이고, 雪窓先生이라 불렸던 사람이다. 현재는 전해지지 않지만『人天寶鑑』등의 인용에 의하면, 그가 저술한『雪窓集』에는 남송대 조동종과 관련된 기록이 다수 수록되어 있음을 알 수가 있다. 또한『物初賸語』권10·권16·권17에 의하면, 장량신은 宏智正覺·自得慧暉·石窓法恭과 친밀한 관계에 있었음을 알 수가 있다.

는 결론에 도달하였다.[16] 당시의 제도는 5산뿐이었고, 10찰은 아직 없었다. 5산제도가 확립되었을 때 徑山의 주지는 密印安民의 제자인 佛日禪師 石橋可宣이었다. 5산은 선종만이 아니라 敎院의 5산도 뒤늦게 성립된 것으로 보인다. 林希逸이 찬술한 「前天竺住持同菴法師塔銘」에는 다음과 같은 주목해야 할 글이 나온다.

> 錢塘에는 上天竺寺가 있는데 모든 敎寺의 처음이고 끝이다. 지위와 사람도 또한 五山의 雙徑寺와 똑같다(錢塘上天竺 諸敎寺之冠晩也 位置其人 亦猶五山之雙徑焉). (『竹溪鬳齋十一藁續集』 권21)

辨憲(1179~1249)이 죽은 이후 20년(1267) 무렵에 찬술된 것이다. 이 5산제도가 성립된 후에 다음과 같은 여정의 행장이 「行持下」 권에 전해지고 있다.

> 先師 천동화상은 越上의 人事이다. 19세 때 교학을 버리고 참학하여 70세에도 또한 그만두지 않았다. 嘉定皇帝로부터 紫衣와 師號가 내려졌지만 끝내 받지 않고 감사의 뜻만 전했다. 시방의 납자들이 모두 존경하였고, 원근의 지식인들도 따라서 기뻐하였다. 황제가 크게 기뻐하여 茶를 내려 주었고, 그것을 아는 사람들은 희대의 사건이라고 찬탄하였다.
> 진실로 이것이야말로 진실한 수행이다. (중략) 先師는 19세 때부터 고향을 떠나서 선지식을 찾아다니면서 辨道工夫하였다. 그리고 65년이 되도록 또한 不退轉하였다. 황제를 가까이 하지도 않았고, 황제에게 보이지도 않았으며, 丞相과 친밀하지도 않았고, 관원들과 친밀하지도 않았다. 紫衣와 師號를 사양했을 뿐만 아니라 일생토록 화려한 가사를 걸치지도 않았다. 항상 上堂 및 入室하였고, 모두 검은 가사 및 기

---

16) 졸고, 「中國五山十刹制度의 기초적 연구(1)~(4)」(『駒澤大學佛敎學部論集』 제13호~제16호, 1982년 10월~1985년 10월).

운 것을 지니고 있었다. (『全集』, pp.156~157)

嘉定皇帝는 寧宗을 가리키는데, 당시 재상은 史彌遠이었다. 여정이 紫衣와 師號를 사양한 것은 무릇 처음 淨慈寺에 주석하던 시대로서, 여정선사 傳記에서 분명하지 않는 부분에 해당하는 明州 瑞巖寺에 주석하기까지 칩거했었던 이유 가운데 하나였다. 그러나 이 일화는 紫衣와 師號가 한 차례 下賜되었다는 것이 先行되어 있어서 그것을 推擧했던 외호자가 당연히 있었다.

그 외호자 가운데 한 사람으로 종래에 분명하지 않았던 「行持下」 권에 있는 趙提擧가 있다.

> 趙提擧는 嘉定聖主(寧宗)의 胤孫이다. 知明州軍州事·管內勸農使이다. 先師를 초청하여 州府에 이르러 陞座토록 하고, 銀子 一萬鋌을 보시하였다. 先師가 陞座를 마치고 趙提擧를 향하여 감사의 말을 하였다. "저는 관례에 따라서 산을 내려와 승좌하여, 正法眼藏과 涅槃妙心을 開演하여, 삼가 先公을 극락세계로 천도했을 뿐입니다. 그러므로 다만 이 銀子는 감히 받을 수가 없습니다. 승가에서는 이와 같은 재물이 필요가 없습니다. 지금까지 크게 베풀어 주신 은혜에 깊이 감사드리고, 이제 산으로 돌아가고자 합니다."
> 提擧가 말했다. "화상이시여, 저는 외람되지만 황제폐하의 친족으로서, 이르는 곳마다 대접을 받고 보배 및 패물이 많습니다. 지금 先父의 명복을 비는 날에 追善供養을 하고자 합니다. 그런데 화상께서는 어째서 받지 않는 것입니까. 오늘은 기쁘게 대자대비로써 약소한 보시를 받아 주시기 바랍니다."
> 先師가 말했다. "提擧의 명령은 지엄하여 감히 거절할 수가 없습니다. 다만 거절하는 이유가 있습니다. 제가 陞座說法한 것을 提擧께서는 총명하게 잘 들으셨습니까."

提擧가 말했다. "저는 단지 듣고서 기뻐할 따름입니다."
先師가 말했다. "提擧께서는 총명하십니다. 제 말씀을 잘 들어주셨다니 황송할 뿐입니다. 또 바라는 것은 여기에 임석해 주심에 크게 경하받을만 합니다. 산승이 승좌했을 때 어떤 설법을 하였는지 말씀해 주시기 바랍니다. 만약 말씀해 주신다면 감사하게 은자 만 냥을 받겠습니다. 그러나 만약 말씀하지 못하신다면 다시 府使 곧 提擧께서 다시 가져가야 합니다."
提擧가 일어나서 先師를 향해 말했다. "지금 엎드려 생각해 보니, 화상의 설법은 크게 경하받을만 합니다."
提擧가 뭐라고 말하려고 하자, 先師가 말했다. "先公의 명복은 원만하게 성취되었습니다. 보시한 것은 先公의 판단에 맡겨 두시기 바랍니다."
이와 같이 말하고 곧 산으로 돌아갈 것을 청하자, 提擧가 말했다. "설법을 이해하지 못한 것이 안타깝지만, 단지 화상의 설법을 듣게 된 것만도 무엇보다도 기쁩니다."
이와 같이 말하고는 先師를 배웅하였다. 浙東 및 浙西의 출가 및 재가인들이 크게 찬탄하였다. 이 일화는 平侍者의 일기에 기록되어 있다.
平侍者가 말했다. "저 노화상은 어떻게 할 수가 없는 사람이다. 어찌 쉽게 친견할 수 있겠는가."(『全集』, pp.159~160).

趙提擧는 嘉定 16년 4월 20일부터 17년 8월 12일까지 知明州였던 趙師嵒을 가리킨다.[17] 여정을 嘉定 17년 解夏 이후에 천동산으로 초청한 사람도 趙提擧로 간주되는데, 이 일화는 여정의 명주 瑞巖寺 시대일 가능성이 높다. 師嵒의 父는 趙伯圭인데, 史彌遠의 아우인 史彌堅 조백규의 셋째 딸과 혼인하였다. 위에서 서술한 것처럼 조백규는 효종

---

17) 졸고, 「史彌遠과 禪宗-如淨의 五山入院의 배경을 중심으로-」『宗學硏究』제26호, 1984년 3월).

의 친형이다. 宗室과 趙家와 史家는 명주를 중심으로 서로 혼인관계이기도 하여 당시에 최고의 권력자를 형성하고 있었다. 조백규는 여정의 스승인 족암과 교섭이 있었고, 석창을 서암사로 초청한 사람이기도 하다는 것은 위에서 서술한 것과 같다.

5산의 주지를 지낸 사람들을 조사해 가는 가운데 당시 천동산의 주지를 지낸 사람들의 경향에 대하여 흥미로운 결론을 얻었다. 그것은 천동산에서 주지를 지낸 사람이 이후에 靈隱寺·徑山寺에 주지로 갔던 경우는 대단히 드물었다는 사실이다. 천동산에서 주지를 지낸 사람은 항상 굉지의 종풍을 의식하여 그 주지를 受請하고, 그곳에서 시적했던 경우가 대부분이었다. 천동사 주지를 지낸 사람들은 靈隱을 거쳐서 徑山에서 주지를 했던 중앙진출형의 선사들과는 다른 성격을 지속적으로 유지하고 있었다.

여정이 紫衣와 師號를 사양했던 것에 관한 기록은 바로 이러한 분위기의 결과이다. 추측의 영역을 벗어난 것은 아니지만, 일찍이 부용도해는 蔡京이 주상하여 인정받은 崇寧萬壽寺制度에 반대하는 것처럼 보였던 紫衣 및 師號의 사건에 휘말려 들었지만, 여정도 5산제도에 거역하는 형태로 紫衣 및 師號를 사양한 모습이 되었다. 그러나 公卿 및 名士는 결코 시대에 영합하는 禪者와만 교섭하는 것은 아니다. 세속적인 교섭을 엄격하게 단절한 출가자이기 때문에 도리어 많은 公卿 및 名士가 그와 같은 출가자를 존경하였다.

여정이 '황제를 가까이 하지도 않았고, 황제에게 보이지도 않았으며, 丞相과 친밀하지도 않았고, 관원들과 친밀하지도 않았다.'(「行持」)는 것처럼 명리를 중시하지 않았기 때문에 황제도 승상도 관원들도 方外의 교섭을 하였고, 여정을 존중하였다.[18] 淨慈寺 시대에 여정은 寧宗의 楊皇后(1162~1233)로부터 금전을 받아서 수륙재회를 행하여 上堂했을 때 자칭 '臣僧'이라 하였다. 여정의 시대에 일반의 승려가 국가에 대하여 翌贊態勢를 취하고 있을 때 여정 한 사람만 예외였을 리는 없었다. 거기에 시대를 무시했던 如淨像을 구축할 필요는 전혀 없는 것이다. 오히려 조동종 계통의 선자가 5산에 입원할 기회가 적은 시대였기 때문에 비호자를 얻어서 여정이 5산에 입원할 수 있었던 것은 당시에 희유하게 뛰어난 조동종의 선자였음을 말해 주는 것이다.

더욱이 여정이 5산에 입원한 배경은 여정 그 사람이 뛰어난 선자였음과 동시에 굉지 이후의 조동종 선자들도 황실과 재상 등의 비호를 받아서 비로소 활약할 수 있었다는 것이 판명되는 것이다.

---

18) 瑞長本 『建撕記』에 "大宋寶慶三年七月十七日示寂"이라고 여정의 시적을 기록한 뒤에 다음과 같은 문장이 있다. "承相 魯公이라는 사람이 서찰로써 받들어 초청하여 大慈寺를 열어서 그 사찰의 개산조사로 추앙하는 것이 좋다는 말씀을 올리자 그에 대한 답변으로 '노승은 며칠 이내로 행각을 떠날 것입니다.'라고 말하였는데, 그대로 갑자기 기절하기라도 하듯이 원적하였다."(河村孝道氏의 編著本, p.98) 승상 노공이란 史彌遠을 가리키고, 대자사는 『寶慶四志明』 권12 및 권13에 의하면 사미원이 고향인 鄞縣에다 어머니와 妻의 명복을 빌기 위하여 건립한 功德寺刹로서, 이후에 敎忠報國寺라 불린 것이 바로 이 사찰이다. 실제는 如淨과 관계가 깊은 笑翁妙堪(1177~1248)이 개산조이다. 여정은 개산을 하지 않았기 때문에 그 이상 조사해 보는 것은 불가능하겠지만, 당시에 임제종 세력이 강했던 시대에 여정이 五山 제3의 천동사와 제4의 淨慈寺에서 주지를 했다는 것은 당연히 외호자가 있었기 때문에 가능했을 것이다. 또한 사미원이 여정을 공덕사찰의 개산조로 초빙하려고 했다는 기록에 대해서는 실제로 있었겠지만, 있었다고 하더라도 그것이 이상할 것은 없다고 간주한다.

제5절 결말 −남종선의 변모−

중국 조동종의 계보에 속하는 사람들을 중심으로 그 행장을 순차적으로 검토해 보았는데, 거기에는 동산이 말한 '소박함'을 종지로 하여[1] '綿密과 親切'[2]의 종풍이 반세속적인 정신과 함께 일관하고 있음을 확인할 수가 있었다. 그리고 남송시대의 조동종은 남종선이 변모하는 시기를 맞이하고 있었다.

결말을 맞이하여 남종선의 정통과 이단이라는 문제에서 조동종의 위치를 확실하게 해 두고자 한다. 柳田聖山 교수가 『초기선종사서의 연구』(法藏館)를 출간한 것은 1967년 5월 1일이었다. 중국 선종사 연구의 고전이 되어 있는 이 책 가운데서 중요한 문제제기의 하나로서 古本 『육조단경』의 추정과 그 작자가 우두 계통의 선자는 아닐까 하는 설이 있다.

그 설은 柳田聖山 교수의 「어록의 역사−선문헌의 성립사적 연구」(『동방학보』 제57책, 1985년 3월)에 의해서 저자 자신에 의하여 개정된 돈황본 『육조단경』보다 오래된 古本을 상정할 필요도 없이, 光宅慧忠의 비판은, 道宣의 『關中創立戒壇圖經』을 改換해서 천박하고 저속한 말

---
1) 「傳法記」, [자료 1] 참조.
2) 法恭의 탑명[자료 15]에 있는 용어. 宗珏과 智鑑의 탑명[자료 13]·[자료 18]에는 '等慈接物'이라는 용어가 함께 보인다.

을 덧칠하고 聖意를 삭제하여 후학들을 惑亂시킨 것은 바로 荷澤神會 (684~758)의 『南陽和尙頓敎解脫禪門直了性壇語』였다는 것이다.

또한 『단경』의 작자는 신회 및 그 추종자들에 의해서 중층적으로 발전한 육조 혜능의 이름에 가탁된 창작이라는 것이다. 古本 『단경』을 추정한 종래의 연구에 새로운 돌멩이를 던진 것이었다.

여기에서 『단경』의 문제에 깊이 들어갈 생각은 없지만, 胡適說을 포함하여3) 『단어』로부터 『단경』이 성립된 과정은 20세기 돈황문헌에 대한 최대 연구성과의 하나로서, 柳田聖山도 그 점에 대해서는 동의한다. 「어록의 역사」에서 밝힌 柳田聖山의 설은 곧 『壇語』는 經도 아니고 論도 아닌 선종 「어록」의 濫觴으로 간주되어 있다. 이제 여기에서는 곧 신회가 개원 8년(720)에 南陽의 龍興寺에 들어간 이후 개원 18년에 滑台에서 북종을 공격할 때까지 남양시대에 이미 남종선의 기본적인 사상이 확립되어 있었음을 충분히 인정할 수가 있다.

그 남종선의 골격이 된 사상이란 『壇語』 가운데서 戒定慧의 삼학에 대하여 다음과 같이 서술하고 있는 것에서 찾아볼 수가 있다.

> 무상보리를 추구하는 사람이라면 반드시 부처님의 말씀을 믿고 부처님이 가르침에 의지해야 한다. 부처님은 어떤 말씀을 했던가. 경전에서는 '모든 악을 짓지 말라. 모든 선을 받들어 실천하라. 그리고 스스로 그 마음을 청정하게 하면 그것이 바로 제불의 가르침이다.'라고 말한다. 과거의 일체제불은 모두 이와 같은 설법을 하였다. 모든 악을 짓지 말라는 것은 戒이고, 모든 선을 받들어 실천하는 것은 慧이며,

---

3) 胡適은 1960년 3월 10일에 쓴 『南陽和尙問答雜徵義』의 해설에서, 30년 전에는 『육조단경』의 작자라고 소개하였지만 30년 후에는 『육조단경』의 가장 초기에 속하는 원전의 작가라고 확실하게 인식하고 있다고 설명하고 있다(『神會和尙遺集』, pp.424~425, 胡適記念館, 1968년 12월).

스스로 그 마음을 청정하게 하는 것은 定이다. 선지식들이여, 반드시 삼학을 균등하게 해야만 비로소 부처님의 가르침이라고 말한다. 그러면 삼학을 균등하게 한다는 것은 무엇인가. 계정혜가 바로 그것이다. 妄心이 일어나지 않게 하는 것을 戒라 말하고, 妄心이 없어진 것을 定이라 말하며, 妄心이 없어진 줄 아는 것을 慧라 말한다. 이것을 삼학이 균등한 것이라 말한다. 각자 반드시 齋戒를 호지해야 한다.

재계를 지니지 않는 사람은 끝내 일체의 善法을 발생할 수가 없다. 무상보리를 추구하는 사람이라면 요컨대 우선 재계를 호지해서 이에 得入해야 한다. 재계를 호지하지 않는 사람은 비루먹은 이리의 몸도 얻지 못하는데 어찌 여래의 공덕법신을 획득하겠는가. 선지식들이여, 무상보리를 닦는 데 있어서 삼업을 청정하게 하지 않고 재계를 지니지 않고도 무상보리를 얻는다는 것은 있을 수 없는 일이다. 요컨대 有作戒 및 有作慧에 의지하여 無作戒 및 無作慧를 드러낸다. 그러나 定의 경우는 그렇지 않다. 만약 有作定을 닦는다면 그것은 人天의 인과로서 무상보리에 상응하지 못한다. (胡適 校定, 『神會和尙遺集』, pp.228~229)

여기에서 설해진 삼학은 『육조단경』의 無相三學과 비교해 보면 철저한 것도 아니고, 신회에 비추어 보아도 삼학을 설한 시대의 변화가 있지만,[4] 확실하게 말할 수 있는 것은 신회가 삼학 가운데서 無作定을 주장했다는 점이다. 이것이 이후에 북종선의 有作定을 비판한 것으로 유명한 '마음을 모아서 선정에 들어가고, 마음을 머물러 선정을 관찰하며, 마음을 일으켜서 밖을 비추고, 마음을 가다듬어 안을 맑게 한다(凝心入定, 住心看定, 起心外照, 攝心內澄).'는 4구의 격언으로 발전해 간다.[5] 有作 곧 조작을 수반하는 좌선은 남종선의 출발에는 없었다는

---

4) 柳田聖山, 「어록의 역사-선문헌의 성립사적 연구」(『동방학보』 제57책, p.394 이하, 1985년 3월).
5) 『鈴木大拙全集』 권3(岩波書店, 1968년 10월) p.312, 胡適校定, 『壇語』, p.239 ;

것을 확인할 수가 있다.

마찬가지로 신회의 남양시대 최초의 어록인『南陽和尙問答雜徵義・劉澄集』에도 다음과 같은 기록이 있다.

> 화상이 澄禪師에게 물었다. "어떤 법을 닦아야 견성을 터득하는가."
> 징선사가 답했다. "먼저 반드시 坐를 닦고 定을 닦아야 합니다. 定을 터득한 이후에 定을 인하여 慧를 발생합니다. 그것은 지혜이기 때문에 곧 견성을 터득합니다."
> 화상이 물었다. "定을 닦을 때 어찌 作意가 발생하지 않을 수 있겠는가."
> 징선사가 답했다. "그렇습니다."
> 화상이 물었다. "이미 作意라면 그것은 곧 識定인데 어떻게 견성을 터득할 수 있겠는가."
> 징선사가 답했다. "지금 견성이라고 말씀하신 것은 거기에 定을 닦는 것이 반드시 필요합니다. 만약 定을 닦지 않는다면 어떻게 견성할 수가 있겠습니까."
> 화상이 물었다. "지금 定을 닦는다는 것은 본래 그것이 妄心이다. 망심으로 定을 닦은들 어떻게 定을 얻을 수 있겠는가."
> 징선사가 답했다. "지금 定을 닦아서 定을 얻는다는 것은 본래부터 내외에 照가 있다는 것입니다. 내외에 照를 지니고 있기 때문에 청정을 볼 수가 있습니다. 마음에 청정을 지니고 있기 때문에 곧 그것이 견성입니다."
> 화상이 물었다. "지금 견성이라고 말했는데 그 性에는 내외가 없다. 만약 내외의 照를 인유한다고 말한다면 그것은 원래부터 망심인데 어떻게 견성할 수 있겠는가. 경전에서 다음과 같이 말한다. '만약 모든 삼매를 닦는다고 하면 그것은 動이지 좌선이 아닙니다. 마음은 경계를 따라서 흐르는데 그것을 어찌 定이라 하겠습니까.' 만약 그러한 定

柳田聖山,『初期禪宗史書의 硏究』, p.108 이하.

을 가리켜서 옳다고 한다면 유마힐은 결코 사리불의 宴坐를 꾸짖지 않았을 것이다."(胡適 校定, 『神會和尙遺集』, pp.448~449).

곧이어 『문답잡징의』는 재편되면서 분명하게 신회의 주장이 되었지만, 북종선의 징선사가 말한 '作爲'를 수반하는 有作定을 부정한 곳에서 북종선에 대한 공격의 기본적인 입장이 출발했다는 것은 인정해야 할 것이다.

定慧 등은 남종선의 출발로서 無作定이 기본이었다. 그런데 일반적으로 좌선(定)과 깨침(慧)의 관계를 묵조선과 간화선으로 비교하여 도식적으로 취급해 보면 대체적으로 다음과 같은 설명을 들어 볼 수가 있다.

묵조선은 좌선을 專一로 하는 것에 비하여 간화선은 깨침을 主로 하여 직관주의를 채용한다는 점으로부터 생각해 보면, 좌선을 통해서 깨침을 터득한다는 사고방식은 마치 점수에 의하여 번뇌를 제거하고 깨치려는 북종선의 경향을 지니게 되어, 돈오에 입각한 남종선이야말로 간화선에 가까운 관계에 놓여 있는 것은 아닐까 하는 설이다. 異端이라고까지는 단정하지 않는다 해도 그러한 경향에 놓여 있다는 것이다.[6]

위에서 남종선의 성립은 有作定의 부정으로부터 출발했음을 확인하였다. 그 결과는 묵조선이야말로 남종선의 정통이고, 간화선은 깨침을 목적으로 하여 定에 作爲를 수반하는 수단을 비평했던 것으로 남종선

---

6) 가령 高雄義堅 박사의 「간화선과 묵조선의 대립」(『宋代佛敎史의 硏究』 수록, 百華苑, 1975년 5월)에서 "黙照가 定을 전일하게 하는 것에 비하여 看話가 慧를 主로 하여 직관주의를 채용한다는 점에서 생각해 보면 조동종의 묵조선은 唐의 북종선의 경향을, 그리고 임제종의 간화선은 남종선의 경향을 띠고 있는 것이라고 말할 수가 있다."(『宋代佛敎史의 硏究』 수록, 百華苑, 1975년 5월, p.101)라고 말하고 있다.

의 이단으로 성립된 것이다. 남종선은 철저한 본각문의 흐름에 있는 묵조선을 정통으로 하고, 시각문에 입각한 간화선은 이단이었다.

그러나 남송시대 선의 세력은 정통과 이단의 범주로 평가할 수 없게 되었다. 청원 계통의 眞金鋪의 흐름에 안주하는 것으로는 필요가 없게 되어 버렸다. 대혜종고에 의하여 대성된 간화선은 그 시대의 요구에 잘 부응한 것이었다. 대혜에게는 도리어 시각문에 입각해서 이단의 종교를 구축하지 않으면 안 되는 과제가 있었던 것이다.

평생토록 臥具를 설치하지 않고 밤낮으로 맹렬하게 좌선하여 短篷遠의 무쇠말뚝[遠鐵橛]이라고 조롱당했던 宏智正覺-自得慧暉-明極慧祚로 계승되는 短篷遠의 종풍에 대하여, 無準師範 문하의 雪巖祖欽(?~1287)은 다음과 같이 전해 주고 있어서 흥미롭다.

> 18세에 행각하여 銳意로 도반들보다 먼저 깨침을 究明하려고 마음먹었다. 쌍림의 鐵橛 遠和尙의 문하에서는 시방을 一巡하여 아침부터 저녁까지 승당 안에만 머무르며 문밖을 벗어나지 않았다. 설령 衆寮에 들어가서 세면장(後架)에 가는 경우에도 소매로부터 손을 내밀어 가슴에다 대고 천천히 오고 가면서 전혀 좌우를 돌아보지 않고 3척 거리의 눈앞만 응시한다. 조동종의 지도자는 반드시 납자들에게 '狗子無佛性'의 고칙을 참구토록 시켰다. 잡념 내지 망념이 일어난 경우에만 코끝에다 '無'라는 한 글자만을 매달아 두도록 시켰다가 잡념이 사라지면 곧장 버리게 하였다. 이처럼 묵묵하게 앉아 있는 것만으로 납자들이 완성될 때까지 오랫동안 지속하여 자연스럽게 깨침을 기다렸다. 조동종 계통에서는 수행이 면밀하게 실천되어 꼼짝도 못하게 행해졌기 때문에 곧잘 10년 혹 20년으로도 깨침을 손에 넣을 수가 없었다. 그런 까닭에 후계자가 배출되지 못하였다.[7]

---

7) 『雪巖祖欽禪師語錄』 권2(卍續藏70, p.606中). "十八歲行脚, 銳志要出來究明此

무자공안의 유행은 조동종의 종풍도 일변시켰다고 말해도 좋을 것이다. 천동여정에게도 예외는 아니었다.[8] 굉지의 묵조선이라 하면 종래 조동종 종풍의 대명사처럼 일컬어졌다. 그러나 굉지의 묵조선은 엄밀하게 말하면 굉지의 示寂과 함께 끝나 버렸다. 굉지의 묵조선은 그 일대에 한정된 것으로 파악할 필요가 있다. 필자가 분명하게 알고 있던 묵조선은 그와 같은 성격을 지니고 있었다는 느낌을 강하게 해 준다.

어느 시대의 선을 고찰할 때 동시대인의 다른 선과의 교류를 검토해 보지 않으면 안 된다는 것은 당연하다. 필자는 당초에 如淨禪도 조동종의 흐름이었기 때문에 그 위상까지도 本書에서 밝혀 보려고 생각하였다. 그 개략은 보여 줄 예정이었다. 그러나 대혜파의 활동을 해명하지 않으면 如淨禪의 정확한 위상을 파악하는 것은 불가능하다. 여기에서는 지면의 한정도 있기 때문에 안이하게 서술하는 것은 유보하고자 한다. 굉지선과 여정선의 시대는 종교정책과 선풍이 전혀 다르다. 구명하지 않으면 안 되는 많은 과제를 지닌 남송시대의 조동종, 특히 여정선에 대해서는 금후에 다시 검토해야 할 과제로 남겨 두고 싶다.

하택신회 이후에 중층적으로 전개되어 온 남종선의 전통도 남송시대를 맞이하여 변모하지 않을 수 없는 시기에 돌입하여 간화선, 그리고 묵조선은 새로운 국면을 보여 주게 된 것이다. 그 과제를 연구하기 위해서는 대혜선의 究明이 불가결한데, 그것은 대혜선의 재평가와도 관련되

事. 在雙林鐵橛遠和尚會下, 打十方, 從朝至暮, 只在僧堂中, 不出戶庭. 縱入眾寮至後架, 袖手當胸, 徐來徐往, 更不左右顧, 目前所視, 不過三尺. 洞下尊宿要教人看狗子無佛性話. 只於雜識雜念起時, 向鼻尖上輕輕擧一箇無字. 纔見念息, 又却一時放下著. 只麼默默而坐, 待他純熟 久久自契. 洞下門戶, 工夫綿密困人, 動是十年二十年不得到手. 所以難於嗣續."
8) 졸고,「宏智正覺과 天童如淨」(『宋代의 社會와 宗敎』 수록) ; 졸고,「宏智正覺과 天童如淨」(『송대의 사회와 불교』 수록, 汲古書院, 1985년 10월) 참조.

어 있다. 그것을 완수해야만 비로소 曹洞宗史와 관련된 如淨禪·道元禪·日本達摩宗의 제문제도 충분히 고찰할 수가 있고, 남종선의 정확한 파악이 가능해질 것이라고 생각한다. 나아가서 남종선은 선자만이 아니라 지식인과 민중에 침투된 특색을 지니고 있기 때문에 조동종의 틀을 벗어나서 포괄적으로 고찰하지 않으면 안 된다는 것도 알고 있다.

　본서는 종래 중국 조동종의 교리사와 교단사의 연구에서 취급되지 않았던 문헌을 새롭게 소개한 것이다. 이 자료들은 今後에 송대 선종사 연구를 위하여 보다 관련이 깊은 재료를 제공해 주는 하나의 단초를 제시한 문헌 연구이다. 그러므로 이 책은 하나의 성과보고로 간주하고자 한다.

부록 자료편

[자료 1] 筠州洞山普利禪院傳法記

(1) 余靖 : 武溪集 권9(「常熟瞿氏藏明成化本」, 新文豊出版, 1976年 刊)(약호 : 底).

(2) 余靖 : 武溪集 권9(『四庫全書珍本第六集』所收本)(약호 : 四).

· [撰者] : 余靖(1000~1064). 本名은 希古이고 字는 安道이며, 號는 武溪이고, 諡는 襄이다. 광동성 韶州 曲江 출신이다. 증조부는 從이고, 조부는 榮이며, 父는 慶이고, 母는 黃氏이며, 妻는 林氏이다. 天聖 2년(1024)에 登第하였고, 知 新建縣이 되었다. 景祐 3년(1036)에 集賢院 校理가 되었는데, 范仲淹에 謫官에 대한 事를 논하다가 尹洙 및 歐陽修와 함께 좌천되었다. 그때 監筠州酒稅로 落職되었는데, 본 「筠州洞山普利禪院傳法記」이 쓰인 것은 그 이후의 일이다. 余靖은 그 사건을 통하여 세상에 더욱더 알려져서 歐陽修·蔡襄·王素와 함께 세상에서 四諫으로 칭해졌다. 벼슬은 工部尙書에 올랐다. 治平 원년 6월 29일에 죽었다. 세수는 65세이다. 廣州에 八賢堂이 있는데, 余靖은 그 가운데 한 사람이다. 『武溪集』 20권이 남아 있다. 『宋史』 권320에는 歐陽修 撰, 「襄公余靖神道碑」 ; (『文忠公集』 권23), 蔡襄 撰, 「余公墓誌銘」(『忠惠公集』 권36)에 그 전기가 전한다.

筠州洞山普利禪院傳法記

近世分禪律爲二, 學其所居之長. 禪以德, 律以親, 而授之. 以德者, 選於衆, 而歸之者, 亦衆. 夫言德者, 非世所謂德也. 以其等空超妄[*], 漸次出生死, 可以爲天人師者耳. 故祖祖孫孫, 稱佛嗣焉.

*超妄=妄超(底) (四)는 誤記로 보인다.

균주 동산 보리선원 전법기

근세에 선과 율이 나뉘어 둘이 되자[1], 그들이 거주하는 곳의 장점을

---

1) 近世 禪과 律…=『傳燈錄』 권6의 「禪門規式」에 "百丈大智禪師, 以禪宗肇自少室.

배울 수가 있게 되었다. 선은 德으로써 장점을 삼고[2], 율은 親으로써 장점을 삼는데, 그것이 각각에 주어졌다. 덕으로써 장점을 삼는 자는 대중으로부터 선발되고, 그리고 거기에 돌아가는 자도 또한 대중이다. 무릇 덕이라고 말한 것은 세상에서 말하는 덕이 아니다. 그것은 허공과 같아서 妄을 초월하고, 점차 생사를 벗어남으로써 天人師가 되는 사람에만 적용된다. 때문에 祖祖와 孫孫이 부처님을 계승한 사람이라 칭한다.

筠之望山, 曰新豊洞, 有佛刹, 曰普利禪院. 唐咸通中, 悟本大師, 始翦荊而居之. 悟本得心印於雲巖晟, 晟得於藥山儼, 儼得於石頭遷, 遷得於靑原思, 思得於曹溪能. 是爲六祖. 自釋迦如來, 二十七世, 而至達摩, 傳中國, 五世而至曹溪, 又五世而至悟本, 凡三十八世矣. 及悟本之卽世也, 得法於去者, 道全居中山, 師虔居靑林, 相續來嗣之. 悟本又傳曹山寂, 寂傳道延, 居鹿頭. 及師虔卒, 鹿頭又續之. 鹿頭延卒, 其門人惠敏襲之. 惠敏卒, 嗣和尙, 自淨業來繼之. 李氏稱國主也, 覺海國尊師, 啓大道場於金陵之報慈. 其嫡曰文坦, 被黃紙詔書, 賜號大沙門, 來統之. 雲門眞禪師之上足曰淸稟, 亦奉主命, 來後之. 稟卒而預章彦聞因之. 及彦聞而衰矣. 輒以院付其徒. 檀越不可, 及疏請九峰守詮紹之. 九峰, 亦本境之名藍也. 移法席, 至是山五年, 復爲廬山棲賢所請而去. 詮云曲江曉聰, 聰傳合淝自寶, 寶又傳曲江鑑遷, 繩繩興之. 寶師得法於黃梅. 聰與遷, 皆雲門之嗣孫. 自悟本主遷, 或絶或承, 凡十三代. 詮

至曹谿以來, 多居律寺, 雖別院, 然於說法住持, 未合規度故…"(四部叢刊本-14丁左)라고 되어 있다. [자료 3] 참조.
2) 禪은 德으로써 장점을 삼고=『傳燈錄』권6의 「禪門規式」에 "於是創意, 別立禪居. 凡具道眼有可尊之德者, 號曰長老."라고 되어 있다.

徒棲賢. 寳徙黃檗. 自聰已上, 皆終焉.

*雲岩曇晟=藥山惟儼(底), (四)는 誤記이다. *藥山惟儼=雲岩曇晟(底), (四)는 誤記이다. *七=九(底), (四)는 誤記로 보인다. *八=九(底), (四)는 誤記로 보인다. *師=道(底), (四)는 誤記로 보인다. *師=道(底), (四)는 誤記로 보인다. *慈=恩(底), (四)는 誤記로 보인다. *紙=紙(底), (四)는 誤記로 보인다. *棲=捷(底) 이하동일.

筠山을 가리켜 新豊洞이라고도 말한다.[3] 거기에 佛刹이 있는데 普利禪院[4]이라 말한다. 당 함통 연간(860~874)에 제1세인 悟本大師가 처음에 가시나무를 잘라내고 그곳에 머물렀다. 오본은 雲岩晟[5]에게서 心印의 法을 얻었고, 담성은 藥山儼[6]에게서 얻었으며, 유엄은 石頭遷[7]에게서 법을 얻었고, 희천은 靑原思[8]에게서 법을 얻었으며, 행사는 曹溪能[9]에게서 법을 얻었는데, 그것이 육대의 조사가 되었다. 釋迦如來로부

---

3) 筠山…=筠州는 宋의 寶慶 初에 瑞州로 개칭되었다. 瑞州는 高安縣·上高縣·新昌縣(宜豊縣)의 三縣으로 나뉘어져 있는데, 洞山은 신창현에 속한다. 新豊洞과 洞山은 동일한 지역이다. 다만 南唐은 保大 10년(952)에 洪州의 高安·淸江·萬載·上高의 四縣을 나누고 筠州를 두었다.
4) 普利禪院=寺名은 廣福寺, 功德禪師, 崇先降報禪師라고도 불렸지만, 宋初에는 普利禪院(寺)이라고 불렸다. 洞山普利禪寺를 洞山寺라고도 부른다.
5) 雲巖晟=雲巖(780~841), 강서성 鍾陵 建昌의 王氏로 태어났다. 藥山惟儼의 법사이다. 호남성 醴陵縣의 남쪽 65華里의 雲巖山에 주석하였다. 洞山良价의 스승이다. 會昌 원년 10월 27일에 시적하였다. 세수는 62세이고, 諡는 無住大師이다. 본서 제2장 제2절 참조.
6) 藥山儼=惟儼(744~827), 산서성 絳州 출신으로, 강서성 南康 新豊縣의 韓氏로 태어났다. 石頭希遷의 법사이다. 호남성 常德府 북쪽 80리의 藥山에서 활약하였다. 大和 원년 12월 6일에 시적하였다. 세수는 84세이고, 諡는 弘道大師이다.
7) 石頭遷=希遷(700~791), 광동성 端州 高安의 陳氏로 태어났다. 靑原行思의 법사이다. 南嶽의 石頭(南台寺)에서 활약하였고, 江西의 馬祖道一과 二甘露門이라 칭해졌다. 貞元 6년 12월 25일(양력 791년 2월 2일)에 시적하였다. 세수는 91세이고, 승랍은 63세이며, 諡는 無際大師이다.
8) 靑原思=行思(673~741), 강서성 廬陵의 劉氏로 태어났다. 六祖 慧能의 법사이다. 고향인 靑原山 靖(淨)居寺에서 활약하였다. 開元 28년 12월 13일(양력 741년 1월 4일)에 시적하였다. 세수는 68세이고, 諡는 弘濟禪師이다.
9) 曹溪能=慧能(638~713), 諡號는 大鑑禪師이다. 광동성 南海 新興縣의 盧氏로 태

터 27세로서 達磨에 이르러 법이 중국에 전해졌고, 5世로서 조계에 이르렀으며, 또 5세로서 법이 悟本에 이르렀기 때문에 무릇 38세가 된다. 오본의 당시에 이르러서 법을 얻은 자로서 제2세 道全은 中山에 주석하고, 제3세 師虔은 靑林에 주석하면서 서로 법을 계승하면서 오본을 이었다. 오본은 또 曹山本寂에게 법을 전하였고, 본적은 제4세 道延에게 법을 전하였는데 도연은 鹿頭에 주석하였다. 師虔의 입적에 이르러 녹두가 또 법을 이었다. 녹두도연의 입적에 이르러 그 문인 제5세 惠敏이 법을 이었다. 혜민이 입적하자 제6세 嗣和尙이 淨業으로부터 와서 법을 이었다. 李氏의 國主라 칭해진 사람이 覺海國尊師로 하여금 금릉의 報慈院에 대도량을 열도록 하였다. 그 嫡子는 제7세 文坦이었다. 황제로부터 詔書를 받아 大沙門이라는 호를 받고 찾아와서 법을 이었다. 운문광진선사의 上足으로 제8세 淸稟이 있었는데 또한 국주의 명을 받고 찾아와서 법을 이었다. 청품이 입적하자 預章의 제9세 諲聞이 법을 이었는데, 언문에 이르러 법이 쇠퇴하였다. 이에 곧 報慈院을 그 문도에게 법을 부촉하였는데, 단월이 不可하는 상소를 올리고는 제10세 九峰守詮을 초청하여 법을 잇게 하였다. 구봉도 또한 그 지역의 이름난 가람이었다. 이에 법석을 옮겨서 그 산에서 5년 동안 주석하였고, 다시 廬山의 棲賢寺로부터 초청받고 그곳으로 갔다. 守詮은 曲江 제11세 曉聰에게 법을 전하였고, 효총은 合淝의 제12세 自寶에게 법을 전하였으며, 자보는 또 곡강의 제13세 鑑遷에게 법을 전하여 대대로 심인의 법을 일으켰다. 自寶禪師가 법을 黃梅에게서 얻고 曉聰에게 바꾸어 전해 준 것은 모두 운문종의 嗣孫들이다. 오본으로부터 바뀐 것을 주인에게

어났다. 五祖 弘忍의 법사로서, 선종의 第六祖이다. 先天 2년 8월 3일에 시적하였다. 세수는 76세이다.

찾아주기까지 혹 단절되기도 하고 혹 계승되기도 하면서 무릇 13대가 되었다. 守詮은 棲賢으로 옮겼고, 自寶는 黃檗으로 옮겼다. 효총으로부터 이상은 모두 여기에서 끝난다.

悟本, 諱良价, 越州諸暨縣人. 姓俞氏. 年十二, 師事五洩. 二十一, 受具於嵩山睿律師. 慕南宗之學, 南遊江湘. 得雲巖而事之. 終其身畢喪而後去. 遇武宗之詔, 遂民服隱於箕州. 及宣皇御宇, 乃復僧. 儀南至高安之新豊洞. 邑豪雷衡之山也. 見其泉石幽奇, 乃曰, 此大乘所居之地. 言於雷氏, 雷氏施之. 初山多蛇虎, 師庵居一宿, 蛇虎盡去, 至今山無虎焉. 留居十八年, 名聲四傳, 來學者, 五百餘衆, 坐談立悟, 虛來實去者, 不可勝數. 名聞京師, 天子賜咸通廣福寺額, 并一鍾焉. 尋以咸通十年三月, 順世先期, 其日期至而去. 徒衆環泣. 師眼而復覺曰, 心無所依, 是眞修行. 何有悲喜, 勿驚吾也. 復命爲齋, 七日乃具. 師食訖, 沐浴安坐, 斂容而化. 葬于山之陽. 勅諡悟本大師, 塔曰惠覺之塔. 師能攻苦率衆, 衣無綵, 臥無褥, 無炉炭, 室無燭. 故後世以簡約相承焉. 集大乘經要一卷, 行于世.

*良=俍(底), (四)는 誤記이다. *新=所(底), (四)는 誤記이다. *名=없다(四). *先=光(底). *斂=歛(底) (四)는 誤記로 보인다. *于=於(四), 이하 동일.

[제1世] 오본대사는 휘가 良价이고, 越州 諸暨縣[10] 출신으로, 속성은 俞氏이다. 12세 때 五洩[11]에게 사사하였고, 21세 때 嵩山의 睿律師[12]에

---

10) 越州諸暨=절강성 會稽道 諸暨縣을 가리킨다.
11) 五洩=靈黙(747~818), 강소성 毘陵의 宣氏로 태어났다. 馬祖道一의 법사이다. 五洩(泄)山은 諸暨縣의 서쪽 50리에 있다. 元和 13년 3월 23일에 시적하였다. 세수는 72세이고, 승랍은 41세이다.
12) 崇山睿律師=전기는 미상이다. 崇山은 하남성 登封縣 북쪽 10리에 있는데, 五嶽

게 구족계를 받았다. 南宗의 學[13]을 숭모하여 남방의 江湘에서 유행하였다. 운암을 만나서 종신토록 그를 섬겼는데 마침내 탈상을 한 이후에 그곳을 떠났다. 武宗의 조칙[14]을 만나서 마침내 평복으로 갈아입고 箕州[15]에 숨어 살았다. 宣宗황제 御字에 이르러서[16] 이에 復僧하였다. 儀南[17]으로부터 高安[18]의 新豊洞에 이르렀다. 그곳은 邑豪인 雷衡[19] 소유의 산이었다. 그곳의 泉石이 그윽하고 기이함을 보고 말했다.

"이곳은 대승의 사람이 머물러야 할 땅이로구나." 이에 뇌형에게 말하니, 뇌형이 그 땅을 보시하였다. 처음에는 산에 뱀과 호랑이가 많았지만, 선사가 암자를 짓고 하룻밤을 머물자 뱀과 호랑이가 모두 사라졌는데, 오늘날에는 산에 호랑이가 없다. 그곳에 18년 동안 주석하자 명성이 사방에 퍼졌다. 찾아오는 납자들이 오백여 대중이 되었는데, 앉아서 법담을 나누고 서서 깨쳤으며, 빈손으로 왔다가 깨침을 얻어서 돌아간 사람이 헤아릴 수 없었다. 그 명성이 경사에까지 들려 천자께서 咸通廣福寺라는 사액을 내리고, 아울러 鍾 하나를 내려 주었다.

이어서 함통 10년(869) 3월에 順世할 시기를 미리 예언하였는데, 그 날로 기한이 되자 입적하였다. 대중이 모두 울자, 선사가 조용히 다시

의 하나로서 선종의 개조인 達磨의 도량으로 알려져 있다.
13) 南宗의 學=『宋傳』 권10의 遺則의 전기에 육조 혜능을 배우는 사람을 南宗學이라고 하였는데, 여기에서는 선종을 가리킨다.
14) 武宗의 조칙=會昌 2년(842)부터 시작된 무종의 파불운동을 가리킨다. 특히 철저한 파불이 이루어진 회창 4년 및 5년의 조칙을 가리킨다.
15) 箕州=산서성 冀寧縣 道遼縣을 가리킨다.
16) 宣宗皇帝 御字에 이르러서=회창 6년 3월 23일에 무종이 붕어하고, 宣宗이 3월 26일에 즉위하였다. 大中 원년(847) 윤 3월에는 불교 부흥의 조칙이 내려졌다.
17) 儀南=儀州는 산서성 冀寧縣 道遼縣을 가리킨다.
18) 高安=瑞州 高安縣으로서 洞山의 장소로 말하자면 宜豊縣이라고 말하는 것이 정확하다.
19) 雷衡 전기는 미상이다. 新豊洞의 소유자였다는 것은 모든 자료가 전하고 있다. 『新昌縣志』 권6에 그 子孫의 전기를 기록하고 있다.

깨어나서 말했다. "마음에 의지하는 것이 없어야 곧 진정한 수행이다. 그런데 어찌 슬퍼하고 기뻐하는가. 나를 놀래키지 말라."

그리고는 다시 재를 준비하도록 명했다. 7일이 다 되자 선사는 공양을 마치고, 목욕을 하고, 편안하게 앉아서 조용한 모습으로 천화하였다. 산의 양지뜸에 장례지냈다. 칙명을 내려서 시호는 悟本大師라 하였고 탑호는 惠覺之塔[20]이라 하였다. 선사는 정성을 다하여 대중을 거느렸고, 옷은 비단이 없었으며, 와구는 담요가 없었고, 화로에는 숯이 없었으며, 조실에는 촛불도 없었다. 때문에 후세의 사람들에게 간소함과 검약을 잇게 해 주었다. 『大乘經要』1권을[21] 편집하였는데 세상에 유행되었다.

中山全, 姓宣氏, 常州人, 以其嘗居雋水之中山, 故號中山和尙. 中和二年, 鎭南節度使鍾傳, 實召以來. 景福二年, 避寇於分寧, 制置戴尙書, 迎居龍安院. 明年, 坐亡於龍安, 歸葬寺之東.

[제2世] 中山全[22]의 속성은 宣氏이고, 常州[23] 출신이다. 일찍이 雋水의 中山[24]에서 거주하였기 때문에 中山和尙이라고 불렸다. 中和 2년(882)에 鎭南節度使 鍾傳[25]이 성심을 기울여서 초청하여 모셔 왔다. 景福 2

---

20) 惠覺之塔=현존한다. 駒澤大學內第三次中國佛教史蹟參觀團 編, 『中國佛蹟見聞記』제3집(1982년 8월)
21) 『大乘經要』1권=현재 전해지지 않는다. 『新唐書文藝志』에 그 이름이 보인다.
22) 中山全=道全(?~894), 이 전기가 가장 상세하다. 洞山良价의 법사이다.
23) 常州=강소성 蘇常道 武進縣을 가리킨다.
24) 雋水의 中山=호북성 江漢道 通城縣의 사찰이다. 『祖堂集』권8에도 中山和尙이라고 되어 있다.
25) 鎭南節度使 鍾傳=鍾傳(?~906), 강서성 洪州 高安 출신이다. 中和 2년(882) 5월 江西觀察使 高茂卿을 축출하고, 그해 7월에 鎭南節度使에 제수되었다. 후에 南

년(893)에 도적떼를 피하여 分寧$^{26)}$으로 갔다. 制置戴尙書$^{27)}$가 맞이하여 龍安院$^{28)}$에 주석하도록 하였다. 이듬해(894) 龍安院에서 坐亡하였다. 사찰의 동쪽에 장례지냈다.

靑林虔, 姓陳氏, 杭州餘杭人. 初謁悟本. 悟本曰, 此子向後走殺天下人. 虔*初抵南鄭, 遇賊巢之亂. 駕幸梁洋. 時有中貴人姓第五者, 見師瞻視良久曰, 此是法王, 非同龍象也. 自漢東之靑林, 亦鍾鎭南召之. 天祐元年, 滅度 門人錄其語三百, 節爲玄機示誨集.

　　*虔=廣(底), (四)는 誤記로 보인다.

[제3世] 靑林虔$^{29)}$의 속성은 陳氏이고, 杭州 餘杭$^{30)}$ 출신이다. 처음에 오본대사를 참문하였다. 오본이 말했다. "이 아이는 향후에 천하의 사람들을 짓밟아 버릴 것이다." 사건이 처음으로 南鄭$^{31)}$에 이르렀는데, 그곳에서 도적 黃巢의 반란$^{32)}$을 만났다. 梁陽으로 御駕가 행차했다.$^{33)}$ 그때 中貴人의 아들로서 다섯째가 되는 사람$^{34)}$이 있었는데, 선사를 보

　　平王이 되었다. 天祐 3년에 죽었다. 『新唐書』권190에 그 전기가 전한다.
26) 分寧=서성 潯陽道 修水縣을 가리킨다. 분녕현은 貞元 16년(800) 2월에 설치되었다.
27) 制置戴尙書=미상이다. 혹은 戴思遠(?~935)일지도 모른다.
28) 龍安院=이후의 兜率寺를 가리키는 것으로 보인다.
29) 靑林虔=師虔(?~904), 洞山良价의 법사이다. 小靑林蘭若는 호북성 江漢道 隨州 土門에 있다. 漢東郡은 호북성 隨縣을 가리킨다.
30) 杭州 餘杭=절강성 錢唐道 餘杭縣을 가리킨다.
31) 南鄭=협서성 漢中道 南鄭縣을 가리킨다.
32) 賊巢의 亂=黃巢(?~884)가 乾府 2년(875)에 일으킨 반란이다. 長安에 대한 공격은 廣明 원년(880)이었다.
33) 梁陽으로 御駕가 행차했다.=梁州는 협서성 南鄭縣이다. 僖宗이 同地興院에 도달한 것은 880년 12월 18일이다.
34) 다섯째가 되는 사람=미상이다. 第五 琦의 자손을 가리키는 것으로 보인다.

고 우러러보며 良久하고 말했다. "이분은 법왕이시다. 龍象과 같을 수가 없다." 漢東의 靑林으로부터 또한 鍾鎭南이 선사를 초청하였다. 天祐 원년(904)에 멸도하였다. 문인이 선사의 법어 300개를 기록하고, 선별하여 『玄機示誨集』[35]이라 하였다.

鹿頭延. 姓劉氏. 福州長樂人. 江南武義二年, 自鹿頭至, 凡三年而示寂. 全身瘞于寺南. 賜諡洪果大師, 塔曰惠光之塔.

[제4世] 鹿頭延[36]의 속성은 劉氏이고, 福州 長樂[37] 출신이다. 강남의 武義 2년(920)에 鹿頭로부터 그곳에 이르러 무릇 3년을 지내고 시적하였다. 全身을 사찰의 남쪽에 모셨다. 洪果大師라는 시호를 받았고 탑은 惠光之塔이다.

敏. 姓李氏. 蜀之華陽人. 從洪果來, 及其終而代焉. 保大六年遷化.

[제5世] 敏[38]의 속성은 李氏이고, 蜀의 華陽[39] 출신이다. 洪果禪師를 隨行하였는데, 홍과선사가 입적하자 뒤를 이었다. 保大 6년(948)에 천화하였다.

---

35) 『玄機示誨集』=현재는 전하지 않는다.
36) 鹿頭延=道延(?~922), 曹山本寂의 법사이다. 鹿頭는 호남성 衡陽道 桂陽縣의 동쪽 산을 가리키는 것으로 보인다.
37) 福州 長樂=복건성 閩海道 長樂縣을 가리킨다.
38) 敏=惠敏(?~948), 洞山道延의 법사이다. 『嘉泰普燈錄』 권1에 의하면, 隆興府 鳳棲 同安院에 처음 주석하였다.
39) 華陽=사천성 西川道 華陽縣을 가리킨다.

嗣. 姓周氏. 同郡高安人. 金陵召見. 深加信重. 乾德二年順寂. 塔于惠光之北.

[제6世] 嗣⁴⁰⁾의 속성은 周氏로서, 同郡의 高安 출신이다. 金陵이 초청하여 모시면서 깊은 심심을 기울였다. 乾德 2년(964)에 順寂하였다. 惠光의 북쪽에 탑을 모셨다.

坦. 姓吳氏. 建州建陽人. 李主以其國命命之. 凡四年而終.

[제7世] 坦⁴¹⁾의 속성은 吳氏이고, 建州 建陽⁴²⁾ 출신이다. 李主⁴³⁾는 國命으로 선사를 임명하였다. 무릇 4년 만에 시적하였다.

稟. 姓李氏. 泉州仙遊人. 李主召入澄心堂. 集諸方語要. 凡十年. 又俾來繼坦焉.

---

40) 嗣=嗣(?~964), 그 밖에는 전기가 없고, 미상의 부분만 보인다.
41) 坦=文坦, 그 밖에 전기가 없다. 스승은 '覺海國尊師'라고 하므로 法眼文益의 법사인 金陵의 報慈文遂가 雷音覺海大導師라고 불렸으므로 文遂를 가리킨다.『景德傳燈錄』권25에는 "乾德 2년(964)에 國主가 道延을 맞이하여 長慶에 머물게 하고, 淸涼을 계승하여 報慈大道場을 잇도록 하였다."라고 되어 있다. 다만 법안 문익의 법사인 玄覺導師行言의 경우에도『景德傳燈錄』권25에 "강남의 국주가 새로 보자대도량을 건립하고 선사에게 명하여 크게 宗猷를 천양시켰다. 법회에 모여든 사람이 2천여 대중이었다. 이에 특별히 導師라는 號를 내렸다."라고 되어 있으므로, 行言일 가능성도 있다. 강남의 國主에 대해서는 아래 주석 43)의 李主를 참조.
42) 建州 建陽=복건성 建州道 建陽縣을 가리킨다.
43) 李主=南唐의 第三主 李煜(937~978)으로 961~975년에 재위하였다. 李景의 여섯째 아들로서 江南의 國主라 칭해졌다. 太平興國 3년 7월 8일에 죽었다. 세수는 42세이다.『宋史』권478 ;『十國春秋』권17에 그 전기가 전한다.

[제8세] 槀⁴⁴⁾의 속성은 李氏이고, 泉州 仙遊⁴⁵⁾ 출신이다. 李主가 초청하여 澄心堂에 머물도록 하고, 제방의 語要을 모으도록 하였다. 무릇 10년을 머무르자 다시 사람들이 찾아와서 坦을 계승하였다.

彦聞, 以疾而間其位, 故衰 凡三年而卒.

[제9세] 彦聞⁴⁶⁾은 질병으로 주지의 지위를 그만두었는데, 그로 인하여 쇠퇴하였다. 무릇 3년 만에 시적하였다.

詮, 金陵人. 自九峰來, 居五年, 大壯其棟宇而新之. 旣赴棲賢之請, 以首座聰, 囑檀那及其衆. 衆從之, 請於州, 州從之.

[제10세] 詮⁴⁷⁾은 金陵 출신이다. 九峰⁴⁸⁾으로부터 와서 5년 동안 주석하면서, 그 가람을 크게 장엄하고 새롭게 하였다. 이후에 棲賢⁴⁹⁾으로 초청되어 나아가서 首座인 聰에게 檀那 및 대중을 부촉하였다. 대중이 부촉을 따라서 州에 청하자, 州가 그것을 따랐다.

---

44) 槀=淸槀, 雲門文偃의 법사이다. 『景德傳燈錄』 권23에 그 전기가 전한다. 그 語要를 『禪林僧寶傳』 권14에서는 『澄心堂錄』이라 부르고 있다.
45) 泉州 仙遊=복건성 廈門道 仙遊縣을 가리킨다.
46) 彦聞=전기는 미상이다.
47) 詮=義詮으로, 守는 誤記로 보인다. 保福從展의 법손인 歸宗道詮(930~986)의 법사이다.
48) 九峰=上高縣의 서쪽 50리에 있다. 鍾傳의 古宅을 사찰로 삼은 것으로 九峰崇福寺라 불린다.
49) 棲賢=廬山 星子縣 五老峰 아래에 있다. 李渤이 隱棲하며 讀書했던 곳으로서 歸宗智常의 개당한 터전이기도 하다.

聰, 姓杜氏. 大中祥符三年, 實應是命. 於山之東北, 手植松可萬株. 凡植一株, 坐誦金剛經一卷. 常自稱栽松比丘. 今號其地, 爲金剛嶺云. 聰臨而讓寶, 如之聰始. 聰之終也, 遺誡於其衆, 無服衰絰, 哭泣弔慰, 一切絶之. 其寺之再興也, 詮始緝之, 聰又能經緯, 至寶而紀綱大備焉.

*植=植(底).

[제11世] 聰[50]의 속성은 杜氏이다. 大中祥符 3년(1010)에 실로 그 명을 따랐다. 산의 동북쪽에다 손수 소나무를 심었는데, 만 그루 정도였다. 한 그루를 심을 때마다 그 자리에 앉아서 『금강경』 1권을 독송하였다. 항상 栽松比丘라 자칭하였다. 지금까지도 그 지역을 金剛嶺이라고 부른다. 曉聰은 주지의 임종에 이르러 寶에게 양보하였는데, 효총이 처음 시작했을 때와 같았다. 효총은 임종에 그 대중에게 遺誡를 내렸다. "삼베옷을 입지 말라. 哭泣도 하지 말고, 조문도 일절 받지 말라." 그 사찰이 再興된 것은 義詮이 처음에 그것을 계승하였고, 曉聰이 또한 잘 경영하였으며, 自寶에 이르러 기강이 크게 갖추어졌다.

寶, 姓吳氏. 開堂十六年, 未嘗出院門. 自江湖之南, 及嶺之南二十餘州, 聞其名者, 歲奉錢共數十萬, 以供其堂. 其爲人信向如此. 亦種杉萬株, 皆修自培壅. 同郡有黃檗山某院. 唐裵丞相休之功德院也. 歲入豊, 而主者, 侵牟之, 衆食不足. 思有德者, 爲之長. 景祐四年, 自太守而下列名, 請其行. 又俾其自擇人. 而付之得遷焉. 居黃檗, 未十日, 四方至者, 僅百人. 蓋其道可師者邪.

---

50) 聰=曉聰(?~1030), 광동성 韶州 曲江 출신이다. 운문종의 文殊應眞으로부터 사법하였다. 天聖 8년 6월 14일에 시적하였다. 『禪林僧寶傳』 권11에 그 전기가 전한다.

[자료 1] 筠州洞山普利禪院傳法記 547

[제12世] 寶[51]의 속성은 吳氏이다. 開堂하여 16년이 되도록 일찍이 사찰의 문을 나가지 않았다. 江湖의 남쪽으로부터 嶺의 남쪽에 이르기까지 20여 개의 州에서 그 명성을 들은 사람은 매년 금전을 바쳤는데 모두 수십만 냥이었고, 그것으로 승당을 공양하였다. 선사를 위한 사람들의 신심이 이와 같았다. 또한 삼나무 만 그루를 심었는데, 모두가 자발적으로 가꾸는가 하면 또 벌목하였다. 同郡에 黃檗山 某院[52]이 있었다. 唐의 裴丞相休[53]의 功德院이다. 세입이 풍부했지만 주관하는 사람이 그것을 잠식하여 대중의 식량이 부족하였다. 이에 有德한 사람을 생각하여 그를 長으로 삼으려고 하였다. 景祐 4년(1037)에 태수한테서 이하 이름을 나열하고, 그 행위를 여쭈며, 또한 그것을 바탕으로 스스로 사람을 선택하도록 명을 받았다. 그리하여 선사가 그 부촉을 받아 자리를 옮겼다. 이에 황벽에 머문 지 열흘도 지나지 않았는데, 사방에서 모여드는 사람이 거의 백여 명에 이르렀다. 무릇 그 道가 선사였기 때문에 가능했던 것이다.

遷. 姓某氏. 亦能守寶之規. 而不敢加焉.

---

51) 寶=自寶(978~1054), 안휘성 廬州 合肥 출신으로 속성은 吳氏이다. 黃梅 곧 운문종 五祖師戒의 법사이다. 洞山·黃檗山·廬山歸宗禪院에 주석하였다. 賜號는 妙圓大師이다. 至和 원년 11월 1일에 시적하였다. 세수는 77세이고, 승랍은 51세이다. 余靖 撰, 「廬山歸宗禪院妙圓 大師塔銘」(『武溪集』 권7)에 그 전기가 전한다.
52) 黃檗山 某院=新昌縣의 서쪽 100리에 있고, 唐代에는 廣唐寺·靈鷲寺라고도 불렸는데, 紹興 7년(1139)에 報恩光孝禪寺라는 사액을 받았다. 臨濟義玄의 스승인 黃檗希運이 개창한 사찰이다.
53) 裴丞相休=裴休(790?~860?), 字는 公美이다. 하남성 河內 濟源 출신이다. 父는 肅이다. 會昌 2년(842)에 鍾陵觀察使, 大中 2년(848)에 宛陵觀察使가 되었다. 大中 6년(852)에 재상이 되었고, 大中 10년(856)에 파직되었다. 咸通 연간에 죽었다. 세수는 74세이다. 『舊唐書』 권177; 『新唐書』 권182에 그 전기가 전한다.

[제13世] 遷[54)]의 속성은 某氏이다. 또한 自寶의 규범을 잘 준수하였지만, 감히 여기에 더하지는 않겠다.

某, 上書失職, 來是郡, 得其傳法之次叙而記之. 景祐五年, 龍集戊寅, 正月日記.

某(나 余靖)는 上書 때문에 실직하고 여기 고을로 내려왔다. 때문에 그 전법의 次叙를 얻어서 그것을 기록하였다. 景祐 5년(1038) 龍集 무인년 正月日에 기록하다.

---

54) 遷=鑑遷, 광동성 曲江 출신이다. 妙圓自寶의 법사이다.

[자료 2] 雲居山重修眞如禪院碑記

(1) 岑學呂 重編 :『雲居山志』권7(「中國佛寺史志彙刊』第二輯 所收, 民國年間香港排印本)(약호 : 底).
(2) 陳惟淸 : 閔芳言 等編 : 同治 10(1871) 刊『建昌縣志』권2(東洋文庫所藏)(약호 : 建).

雲居山重修眞如禪院碑記* 晏殊

山嶽配天, 廬阜標其秀, 江湖紀地, 彭蠡擅其雄. 盤址崔嵬, 層淵秘邃. 中畵郡國, 外羅邑居. 靈眞之所迴翔, 川途之所衝要. 寬柔有敎, 世號南方之强. 戒施俱修, 俗虔西竺之化. 繇是苾蒭淨侶, 霧集乎郊坰, 麗跂仁祠, 棋分於都鄙.

*雲居山=없다(建). *記=銘(建). *晏=宋晏(建). *有=以(建). *竺=竹(建). *繇=由(建), 이하 동일. *蒭=蒭(底).

·[撰者] : 晏殊(991~1055). 字는 同叔이고, 諡는 元獻이다. 강서성 撫州 臨川 출신이다. 증조부는 延昌이고, 조부는 郜이며 父는 固이고, 母는 吳氏며, 妻는 李氏와 孟氏와 王氏이다. 景德 원년(1004)에 神童으로 추천되어 眞宗에게 부름을 받고 同進士出身(第三甲의 자격을 가리킨다)을 하사받았다. 左正言 및 直史館을 거쳐 翰林學士가 되었다. 본「雲居山重修眞如禪院碑記」는 그 무렵에 찬술되었다. 乾興 원년(1022)에 右諫議大夫兼侍讀學士에 제수되었고, 康定 원년(1040)에 知樞密院事가 되었다. 慶曆 2년(1042) 同平章事에 제수되고 재상이 되었다. 至和 2년 1월 28일에 죽었다. 세수는 65세이다.『晏元獻遺文』1권이 있다.『宋史』권311에 歐陽修가 찬술한「晏公神道碑銘」(『文忠公集』권22)에 그 전기가 전한다.

운거산 중수진여선원 비기. 晏殊가 쓰다.

山嶽은 하늘과 짝하는데 廬阜[1]는 그 빼어남을 표시하고, 江湖는 땅을 기록하는데 彭蠡[2]는 그 雄姿함을 제멋대로 만든다. 분지의 형태이면서 높고 넓으며, 계단 같은 연못처럼 깊숙이 감추어져 있다. 그 가운데 郡國을 마련한 것처럼 밖으로는 邑居가 나열되어 있다. 그래서 신령함과 깨침을 머물게 하는 곳이면서, 또한 하천과 도로의 요충지이다. 너그러움과 유순함으로 가르치니 세간에서는 남방의 강성한 지역으로 불리며, 계율과 보시를 함께 닦으니 세간에서는 천축의 化導처럼 존경하였다. 그로 말미암아 비구와 납자들이 안개처럼 郊垌에 모여들었고, 아름다운 가람들이 바둑판처럼 도회지와 시골에 분포되었다.

雲居山者, 建昌之勝境也. 前控漳水, 左界廬峰. 崇巒隱其造天, 複岫森其蔽日. 外壁立以千仞, 中坦然而一方. 油雲郁紛, 陽林以之晝暝, 積雪凝冱, 陰谷於焉夏寒. 眞如禪院者, 玆山之淨土也. 枕倚岩嶢, 盤據平敞. 超彼色界, 屹如化城. 煥百寶之莊嚴, 压萬景之明滅. 香花襞積, 十善之人是依, 象馬紛紜, 六和之衆收集.

*建昌=玆山(底). *漳=章(建). *暝=瞑(建). *雪=雲(建). *積=幘(建).

운거산은 建昌[3]의 빼어난 경관을 지닌 곳이다. 앞에는 漳水가 가로지르고 왼쪽으로는 廬峰이 있다. 높은 뫼는 하늘로 이르는 길을 감추어두고, 겹겹의 산굴은 햇살을 가릴 정도다. 밖으로는 천 길의 절벽이 있지만, 가운데는 평탄한 지역이 있다. 넘실거리는 구름은 더욱 부산하고, 햇살이 드는 숲은 대낮인데도 어둑하며, 쌓인 눈은 엉겨붙어 얼어

---

1) 廬阜=강서성에 있는 廬山을 가리킨다.
2) 彭蠡=鄱陽湖를 가리킨다.
3) 建昌=강서성 南康府 建昌縣의 서남쪽 30리에 있다.

있고, 그늘진 계곡은 여름에도 싸늘하다. 진여선원은 그 산이 곧 정토이다. 베개를 높이 의지하고 반상을 넓게 의거한다. 저 색계를 초월하여 우뚝 솟은 것이 마치 化城과 같고, 온갖 보배로 장엄함을 비추니 온갖 경관이 드러나고 사라짐을 압도하며, 향과 꽃을 켜켜이 쌓으니 十善의 사람은 그것에 의지하고, 코끼리와 말은 시끄럽고 떠들썩하게 六和의 대중을 거두어 모은다.

其始也, 唐元和中, 有高僧道容, 渡杯游方, 頓錫茲地*. 少林隻履, 旣謀於定居, 祇園給金*, 乃兆乎締構. 容師去世, 其徒全慶, 全誨, 續而住持. 譬如爲山, 一簣之功*, 不止起於纍土, 九層之業以成. 影像倏其云亡, 軌躅淪其莫嗣*.

*茲=此(建). *給=側(底). *如=없다(底). *功=功(建). *淪=掄(建).

그(진여선원의) 시작은 唐의 元和 연간(806~820)에 고승인 道容[4]이라는 사람이 찻잔을 타고 물을 건너고 제방을 유행하다가 문득 이 지역에 머물렀다. 少林의 隻履[5]의 경우에도 이미 거처를 정하였고, 祇園의 給金[6]의 경우에도 이에 사찰을 건립한 조짐이었다. 도용스님이 입적하자 그 제자인 全慶과 全誨가 계승하여 그곳에 주지를 하였다. 비유하면 산을 만드는 경우처럼 한 삼태기의 노력은 단지 흙 쌓기를 돋우는 것뿐만 아니라 구층의 업을 성취하는 것이다. 그러나 影像이 곧장 없어진다고 말하면, 그 자취도 따라서 계승됨이 없어지고 만다.

---

4) 道容=道容과 그 제자인 全慶 및 全誨에 대해서는 미상이다.
5) 少林의 隻履=선종의 초조인 보리달마가 숭산 소림사에 한 짝의 신발을 남겨 두고 인도로 돌아갔다는 일화이다. 선종이 뿌리내렸음을 가리킨다.
6) 祇園의 給金=須達長者가 祇陀太子의 園林을 석존에게 보시한 祇園精舍의 일화를 말한다. 수행자의 집단이 성립되었음을 가리킨다.

中和歲, 道膺禪師者, 得洞山之密契, 爲南宗之偉人. 始居廬陵, 化道彌盛. 將赴貴池之勤請, 適屆豫章之大藩. 時南平王鍾傳, 素仰道風, 方持戒律, 攝衣延見, 虛左相待. 亦旣接彌天之妙辨, 且欲駐出世之高蹤. 會此邑人, 與本院僧徒等, 詣府抗辭, 請揚眞諦. 南平卽日欣然許之. 黑白歡迎, 人天景從. 登獅子之座, 撫納衆生, 宣海潮之音, 開導群品. 南平於是奏賜額曰龍昌禪院. 津梁大闢, 星紀載更. 將示民於有終, 俄與物而共盡. 南平叙其遺懿, 聞於帝庭, 詔諡曰弘覺大師.

　*王鍾=鍾王은 誤記로 보인다(底)(建). *傳=傅(底). *獅=師(底). *弘=宏(建).

中和 연간(881~885)에 제1세인 道膺禪師[7]는 동산양개의 密契를 얻어서 남종의 뛰어난 인물이 되었다. 처음에 廬陵[8]에 주석하였는데 그 化道가 크게 번성하였다. 장차 貴池[9]의 勤請을 받고 가는 길에 우연히 豫章의 大藩에 이르렀다. 당시에 南平王 鍾傳[10]은 본래 道風을 숭모하여 진실로 계율을 지녔는데, 옷을 걷어붙이고 불러들여 친견하였으며, 왼쪽 자리를 비워 두고 우대하였다. 또한 이미 천하에 소문난 미묘한 언변을 접하고 있었기에 일찍이 세간을 벗어난 고상한 행적을 머물러 두게 하려고 했다. 고을 사람들이 本院의 승도들과 함께 府에 나아가서 사양하지 말고 眞諦를 거양해 줄 것을 청하였다. 남평왕이 그날로 흔연히 허락하였다. 출가 및 재가인이 환영하였고, 인간과 천상이 그림자처럼 따랐다. 사자좌에 올라서 중생을 위무하고 받아들여 海潮音을 연설

---

7) 道膺禪師 道膺(828?~902), 하북성 蓟門 玉田의 王氏로 태어났다. 洞山良价의 법사이다. 天復 2년 1월 3일에 시적하였다. 시호는 弘覺大師이다.
8) 廬陵=강서성 廬陵道 淦水縣 동쪽 50리에 있는 三峰山을 가리킨다.『禪林僧寶傳』권9 道簡章에 三峰山 시대 山神의 이야기가 전한다.
9) 貴池=안휘성 蕪湖道 貴池縣으로서 南泉山을 가리키는 것으로 보인다.
10) 南平王 鍾傳=[자료 1]의 주석 25) 참조.

[자료 2] 雲居山重修眞如禪院碑記　553

하고 중생을 開導하였다. 이에 남평왕이 주청하여 龍昌禪院이라는 사액을 받아 냈다. 나루와 다리가 크게 열리고 星紀가 다시 기록되었다. 장차 사람들에게 끝이 있음을 보여 주기 위하여 갑자기 모든 재물을 베풀어 주었다. 남평왕은 선사가 남긴 아름다운 뜻을 기록하여 帝庭에 상주하자 조칙으로 弘覺大師라는 시호를 내렸다.

繼師之化者曰道簡, 繼簡曰道昌, 繼昌曰懷嶽, 繼嶽曰德緣[*], 繼緣[*]曰懷滿, 繼滿曰智深[*], 繼深曰淸錫, 繼錫曰義能, 繼能曰義德. 一燈是續, 十代于玆.

　*緣=綠(建). *緣=綠(建). *智=志(建).

　선사의 교화를 계승한 사람은 제2세 道簡[11]이고, 도간을 계승한 사람은 제3세 道昌[12]이며, 도창을 계승한 사람은 제4세 懷嶽[13]이고, 회악을 계승한 사람은 제5세 德緣[14]이며, 덕연을 계승한 사람은 제6세 懷滿[15]이고, 회만을 계승한 사람은 제7세 智深[16]이고, 지심을 계승한 사람은 제8세 淸錫[17]이며, 청석을 계승한 사람은 제9세 義能[18]이고, 의능을 계승한 사람은 제10세 義德[19]이다. 선사의 一燈이 계속되어 이처럼

---

11) 道簡=하북성 范陽 출신으로 雲居道膺의 법사이다. 諡號는 昭化禪師이다.『禪林僧寶傳』권9에 그 전기가 전한다.
12) 道昌=운거도응의 법사이다.
13) 懷嶽=운거도응의 법사이다.
14) 德緣=『景德傳燈錄』권23에는 住緣으로 기록되어 있다. 雲居懷嶽의 법사이다.
15) 懷滿=『景德傳燈錄』권23에는 住滿으로 기록되어 있다. 雲居懷嶽의 법사이다.
16) 智深=『雲居山志』권3에는 雲居懷滿의 법사로 기록되어 있다.
17) 淸錫=복건성 泉州 출신으로, 法眼文益의 법사이다. 강서성 吉安府 龍須山 廣平院에 처음 주석하였고, 운거산으로 옮겼으며, 후에 泉州에 西明院에 주석하였다.
18) 義能=法眼宗 報慈行言의 법사이다.
19) 義德=『雲居山志』권3에 의하면 雲居義能의 법사이다.

10대가 되었다.

旣而世變風移, 人亡政息. 雖靈光之制, 巋然獨存, 而瞿相之賓, 去者過半. 禪枝摧其落蔭, 覺路浩其陽塵. 時道齊禪師, 居洪井之雙林, 傳法燈之要旨. 梯航所會, 逖邇爭趣. 僧衆等越境致恭. 願移法席. 師亦牢讓不獲. 濡足來曁. 憑五衍之軾, 正道有歸, 航六度之舟, 迷津嚮府. 聽一音者, 如聆韶箾之韻, 翕純而自怡, 霑一雨者, 如沐睢澳之流, 藻繢而增麗. 鴻蔭旣廣, 勝幡旣陽. 復歸其眞, 無恒不化.

*揚=陽(建). *牢=卑(建). *濡=儒(建). *度=渡(建). *嚮=響(建). *繢=繪(建). *眞=貞(建). *恒=坦(建).

이미 세대가 변하면 선풍도 달라지고, 사람이 죽으면 정치도 그친다. 훌륭한 제도가 우뚝하게 홀로 남아 있을지라도 瞿相의 손님 가운데 떠나간 자가 반을 넘었다. 禪枝에 대해서는 落蔭을 억제하였고, 覺路에 대해서는 그 陽塵을 넓혔다. 당시에 제11세인 道齊禪師[20]는 洪井의 雙林[21]에 주석하면서 法燈[22]의 요지를 전승하였다. 그러자 산을 넘고 물을 건너서 모이는 곳이 되어 멀리서도 사람들이 다투어 모여들었다. 僧衆이 모두 지역을 넘어서 공경하여 법석을 옮길 것을 원하였다. 선사도

---

20) 道齊禪師=道齊(929~997), 강서성 南昌의 金氏로 태어났다. 法眼宗 淸凉泰欽의 법사이다. 筠州高安의 東禪院에 주석하였다가, 南昌의 幽谷山으로 옮겼다. 이후 만년에 20년 동안 운거산에 주석하였다.至道 3년 9월 8일에 시적하였다. 세수는 69세이고, 승랍은 48세이다.『禪林僧寶傳』권7에 전기가 전한다.
21) 洪井의 雙林=강서성 南昌府 靖安縣의 북쪽 5리에 있는 幽谷山 雙林院을 가리킨다.
22) 法燈=法燈禪師 淸凉泰欽(?~974)으로서, 하북성 魏府 출신이다. 법안문익의 법사이다. 洪州 幽谷山 雙林院에 주석하였다가, 金陵의 龍光院을 거쳐서, 금릉의 淸凉院으로 옮겼다. 開寶 7년 6월 24일에 시적하였다.

또한 굳이 사양할 수만은 없어서 발을 적시면서 함께 옮겼다. 五乘(五
衍)의 수레에 의지하여 正道로 돌아가서 육바라밀의 배를 타고 미혹한
나룻터를 향해 갔다. 선사의 一音의 설법을 들은 사람은 韶箭이라는
음악을 들은 것과 같이 마치 일제히 스스로 편안해지고, 선사의 一雨
의 설법에 젖어든 사람은 睢渙의 흐름에 목욕하는 것과 같이 쏟아 내
는 말씀이 유려하고 깊었다. 큰 그늘을 넓게 펴고 훌륭한 번을 드날렸
다. 그처럼 진리에 복귀하니 놀라워 교화되지 않는 사람이 없었다.

*瞿相 : 上古時代 유명한 재상 이름이다. 공자가 瞿相의 圃에서 활을 쏘는데 구경
하는 사람이 많았다. 공자가 子路를 시켜서 "敗軍한 장수와 나라 망친 大夫는 여기
에 들어오지 말라."고 하니, 떠나가는 자가 반이요, 들어오는 자가 반이었다. 또 公
罔之裘를 시켜서 "젊을 때에 효도하며 공경하고 늙어서 예를 좋아하는 자가 있는
가." 하니 공망지구가 돌아와서 "가는 자가 반이요, 있는 자가 반이었다." 하였다.

今禪師契環, 實奉遺旨, 紹宣法輪, 環禪師, 智乃出家之雄, 心存接物之
志. 佩菩提之密印, 悟佛上乘, 傳達摩之信依, 仍當世嬪, 眞風一闡, 名
流四臻. 提唱叢林, 作歸究之所, 宣揚義海, 無戲論之譏. 銹是三江繁會
之區, 比屋富饒之俗, 傾依大士, 想像能仁, 修飾伽藍, 期追二梵之福,
喜捨珍藏, 靡悋萬金之材. 度木也, 取徂松甫柏之良, 擇匠焉, 得班輪王
爾之妙. 萃之以日力, 鳩之以歲功. 卽舊以謀新, 其規益壯, 因高而俯下,
其制增嚴. 斤斧揮風, 筌繩揆景. 丹梁畵拱, 矗虹蜺之蜿蜒, 縹瓦朱簷,
爍駕鳳之騰跂. 髼彤煥爛, 琳碧精熒. 廣廈重深, 坐迷於涼燠, 淸院窈
篠, 倏變於朝昏.

*今=金(建). *紹=詔(建). *志=念(建). *眞=貞(建). *究=救(底). *論=渝(建). *蜒=蜓
(底). *精=靑(建). *廈=夏(建). *院=阬(底).

지금의 선사로 계시는 제12세 契環[23]은 실로 선사의 유지를 받들고 계승하여 법륜을 펼쳤다. 계환선사는 지혜가 이에 출가자의 영웅에 이르렀고, 마음은 중생교화의 뜻에 두었다. 보리의 密印을 꿰차고 佛上乘을 깨달았으며, 달마의 信衣를 전승하여 곧 당세의 嫡子이다. 眞風을 크게 드날려서 이름을 사방에 떨쳤다. 총림을 제창하여 결국 그것이 이루어졌고, 義海를 선양하여 희론의 비방을 없앴다. 이로부터 三江이 빈번하게 모이는 장소가 되어 比屋과 富饒의 세속에서는 사대부들이 의지하게 되어 能仁을 상상하여 가람을 구축하여 색계의 범중천과 범보천의 복덕을 기원하기 위하여 珍藏을 희사하고 만금의 재보를 아까워하지 않았다. 이에 재목을 공급해 주었는데 徂松과 甫柏의 좋은 것을 취해다가 장인을 선택하여 班輪과 王爾의 신묘함을 얻었다. 그것을 모으는 데 매일 힘을 기울이고, 그것을 모으는 데 매년 공을 들였다. 전통의 모습에 즉하면서 새로운 모습을 도모하니, 그 규모는 더욱더 장대하여 높은 까닭에 고개가 숙여졌고, 그 위용은 더욱더 엄격하였다. 도끼로 바람을 가르고 먹줄로 그림자를 쟀으며, 붉은 다리가 연결된 모습은 무지개가 꿈틀거리는 것과 같았고, 옥색의 기와가 얹혀 있는 붉은 처마는 원앙새와 봉황이 발돋움하여 날아오르는 듯이 빛났는데, 붉은 옻칠은 화려하고 찬란하였으며, 푸른 옥은 정교하면서 밝았다. 넓고 큰 건물이 중첩되어 있어 좌선할 때면 서늘하면서도 따뜻하였으며, 맑은 기운과 고요한 분위기를 자아내어 금세 아침과 저녁의 기운을 맛볼 수가 있었다.

---

23) 契環=環은 『天聖廣燈錄』권29에는 '瓌' 또는 '塊'이고, 『景德傳燈錄』권26 및 『五燈會元』권10에는 '瓛'로 되어 있다. 雲居道齊의 법사이다. 이하 이 사람이 雲居山의 重修를 기록하였다.

[자료 2] 雲居山重修眞如禪院碑記

夫其秘殿森羅, 金容海藏之攸設, 華堂濬敞, 宿德緇流之是依. 門闈洞開, 樓觀岑立. 管庫爰闢, 于以峙乎糧糧, 浴室宏披, 于是滌乎塵垢. 賓館在塾, 津橋亘途. 山泉脈引於通溝, 石磑環周乎翠潋. 莫不經營有漸, 輪奐增華. 易圭律者二十秋, 登奧阼者五百室. 矧良疇別墅, 並列於郊坰, 而峻宇重扉, 咸新乎制度. 信所謂廣大悉備, 規模宏遠. 華鬘寶相, 永藉於閑安, 白足方袍, 長資於晏坐. 豊功博利, 罔不宣臻. 洪惟聖皇, 丕闡元化, 敦崇像教, 獎賁空門.

*管=館(建). *于=於(建) 이하 동일. *乎 =夫(建). *于是=於以(建).

무릇 즐비한 秘殿은 불보살을 모셔 둔 불당과 아름답게 꾸며진 경내는 대덕스님들이 의지하는 곳이었고, 크고 작은 문들은 활짝 열려 있으며, 누각은 우뚝 솟아 있었다. 창고를 열어 보면 사찰의 양식이 가득하였고, 욕실은 크고 넓어서 그곳에서 더러움을 씻었고, 객실이 마련되어 있고, 나루와 다리는 길에 닿아 있었다. 山泉은 맥이 이어져서 도랑으로 통하고, 맷돌은 쉬지 않고 물가에서 돌아갔다. 사찰의 경영이 점증하니, 웅장하고 아름다워 점차 화려해졌다. 이처럼 20년 동안 圭律을 새롭게 하니 승방이 오백 개나 되었다. 하물며 기름진 밭과 농막이 교외에 즐비하고, 높은 지붕에 문이 겹쳐 있는 것도 모두가 새롭게 만들어진 것들이었다. 진실로 광대하게 모든 것을 구비하였고, 그 규모가 굉장하였으며, 화려하고 아름다운 모습은 길이 편안하게 되었고, 가사를 걸친 청정한 남자들이 길이 좌선할 수 있는 곳이 되었다. 이리하여 납자들의 豊功과 博利가 멀리까지 미치지 않을 수 없었다. 널리 聖皇을 생각해 보면 元化가 크게 천양되었고 돈독하게 佛敎를 숭배하고 크게 佛門을 장려한 것이었다.

大中祥符元年, 詔改賜今額. 芝泥玉檢, 降澤雲霄, 銀榜琁題, 生輝巖谷.
足以表昌辰之崇奉, 增率土之歸依, 彰勝果於妙嚴, 贊景業於無量者已.
　*榜=牓(建).

大中祥符 원년(1008)에 조칙으로 지금의 寺額으로 고쳤다. 황제께서 내려 준 芝泥의 玉檢은 천하에 혜택을 내려 주었고, 황태자께서 내려 준 銀榜의 琁題는 광채를 巖谷에까지 발생시켜 주었다. 이로써 태평성대의 崇奉을 드러내고, 온 국토에 불법의 歸依를 증장시키며, 빼어난 과보를 오묘하고 엄정하게 드러내어 빛나는 사업을 무량하게 찬탄할 뿐이다.

夫道靡不在, 諒周於大方, 民罔常懷, 實賓於衆善. 若乃起居淨界, 深証於眞常, 迥入塵勞, 廣施於饒益. 如環師之精進, 复出於等倫, 抵璧損金, 仰資於佛事, 移風易俗, 漸曁於度門. 如此方之信向, 特越於思議. 宜乎高岸爲谷, 壯麗之功不騫, 大海陽塵, 鴻明之福常茂.
　*迥=迴(建). *复=夐(建). *璧=壁(底).

무릇 道는 없었던 적이 없어 진실로 천하에 가득한데, 백성은 항상 도가 소멸할 것을 걱정하면서도 실로 갖가지 善을 손님처럼 대한다. 만약 이에 淨界에 기거한다면 깊이 깨달음을 증득해야 하고, 塵勞에 들어간다면 널리 큰 이익을 베풀어야 한다. 契環禪師의 정진은 멀리 아득히 同輩들을 벗어나 옥을 내던지고 금을 버려서 우러러 불사를 돕고, 낡은 풍속과 관습을 고치며, 점차 濟度의 문에 다다르게 하였다. 이와 같은 방식으로 믿음으로 향하게 한 것은 특히 思義를 초월하였다. 정

[자료 2] 雲居山重修眞如禪院碑記　559

말이지 높은 언덕을 계곡으로 만들고, 壯麗한 功은 이지러지지 않으며, 大海에 먼지를 드리우듯 더없이 밝고 분명한 복덕이 항상 무성하였다.

予繕性非利, 屬辭罕工. 風波之塗, 方悼于淪滯, 虫篆之作, 徒欣於贊揚. 避命不遑, 濡毫增愧.

나 晏殊는 성품을 다스리되 날카롭지 못하여 말을 엮어 보았지만 그 工이 부족하다. 풍파의 길에 바야흐로 빠져들 것을 두려워하여 하찮은 재간으로 지어 본 것을 문도들이 찬양하여 받들어 주었다. 命을 피할 겨를도 없이 붓끝을 적셨으니, 부끄러움만 더할 뿐이다.

銘曰

兜率儲精, 迦維降靈. 身超十地, 智廣三明.
揭披戒品, 宣茲法乘. 揄揚善利, 濟度群生.
奏入漢閣, 經傳中夏. 仰式佛土, 競崇精舍.
想像靑鴛, 形容白馬. 制軼耆山, 功超鹿野.
江陽舊壤, 官亭奧區. 屹乎翠屺, 迥若儦閭.
招提是託, 胙蠻潛扶. 谷鳴銜供, 山祗護居.
庵宅一方, 代有名德. 大海爲藏, 圓珠在衊.
忍草林滋, 狂猿檻匿. 泡電徒奔, 雲雷豈息.
紹我正法, 惟吾導師. 騰凌慧日, 茂蔚禪枝.
續佛壽命, 作人軌儀. 四生是仰, 八部爲依.
長者參禪, 都人預會. 聞法施金, 投誠獻蓋.
喜捨珍玩, 增修梵界. 霧委珠瓔, 星羅寶貝.

壤材致用, 良工效奇. 辨方審曲, 測景裁基.
彤鏤土木, 貿遷歲時. 聿成大壯, 有煥新規.
華閬榮晬, 雕楹巨麗. 儼若神運, 子如犟致.
寶像熒煌, 華鐘沸渭. 無量之緣, 於玆具備.
天垂紫詔, 帝錫嘉名. 煌煌寶篆, 肅肅高甍.
眞祇翊護, 雅俗歡榮. 常資妙善, 以贊隆平.
淨衆依投, 編氓向慕. 道闡八正, 人亡五怖.
劫石有盡, 溟波有駐. 惟此叢林, 湛然常住.
四大孫晏大正, 重書勒石.

*野=墅(建). *迴=迥(建). *儼=仙(建). *胙=脎는 誤記로 보인다(底)(建). *祇=祗(建).
*雲雷=雷雲(底). *榮=崇(底).

　　銘으로 말한다.
도솔천에서 수행하여 카필라 성에서 몸으로 태어나니
몸은 十地를 초월하였고 지혜는 세 신통을 드넓혔네.
戒品을 높이 들어 열었고 이에 法乘을 펼쳐 주었으며
훌륭하게 이익을 끌어올려 주어 중생을 제도하였다네.
조칙 받고 漢閣에 들어가니 경전이 中夏에 전해지고
불국토의 규범 곧 우러르니 다투어 정사를 숭배했네.
푸른 원앙을 상상하였고 흰 말을 형상으로 그려 내며
제도는 기사굴산 따르고 그 공능 녹야원을 초월했네.
江陽郡은 일찍 무너져 官亭은 이미 오지가 되었지만
민둥산에다 우뚝 일으켜 세우니 곧 신선각이 되었네.
여기에 사찰을 지으니 벌레의 울음소리 깊이 잠기고

[자료 2] 雲居山重修眞如禪院碑記

계곡의 새 물어다 바치고 산신은 거처를 양보하였네.
한 지역에 주석한 이후부터 대대로 명덕이 배출되고
대해를 창고로 삼으니 圓珠는 옷자락에 들어 있다네.
忍草는 수풀에 무성하고 미친 원숭이 우리에 숨기고
거품 번개 헛되이 달리니 구름 우레 그 어찌 멈추랴.
우리의 정법안장을 계승한 자는 우리의 導師뿐으로
지혜의 해를 높이 치켜세우고 禪枝를 무성하게 했네.
불조의 혜명 계승하여 인간세계의 모범 규칙 만드니
사생이 모두 거기에 우러르고 팔부가 다 의지하였네.
長者는 좌선에 참여하고 또 都人은 법회에 참여하여
법문을 듣고 재물을 보시해 정성껏 불사에 헌납했네.
진귀한 보배 희사하여 범천의 세계 건립을 증장하고
안개처럼 구슬 영락 맡기고 별처럼 패물을 내놓았네.
옥구슬 활용하여 훌륭한 장인을 데려다 기술 본받아
方을 변별해 曲을 재고 또 그림자 재서 기초를 잡네.
토목을 붉게 장식하여 기나긴 세월을 견뎌 내게 하고
거기에 다시 대장엄 입혀 새로운 모범을 제시하였네.
꽃문양 달린 문 화려하고 조각장식 매우 아름다우며
엄숙한 모습 귀신의 솜씨처럼 훌륭함의 극치 이뤘네.
불상은 등불처럼 빛나고 꽃문양 쇠북 종소리 들끓어
한량없는 인연이 모두 여기에 빠짐없이 갖추어 있네.
하늘은 조칙 내리고 황제는 아름다운 이름 주었으며
찬란히 빛나는 보배 도장 고요하고 높은 용마루라네.
진정 불법의 보호 제시하니 雅俗은 기쁘게 피어나고

항상 미묘한 善法을 거들어서 크고 바르게 이끌었네.
청정한 대중이 의지하고 먼 지역 사람들이 앙모하며
팔정도 천양하니 사람들은 다섯 가지 두려움 잊었네.
설령 劫石 다하는 때가 있고 溟波 그치는 날 있어도
오직 이곳의 총림만은 담연하게 언제나 살아 있다네.
제4대 후손 晏大正[24]이 거듭하여 글을 쓰고 그것을 돌에 새기다.

---

24) 晏大正=晏大正(1178~1227), 字는 子中이다. 증조부는 紳이고, 조부는 孝稱이며, 父는 益이다. 曹彦約 撰, 「朝奉郎晏子中墓誌銘」(『昌谷集』 권20)에 전기가 전한다.

[자료 3] 隨州大洪山靈峰寺十方禪院記

(1) [淸]張仲炘 輯 : 『湖北金石志』 권10(『石刻史料新編』 권16, 新文豐出版)(약호：底)
(2) [淸]文齡 等 修 : 同治八年(1869)刊 『隨州志』 권32(『新修方志叢刊』 所收, 學生書局刊)(약호：隨)
(3) [明]如卺續集：『緇門警訓』 권10(大正藏48 所收)(약호：緇)
(4) 張仲炘 等 撰：『湖北通志』 권102(民國10年 重刊本』(약호：通)

　　　隨州*大洪山靈峰寺*十*方禪院記
翰林學士·朝散大夫·知制誥·兼侍講·兼修國史·兼實錄修撰·賜紫金魚袋, 張商英撰.
承議郎·試給事中·兼侍講·同修國史·兼實錄修撰·賜紫金魚袋, 鄧洵式書.
朝奉大夫·試使部尙書·兼侍讀·賜紫金魚袋, 何執中篆額.

*隨=大宋隨(底)(通). *寺=禪寺(底)(通). *十方禪院=없다(底)(隨)(通). *翰=「翰」이하 32字를 宋張商英이라 되어 있다(隨)=「翰」이하 32字가 없다(緇). *承=「承」이하 50字가 없다(隨)(緇).

·[撰者] : 張商英(1043~1121). 字는 天覺이고, 諡는 文忠이며, 號는 無盡居士이다. 증조부는 珂이고, 조부는 諤이며, 父는 文蔚이고, 母는 憑氏로서 다섯째 아들이다. 사천성 新津 출신이다. 治平 2년(1065)에 進士가 되었다. 元祐 6년(1091)에 眞 寂從悅에게 참문하고 嗣法하였다. 철종시대에 右正言 및 左司諫이 되었고, 章惇과 安燾의 투쟁 사이에서 章惇을 도왔고, 더욱이 元祐 연간에 諸賢을 비난하였기 때문에 휘종에 의하여 建中靖國 원년(1101)에 知隨州로 좌천되었다. 본 「隨州大洪山靈峰寺十方禪院記」의 작성은 그 시기에 이루어진 것인데,

『嘉泰普燈錄』권3에 의하면 大洪報恩에게 儒釋의 大要를 서간을 통하여 질문하고 있다. 大觀 4년(1110)에 尙書右僕射가 되었고, 후에 知河南府가 되었다. 宣和 3년 11월 21일에 죽었다. 세수는 79세이다. 저서인『護法論』1권은 불자들에게 널리 읽혔다.『宋史』권351에 그 전기가 전한다.

수주 대홍산 영봉사 시방선원기

한림학사·조산대부·지제고·겸시강·겸수국사·겸실록수찬·사자금어대인 張商英이 찬술하다.

승의랑·시급사중·겸시강·동수국사·겸실록수찬·사자금어대인 鄧洵武이 쓰다.

조봉대부·시사부상서·겸시독·사자금어대인 何執中이 篆額하다.

元祐二年秋九月, 詔隨州大洪山靈峰寺, 革律爲禪. 紹聖元年, 外台始請移洛陽少林寺長老報恩住持. 崇寧元年正月, 使來求十方禪院記. 迺書曰, 大洪山在隨西南, 盤基百餘里. 峰頂俯視漢東諸國, 林巒丘嶺猶平川也. 以耆舊所聞考之, 洪或曰胡, 或曰湖. 未詳所謂. 今以地理考之, 四山之間, 昔爲大湖, 神龍所居, 洪波洋溢, 莫測涯涘. 其後二龍鬪搹, 開層崖, 湖水南落. 故今負山之鄕, 謂之落湖管. 此大洪所以得名也. 唐元和中, 洪州開元寺僧善信, 卽山之慈忍靈濟大師也. 師從馬祖密傳心要, 北遊五台山, 禮文殊師利. 瞻覩殊勝, 自慶於菩薩有緣, 發願爲衆僧執炊爨. 三年寺僧却之. 師流涕嗟戚. 有老父曰, 子緣不在此. 往矣, 行焉. 逢隨卽止, 遇湖卽住.

*秋=없다(續). *恩=恩爲(續). *元年=改元(隨)(續). *院=寺(底)(通). *迺=乃(隨)(續). *隨=隨州(續). *丘=邱(隨). *考=攷(續). *鬪=鬭(底)(通) ; 鬪=隨). *崖=厓(隨). *管=村(隨). *靈濟=없다(隨). *於=없다(續). *僧=生(隨). *執=없다(續). *年=季(底)(通). *師=없다(續). *戚=慼(續). *此=是(隨). *住=往(底) 이하 동일.

元祐 2년(1087) 9월에 수주 대홍산 영봉사에 조서를 내려 律寺를 바꾸어 禪寺로 만들었다. 紹聖 원년(1094)에 外台가 처음으로 청하여 낙양 소림사의 장로 報恩[1]을 영봉사로 옮겨 주지가 되게 하였다. 崇寧 원년(1102) 정월에 사신이 찾아와서 『十方禪院記』를 부탁하였다. 이에 글을 써서 말하였다.

"대홍산은 隨州의 西南[2]에 있는데 백여 리에 걸쳐 자리하고 있다. 산봉우리에서 굽어 살펴보면 漢東의 諸國이 보이는데, 산림과 뫼악과 구릉과 고개가 마치 평탄한 물줄기와 같다. 그곳의 노인들에게 들은 것으로 생각해 보면, '洪'은 혹 '胡'라고도 말하고, 혹 '湖'라고도 말한다. 그러나 아직은 그런 말은 상세히 확인할 수는 없다. 이제 지리적으로 생각해 보면, 네 산의 중간은 예전에 큰 호수로서 신룡들이 거처하는 곳이었는데 큰 물결이 출렁이고 넘쳐서 그 끝을 알 수가 없었다. 그 후에 두 마리의 용이 싸우며 엎치락뒤치락하다가 절벽이 터지자 호수 물이 남쪽으로 빠져나갔다. 때문에 지금 그 산을 등진 고을을 落湖管이라

---

1) 鄧洵武(1057~1121). 字는 子常이고, 謚는 文簡이다. 증조부는 琛이고, 조부는 至이며, 父는 綰인데 洵仁의 아우이다. 사천성 成都의 雙流 출신이다. 進士가 되어 철종의 부름을 받고 國史院 編集官이 되었다. 神宗史를 찬술하여 宣仁后를 비난하였다. 휘종 시대에 蔡京을 宰相으로 만드는 데 힘써서 中書舍人이 되었고, 崇寧 3년(1104)에 尙書右丞에 제수되기 이전에 이 「隨州大洪山靈峰寺十方禪院記」를 썼다. 妖人 張懷素의 黨과 교유하였는데 거기에 連坐되어 知隨州가 되었다. 이후에 知樞密院이 되었고, 宣和 3년 1월 6일 65세로 죽었다.『宋史』 권329에 그 전기가 전한다.
何執中(1044~1117). 字는 伯通이고, 謚는 正獻이다. 절강성 處州의 龍泉 출신이다. 進士가 된 후에 知海鹽縣이 되었다. 휘종 시대에 吏部尙書兼侍讀이 되었는데, 그 시기에 이 篆額을 썼다. 숭녕 4년(1105)에 尙書左丞에 제수되고, 대관 3년(1109)에 尙書右僕射가 되었다. 政和 3년(1113)에 少師가 되었고, 정화 7년 11월 12일에 74세로 죽었다.『宋史』 권351에 그 전기가 전한다.
報恩=[자료 4] 참조.
2) 隨의 西南=隨州는 호북성 江漢道 隨縣에 있고, 大洪山은 德安府 隨州의 서남쪽 120리에 있다.

일컫는다. 이것이 大洪이라 명칭이 생긴 연유이다. 당나라 元和 연간 (806~820)에 洪州 開元寺의 승려였던 善信[3]이 곧 이 산의 慈忍靈濟 大師이다. 대사는 마조를 따라 은밀하게 心要를 전해 받고 북쪽에 있는 오대산을 유행하다가 文殊師利를 참례하였다. 그 수승함을 우러러 보고 스스로 문수보살과 인연이 있음을 기뻐하였다. 이에 발원을 하여 대중 스님들을 위해 불을 때고 공양을 짓기를 3년 동안 하였지만 사찰의 승려들이 거절하였다. 대사는 눈물을 흘리고 탄식하며 근심하였다. 그런데 한 노인이 말했다. '그대의 인연은 여기에 있지 않으니 떠나거라. 隨를 만나면 멈추고, 湖를 만나면 머물러라.'

師卽南邁. 以寶曆二年秋七月, 抵隨州. 遠望高峰, 問鄕人曰, 何山也. 鄕人曰, 大湖山也. 師默契前語. 尋山轉麓, 至於湖側, 屬歲亢旱. 鄕民張武陵, 具羊豕, 將用之以祈于湖龍. 師見而悲之. 謂武陵曰, 雨暘不時, 本因人心. 口業所感, 害命濟命, 重增乃罪, 可且勿殺. 少須三日, 吾爲爾祈. 武陵亦異人也. 聞師之言, 敬信之. 師卽披榛捫石, 乃得山北之巖穴. 泊然宴坐, 運誠冥禱, 雷雨大作. 霽後數日, 武陵迹而求之, 師方在定. 蛛絲冪面, 號耳拴體, 久之乃覺. 武陵卽施此山, 爲師興建精舍, 以二子給侍左右. 學徒依嚮, 遂成法席. 太和元年五月二十九日, 師密語龍神曰, 吾前以身代牲, 輟汝血食. 今捨身償汝. 汝可享吾肉. 卽引

---

[3] 洪州 開元寺 僧 善信=善信(?~827)에 대해서는 본 傳記뿐인데, 馬祖道一의 법사로서『景德傳燈錄』권8의 목록에 隨州洪山大師라는 기록만 있을 뿐이다.『輿地碑記目』권3에 楊傑 撰,「大洪山慈忍靈濟大師碑文」을 기록한 것도 현존하지 않는다. 또한 洪州開元寺는 선종의 역사에서 대단히 중요한 馬祖道一의 활동지역이다. 南唐에는 上藍院이라 불렸고, 宋代에는 承天寺 및 能仁寺라 불렸으며, 明代에는 永寧寺라 불렸고, 淸代에는 佑淸寺라고도 불렸는데, 新建縣 崇梵坊에 현존한다.

利刀, 截*右膝, 復截*左膝. 門人奔持*其刃, 膝不*克斷. 白液流出, 儼然入
滅. 張氏二子, 立觀而化. 山南東道, 奏上其狀. 唐文宗嘉之, 賜所居額*
爲幽濟禪院.

*曆=歷(隨). *於=于(緇) 이하 동일. *屬=問(緇). *民=人(緇). *以=何(緇). *口=累
(隨)=黑(緇). *卽=則(隨). *乃=없다(隨)(緇). *宴=晏(隨). *迹=卽(隨). *蛛=珠(隨)
(緇). *號耳挃體=武陵附耳而號挃體而告(隨). *乃=方(緇). *此=없다(隨). *太=大
(緇). *價=餉(緇). *享=饗(隨). *刀=刃(隨). *右=左(緇). *截=없다(底). *左=右(緇). *
持=馳(緇). *刃=慈忍(緇). *唐=없다(底)(通). *額=없다(隨).

대사가 곧 남쪽으로 갔다. 寶曆 2년(826) 가을 7월에 隨州에 이르렀
다. 멀리 높은 봉우리를 바라보며 마을 사람들에게 물었다. "저것이 무
슨 산입니까." 마을 사람들이 말했다. "大湖山입니다." 대사는 예전의
말과 墨契되었다. 산을 찾아 기슭을 찾아가 호숫가에 이르렀는데, 그
해는 가뭄이 극심하였다. 마을 사람인 張武陵[4]이 양과 돼지를 준비하
여 그것으로 호수의 용에게 기도하려는 참이었다. 대사가 그것을 보고
는 가련하게 여기고 무릉에게 말하였다.

"비가 오거나 개는 것은 때에 있지 않습니다. 그것은 본래 사람의 마
음에서 기인합니다. 구업에 감응하는 것인데 생명을 해치면서 생명을
건지려는 것은 거듭 죄업만 증장됩니다. 제발 죽이지 마십시오. 잠시
사흘만 기다리면 제가 그대를 위해 기도하겠습니다."

무릉도 또한 기이한 사람이었다. 대사의 말을 듣고는 그를 존경하여
믿어 주었다. 대사는 곧 덤불을 헤치고 돌을 뒤적여서 산 북쪽의 巖穴
을 발견하고, 고요하게 앉아서 정성을 기울여 가만히 기도하니, 우레가
치고 큰비가 내렸다. 비가 개고 며칠 후에 무릉이 그를 찾아오니, 대사

---

4) 張武陵=전기는 미상이다.

가 바야흐로 선정에 들었는데, 거미줄이 얼굴을 덮고 있어서 귀에다 소리를 지르고 몸을 흔들어대자 한참을 지나서 이에 깨어났다. 무릉이 곧 그 산을 보시하고 대사를 위해 정사를 건립하고는 두 아들로 좌우에서 시봉하게 하였다. 배우고자 하는 무리들이 의지하고 뒤따르니 마침내 법석이 이루어졌다.

太和 원년(827) 5월 29일에 대사가 은밀하게 龍神에게 말했다. "내가 이전에 이 몸으로 희생을 대신함으로써 그대의 血食을 그치게 하였다. 이제 이 몸을 버려 그대에게 보상하겠다. 그대는 나의 육신을 먹어라." 그리고는 곧 예리한 칼을 꺼내어 왼쪽 무릎을 자르고 다시 오른쪽 무릎을 잘랐다. 문도들이 급히 달려와서 그 칼을 잡자 무릎이 완전히 잘리지 않은 채 흰 액체가 흘러나오며 엄연한 자세로 입멸하였다. 張氏의 두 아들도 선 채로 이를 보고는 입멸하였다. 山南東道[5]가 그 상황을 상소하여 올리니, 당의 文宗이 가상히 여겨 그가 거처하던 사찰에 縣額을 내려 幽濟禪院이라 하였다.

晉天福中, 改爲奇峰寺. 本朝元豊元年, 又改爲靈峰寺. 皆以祈禱獲應也. 自師滅至今, 三百餘年. 而漢廣汝墳之間, 十數州之民, 尊嚴奉事, 如赴約束, 金帛粒米, 相尾於道. 貲强法弱, 僧範乃革. 前此山峰高峻, 堂殿樓閣, 依山製形, 後前不倫, 向背靡序.

*百餘=五百(隋), *廣=東(隋), *墳=汾(緇), *十數=暨汝(隋), *之=없다(底)(通).
*赴約速=在漢東(隋), *貲=貨(隋)(緇), *靡=摩(緇).

---

5) 山南東道=山南東道節度使를 가리키는데, 호남성의 동부와 하남성의 일부를 포함한 지방으로서 호북성 襄陽縣에 治所가 있다. 『唐方鎭年表』 권4를 참고하면 李逢吉(758~835)이 참고가 된다.

晋의 天宓 연간(936~944)에 奇峰寺라 고쳐 불렀다. 本朝의 元豊 원년(1078)에 다시 靈峰寺라 고쳐 불렀다. 모두 기도의 감응을 얻었기 때문이다. 대사가 입멸하고부터 지금에 이르기까지 3백여 년인데, 漢廣·汝墳의 사이⁶⁾ 10여 주의 백성은 존엄하게 받들어 섬기기를 마치 약속이라도 한 것처럼 돈과 비단과 곡식이 길에서 서로 꼬리를 이었다. 재물이 풍부해지자 불법이 약해지기 때문에 이에 승려의 궤범이 개혁되었다. 그보다 이전에 산봉우리가 높고 험준하여 전당과 누각을 산에 의지하여 형상을 지었기에 뒤와 앞이 가지런하지 않고 마주보거나 등지고 있는 모습에 질서가 없었다.

恩老至山, 熟閱形勝, 關途南入, 以正賓主. 鏡崖壘澗, 鏟巘補坳, 嵯峨萬仞, 化爲平頂. 三門堂殿, 翼舒繩直, 通廊大廡, 疏戶四達. 淨侶雲集, 藹爲叢林. 峨岬之寶燈瑞相, 清涼之金橋圓光, 他方詭觀, 異境同現. 方其廢故而興新也. 律之徒懷土而呶呶.

*山=此(隨)=止(綰). *澗=磵(隨). *巘=蟻(綰). *坳=砌(綰). *嵯峨=없다(隨). *廊=廓(底). *涼=源(底)(通). *現=視(底)(通).

報恩老僧이 이 산에 이르러 지세가 뛰어남을 익히 살피고는 길을 남쪽으로 들어가게 열어둠으로써 賓과 主를 바로잡았다. 가파른 곳을 깎아서 계곡을 메우고 높은 곳은 깎아서 섬돌을 고이니 울쑥불쑥 솟았던 만 길의 형세가 바뀌어 평정하게 되었다. 三門 및 殿堂은 날개를 펼친 듯하고 먹줄을 그은 듯하였으며, 크게 트인 행랑과 커다란 처마가 문을

---

6) 漢廣·汝墳의 사이=『詩經』國風第一의 周南11篇의 篇名으로서 文王의 덕이 미쳤다는 것을 노래한 것이므로, 여기에서는 대홍산의 신앙이 평안하게 지속되고 있음을 가리킨다.

통해 사방으로 트였다. 청정한 승려들이 구름같이 모여들어 무성한 총림이 되었다. 아미산의 보배등불이 드러낸 상서로운 형상과 청량산의 황금다리가 뿜어내던 원만한 빛은 여러 지방의 기이한 경관과 기이한 경관이 모두 구현되었다. 그 옛날의 모습을 폐하고 새로운 것을 구축하려고 할 때 율사의 무리들은 자리를 잡고서 와자지껄 떠들었다.

會予謫爲郡守, 合禪律而計之曰, 律以甲乙, 禪以十方, 而所謂甲乙者, 甲從何來, 乙從何立. 而必曰, 我慈忍之子孫也. 今取人於十方, 則慈忍之後絶矣. 且夫乙在子孫, 則甲在慈忍. 乙在慈忍, 甲在馬祖. 乙在馬祖, 則甲在南嶽. 乙在南嶽, 則甲在曹溪. 推而上之, 甲乙乃在乎菩提達摩, 西天四七. 則而所謂甲乙者, 果安在哉. 又而所謂十方者, 十從何生, 方從何起. 世間之法, 以一生二, 一二爲三, 二三爲六, 三三爲九. 九者究也. 復歸於一, 一九爲十, 十義乃成. 不應突然無一有十. 而所謂方者, 上爲方邪, 下爲方邪, 東爲方邪, 西爲方邪, 南爲方邪, 北爲方邪, 以上爲方, 則諸天所居, 非而境界. 以下爲方, 則風輪所持, 非而居止. 以東爲方, 則弗婆提人, 形如半月. 以北爲方, 則鬱單越人, 壽命久長. 以西爲方, 則瞿耶尼洲, 滄波浩渺. 以南爲方, 則閻浮提洲, 象馬殊國. 然則甲乙無定, 十方無依. 競律競禪, 奚是奚非. 律之徒曰, 世尊嘗居給孤獨園竹林精舍. 必如太守言, 世尊非邪. 予曰, 汝豈不聞, 以大圓覺爲我伽藍, 身心安居平等性智. 此非我說, 乃是佛說. 於是律之徒黙然而去. 禪者曰, 方外之士, 一瓶一鉢, 涉世無求. 如鳥飛空, 遇枝則休, 如龜游海, 值木則浮. 來如聚梗, 去如滅漚. 不識使君將甲乙之乎, 十方之乎. 予曰, 善哉, 佛子, 不住內, 不住外, 不住中間, 不住四維上下虛空. 應無所住而住持, 是眞十方住持矣. 尙何言哉. 尙何言哉.

*合=舍(縉). *計=訶(隨)=訂(縉). *慈=없다(縉). *且夫=없다(隨)(縉). *則=없다(縉) 이하 동일. *曹=瞽(隨). *乃=廼(隨). *摩=磨(縉). *則而=없다(隨)(縉). *於=爲(隨)(縉). *邪=耶(隨)(縉) 이하 동일. *弗婆提=毘提訶(隨)(縉). *形=面(隨)(縉). *尼=泥(隨). *無=爲(隨). *嘗=常(隨). *如=知(隨). *智=習(底)(通). *游=浮(底)(通)=遊(隨). *值=植(隨). *如=以(隨). *將=없다(縉). *住=往(底) 이하 동일. *下=없다(隨).

마침 나 張商英이 좌천되어 郡守가 되었다. 이에 선과 율을 합치도록 하고 그것을 위하여 말했다.

"律은 甲乙로써 하고 禪은 十方으로써 한다. 그대들이 말하는 甲乙은 그 甲이 어디로부터 온 것이며, 乙은 어디로부터 성립된 것인가. 그런데도 꼭 〈우리는 慈忍의 자손이다.〉라고만 말한다. 따라서 이제 사람들을 十方에서 불러 오면 곧 자인의 후손은 끊어질 것이다. 그렇다면 곧 을이 子孫에게 있으면 갑은 慈忍에 있을 것이고, 을이 慈忍에 있으면 곧 갑은 馬祖에 있을 것이다. 을이 마조에 있으면 곧 갑이 南嶽에 있을 것이다. 을이 남악에 있으면 곧 갑이 曹溪에 있을 것이다. 미루어 그것을 올라가 보면 갑을이 곧 菩提達磨와 서천의 28대 존자들에게 있을 것이다. 그렇다면 곧 갑을이란 것이 과연 어디에 있겠는가. 또 그리고 소위 十方이란 것도 十이 어디로부터 생겨났으며 方은 어디로부터 일어난 것인가. 세간법은 하나에서 둘이 생겨나고, 하나와 둘을 합하면 셋이 되고, 둘과 셋을 곱하면 여섯이 되며, 셋과 셋을 곱하면 아홉이 된다. 아홉이란 궁극이므로 다시 돌아가 하나가 되고, 하나와 아홉을 합하면 열이 되어 열의 뜻이 성취된다. 그러나 돌연히 하나가 없어지면 열이 있을 수가 없다. 그리고 소위 方이란 위쪽이 方인가, 아랫쪽이 方인가, 동쪽이 方인가, 서쪽이 方인가, 남쪽이 方인가, 북쪽이 方인가. 위쪽을 方이라 하면 곧 諸天이 거처하는 곳으로 경계가 없고, 아랫쪽을

方이라 하면 곧 風輪이 지탱하는 곳으로 거처할 수가 없으며, 동쪽을 方이라 하면 곧 弗婆提의 사람으로서 얼굴이 반달과 같을 것이고, 북쪽을 方이라 하면 鬱單越의 사람으로서 수명이 장구할 것이며, 서쪽을 方이라 하면 곧 瞿耶尼洲로서 큰 바다의 물결이 크고도 아득할 것이고, 남쪽을 方이라 하면 곧 閻浮提洲로서 코끼리와 말이 최고가 되는 나라이다. 그런즉 갑을은 정해진 것이 없고, 시방은 의지할 것이 없다. 율사를 다투고 선사를 다투는데 무엇이 옳고 무엇이 그르겠는가.”[7]

율사의 무리들이 말했다. “세존께서 일찍이 급고독원과 죽림정사에 거처하셨습니다. 필시 태수의 말씀과 같다면, 세존이 그르다는 것입니까.” 내가 말했다. “그대들은 어찌 듣지 못했는가. ‘크고도 원만한 깨달음으로써 우리의 가람을 삼으니, 몸과 마음이 편안하게 平等性智에 머문다.’[8] 이것은 내 말이 아니라 곧 부처님의 말씀이다.”

이에 율사의 무리들이 묵연하더니 떠나 버렸다. 禪者들이 말했다. “方外之士들은 하나의 호리병과 하나의 발우로 세상을 살아가므로 더 이상 추구할 것이 없습니다. 마치 새가 허공을 날아가다가 나뭇가지를 만나면 곧 쉬고, 마치 거북이가 바다를 노닐다가 나무토막을 만나면 곧 떠오르는 것과 같습니다. 올 때는 마치 나뭇가지가 모이는 것과 같고, 갈 때는 마치 거품이 사라지는 것과 같습니다. 모르겠습니다. 使君께서

---

7) 律은 甲乙…=甲乙徒弟制와 十方住持制에 대해서는 高雄義堅,「宋代佛敎史의 硏究」(百華苑) 참조. 甲乙은 자기의 제자를 주지로 시키는 방법이고, 十方은 법계와 문파를 따지지 않고 명승을 초청하여 주지를 시키는 방법이다. 이 기록은 그와 같은 제도를 고찰하는 경우에 중요한 자료가 된다.
8) 大圓覺…=『圓覺經』에 "以大圓覺爲我伽藍, 身心安居平等性智"(大正藏17, p.921 上)라는 말을 가리킨다. 이 대목에 대하여 『원각경』을 부정한 것으로 道元이 인용한 것이 있는데, 이처럼 독자적인 독해 방식을 전개하고 있는 것에 대해서는 본서 제4장 제3절 참조.

는 이것을 갑을로 정하시겠습니까, 시방으로 정하시겠습니까."

내가 말했다. "옳도다, 불자여. 안에도 머물지 않고, 밖에도 머물지 않으며, 중간에도 머물지 않고, 四維·上下·虛空에도 머물지 않습니다. 반드시 머무는 바가 없이 住持한다면,[9] 그것이 참으로 十方住持일 것입니다. 다시 무엇을 말하겠습니까. 다시 무엇을 말하겠습니까."

*時崇寧元年*正月上元日記. *住持傳法沙門報恩建.
宣和六□□〈年甲〉辰歲五月初五日癸丑, 住持傳法沙門慧照大師慶預重立*石.

*時=없다(底)(通). *正月=之(隨). *住=「住」이하 38字가 없다(隨)(緇). *石=「石」아래 朝散大夫·權知隨州軍州·管句 神·□管內勸農事·借紫金魚袋 王俁 慶元改元乙卯歲十月初五日□ 保壽禪院住持傳法沙門祖光書 功德主覃道鍾·監院僧宗邃再立石(底)(通)라고 되어 있다.

때는 숭녕 원년(1102년) 정월 십오일에 쓰고, 주지인 전법사문 報恩이 세우다.

선화 6년 갑진세(1124) 5월 5일 계축일에 주지인 전법사문 慧照大師 慶預[10]가 거듭 碑를 세우다.

---

9) 반드시 집착하지 말고…=『金剛經』의 "應無所住而生其心"(大正藏8, p.749下)에 기초하여 설한 것이다.
10) 慶預=이하 [자료 10] 참조.

[자료 4] 隨州大洪恩禪師塔銘

(1) [淸]張仲炘 輯 : 『湖北金石志』 권10(약호 : 底)
(2) 張仲炘 等 撰 : 『湖北通志』 권102(약호 : 通)
(3) [參考][明] 明河 撰 : 『補續高僧傳』 권9 報恩傳(續藏 134 所收)(약
호 : 補)

宋故隨州大洪山十方崇寧保壽禪院一代住持恩禪師塔銘并序[*]
奉議郞·權發遣提擧京西南路常平等事·武騎尉·借緋魚袋, 范域 撰[*]
承議郞·致仕·武騎尉, 韓韶 書
朝奉郞·尙書·金部員外郞·賜緋魚袋·武騎尉, 韓昭[*] 篆額

＊幷序=없다(底).

·[撰者] : 范域(生沒年 미상). 洛陽 출신. 程頤(1033~1107)의 문인. 程子가 죽었을 때 낙양 사람은 党에 들어가는 것을 두려워하여 누구도 환송하는 사람이 없었지만, 范域 등 다섯 명만은 그 祭文을 찬술했다고 전해진다. 『宋元學案』 권30에 의한다.
＊韓韶. 전기 미상. [자료 6]의 찬술자이다. 『禪林僧寶傳』 권17에는 伊陽宰의 직책이 보인다.
＊韓昭는 『嘉定赤城志』 권34에 의하면, 字는 用晦이고, 하북성 眞定 출신이다. 丞相續(1019~1097)의 曾孫으로서 官은 直顯謨閣이 이르렀다. 스스로 大同居士라 칭하였는데, 소흥 연간(1131~1162) 初에 천태산에 머물렀다고 하는데, 그 사람과 동일인으로 보인다.

송 고수주대홍산 시방숭녕보수선원 제1대 주지 보은선사 탑
명 병서
봉의랑·권발견제거경서남로상평등사·무기위·차비어대인 范域이 찬

술하다.

승의랑·치사·무기위인 韓韶가 쓰다.

조봉랑·상서·금부원외랑·사비어대·무기위인 韓昭가 篆額하다.

昔曹溪付法於靑原, 實爲嫡嗣. 五傳而有洞山价. 又傳而有曹山寂*. 由是曹洞一宗, 如懸日月. 其道尤孤高峻潔, 自昔嘗難. 其人至大陽明安禪師, 寧其宗絶, 不輕印可. 乃以衣履, 屬浮山圓鑒. 鑒晩得投子靑禪師, 而後付之. 世俗謂靑非親授, 不知聖無先後, 以契爲傳. 其所從來, 若執券相質, 貫珠相承. 蓋有冥會非偶然者. 投子旣復振斯道, 而後異人間出. 大洪禪師, 乃其法嗣也.

*山=洞(通).

옛적에 曹溪는 법을 靑原에게 부촉하여 실로 嫡嗣가 되었다. 다섯 차례 전승되어 법이 洞山良价에게 있었는데, 다시 전하여 법이 曹山寂[1]에게 있었다. 이로 말미암아 조동의 일종은 해와 달처럼 높이 뜨게 되었다. 그 道는 더욱더 고고하고 준결하여 예로부터 어려움을 맛보았는데, 그 사람 곧 大陽明安禪師[2]에 이르러서는 오히려 그 종지가 단절될 상황이었지만 印可를 소홀히 하지 않았다. 이에 가사와 신발을 가지고

---

1) 曹山寂=本寂(840~901), 복건성 泉州 蒲田縣에서 黃氏로 태어났다. 洞山良价의 법사이다. 강서성 撫州 宜黃縣 북쪽 30리에 있는 曹山에서 활약하였다. 天復 원년 6월 16일에 시적하였다. 세수는 62세이고, 승랍은 31세이다.『傳燈錄』권17에 그 전기가 있다.

2) 大陽明安禪師=警玄(943~1027), 호북성 江夏에서 張氏로 태어났다. 梁山緣觀의 법사이다. 호북성 郢州 京山縣 북쪽 90리에 있는 大陽山에서 활약하였다. 天聖 5년 7월 19일에 시적하였다. 세수는 85세이고, 승랍은 66세이다. 시호는 明安大師이다.『禪林僧寶傳』권13에 그 전기가 있다.

浮山圓鑒³⁾에게 부촉하였다. 원감은 만년에 投子靑 禪師⁴⁾를 얻고, 이후에 가사와 신발을 부촉하였다. 세속에서는 투자의청이 친수 법을 받은 것이 아니라고들 말하였는데, 그것은 聖人에는 선후가 없이 밀계로만 전승되는 줄을 모르는 소치였다. 법이 전승해 오는 것은 문서를 붙들고 자세히 살펴보고 구슬을 꿰어서 서로 이어가는 것과 같다. 그래서 무릇 고요하게 계합되는 것이지 우연이 아니다. 투자가 이미 다시 조동의 도를 떨쳤으며, 이후에도 기이한 사람이 간혹 출현하였는데, 대홍선사가 바로 그 法嗣이다.

師諱報恩. 其先衛州黎陽劉氏. 世以武進. 家喜事佛. 其母牛氏. 初禧子. 夢佛指所謂阿羅漢者卑之. 旣姙生. 師果有殊相. 嘗遇異僧若化身者. 撫之曰. 我輩人也. 熙寧九年. 未冠. 擧方略擢第. 調官北都. 忽喟然歎曰*. 是區區者. 何足以了此生. 願謝簪紱求出世法. 有司以聞詔詰其故. 師云. 臣祖死王事. 顧無以報厚恩. 惟有薰修之功. 庶資幽冥之助. 制曰可. 師先名欽憲. 神宗皇帝. 親灑宸翰. 改賜今諱. 於是就禮北都福壽寺僧智深. 爲祝髮*. 師旣受具戒. 遊歷諸方. 謙約退靜. 枵然山澤人也.

　　*曰=日(通). *具=其(底). (通)은 誤記이다.

---

3) 浮山圓鑒=法遠(991~1067). 하남성 鄭州 圃田縣에서 沈氏로 태어났다. 明壽歸省의 법사이다. 안휘성 舒州 桐城縣의 동쪽 90리에 있는 浮山에서 활약하였다. 治平 4년 2월 6일에 시적하였다. 세수는 77세이다. 시호는 圓鑒禪師이다.『禪林僧寶傳』권17에 그 전기가 있다.
4) 投子靑禪師=義靑(1032~1083). 산동성 靑社縣에서 李氏로 태어났다. 大陽警玄의 법사이다. 舒州 桐城縣의 북쪽 2리에 있는 投子山 勝因禪院에서 활약하였다. 元豊 6년 5월 4일에 시적하였다. 세수는 52세이고, 승랍은 37세이다.『禪林僧寶傳』권17에 그 전기가 있다.

선사의 휘는 報恩인데, 그 선조는 衛州 黎陽5)의 劉氏이다. 대대로 무인 집안이었고, 가문에서는 부처님 섬기는 것을 즐겨하였다. 그 어머니 牛氏는 처음에 아들을 낳기 위해 기도하였는데, 부처님이 소위 아라한을 가리키며 그에게 다가가도록 하는 꿈을 꾸었다. 회임을 하여 아들을 낳았는데 선사에게는 과연 특수한 형상이 있었다. 일찍이 기이한 스님으로서 化身을 닮은 사람을 만났는데, 선사를 어루만지며 말했다. "우리 도반이 될 사람이다." 희녕 9년(1076)에 아직 미성년이었을 때 方略을 올려서 급제하고 北都를 담당하는 관리가 되었다. 그러다가 홀연히 한탄을 하며 말했다. "이것은 째째한 일이다. 어찌 이 생을 마치는 것으로 만족하겠는가." 이에 벼슬하는 길을 버리고 세간을 벗어나는 법을 추구할 것을 원하였다. 상관이 조칙으로 내려온 문서를 살펴보고 그 까닭을 꾸짖자, 선사가 말했다. "臣의 선조는 王事를 보다가 마쳤습니다. 돌아보면 깊은 은혜에 보답할 길이 없습니다. 다만 薰修의 功만 있을 뿐입니다. 바라건대 幽冥의 이익을 위한 일을 하고자 합니다." 상관이 감정을 억누르고 말했다. "그렇구나."

선사는 일찍이 欽憲이라고 이름하였다. 신종황제가 몸소 친필을 써서 이름을 고쳐 지금의 諱를 내려 주었다.6) 이에 北都의 福壽寺의 승 智深7)에게 나아가서 참례하고 머리를 깎았다. 선사는 구족계를 받고 난 이후에 제방을 유력하였는데, 謙約하고 退靜하며 소박한 산사람이 되었다.

---

5) 衛州黎陽=하남성 河北道 濬縣을 가리킨다.
6) 神宗…=神宗(1048~1085), 재위 기간은 1067~1085년이다. 황제가 諱를 내려 준 선승은 드물다.
7) 智深=미상이다. 北都는 산서성 冀寧道 太原縣의 서북쪽을 가리키는 것으로 보인다.

聞靑禪師之道而悅之. 乃往依焉. 靑識其法器. 師一日. 凌晨入室. 靑問. 天明未. 師曰. 明矣. 云. 明則卷簾. 師從之頓爾開悟. 心地洞然. 遂以所得白靑. 靑蹠之. 留侍巾匜. 頗有年數. 逮靑順世. 又從圓通. 圓照二禪師遊. 二公甚器異之.

*凌=凌(既). (通)은 誤記이다. (補)에 의하여 고친다. *圓=闠(既). *圓=闠(既).

의청선사의 도를 듣고 그것을 기뻐하여 이에 찾아가서 거기에 의탁하였다. 의청은 선사가 법기임을 알아보았다. 선사가 어느 날 이른 새벽에 입실하자, 의청이 물었다. "하늘이 밝았는가." 선사가 말했다. "밝았습니다." 의청이 말했다. "밝았으면 곧 발을 걷어 올려라." 선사가 그 말에 퍼뜩 개오하고, 마음이 확 열렸다. 마침내 터득한 것을 의청에게 말씀드리자, 의청은 그것을 옳다고 하였다. 이에 그곳에 머물면서 곁에서 수년을 시봉하였다. 의청이 입적하기에 이르자, 다시 圓通[8]과 圓照[9]의 두 선사를 따라서 유행하였다. 二公은 선사를 대단히 기량이 뛰어난 사람으로 평가하였다.

丞相韓公. 尹河南. 延師住持嵩山少林寺. 席未煖. 紹聖元年. 詔改隨州大洪山律寺爲禪院. 人謂. 大洪基構甚大. 而蕪廢已久. 非有道德服人.

---

8) 圓通=法秀(1027~1090). 감숙성 秦州 隴城縣에서 辛氏로 태어났다. 운문종 振宗義懷의 법사이다. 元豊 7년(1084)에 東京의 法雲寺에 개산조로 영접되었다. 報恩이 참문한 것은 法雲寺였던 것으로 보인다. 神宗으로부터 圓通禪師라는 호를 받았다. 元祐 5년 8월에 시적하였다. 세수는 64세이고, 승랍은 45세이다. 『禪林僧寶傳』 권26에 그 전기가 있다. 法雲寺에 대해서는 주석 12) 참조.
9) 圓照=宗本(1020~1100). 강소성 常州 無錫縣에서 管氏로 태어났다. 운문종 振宗義懷의 법사이다. 元豊 5년에 東京의 大相國寺 慧林禪院의 개산조로 영접되었다. 哲宗으로부터 圓照禪師라는 호를 받았다. 元符 2년 12월 28일(양력 1100년 2월 9일)에 시적하였다. 세수는 80세이고, 승랍은 52세이다. 『禪林僧寶傳』 권14에 그 전기가 있다.

不可以興起. 部使者奏請師住持. 已而丞相范公守隨. 復左右之. 師布施法雨, 遠邇悅服. 於是富貴者薦貨, 貧者獻力. 闢荊蓁蓬藋之場, 爲像設堂, 皇化豺狼狐狸之區, 爲鐘魚梵唄. 而又以其餘建戒壇, 掩枯骴, 更定禪儀, 大新軌範. 由是大洪, 精舍壯觀, 天下禪林矣.

*貴=없다(通). *狼=狠(底).

丞相韓公[10]은 河南의 尹이었는데, 선사를 맞이하여 숭산 소림사에 주석하도록 하였다. 주지의 자리가 미처 따뜻해지기도 전에 紹聖 원년(1094)에 조칙으로 수주 대홍산 律寺를 고쳐서 禪院으로 만들었다. 이에 사람들이 말했다. "대홍산의 터전은 대단히 광대하고 또한 황폐해진 지 이미 오래되었다. 도덕으로 사람을 감복시키는 자가 아니라면 다시 일으키기 어려울 것이다." 部使者가 주청을 올려서 선사를 주지로 청하였다. 이미 丞相范公[11]이 隨州의 태수였는데, 또한 그 불사를 좌우하였

---

10) 丞相韓公=韓縝(1019~1097), 字는 玉汝이고, 諡는 莊敏이다. 증조부는 處約이고, 조부는 保樞이며, 父는 億(972~1044)이고, 母는 蒲氏이며, 妻는 程氏(1020~1068)이다. 億에게는 綱·綜·絳·繹·維·縝·緯·緬 등 8명의 아들이 있다. 하남성 開封縣 출신이다. 慶曆 2년(1042)에 進士에 등제하였다. 龍圖閣直學士를 거쳐서, 元豊 6년(1083)에 知樞密院事가 되었다. 철종 즉위 원풍 8년에 尙書右僕射兼中書侍郎에 제수되고, 재상이 되었다. 元祐 원년(1086)에 재상을 그만두고, 知潁昌府 및 京西北路按撫使가 되었다. 그때 報恩禪師를 초청하였다. 太子太保가 되었다. 紹聖 4년 79세로 죽었다. 『宋史』 권315에 그 전기가 있다.
11) 丞相范公=范純仁(1027~1101), 字는 堯夫이고, 諡는 忠宣이다. 증조부는 贊時이고, 조부는 埔이며, 父는 仲淹(989~1052)이고, 母는 李氏이며, 妻는 王氏(1031~1098)이다. 仲淹에게는 純祐·純仁·純禮·純粹 등 네 명의 아들이 있다. 강소성 蘇州 吳縣 출신이다. 皇祐 원년(1049)에 進士에 등제하였다. 胡瑗(993~1059)과 孫復(992~1057)을 따라 배웠다. 仲淹이 죽은 후에 비로소 벼슬에 나아가서, 知襄城縣으로부터 侍御史가 되었다. 王安石의 新法을 비난하여 그 노여움을 사서 知河南府가 되었다. 철종이 즉위하자 부름을 받고 右諫議大夫를 거쳐서, 元祐 3년(1088)에 尙書右僕射兼中書侍郎에 제수되고 재상이 되었다. 章惇을 거역하여 紹聖 2년(1095)에 知隨州로 강등되었다. 그때 報恩과 교유가 있었다. 이듬해 永州로 유배되었다. 휘종 즉위 元符 3년(1100)에 觀文殿大學士에

다. 선사가 널리 法雨를 베풀자, 遠近의 사람들이 기쁘게 감복하였다.

이에 부귀한 사람은 재물을 보시하고, 가난한 사람은 힘을 바쳤다. 荊·蓁·蓬·藋의 지역을 열어서 코끼리를 만들고 승당을 건립하였으며, 많은 豺·狼·狐·狸의 구역을 변화시켜서 鐘과 魚가 어울리는 梵唄를 만들었다. 또한 그 나머지 땅에는 戒壇을 설치하였고, 말라비틀어진 뼈들을 파묻었으며, 다시 禪儀를 정하였고, 크게 궤범을 일신하였다. 이로 말미암아 대홍산은 精舍가 장관을 이루어 천하의 선림이 되었다.

崇寧二年, 有詔命師住東京法雲禪寺. 從駙馬都尉張公請也. 師志尙閑遠, 安於淸曠. 曾不閱歲, 懇還林澤. 朝廷重違其請, 聽以意. 詣徑嵩山, 旋趨大陽. 屬大洪虛席, 守臣念師之有德於玆山也. 五年, 再奏還師於舊. 固辭不獲, 復坐道場. 凡前日之未遑暇者, 咸彌綸而成就焉. 師勤於誨勵, 晨夕不倦. 緇徒輻輳, 幾三百人. 旣遐振宗風, 而自持戒律甚嚴. 終身壞衣, 略不加飾. 張公雖嘗奏賜紫方袍, 卒盤辟不敢當. 故權貴欲以師號言者, 皆無復措意矣.

숭녕 2년(1103)에 조칙을 내려서 선사에게 명하여 東京의 法雲禪寺[12]

제수되었지만, 눈병을 앓아서 물러났다. 建中靖國 원년(1101) 정월 2일에 75세로 죽었다. 『忠宣公集』 20권이 남아 있다. 『宋史』 권314에 曾肇가 찬술한 「范忠宣墓誌銘」(『曲阜集』 권3)에 그 전기가 있다.

12) 東京의 法雲禪寺=『東京夢華錄』 권3 「大內前州橋東街巷」의 保康門의 바깥 부분에 "以南街東法雲寺, 又西去橫街張駙馬宅, 寺南佑新觀"이라 기록되어 있다. 法雲寺는 『禪林僧寶傳』 권26 法秀章에 의하면, 開基는 冀國大長公主(1051~1123)이다. 英宗의 쌍둥이 여동생의 셋째 딸인 趙氏가 바로 그 사람인데, 처음에 壽康公主에 책봉되었고, 이어서 祁國長公主로 개명하였으며, 張惇禮한테 시집가서 冀國大長公主로 승진되어 韓의 魏國大長公主라 加號되었다. 政和 3년(1113)에 賢德懿行大長帝姬로 개명하고, 宣和 5년에 73세로 죽었다. 入矢義高·梅原郁 譯註, 『東京夢華錄』(岩波書店, 1983년 3월) p.96 참조. 개산조인 法秀에 대해서

[자료 4] 隨州大洪恩禪師塔銘 581

에 주석하도록 하였다. 駙馬都尉張公¹³⁾의 청에 따른 것이었다. 선사의 의지는 한가롭고 호젓한 것을 좋아하여 맑고 시원시원하였다. 이에 한 해도 되지 않아서 산으로 돌아갈 것을 간청하였다. 조정에서는 거듭 그 청을 거절하였지만, 마침내 그 뜻을 허락하였다. 곧바로 숭산에 이르렀고, 두루 대양산에 나아갔다. 대홍산의 주지가 공석이었는데 태수는 선사가 펼칠 덕이 대홍산에 있음을 생각하였다.

숭녕 5년(1106)에 다시 주청을 올려서 선사를 옛날의 자리로 돌아오도록 하였다. 선사가 고사하지 못하고 다시 도량에 앉았다. 이로써 무릇 이전에 교화할 겨를이 없었던 사람들은 모두 교화를 받을 수 있었다. 선사는 가르침에 부지런히 힘써서 아침저녁으로 게을리하지 않았다. 납자와 재가자가 폭주하여 거의 3백 명이 되었다. 이미 멀리까지 종풍이 진작되었고, 또한 스스로 대단히 엄격하게 계율을 지켰다. 종신토록 떨어진 옷을 걸쳤고, 간단한 장식도 붙이지 않았다. 張公¹⁴⁾이 일찍이 紫方袍의 하사를 주청하였는데, 끝내 조심스러워하며 감히 받지 않았다. 때문에 권력과 부귀로써 師號를 말하려는 사람은 모두 다시는 마음을 낼 수가 없었다.

政和元年六月初一日, 示疾. 七月十四日, 僧問師, 久演眞諦, 冀垂一

는 앞의 주석 8) 참조.
13) 駙馬都尉張公=張惇禮, 하남성 汴 출신이다. 熙寧 원년(1068)에 英宗의 셋째 딸인 祁國長公主를 妻로 맞이하였다. 左衛將軍·駙馬都尉가 되어 密州觀察使로 옮겼다. 崇寧 원년(1102)에 寧遠軍節度使에 제수되었고, 集慶軍留後가 되었다. 大觀 원년(1107)에 寧遠軍節度使로 복귀하였고, 雄武軍節度使로 옮겨서 죽었다.『宋史』권464에 그 전기가 있다. 開封의 저택은 法雲寺와 가까운 곳에 있었음을 알 수가 있다.
14) 張公=張商英으로 간주되지만, 여기에서는 張惇禮일 것으로 추정된다.

言. 師擧目示之. 又問, 師將生西方耶. 師曰, 超方者委. 又問, 畢竟生
邪死邪. 師曰, 間不容髮. 言訖趺坐而逝. 留三日, 儀相如生. 咸至瞻
禮, 罔不讚歎. 二十五日, 葬於南塔. 師異時欲築室退居之所也. 俗壽
五十四. 僧臘三十六. 度弟子, 宗言等 一百三十一人. 嗣法出世者, 慶旦
等一十三人. 有語錄三卷. 集曹洞宗派錄三卷·授菩提心戒文一卷·落髮
授戒儀文一卷. 並傳於世.

*眞=直(底), (通)은 誤記이다. *六=二(底), *菩=苦(底).

정화 원년(1111) 6월 1일에 병을 보였다. 7월 14일에 한 승이 선사에
게 물었다. "오랫동안 眞諦를 펼쳐 왔습니다. 바라건대 한마디 내려 주
십시오." 선사가 눈을 뜨고 그것을 내보였다. 그러자 다시 물었다. "선사
께서는 장차 서방에 왕생하시는 것입니까." 선사가 말했다. "방위를 초
월한 사람이 자세히 알고 있다." 또 물었다. "필경에 산다는 것입니까,
죽는다는 것입니까." 선사가 말했다. "생사 사이에는 머리카락만한 틈도
용납되지 않는다."

말을 마치고는 가부좌한 자세로 입적하였다. 사흘이 지났지만 모습
이 살아 있는 것과 같았다. 모두 첨례하고 찬탄하지 않는 사람이 없었
다. 7월 25일에 南塔에 장례지냈다. 그것은 선사가 훗날에 집을 짓고
退居하려는 곳이었다. 세수는 54세이고, 승랍은 36세이다. 제도한 제
자는 宗言[15] 등 131명이고, 사법하여 출세한 자는 慶旦[16] 등 13인이다.
『어록』 3권이 있는데, 『曹洞宗派錄』 3권·『授菩提心戒文』 1권·『落髮受戒

---

15) 宗言=전기는 미상이다.
16) 慶旦=전기는 미상이지만, 大陽에 주석하였다. 『嘉泰普燈錄』 권5에 알려져 있는
    法嗣로는 淨嚴守遂(1072~1147) 및 大洪善智의 2인이다.

儀文』1권을 모은 것이다.[17] 모두 세간에 전해지고 있다.

惟佛之道, 未嘗有起滅興衰也. 然必付之豪傑之士, 然後足以發明秘奧津梁. 後來苟非其人, 道終不顯. 若師以絶俗之姿, 薄功名富貴, 而不爲振衣塵外, 高步妙峰, 使斯人知所歸向, 名聞天下, 言立後世. 嗚呼, 可謂盛矣.

생각해 보면 불도는 일찍이 起·滅·興·衰된 적이 없다. 그러나 반드시 불도를 豪傑之士에게 부촉한 연후에야 비밀스럽고 심오한 나루와 다리를 발명할 수가 있다. 그러므로 후대에 진실로 그런 사람이 아니라면 불도는 끝내 드러나지 않는다. 선사의 경우 세속을 단절한 모습으로써 부귀와 공명을 멀리하였고, 그러면서도 가사를 塵外에 떨치지도 않았으며, 높이 妙峰을 걸으면서도 중생들로 하여금 귀향하는 곳을 알도록 해 주었다. 명성은 천하에 소문이 났고, 말씀은 후세에까지 전해졌다. 오호라, 가히 왕성했다고 말할 수 있다.

銘曰
祖提心印, 慧於後昆. 曹洞承之, 與祖同源. 源深流遠, 疊疊諸孫.
惟大洪老, 爲世導師. 蟬蛻冠緌, 毘尼焉依. 法電旣震, 聞於九圍.
實作司南, 衆乃弗迷. 闡敎利物, 爲時一出. 出沒者渠, 非生滅質.
其來無迹, 其去無還. 光風霽月, 依舊雲山.

銘으로 말한다.
조사는 심인법을 제시하여 후세를 지혜롭게 하였는데

---

17) 『어록』…=현재는 모두 逸書들이다.

조동의 종지 그것을 이어 조사와 동일한 근원 되었네.
근원은 깊이 흘러서 저 멀리 모든 후손에게 면면한데
오직 대홍산의 노인만이 세상을 인도하는 스승이셨네.
호사스런 벼슬까지 벗어 놓고 불법의 계율에 의지하여
불법의 우레를 크게 떨치니 천지에 그 명성 퍼졌다네.
실로 나침반 되니 중생이 이에 미혹하지 않게 되었고
가르침 열어 중생을 이롭게 하니 당시 불세출 되었네.
자유롭게 출몰하는 진여불성은 생멸의 본질이 아니고
여여하게 오니 흔적 없고 여여하게 가니 돌아오지도 않네.
신선한 바람과 상쾌한 달은 예전과 같이 운산에 있네.

政和三年癸巳四月七日.
朝請郎·通判隨州軍州·管句學事·兼管內勸農事·賜緋魚袋, 李綬.
奉直大夫·知隨州軍州事·管句學事·兼管內勸農使·賜紫金魚袋, 宋昭年.
法姪崇寧保壽禪院住持傳法沙門守恭立石.

*院=없다(底). *沙=妙(底).

정화 3년(1113) 4월 7일에, 조청랑·통판수주군주·관구학사·겸관내권농사·사비어대인 李綬[18]와, 봉직대부·지수주군주사·관구학사·겸관내권농사·사자금어대인 宋昭年[19]과, 법질인 숭녕보수선원의 주지이고 전법사문인 守恭[20]이 立石하다.

18) 李綬=전기는 미상이다.『隨州志』권20에는 政和 4년에 隨州判官이 되었다는 기록이 있다.
19) 宋昭年=전기는 미상이다.『隨州志』권20에는 政和 3년에 知隨州가 되었다는 기록이 있다.
20) 守恭=芙蓉道楷의 법사로서, 大洪山 제3세가 되었다.

[자료 5] 宋大洪楷禪師塔銘

(1) [淸]張仲炘 輯 :『湖北金石志』권10(약호 : 底)
(2) 張仲炘 等 撰 :『湖北通志』권102(약호 : 通)

隨州大洪山崇寧保壽禪院十方第二代楷禪師塔銘.
朝請郞·新差知北外都水丞公事·賜緋魚袋, 天彭王彬譔.*
宣義郞·新授都水監丞·權管句均州軍州事, 武夷范寅亮 書.*
朝請郞·京西路轉運司·管句文字·賜緋魚袋, 眞定張好古 篆額.*

·[撰者] : 王彬. 전기가 미상이다.『宋史』권304의 淳化 3년(993)에 進士가 되었던 王彬은 별도의 인물이다.
*范寅亮·張好古도 미상이다.

수주 대홍산 숭녕보수선원 십방제이대 도해선사 탑명
조청랑·신차지북외도수승공사·사비어대인 천팽왕빈이 찬술하다.
선의랑·신수도수감승·권관구균주군주사인 무이 범인량이 쓰다.
조청랑·경서로전운사·관구문자·사비어대인 眞定 장호고가 전액하다.

政和八年夏五月乙未, 芙蓉禪師, 以偈示衆, 書遺誡, 付囑門人, 沐浴更衣, 吉祥示寂. 越三日丁酉茶毘, 收靈骨. 秋九月甲午, 塔藏芙蓉湖. 後七年, 住持大洪山慧照禪師慶預, 師之受業高弟, 嗣法的孫也. 念湖山遠在海隅, 奉塔廟之禮常缺. 喟然歎曰, 吾昔嘗侍老師住大陽. 遷居此山凡五年, 天下衲子, 輻輳雲萃, 不遠千里而來. 當時升堂入室者, 散之四方, 皆

續佛壽命, 爲人天師, 今住世者, 如焦山城·大隋璉·鹿門燈·石門易·寶峰
照 卽其人也. 昔人藏衣曹溪, 葬履熊耳, 豈不以恩大難酬示不忘本邪.

    정화 8년(1118) 여름 5월 을미일(14일)에 부용도해 선사는 게송을 대중에게 내보이고, 유서를 써서 문인들에게 부촉하고, 목욕하고, 옷을 갈아입고, 길상한 모습으로 시적하였다. 사흘째인 정유일(16일)에 다비하고 영골을 수습하였다. 가을 9월 갑오일(15일)에 부용호[1]에 탑을 모셨다. 이후 7년(1124)째 되던 해에 대홍산에서 주지를 하고 있던 혜조 선사 경예[2]는 선사의 가르침을 받은 高弟로서 사법한 的孫이었다. 湖山[3]은 멀리 海隅[4]에 있었기 때문에 항상 탑묘에 대한 예우를 간과하였기 때문에, 이에 한탄하며 말했다.

    "나는 예전에 일찍이 노사께서 대양에 주석하셨을 때 모신 적이 있었다. 거처를 이곳 산으로 옮겨서 5년이 되지 천하의 납자들이 구름처럼 폭주하여 천리를 멀다하지 않고 찾아들었다. 당시에 승당에 오르고 조실에 들어갔던 사람들이 흩어져 사방으로 가서 모두가 부처님이 혜명을 잇고 인천의 스승이 되었다. 지금 세간에 주석하는 사람으로는 焦

---

1) 芙蓉湖=산동성 濟寧道 臨沂縣에 있다고 기록되어 있다. 郯城縣이 서북쪽 70리 부용산 아래에 부용호가 있다.『大明一統志』권23의 兗州府 조항;『郯城縣志』권2;『齊乘』권2의 益都水에 "沭水〈音加 俗作去聲讀〉沭水有二. 東沭 出沂州西北其山〈城內普照寺 有金僧居山頌碑 作其山〉南流至卞莊站〈國初立站 今廢〉東分一支 入芙蓉湖 瀦田數千頃 湖在沂州東南芙蓉山下 香梗鍾畝 古稱琅邪之稱卽此 西沭…"라는 것도 같은 장소를 가리킨다. 특히 '瀦田數千頃'의 숫자가 이「탑명」의 後文에 '良田數千頃'이라고 되어 있는 것과 일치하고 있는 것은 대단히 흥미롭다.
2) 慧照禪師慶預=慧照慶預(1078~1140)은 [자료 10]을 참조.
3) 湖山=芙蓉山의 別名으로 보인다. 부용호와 부용산을 합쳐서 부르는 말이지, 濟南府 章邱縣 남쪽 50리에 있는 湖山을 말하는 것은 아니다.
4) 海隅=산동성 沿海 지역에 있는 옛날의 연못인데, 여기에서는 沂州를 이처럼 부르고 있다.

山城[5]·大隋璉[6]·鹿門燈[7]·石門易[8]·寶峰照[9]와 같은 경우가 곧 그들이다. 옛날 사람은 가사를 조계에 묻어두었고, 신발을 웅이산에 장례지냈다. 큰 은혜에 보답하기 어려운데, 그 어찌 근본을 잊지 않음을 내보이지 않을 수 있겠는가."

乃遣其徒宗幾遷致師靈骨. 建浮圖於大洪山之陽. 冬十一月塔成. 明年冬, 彬謁慧照於山中. 慧照喜謂彬曰, 吾芙蓉老師, 法海舟航, 佛門梁棟. 三十七年, 於*大地衆生作陰涼. 機緣在世, 不獨衲子, 能言搢紳士大夫咸知之. 今新塔未銘也. 敢以爲請. 彬旣仰慕芙蓉之高風, 又重違慧照之勤意, 義不獲辭退. 而銘之云.

*於=與(通).

이에 그 문도인 宗幾[10]를 보내서 선사의 영골을 옮겨오도록 하고, 대홍산의 양지바른 곳에다 부도를 건립하였는데, 겨울 11월에 부도탑이 낙성되었다. 이듬해 겨울에 彬이 산중으로 혜조를 찾아오자, 혜조가 기쁘게 彬에게 말했다.

---

5) 焦山成=普証法成(1071~1128)은 [자료 7]을 참조.
6) 大隋璉=大用齊璉으로서 부용도해의 법사이다. 사천성 彭州의 大隋山에 주석하였고, 후에 長安의 天寧寺에 주석하였다.
7) 鹿門燈=法燈(1075~1127)은 [자료 8]을 참조.
8) 石文易=元易(1053~1137), 사천성 潼川 銅山의 稅氏로 태어났다. 부용도해의 법사이다. 大觀 4년(1110)에 하남성 鄧州 招提에 주석하였고, 명찰을 歷住하다가 襄州로 옮겼다. 소흥 7년 7월 25일에 시적하였다. 세수는 85세이고, 學射山에 장례지냈다.
9) 寶峰照=闡提惟照(1084~1128), 사천성 簡州 陽安의 李氏로 태어났다. 부용도해의 법사이다. 招提·甘露·三祖·圓通에 歷住하고, 강서성 隆興府 泐潭寺에 주석하였다. 건염 2년 정월 18일에 시적하였다. 세수는 45세이고, 승랍은 25세이다.
10) 宗幾=전기는 미상이다.

"우리 부용노사께서는 法海의 舟航이고 佛門의 棟梁이십니다. 37년 동안[11] 대지의 중생에게 시원한 그늘을 만들어 주었습니다. 세상에서 기연이 닿은 사람들은 납자들 뿐만 아니라 말솜씨가 뛰어나고 지체가 높은 사대부들은 모두 선사를 알고 있습니다. 그런데 지금 새로 만들고 있는 탑에 아직 銘이 없습니다. 이에 감히 청을 드립니다."

彬이 이미 부용의 고풍을 앙모하고 있었을 뿐만 아니라 또한 거듭 혜조의 간절한 뜻을 어기는 것은 의리상 사양할 수가 없었다. 따라서 거기에 銘을 붙이겠다고 말했다.

師諱道楷. 俗姓崔氏. 沂州費縣人. 少學神仙. 得辟穀述. 隱伊陽山中. 旣久知非究竟. 乃棄所學. 游京師. 詣述聖院出家. 禮德遷爲師. 熙寧六年. 試經用度. 明年受具戒. 游歷諸方. 徧參知識.

선사의 휘는 道楷이고, 속성은 崔氏이며, 沂州 費縣[12] 출신이다. 어려서 神仙을 익히고 벽곡술을 터득하여 伊陽山中[13]에 은거하였다. 그러나 오랜 후에 구경이 아님을 알고 이에 그 배움을 포기하고 京師에 노닐면서 述聖院에 나아가 출가하고, 德遷에게 참례하고 스승으로 섬겼다.[14] 희녕 6년(1073) 試經의 제도를 활용하였고, 이듬해 구족계를 받았다. 제방을 역참하면서 선지식들을 편참하였다.

---

11) 三十七年=元豊 5년(1082) 沂州 仙洞山에서 출세할 때부터 정화 8년(1118) 시적할 때까지의 연도이다.
12) 沂州 費縣=산동성 濟寧道 費縣을 가리킨다.
13) 伊陽山中=하남성 河洛道 伊陽縣의 서쪽을 가리키는 것으로 보인다.
14) 述聖院…=述聖院 德遷의 전기는 미상이다.

最後至舒州投子山, 見靑禪師, 一言造妙, 師資深契. 靑以明安衣履付焉. 去之韶山, 結茆虎穴旁. 虎爲伏馴, 探穴取子, 初無忤也. 師雖宴坐山林, 然道價四馳, 千里嚮風.

최후로 舒州 投子山에 이르러서 靑禪師를 친견하고 한마디에 현묘한 경지에 이르러 스승과 제자가 깊이 계합되었다. 청선사는 대양명안의 가사와 신발을 부촉하였다. 헤어지고 韶山[15]으로 가서 호랑이굴 옆에다 움막을 지었다. 호랑이가 조복되고 길들여졌기 때문에 굴을 더듬어서 새끼를 찾아내도 처음부터 반항하지 않았다. 선사가 비록 산림에서 좌선하고 있었지만 그 道價는 사방으로 알려져 천리까지 퍼졌다.

自元豊五年出世, 至示寂, 凡七坐道場. 最初住沂州仙洞山. 又遷西京乾元·招提, 郢之大陽, 隨之大洪. 皆當世元老名公卿以禮延請. 後被詔住東京十方淨因, 又徙住天寧萬壽. 皆中使奉命. 恩禮兼隆, 諸方榮之. 師所至無緇素貴賤, 皆直造室內. 其來京師, 諸公卿貴人, 日夕問訊, 每與道人處士雜坐. 師皆一目之.

원풍 5년(1082)에 출세해서부터 시적에 이르기까지 무릇 일곱 도량에 주석하였다. 최초에 沂州 仙洞山[16]에 주석하였다. 또한 西京의 乾元[17]·

---

15) 韶山 하남성 河南府 澠池縣의 북쪽 30리에 있다. 도해의 법사 禧諿도 주석하였다.
16) 沂州 仙洞山=산동성 濟寧道 蒙陰縣 남쪽 8리에 있는데, 蒙陰山이라고도 한다. 『齊乘』권1.
17) 乾元=洛陽縣 서남쪽 30리에 있는 龍門 乾元寺로서 도해의 법사인 南이 주석하였다.

招提[18], 鄆의 大陽, 隨의 人洪 등으로 옮겼다. 모두 당세의 元老名公卿
의 예우를 받아 초청되었다. 후에 조칙을 받아 동경의 十方淨因[19]에 주
석하였고, 또 옮겨서 天寧 萬壽[20]에 주석하였는데, 모두 中使의 명을
받았고, 恩禮가 또한 융성하였으며, 제방에서는 그것을 영예롭게 생각
하였다. 선사가 이르는 곳은 출가·재가·귀인·천인이 없이 모두 곧장
조실에 들어갈 수 있었다. 선사가 경사에 이르자 수많은 公卿 및 貴人
들이 밤낮으로 법을 물었는데 매번 납자와 재가인이 함께 참여하였는
데, 선사는 모두 동일하게 대하였다.

**師行解相應, 履踐篤至, 無明妄心, 一毫不立. 故不能矯情徇世, 避人道
之患竟坐. 辭身章師號, 忤上意, 得罪居淄州. 久之上察其無它聽自便.
復有旨下開封府, 訪師還其故服. 師聞之書四句偈, 遺中貴人王松年云,
石田焦穀又生芽, 暮種朝收濟幾家. 巢父飮牛牛不飮, 漁翁撥棹入蘆花.
衆口傳播, 尹李公孝壽, 得之察其誠心. 乃爲敷奏, 因從其志.**

선사는 수행과 이해가 상응하였고, 실천하는 행위가 도탑고 지극했
으며, 무명의 허망한 마음이 털끝만큼도 일어나지 않았다. 때문에 마음
을 속여서 세간을 호령하거나 다른 사람들의 어려움을 피하는 일이 없
이 끝까지 좌선으로 일관하였다. 身章師號[21]를 사양하여 황제의 뜻을

---

18) 招提=洛陽縣의 동쪽 20리 故洛陽城의 서쪽에 있는 白馬寺를 가리킨다. 도해의
  법사인 西京 招提寶가 주석하였다. 慶預가 元祐 6년(1091)에 大陽山에서 도해에
  게 참문하기 이전의 住持로 간주된다.
19) 十方淨因=崇寧 3년(1104)에 주지로 있었다. 『東京夢華錄』 권3의 上淸宮에 "十
  方淨因禪院, 在州西油醋巷"이라 기록되어 있고, 『汴京遺蹟志』 권11에는 金梁橋
  의 서쪽과 汴下의 남쪽에 있다고 기록되어 있다.
20) 天寧萬壽=하남성 開封道 禹縣 鈞州의 城內 서북쪽에 있다.

어김으로써 죄를 받아 淄州²²⁾에 머물렀다. 오랫동안 황제는 선사에게 다른 뜻이 없음을 살펴보고 자유롭게 풀어 주었다. 다시 開封府²³⁾에 칙지를 내려서 선사를 방문하여 그 이전의 신분으로 회복시켜 주도록 하였다. 선사는 그 말을 듣고 사구의 게송을 써서 中貴人王松年²⁴⁾에게 보내서 말했다.

돌멩이 밭의 그을린 곡식은 또 싹도 트지 않는데
저녁에 심고 아침에 거두어 몇 집이나 건져 주랴.
巢父는 소한테 물 먹여도 소는 물을 마시지 않고
漁翁은 잡은 노를 접어 두고 갈대꽃으로 들어가네.

대중의 입에 전파되자 尹이었던 李公孝壽²⁵⁾가 그것을 듣고는 선사의 성심을 알아차렸다. 이에 황제에게 아뢰고 선사의 뜻을 따르도록 하였다.

師始欲游天台·雁蕩, 過故里, 爲父老留不得去. 樞密劉公奉世, 捨俸金, 買芙蓉湖田, 築室延師. 四方衲子歸之, 俄成叢林. 今賜額興化焉. 先是芙蓉湖衆水, 鍾聚瀰漫百餘里, 師嘗謂, 若決而歸之川, 可得良田數千頃. 常平使者, 聞其言使邑令詣. 師受規畫, 鑿渠疏導, 悉如師說.

---

21) 身章師號=身章은 여기에서는 천자가 내려 준 紫衣를 가리킨다. 이때 定照禪師라는 호를 내려 주었다고 하는데, 奏上했던 사람은 李孝壽이다.
22) 淄州=산동성 濟南道 淄川縣을 가리킨다.
23) 開封府=아래 주석 25)의 李孝壽가 開封尹이었을 때에 해당한다.
24) 中貴人王松年=전기는 미상이다.
25) 李公孝壽=李孝壽로서, 字는 景山이다. 증조부는 護이고, 조부는 迪(971~1047)의 아우인 邁이며, 父는 及之로서 산동성 濮州 출신이다. 開封府戶曹參軍 및 開封尹을 거쳐서 대관 3년(1109)에 知蘇州가 되었다. 정화 원년(1111)에 刑部侍郎에 제수되었고, 다시 開封尹이 되었다. 여기의 기록은 처음 개봉윤의 시절에 해당한다. 잔인하고 가학적인 성격으로서 龍圖閣學士로 생을 마쳤다. 『宋史』권 310에 전기가 전한다.

異時菰蒲沮洳之地, 皆爲沃壤. 鄕人德之, 乃相率舍田於寺. 歲入旣豊, 又推其餘, 以與馬鞍山. 後亦贍數百衆. 師喜營建梵刹, 見棟宇卑陋, 則崇飾更新, 規模宏壯. 疑若基橫艱難, 然人以師故, 施財助力, 咸說樂之. 工役未嘗踰時, 纔成卽棄去, 不迴顧也.

*衆=家(通).

선사는 처음에 天台[26] 및 雁蕩[27]에 유행하려고 생각하여 고향을 지나가다가 연로하신 부친을 위해서 머물러서 유행할 수가 없었다. 樞密劉公奉世[28]가 녹봉을 털어서 芙蓉湖田을 매입하고 가람을 지어서 선사를 맞이하였다. 사방의 납자들이 그곳으로 몰려들어 갑자기 총림이 형성되었다. 지금은 興化라는 賜額이 있다. 그보다 이전에 부용호의 풍부한 물은 백여 리에 이르기까지 가득 넘쳤다. 이에 일찍이 선사가 말했다. "만약 그 물길을 잡아서 하천으로 돌린다면 수천 頃의 良田을 얻을 수 있을 것이다." 常平의 使者[29]가 그 말을 듣고 邑令을 시켜서 선사에게 참문토록 하였다. 선사가 설계도를 받아서 고랑을 파고 물길을 소통시키니, 모두 선사가 말한 그대로였다. 이후에 습지였던 땅이 모두 옥답이 되었다. 향인들이 그것을 덕으로 삼고 이에 서로 따라서 전답을 사찰에 보

---

26) 天台=천태산은 절강성 會稽道 天台縣 북쪽 3리에 있다.
27) 雁蕩=안탕산은 절강성 歐海道 樂淸縣 동쪽 90리에 있다.
28) 樞密劉公奉世=劉奉世(1041~1113)로서 字는 仲憑이다. 증조부는 式이고, 조부는 立之이며, 父는 敞(1019~1068)이다. 강서성 臨江 新喩 출신이다. 進士가 되었고, 원우 7년(1092)에 樞密直學士를 거쳐서, 소성 원년(1094)에 端明殿學士가 되었다. 숭녕 원년(1102)에 직위를 해제되고 견책을 받아 沂州 및 兗州로 유배되었다. 후에 사면되어 정화 3년에 다시 端明殿學士가 되었다가, 73세로 죽었다. 漢書學에 정통하였고, 父 및 叔父 攽과 더불어 세간에서 三劉라 일컬어졌다. 『宋史』 권319에 전기가 전한다.
29) 平常의 使者=平常은 提擧平常倉의 冠名을 가리키는데, 쌀값을 조절하기 위하여 설치한 공공의 창고를 관리하던 직책이다.

시하였다. 이에 세입이 풍부해지자 또한 여분은 馬鞍山[30]에 증여하였다. 이후로 수백 명의 대중이 또한 넉넉하게 되었다. 선사는 즐겨 가람을 건립하였고, 건물이 낡은 것을 보면 곧 중수하여 새롭게 하여 규모가 굉장하게 되었다. 만약 가람을 구축하는 데 어려움이 있는 경우에도 사람들이 선사의 옛날 인연을 생각하여 재물을 보시하여 거들었는데, 모두가 그것을 기쁘게 누렸다. 그래서 일찍이 공사기일을 넘긴 적이 없었다. 건물이 완성되면 선사는 곧 그곳을 떠나서 돌아보지도 않았다.

師本田家子. 爲兒童時, 父令敺田中飛蝗. 師舍己之田, 先敺隣人者. 詰之則曰, 損他利己所不忍. 爲其利它之行, 蓋天性也.

선사는 본래 농부의 자식이었다. 아동시절에 부친이 밭에서 날벌레를 쫓도록 하자, 선사는 자기의 밭을 그만두고 우선 이웃 사람의 밭을 거들었다. 이에 꾸중을 들으면 다음과 같이 말했다. "남을 해치고 나를 이롭게 하는 것은 참을 수가 없습니다." 선사가 남을 이롭게 하는 행위는 무릇 타고난 것이었다.

師享年七十有六, 僧臘四十二. 度弟子, 九十三人. 法嗣得骨髓出世者, 二十九人. 皆緣法盛行. 於時而丹霞淳公, 其後尤大. 今慶預在大洪, 禪子至二千. 淸了在長蘆, 正覺在普照, 亦至千衆. 蓋天下三大禪刹. 曹洞之宗, 至是大振矣.

---

30) 馬鞍山=孟母의 무덤이 있는 鄒縣의 북쪽 20리에 있는 산으로 보인다. 『禪林僧寶傳』 권17에 의하면 출세하기 이전에 고향으로 돌아와서 마안산에 한거하였다고 한다.

선사의 향년은 76세이고, 승랍은 42세였다. 제도한 제자가 93명이고, 嗣法의 骨髓를 얻어 출세한 자는 29명으로, 모두가 인연법을 번성하게 펼쳤다. 그때 丹霞淳公[31]은 선사 이후에 더욱더 대성하였다. 지금 慶預는 대홍산에 주석하고 있는데, 납자가 2천 명에 이른다. 淸了[32]는 장로산에 주석하고, 正覺[33]은 보조선사에 주석하고 있는데 또한 천여 명의 대중에 이른다. 이들은 천하의 3대 선찰이라 할만하다. 조동종은 이에 이르러서 크게 진작되었다.

師應接機緣, 已見語錄, 及德洪所撰僧寶傳, 承議郎諱韶臨沂塔舊銘, 鹿門法燈禪師塔中記載之, 已詳盡云.

선사의 제자를 교화한 기연은 이미 『어록』[34]에 보이며, 또한 덕홍이 찬술한 『선림승보전』[35], 承議郎 諱韶가 찬술한 臨沂에 있는 塔의 舊銘[36], 鹿門法燈禪師의 塔中記[37]에 그것을 수록하고 있어서 이미 자세

---

31) 丹霞淳公=丹霞子淳(1064~1117)은 [자료 6]을 참조.
32) 淸了 眞歇淸了(1088~1151)는 [자료 11]을 참조.
33) 正覺=宏智正覺(1091~1157)는 본서 제4장 제1절 참조.
34) 『語錄』=현존하지 않지만 『續刊古尊宿語要』권2의 「芙蓉楷禪師語」는 그 발췌이다. 또한 『般若心經三注』, (續藏 1-41-4 〈통권41〉)로서 南陽慧忠・芙蓉道楷・慈受懷深의 合注本이 현존한다.
35) 德洪 撰…=覺範德洪(1071~1128)으로서 字는 覺範이고, 이름 앞 글자는 慧洪이라고 한다. 강서성 筠州 新昌에서 喩氏로 태어났다. 眞淨克文의 법사이다. 朱彦에게 초청되어 臨川이 北禪寺에서 출세하였고, 이어서 吳玕에게 초청되어 金陵 淸涼寺에 주석하였다. 그러나 그와 주장을 달리하는 僧의 참소를 받아 전후 네 차례에 걸쳐서 투옥되었다. 만년에 潭州의 南台寺에 주석하였다. 건염 2년 5월에 建昌縣의 서쪽 15리에 있는 鳳棲山同安崇勝禪院에서 시적하였다. 세수는 58세이다. 道楷의 章은 『禪林僧寶傳』권17에 수록되어 있다.
36) 承議郎韓韶…=韓韶는 [자료 4]・[자료 6]에 그 이름이 보이지만, 전기는 미상이다. 이 舊塔銘은 현존하지 않는다.
37) 鹿門法燈…=녹문법 등은 [자료 8] 및 본서 제3장 제4절을 참조. 塔中記는 覺範

하게 전한다.

　　銘曰,
諸佛出世, 爲一大事, 以心傳心, 莫難承嗣. 日齋明安, 得人惟艱. 正法眼藏, 託于浮山. 道未喪世, 遺言不墜. 異苗翻茂, 卒如師偈, 堂堂靑公, 法中之龍. 針芥投機, 復有芙蓉. 自師承宗, 曹洞始大. 良价不亡, 大陽猶在. 凡今宗師, 鮮克全提. 不滯空劫, 則落今時. 惟師當機, 正偏互唱. 木女謳歌, 石人撫掌. 薦承明詔, 七坐道場. 三十七年, 爲衆擧揚. 夢身幻宅, 誰主誰客. 不有榮名, 孰爲罪謫. 一辭帝闈, 終老海浜. 國師塔樣, 分付兒孫. 漢東沂上, 十方天壤. 一切含情, 萬古瞻仰.

　　銘으로 말한다.
제불이 세간에 출현한 것은 일대사가 되었는데
마음을 마음에 전승하면 承嗣에 어려움이 없네.
옛적에 명안은 사람을 얻는 데 어려움 있었지만
정법안장을 가지고 부산법원에게 의탁하였다네.
도가 아직 세상에 남고 유언도 또 소멸됨 없어
異苗가 번성하여 끝내 선사의 게송과 같았다네.[38]
당당한 투자의청선사는 불법 가운데 용으로서
바늘과 겨자 투기의합되고 다시 부용이 있었네.
선사의 종지가 이어져 조동은 비로소 번성하여
동산양개가 소멸되지 않고 명안도 남게 되었네.

의 「塔銘」으로 간주되지만, 혹 별도로 壽塔記가 있었는지도 모른다.
38) 異苗翻茂=본서 제3장 제1절 投子義靑傳을 참조.

무릇 지금의 종사를 제대로 全提하기가 어려워
공겁에 막히지 않더라도 곧 今時에 떨어진다네.
오직 선사만 근기를 상대하여 정편 부르짖으니
목녀가 노래를 부르고 석인이 박수를 쳐 준다네.
계속하여 조칙을 받아 일곱 도량에 주석하면서
삼십 칠 년 동안 대중을 위해 법을 거양하였네.
육신은 꿈이고 집은 허깨비인데 누가 주객인가
영화 및 명예 없거늘 어찌 죄 받고 유배되는가.
한 번 황명을 거역하고 노후를 海浜에서 마쳤고
남양혜충 국사 탑 모양을 후손에게 분부하였네.
漢東 沂上은 물론이고 十方의 天壤을 비롯하여
일체의 유정이 만고에 걸쳐서 받들어 숭앙하네.

靖康二年夏四月十五日, 大洪山崇寧保壽禪院住持嗣祖法孫慧照大師慶預立石.
玉册官武宗古刊.

정강 2년(1127) 여름 4월 15일에 대홍산 숭녕보수선원의 주지이고 사조의 법손인 혜조대사 경예가 입석하다.[39]

玉册官인 武宗古[40]가 간행하다.

---

39) 靖康 2년…=鹿門法燈의 시적이 정강 2년 5월 13일이므로 立石은 정강 3년의 誤記로 보인다.
40) 武宗古=전기는 미상이다.

[자료 6] 宋大洪山淳禪師塔銘

(1) [淸] 張仲炘 輯 : 『湖北金石志』 권10(약호 : 底)
(2) 張仲炘 等 撰 : 『湖北通志』 권102(약호 : 通)
 [參考][明]明河 撰 : 『續補高僧傳』 권9 丹霞淳傳(약호 : 補)

隨州大洪山十方崇寧保壽禪院第四代住持淳禪師塔銘並序
承議郞·管句成都府國寧觀·賜緋魚袋, 韓紹 撰
通直郞·豪州司戶曹事, 韓皓* 書
朝散郞·提点西京嵩山崇福宮·賜緋魚袋, 韓昭* 篆額

　·[撰者] : 韓韶. 전기는 미상이다.
　*韓皓 및 韓昭의 전기도 미상이다. 韓皓 및 韓昭는 [자료 4]에 그 이름이 보인다.

수주 대홍산 시방숭녕보수선원 제4대 주지 순선사 탑명 및 서문
승의랑·관구성도부국녕관·사비어대인 韓紹가 찬술하다.
통직랑·호주사호조사인 韓皓가 쓰다.
조산랑·제점서경숭산숭복궁·사비어대인 韓昭가 篆額하다.

甚矣哉, 道之難明也. 分宗別派*, 所以互揚隱顯, 而彼我之論紛起. 迴途轉位, 所以妙叶理事, 而同異之說熾然. 趣眞者滯於空迹, 涉俗者汩於緣塵. 履踐相應, 絶念而游抑, 又何其難也. 有導師出焉, 虛而不凝, 黙而常寂, 言行無玷*, 內外一如, 自利利他, 曾未間斷, 先洪山淳禪師,

是也.

*別=列(底). *凝=疑(底). *玷=坫(底).

참으로 대단하도다, 도를 밝혀냄이여. 宗을 나누고 派를 달리하는 까닭에 서로 隱과 顯을 드날리고 彼와 我의 논을 불러일으킨다. 길을 되돌리고 위치를 굴리는 까닭에 미묘하게 理와 事에 화합되면서도 同과 異의 설이 치연하다. 眞에 나아가는 자가 空의 자취에 막히고, 俗을 섭수하는 자가 반연의 번뇌에 잠긴다. 履와 踐이 서로 대응하여 망념을 단절하여 마음대로 억누른다면 또한 어찌 그것이 어렵겠는가. 그런 경지에서 導師가 출현하니, 텅 비어서 엉겨 있지 않고, 默하면서 항상 寂하며, 말과 행위에 어그러짐이 없고, 안과 밖이 일여하며, 자리하고 이타하며, 일찍이 間斷이 없었으니, 입적하신 대홍산의 자순선사가 바로 그런 사람이다.

師諱子淳*. 俗姓賈氏. 劍州梓潼縣人. 自幼不喜葷辛. 依縣之大安寺出家. 年二十七, 祝髮受具, 禮道凝上人爲師. 初卽講席, 探究敎典, 頗通義學. 旣而幡然改日, 名相累人, 如泥塗溺足. 乃拂袖遊方, 徧參知識. 歷大潙眞如喆禪師·寶峰眞淨文禪師·大洪恩禪師室, 皆承獎待.

*子=德(底)(通).

선사의 휘는 子淳[1]이고, 속성은 賈氏이며, 劍州 梓潼縣[2] 출신이다.

---

1) 子淳=『湖北金石志』·『湖北省通志』에는 모두 德淳으로 기록되어 있다. 『普燈錄』 권5·『補續高僧傳』 등에서는 子淳이라 기록되어 있으므로 일반적으로 전승되고 있는 호칭에 따른다.
2) 劍州梓潼縣=사천성 四川道 梓潼縣을 가리킨다.

어려서부터 오신채를 좋아하지 않았고, 재동현의 大安寺[3]에 의지하여 출가하였다. 27세 때 머리를 깎고 구족계를 받았으며, 道凝上人[4]에게 참례하고 은사로 모셨다. 처음에는 講席에 나아가서 敎典을 탐구하였는데, 자못 義學에 달통하였다. 이윽고 갑자기 바꾸어 말했다. "名과 相은 사람을 얽어매는 것으로 진흙길에 발이 빠지는 것과 같다." 이에 소매를 떨치고는 유행의 길에 나서 선지식들을 편참하였다. 大潙眞如喆禪師[5]·寶峰眞淨文禪師[6]·大洪恩禪師[7]의 조실 등을 역참하여 모두 찬탄을 받았다.

後至大陽, 訪道楷禪師, 今沂川芙蓉老人是也, 一見師器之. 老人垂示但云, 退步就己, 萬不失一. 又云, 空劫承當, 佛未出世時體會. 師忽妙契. 由是迥超根塵, 頓忘知*見. 老人後住大洪, 命師立僧. 學識威儀, 爲衆標表, 峥嶸道望, 推重一方.

*知=如(底).

이후에 大陽[8]에 이르러서 道楷禪師를 찾아갔다. 오늘날 沂川의 芙蓉老人이 그 사람인데, 선사를 일견하고는 곧장 법기로 여겼다. 부용노

---

3) 大安寺=『大明一統志』 및 『梓潼縣志』에도 보이지 않는다.
4) 道凝上人=전기는 미상이다.
5) 大潙眞如喆禪師=慕喆(?~1095), 강서성 撫州 臨川의 聞氏로 태어났다. 임제종 翠巖可眞의 법사이다. 大潙山·大相國寺 智海禪院에 주석하였다. 紹聖 2년 10월 8일에 시적하였다.
6) 寶峰眞淨文禪師=克文(1025~1102), 號는 雲庵이고, 賜號는 眞淨大師이다. 하남성 陝府 閿鄕의 鄭氏로 태어났다. 黃龍慧南의 법사이다. 泐潭山 寶峰禪院에 주석하였다. 崇寧 원년 10월 16일에 시적하였다. 세수는 78세이고, 승랍은 52세이다.
7) 大洪恩禪師=[자료 4] 참조.
8) 大陽=호북성 郢州 京山縣 북쪽 90리에 있다.

인은 垂示하여 무릇 "걸음을 물러나서 자기를 향해 나아가면 만에 하나도 잃을 것이 없다."고 말했다. 또 말했다. "공겁을 이해하여 부처가 아직 출세하기 이전의 시절을 체득해야 한다." 선사가 홀연히 妙契하였다. 이로 말미암아 아득히 번뇌를 초월하고 곧장 지견을 잊었다. 후에 부용노인이 대홍산으로 옮겨갔을 때 선사에게 명하여 立僧을 시켰다. 학식과 위의가 대중의 모범이 되었고, 도의 명성이 높이 뛰어나 一方에서 존중을 받았다.

崇寧三年甲申, 王公信玉按刑京右, 雅聞師名德, 乃徇衆願, 請住南陽丹霞山天然道場. 將行老人歷以佛祖傳法偈, 及諸家宗旨因緣勘弁. 師應機響答, 煥若氷釋. 老人尤歎異. 丹霞叢席久廢. 先時圓明大師住持, 宗門軌範, 稍復舊貫, 至師乃大振起之. 雲水高人, 風聞輻輳. 師於是益闢田疇, 繕室宇, 以廣延納事. 爲之制條, 端有倫. 一衆蕭然, 安禪靜慮. 山中素闕典.* 師啓意導化, 曲盡經營, 迄至有成, 靡不蒙益.

*典=「典」 뒤에 「似脫一字」의 네 글자가 있다(通).

숭녕 3년 갑오년(1104)에 王公信玉按刑京右[9]가 마침내 선사의 명성과 도덕을 듣고 이에 대중의 소원을 따라서 초청하여 南陽의 丹霞山[10] 天然의 도량에 주석토록 하였다. 이로써 장차 그곳으로 가려고 하는데 부용노인이 역대 불조의 전법게 및 제가의 종지인연을 가지고 勘弁하였다. 선사의 應機와 響答은 명쾌하기가 마치 얼음이 녹는 것과 같았다. 그러자 부용노인이 더욱더 선사의 기이함을 찬탄하였다.

---

9) 王公信玉按刑京名=전기는 미상이다.
10) 南陽의 丹霞山=하남성 南陽府 동북쪽 150리에 있는데, 寺名은 棲霞寺이다. 石頭希遷의 법사인 丹霞天然의 도량이다.

단하산의 叢席은 오랫동안 방치된 상태였다. 이전에 圓明大師[11]의 주지시절에 종문의 궤범이 약간 전례를 회복하였고, 선사의 주지 시절에 이르러 그것을 크게 떨쳐 일으켰다. 그러자 운수납자와 高德들이 소문을 듣고 폭주하였다. 선사는 이에 더욱더 밭을 개간하고, 가람을 수선함으로써 널리 납자의 가풍을 펼쳤다. 그를 위하여 규범을 제정하고 바르게 질서를 세웠다. 이로써 대중이 아무런 불편함이 없이 安禪靜慮할 수가 있었다. 산중에는 본래 그러한 전범이 없었지만, 선사가 뜻을 내어 敎導化益하며 곡진하게 경영하자 마무리가 되기에 이르러 그 이익을 입지 않는 사람이 없었다.

南陽之人, 每歲來會, 奉持齋律, 悟明性宗者, 莫可殫計. 環山十餘里, 葷辛不敢入. 雖邑吏田夫, 猶能漸漬, 陶染遷善, 遠罪以順師敎. 況服膺至道者乎. 如是旬歲, 初終不少懈. 人根浸熟, 祖令益振.

남양의 사람들은 매년 법회에 찾아와서 엄숙한 계율을 받들어 지니고 심성의 종지를 밝힌 사람들이 거의 헤아릴 수 없을 정도였다. 산을 둘러싼 10여 리는 오신채를 감히 들여오지도 못하였다. 설령 고을의 관리나 농부라 하더라도 또한 점차 동화되어 오염을 물리치고 善을 향하였으며, 죄를 멀리함으로써 선사의 가르침을 따랐다. 하물며 깨침에 힘써 노력하는 납자들이겠는가. 이와 같이 10년을 하였는데 처음부터 끝까지 조금도 게으름을 보이지 않았다. 그러자 사람들의 근기가 점차 성숙하고 조사의 가르침이 더욱더 진작되었다.

---

11) 圓明大師=護國守澄의 법사인 隨州 隨城山 護國 제3세인 志朗을 가리킨다.

乃辭疾, 退居於唐州大乘山之西庵. 有泉若醴, 得於庵之前, 汲之不竭,
殆爲師而出也.

마침내 병으로 사직하고 唐州 大乘山의 西庵[12]에 退居하였다. 단술
과 같은 샘물이 암자 앞에 있었는데 그것을 퍼내도 마르지 않았다. 그
물은 마치 선사를 위하여 나오는 것과 같았다.

政和五年, 隨州大守向公, 再請師住洪山保壽禪院. 院經回祿之後,
巍峩雲構, 化爲荒墟. 師至悉力營繕, 增壯於前. 逾年之間, 復就者
十七八. 衲子依投, 衆幾五百, 方緣盛道廣.

정화 5년(1115)에 隨州大守向公[13]이 다시 선사를 초청하여 대홍산의
보수선원에 주석하도록 하였다. 보수선원은 화재를 거친 후에 당당하
던 가람은 폐허로 변하였다. 선사가 그곳에 이르러서 사찰의 중건에 힘
을 다하자 이전의 장엄함이 점차 드러났다. 한해가 지나자 다시 찾아온
사람이 열 가운데 일곱 내지 여덟이었고, 납자들이 모여들어 대중이 거
의 오백이 되어 바야흐로 법연이 왕성해지고 선도가 확대되었다.

七年丁酉春, 示有微疾. 三月十日, 忽謂侍僧曰, 勿復進藥. 時將至矣.
安可久留. 翌日書偈云, 來亦無言, 去亦無說. 無後無前, 一輪明月. 是

---

12) 唐州 大乘山의 西庵=하남성 汝陽道 沘源縣 唐州의 동남쪽 45리에 大乘山이 있
다. 寺名은 普嚴禪院인데, 大觀 원년(1107)에 창건되었다. 法嗣인 利昪이 주석하
였다. 西庵의 이름을 慧照庵이라고도 하고, 또 無住庵이라고도 한다.
13) 隨州大守向公=『隨州志』 권20에는 政和 5년에 知隨州가 되었던 向에 대한 내용
을 기록해 두고 있는데, 그 전기는 미상이다.

夜五更, 僧正覺至問訊. 師乃云, 我當自在去矣. 良久端坐而逝. 世壽
五十四, 僧臘二十七.

정화 7년 정유년(1117) 봄에 微疾을 보였다. 3월 10일에 홀연히 시
자에게 말했다. "다시는 약을 들이지 말라. 장차 때가 되었다. 편안하
게 오랫동안 살아왔다." 이튿날 게송을 지어 말했다. "올 때도 또한 말
이 없었고, 갈 때도 또한 말이 없다. 이후도 없고 이전도 없으며, 하나
의 둥근 보름달이로다." 그날 밤 오경에 僧 正覺[14]이 이르러 문안을 드
리자, 선사가 이에 말했다. "나는 반드시 자재하게 갈 것이다." 양구하고
나서 단좌한 자세로 입적하였다. 세수는 54세이고, 승랍은 27세이다.

度弟子, 悟興等四十三人. 嗣法出世者, 二人. 利昇, 今住唐州大乘山普
嚴禪院. 慶預, 今住隨州水南太平興國禪院. 有語錄·偈頌·頌古四卷,
行於世. 師沒後八日戊申, 門人奉全身, 建窣堵波於山之南恩禪師塔右.
緇素變慕, 雲物哀慘.

*窣=宰(底).

제도한 제자로는 悟興[15] 등 43명이고, 嗣法하여 出世한 사람은 두 사
람인데, 利昇은 唐州 大乘山 普嚴禪院에 주석하고 있고,[16] 慶預는 지
금 隨州 水南 太平興國禪院에 주석하고 있다.[17] 『語錄·偈頌·頌古』 4권
[18]이 있어 세간에 유행되고 있다. 선사가 입적한 이후 8일이 되는 갑신

---

14) 僧正覺=법사인 宏智正覺을 가리키는데, 본서 제4장 제1절 참조.
15) 悟興=전기는 미상이다.
16) 利昇…=전기는 미상이다.
17) 慶預=[자료 10] 참조.
18) 『語錄·偈頌·頌古』四卷=4권본에는 전해지지 않는다. 續藏經 권124에 수록된

일(20일)에 문인들이 전신을 받들어 산의 남쪽에 있는 恩禪師 탑의 오른쪽에 窣堵波를 건립하였다. 출가와 재가인들이 變慕하였고, 자연물도 슬퍼하였다.

師乎生道行孤潔. 皃古而氣和, 心眞而言厲. 韶昔自潁川訪師於丹山. 每言, 吾今生以來, 未嘗敢造業. 當知業不可造, 爲患甚深. 蓋師自韶齓立志超邁, 擺脫塵勞, 及趣空門, 勇猛堅定, 卓爾不群. 可謂眞丈夫矣.

　*皃=皃(底) 皃는 모양이 같다.

선사는 평생 동안 道行이 고결하였다. 용모는 고아하였고, 기운이 화평하였으며, 마음은 진솔하고, 말은 엄격하였다. 韓韶가 옛날에 潁川[19]으로부터 단하산으로 선사를 찾아왔는데, 그때마다 매번 말하였다. "나는 금생부터 이후로 일찍이 감히 업을 짓지 않을 것이다. 반드시 알아야 한다. 업을 짓지 않아도 번뇌는 더욱더 깊어진다는 것을."

무릇 선사는 어렸을 때부터 다음과 같이 뜻을 세웠다. '저 멀리 번뇌를 벗어나 불교 문중에 나아가서 용맹스럽고 굳게 결정하며 훤칠하게 벗어나서 무리와 함께 하지 않아야 가히 진정한 대장부라 할 만하다.'

其操行也深, 其見法也徹. 以忘機爲化本, 以離識爲宗通. 故能妙倡偏圓, 傳持曹洞, 使沂川之道, 光燄烜赫. 至於接物度生, 慈悲懇切, 殆忘身以徇之. 而住壽若此, 弗克永世, 玆所以望失群生, 而悲摧法梁也. 韶夙荷奬提憨, 微報稱. 門人見屬以銘, 義不得辭.

『어록』1권 및 元版『四家錄』에 수록된『頌古』1권이 남아 있다.
19) 潁川=하남성 開封道 許昌縣을 가리킨다.

선사는 행위를 어거하는 데에는 심중하였고, 법을 보는 데에는 철저하였다. 근기를 따지지 않는 것으로써 교화의 근본을 삼았고, 분별식을 벗어남으로써 종통을 삼았다. 때문에 偏과 圓을 오묘하게 발휘하였고, 조동의 종지를 전승하여 沂川의 도를 크고 밝게 빛냈다. 중생을 교화하고 제도하는 데에는 자비심이 간절하여 거의 자신의 몸을 잊고 중생을 따랐다. 세간에 머문 수명이 이와 같으니 영원한 세계를 능가할 수는 없다. 이런 까닭에 희망을 잃은 群生은 불법의 대들보를 잃음에 슬퍼하였다. 나 韓韶는 일찍이 권유를 받고 부끄러움을 감출 수가 없는데다 그럴 자격도 없지만, 문인들로부터 銘을 부탁받으니, 의리상 사양할 수가 없다.

銘曰,
正法眼藏, 孰敢擬議. 普應群機, 不受一切. 大哉師宗, 曠然絕謂.
了無所了, 味兮忘味. 師生潼川, 岷峨秀氣. 善財門開, 遍參方外.
別有雲山, 妙高聳峙. 針芥投機, 空劫神會. 氷霜一色, 水乳相契.
理事兼融, 體用無滯. 愍諸迷津, 悲願洪誓. 兩坐道場, 無說顯示.
虛舟以遊, 應緣絕意. 龍象攝伏, 遠邇咸至. 甘露法雨, 普霑庶類.
言發成章, 乃其餘事. 拈出古今, 頌明宗旨. 白雪陽春, 遠繼投子.
茫茫群生, 巨川將濟. 洪浪滔天, 慈航忽逝. 惟其不沒, 淸規垂世.
嗣有顯德, 宗風未墜. 白雲卷舒, 靑山秀異. 我銘師塔, 忱辭無愧.
政和八年戊戌九月初一日庚辰, 住持傳法沙門善智立石.
*頌=顯(通). *沙=妙(底).

銘으로 말한다.

정법안장을 어찌 감히 헤아려 볼 수가 있겠는가
널리 群機를 따르되 일체를 받아들이지 않는다.
위대하다 선사의 종지여 드넓어서 말을 끊었고
이해해도 알 바가 없고 맛을 봐도 맛을 잊는다.
선사가 태어났던 潼川은 岷과 峨처럼 빼어났고[20]
선재의 문을 열고서 方外에 두루 참문하였다네.
특별히 구름에 뒤덮인 산은 아득하게 솟아 있고
바늘과 겨자 계합되니 공겁의 신묘한 만남이고
얼음과 서리가 일색이고 물과 우유가 계합되었네.
理와 事가 서로 융합되고 體와 用이 걸림 없고
모든 중생을 연민하고 비원으로 크게 서원하네.
두 차례 도량에 앉아서 말없음으로써 드러내며
빈 배로써 노닐며 인연 따르고 분별 뜻 끊었네.
용상의 대덕들 섭복하여 명성이 멀리 떨쳐대니
감로의 법우가 널리 갖가지 중생들을 적셔 주네.
설법하고 문장 짓는 것은 곧 그 밖의 일이지만
고금의 일화를 염출하여 게송으로 종지 밝혔네.
白雪과 陽春으로서 저 멀리 투자의청을 이어서[21]
망망한 중생들이 큰 강물을 건너가려고 하는데
높은 물결 높이 솟아도 자비의 배는 곧 건너네.
법이 침몰되지 않도록 청규를 세간에 드리우니

---

20) 岷峨=사천성에 있는 岷山과 峨帽山을 가리킨다.
21) 古今을 拈出…=投子義靑이 찬술한 『投子山靑和尙頌古集』을 계승한 『丹霞頌古』를 저술했던 것을 가리킨다.

사법제자가 도덕을 드러내 종풍 꺼지지 않았네.
백운이 모였다 흩어지니 청산은 유독 빼어나고
여기 선사의 탑명은 진실되어 부끄럼이 없다네.

정화 8년(1118) 9월 초하루 경진일에 주지로서 전법사문인 善智[22]가 입석하다.

---

22) 善智=大洪報恩의 법사로서 아마 대홍산의 제5세에 해당하는 사람으로 간주된다. 전기는 미상이다.

[자료 7] 宋故焦山長老普証大師塔銘

(1) 程俱 撰 :『北山小集』권32(『四部叢刊續編』所收本)(약호 : 底)
(2) 程俱 撰 :『北山小集』권32(『四庫全書珍本三集』所收本)(약호 : 三)

宋故焦山長老普証大師塔銘(爲傳國華作)* *
師名法成. 秀州嘉興縣人. 姓潘氏. 自爲兒時, 謹重不傲戱. 嘗夜行失道. 有僧異相, 携置空舍, 若佛寺者. 黎明則資性禪院也. 主者驚問狀, 更歎異之. 皆曰, 是子當爲佛法中人耳.

*爲傳國華作=없다(三). *嘗=常(三).

·[撰者] : 程俱(1078~1144). 字는 致道이고, 號는 北山이다. 曾祖父는 伯照이고, 祖父는 迪이며, 父는 天民이고, 母는 鄧氏이며, 妻는 石氏 및 江氏이다. 절강성 衢州의 開化 출신이다. 宣和 2년(1120)에 頌을 바쳐서 上舍出身을 하사받고, 禮部侍郎에 제수되었다. 건염 연간(1127~1130)에 太常少卿 및 知秀州가 되었다. 소흥 연간(1131~1162) 초에 秘書省少監이 되었는데, 그 무렵에 傳墨卿을 대신하여 이 탑명을 찬술한 것으로 보인다. 그 이후에『麒台故事』를 편찬하여 상주하였고, 中書舍人兼侍講으로 발탁되었다. 후에 徽猷閣待制로 제수되었다. 소흥 14년 6월 12일에 죽었는데, 세수는 67세이다.『宋史』권445에 그 전기가 기록되어 있다.

*傳墨卿은 字가 國華이고, 절강성 山陰 출신이다. 선화 4년(1122)에 高麗에 사신으로 다녀온 功이 있어서 程俱와 마찬가지로 進士出身을 받았고, 이후에 龍圖閣學士 및 提擧杭州洞霄宮이 되었다. 죽은 이후에 고려인에게 廟祠되었다.

송 고초산장로 보증대사 탑명(傳國華를 대신하여 程俱가 짓다)
선사의 이름은 法成인데, 秀州 嘉興縣[1] 출신으로, 속성은 潘氏이다.

---

1) 秀州嘉興縣=절강성 錢塘道 嘉興縣을 가리킨다.

어려서부터 신중하고 거만하게 놀지 않았다. 일찍이 밤길을 가다가 길을 잃어버렸다. 어떤 기이한 스님이 선사를 데리고 빈집인 절에 데려다 주었다. 여명에 보니 資性禪院[2]이었다. 스님들이 놀라서 상황을 묻고 그 기이함을 찬탄하자, 모두가 말했다. "이 아이는 반드시 불법문중의 사람이 될 것이다."

十七出家, 事本覺法眞守一禪師, 落髮受具戒已, 卽從一公, 問安心法, 參究累年, 至忘寢食. 去之四方. 初抵廬山羅漢英公執侍. 久之歷東林覺照·泐潭眞淨·翠巖新·潙山喆·雲蓋本·夾山齡公之室. 蓋十有九年. 最後至隨州大洪山. 時芙蓉道楷禪師道譽聞天下. 師親炙累月, 根塵迥脫, 大用現前, 如朗月空, 了無証取. 於*是命師唱導, 西堂衲子接迹. 楷公他日歎曰, 會禪者多, 悟道者少. 吾宗不墜. 是子親得矣. 會芙蓉師住持淨因, 師從以來, 助陽佛化, 如大洪時.

*於=于(三) 이하 동일.

17세 때에 출가하여 本覺法眞守一禪師[3]를 모시고서 낙발하고 구족계를 받았다. 이에 어떤 스님에게 安心法을 묻고는, 여러 해 동안 침식을 잊어가면서 참구하였다. 그곳을 떠나서 사방으로 유행하였다. 처음에 여산의 羅漢英公[4]을 찾아가서 모셨다. 그리고 오랫동안 東林의 覺照[5]·泐

---

2) 資聖禪院=嘉興府의 서북쪽 2里 10步에 있다. 본래 晋의 右將軍戴威의 집이었던 곳으로 資聖寺를 가리킨다.『至元嘉禾志』권10.
3) 本覺法眞守一禪師=守一이고, 호는 法眞禪師이다. 절강성 江陰의 沈氏로 태어났다. 圓照宗本의 법사이다. 秀州 嘉興縣의 서쪽 27리의 本覺寺에 주석하였다.
4) 羅漢英公=覺印子英(?~1117), 賜號가 覺印禪師이다. 절강성 錢塘의 懷氏로 태어났다. 圓通法秀의 법사이다. 廬山 羅漢院 및 강소성 江寧府 保寧寺 등에 주석하였다. 政和 7년 7월 14일에 시적하였다.
5) 東林의 覺照=覺照子琦로서, 賜號가 覺照大師이다. 복건성 泉州 惠安의 許氏로

潭의 眞淨[6]·翠巖의 新[7]·潙山의 喆[8]·雲盖의 本[9]·夾山의 齡公[10] 등의 조실을 역참하였는데, 무려 19년 동안이었다.

최후로 隨州의 大洪山으로 찾아갔다. 그때 芙蓉道楷선사의 道譽는 천하에 소문이 났다. 선사가 오랫동안 친히 가르침을 받으면서 세월을 거듭하여 根塵을 멀리 벗어나고 大用이 드러난 것이 마치 허공의 밝은 달과 같았는데 그 깨침에 대하여 집착마저도 없었다. 이에 도해는 선사에게 명하여 唱導토록 하자, 西堂의 납자가 그 뒤를 잇게 되었다.

도해공은 어느 날 찬탄하여 말했다. "내가 만나 본 선자가 많았지만 도를 깨친 자는 드물었다. 우리의 종풍은 추락하지 않을 것이다. 이 초산납자가 친히 얻을 것이다." 부용도해선사가 淨因禪院으로 주지가 되어 가자 선사가 따라간 이래로 도해를 도와서 佛化를 드날렸는데, 마치 대홍산의 시절과 같았다.

    태어났다. 黃龍慧南의 법사이다. 호북성 蘄州 開元寺의 제1세이다. 子琦가 동림사에 주석했는지 아닌지는 분명하지 않다. 혹 淨照崇信이 법사인 覺照禪師明으로도 간주된다.

6) 渤潭의 眞淨=眞淨克文[자료 6] 참조. 眞淨은 紹聖 4년(1097)에 石門山 寶峰禪院(渤潭)에 주석하였다.

7) 翠巖의 新=死心悟新(1043~1115), 號는 死心叟이다. 慶曆 3년 2월 19일에 광동성 韶州 曲江의 王氏로 태어났다. 晦堂祖心의 법사이다. 元祐 7년(1092)에 강서성 洪州 分寧縣 雲巖禪院에서 출세하였고, 紹聖 4년 洪州府城 서쪽 40리에 있는 西山의 翠巖廣化寺에 주석하였으며, 大觀 원년(1107) 9월에 黃龍山에 주석하였다. 政和 4년 12월 14일(양력 1115년 1월 11일)에 시적하였다. 세수는 72세이고, 승랍은 46세이다.

8) 潙山의 喆=眞如慕喆은 [자료 6]의 주석 5) 참조.

9) 雲盖의 本=雲盖智本(1035~1107), 강서성 筠州 高安의 郭氏로 태어났다. 白雲守端의 법사이다. 안휘성 舒州의 龍門에서 출세하였고, 호북성 潭州의 雲盖山·石霜山을 거쳐서 夾山 제15세로 주석하였다. 大觀 원년 1월 15일에 시적하였다. 세수는 73세이고, 승랍은 52세이다.

10) 夾山의 齡公=夾山子齡, 강소성 宜興의 周氏로 태어났다. 운문종 佛日至才의 법사이다. 호남성 澧州 夾山靈泉院에 주석하였다.

大觀元年, 始從汝州之請, 傳法香山. 政和二年, 詔以師住持左街淨因禪院. 時去楷未幾, 德範在人, 而師之名稱, 固已高速. 士夫緇素, 望風信仰. 由淨因, 住潭州大潙密印·道林空慧·韶州之南華寶林·鎭江焦山普濟. 所住皆天下名刹. 師解裝敷坐, 無所侍爲, 而山林增重, 四衆雲集矣.

*衆 =象(三).

대관 원년(1107)에 처음 汝州의 초청을 받고 香山[11]에서 전법하였다. 정화 2년(1112)에 조칙을 내려서 선사를 左街淨因禪院[12]에 주석토록 하였다. 그때는 도해선사의 곁을 떠난 지 얼마 되지 않았었는데, 선사의 덕스러운 모습이 사람들에게 알려졌다. 그리고 선사의 명칭은 이미 높이 알려져서 사대부들 및 재가인 및 출가인이 선사의 선풍을 추앙하였다. 淨因禪院에서부터 潭州의 大潙密印[13]·道林空慧[14]·韶州의 南華寶林[15]·鎭江의 焦山普濟[16] 등에 주석하였다. 주석한 곳은 모두 천하의 명찰이었다. 선사가 여장을 풀고 자리를 펴면 보시하는 것이 없어도 산림이 增廣하여 사부대중이 구름처럼 모여들었다.

---

11) 香山=하남성 汝州 동남쪽 120리에 있다. 본래 火珠山이라고 하였는데, 동쪽의 大龍山과 서쪽의 小龍山으로 이루어져 있다. 사찰을 天寧觀音禪院이라고도 하는데, 慕容彦逢 撰, 「香山天寧觀音禪院新塑大阿羅漢記」(『摛文堂集』권12)에 法成의 활약이 기록되어 있다.
12) 左街淨因禪院=[자료 5]의 주석 19) 참조.
13) 潭州의 大潙密印=호남성 寧鄕縣 서쪽 140리에 大潙山密印寺가 있는데, 唐의 靈祐가 개산하였다. 宣和 元年 이전에 주석하였다.
14) 道林廣慧=長沙府 善化縣에 있는 嶽麓山 아래에 道林廣慧寺가 있다. 覺範德洪이 찬술한 「忠孝頌記」(『石門文字禪』권22)에 의하면, 각범이 선화 9년(1119)에 道林에서 普証法成에게 참문했다고 한다.
15) 韶州의 南華寶林=광동성 韶州府城 남쪽 60리에 南華寶林寺가 있다. 六祖 慧能이 개법한 곳이다.
16) 鎭江의 焦山普濟=강소성 鎭江府城 동북쪽 9리에 있는데, 焦山寺라고도 하고, 焦山普濟寺 라고도 하며, 후에는 定慧寺라고도 하였다.

建炎二年二月, 方退居東歸. 壬〈戊?〉寅, 舟次無錫. 晚與門人侍者, 經行河浜, 顧瞻山川, 從容樂也. 夙興盥頮, 易衣而坐, 如入三昧, 卽示滅云. 實二月二十五日也.

*侍=持(三).

건염 2년(1128) 2월에 비로소 退居하여 고향으로 돌아갔다. 무인일(24일)에 배를 타고 無錫[17]에 이르렀다. 만년에 門人인 시자와 함께 河浜을 經行하며 산천을 돌아보며 조용히 즐겼다. 아침 일찍 일어나서 세숫대야에 세수를 하고 옷을 갈아입고 앉아서 삼매에 들어간 듯이 하여 곧 입멸을 보이겠다고 말했다. 실로 2월 25일이었다.

嗣法弟子韶山長老慧能, 適在平江. 與比丘信士, 具威儀迎, 致平江之能仁寺. 郡人瞻禮如市. 危坐三日, 膚色瑩澤, 儼然如生. 乙〈辛?〉巳, 入龕. 越三月庚寅, 茶毘. 於閶門之外, 送者萬計. 薪盡火滅, 得五色舍利, 不可勝數. 骨色珂雪. 僧俗爭取, 頂戴供養, 至不可遏. 其徒亟奉師靈骨舍利, 歸焦山之南館. 以是月己酉, 建塔於石公山之陽. 師報年五十八, 僧夏四十一. 嗣法弟子, 法雲等十有五人. 受業弟子, 思愼等一百四十人.

*閶=宮(三).

사법한 제자 韶山長老 慧能[18]이라는 사람이 마침 平江에 있었다. 비구 및 신도들과 위의를 갖추어 맞이하고, 平江의 能仁寺[19]에 모셨다. 이

---

17) 無錫=강소성 蘇常道 無錫縣을 가리킨다.
18) 韶山長老慧能=傳燈史書類에는 기록이 보이지 않는다.
19) 平江의 能仁寺=강소성 蘇州府治의 서북쪽 모퉁이에 있는데, 承天寺라고도 한다.

에 郡人들이 첨례하였는데 마치 시장과 같았다. 正坐한 지가 사흘이 지
났는데 피부색이 윤택하였고 엄연하여 마치 살아 있는 것과 같았다. 신
사일(27일)에 入龕하였다. 달을 넘겨서 3월 경인일(6일)에 다비를 하였
다. 閶門 밖에는 선사를 보내는 사람들이 만여 명이었다. 장작이 다하
여 불이 꺼지자 오색이 사리를 수습하였는데 수를 셀 수 없을 정도였
다. 유골의 색이 흰 옥돌과 같았다. 승속이 다투어 취해다가 사리를 봉
안하였는데 막을 수가 없었다. 문도들이 서둘러서 영골사리를 봉안하여
焦山의 南舘으로 돌아갔다. 3월 기유일(25일)에 石公山의 양지에 탑을
건립하였다. 선사의 세수는 58세이고, 승랍은 41세이다. 사법한 제자는
法雲[20] 등 15명이었고, 가르침을 받은 제자는 思慎[21] 등 140명이었다.

其徒以余宿與師游, 以銘爲請. 義不得辭. 余嘗論之. 自菩提達磨初入
中土, 傳無所傳, 唯一心法六承. 而後代有宗師. 雲門匡眞*·臨濟慧照·
洞山悟本, 皆出大鑑. 如師子吼, 無異音聲, 如大虛空, 豈有封畛. 而末
學道聽, 妄見立知, 派別支離, 堅若墨守. 惟苟深徹源底, 則亦泯爾相
忘矣. 百年以來, 禪學滋盛. 雪竇·天衣, 廣雲門之曲, 慈明·黃龍, 據臨
濟之關. 燈燈續然, 龍象繼出. 奔走四海, 輝輝一時*. 洞山中微, 芙蓉楷
公, 最爲後出. 實際履地, 不立絲毫, 回彼狂瀾, 徑超空劫. 至於忍力不
動, 建無畏幢, 孤風絶人, 又爲卓爾. 而師親承密記, 常坐*道場, 寂照兼
忘, 去來不二. 可以知其道矣.

*匡=正(底), (三)은 誤記로 보인다. *耀 =曜(底). *坐=生(三).

---

20) 法雲=普証法成의 법사에 妙峰雲 및 龍王雲이 있는데, 이들 가운데 한 사람으로
간주된다. 두 사람 모두 전기는 미상이다.
21) 思慎=전기는 미상이다.

그 문도들은 나 程俱가 일찍이 선사와 교유가 있었기 때문에 銘을 청하였는데 의리상 사양할 수가 없었다. 나는 일찍이 선사와 더불어 그것을 논한 적이 있었다. 보리달마가 처음에 중국에 들어오면서부터 전함이 없이 전하였는데, 오직 일심법만 여섯 차례 계승되었다. 그리고 후대에 종사들이 출현하였다. 雲門匡眞[22]·臨濟慧照[23]·洞山悟本[24]은 모두 大鑑[25]으로부터 나왔다. 이들은 모두 사자후와 같았고, 다른 음성이 없었고, 대허공과 같았는데, 그런데 어찌 封畛이 있었겠는가. 그런데도 불구하고 末學들이 항간에서 들은 것을 가지고 妄見으로 지해를 내세워 派別을 나누고 그것을 굳게 묵수하고들 있다. 만약 깊이 근원까지 철저하다면 곧 그 또한 싹 쓸어 버리고 서로 잊어야 할 것이다.

요즈음 백 년 이래로 선학이 자못 무성하였다. 雪竇[26]·天衣[27]는 운문의 노래를 넓혔고, 慈明[28]·黃龍[29]은 임제의 관문에 의거하였다. 이처

---

22) 雲門匡眞=文偃(864~949), 賜號는 匡眞大師이고, 諡號는 大慈雲匡聖宏明大師이다. 절강성 嘉興의 張氏로 태어났다. 雪峯義存의 법사이다. 광동성 韶州 雲門山에 주석하였는데, 雲門宗의 개조이다. 乾和 7년 4월 10일에 시적하였다. 세수는 86세이고, 승랍은 66세이다.
23) 臨濟慧照=義玄(?~867), 諡號가 慧照禪師이다. 산동성 曹州 南華의 邢氏로 태어났다. 黃蘗希運의 법사이다. 하북성 鎭州의 臨濟院에 주석하였는데, 臨濟宗의 개조이다. 함통 7년 4월 10일에 시적하였다.
24) 洞山悟本=良价는 [자료 1] 참조.
25) 大鑑=慧能은 [자료 1]의 주석 9) 참조.
26) 雪竇=明覺重顯(980~1052), 諱는 沖顯이고, 字는 隱之이며, 賜號는 明覺大師이다. 大平興國 5년 4월 8일에 사천성 遂州 李氏로 태어났다. 智門光祚의 법사이다. 절강성 明州 雪竇山 資聖寺에 주석하였다. 皇佑 4년 6월 10일에 시적하였다. 세수는 72세이고, 승랍은 50세이다.
27) 天衣=振宗義懷(993~1064), 諡號는 振宗大師이다. 절강성 溫州 樂淸의 陳氏로 태어났다. 明覺重顯의 법사이다. 절강성 越州 天衣山에 주석하였다. 治平 원년 9월 2일에 시적하였다. 세수는 72세이고, 승랍은 46세이다.
28) 慈明=楚圓(986~1039), 賜號는 慈明禪師이다. 광서성 全州 淸湘의 李氏로 태어났다. 汾陽善昭의 법사이다. 호남성 潭州 石霜山 崇勝禪院에 주석하였다. 寶元 2년 1월 5일에 시적하였다. 세수는 54세이고, 승랍은 32세이다.

럼 법등이 이어져서 龍象이 지속적으로 출현하였다. 이로써 사해에 널리 퍼져서 一時를 밝게 빛냈다. 동산의 종지는 그 가운데서도 은밀하였는데, 부용도해공이 가장 나중에 출현하였다. 그리하여 실제로는 땅을 밟으면서도 터럭만 한 티끌도 내세우지 않고서 그 도도한 물결을 돌이켜서 곧장 공겁을 초월하였다. 또한 그 인욕의 힘은 부동의 경지에 이르렀고, 無畏의 法幢을 건립하였으며, 고고한 선풍은 속세를 단절하였고, 또한 우뚝 솟아났다. 그리고 선사가 친히 그 은밀한 기별을 계승하여 항상 도량에 앉아서 寂·照를 모두 잊어 去·來가 다름이 없게 되었다. 이로써 가히 선사의 도를 알 수가 있을 것이다.

銘曰,
惟芙蓉師, 峰峻壁立. 超然物初, 化度無極. 是普証老, 攝衣從之. 彼固無示, 師亦何爲. 如彼枯木, 千尺無枝. 開敷妙華, 鬱密離奇. 大洪之顚, 香山之下. 淨因鐵牛, 大潙木馬. 息駕襄陽, 在晦彌聞. 潭人挽之, 宴坐*道林. 捨筏曹溪, 脫屣海門. 昔未嘗住, 今豈非存. 是孤絶處, 雲濤曉昏. 潮*音海照, 萬劫猶新.

*宴=晏(三). *潮=湖(三).

銘으로 말한다.
생각하면 부용도해선사는 우뚝하게 높이 솟아서
세계의 처음에 초연하였고 化度가 끝이 없었다네.

---
29) 黃龍 慧南(1002~1069), 諡號는 普覺禪師이다. 강서성 信州 寶山의 章氏로 태어났다. 慈明楚圓의 법사이다. 강서성 南昌府 建昌縣 鳳棲山 同安崇勝禪院에서 개당하였고, 歸宗寺·黃檗山을 거쳐서 寧縣의 서쪽 180리에 있는 黃龍山 崇恩禪院(永安寺)에 주석하였다. 黃龍派의 개조이다. 熙寧 2년 3월 17일에 시적하였다. 세수는 68세이고, 승랍은 50세이다.

이에 普証老人이 도해의 가사 받아 계승하였지만
그것은 본래 보임 없는데 선사도 또 무얼 하리오.
그것은 枯木과 같아서 千尺일지라도 가지가 없이
오묘한 꽃을 피워서 울창하지만 기특함도 없다네.
대홍산에 이르렀고 또한 향산으로 초청받아 가서
정인선원의 鐵牛 되었고 대위선원의 木馬 되었네.
襄陽에 수레를 멈추고 숨어 살았지만 더욱 드러나
담주 사람들은 선사를 모셔다 도림에 연좌시켰네.
曹溪에다 뗏목을 버리고 海門에다 신발을 버리니
옛날도 머문 적 없거늘 오늘에 어찌 남아 있으랴.
孤絶한 곳에 머물러 있어도 아침저녁에 운집하니
해조음과 등대 같아서 만겁토록 새롭기만 하다네.

[자료 8] 鹿門燈禪師塔銘

(1) 覺範德洪 撰 : 『石門文字禪』 권29(『四部叢刊』 所收本)(약호 : 底)
(2) 覺範德洪 撰 : 『石門文字禪』 권29(駒澤大學 『明續藏』 所收本)(약호 : 明)
(3) [淸] 張仲炘 輯 : 『湖北金石志』 권10(약호 : 湖)
(4) 張仲炘 等 撰 : 『湖北通志』 권102(약호 : 通)

·[撰者] : 覺範德洪은 [자료 5]의 주석 35) 및 본서 제1장 제1절의 주석 1) 참조.

鹿門燈禪師塔銘*幷序
西蜀*世多名僧, 而魁奇秀傑者, 尤見於近代. 有如寶梵大師昭符者, 弘*經解義, 足以增光佛日. 太史黃公, 稱之曰, 知文知武, 染衣將相者也. 嗣承其學, 有如圓*明大師敏行者. 家聲弁才, 足以舟航苦海. 內翰蘇公, 稱之曰, 能讀內外敎, 博通其義, 以如幻之三昧, 爲一方首者也. 兩公今朝第一等人*, 意所與奪, 天下從之. 而寶梵·圓明, 特被賞識. 兩川講徒, 增氣, 四海縉紳, 想見風裁也. 鹿門禪師, 蓋嘗以父事圓明, 以大父事寶梵. 觀其規模弘大*, 敎觀淹博*, 薰烝見聞, 有自來矣.

  *幷序=없다(湖)(通). *世=없다(湖)(通). *弘=宏(湖)(通). *圓=圖(湖). *人=人也(湖)(通). *弘=宏(湖)(通). *薰烝=薰蒸(湖)(通).

녹문법등선사의 탑명 및 서문
西蜀에는 대대로 명승이 많았다. 그리고 괴기하고 남다른 능력을 지닌 사람이 근대에 더욱더 많이 나타났다. 寶梵大師昭符[1]와 같은 사람도 그랬다. 경전을 홍포하고 뜻을 해석함으로써 佛日을 크게 빛내면서 살아갔다. 太史黃公은 그를 가리켜서 말했다. "文을 알고 武를 알았다. 승복을 걸친 將相이었다."[2]

그의 學을 계승하여 圓明大師敏行[3]과 같은 사람도 있었다. 가풍의 명성과 언변은 고해를 건너가는 배가 되기에 충분하였다. 內翰蘇公[4]은 그를 가리켜서 말했다. "내전과 외전의 가르침을 읽고 널리 그 뜻에 통달하였다. 如幻三昧로써 一方의 으뜸이 된 사람이었다."

---

1) 寶梵大師昭符=전기는 미상이다. 黃庭堅 撰, 『圓明大師塔銘』에도 이름이 보이는데, 承天院에 주석한 인물이다.
2) 太子黃公=黃庭堅(1045~1105), 字는 魯直이고, 號는 涪翁 또는 山谷道人이며, 私賜를 文節先生이다. 증조부는 中理이고, 조부는 湜이며, 父는 庶이고, 母는 李氏(1020~1091)이며, 妻는 孫氏 및 謝氏로서, 강서성 洪州 分寧 출신이다. 治平 4년(1067)에 進士가 되어 葉縣尉가 되었다. 哲宗 때에 校書郎이 되어 『神宗實錄』을 편찬하여 起居舍人에 발탁되었다. 어머니의 병환 때문에 黃龍山에 館을 두고 머물면서 晦堂祖心·死心悟新·靈源惟淸 등과 交游하였다. 紹聖(1094~1098) 초년에 知宣州 및 知鄂州가 되었지만, 章惇 및 蔡卞 등에게 미움을 받아서 涪州別駕로 강등되어, 戎州 및 宜州 등으로 전전하다가 숭녕 4년 9월 30일에 61세로 죽었다. 『宋史』권444에 그 전기가 수록되어 있는데, 그 전기가 『山谷文集』권16에도 수록되어 있다.
3) 圓明大師敏行=전기는 미상이다.
4) 內翰蘇公 蘇軾(1036~1101), 字는 子瞻이고, 號는 東坡居士이며, 諡號는 文忠公이다. 증조부는 杲이고, 조부는 序이며, 父는 洵(1009~1066)이고, 母는 程氏이며, 妻는 王弗(1039~1065) 및 王閏之(1048~1093)로, 사천성 眉州 출신이다. 22세 때 진사가 되었고, 歐陽修에게 文才를 인정받았다. 王安石의 표적이 되어 杭州通判이 되었고, 密州·徐州·湖州의 知를 역임하였고, 호북성 黃州로 강등되었는데 室을 東坡에 지었다. 元豊 3년(1080)에 覺照常總(1025~1091)이 廬山 東林寺에 주석하였다. 소식이 각조를 찾아가서 사법하였다. 汝州·常州 등을 거쳐서 哲宗의 즉위 때부터 중앙으로 돌아왔다. 元祐 원년(1086)에 中書舍人 및 翰林學士가 되었고, 이듬해 侍讀을 겸하였다. 元祐 4년에 知杭州가 되었고, 원우 7년에 禮部尙書로 옮겼지만, 정쟁에 휘말려 惠州 및 瓊州로 유배되었다. 建中靖國 원년 7월 28일에 66세로 죽었다. 『宋史』권338에 그 전기가 기록되어 있는데, 그 글은 『東坡全集』권38에도 수록되어 있다.

寶梵 및 圓明의 二公은 宋朝 第一等의 사람이었다. 마음대로 與奪하는 능력은 천하가 모두 그를 좇았다. 그리고 寶梵 및 圓明은 특별히 높이 평가되었다. 서청과 동천의 강학자들은 氣를 증장하였고, 사해의 고관대작들은 그 풍채와 용모를 미루어 알아보았다. 녹문법등선사는 무릇 일찍이 師父로서 圓明을 섬겼고, 大父로서 寶梵을 섬겼다. 그 規模는 매우 위대하였고, 그 敎觀은 드넓었으며, 견문을 내보이자 사람들이 스스로 찾아들었다.

師諱法燈, 字傳照. 成都華陽王氏子也. 自幼時則能論氣節, 工翰墨, 逸群不受世緣控勒. 年二十三, 剃落於承天院. 受具足戒, 即當首楞嚴講, 耆年皆卑下之. 時黃太史公, 謫黔南, 與圓明遊相好, 每對榻橫塵, 師必侍立, 看其談笑. 公撫師背, 謂圓明曰, 骨相君家汗血駒也. 他日佩毘盧印, 據選佛場者, 必此子也. 常夜語及南方宗師. 公曰, 今黃龍有心, 泐潭有文, 西湖有本. 皆亞聖大人, 曹谿法道所在. 或欲見之, 不宜後. 於是圓明棄講出蜀. 師侍其行. 至恭州而歿. 師扶護歸葬成都. 辭塔而去, 下荊江, 歷淮山, 北抵漢沔. 徧謁諸老, 所至少留, 機語不契.

*剃=薙(湖)(通). *首=時(湖). *師=없다(湖)(通).

선사의 휘는 法燈이고, 자는 傳照이며, 成都 華陽[5]의 王氏 자손이다. 어렸을 때부터 기개와 절조를 논하였고, 필묵에 뛰어났으며, 동료를 벗어나서 세간의 반연에 얽매이지 않았다.

23세 때 承天院[6]에서 머리를 깎았다. 구족계를 받고는 곧 『수릉엄경』

---

5) 成都華陽=사천성 西天道 華陽縣을 가리킨다.
6) 承天院 華陽縣에 있었다. 『華陽縣志』권30.

의 강석에 나아갔는데, 나이 많은 사람들이 모두 선사를 비하하였다. 그때 黃太史公이 黔南에 유배되어 圓明禪師와 서로 즐겨 교유하였다. 매번 평상을 마주하고 세속사를 논할 때마다 선사는 반드시 곁에 있으면서 그들의 담소를 들었다. 公이 선사의 등을 어루만지면서 원명에게 말했다. "골상이 군주의 汗血駒와 같습니다. 훗날 毘盧印을 차고 選佛場에 의거할 사람은 반드시 이 사람일 것입니다."

　항상 밤까지 이야기를 나누었는데, 그것이 남방의 종사에게까지 이르렀다. 公이 말했다. "요즈음 황룡에는 心[7]이라는 사람이 있고, 泐潭에는 文[8]이라는 사람이 있으며, 西湖에는 本[9]이라는 사람이 있습니다. 모두 亞聖의 대인들로서 조계의 法道를 지니고 있습니다. 만약 그들을 친견하고자 한다면 반드시 뒤로 미루어서는 안 될 것입니다."

　이에 圓明은 講席을 버리고 蜀을 벗어났다. 선사는 원명이 가는 길을 모셨다. 그러나 恭州[10]에 이르러 시적하였다. 선사가 돕고 보호하여 성도로 돌아와서 장례를 치렀다. 선사는 원명의 탑을 떠나서 荊江으로 내려가서 淮山을 거쳐서 북쪽에 있는 漢沔[11]에 이르렀다. 두루 모든 노숙들을 참문하면서 이르는 곳마다 잠깐씩 머물렀지만 機語가 계합되지 못하였다.

---

7) 黃龍에는 心=晦堂祖心(1025~1100), 號는 晦堂이고, 諡號는 寶覺禪師이다. 광동성 南雄의 始興에서 鄔氏로 태어났다. 黃龍慧南의 법사로서 황룡산에 주석하였다. 元符 3년 11월 16일에 시적하였다. 세수는 76세이고, 승랍은 55세이다.
8) 泐潭에는 文=眞淨克文은 [자료 6]의 주석 6) 참조.
9) 西湖에는 本=圓照宗本은 [자료 4]의 주석 9) 참조. 西湖는 太守陳襄(1017~1080)에게 초청되었던 淨慈寺를 가리킨다.
10) 恭州=重慶府를 가리킨다. 사천성 東川道 巴縣.
11) 漢沔=漢水 및 그 상류인 沔水로서 협서성 漢中道에서부터 호북성 襄陽道까지를 일컫는다. [자료 3]의 주석 大洪山을 참조.

振策即行, 登大洪, 謁道楷禪師. 楷問, 如何是空劫自己. 對曰, 靈然一句超群象, 迥脫三乘不假修. 不落有無, 更道取一句. 曰, 待某甲無舌, 即與和尙. 道楷駭之. 師乃伏膺戾止, 承顔接辭, 商略古今, 應機妙密, 當仁不讓. 師資相懽, 不減潙山之與寂子, 趙州之與文遠也.

*道=없다(湖)(通).

석장을 떨치고 곧장 나아가서 대홍산에 올라서 부용도해선사를 뵈었다. 도해가 물었다. "어떤 것이 공겁의 자기인가." 선사가 응대하여 발했다. "신령스러운 일구가 群像을 초월하고 三乘을 아득히 벗어나니 수행할 필요가 없습니다." 도해가 말했다. "유무에 떨어지지 않고 다시 일구를 말해 보라." 선사가 말했다. "제 혀가 없어질 때를 기다렸다가 곧 화상에게 드리겠습니다." 도해가 그 말에 놀랐다. 선사는 이에 엎드린 자세로 얼굴을 뵙고 말씀을 들었다. 고금을 헤아려 보매 선기에 상응함이 미묘하고 은밀해서 仁을 당해서는 양보하지 않으니, 마치 潙山[12]과 寂子[13], 趙州[14]와 文遠[15]에 못지않았다.

大觀之初, 楷公應詔而西. 三年, 坐不受師名敕牒, 縫掖其衣, 謫緇州, 師跬足隨之. 緇之道俗, 高其義. 太守大中大夫李公擴, 虛太平興國禪院以

---

12) 潙山=靈祐(771~853), 諡號가 大圓禪師이다. 복건성 福州 長溪에서 趙氏로 태어났다. 百丈懷海이 법사이다. 호남성 潭州의 大潙山에 주석하였고, 潙仰宗의 개조이다. 大中 7년 1월 9일에 시적하였다. 세수는 83세이고, 승랍은 55세이다.
13) 寂子=仰山慧寂(807~883), 替號가 澄虛大師이고, 諡號는 智通大師이다. 광동성 韶州 湞昌에서 葉氏로 태어났다. 潙山靈祐의 법사이다. 강서성 袁州의 仰山에 주석하였다. 中和 3년 2월 13일에 시적하였다. 세수는 77세이다.
14) 趙州=從諗(778~897), 諡號는 眞際大師이다. 산동성 靑州의 臨淄에서 郝氏로 태어났다. 南泉普願의 법사이다. 하북성 趙州의 觀音院에 주석하였다. 乾德 4년 11월 2일에 시적하였다. 세수는 120세이다.
15) 文遠=趙州從諗의 법사인데, 전기는 미상이다.

居之. 於是洞上宗風. 盛於京東. 政和元年. 楷公得釋. 則東遁海瀕千餘里. 太湖中而止. 草衣澗飲. 若將終焉. 豈非厭名跡之為累也歟. 師猶往從之. 楷以手揶揄曰. 雲巖路絕. 責在汝躬. 行矣. 師識其意. 再拜而還.

*大=太(底)(明). *淄=緇(底)(明)(湖). 이하 동일. *京東=東京(湖)(通). *猒=厭(湖)(通).

大觀 初年(1107)에 도해공이 조칙을 받고 서쪽으로 갔다. 3년(1109)에 師名의 敕牒을 받지 않은 채 도량에 앉으니, 縫掖의 옷을 입혀서 緇州로 유배를 보냈다. 선사는 跣足으로 도해를 따랐다. 이에 緇州의 출가인과 재가인들이 모두 선사의 뜻을 가상하게 여겼다. 太守大中大夫 李公擴[16]이 太平興國禪院[17]을 비워 놓고 그곳으로 가서 주석하게 하였다. 이에 洞上의 종풍이 東京에서 번성하였다.

政和 원년(1111)에 도해공은 유배에서 방면되자 곧 동쪽의 바닷가에 숨어 살았는데 천여 리나 떨어진 곳이었다. 太湖에 머물면서 草衣를 걸치고 시냇물을 마시면서 장차 입적하려고 하였다. 그러니 어찌 名跡의 累를 싫어하지 않았겠는가. 그런데 선사는 또한 그곳까지 찾아가서 도해를 따랐다. 도해가 손으로 야유하면서 말했다. "雲巖의 路[18]가 단절된 것은 책임이 그대의 몸에 이를 것이다. 그러니 떠나거라." 선사가 그 뜻을 알아차리고 재배하고 나서 돌아왔다.

七年. 解院事. 西歸京師. 名聞天子. 俄詔住襄陽鹿門政和禪寺. 師謝恩罷退. 飯丞相第. 堂吏抱牘至. 白曰. 江州東林寺. 當改為觀. 從道士所請. 師避席曰. 廬山冠世絕境. 東林又其勝處. 世為僧居. 如春湖白鷗自

---

16) 太守大中大夫李公擴=미상이다.
17) 太平興國禪院=歷城縣의 府城 西門 內에 있는 사찰로 간주된다. 『濟南府志』권18.
18) 雲巖의 路=洞山良价의 스승인 雲岩曇晟을 가리킨다. [자료 1]의 주석 5) 참조.

然相宜. 今黃冠其中絕境, 其厄會乎. 丞相大以爲然. 東林之獲存, 師之
力也. 旣至漢上, 郡將諷諸山, 辦金帛, 詣京師, 作千道齋. 師笑曰, 童
牙事佛, 有死無二. 苟非風狂失心, 輒以十方檀施之物, 千里媚道士耶*.
郡將愧*其言而止. 然天下叢林, 聞而壯之.

*州=洲(湖). *耶=邪(湖)(通). *愧=媿(湖)(通).

7년(1117)에 선원의 직무를 그만두고 서쪽의 京師로 갔다. 그 명성이 천자에게 들리자 곧장 조칙을 내려서 襄陽의 鹿門政和禪寺[19]에 주석토록 하였다. 그러나 선사는 은혜를 사양하여 그만두고 물러났는데, 승상의 저택에서 기거하였다. 재상청의 관리인 堂吏가 편지를 가지고 와서 고하였다. "江州의 東林寺[20]는 장차 바뀌어 道觀이 될 것이므로 道士의 청에 따라야 합니다."

이에 선사가 좌석을 피해 주고 말하였다. "廬山은 세간에서 으뜸가는 절경입니다. 東林도 또한 그만큼 빼어난 곳입니다. 대대로 스님들이 살아왔는데, 그것은 마치 봄철 호수에 해오라기가 깃든 것처럼 어울린 모습이었습니다. 그런데 지금 그곳의 절경을 黃冠으로 삼는 것은 액난이 닥칠 것입니다." 승상이 그 말에 크게 동조하였다. 이에 동림사가 존속할 수 있었던 것은 선사의 힘이었다.

선사가 漢上에 이르자 郡將이 諸山에 대하여 풍자하여 말했다. "돈과 비단을 갖추고 경사로 나아가서 千道에 재를 베풀었네." 선사가 웃으며 말했다. "어려서부터 부처님을 섬겼는데 죽어도 달라지지 않았습니다. 진실로 미치광이의 失心이 아니라면 문득 시방 시주자의 재물로써

---

19) 鹿門政和禪寺=호북성 襄陽府城의 동남쪽 30리에 있다. 본서 제3장 제4절 참조.
20) 江州의 東林寺=廬山에 있는데, 慧遠(334~416)이 白蓮社의 염불도량을 열었던 곳이다.

千里에서부터 도사에게 빌빌대는 모습일 것입니다." 郡將이 그 말에 부끄러워서 그만두었다. 그런데 천하의 총림에서 그 말을 듣고 장하다고들 하였다.

鹿門瀕漢江, 斷岸千尺. 寺嘗艱於水. 師坐巖石下, 念曰, 吾欲叢林此地, 爲皇朝植福. 而泉不能贍眾. 山靈其亦知之乎. 師以杖擿草根, 俄眾泉觱發. 一眾大驚. 山中之人, 目之曰燈公泉.

鹿門은 漢江의 물가에 있는데 절벽이 千尺이다. 사찰은 일찍부터 물 때문에 고통을 받았다. 선사가 암석 아래에 앉아서 속으로 말했다. "내가 이곳에다 총림을 건립하고 황제와 조정을 위하여 복업을 심으려고 해도 물 때문에 대중을 구휼하지 못할 것이다. 산신령은 또한 그런 줄을 알고 있겠는가." 그러고 나서 선사가 주장자로 풀뿌리를 들추자 갑자기 많은 물이 콸콸 솟아났다. 대중이 크게 놀랐다. 산중의 사람들은 그 모습을 보았기 때문에 '燈公泉'이라 불렀다.

師初依夾山齡禪師. 齡道孤化, 而無嗣之者. 僧惟顯得其旨, 隱於南嶽. 師以書抵長沙使者, 迎出以居龍安禪寺. 聞者伏其公, 貴其行.

선사는 처음 夾山齡禪師[21]에게 의지하였다. 齡禪師의 道는 홀로 전개되어 따르는 제자가 없었지만, 僧惟顯[22]만이 그 종지를 얻어서 남악에

---

21) 夾山齡禪師=[자료 7]의 주석 10) 참조.
22) 僧惟顯=夾山自齡의 법사로서, 潭州 龍安寺 및 兜率寺에 주석했던 사실 이외에, 그 전기는 미상이다.

은거하였다. 선사가 편지를 써서 長沙의 使者를 보내서 僧惟顯을 맞이하여 龍安禪寺23)에 주석토록 하였다. 소문을 들은 사람들은 僧惟顯 선사에게 찾아갔으며, 그 도행을 높이 간주하였다.

初惠定禪師自覺, 革律爲禪. 開刱未半而逝. 螘藏蜂聚, 故窠遺垤, 十猶七. 師爲一新之. 長廡廣廈, 萬礎蟠崖, 冬溫夏清, 崇堂傑閣十楹, 照壑呑風而吐月. 椎拂之下, 五千指, 十年之間, 宗風大振. 人徒見其婆娑勃窣若遊戲, 然不知其中至剛峭激也. 篤信好學, 雖威武貴勢, 不敢干以非義. 性喜施, 不計有無. 傾困倒廩 以走人之急.

*蜂=螽(湖)(通). *礎=楚(明). *遊=游(湖)(通). *好=所(底)(明). *走=周(湖)(通).

처음에 惠定禪師自覺24)은 律寺를 바꾸어 禪寺에 만들었는데, 開創을 아직 절반도 완성하지 못하고 입적하였다. 개미가 들끓고 벌이 모여들었던 옛날의 터전은 열에 일곱 정도였다. 선사가 그것을 일신하였는데, 큰 집과 넓은 처마, 그리고 수많은 주춧돌과 에두른 기둥들, 여름에는 시원하고 겨울에는 따뜻하였다. 崇堂과 傑閣이 가득 들어차니, 햇살 비친 언덕은 바람을 삼키고 달빛을 토해 냈다. 선당에는 오백 명이 모여들어 십 년 만에 종풍이 크게 진작되었다. 그러나 사람들은 단지 그 화려하게 늘어선 모습을 유희처럼 보았을 뿐이지 그 가운데서 이루어지고 있는 강철같이 엄격한 수행의 모습은 알지 못하였다. 깊이 믿고 배움을 좋아하여 비록 그 威武가 고귀하고 권세가 있더라도 감히

---

23) 龍安禪寺=湘潭縣의 동쪽에 있다.『湖南通志』권238.
24) 惠定禪師自覺=自覺(?~1117), 산동성 青州의 王氏로 태어났다. 부용도해의 법사이다. 하남성 唐州 大乘山 普嚴寺에서 출세하였고, 東京의 淨因寺에 주석하였다. 政和 7년에 시적하였다.

의리에 벗어난 것으로써 거역할 수는 없었다. 천성적으로 베푸는 것을 좋아해서 유무를 따지지 않았다. 가지고 있는 모든 것을 내놓아서 남의 급한 것을 먼저 돌봐 주었다.

靖康二年春, 金人復入寇, 兩宮圍閉. 驚悸不言謝, 遣學徒杜門面壁而已. 門弟子明顯白曰, 朝廷軍旅之事, 何預林下人. 而師獨憂念之深乎. 師熟視徐曰, 河潤九里, 漸洳者三百步. 木仆千仞. 蹂踐者一寸草. 豈有中原失守而林下之人得寧逸耶.

*春=없다(湖)(通). *木=林(湖)(通). *之=없다(湖)(通).

정강 2년(1127) 봄에 金人이 다시 침범하여 兩宮이 圍閉되었다. 놀라고 두려워서 용서해 달라는 말도 꺼내지 못하게 되자, 學徒자를 보내 문을 걸어닫고 면벽수행할 뿐이었다. 그러자 문도의 제자 明顯[25]이 사뢰어 말했다. "조정의 집단에서 일어난 일인데 어째서 숲속의 사람들에게까지 영향이 미친단 말입니까. 더구나 스승께서만 홀로 그토록 깊이 염려하신단 말입니까." 그러자 선사가 똑바로 쳐다보더니 천천히 말했다. "河는 九里를 적시는데 점차 흠뻑 젖어드는 것이 삼백 보까지 이르지만, 나무가 千仞을 덮어도 그것을 밟는 것은 한 치의 풀뿐이다. 그러니 어찌 중원을 지키지 못하여 내주고서 숲속의 사람들이 편안하겠는가."

五月十三日中夜, 安坐戒門弟子, 皆宗門大事, 不及其私. 泊然而逝. 檢其所蓄, 道具之外, 書畫數軸而已. 閱世五十有三, 坐三十夏. 度門弟子明顯等七十餘人. 受心法, 蒙記莂, 潛通密証, 匿跡韜光者, 甚眾.

---

25) 明顯=傳燈史書에 그 이름이 보이지 않는다.

二十二日, 全身塔于*山口別墅惠定塔之東. 明顯狀其平生, 來乞銘.

*于=於(湖)(通).

5월 13일 밤중에 평안하게 앉아서 문도의 제자들에게 경계해 준 말이 모두 종문의 대사였을 뿐으로 사사로운 것은 없었다. 그리고 잠시 후에 입적하였다. 선사가 쌓아 놓은 것을 살펴보니 法具 이외에 글과 그림 몇 점 뿐이었다. 세수는 53세이고, 법랍은 30세이다. 득도시켜 준 문도의 제자는 明顯 등 70여 명이고, 心法을 받고, 記莂을 받으며, 은밀히 密証에 통하고, 종적과 이름을 감춘 사람이 대단히 많았다. 22일에 전신을 산 입구의 별장에 있는 惠定塔의 동쪽에 탑을 건립하고 모셨다. 明顯이 선사의 일생을 현창하고자 나 각범한테 찾아와서 銘을 부탁하였다.

銘曰,
空劫日用, 易知難分. 汝欲分之, 如聲與聞. 何嘗有間, 月徧谿谷. 何嘗有斷, 風偃松竹. 於一毫端, 捏聚古今. 粲然明了, 而不可尋. 無功之功, 無位之位. 為物作則, 無容觸諱.* 唯*此正傳, 洞上所宗. 當*有神穎, 振其頹風. 堂堂燈公, 龍象回顧. 負戴之重, 徐行安步. 漢南盤本, 兩坐道場. 枵然一室, 名聞諸方. 孝於事師,* 忠於事佛. 俯仰無愧, 雖化不沒. 聞名在世, 決不可除. 則於心外, 法有遺餘. 竟欲除之, 出以示我. 笑而不言, 如冰在火. 蘇嶺萬仞, 蕩摩雲煙. 曰*塔其下, 望之歸然. 緬懷高風, 叢林殞涕.* 我作銘詩, 以笵*來世.

*容觸=觸無(湖)(通). *唯=惟(湖)(通). *當=甞(湖)(通). *師=親(湖)(通). *曰=白(湖)(通). *殞=隕(湖)(通). *笵=範(湖)(通).

銘으로 말한다.

공겁의 일용사는 알기는 쉽지만 분별하기는 어려우니
그대가 만약 분별코자 하면 귀를 막고서 들어야 하네.
일찍이 그 어찌 겨를 있었으랴 달빛 계곡에 부서지고
일찍이 그 어찌 단절 있었으랴 바람은 송죽을 눕히네.
하나의 터럭 끝에다가 고금을 자유롭게 붙들어 놓으니
찬연하고 명료하여 일부러 찾아다닐 필요조차 없다네.
공용이 없는 공용이고 또한 지위가 없는 지위가 되니
중생을 위해 법칙을 짓고 觸諱를 용납할 것도 없다네.
오직 正傳을 위해서만 조동종에서는 종지를 내세우니
응당 뛰어난 제자 나타나 다 무너진 종풍 일으켰다네.
당당하고 당당한 법등공은 용상들도 그를 돌아다보고
막중한 종풍을 짊어지고 천천히 안정하게 나아갔다네.
漢南의 盤과 本의 두 지역에서 거듭 도량에 앉았는데
텅 비어 있는 가난한 방장실에서 제방에 이름 떨쳤네.
孝로써 스승님을 섬겼고 忠으로써 부처님을 섬겼으며
하늘을 우러러 떳떳하였고 중생교화에 그침이 없었네.
명성이 세간에 퍼져 나가도 결코 부정할 필요 없었고
마음 밖에 법칙 두어도 불법에는 여유가 남아 있었네.
끝내 명성을 거두려고 했지만 나한테까지 찾아왔으니
다만 웃을 뿐 말하지 않으니 얼음 속의 불과 같았다네.
蘇嶺의 만 길 외딴 곳에서 구름과 안개도 쓸어 버리니
이에 그 아래다 탑을 세우고 그것을 보면 우뚝하다네.
高風을 추억해 보니 총림에서는 모두 눈물을 흘려 주네
내가 여기에 銘詩를 지어서 곧 훗날의 규범을 삼는다.

[자료 9] 大洪山遂禪師塔銘

(1) [淸] 張仲炘 輯 :『湖北金石志』권11(약호 : 底)
(2) 張仲炘 等 撰 :『湖北金石志』권103(약호 : 通)
(3) [參考][明]明河 撰 :『補續高僧傳』권9 守遂傳(약호 : 補)

　　□□□□□□□□□淨嚴和尙塔記
敷文閣直□□〈學士〉·□□大夫·潼州府路兵馬都鈐轄·瀘南沿邊按撫使·知瀘州·提擧學事·兼管內勸農使*·文安縣開國伯·食邑七百戶·□□□□〈魚〉袋, 馮檝* 撰.
右朝請大夫·知復州軍主·主管學事·兼管內勸農營田事·賜紫金魚袋,* 吳說書幷題額.

*使=事(通). *紫=없다(底).

·[撰者]：馮檝(?~1153). 字는 濟山이고, 스스로 不動居士라 불렀다. 父는 昌期이다. 사천성 廣漢 출신으로, 守遂와 同鄕이라고 스스로 말하고 있다. 政和 8년(1118)에 進士가 되었다. 壯年부터 선문을 찾아다녔는데 佛眼淸遠의 법사가 되었다. 大慧宗杲에게도 참문하였다. 소흥 23년 10월 3일(일설에는 22년 6월)에 죽었다.
*吳說은 字는 傅明이고, 호는 練塘이다. 師禮의 長子로서, 절강성 錢唐 출신이다. 글씨를 잘 써서 高宗이 높이 평가하였다. 知信州가 되었다.

　　□□□□□□□□□정엄화상탑기
부문각직□□〈학사〉·□□대부·동주부로병마도령할·여남연변안무사·지여주·제거학사·겸관내권농사·문안현개국백·식읍칠백호·□□□□〈어〉대 풍즙이 찬술하다.

우조청대부·지복주군주·주관학사·겸관내권농영전사·사자금어대 오열이 쓰고 또한 제액을 하다.

師諱守遂, 遂寧府蓬溪章氏子也. 家世業儒, 奉佛尤篤. 母初懷妊, 頗有吉祥. 旣生在襁褓間, 見僧卽喜. 幼不茹葷酒, 不隨童戲. 年十三, 父母顧之曰, 此兒終非塵中人. 迺携諸本邑南巖院, 託僧自慶爲師.

  *守遂=宗遂(底)(通), (補)에 의거하여 고쳤다. *蓬=蓮(底)(通), (補)에 의거하여 고쳤다.

선사의 휘는 守遂이고, 遂寧府 蓬溪[1] 章氏의 아들이다. 가문에서는 대대로 유교를 업으로 삼았지만, 부처님을 받드는 것이 더욱 돈독하였다. 어머니가 처음 회임하였을 때 여러 가지 길상이 있었다. 이미 태어나서는 강보에 있을 때부터 스님을 보면 곧 기뻐하였다. 어려서부터 오신채와 술을 먹지 않았고, 아이들의 놀이를 따르지도 않았다. 13세 때 부모가 선사를 돌아보고 말했다. "이 아이는 끝내 속세에 있을 사람이 아니다." 이에 선사를 봉계의 南巖院으로 데리고 가서 自慶[2]스님에게 맡겨서 스님이 되도록 하였다.

年二十七, 得度, 纔受具, 卽辭. 師往依講席, 復徧歷吾蜀諸禪, 究明己事, 因緣未契. 束包南遊, 初抵玉泉, 見勤禪師. 勤器之, 命副院事, 歲餘罄囊中所積歸常住, 惟杖履, 參訪襄漢一時宿.

27세가 되어 득도하였고, 구족계를 받자마자 그곳을 떠났다. 선사는

---

1) 蓬溪=潼川州의 蓬溪 및 遂寧의 兩縣 부근을 가리킨다. 馮檝은 廣漢縣(潼川 遂寧縣) 출신으로, 同鄕이라고 말한다.
2) 自慶=전기는 미상이다. 南巖院도 『遂寧縣志』 권2의 寺觀 항목에 보이지 않는다.

講席을 찾아갔고, 다시 여기 蜀의 여러 선원을 편력하였으며, 己事를 究明하려 했지만 아직 인연이 계합되지 못하였다. 이에 걸망을 짊어지고 남방으로 유행하였는데, 처음에 玉泉으로 갔지만 거절당하고, 懃禪師[3]를 친견하였다. 懃은 선사를 法器로 간주하여 副院의 임무를 맡겼다. 일 년 남짓 지나서 걸망 속의 물건을 사찰의 상주물로 귀속시키고, 오직 석장과 신발만 가지고 당시에 襄漢 지방의 존숙들을 참방하였다.

次依棲大洪開山□〈恩〉禪師, □〈使〉看俱胝竪指因緣. 一日於僧堂, 方展坐具, 忽見小虫飛墮於地, 遽拂之, 隨手豁然大悟. 開山肯之. 於是服勤數載, 乃命總院事.

이어서 대홍산의 開山恩선사에게 의지하며 머물면서 俱胝竪指의 공안을 看하게 되었다. 어느 날 승당에서 바로 좌구를 펼치다가 홀연히 작은 날벌레가 날아가다가 바닥에 떨어지는 모습을 보았는데, 곧장 그것을 치우다가 갑자기 활연대오하였다. 開山은 선사를 인가하였다. 그리고 수년 동안 服勤하자 이에 명을 받아 선원의 임무를 총괄하게 되었다.

政和辛卯. 恩順寂. 師畢後事, 乃□〈遊〉江浙□〈諸〉山. 値智禪師住持, 俾仍舊職. 政和戊戌, 郡東雙泉禪院虛席, 隨守袁公灼, 命師出世. 衲子奔溱, 傳道不暇. 袁公欽師道德, 奏賜淨嚴師號. 俄改住水南禪院. □〈聲〉益著, 逴邁緇徒, 聞風而至. 靖康丁未, 退止德安巘山. 會延福禪院方丈闕人, 安守李公公濟, 命師繼踵. 未幾, 兵戈蜂起, 凶寇將至. 郡

---

3) 懃禪師=전기는 미상이다. 光緒 11년에 간행된 『玉泉志』에는 그 이름이 보이지 않는다.

官命師領大衆入城. 因建化城庵居之. 訓徒如故. 賊圍城久. 米升四十
金. 時衆尙廣. 日惟一粥. 師獨請半. 士大夫. 分惠糧儲之類. 卽均贍.
大衆晨夕. 提振祖命. 愈懃不輟. 賊勢甚緊. 高聲唱言. 城破. 但存延福
長老. 攻旣不利. 而曰. 城中果有異士. 遂引去. 鎭撫陳公規. 聞而謂衆
曰. 異士乃吾淨嚴也.

정화 신묘년(1111)에 開山恩이 시적하였다. 선사의 장례를 마치고 곧
江浙의 여러 산을 유행하였다. 智禪師[4]가 주지하는 곳에 이르러 이에
옛날의 직함을 부여받았다.

정화 무술년(1118)에 郡의 동쪽에 있는 雙泉禪院[5]의 주지가 공석이
었다. 隨州의 태수 袁公灼[6]이 선사에게 명하여 출세토록 하였다. 납자
들이 모여들자 전도를 하느라고 여념이 없었다. 袁公이 선사의 도덕을
흠모하여, 상주하여 淨嚴이라는 師號를 받게 되었다. 그리고 갑자기 바
꾸어 水南禪院[7]에 주석하도록 하였다. 명성을 더욱더 떨치니 먼 곳으로
부터 납자들이 소문을 듣고 모여들었다.

정강 정미년(1127)에 물러나서 德安府의 岘[8]에 머물렀다. 때마침 延
福禪院[9]의 방장에 사람이 없었다. 덕안부 태수 李公公濟[10]가 선사에

---

4) 智禪師 대홍산 제5세 善智를 가리키는데, 大洪報恩의 법사이다.
5) 雙泉禪院=『隨州志』권5에는 七寶泉과 珊瑚泉의 두 샘물을 가진 隨州의 남쪽 60
   리 洛陽店에 있는 雙泉寺가 있는데, 이것을 가리키는 것으로 보인다.
6) 袁公灼=袁灼로서, 字는 子烈이고, 父는 轂이며, 절강성 鄞縣출신이다. 元祐 연간
   에 進士가 되었고, 朝議大夫로 마쳤다.
7) 水南禪院=隨州의 水南山에 있는 水南興國禪院을 가리킨다.『隨州志』권5 참조.
8) 岘=晃山이라고도 한다. 隨州의 북쪽 180리에 있다.『隨州志』권4 참조.
9) 延福禪院=岘山기슭에 있는 사찰로서 항간에서는 慈忍禪師가 수도한 곳이라고
   한다.『隨州志』권4·권5 참조.
10) 李公公濟=전기는 미상이다.『安陸縣志』권18에서는 靖康 원년에 知德安府가 되
    었다고 말한다.『建炎以來繫年要綠』권1의 '翌年一月十二日' 조항에도 知德安府

게 명하여 방장의 자리를 잇게 하였다. 이후 얼마 되지 않았는데 난리
가 일어나서 흉포한 도적이 들이닥쳤다. 이에 郡官이 선사에게 대중을
거느려서 성중으로 가도록 명하였다. 그리고 化城庵을 건립하여 거기에
주석토록 하였는데, 대중을 가르치는 것이 옛날과 같았다. 도적이 오랫
동안 성을 에워쌌다. 쌀값이 40냥으로 올랐다. 그때 대중이 너무나 많
아서 매일 죽 한 끼만 먹었는데, 선사는 홀로 그 절반만 먹었다. 사대부
들이 쌓아놓은 양식을 나누어 주는 것도 균등하게 나누었다. 대중이
아침과 저녁으로 선사의 말씀을 따라서 더욱더 부지런히 힘쓰면서 그
치지 않았다. 도적들이 심히 긴장하자, 고성으로 제창하였다. "성이 무
너졌다. 단지 延福선원의 장로만 남아 있다." 도적은 벌써 공격이 불리
해지자, 다음과 같이 말했다. "성 안에는 과연 신이한 사람이 있구나."
그리고는 마침내 물러났다. 鎭撫 陳公規[11]가 그 말을 듣고 대중에게 말
했다. "신이한 사람이란 바로 우리 淨嚴禪師를 가리킨다."

紹興乙卯, 師退居東堂. 未數月, 宣撫使司, 命居大洪. 時以襄漢纔復,
百里絶人, 荊榛塞路, 虎狼交跡, 山頂僧行散逃, 餒死所存, 不過百數.
日飡野菜橡糜, 以度朝昏. 供利阻隔, 屋宇墮頹. 莊夫耕具, 十無一二.
師方定居, 勸勉緇徒, 開通供路, 招置人牛, □〈墾〉闢田圃. 未期歲間,
四方禪衲, 騈肩而來, 檀越社供, 如赴約束. 逾年, 僧及半千, 次滿七百.
復修院宇, 追述先範, 大闡綱宗. 自此靈濟道場, 廢而復興. 師住持十有

　　로서 그 이름이 보인다.
11) 陳公規=陳規(1072~1141), 字는 元則이고, 父는 昇이다. 산동성 密州 安兵縣 출
　　신이다. 건염 원년(1127)에 知德安府가 되었고, 이어서 德安府·復州·漢陽의 軍
　　鎭撫使가 되었다. 소흥 11년 1월 25일에 70세로 죽었다. 『宋史』권377에 그 전기
　　가 있다.

三年, 叢林再盛, 不減疇昔.

*命=없다(底).

소흥 을묘년(1135)에 선사는 東堂으로 물러나 머물렀다. 몇 개월 안 되어 宣撫使司가 명하여 대홍산에 주석하도록 하였다. 그때는 襄漢 지방에 겨우 회복되었을 때라서 백리 안에는 사람이 없었고, 가시나무 잡목의 좁은 길에 호랑이의 흔적이 있었으며, 산꼭대기의 스님들은 흩어져 도망하였고, 굶어 죽는 상황에서 살아남은 사람이 백 명도 안 되었다. 매일 야채와 도토리로 죽을 먹으면서 아침부터 저녁을 걸렀다. 시주물도 끊겨서 가람도 퇴락하여 우람했던 건물은 열에 한둘도 남지 않았다. 선사가 처음에 정착하여 주석하면서 납자들을 勸勉하여 공급로를 개통하고, 사람과 소를 불러다가 밭을 일구었다. 그러자 한 해도 되지 않아서 사방에서 납자들이 구름처럼 몰려들었고, 시주단체에서 마치 약속이나 한 것처럼 공양물이 모여들었다. 일 년 남짓 지나자 승려의 수가 오백에 이르렀고, 이어서 칠백 명이 넘었다. 다시 가람을 중수하고, 이전의 규범을 따라 진행하면서 綱宗을 크게 천양하였다. 이로부터 靈濟道場은 폐허에서 다시 일어났다. 선사가 13년 동안 주지를 하자 총림이 다시 번성하여 그전처럼 감소되지 않았다.

紹興丁卯春, 師示疾, 誡侍者曰, 每聞鐘魚, 方進粥飯. 過午則不復啜耳. 示化前一日, 囑門弟子曰, 吾今將往, 信任自緣. 汝等壯年, 當此佛法陵替, 各宜勉力弁道, 勿違佛戒, 至三月四日, 問侍者曰, 今日是幾者. 曰, 初四. 師令備浴水, 齋罷沐浴更衣, 歸方丈熟寢. 至昏黃, 遽起時, 知事小師, 環遶侍立. 師顧視左右, 斂容端坐. 少頃暴風驟作, 丈室搖振, 土崩瓦墜. 衆謂屋摧, 四散驚出. 唯副院宗舒, 疑師長往, 侍立不動.
良久端然示蛻. 傍有聞龍神殿內鳴指噓聲. 方丈後石崖忽摧. 山之四周
人, 望峰頂紅光燦爛, 皆疑遺火. 詰旦登山, 始知師逝. 於是連霄風雪
陡作, 峰巒變白. 四衆號慟, 禽獸哀鳴. 留三日, 入龕. 後七日, 窆全身
於院之陽同光塔之右. 葬日晴明, 風和日暖. 示化之夕, 郡官夢師訪于公
宇, 茶話之久, 辭曰老僧去矣. 次日, 接師遺書, 駭歎異之.

*斂=歛(底). *于=於(通).

　소흥 정묘년(1147) 봄에 선사가 병을 보이자, 시자에게 경계하여 말
하였다. "매번 종과 목어의 소리를 듣거든 죽반을 먹으러 가라. 정오가
지나거든 다시는 먹지 말라." 시적하기 이전 하루는 문도 제자들에게
유촉하여 말했다. "나는 이제 가고자 하는데, 내 자신의 인연에 맡기는
것이다. 그대들은 젊었다. 불법의 몰락에 당면하면 각각 반드시 힘써서
弁道하라. 부처님 계율을 어기지 말라." 3월 4일에 이르러 시자에게 물
었다. "오늘이 며칠인가." 시자가 말했다. "초나흘입니다."
　선사는 목욕물을 준비시켜 놓고 공양을 마친 다음에 목욕을 하고
옷을 갈아입고 방장실로 돌아가서 깊은 잠에 들었다. 황혼녘에 이르러
문득 일어났을 때 知事와 小師가 주위에서 지켜보고 있었다. 선사는
좌우를 돌아보고 용모를 가다듬고 단좌하니, 잠깐 동안 폭풍이 크게
불어와 방장실이 흔들리고 흙이 무너지며 기왓장이 떨어졌다. 대중은
집이 무너진다고 소리치며 시방으로 흩어져 놀라 밖으로 뛰쳐나갔다.
그러나 오직 副院인 宗舒[12]는 선사가 시적할 것이 염려되어 곁에 서서
움직이지 않았다. 양구하더니 단정하게 입적하였다. 용신이 殿內에서

---

12) 宗舒=전기는 미상이다.

손가락을 튕기며 쉬 하는 소리를 곁에서 들은 사람도 있었다. 방장실 뒤의 석벽이 갑자기 무너졌다. 산 아래 살던 사람들은 산봉우리에 붉은 빛이 찬연한 모습을 보고 모두가 산불이 나지 않았나 의심하여, 이른 아침에 산에 올라 보고서야 선사가 시적했음을 알았다. 이에 하늘 가득히 바람이 불어 눈이 내리더니 산봉우리가 하얗게 변했다. 사부대중이 서럽게 울고, 금수도 애타게 울부짖었다. 3일 후에 입감하였고, 7일 후에 전신을 선원의 양지바른 同光塔[13]의 오른쪽에 안치하였다. 장례식을 하는 날에는 청명하고 바람도 훈훈했다. 시적하던 날 저녁에 郡官이 꿈속에서 선사의 처소에 찾아와서 오랫동안 다담을 나누었는데, 헤어지면서 "노승은 간다."고 말했다고 한다. 이튿날 선사의 유서를 듣고는 놀라면서 그 신이함에 찬탄하였다.

師平昔精持毘尼, 絲毫無玷. 不服繒纊, 布衣紙衾, 不執財寶, 不背衆食. 檀越所得施利, 並歸常住. 士大夫, 惠以玩好, 隨得隨施. 生乎與物無忤, 至於蚤蝨, 不忍棄之. 師世壽七十六, 僧臘四十九. □〈四〉坐具道場, 三十載, 提振祖令. 度門弟子宗壽等, 百餘人. 嗣法已出世者, 數人. 師垂手接人, 雖慈悲示誨*, 而不順世情. 入室普說, 寒暑無倦. 禪徒不時參扣, 並無阻却. 因僧問, 如何是佛. 師云, 休瞌睡. 叢林以爲龜鑑. 得師之道者, 無慮百數. 師卽恩禪師嫡嗣, 曹溪十四世孫也. 禪宴接人之外, 一毫之善弗遺, 結十萬人, 念阿彌陀佛. 刊華嚴·遺經·諸經集, 傳注解四十二章·遺敎經·潙山警策, 有語錄·偈頌, 並行於世.

*示=生(底).

---

13) 同光塔=善智의 탑을 가리키는 것으로 보인다.

선사는 평소에 계율을 엄격히 지켜 털끝만치도 어김이 없었다. 명주 비단을 걸치지 않았고, 삼베옷과 종이 이불을 사용했으며, 재보를 갖지 않고 대중과 함께 공양하는 것을 마다하지 않았다. 시주자로부터 받은 보시물은 모두 사찰소유로 귀속시켰고, 사대부가 베풀어 준 기호품도 받은 즉시 남에게 베풀어 주었으며, 평생 중생을 거스른 적이 없었는데, 심지어 벼룩과 이가 붙어 있어도 함부로 떨어내지 않고 참았다. 선사는 세수가 76세이고, 승랍이 49세이다.

네 도량에 주석하면서 30년 동안 조사의 가르침을 진작하였다. 문도제자인 宗燾[14] 등 100여 명을 득도시켜 주었고, 사법하여 출세한 사람이 여러 명이었다. 선사가 사람을 교화한 방식은 자비로써 가르쳐 주면서도 세속적인 정을 따르지 않았다. 입실과 보설은 춥거나 덥거나 게으르지 않았고, 禪徒들이 불시에 찾아와도 전혀 물리침이 없었다.

한 승이 물었다. "부처란 무엇입니까." 선사가 말했다. "졸음을 그치는 것이다." 이것은 총림에서 귀감이 되었다. 선사의 도를 얻은 사람이 무려 백여 명이었다. 선사는 곧 恩禪師의 嫡嗣로서 조계의 제14세 법손이다. 좌선으로 사람을 교화하는 이외에 털끝만 한 善도 버리지 않고, 십만 명을 결속하여 아미타불을 念하도록 하였다. 『華嚴』・『遺經』・『諸經集』 등을 간행하였고, 『四十二章』・『注解遺敎經』・『潙山警策』[15] 등을 전승하였으며, 『語錄』・『偈頌』[16] 등이 있어서 모두 세간에 유통되었다.

紹興庚申夏, 師稍違和. 有景陵檀越吳興, 施財預建塔亭, 以備後事. 師

---

14) 宗燾=전기는 미상이다.
15) 『注解四十二章 …』=『佛祖三經註』라고도 한다. 『續藏』 1-59-1 〈통권59〉 및 2-16-2 〈통권111〉에 수록되어 있다.
16) 『語錄』・『偈頌』=현존하지 않는다.

病起, 折充院前歇亭, 知事衆謂, 恐違檀越意, 乃懇止之, 師因示誡文, 其略曰, 予欲以吳君所造塔亭下, 止以甎灰壘一同歸塔, 欲自序已往當山住持者, 同葬遺骸於其中, 所歸省緣, 色致唐勞, 從事無益, 爲可勤傳正眼, 令慧命不絕, 則斯道綿遠無窮, 幸同道者, 察予鄙志, 師旣歸寂, 後人以重欽奉, 輕於違師之志, 同歸之義, 衆議寢焉,

소흥 경신년(1140) 여름에 선사가 약간 건강이 좋지 않았다. 景陵의 단월인 吳興[17]이라는 사람이 재물을 보시하여 塔亭을 건립하여 후사를 준비하도록 하였지만 선사가 병에서 일어나자 그만두고, 대신 선원 앞에다 歇亭을 세우기로 하였다. 그러자 知事와 대중은 그것은 단월의 뜻을 어기는 것이라고 말하면서 간절하게 그만두게 하였다. 이에 선사가「誡文」을 보여 주고, 그에 대하여 간략하게 말했다.

"나는 吳君이 지으려는 탑정 아래다 단지 벽돌을 쌓아서 일동을 탑에다 돌리려는 것입니다. 나보다 이전에 이 산에 주지했던 사람들을 똑같이 유해를 거기에 안치하려는 것입니다. 내가 바라는 것은 반연을 생략하고 불필요한 노력을 면하려는 것입니다. 일을 따로 벌이는 것은 도움이 되지 않습니다. 힘써서 正眼을 전승해야 하기 때문에 慧命을 단절시키지 않는다면 곧 이와 같은 도는 면면히 무궁할 것입니다. 바라건대 같은 길을 가는 사람들이여, 내가 도모하는 것을 살펴주시기 바랍니다."

선사가 시적하자, 후인들은 선사를 흠모하고 받듦을 소중히 여기고 선사의 뜻을 어기려는 것을 가벼이 하였다. 同歸하려는 선사의 뜻을 衆議로써 어찌 만류할 수 있었겠는가.

---

17) 吳興=전기는 미상이다.

其小師宗善, 狀師行實, 自洪山不遠數千里而來, 求銘於予. 予於師爲同鄕, 且以道契. 每欽其道行, 爲里閭之光. 義不當辭. 烏乎, 歲不寒, 無以知松柏之後彫, 火不烈, 無以驗眞金之不變, 事不難, 無以見高人之節守. 今世之所謂高僧者, 莫大乎闡揚敎典, 傳授祖燈, 護戒精嚴, 存心慈忍, 禪定不亂, 精勤匪懈, 身不衣帛, 囊無積財, 力興叢林, 善荷徒衆, 長齋不昧, 坐脫入亡. 有一於此, 號曰名德. 儻卒然臨之禍患憂危之變, 鮮有其心不搖奪者. 而師于衆善則兼而有之. 而又能爲高尙者之所難能. 若粵逢時厄運, 群盜四起, 德安大府, 環繞幾徧, 師乃入城, 創庵居之, 與衆同患. 米貴如珠, 不忍散衆. 闔郡驚惶, 師無懼色. 提振祖令, 宛若平時. 聲傳賊耳. 自唱言, 城破. 但存淨嚴一人, 師雖聞此, 惟以利衆爲心誓, 與闔城俱存亡. 旣以道德, 保護一方, 賊遂攻擊不利, 而曰, 城中果有異士. 從而引去. 賊旣解, 而師退在. 他人則追念前日虎口之危, 亦且少休, 或求安靜之地, 以自養是爲得計. 而洪山全仰遠供, 以贍多衆. 時則賊去未久, 供路不通, 山頂屋宇, 大半頹圮, 僧徒餓殍, 十喪八九. 所存餘衆, 惟以野菜橡麛, 僅充口腹. 聞者莫不遠避. 而宣撫司, 命師往住持. 而師亦毅然從之. 旣至躬率其徒, 開通供路, 葺治田圃. 魚鼓之聲, 復聞未幾, 社供復來, 衲子奔湊. 於是重修院宇, 百廢具興. 卒安□〈七〉百餘衆, 靈濟道場, 燦然復新, 有加於昔焉. 嗚呼, 師於傳道修行之外, 又爲人之所難能, 有如此者, 求僧中之名德, 罕見其比. 非夫夙植德本而道力深厚, 疇克然邪.

*于=於(通).

그 小師인 宗善[18]이 선사의 행실을 드러내려고 大洪山에서부터 수천

---

18) 宗善=전기는 미상이다.

리를 멀다 하지 않고 찾아와서 나 풍즙한테 銘을 부탁하였다. 나는 선사와 同鄕인데다, 또한 道로써 계합되었다. 그래서 매번 그 도행을 흠모하여 항간의 빛으로 삼았다. 뜻으로도 달리한 적이 없었다. 오호라, 날씨가 춥지 않으면 송백의 지조를 알지 못하고, 불이 맹렬하지 않으면 진금이 불변함을 시험할 수가 없으며, 일이 어렵지 않으면 高人의 절개를 볼 수가 없다. 오늘날 세간에서는 고승이라면 경전의 가르침을 천양하고, 조사의 등불을 전수하며, 계율을 엄정하게 지키고, 마음에 자비를 담아 두며, 선정으로 어지럽지 않고, 부지런히 정진하여 게으르지 않으며, 몸에 비단을 걸치지 않고, 걸망에 재물을 쌓지 않으며, 총림을 일으키는 데 힘쓰고, 徒衆을 잘 타이르며, 오랫동안 재계하여 욕심부리지 않고, 앉아서 죽고 서서 죽는 것보다 위대한 것이 없다고들 말한다. 이 가운데 하나라도 실천한다면 名德이라 부른다. 그렇지만 만약 갑자기 재앙·근심·걱정·위기 등으로 변화라도 발생하면 그 마음이 흔들려 빼앗기지 않는 사람이 드물다. 그러나 선사는 이 가운데 여러 가지의 요소를 지니고 있다. 또한 高尙한 사람들에게 환난을 당하기도 하였다. 여기에다 당시의 액운을 만나 群盜가 사방에서 일어나자 德安大府가 포위되어 어쩔 수 없게 되자 선사가 성안으로 들어가서 암자를 짓고 주석하면서 대중과 고통을 함께 나누었다. 쌀값이 올라 보배처럼 되어 대중이 참지 못하고 흩어지자 閣郡은 놀라고 두려워했지만 선사는 두려운 기색이 없었다. 그리고 조사들의 가르침을 진작하였는데 완연히 평소와 같았다. 그런 소리가 도적의 귀에도 전해졌다. 그리고 부르짖는 소리가 들렸다. "성이 무너졌다. 다만 정엄선사 한 사람만 남았을 뿐이다."

그러나 선사는 그 소리를 듣고도 오직 대중을 이롭게 하는 것으로써 마음의 서원을 삼고 閣城과 존망을 같이 하였다. 이미 도덕으로써 그 지역을 보호하자 도적들은 마침내 공격이 불리해져 말했다. "성중에 과연 신이한 사람이 있다." 그리고는 물러갔다. 도덕이 성을 해금하자 선사도 선원으로 돌아갔다. 다른 사람들은 곧 전날의 虎口의 위험을 추념하였고, 또한 잠시나마 휴식할 수 있었으며, 혹은 安靜한 곳을 찾아가서 自養함으로써 각자의 목표를 실현하였다.

그런데 대홍산은 아주 먼 곳인데도 불구하고 공양물을 바쳐서 많은 대중을 구휼하였다. 그때는 도적들이 물러간 지 오래되지 않아서 아직 공양하는 길이 열리지도 않았고 산봉우리에 있는 가람도 대부분은 무너져서 승도들이 굶어 죽는 사람이 십중팔구였다. 남아 있는 대중은 오직 야채와 도토리로 죽을 먹으면서 겨우 입과 배를 채웠다. 그 소문을 들은 사람은 멀리 피하지 않은 자가 없었다. 그러나 宣撫司가 선사에게 명하여 그곳의 주지로 가도록 하자, 선사는 또한 의연히 그 명을 따랐다. 그곳에 도착해서는 몸소 대중을 거느리고 길을 개통하였고 밭을 일구었다. 목어 소리가 다시 들리게 되자 얼마 안 가서 시주단체에서 공양물이 몰려들고 납자들이 모여들었다. 이에 가람을 중수하여 폐허였던 것이 모두 부흥되었다. 마침내 칠백여 대중이 안정되자 靈濟道場은 찬연하게 다시 새로워져 옛날보다 더해졌다.

오호라. 선사는 전도하고 수행하는 이외에도 또한 사람들을 위하여 어려움을 무릅쓴 것이 이와 같았다. 僧 가운데 名德을 찾으려고 해도 이와 같은 경우는 보기 드물었다. 대저 숙세에 덕의 근본을 심어서 도력이 깊어지지 않았다면 어찌 이럴 수 있었겠는가.

銘曰,
大洪之巔. 靈濟開山. 始自恩公. 更律爲禪. 嗣法淨嚴. 繼踵而住. 十有[*]

三年. 道行化普. 師生遂寧. 幼願出塵. 受具之後. 周遊問津. 徧登講筵. 復歷禪苑. 旣通教乘. 欲窮法派. 因緣未契. 束包南遊. 竟遇洪山. 針芥相投. 俱胝一指. 通徹源底. 佛祖機緣. 更無餘旨. 宗說俱通. 解行相應. 能博能約. 有規有繩. 精持毘尼. 常恐弗及. 食不背衆. 衣不衣帛. 不奔蚤蝨. 不畜資財. 人所愛惡. 已獨忘懷. 高士所爲. 獨兼衆美. 臨患難而不變. 世莫得而倫擬. 若居德安. 會賊四圍. 闔城震恐. 日懼顚危. 師行祖令. 宛類平時. 賊謂有異人而引去. 庸非賴道德之慈威. 逮兵禍之梢平. 亦可休而少息. 洪山供利. 久已隔絶. 凌晨無粥. 而正晝無食. □〈餓〉殍而死者過半. 幸免而存者十一. 師被宣司之請. 不復辭難而往. 芟荊棒以登陟. 關虎狼而趨上. 野菜橡糜. 與衆同餔. 率其徒以開路. 招檀施而贍養. 曾未逾年. 衲子奔湊. 田圃兵墟. 俄復耕耨. 寺宇傾摧. 鼎新卑陋. 卒安七百高僧. 名廢藍而復舊. 此擧世之難能. 師優爲之而不以爲難. 致緇素之歸重. 宜幽明之共尊. 圓寂之夕. 暴風遽作. 龍神鳴指而長嘘. 山崖裂石而崩落. 時當暮春. 大雪降格. 禽獸哀號. 林巒變白. 紅光現於峰頂. 化體初無改色. 巍巍聳塔瑞雲中. 高示遺規爲永則.

* 十有=有十(底).

銘으로 말한다.
대홍산의 드높은 꼭대기는 靈濟의 開山이 되었고
恩公으로부터 시작하여 율을 바꾸어 선을 하였네.
사법했던 淨嚴이 그 주지를 계승하여 주석하면서
십삼 년 동안에 걸쳐 도행을 펴 널리 교화하였네.
선사는 遂寧에서 나서 어려서부터 출진을 바라고
구족계를 받은 이후에는 널리 나룻터를 물었다네.

두루 講筵을 찾아다녔고 또 禪苑을 편력하였으며
교학에 정통한 이후에는 법맥을 다하고자 하였네.
인연이 계합되지 못해 바랑을 메고서 南遊하면서
필경에 대홍산을 찾아가 의기가 서로 투합되었네.
구지선사의 일지두선풍을 근원까지 통철하고 나니
불조의 기연에 대해서 더 이상 남은 종지 없었네.
종통과 설통을 구비하고 이해와 실천이 상응하며
널리 알고 깊이 알며 규범을 알고 질서를 알았네.
계율을 철저히 지니면서도 항상 부족하다 간하고
공양에는 대중과 함께 하고 옷은 비단 안 걸쳤네.
벼룩과 이를 떼지 않고 재물을 쌓은 적도 없으며
남들이 아끼고 싫어함은 이미 홀로서 忘懷하였네.
高士들이 행하는 행위는 유독히 衆美를 겸하였고
患難에 임해 불변하고 世情을 흉내내지도 않았네.
德安府에 기거했을 때 사방이 도적으로 포위되어
闔城이 공포에 떨며 또 매일 위험에 처했을 때도
선사는 조사의 가르침 설하여 평소와 똑같았다네.
도적이 이르되 신이한 사람이 있어서 물러가는데
도덕의 자비위력에 의지하여 않을 수가 없었다네.
兵禍가 끝나자 또한 약간은 휴식하며 쉬었다지만
대홍산으로 통하는 길 이미 오래전에 두절되었네.
새벽녘에도 죽을 못 먹고 한낮에도 밥을 못 먹으며
아사한 사람이 거의 절반, 남은 자 열에 하나였네.
선사는 宣撫司 초청 받아 난 피하지 않고 나아가

가시 숲을 베며 올라 호랑이 피하며 정상 올랐네.
야채 도토리 죽 먹으며 대중 함께 공양을 하였고
문도를 거느려 길 열자 시주자 불러 구휼 베푸네.
일 년도 지나지 않았는데 납자들이 몰려들었으며
밭과 전쟁터가 문득 밭 메고 김매는 곳이 되었네.
초라하고 비루하게 무너진 가람 새롭게 일으키니
곧 칠백 고승 머물러 폐허 가람이 명성 회복했네.
이와 같은 불사는 세간에서 찾아보기 드물었지만
선사가 뛰어나게 해치운 까닭에 어려움 없었다네.
출가 및 재가 존중받고 밤과 낮 모두 존중받았고
선사가 원적하던 저녁에는 큰 폭풍이 일어났다네.
용신은 손가락을 튕기면서 쉬쉬 소리를 울려 대고
산간에서는 절벽 바위가 부서져 쏟아져 내렸다네.
당시에 때늦은 봄철인데도 대설이 내려서 쌓였고
금수가 슬프게 울어대고 산림은 하얗게 변하였고
홍광이 정상에 보이고 化體는 색상이 불변하였네.
상서로운 구름 가운데 까마득한 탑이 솟아오르니
드높이 드러난 선사의 유훈은 영원한 법칙이었네.

左朝奉大夫·權發遣隨州軍主·主管學事·兼管內勸農營田事·借紫金魚袋, 田孝孫立石.
紹興二十六年上元日, 受戒弟子賀善·崇張·善堅等, 共施財, 命福唐鄭彦輝·陳元仲刊.

좌조봉대부·권발견수주군주·주관학사·겸관내권농영전사·차자금어대인 田孝孫[19]이 立石하고,

소흥 26년(1156) 상원일에 수계제자 賀善·崇張·善堅[20] 등이 함께 재물을 보시하고, 福唐의 鄭彦輝·陳元仲[21]에게 명하여 간행토록 하였다.

---

19) 田孝孫=전기는 미상이다. 『隨州志』 권20에 의하면 소흥 26년에 知隨州가 되었다고 하고, 『建炎以來繫年要綠』 권175에 의하면 同年 10월 5일에 左朝奉大夫·知隨州의 전효손을 直秘閣으로부터 京西諸司가 되었다고 전한다.
20) 賀善·崇張·善堅=모두 전기는 미상이다.
21) 鄭彦輝·陳元仲=모두 전기는 미상이다.

[자료 10] 大洪山豫禪師塔銘

(1) [淸]張仲炘 輯:『湖北金石志』권11(약호 : 底)
(2) 張仲炘 撰:『湖北金石志』권103(약호 : 通)
(3) [參考][明]明河 撰:『補續高僧傳』(약호 : 補)

　　隨州大洪山第六代住持慧照禪師塔銘
右朝請大夫·知襄陽軍府·主管學事·兼內勸農營田事·兼主管京西南路按撫司公事·馬步軍都總管, 榮嶷撰

右朝請大夫·知復州軍州·主管學事·兼管內勸農營田事·賜紫金魚袋, 吳說書

右朝請大夫·西京路轉運判官·兼行提刑·提擧常平茶鹽等公事·提擧事, 魏安行題額

*京=東(底). *司=使(底). *行=없다(通).

· [撰者]: 榮嶷(?~1162?). 字는 茂實로서, 강소성 儀眞 출신이다. 소흥 21년 (1151)에 知襄陽이 되었고, 소흥 26년에 知臨安이 되었으며, 權戶部侍郎에 제수되었다. 대혜종고에게 참문한 것이『大慧年譜』에 보이는데, 소흥 32년 條에는 대혜가 榮侍郎의 祭文을 썼다고 기록되어 있다. 慶預와 관계는 직접적으로는 없었다고「탑명」에 기록되어 있다.

*吳說은 [자료 9]에 나온다.
*魏安行의 字는 彥成으로, 강서성 饒州 樂平 출신이다. 진사가 되었고, 소흥 30년(1160)에 知揚州가 되었다.

수주 대홍산 제육대 주지 혜조선사 탑명
우조청대부·지양양군부·주관학사·겸내권농영전사·겸주관경서남로

안무사공사·마보군도총관인 영억이 찬술하다.

우조청대부·지복주군주·주관학사·겸관내권농영전사·사자금어대인 오열이 쓰다.

우조청대부·서경로전운판관·겸행제형·제거상평다염등공사·제거사인 위안행이 제액하다.

芙蓉道楷禪師, 有三賢孫. 近年以道鳴於世者. 曰, 慶預. 曰, 清了. 曰, 正覺. 二公遊方時, 預已坐漢東兩大刹. 厥聲籍甚. 旣而鼎立東南, 問望迭勝, 如磨醯□〈首〉羅王, 眼眼明徹. 由是天下之慕空術者, 翕然益知, 佛事之有人, 洞山之有源, 芙蓉之有孫. 預實首倡之也. 曩余識芙蓉於京師. 晚得二公於江浙. 猶以未面預公爲恨. 今公之子, 大洪居寧老, 乃狀其行, 來乞銘. 老孀顧皇暇乎. 此雖然有一又〈文?〉, 烏可以已. 余聞預居隨之大洪也. 當群盜擾攘間. 群盜環山如林, 預恬不爲意, 日據繩牀, 頤指間暇. 外勅其役之强毅者, 固守圍, 以折豺虎之衝, 內帥其徒之靜專者, 謹禪誦, 以覬國威之立. 若是者凡幾年, 卒與山巋然不拔. 所活何翅萬人. 士大夫之家, 賴以生者, 猶七八百數. 雖艱難中所設, 施擧中禮法. 往往迄今頗能道之者. 然則預豈惟有補於佛氏者邪. 故余勉爲之書.

부용도해선사에게는 三賢孫이 있다. 근년에 도로써 세간에 떨친 사람으로 혜조경예·진헐청료·굉지정각이다. 진헐과 굉지가 유행하고 있을 때, 경예는 이미 漢東의 두 대찰에 주석하고 있었다. 삼현손은 그 명성이 자자하여, 이미 동남지방에 정립하였는데, 법을 묻고 찾아오는 자들이 서로 간에 뛰어나서 마헤수라왕의 세 눈이 명철한 것과 같았다. 이로 말미암아 천하에서 불법을 사모하는 자들은 부처님 사업을 하는 사람이 있다는 것과 동산양개의 근원이 흐르고 있다는 것과 부용도해의 법손이 번성하다는 것 등을 더욱더 잘 알게 되었다. 그 가운데서도 경예는 실로 으뜸이었다. 이전부터 나 영억은 경사에서 부용도해를 만났었다. 만년에 진헐청료와 굉지정각을 江浙에서 만났는데, 또한 경예는 아직 만나지 못했던 것이 안타까웠다. 그런데 요즘 경예의 제자인 大洪居寧老[1]가 이에 그 행장을 가지고 찾아와서 탑명을 부탁하였는데, 내가 늙고 게을러서 돌아볼 여가가 있었겠는가. 그렇지만 여기에 그 행장이 있으니 어찌 그만 둘 수 있겠는가. 내가 듣자 하니, 경예선사가 수주의 대홍산에 주석하고 있었을 때 群盜가 난리를 일으킨 적이 있었다. 군도가 숲처럼 산을 에워쌌지만 경예는 편안하게 신경도 쓰지 않고 일상처럼 좌선하는 繩床에 올라서 군도들을 마음대로 부려먹었다. 밖에는 억센 졸개들이 경계하면서 굳게 지키면서 마치 승냥이와 호랑이가 충돌하는 것과 같은 분위기였지만, 안에는 그 무리들 가운데 점잖은 자를 우두머리로 지목하여 엄숙하게 禪誦함으로써 國威가 확고하게 서기를 바랐다. 그와 같은 상황이 몇 년 동안 계속되었지만, 마침내 산처럼 우뚝하여 침탈을 받지 않았다. 살아남은 자가 어찌 백성뿐이었겠는가. 사대부의 가문 및 또한 그에 의지하여 살아가는 칠팔 백 명의 사람들도 살아남았다. 비록 어려운 상황에 처해 있었지만, 施擧(벼슬을 등용하는 시험)는 예법대로 진행되어 항상 지금에 이르기까지 施擧가 지속될 수가 있었다. 그런즉 경예가 어찌 불법에만 도움을 주었겠는가. 때문에 내가 힘을 기울여서 선사를 위해 비문을 쓰게 되었다.

寧之言曰. 師胡姓也. 世居郢之京山. 生十有四年, 依楷祖出家於大陽.

---
1) 居寧=전기는 미상이다. 慶預의 법사이다.

又十年, 遂□〈依?〉楷落髮子, 受具戒. 久之楷器其所証, 遣佐丹霞德淳
禪師. 淳道熟而世疎, 得師爲重.

*出=없다(底).

선사에 대하여 말한다. 선사의 속성은 胡氏이고, 세속에서는 鄂州
의 京山에서 살았다. 태어나서 14세가 되자 도해조사한테 의지하여 대
양산에서 출가하였다. 다시 10년이 지나서 마침내 도해선사에 의지하여
머리를 깎고 구족계를 받았다. 오랫동안 도해는 선사를 깨침의 그릇으
로 간주하였는데, 단하덕순선사를 모시라고 보냈다. 덕순은 道가 순숙
하였지만 세간에 드러내지 않았는데, 선사를 얻고 나서 더욱더 존중을
받게 되었다.

政和三年, 草寇李㽞者, 竊發於鄧之圖. 寺之運糧丁數十輩, 偶爲賊所
掩, 盡奪其糧以去. 已而賊得吏. 因視布囊有丹霞字者, 謂賊所從來, 將
網而坐之. 主事僧俱駭竄, 莫敢睨師. 時主藏事獨惻然, 憫其無辜. 以
謂不已此□〈難?〉, 若殆且廢或玷吾釋氏. 乃越而代之請以身, 訊陷於囹
圄者, 踰半年, 事竟弁白. 識者高其行. 南陽之民, 至有以預羅漢命之者.
夫豈其乎平日荷法之心微己, 兆於是與.

*丹=舟丹(底).

政和 3년(1113)에 산적 李㽞[2]이 鄧州를 탈환하는 난리를 일으켰다.
사찰의 양식을 운반하는 장정 수십 명이 산적의 엄습을 만나서 그 양
식을 모두 빼앗기고 말았다. 이에 산적이 관군에게 붙잡혔는데, 布囊

---

2) 李㽞=전기는 미상이다.

안에 丹霞라는 글자가 있음을 보았는데, 산적이 어디서 왔는지를 말하자 포박하여 무릎을 꿇리려고 하였다. 主事僧이 모두 놀라서 달아났지만 감히 선사를 흘겨보지는 못하였다. 그때 主藏事만이 홀로 측은하게 여기고 그의 무고에 대하여 고민하였다. 그리고는 그 難을 그치게 하지 않으면 우리 불교가 위태롭게 되거나 또는 없어지거나 혹은 훼손받을 것이라고 말했다. 이에 관군에게 넘기면서, 대신 영어의 몸으로 있으면서 반년이 지나면 무죄로 풀어 주라고 청하였다. 식자들은 모두 선사의 행위를 높이 샀다. 南陽의 백성들이 선사를 預羅漢이라 부르게 되었다. 대저 이것이 어찌 그 평소의 불법을 실천하는 마음이 몸에 배어 들어 여기에서 조짐이 이처럼 드러난 것이 아니었겠는가.

後淳遷大洪. 復以師從, 仍總院事.

이후에 덕순이 대홍산으로 옮겼을 때 다시 선사를 대동하였다. 선사가 이에 사찰의 직무를 총괄하였다.

七年, 水南興國虛席, 隨守命師主之. 聞於朝, 賜慧照大師之號. 開堂謂衆曰, 昔芙蓉老人處, 知其名, 得其地. 丹霞師兄處, 忘其名, 失其地. 旣然血脈是同, 豈可枝柯背異. 遂爲淳嗣法也.

정화 7년(1117)에 水南興國³⁾의 주지가 공석이었다. 태수의 명을 따라서 선사는 그곳의 주지로 나아갔다. 조정에서 그 소문을 듣고 慧照大師라는 호를 내렸다. 개당하여 대중에게 다음과 같이 말했다. "옛적에

---

3) 水南興國=[자료 9]의 주석 7) 참조.

부용노인의 처소에서는 그 이름을 알고 그 땅을 얻었다. 그러나 단하사형의 처소에서는 그 이름을 잊고 그 땅을 잃었다. 이미 그 혈맥이 이처럼 동일한데 어찌 가지와 줄기에 다름이 있겠는가." 그리고는 마침내 덕순의 법을 이었다.

宣和三年, 徙於大洪, 居一紀餘, 猶一日. 凡兩告去, 皆弗克, 及歸則一再有圓光之瑞. 咸疑慈忍所忻相云. 而師未始異也.

선화 3년(1121)에 대홍산으로 옮겨서 12년 남짓 지냈지만 마치 하루와 같았다. 무릇 두 번이나 고별을 하였지만 모두 이기지 못하고 다시 되돌아가서 곧 재임하였는데 원광의 서기가 있었다. 그에 대하여 모두가 慈忍[4]이 기뻐하는 모습은 아니었을까 하고 의심하였다. 더욱이 선사에게는 그것이 처음 나타난 기이한 일은 아니었다.

紹興癸丑秋, 乃遂引去, 下廬阜, 入七閩, 閉關於雪峰之西室. 閩帥大參張公□〈守?〉稔其名, 以府城之乾元, 延致之. 居亡幾, 移住雪峰崇聖. 雪峰古稱海內甲刹. 時眞歇了公, □〈以?〉廣大緣法鼓之. 適謝事, 而師繼至獨靜, 重自持其盛, 不減前日. 叢林尤以爲難云.

소흥 계축년(1133) 가을에 마침내 引去되어 廬阜를 내려와 七閩에 들어가서 설봉의 西室에서 閉關하고 수행하였다. 閩帥였던 大參 張公

---

4) 慈忍=[자료 3]의 주석 3) 참조.

守5)가 그 명성을 익히 듣고는 府城의 乾元6)으로 선사를 맞이하여 모셨다. 그곳에 주석한 지 얼마 안 되어 설봉산의 崇聖으로 옮겨서 주석하였다. 설봉은 예로부터 海內의 甲刹로 일컬어졌다. 당시에 진헐청료 공은 광대한 緣法을 가지고 설봉산을 떨치고 있었다. 때마침 선사는 맡은 일을 그만두고, 진헐을 계승하여 홀로 고요한 곳에 이르러서 거듭 스스로 진헐의 번성한 선법을 유지시켰는데, 이전에 못지않았다. 그러나 총림에서는 더욱더 힐난을 가했다고 한다.

十年夏, 忽示微疾. 因索筆書偈曰, 末後一句最難名, 轉步回頭十萬程. 除却我家諸的子, 更誰敢向裏頭行. 俄顧謝大衆, 逐吉祥而逝. 實六月二十二日也. 後七日荼毘, 得舍利五色, 不知其幾. 瘞骨于雪峰·大洪之兩塔.

*最=없다(底)(通), 그러나 (補)에 의하여 보충한다. *于=於(通).

소흥 10년(1140) 여름에 홀연히 미질을 보였다. 이에 붓을 찾아서 다음과 같은 게송을 써서 말했다.

말후의 일구는 이름 붙이기 가장 어려운데
걸음을 옮기고 머리 돌리기를 십만리였네.
우리 조동가풍의 모든 的子를 제껴 놓고서

---

5) 張公守=張守(1084~1145). 字는 全眞 또는 子固이고, 東山居士라 불렸으며, 諡號는 文靖이다. 祖父는 몿이고, 父는 彦直이며, 母는 王氏(1037~1125)이고, 妻는 姚氏이다. 강소성 晉陵縣 출신이다. 崇寧 원년(1102)에 進士에 등제하였고, 건염 4년(1130)에 參知政事가 되었으며, 소흥 2년(1132)에 知福州가 되었다. 소흥 15년 정월 15일에 62세로 죽었다. 『毘陵集』 16권이 있다. 『宋史』 권375에 전기가 기록되어 있다.
6) 乾元=福州 懷安縣 乾元寺를 가리킨다. 『淳熙三山志』 권33.

다시 누가 감히 깨침 향해 나아갈 것인가

그러더니 갑자기 고개를 돌려서 대중에게 작별을 고하고는, 마침내 길상의 모습으로 입적하였다. 곡식이 영글어 가는 6월 22일이었다. 이후 7일 만에 다비를 하여 오색의 사리를 수습했는데 몇 개인지 알 수가 없었다. 유골을 雪峰 및 大洪의 두 탑에 모셨다.

俗壽六十有三, 僧臘三十有八. 住山凡四處, 說法凡二十三年. 凡得度若惠雨者, 四百五十餘人. 得法若鵝湖子亨者, 二十餘人. 其餘隨根器而悟解者, 散在四方. 蓋未可以名數計也.

*子=了(通).

세수가 63세이고, 승랍이 38세이다. 산에 주석한 것이 무릇 네 곳이었고, 惠雨[7]처럼 득도를 시킨 사람이 450여 명이었고, 鵝湖子亨[8]과 같이 사법한 사람이 20여 명이었다. 그 밖에 根器에 따라서 悟解시켜 준 사람이 사방에 산재하였는데 무릇 그 이름과 숫자를 알 수 없을 정도였다.

此其幻住之大略爾. 若夫生世之穎異·學佛之精到·奉身之簡約·董衆之篤勤·語錄之播傳·搢紳之歸重, 玆不敢喋焉. 以請是猶加金以黃, 助蘭以香者也. 居寧得幸於公之久. 矮公知芙蓉者. 雖先師之不遇, 寧之遇, 猶先師之遇也. 公其銘之.

---

7) 惠雨=전기는 미상이다.
8) 鵝湖子(了)亨=傳燈史類에는 보이지 않는다. 鵝湖는 강서성 信州 鉛山縣 북쪽 15리에 있는 산으로 간주된다.

*之=없다(底).

이상은 잠깐 머물다가 갔던 것에 대한 대략적인 내용일 뿐이다. 무릇 세간에 살면서 보여 준 뛰어나고 특이한 모습, 불교를 배워서 도달한 경지, 몸으로 보여 준 보살행, 대중을 거느린 근면한 수단, 『어록』의 전파, 고관대작들이 보여 준 귀의와 존중 등에 대해서는 여기에서 감히 다 찬탄할 수 없을 정도이다. 초청을 받은 것은 그렇다 치더라도 또한 수많은 재물을 보시받았지만 그것은 난초처럼 향기로웠다.

내가 편안하게 살면서 행복을 누린 것이 선사보다 오래였지만, 그것이 어찌 公이 부용도해를 이해한 것만 하였겠는가. 비록 先師 곧 혜조선사를 만나지는 못했을지라도 어찌 그를 형상으로 만난 것만 先師를 진정으로 만났다고 말할 수 있겠는가. 公에 대하여 여기에 새긴다.

銘曰,
道本一源, 孰坎孰淵, 徹其源者, 一滴百川, 猶嗟末流, 鼓波自渾,
不心其心, 徒言於言, 偉矣慧照, 樂于晨昏, 履危坦若, 其道乃尊,
惟肅惟通, 惟誠惟惇, 芙蓉之子, 芙蓉之孫, 千衆拱環, 無位而位,
功而不居, 示以游戱, 闉漢渺緜, 星河一天, 慧照斯在, 宛其儼然,
維彼靈峰, 誰再造汝, □□此銘, 無替千古.

*于=於(通).

銘으로 말한다.
도는 본래부터 근원이 동일한데도
누가 깊게 하고 넓힐 수 있겠는가.

[자료 10] 大洪山豫禪師塔銘

도의 근원까지 투철한 사람이라면
한 방울 물이 백천의 강물이 되네.
아아 스러져 가는 물길의 끝자락은
물결을 치면서 스스로 뒤섞인다네.
본래의 그 마음 마음인 줄 모르고
헛된 말을 진정한 말로 삼고 마네.
참으로 위대하도다 저 혜조대사여
새벽부터 황혼까지 도를 닦았다네.
위태로움을 앞에 두고서 태연하니
그런 도야말로 이에 존중받는다네.
더욱 엄숙할수록 더욱 정통하였고
더욱 참될수록 더욱더 도타왔다네.
한편으로는 곧 부용의 법자이면서
한편으로는 곧 부용의 법손이었네.
천명이 산적이 사찰을 에워쌌지만
無位의 경지에서 자리를 지켜냈네.
공이면서 유위공에 떨어지지 않고
유유자적하게 유희의 면모 보였네.
閩漢의 지역까지 아득히 이어지고
은하수처럼 저 하늘에 가득하였네.
혜조선사야말로 그 자리에 있으니
완연스레 그런 모습 엄연하였다네.
생각해 보면 저 신령스러운 봉우리
누가 다시 그대한테 비교되겠는가.

여기에다 이름을 銘으로 남겨 두니
천고토록 결코 변화되지 않으리라.

紹興二十三年七月一日, 左朝請郎·權發遣隨州軍州[*]·主管學事·兼管內
勸農營田事·借紫金魚袋, 田孝孫立石.

  *州=없다(底).

소흥 23년(1153) 7월 1일에 좌조청랑·권발견수주군주·주관학사·겸 관내권농영전사·차자금어대인 田孝孫[9]이 立石하다.

---

9) 田孝孫=전기는 미상이다. [자료 9]의 주석 19) 참조.

[자료 11] 崇先眞歇了禪師塔銘

(1) 妙叶淨啓重編 : 『明州天童景德禪寺宏智覺禪師語錄』권4(石井修道編『宏智錄上』所收 明又續藏本, 名著普及會刊)(약호 : 底)
(2) 面山瑞方編 : 『較正重刻劫外錄』(明和四年刊本)(약호 : 劫)
(3) [參考]『眞州長蘆了和尙劫外錄抄』수록된 「塔銘(다만 序가 없다)(明曆三年刊本)(약호 : 抄)
(4) [參考][明]明河 撰 : 『補續高僧傳』권9 眞歇了傳 (續藏 권134 所收)(약호 : 補)

崇先眞歇了禪師塔銘

夫道詣於大同, 性成乎圓通. 無住而住, 不空而空. 東西三十三, 傳黙合符節. 信不私而公也. 佛呑三世, 經破微塵. 發自己之光明, 得衲僧之機用. 根境平出, 行履自然. 天地之黙成, 陰陽之和光. 四時之氣備, 萬彙之慈等. 祖龕燈活, 緇園律溫. 持法柄, 荷佛担, 力抗魔外, 身任艱難, 悟空禪師其人也.

· [撰者] : 正覺은 淸了의 師弟로서 본서 제4장 제1절에 전기자료를 실었다. 이 「塔銘」은 언제 찬술되었는지 분명하지 않지만, '紹興二十六年四月夏安居日'이라는 기록은 面山瑞方의 지레짐작이지만, 이 年月에 가까운 무렵으로 간주된다.

숭선진헐료선사 탑명

무릇 佛道는 大同에 도달하고 佛性은 圓通을 성취한다. 그래서 머묾이 없이 머물고 공하지 않으면서 공하다. 인도와 중국의 33조사들은 묵묵히 전승하여 符節에 합치되었는데, 진실로 사사로움이 없이 公的인 것이었다. 부처는 중생의 삼세를 삼키고, 경전은 미진을 타파한다. 자기의 광명을 내어서 납승의 機用을 터득한다. 根과 境을 평등하게 나타내고 행리가 자연스러우니, 그것이야말로 천지의 침묵 가운데 성취되는 것이고, 음양이 和光하는 것이며, 사시가 기운을 갖추는 것이고, 만물이 자비롭고 평등한 모습이다. 祖龕의 등불은 살아 있고, 치문의 계율은 준수되며, 불법의 근본을 휘어잡고, 부처의 본분을 짊어지며, 역량은 마군과 외도에 대항하고, 몸은 온갖 어려움을 감당한다. 이에 오공선사가 바로 그러한 사람이다.

師諱淸了, 道號眞歇. 姓雍, 左綿安昌人. 兒時抱持, 入寺見佛, 喜動眉目. 人含異之. 十一歲, 椅聖果寺淸俊出家, 業法華經. 更七年, 榮試得度. 具戒已, 之成都大慈寺, 聆圓覺·金剛·起信等經論之講, 領略大意. 便登峨嵋, 禮普賢大士. 東行出蜀, 道過瀘南, 郡建崇寧寺, 遮留之. 師曰, 鯤鵬時節, 詎草草耶, 下瞿塘, 轉灩澦.

선사의 휘는 淸了이고, 도호는 眞歇이며, 속성은 雍 씨이고, 左綿安昌[1] 출신이다. 강보에 싸여 있던 어린 시절에 절에 가서 불상을 보고는 기뻐하며 눈동자를 굴려 대니 사람들이 모두 기이하게 간주하였다.
11세 때 聖果寺의 淸俊[2]에게 의지하여 출가하여 『법화경』을 공부하였다. 7년 동안에 걸쳐서 공부하여 榮試를 통하여 득도하였고, 구족계

---

1) 左綿安昌=사천성 成都府 綿州에 安昌水가 있다.
2) 淸俊=전기는 미상이다.

를 받고는 成都의 大慈寺³⁾로 갔다. 그곳에서 『원각경』·『금강경』·『대승기
신론』 등 경론을 강의하였고, 그 대의를 터득하였다. 그리고는 곧 아미
산에 올라서 普賢大士를 참례하였다.⁴⁾ 동쪽으로 가서 촉지방을 벗어나
서 발길은 瀘南⁵⁾을 거쳤다. 郡에서 崇寧寺를 건립하고 선사를 그곳에
머물도록 하였다. 그러자 선사가 말했다. "지금은 鯤鵬의 시절인데 어찌
저 같은 사람이 맡을 수 있겠습니까." 선사는 瞿塘⁶⁾에서 더 내려가 灩
澦에서 노닐었다.

出荊楚, 歷沔漢, 投鄧之丹霞山淳禪師之席. 一日入室. 霞問, 如何是空
劫以前自己. 師擬進語. 霞與一掌. 師豁然開悟. 翼*日, 霞示妙密, 詰其
証詣. 猶珠之影隨, 谷之響答也.

*翼=翌(劫).

荊楚를 벗어나고 沔漢을 거쳐서 鄧의 단하산 자순선사의 법석에 나아
갔다. 어느 날 입실을 하자 단하가 물었다. "어떤 것이 공겁이전의 자기
인가." 선사가 앞으로 나아가서 말씀드리려고 하자, 단하가 한주먹으로
때려 주었다. 이에 선사가 활연히 개오하였다. 이튿날 단하가 미묘하고
은밀한 가르침을 제시하여 그 깨침에 대하여 토론하였는데 마치 구슬에
그 그림자가 따르듯 하였고, 골짜기에 메아리가 응답한 것과 같았다.

北遊五台, 禮文殊大士, 已而至京師禪講名席, 俱扣擔焉. 浮汴而下. 時

---

3) 大慈寺=成都府의 동쪽에 있다.
4) 峨嵋=峨嵋城 남쪽 200리에 있는데 普賢菩薩의 도량이다. 『峨嵋山志』 8권이 있다.
5) 瀘南=사천성 永寧道 瀘縣.
6) 瞿塘=長江 三峽의 하나인 瞿塘峽으로서 사천성 東川道 奉節縣에 있다.

祖照禪師. 住儀真長蘆. 龍象之眾. 蹴踏萬指. 師投其中. 英俊相親駸駸. 殆半延為侍者. 踰年而罷以轉物寮待之. 舉分座入室. 師默遁去. 祖照以偈招之. 復回秉拂. 叢林老成. 趨門折節. 命為首座. 政和八年. 祖照退院. 夜夢人告曰. 蜀僧當代公. 既瘖疑曰. 佛果耶. 佛眼耶. 未幾再請主之. 宣和三年. 祖照病. 復命師為第一座. 病甚退院. 四年秋七月. 經制使陳公. 請師補處. 五年夏. 至居. 雲堂千七百僧. 五月. 開堂嗣法淳和尚. 六月. 江風駕潮漫田. 殆無穫矣. 師陞堂告眾. 安坐勿憂. 八月. 祖照遷化. 師行喪以師禮. 十月. 躬行乞食. 六年二月. 告還撾鼓出所得. 供須有羨. 問津指源. 燭幽汲深. 踰七載.

*瘖=瘖(底). *座=坐(底).

북쪽으로 유행하여 오대산에 이르러 文殊大士를 참례하였다.[7] 그리고 京師에 이르러 禪講의 名席에 참석하여 더불어 탁마하였다. 汴의 물을 타고 내려갔다. 그때 祖照禪師[8]가 儀眞의 長蘆에 주석하였는데, 천 명이 넘는 龍象의 대중이 모여들었다. 선사도 거기를 찾아갔는데 뛰어난 납자들이 서로 친밀하게 격려하였다. 거의 반년이 지났을 때 시자가 되었다. 일 년이 지나자 그만두게 하고 선사를 轉物寮로 보내서 分座하고 입실시켰다. 선사는 조용히 숨어서 지냈다. 祖照가 게송으로써 선사를 부르자 다시 돌아와서 불자를 잡았다. 총림의 구참자들도 그곳에 찾아와서 가르침을 청하자, 이에 首座에 임명되었다.

---

7) 五台=산서성 太原府 五台縣 동북쪽 140리에 있고, 淸凉寺는 文殊菩薩의 도량이다.
8) 祖照禪師=道和(1056~1123). 복건성 興化 仙游의 潘氏로 태어났는데, 大通善本의 법사이다. 長蘆寺에 주석하였다. 宣和 5년(6년이라고도 한다) 8월 7일에 시적하였다. 摩尼峰 아래에 탑을 건립하였다. 세수는 68세이고, 승랍은 45세이다. 祖照禪師라는 호를 받았다.

정화 8년(1118)에 祖照가 선원을 물러났는데, 꿈속에서 어떤 사람이 말했다. "蜀의 스님이 반드시 그대의 뒤를 이을 것이다." 잠에서 깨어나 의심스럽게 말했다. "佛果⁹⁾일까, 佛眼¹⁰⁾일까." 머지않아 다시 주지로 초청되었다.

선화 3년(1121)에 祖照가 병에 걸리자, 선사는 다시 祖照의 명을 받아 제일좌가 되었다. 병이 심해지자 祖照는 선원을 물러났다.

선화 4년(1122) 가을 7월에 經制使 陳公¹¹⁾이 선사를 초청하여 주지가 되게 하였는데, 선화 5년(1123) 여름에 그곳에 이르러 주지를 맡았다. 납자가 승당에 1700명이었다. 5월에 개당하여 자순화상에게서 사법하였다. 6월에 강물이 바람에 휩쓸려 전답에 밀려들어 거의 수확을 망쳤다. 선사가 승당하여 대중에게 말했다. "편안히들 앉아 있거라. 걱정하지 말라."

8월에 祖照가 천화하였다. 선사가 장례를 맡아서 스승의 예우를 다하였다. 10월에 몸소 걸식을 나갔다.

선화 6년(1124) 2월에 돌아왔음을 알리고는 북을 울려서 보시물을 내놓으니, 공양물이 넘쳤다. 수행의 나루터를 물으면 그 근원을 가르쳐 주어 어둠을 밝혀 주고 깊은 도리를 일러 주면서 7년이 넘게 지냈다.

---

9) 佛果=圓悟克勤(1063~1135). 佛果禪師 또는 圓(圜)悟禪師라는 호를 받았다. 사천성 彭州 崇서寧의 駱氏로 태어났는데, 五祖法演의 법사이다. 東京 天寧萬壽寺에 주석하였다. 소흥 5년 8월 8일에 시적하였다. 세수는 73세이고, 승랍은 54세이다. 眞覺禪師라는 시호를 받았다.
10) 佛眼=佛眼淸遠(1067~1120). 佛眼禪師라는 호를 받았다. 사천성 臨邛의 李氏로 태어났는데, 五祖法演의 법사이다. 舒州 龍門寺에 주석하였다. 선화 2년 11월 22일에 시적하였다. 세수는 54세이고, 승랍은 40세이다.
11) 陳公=『普燈錄』에서는 陳璋이라고 하는데, 전기는 미상이다.

建炎二年六月. 退院. 八月. 絶錢塘. 如明之梅岑. 禮觀音大士. 海山七百餘家. 一聞敎音. 俱棄漁業. 計日活千萬億命. 四年. 過我結制. 五月. 天台國淸寺. 三請三辭. 八月. 爲鴈蕩之遊. 十月. 客天封寺.

건염 2년(1128) 6월에 선원을 물러났다. 8월에 錢塘을 거쳐서 四明의 梅岑으로 가서 觀音大士를 참례하였다.[12] 海山의 칠백여 백성이 선사의 설법을 한 번 듣고는 모두 물고기 잡는 도구를 버렸다. 계산해 보면 매일 천만억의 생명을 살려 준 것이었다.

건염 4년(1130)에 나 宏智를 위하여 결제를 해 주었다.[13] 5월에 천태국청사[14]로부터 세 차례나 초청했지만 세 차례 모두 사양하였다. 8월에 雁蕩[15]에서 유행을 하였다. 10월에 天封寺[16]에서 객승으로 지냈다.

受福唐雪峯請. 十一月. 入院. 雲水之儔. 復過長蘆之數. 檀信趨施. 歲用舒裕. 閩中佛刹. 自古禪居. 深林遠壑. 樓觀相望. 主盟之人. 悉擧江湖有道尊宿. 一洗故習. 紹興五年. 退居東菴.

福唐 雪峯의 초청을 받아 11월에 설봉산의 선원에 들어갔다. 운수납자의 수가 장로산을 능가하였다. 단월들이 달려와서 보시를 하자 歲用

---

12) 梅岑…=梅岑縣 觀音寶陀寺는 昌國縣의 東海 가운데 있다. 『寶慶四明志』 권20. 普陀洛伽山의 普濟禪寺는 律寺가 禪寺로 바뀐 것인데, 淸了가 제1대 주지이다. 『普陀洛伽新志』 권5. 관음보살의 靈場으로 알려져 있다.
13) 나 宏智를 위하여 結制를 해 주었다=『宏智錄』 권3(名著普及會本, p.156 ; p.158)에 그 당시의 기록이 남아 있다.
14) 天台國淸寺=天台縣 북쪽 10리에 있는 景德國淸寺를 가리킨다. 『嘉靖赤城志』 권28.
15) 雁蕩=溫州 樂淸縣 동쪽 90리에 있다.
16) 天封寺=天台縣 북쪽 50리에 있다. 『嘉靖赤城志』 권28.

에도 점차 여유가 생겼다. 閩中의 불교사찰은 예로부터 禪寺들로서 깊은 산속과 먼 계곡에 있었지만 누각이 멀리 보였는데 그 지역의 主盟들이 모두 강호의 도가 높은 존숙들을 추거하여 옛날의 인습을 씻어 냈다. 소흥 5년(1135)에 東菴으로 물러났다.

六年七月, 四明阿育王山廣利席虛. 奉旨請師. 寺之曠敗, 未易料理. 齋鼓不伐, 晝突不黔. 逋負幾二十萬人. 悉為憂. 師十月入寺. 井邑林壑, 喜聞師來, 遠親近鄰, 扶老攜幼, 肩踵相摩, 舳艫相銜. 師入席始溫. 償逋十之八九. 七年, 駐驆建康. 詔師住蔣山. 且行且辭疾. 七上乃允. 八年, 溫之龍翔·興慶二院合額禪居, 詔師主之. 四月, 入院, 陞堂小參, 安集來眾. 東西兩址, 潮漲限之, 築堤坑護. 南北隆衍, 建三門·大殿·法堂·方丈. 翼以故屋. 金穀竹木, 循乞得之. 一寺雙塔, 玉巧幻出, 屹然江上. 圖繪以進. 賜田千畝. 法食厭滿. 乃專佛祖職事.

*韶=詔(劼). *抗=坑(劼).

소흥 6년(1136) 7월에 四明의 阿育王山 廣利禪院의 주지 자리가 공석이었다. 칙지를 받들어 선사를 초청하였다. 그러나 사찰이 오랫동안 폐허로 되어 있어서 요리를 하는 것도 드물었고, 공양을 알리는 북도 치지 못하였으며, 낮에는 높이 보이는 굴뚝에 연기가 나지 않았고, 연체된 세금도 20만 명 분이나 되어 모든 것이 근심스러웠다. 선사가 10월에 사찰에 들어가자 도회지와 시골에서 선사가 왔다는 소문을 듣고 기뻐하며 원근에서 친척과 이웃들까지 대동하고 老少를 부추기면서 어깨와 발뒤꿈치가 부딪치고 뱃머리가 서로 부딪칠 정도로 모여들었다. 선사가 주지로 들어오자 비로소 원만해지기 시작하였는데, 연체된 세금도 십중팔구는 갚을 수 있었다.

소흥 7년(1137)에 建康에서 머물렀다. 선사는 蔣山에 주석하라는 조칙을 받고 그곳으로 갔지만 얼마 안 가서 병에 걸리자, 그만두려고 여러 차례 상주하자 이에 윤허를 하였다.

소흥 8년(1138)에 溫州의 龍翔 및 興慶의 두 선원을 合額하여 禪居[17]를 만들고 선사에게 조칙으로 그곳의 주지를 맡겼다.

4월에 그곳의 선원에 들어가서 승당하여 소참법문을 하였고 찾아오는 대중을 제접하였다. 동과 서의 두 지역에 바닷물이 들어오는 경계에다 둑을 만들어 보호하였다. 그리고 남과 북의 넓은 터에다 三門·大殿·法堂·方丈 등을 건립하여 장엄을 하자 옛 사찰의 모습이 되었다. 돈과 곡식과 대나무와 목재 등을 돌아다니면서 얻어다가 한 사찰에 쌍탑을 건립하였는데 멋있고 장엄스러워 江上에서 우뚝하였다. 또한 단청불사를 진행하였는데 보시받은 전답이 千畞나 되어 법회와 공양이 풍족하여, 이에 불조의 직무에 전념할 수 있었다.

十五年二月, 乞就閒. 四月, 詔師住臨安徑山. 五月, 入院, 僧踰千鉢, 常住素薄, 行丐以供. 二十年二月, 以疾乞歸長蘆. 二十一年, 勅建崇先顯孝禪院, 成詔師主席. 六月, 入院. 暑行疾作. 九月壬子, 慈寧太后詣寺, 師力疾開堂, 垂箔聽法, 問答提唱, 一席光耀. 賜金襴袈裟銀絹等物.

---

17) 龍翔·興慶=溫州의 城北에 있는 江心寺를 가리킨다. 이후에 十刹의 제6 江心山 龍翔禪寺로서 청료가 개산조이다. 이때 진헐의 기록으로 간주되는 것으로 흥미로운 기록이 『建炎以來繫年要綠』 권134에 있는 소흥 10년 1월 계묘(27일) 조항에 남아 있다. "溫州僧淸了者, 與其徒自言, 上嘗賜之以詩, 上謂宰執曰, 朕不識淸了, 豈有賜詩之. 理可令溫州體究. 恐四方傳播, 謂朕好佛, 朕於釋老之書, 未嘗留意. 蓋無益於治道, 秦檜曰, 陛下垂恩六經, 而不惑於異端. 眞帝王之學也."

소흥 15년(1145) 2월에 화주를 나갔다. 4월에 선사에게 조칙을 내려 臨安府 徑山에 주석토록 하였다. 5월에 入院하였다. 대중이 천 명을 넘었지만 상주하는 대중에게 본래부터 담박하게 유지하며 탁발을 행하여 공양하였다.

소흥 20년(1150) 2월에 병에 걸려 長蘆로 돌아갈 것을 청하였다.

소흥 21년(1151) 칙명으로 崇先顯孝禪院[18]을 건립하였는데 낙성되자 선사에게 조칙을 내려서 주지를 맡도록 하자, 6월에 入院하였다. 무더위로 병에 걸렸다. 9월 壬子日(15일)에 慈寧太后[19]가 숭선현효선원으로 갔다. 선사가 질병을 무릅쓰고 개당하자, 箔을 내리고 설법을 들었다. 문답으로 제창하였는데, 그 법석이 빛을 내었다. 태후가 금란가사 및 은과 비단 등을 내렸다.

癸亥, 疾弗瘳. 甲子, 宣醫. 乃少間, 慈寧宮賜錢, 修建水陸法會. 丁卯 十月朔旦, 中使候問, 從容而別. 須臾呼首座曰, 吾今行矣. 瞑目跏趺而逝. 龕留八夕, 慈寧宮, 降香賜幣, 以侑齋祭. 卜院西桃花塢, 建塔以瘞全身. 越壬午, 入塔. 送龕之人, 彌滿原野. 痛心隕涕, 皆有祖華彫零*, 禪林寒瘁之歎. 二十三年八月, 勅諡悟空禪師, 靜照之塔.

*彫=凋(劫).

계해일(26일) 질병이 낫지 않았다. 갑자일(27일)에 宣醫에게 보였다.

---

18) 崇先顯孝禪院=杭州 皐亭山에 있다. 소흥 19년에 건립하여 顯仁皇太后의 功德寺가 되었다. 소흥 28년에 崇先顯孝禪寺라는 사액을 내렸고, 嘉靖 12년에 崇先顯孝華嚴寺라고 寺名을 고쳤다. 『咸淳臨安志』 권81.
19) 慈寧太后=韋賢妃(1080~1159). 開封 출신으로 高宗의 어머니로서, 慈寧宮에 기거하였다. 소흥 29년 9월 20일에 죽었다. 顯仁이라고 諡號를 내렸다. 『宋史』 권243에 그 전기가 있다.

그리고 이에 말미를 내어 자녕궁에서 재물을 하사하여 수륙법회를 행하였다.

정묘 10월 朔旦(1일)에 中使가 문병을 하였는데, 조용히 이별을 하였다. 그리고 잠시 후에 수좌를 불러 말했다. "나는 이제 가련다." 눈을 감고 가부좌한 채로 입적하였다. 감실에 法體를 8일 동안 안치하였는데, 자녕궁에서 향을 내려 주고 재물을 내려서 장례에 보답하도록 하였다. 선원의 서쪽에 있는 桃花塢을 지정해서 탑을 건립하고 전신을 모시고자 하였다. 그곳에다 임오일(16일)에 入塔하였는데, 龕을 보내는 사람들이 벌판과 들녘에 가득히 모여들어 진심으로 애통하고 눈물을 흘렸으며, 모든 아름답던 꽃들이 시들고 선림은 차갑고 슬퍼하는 탄식으로 가득하였다.

소흥 23년(1153) 8월에 칙명을 내렸는데, 시호는 悟空禪師이고 탑호는 靜照之塔이다.

師儀相頎長. 初癯後腴. 眉目疎秀. 神宇靜深. 擧動超遙. 雲行鶴立. 影響觸受. 鑑淨谷虛. 其量容機活. 警敏用神. 律身以嚴. 不苟於行己. 格言而簡. 不倦于誨人. 定慧圓明. 道德昭著. 一時賢士大夫. 樂與之遊. 諸方名德尊宿. 難侔其盛. 林儔社友. 川趨海受. 投爐鎚. 就刀尺. 方圓長短. 隨其宜也. 善人信士. 雲委山積. 望威儀. 聽教誨. 見聞薰習. 廣其勸*也. 以如幻三昧. 遊戲世間. 行平等慈. 得自然智. 導無前而遜無後. 有無外而空無中. 祖域之英標. 僧林之傑出. 嚴冬之日. 破夜之月. 洗寒之春. 濯熱之秋. 其慰人心也如此.

*勸=勤(劼).

선사의 외모는 풍채가 헌걸차고 늠름하였다. 처음에는 야위었지만 나중에는 살이 쪘다. 눈은 크고 눈썹은 빼어났으며, 성품은 고요하고 깊었다. 거동은 시원시원하여 구름처럼 가볍게 걷고 학처럼 우아하게 서 있었다. 그 일상의 행동은 거울처럼 맑고 계곡처럼 텅 비었다. 그 마음씀씀이는 넉넉하고 쾌활하였으며, 태도가 약바르고 정성을 다하였다. 계율에 엄격하면서도 세세한 일에 구애되지 않았다. 말은 간결하였고 게으름이 없이 납자들을 가르쳤다. 定과 慧가 圓明하였고, 道와 德이 밝게 뛰어났다. 당시의 賢士 및 大夫들이 선사와 더불어 즐겨 교유하였다. 제방의 名德과 尊宿들도 선사의 그릇됨을 따르기 어려웠다. 총림의 도반들과 결사의 도반들이 강물처럼 모여들자 바다처럼 받아 주었으며, 방편을 발휘하고 수단을 활용하여 方·圓·長·短에 각각 걸맞는 가르침을 주었다.

善人과 信士들이 구름처럼 밀려들고 산처럼 모여들어서 선사의 위의를 바라보고 가르침을 들었으며, 그 보고 들으며 훈습함으로써 그 소문이 퍼져 나갔다. 또한 如幻三昧로써 세간에 유희하였고, 평등하게 자비를 베풀어 自然智를 터득하게끔 하였다. 앞에 나서지 않으면서 인도해 주었고, 뒤에서 양보해 주면서도 뒤따름이 없었다. 有로 삼으면서도 겉이 없었고, 中으로 삼으면서고 空하지 않았다. 佛門의 뛰어난 사표였고, 僧林의 傑出이었다. 차가운 겨울날의 햇살과 같았고, 밤을 밝혀 주는 달빛과 같았다. 추위를 씻어 주는 봄날이었고, 더위를 식혀 주는 가을날이었다. 참으로 사람들의 마음을 위로해 준 것이 이와 같았다.

師爲僧四十五夏. 出世三十年. 六處度弟子*, 普嵩等四百人. 嗣法出世者, 曰, 慧悟, 住眞州長蘆. 曰, 宗珏, 住明州雪竇. 曰, 傳卿, 住建康府

移忠報慈, 曰, 得朋, 住臨安府崇先顯孝, 總三十餘人, 語錄兩集, 行於
世. 噫, 度世之因緣, 起家之事業, 光輝始卒, 照應古今, 姑得而敍之.
其於拔名象之先, 踏身世之表, 幾微剪拂, 心得神傳, 又烏可寄毫素而
模寫哉.

*子=弟子(劫). *朋=明(劫). *模=摸(劫).

선사는 출가승이 되어 45夏를 지냈고, 출세하여 30년을 지냈으며, 여섯 곳에서 제자를 제도하였는데 普嵩[20] 등 400여 명이었고, 사법하여 출세한 제자로서 慧悟[21]는 眞州의 長蘆에 주석하였으며, 宗珏[22]은 明州의 雪竇에 주석하였고, 傳卿[23]은 建康府의 移忠報慈에 주석하였으며, 得朋[24]은 臨安府의 崇先顯孝에 주석하였는데, 모두 30여 명이었다. 두 가지 『어록』[25]이 세상에 유행하였다.

오호라, 세상을 제도한 인연 및 가풍을 일으킨 사업으로 처음과 마지막까지 광명을 비추었고, 옛날과 지금에까지 비추어 상응한 것은 잠시 터득한 것을 펼쳤을 뿐이다. 그것은 명칭과 형상의 끝을 빼앗았고, 몸이 깃들어 살아가는 세상을 짓밟은 것이었으며, 幾微조차도 잘라 내고 떨쳐 냈으며, 마음에 신령스러운 정법안장의 전승을 얻은 것이었다. 또한 어찌 털끝만치라도 의지함이 있어서 모사한 것이었겠는가.

---

20) 普崇=전기는 미상이다.
21) 慧悟=慧悟이고, 號는 妙覺禪師인데, 진헐청료의 법사이다. 長蘆寺에 주석하였다.
22) 宗珏=[자료 13] 참조. 雪竇에서 주지가 된 것은 王俁가 소흥 25년 12월 26일에 知明州로 임명된 이후이다.
23) 傳卿=傳卿으로서 진헐청료의 법사이다. 健康府 移忠報恩寺에 주석하였다. 潭州上濫祖卿과 동일인일 가능성도 있다.
24) 德朋=德(得)朋(?~1167). 號는 竹筒이다. 塩官縣의 顧氏로 태어났는데, 진헐청료의 법사이다. 乾道 3년에 시적하였다.
25) 두 가지 『語錄』=『一掌錄』 및 『劫外錄』을 가리킨다.

銘曰,

佛祖之燈, 東西繩繩. 以悟為則, 惟証相應. 心華自發, 覺海元澄. 蹴踏龍象, 變化鯤鵬. 雪庭之可, 春屋之能. 無絲繫螳, 無糝聚蠅. 菩提印印, 般若乘乘. 月排夜色, 山拭秋稜. 宗傳曹洞, 濬深凝重. 敲唱双行, 正偏互用. 豹變霧披, 龍驤雷送. 的的無依, 功功不共. 元牝象成, 靜樞機動, 暗擲金梭, 明窺錦縫. 法法本然, 門門變弄. 影悟蛇疑, 物齊蝶夢. 道詣而唱, 心聞而賞. 力回萬夫, 香酬一掌. 丹山羽成, 沂川波漲. 鯨展潮翻. 兔推月上, 犨江東趨. 雪峰南仰. 玉線金鍼, 鰲鉤鳳網. 妙觸根塵, 冲虛影響. 風雨五湖, 煙簑一槳. 理之所歸, 水之趨低. 輸心援引, 出手提攜. 石虎風嘯, 木鷄夜啼. 混之不得, 類之不齊. 七據緇海, 正承紫泥. 孤嶼月棹, 双徑雲梯. 門連少室, 路接曹溪. 花滋釀蜜, 桂魄通犀. 慈遊普門, 三昧塵塵. 象王之步, 獅子之顰. 母陀羅臂, 舜若多身. 星圖魁斗, 花氣陽春. 微言以示, 淵默而神. 正因非字, 絕學為隣. 步轉空劫, 舟膠要津. 真燈不夜, 嗣光有人.

*華=花(抄). *排=挑(抄). *象成=成象(抄). *門=人(抄). *夫=丈(抄). *香=杳(抄). *沂=淅(抄). *展=驟(抄). *虛=融(抄). *五=江(抄). *煙=烟(劫)(抄). *槳=底). *趨=移(抄). *援=授(抄). *嶼=岐(抄). *棹=撐(抄). *室=堂(抄). *蜜=密(底). *獅=師(抄). *氣=兼(抄). *人=神(抄)=人紹興二十六年四月夏安居日住明州天童山景德禪寺法弟比丘正覺撰(劫).

銘으로 말한다.
불조의 등불이 동과 서로 면면히 계승되었는데
깨침 법칙을 삼아 오직 증명으로만 상응하였다.
心華는 저절로 피어 있고 覺海는 원래 명징하며
번뇌 짓밟은 龍象 및 변화무쌍한 鯤鵬들이라네.

눈 쌓인 마당의 혜가 및 디딜방아를 찧는 혜능
실은 개미 묶지 않고 죽은 파리 모으지도 않네.
師資가 깨침 인가하는 곳마다 반야가 드러나니
달은 밤빛 없애고 또 산은 가을 풍광 물리치네.
종지는 조동종가풍을 전승하였는데 심중하였고
북치고 노래하며 正과 偏을 골고루 활용하였네.
표범의 변신 안개 흩고 용의 입에서 번개 이니
的的은 의지할 것 없고 功功은 짝할 것이 없네.
元牝에서 象이 생하고 靜樞에서 機가 움직이며[26]
밤중에 북을 놀려서 대낮에 비단을 만들어 내네.
제법은 본래 그러하여 일체의 문에서 변화하고
影으로 뱀의 의심 깨치고 物로 나비 꿈 알았네.
道가 도래하니 노래하고 心으로 듣고 찬탄하며
힘껏 萬夫를 돌이키고 향으로 한손에 쥐어 주네.
단하산에서 날개짓 하니 沂川에 파도 일렁이고
고래 뛰어 바다 뒤집고 토끼 변해 달에 올랐네.

---

26) 元牝=宏智正覺이 『老子』의 영향을 강하게 받은 전형적인 일례로서, 『老子』 제6장의 "穀神不死, 是謂玄牝. 玄牝之門, 是謂天地根. 綿綿若存, 用之不動."(福永光司, 『老子』, p.38, 朝日新聞社, 1968년 10월)에 기초한 설법이다. 『宏智錄』 권5의 眞贊에도 "無明而明, 無生而生. 靜樞機活, 玄牝象成, 隨緣百億縱橫用, 妙觸門門出礙情."(名著普及會本, p.351)이라든가, "二儀同根, 萬物一源. 機活靜樞之曰, 象成玄牝之門. 幽而不昏, 湛而若存. 用妙觸而出礙, 體至虛而無痕. 車轍出門而合度, 桃李成蹊而不言."(名著普及會本, p.348)이 있다. 이와 같은 굉지선의 주장은 松本史朗 講師가 『『勝鬘經』의 一乘思想에 대하여』(『駒澤大學佛敎學部研究紀要』 제41호, 1983년 3월)에서 지적한 "dhātu-vāda"의 사상구조를 지니고 있는 것으로서 근원적인 실재로부터 만물이 발생된다는 사상이다. 그러나 적어도 도원은 그 派生的인 사상과 返本還源的인 사상을 불교로 인정하지 않고 극력 배제하는 것에 힘썼다. 제4장의 제2절 및 제3절 참조.

葦江은 동으로 흐르고 雪峰은 남쪽을 우러르며
옥 실 및 금 바늘로 자라 및 봉을 건져 올리네.
번뇌 미묘하게 다스려 영향이 하늘에 가득했고
비바람 부는 오호에서 안갯속에 고깃배 띄웠네.
냇물이 낮은 곳으로 흘러듦은 지당한 이치이고
마음으로 끌어 주고 자비의 손 내밀어 당겨 주네.
석호는 바람결에 울부짖고 목계는 밤중에 우니
뒤섞이지도 않지만 또 동일하지도 않다네.
일곱 번 납의 걸치고 다섯 번 자색가사 걸치며
암자에 달 저므며 双徑엔 구름사다리 놓았다네.
문중은 少室을 이었고 법맥은 曹溪를 이었으며
꽃을 문혀 꿀 빚었고 계수의 넋 무소에 통했네.
자비는 관음이었고 온갖 곳에서 삼매 들었으며
코끼리의 걸음을 걷고 사자의 울음을 토했다네.
준제보살의 팔다리 및 허공신의 몸을 지니고서
별들의 북두성 되었고 꽃기운의 봄볕이 되었네.
몇 마디만 내보였지만 깊은 침묵처럼 신령했고
正因은 곧 글자 아니니 學을 끊고 이웃 삼았네.
걸음은 공겁 굴렸고 뱃머리 나룻터에 닿았으며
깨침의 등불로 밤 샜고 광명 잇는 사람 얻었네.

[자료 12] 明悟大師塔銘

(1) [淸]張仲忻 輯 :『湖北金石志』권12(약호 : 底)
(2) 張仲忻 撰 :『湖北金石志』권104(약호 : 通)
(3) [參考][明]明河 撰 :『補續高僧傳』권9 守遂傳 附 慶顯傳(續藏134 所收)(약호 : 補)

大洪山崇寧保壽禪院第十一代住持傳法覺照惠空佛智明悟大師塔銘

承依郎·權發遣隨州軍州事·兼管內勸農宮田屯□事·借紫, 張淵 撰幷書

· [撰者等] : 張淵. 字는 叔潛이고 복건성 長樂縣 출신이다. 隆興 원년에 進士가 되었고, 乾道 6년에 祕書郎이 되었으며, 校書郎·兼慶王府直講으로 옮겼다.

대홍산 숭녕보수선원 제11대 주지 전법각조혜공불지명오대사 탑명

승의랑·권발유수주군주사·겸관내권농궁전둔□사·차자인 張淵이 찬술하고 序를 붙이다.

夫野人之居于深山, 所與游嘯而燕息者, 草木之臭味, 麋鹿之資性, 適其所自適而已. 其於身後榮名, 與王公大人借勢以爲光寵, 不惟地偏事左, 非其所便利, 而其世故緣法, 不相關涉, 莫或夢想及之也.

무릇 야인으로서 깊은 산속에 사는 사람과 더불어 유유하고 편안하게 지내는 사람은 초목의 냄새와 맛 그리고 사슴과 같은 성품으로 그 자신에게 맞는 환경으로 적응해 나아갈 뿐이다. 몸이 죽은 이후의 영광스러운 명예로서 왕공 및 대인들의 세력을 빌려서 그것을 은총으로 삼는 것은 비단 그 바탕이 궁벽한 입장에 놓여 있을 뿐만 아니라 또한 그것을 편리한 것으로 간주할 수도 없는 것이고, 나아가서 세간의 옛날 인연법과 아무런 상관이 없으므로 어떤 夢想도 거기에 미치게 해서는 안 된다.

大洪山崇寧保壽禪院第十一代住持傳法沙門慶顯, 蜀之廣安人*, 族姓王氏. 雖本儒家子, 幼不爲聲利起念. 因誦十二時歌, 至未了之人聽一言, 只這而今誰動口*, 豁有深省.

　*人=口(底). *誰動口=(底)(通), 『誌公十二時歌』에 의하여 수정함.

대홍산 숭녕선원의 제11대 주지 전법사문 慶顯은 촉의 廣安[1]출신으로, 族姓은 王氏이다. 본래 儒家의 자손이었지만 어려서부터 명성과 이익에 대한 생각을 일으키지 않았다. 지공화상의 『十二時歌』를 읽고 '아직 깨치지 못한 사람이라면 이 말을 들어 보라. 지금 그 누가 이런 말을 하고 있는가.'라는 대목에 이르러 활연히 깊은 깨침이 있었다.

出家從長老惟盆. 學以鈔疏, □<知?>非究竟. 惟盆令參大死却活之句. 旣打住, 銳然發憤. 參敏什方. 嘗詣泰佛性. 佛性蓋熟視之, 令參堂. 未幾, 佛性圓寂. 徙詣果月庵. 詰以一雙須鳽, 泊地高飛. 兩隻鴛鴦, 池邊獨立. 凡二年, 針芥不相投, 值月庵赴怡山招禮. 師乃詣天童. 見宏智覺

---

1) 廣安=사천성 嘉陵道 廣安縣.

禪師. 一見心服. 然當機不發. 閱三年. 辭去. 宏智指示云. 子見吾叔淨
嚴遂. 當爲子重.

  출가하여 長老惟益²⁾을 따랐다. 鈔疏를 가지고 공부를 하였는데, 그
것이 구경의 것이 아님을 알았다. 惟益은 '크게 죽으면 도리어 살아난
다.'는 구절을 참구하도록 시켰다. 이미 그곳에 머물면서 용맹스럽게 發
憤하고 什方(漢州 參敏縣)에까지 參敏하였다. 일찍이 泰佛性³⁾에게 참
문하였다. 불성선사는 선사가 공부가 된 줄을 알고 參堂토록 하였다.
그러나 얼마 가지 않아서 불성선사가 원적하였다. 이에 장소를 옮겨서
果月庵⁴⁾에 나아갔다.

  거기에서 '한 쌍의 큰기러기가 땅에 서식하지만 높이 날고, 원앙새 쌍
쌍이 연못 주변에 홀로 서 있네.'라는 질문을 받았다. 그러나 2년이 지
났지만 서로 의기투합되지 못하였다. 善果月庵이 怡山⁵⁾으로 초청받아
가게 되었다. 이에 선사는 天童山으로 가서 굉지정각 선사를 친견하고
는 대번에 心服하였다. 그러나 선기가 발분되지 못하자, 3년이 지나서
하직 인사를 드렸다. 이에 굉지가 다음과 같이 지시하였다. "그대가 나
의 법숙인 淨嚴遂를 친견하면 반드시 그대를 존중해 줄 것이다."

---

2) 惟益=전기는 미상이다.
3) 泰佛性 法泰. 佛性禪師라는 호를 받았다. 사천성 漢州에서 李氏로 태어났다. 圜
   悟克勤의 법사이다. 縣州의 德山에서 출세하였고, 邵州의 西湖·潭州의 谷山·道
   吾山에 주석하였고, 만년에는 大潙山에 주석하였다.
4) 果月庵=善果(1079~1152). 호는 月庵이다. 강서성 信州 鉛山에서 余氏로 태어났
   다. 開福道寧의 법사이다. 潭州의 上封寺에서 출세하였고, 담주의 道吾山·福嚴
   寺 등을 거쳐서 福州의 黃檗寺·東禪寺·西禪寺에 주석하였다. 만년에는 大潙山
   에 주석하였다. 소흥 22년 정월 19일에 시적하였는데, 세수는 74세이고, 승랍은
   58세이다.
5) 怡山=怡山 西禪寺는 福州 侯官縣 永欽里에 현존한다.

師奉教徑趨大洪. 始至淨巖問云, 今夏離什麼處. 師云, 天童. 淨巖云, 曾見水磨不. 師云, 見. 淨巖云, 左轉邪, 右轉邪. 師云, 阿轆轆地. 淨巖云, 活頭漢. 師云, 非但某甲, 佛祖亦然. 一日, 隨衆入室. 淨巖云, 仰世界卽是覆世界, 覆世界卽是仰世界. 汝作麼生會. 擧未竟, 師於言下大悟. 因轉一匝去. 淨巖把住云, 弄精魂作麼. 師云, 波斯入大唐. 淨巖云, 汝可歇去. 師首肯. 自此日就月將, 作用綿密.

선사는 굉지의 가르침을 받들어 곧장 대홍산으로 갔다. 처음 도달하자 淨巖이 물었다. "금년 하안거를 어디에서 보냈는가."

선사가 말했다. "천동산에서 보냈습니다." 정암이 물었다. "일찍이 水磨(중국 고대의 전통적인 물레방아로서 물을 동력으로 물레방아를 돌리며 곡식을 분쇄시키던 옛 민강 지역 농경문화를 보여 주는 것이기도 하다)를 보았는가." 선사가 말했다. "예, 보았습니다." 정암이 물었다. "수마가 왼쪽으로 도는가 오른쪽으로 도는가." 선사가 말했다. "자유자재로 잘 돌아갑니다." 정암이 말했다. "똑똑한 놈이로구나." 선사가 말했다. "비단 저뿐만 아니라 불조도 또한 마찬가지입니다."

어느 날 대중을 따라서 입실하였다. 정암이 물었다. "세계를 우러러 보는 것이 곧 세계를 굽어보는 것이고, 세계를 굽어보는 것이 곧 세계를 우러러보는 것이라는 말이 있다. 그대는 이것을 어떻게 이해하겠는가." 그 말이 끝나기도 전에 선사는 언하에 대오하였다. 그리고는 이에 한 바퀴를 굴렀다. 그러자 정암이 붙잡고 말했다. "精魂을 희롱하여 어쩌겠다는 것인가."

선사가 말했다. "波斯가 大唐에 들어왔습니다." 정암이 말했다. "그대는 그만 두는 것이 좋겠다." 그날부터 일취월장하여 작용이 면밀하였다.

又三年. 賢洞山補處. 淨巖遺師□〈眞?〉贊. 臨歧付囑曰. 汝善護持. 他日孤峰絶頂. 建大法幢. 亢吾宗矣. 夫淨巖人天導師. 許可如春秋直筆. 師游歷諸方. 不爲苟且. 直得大死更活. 一旦同時啐啄 如風雲感. 會嗣淨巖法□〈席?〉. 住大洪山. 京西帥漕. 漢東守倅. 共論薦之. 朝廷不省帖. 照應擧請. 蓋自師始也.

다시 3년이 지났다. 賢洞山[6] 밑에서 補處를 떠나자 정암선사가 선사에게 그 眞贊을 보내면서 헤어지는 기로에서 부촉하여 말했다. "그대는 잘 호지하라. 훗날 孤峰絶頂에서 大法幢을 세우고 우리의 종지를 널리 펼쳐라."

정암선사는 人天의 導師로서 마치 『春秋』의 直筆과 같았다. 선사는 제방을 유행하였는데 구차하지 않고, 곧장 大死更活의 경지를 터득하였다. 하루아침에 啐啄同時하여 바람과 구름이 만나는 것과 같았다. 때마침 정암의 법석을 계승하여 대홍산에 주석하였다. 京西의 帥漕와 漢東의 守倅이 함께 논의하여 선사를 추천하였다. 이에 조정에서 省帖을 내려서 推擧한 奏請에 照應한 것은 무릇 선사로부터 비롯되었다.

師壞色以爲衣. 糠粱以爲食. 空苦寂滅. □〈以?〉□〈爲?〉其學力. 於曹洞宗. 自明一色邊事. 夫旣死灰其心. 槁朽其形. 以法語爲夢語. 道號爲牧蛇. 其於世泊然無所起. 其於塵慾淡然無所嗜. 視榮名貴勢. 何有於我者. 夫熟肯措心積慮. 拚援傳會. 僥一日之幸. 求快其志爲哉. 然而縉紳名流. 參□以求開發. 聞望日隆. 檀信日盛. 獨坐洪峰孤絶之頂. 方來雲衲. 輻輳鱗集. 法幢果大克建. 蒙恩頒隆覺照慧空佛智明悟大師凡八字.

---

6) 賢洞山=大慧宗杲의 법사인 福巖了賢으로 간주된다.

선사는 壞色으로써 가사를 삼았고, 현미나 좁쌀로 음식을 삼았으며, 空과 苦와 寂滅로써 수행을 삼았다. 조동종에서는 본래부터 완전함의 일상사를 구명한다. 무릇 이미 본래의 그 마음을 식어 버린 재처럼 삼고, 그 신체를 말라죽은 등걸처럼 삼으며, 법어를 잠꼬대처럼 삼고, 牧蛇로 道號를 삼았다. 이 세상을 정박하는 집으로 삼아서 일으키는 것도 없고, 이 번뇌를 담연하게 간주하여 좋아하지도 않았다. 영화와 명예와 부귀와 권세를 보아도 어찌 그것이 자신의 것이겠는가. 일찍이 마음에 두고 오랫동안 생각하며 견강부회하여 하루의 행운을 바라거나 그 마음에 유쾌함을 추구한 적도 없었다.

그럼에도 불구하고 벼슬아치와 유명인사들이 참여하고 물음으로써 마음개발을 추구하고 名望은 날마다 융성하며, 보시는 날마다 왕성해졌다. 첩첩산중의 산봉우리에 홀로 앉아 있어도 찾아오는 납자들이 폭주하듯이 모여들었다. 그 결과 불법의 당기가 크게 건설되고 그 법은이 펼쳐져 '覺照慧空佛智明悟大師'라는 대사를 호칭하는 여덟 글자가 널리 퍼져 나갔다.

由是牧蛇之聲, 徧滿江湖, 轉轉聞上, 表其眞實義諦. 夫旣光明盛大矣, 東宮爲之親灑翰墨, 作牧蛇庵三大字, 以標榜叢林. 此蓋前輩衲僧, 遭逢當世, 得未曾有也. 山中徒弟, 揭之塔庵. 牧蛇旨要, 四方知歸焉. 此其說曰, 三界虛僞, 惟是一心. 離心則無一切境界相狀. 太虛本無相狀, 萬象豈有根源. 奈何末世衆生, 感失正念, 俱受輪轉. 蓋由三毒蛇之所嚙齧, 五蘊相之所奔馳, 墮聲色中, 逐流忘返多矣. 且牧蛇之意, 其義謂何. 以眼耳鼻舌身爲蛇邪, 以心意識爲蛇邪, 以髮毛爪齒爲蛇邪, 以森羅萬象爲蛇邪. 若以眼耳鼻舌身爲蛇者, 則色聲香味觸, 如幻化, 如影象, 如空中花, 如芭蕉□〈葉?〉. 若以心意識爲蛇者, 則心如工伎兒, 意如和伎者, 五識爲伴侶, 妄想所成. 大圓鏡中, 無如是事. 若以髮毛爪齒爲蛇者, 則四大之聚沫, 如鏡□〈中?〉之微塵. 動靜去來, 風□〈性?〉□〈常?〉轉. 若以森羅萬象爲蛇者, 則淸淨本然, 云何忽生山河大地. 如是觀之, 身心一如, 身外無余. 來無所從. 去無所至. 其中間誰是牧者, 是固牧蛇老人, 所以爲人垂示云, 爾人之入乎其中, 發眞□〈還?〉源, 知所自牧. 所謂雪裏蘆花, 無塵無對, 山林朝市, 誰往誰返. 儻來之利名, 彼將何自入也. 一時名公卿, 有若丞相虞公·郎中陶公·殿撰陳公·左司丁公, 皆當路主司者, 一見而忘勢交之, 出口薦之. 其在山中, 天龍鬼神, 佐佑靈濟, 而出雲雨. 見怪物者, □師稱讚, 咸增爵鐵. 嗚乎 此非必恃諸名卿以相提掖. 唯其德盛仁熟, 誠之不可揜媢. 夫草中之蘭, 人服媚之, 以爲國香, 決非拚援傅會所得也.

*恃=歲(底), *媢=媢(底), (通)은 오류로 간주된다.

이로 말미암아 牧蛇의 명성이 강호에 편만하였고, 점점 퍼져서 황제도 그 소문을 듣고는 선사의 眞實義諦를 表하였다. 무릇 광명이 성대해지자 황태자도 선사를 위해서 친히 翰墨을 내려서 '牧蛇庵'이라고 크게 쓴 세 글자를 지어 주어 총림에 표방하였다. 이것이야말로 무릇 선배의 납승들이 당세에 遭遇한 것으로 미증유한 상황을 맞이한 것이었다. 산중의 徒弟들이 은 그것을 塔과 庵에 내걸자, 이에 牧蛇의 旨要가 사방에 퍼져서 알려지게 되었다. 거기에 내걸린 설명은 다음과 같다.

"삼계는 虛僞로서 단지 곧 일심일 뿐이다. 일심을 벗어난, 즉 일체경계의 형상이 없다. 태허는 본래 형상이 없는데, 만상에 어찌 근원이 있겠는가. 그럼에도 불구하고 어째서 말세의 중생들은 正念을 상실하고 갖가지로 윤회를 받고 있는가."

무릇 삼독이라는 뱀한테 물어뜯기고 오온이라는 형상의 치달림으로 말미암아서 형색에 빠져들고 번뇌의 흐름을 쫓아서 돌아올 줄 모르는 것이 대부분이다. 여기에서 牧蛇가 말하는 의도는 무엇을 의미하고 있는가. 눈·귀·코·혀·몸으로 뱀의 사악함을 삼고, 心·意·識으로 뱀의 사악함을 삼으며, 머리카락·터럭·손톱·이빨로 뱀의 사악함을 삼고, 삼라만상으로 뱀의 사악함을 삼는다.

만약 눈·귀·코·혀·몸으로 뱀을 삼더라도 곧 색·성·향·미·촉은 허깨비와 같고 그림자와 같으며 허공의 꽃과 같고 파초의 잎과 같다. 만약 心·意·識으로 뱀을 삼더라도 곧 心은 인형극을 막 뒤에서 조작하는 것과 같고, 意는 그 조수와 같으며, 五識은 그것에 딸려가는 것으로서 망상으로 이루어진 것이다. 그러나 大圓鏡智 속에는 그와 같은 것이 없다.

만약 머리카락·터럭·손톱·이빨로 뱀을 삼더라도 곧 사대의 물거품은 거울 속의 미진이 움직이고 고요하며 가고 오며 바람의 속성이 항상 굴러다니는 것과 같다. 만약 삼라만상으로 뱀을 삼더라도 곧 그 본연이 청정한데 어찌 산하대지가 홀연히 발생했겠는가.

이와 같이 관찰해 보면 몸과 마음이 一如하여 몸 밖에 내가 없어서, 와도 온 곳이 없고 가도 이르는 곳이 없다. 그러므로 그 가운데 누가 뱀을 기르는 사람이겠는가. 이에 본디 牧蛇老人이 되었다. 때문에 대중에게 다음과 같이 설법하였다. "그대들이 그 가운데 들어가 진리를 발생하고 근원으로 돌아가면 스스로 뱀을 가르는 도리를 알게 된다."

소위 하얀 눈 속에 피어 있는 하얀 갈대꽃과 같아서 塵埃도 없고 對待도 없다. 산림의 아침 시장에서는 누가 가고 누가 돌아오는가. 뜻밖에 얻은 이익과 명예 바로 그것은 어찌해야만 저절로 들어오겠는가. 당시에 명망이 높았던 公卿으로서 丞相虞公[7]·郎中陶公[8]·殿撰陳公[9]·左司丁公[10]과 같은 사람들은 모두 정권을 잡은 책임자들인데 선사를 친견하고는 자기의 세력을 잊고 선사와 교유하였고, 입을 모아서 선사를 추거하였다. 산중에 있을 때는 천룡과 귀신이 중생제도를 도와서 구름과 비를 내려 주었다. 그 괴물을 목격한 사람들은 선사를 칭탄하였는데 모두 벼슬이 승진되었다.

오호라! 이야말로 반드시 諸名卿들을 믿고서 서로 도와서 인도해 준 것이었을 뿐만 아니라 또한 그 德을 번성시키고 仁을 성숙시켜 준 것으로서 진실로 덮어놓을 수만은 없는 것이었다. 무릇 초목 가운데 난초로서 사람들이 선사의 아름다움을 가지고 國香으로 삼은 것은 견강부회하여 얻은 것이 아니었다.

師住世年七十八, 坐夏臘五十三. 受具弟子, 宗伯而下二百餘人. 窣堵波[*]既成, 宗瑄·宗邃, 求銘于余. 凡二年, 其求愈力, 不可但已也.

　*窣=窣(窣의 고자)(氐).

선사는 세간에 머문 것이 75세이고, 법랍은 53세이며, 受具한 제자

---

7) 虞公=虞允文(1110~1174), 字는 彬父 또는 彬甫이다. 父는 祺이다. 사천성 隆州 仁壽 출신이다. 소흥 24년에 進士가 되었고, 乾道 5년에 右僕射·同平章事·兼樞密使가 되었다. 淳熙 원년 2월 16일에 죽었는데, 세수는 65세이다. 『宋史』 권383에 전기가 전한다.
8) 陶公=전기는 미상이다.
9) 陳公=『湖北金石詩注』에는 陳誠으로 기록되어 있다. 字는 景明이다. 복건성 閩縣 출신이다. 소흥 12년에 進士第一이 되었고, 同知樞密院事가 되었다.
10) 丁公=전기는 미상이다.

가 宗佨[11] 이하 200여 명이었다. 탑이 완성되자 宗瑄과 宗邃[12]가 나 張淵에게 탑명을 부탁하였다. 무릇 2년이 지나서 그 탑명을 작성하는 데 힘썼지만 다만 거절할 수 없었을 뿐이다.

  銘曰,
 說法大洪, 多曹洞宗. 懿厥牧蛇, 宗通說通. 孰駕其說, 郎星瓊月. 天宮帝子, 爲綸爲紵. 牧蛇一時, 名振宗師. 曹洞如綫, 孔□〈穿?〉大之. 實蕃邊事, 佩服師摹. 一色邊事, 有隣不孤.

  銘으로 말한다.
대홍산에서 설법한 가르침은
대부분이 조동종의 종지였네.
진정으로 아름답구나 牧蛇여
종지 및 설법에 다 정통하니.
그 누가 그 설법을 타고 올라
郎官 및 맑은 달빛 되었는가.
황궁에 거주하는 황제조차도
綸으로 삼고 또 紵로 삼았네.
명오대사 牧蛇야말로 당시에
명성이 명안종사로 떨쳤다네.
조동종의 전등법맥을 실처럼
구슬구멍에 꿰어 번성시켰네.

---

11) 宗佨=전기는 미상이다.
12) 宗瑄·宗邃=모두 전기는 미상이다.

진실로 조동선법이 무성하여
선사 본받은 사람 참 많았네.
일상에서 완전함을 추구하니
서로 도반 되어 외롭지 않네.

宋淳熙九年壬寅秋八月二十四日, 小師宗瑄·宗邃等立石.

송나라 순희 9년 임인년(1182) 가을 8월 24일에 제자 宗瑄·宗邃 등이 비석을 세우다.

[자료 13] 天童大休禪師塔銘

(1) 樓鑰 撰 : 『攻媿集』권110(「四部叢刊」所收)(약호 : 底)
(2) 樓鑰 撰 : (「叢書集成新編」 수록, 新文豊出版社)(약호 : 叢)

· [撰者] : 樓鑰(1137~1213). 字는 大防, 啓伯, 攻媿主人이라고도 自號하였다. 曾祖父는 常이고, 祖父는 异이며, 父는 璩(?~1182), 母는 汪慧通(1110~1204)라고 한다. 절강성 鄞縣 출신이다. 隆興 원년에 進士가 되었다. 參知政事가 되었고, 資政殿學士가 되었다. 嘉定 6년 4월에 죽었다. 세수가 77세이다. 『攻媿集』120권이 있다. 『宋史』권395에 그 전기가 있다. 宗珏이 탑명의 찬술은 足庵智鑑의 의뢰에 의거한 것임은 [자료 18]에도 서술되어 있다.

天童大休禪師塔銘

余家四明, 十禪刹錯立名山中. 兒時未甚省事, 已聞人稱老尊宿頗衆. 而大覺·小珏之名, 尤著且久. 大則宏智正覺, 小則師也.

천동대휴선사 탑명

우리 집은 四明에 있었는데, 거기에는 열 개의 선찰이 명산에 건립되어 있다. 어렸을 때는 아직 대단한 줄을 알아차리지 못했었는데, 이제 사람들이 老尊宿이라고 일컫는 것을 대단히 자주 듣게 되었다. 그리고 大覺 및 小珏이라는 이름은 가장 현저하고 또 오랫동안 들어 왔다. 대각은 곧 굉지정각이고, 소각은 곧 대휴종각이다.

師名宗珏, 和州吳江人. 姓孫氏. 生不茹葷. 世業儒而性樂空門. 年十六, 白父母願出家. 止之不可, 遂依眞州定山眞如住持德雲. 十八, 進具. 長蘆祖照道和. 聲振東南. 師往告謁. 照與語奇之. 留而侍者.

*眞=貞, (底)와 (叢)은 오류인 것 같다. *眞=貞, (底)와 (叢)은 오류인 것 같다.

선사의 이름은 宗珏이고, 화주 吳江[1] 출신이며, 성은 孫氏이다. 태어나면서부터 오신채를 먹지 않았고, 세간에서는 유교를 업으로 삼았지만 마음은 불교를 좋아하였다. 나이 16세 때 부모에게 출가할 것을 말씀드렸지만 거절당하여 출가할 수가 없었다. 마침내 진주의 定山 眞如寺의 주지 德雲[2]에게 의지하였다.

18세 때 구족계를 받았다. 장로의 祖照道和[3]의 명성이 동남지방에 자자하였다. 선사가 그곳으로 찾아가서 뵈었다. 祖照禪師가 문답을 나누어 보고 선사를 기특하게 여겨 그것에 머무르게 하고 시자를 삼았다.

時眞歇了公. 爲座元. 師入室問云. 佛祖不到處. 是什麽境界. 歇竪起一拳. 師擬議. 歇揮之. 師卽領悟. 遂云. 將謂無人到. 歇云. 放過一著.

그때 진헐청료가 수좌(座元)가 되자 선사가 입실하여 물었다. "불조도 도달할 수 없는 장소는 어떤 경계입니까."

진헐이 주먹을 똑바로 치켜세웠다. 대휴가 뭐라고 말하려고 하였다. 진헐이 주먹을 휘둘렀다. 대휴가 바로 그 자리에서 領悟하고 말했다. "어느 누구도 도달하지 못한다고 말하려던 참이었습니다."

진헐이 말했다. "한 수를 양보하고 말았구나."

---

1) 和州烏江=안휘성 安慶 道和縣.
2) 德雲=전기는 미상이다.
3) 祖照道和=[자료 11]의 주석 8) 참조.

宣和中, 歇主長蘆, 學徒益集, 至千七百衆. 師代居第一座, 爲衆說法.
建炎初年, 之蔣山, 入慈受深公室. 語契淵微, 尤相器重. 尋避地浙東,
侍歇居補陀巖. 道價愈高, 郡請住岳林布袋道場, 不就. 寵智時在天童,
視歇爲兄, 邀歸山間. 又命師挂牌領衆.

*郡 =侍(叢).

선화 연간(1119~1125)에 진헐이 장로산의 주지가 되었는데, 납자들이 더욱더 모여들어 1700명의 대중이 되었다. 선사가 대신하여 제일좌가 되어 대중에게 설법을 하였다. 건염 초년(1127)에 蔣山으로 가서 慈受深公[4]의 조실에 들어갔다. 문답이 심오하고 미묘하게 계합되어 더욱더 서로 법기임을 확인하였다. 이어서 浙東으로 피난하였고, 진헐을 모시면서 補陀巖[5]에 머물렀다. 道價이 더욱더 높아지면서 관청에서 岳林의 布袋道場에 주석해 줄 것을 청하였지만 나아가지 않았다.[6]

寵智[7]가 당시에 천동산에 주석하고 있었는데, 진헐을 보고 사형으로 삼고 맞이하자 이에 천동산으로 돌아오게 되었다. 또한 선사에게 명하여 패를 걸어 두고 대중을 거느리게 하였다.

象山延壽虛席. 使君延請再三, 始從之. 紹興二年, 太守陸公長民, 仍遷

---

4) 慈受深公=懷深(1077~1132), 慈受禪師라는 호를 받았다. 안휘성 壽春 六安의 夏氏로 태어났다. 淨照崇信의 법사. 靖康 원년 가을에 東京의 大相國寺 慧林禪院을 물러났고, 후에 蔣山에 주석하였다. 소흥 2년 4월 20일에 시적하였다. 세수 56세이고 법랍 36세이다.
5) 補陀巖=[자료 11]의 주석 12) 참조.
6) 岳林…=절강성 奉化縣 동북쪽 5리에 있는 大中岳(嶽)林寺로서, 布袋和尙이 화현한 靈場이다. 『寶慶四明志』 권15. 『明州岳林寺志』 6권이 있다. 『전등록』 권27의 明州 奉化縣 布袋和尙章 참조.
7) 寵智…=굉지정각을 가리킨다. 본서 제4장 제1절 참조.

師于岳林, 備禮開堂. 丞相范公宗尹, 自號退晦居士. 與師爲方外交, 遠
來勸請. 參政孫公近, 時爲部使者, 爲范公草疏. 禪門以爲美談. 師卽嗣
眞歇. 幾三年, 退居翠山, 依宗禪師, 待制仇公悆, 遷之香山. 一住十八
年. 衲子雲趨, 寺爲一新. 二十五年, 尙書王公俁, 請住雪竇.

*延=延(底)와 (叢)은 오류이다.

象山의 延壽[8]에 주지가 공석이었다. 使君이 세 차례가 거듭하여 초
청하자 마침내 그 청을 받아들였다. 소흥 2년(1132)에 태수 陸公長民[9]
이 거듭해서 선사를 岳林으로 옮겨 모시고 예를 갖추어 개당토록 하였
다. 승상 范公宗尹[10]은 스스로 退晦居士라 부르면서, 선사와 方外의 교
유를 맺고서 멀리까지 찾아 줄 것을 권청하였다. 參政 孫公近[11]이 그때
部使로 있으면서 범종윤에게 상소문을 草하도록 하였는데, 이것은 선
문에서 미담이 되었다. 선사는 곧 진헐을 계승하였다. 거의 3년을 지내
고 翠山으로 退居하여 宗禪師[12]에게 의지하였다. 待制仇公悆[13]가 선사

---

8) 延壽=象山縣 북쪽 7리에 있는 瑞雲峰 延壽院이다.『寶慶四明志』권21.
9) 陸公長民=陸長民은 증조부는 軫이고, 조부는 珪이며, 父는 佖이고, 母는 虞麗華 (1044~1070)라고 하며, 陸寘의 從兄이다. 소흥 2년 8월 15일 直秘閣·兼兩浙東 路兵馬鈐轄로부터 知明州가 되었다.『寶慶四明志』권1.
10) 范公宗尹=范宗尹(1100~1136). 字는 覺民이고, 退晦居士라 하였다. 증조부는 德이고, 조부는 昌이며, 父는 昱이고, 妻는 張氏라고 한다. 호북성 襄陽鄧城 출 신이다. 선화 3년에 上舍에 登第하였다. 건염 4년 5월 3일 參知政事로부터 右僕 射·同平章事·兼知樞密院이 되었다. 소흥 6년 8월 4일에 죽었다. 세수 37세(38 세라는 설도 있다)이다.『宋史』권362에 그 전기가 있다.「天童覺和尙語錄序」를 소흥 2년 보름날에 찬술하였다.
11) 孫公近=孫近. 字는 叔詣. 증조부는 吉甫이고, 조부는 珦이며, 父는 擇이고, 母는 李氏이며, 妻는 鮑氏라고 한다. 강소성 無錫 출신이다. 숭녕 2년에 進士가 되었 고, 소흥 원년 12월 21일에 秘閣修撰·提點兩浙東路刑獄公事가 되었으며, 소흥 6년 8월 15일에 知紹興이 되었다. 이어서 參知政事·兼知樞密院事가 되었다.
12) 宗禪師=聞庵嗣宗(1085~1153). [자료 14] 참조.
13) 仇公悆=仇悆(?~1146). 字는 泰然. 산동성 益都 출신이다. 大觀 3년에 進士가 되

를 香山[14]으로 옮기도록 하였다. 그곳에 일단 머물렀는데 18년이 되었다. 납자들이 구름처럼 모여들었고, 사찰이 일신되었다.

소흥 25년(1155) 尙書 王公俁[15]가 청하여 설두산에 주석하도록 하였다.

二十九年, 直閣張公侗, 遂以天童招之. 師念太白名山, 實寵智之後, 一遵規式, 無所更改. 道俗益嚮之. 師容貌奇龐, 度量恢偉, 喜慍不見于色. 終日頹然, 無所修綜, 亦未嘗振厲風采. 而見地明白, 深造自得, 死生之際, 卓然過人. 人于是尤以爲不可及也. 時城中湖心弁公宗師, 與師生之年月皆同. 三十二年八月上澣, 弁以遺書來. 師初無恙, 覽書笑曰, 齊年旣行, 吾亦逝矣. 翌日, 迎賓如平時. 晚欲小參. 侍僧以爲暮矣, 卽令集優婆塞. 衆人知其有異, 擧寺咸會. 師從容普說, 多致垂別之意. 旣歸丈室, 濯足就座, 整容跏趺, 泊然而逝. 又八日, 學徒奉全身, 葬于南谷. 壽七十二, 臘五十四.

소흥 29년(1159)에 直閣 張公侗[16]이 마침내 천동산으로 선사를 초청

―――――――
었고, 소흥 5년 8월 15일에 徽猷閣待制·兼沿海制置使로부터 知明州가 되었으며, 소흥 8년 4월 18일에 湖南按撫使가 되었고, 秦檜와 의견을 달리 하여 落職되었다가, 소흥 10년 6월 18일에 다시 知明州가 되었다. 소흥 16년 7월 6일에 죽었다.『宋史』권399에 그 전기가 있다.
14) 香山=절강성 慈溪縣 동쪽 35리에 있는 香山智度寺이다.『寶慶四明志』권17.
15) 王公俁=王俁(?~1157). 字는 碩夫. 政和 때 進士가 되었고, 秦檜가 재상을 맡았던 때에는 집에 머물렀다. 진회가 죽은 이후 소흥 25년 12월 26일에 知明州가 되었고, 소흥 26년 10월 1일에 尙書戶部侍郎이 되었으며, 이듬해 4월 27일에 工部尙書가 되었고, 同年 9월 21일에 죽었다.
16) 張公侗=張侗. 소흥 27년 7월 11일에 榮嶷을 대신하여 右 朝議大夫·直秘閣·兩浙轉運判官으로부터 知臨安이 되었고, 이듬해 11월 2일에 直顯謨閣에 제수되었으며, 소흥 29년 윤 6월 9일에 秘閣修撰으로부터 知明州가 되었고, 이듬해 5월 24일에 提擧台州崇道觀이 되었다.

하였다. 선사는 태백의 명산이야말로 실로 굉지(宏智) 이후로 한결같이 規式을 준수하여 다시는 고칠 필요가 없게 될 것을 염원하였다. 도속이 더욱더 선사를 따랐다.

선사의 容貌는 대단히 기이하였고, 度量은 훌륭하여 일희일비를 드러내지 않았다. 종일토록 호젓하게 일부러 애쓰려고도 않고 또한 일찍이 위엄을 부려 잘난 체 하지도 않았다. 더구나 주관이 명백하여 깊이 자기의 뜻을 굳게 지켰으며 생사에 이르러서도 남들보다 탁연하였다. 이에 남들이 도저히 따라잡을 수가 없었다.

당시에 성중의 湖心弁公宗師[17]는 선사와 출생한 年月이 모두 동일하였다. 소흥 32년(1162) 8월 상순에 호심변종사의 유서가 도착하였다. 선사는 처음부터 질병이 없었는데 유서를 읽고는 웃으면서 말했다. "출생한 해가 같은데 이미 갔구나. 나도 또한 갈 것이다."

다음 날 손님을 맞이하였는데 평소와 같았다. 늦었지만 소참법문을 하려고 하자, 시자는 너무 늦은 시간이었지만 우바새들을 소집하였다. 대중이 특이한 일인 줄 알고 사중의 모든 대중이 모였다. 선사가 조용히 설법을 하였는데 대부분 사람들은 그것이 이별의 암시임을 알아차렸다. 방장실로 돌아와서 발을 씻고 자리에 앉아서 조용히 입적하였다. 8일이 지나서 납자들이 全身을 받들어 남쪽 계곡에 장례지냈다. 세수는 72세이고, 법랍은 54세이다.

師等慈接物, 無貴賤之間. 待制張公邵昆弟, 與師爲中外親. 舍人孝祥, 又視公爲父行. 皆一時名勝. 師視之藐如也. 嗣法三十餘人, 分領宗風.

---

17) 湖心弁公宗師=전기가 미상이다. 湖心이란 四明의 子城 서남쪽 3.5 牛에 있는 十方律院의 廣福水陸院인데 세속에서는 湖心寺라고 불렀다. 『寶慶四明志』 권11.

而足庵智鑑, 爲最顯. 足庵住雪竇數年, 與余素厚. 紹熙三年, 余官後
省. 忽得足庵垂絕之書. 專以先師大休塔銘爲祝. 大休 師自號也. 余幻
欽師之名, 而不忍違足庵之祝.

<small>*待 =侍(底)와 (叢)은 오류이다. *卲=劭 (底)와 (叢)은 오류인 것 같다. *庵=菴(底)
와 (叢)의 경우에 본서에서는 庵으로 통일하였다. 이상 동일함.</small>

   선사는 평등하게 사람들을 제접하여 귀천을 두지 않았다. 待制 張公
卲의 昆弟[18]는 선사와 中外의 친분을 지니고 있었다. 舍人孝祥[19]은 公
(張公卲의 昆弟)을 보고 어른 대접을 하였는데, 모두 당시에 쟁쟁한 사
람들이었다. 선사도 그를 높이 존중하였다. 사법 제자가 30여 명인데,
모두 선사의 종풍을 전파하였다.
   그 가운데 足庵智鑑[20]이 가장 뛰어났다. 족암은 설두산에 수년 동안
주석하였는데 나 樓鑰과도 본래부터 신분이 두터웠다. 소희 3년(1192)
에 내가 後省으로 재직하고 있을 때 홀연히 족암이 입적하려 한다는 서
신을 받았는데, 내용은 오직 先師大休라는 탑명만을 바란다는 것이었
다. 대휴는 선사의 自號이다. 내가 어려서부터 선사의 이름을 좋아하였

---

18) 張公卲의 昆弟=張卲(1096~1156). 字는 才彦. 증조부는 延慶이고, 조부는 補이
며, 父는 幾이고, 母는 馮氏라고 한다. 안휘성 和州 烏江 출신으로, 宗玨과 同鄕
이다. 선화 3년에 上舍에 등제하였고, 소흥 19년에 敷文閣待制・提擧江州太平興
國宮으로부터 知池州가 되었으며, 소흥 26년에 죽었다. 세수 61세이다. 『宋史』
권373에 그 전기가 있다. 그 弟는 祁인데, 字는 晋彦이고, 허는 總得翁이다. 淮南
路轉運判官이 되었는데, 대혜종고와 교류가 있었다.

19) 孝祥=張孝祥(1133~1170). 字는 安國이고, 于湖先生이라 불렸다. 父는 위의 주
석 18)에 나오는 張祁이고, 母는 孫氏이며, 妻는 時氏라고 한다. 소흥 24년에 進
士第一이 되었다. 효종이 즉위하자 集英殿修撰으로 복직하였고, 知平江府가 되
었으며, 中書舍人에 제수되었다. 建道 6년 겨울에 죽었다. 『宋史』 권389에 그 전
기가 있다. 『大慧年譜』에서는 法嗣의 한 사람으로 열거되어 있고, 굉지의 「妙光
塔銘」을 썼으며, 「勅諡宏智禪師序碑」에 발문을 썼다.

20) 足庵智鑑 = [자료 18] 참조.

고, 더욱이 족암의 바람이었기 때문에 그 뜻을 어길 수가 없었다.

  爲之銘曰,
 是釋者流, 視生若浮.
 生兮若浮, 死兮若休.
 生旣曰休, 死又何求.
 足庵之求, 爲銘諸幽.

  이제 선사를 위하여 銘을 짓는다.
 저 석가모니의 제자들은
 생을 뜬구름처럼 본다네.
 생은 떠 있는 구름 같고
 사는 쉬고 있는 것 같네.
 생이 이미 쉬어 버렸는데
 사는 어디에서 찾겠는가.
 족암이 추구해 왔던 그것
 모두를 銘에다 새겨 둔다.

[자료 14] 宗白頭

(1) 羅願 撰 :『新安志』권8(「宋元地方志叢書』所收)(약호 : 底)
(2) 羅願 撰 :『羅鄂州小集』권6(「四庫全書珍本 제12집」所收)(약호 : 羅)

· [撰者] : 羅願(1136~1184). 字는 端良이고, 號는 存齋이다. 증조부는 承吉이고, 조부는 擧이며, 父는 汝楫(1089~1158)이고, 母는 呂氏·王氏·兪氏(1102~1158)이며, 妻는 吳氏이다. 안휘성 徽州 歙縣 출신으로 聞庵嗣宗과 同鄕이다. 乾道 2년에 進士가 되었고, 이후에 知鄂州가 되었다. 淳熙 11년 7월 13일에 죽었다. 세수는 49세이다.『鄂州小集』7권, 『新安志』10권 등이 있다. 『宋史』권380에 그 전기가 전한다.

宗白頭

宗白頭者, 名嗣宗, 歙縣陳氏. 受業水西寺, 試經得度. 年二十, 游方參徑山睿〈慧?〉. 深見器重, 去卽龍門遠·道林勸〈勤?〉 江浙·盧晥·荊楚·湘漢之間, 凡菴居·屛處 禪林所稱者, 輒造而問之.

*頭=頭嗣宗傳(羅). *遠=還(羅).

종백두

宗白頭는 嗣宗이라고 이름하였는데, 歙縣의 陳氏이다. 水西寺[1]에서 受業을 하고, 試經을 통해서 득도하였다. 나이 20세 때 유방하여 徑山

---

1) 水西寺=흡현의 서남쪽에 있는 太平興國寺로서 민간에서는 수서사라 불렸는데, 사찰에 戒壇이 있었다고 한다. 그 가운데의 院으로 福聖院이 있었는데, 문암사종이 출가한 절이라고 한다.『新安志』권3.

慧²⁾한테 참문하였다. 경산혜는 깊이 그릇됨을 보고 중용하였지만 그곳을 떠나 龍門遠³⁾ 및 道林勤⁴⁾에게 나아갔다. 江浙·盧阮·荊楚·湘漢 등 여러 지역에서 조용히 지내고(菴居) 숨어 지내면서도(屛處) 선림에서 유명한 사람들이 있으면 곧 달려가서 법을 물었다.

聞洞下有覺首座在大洪山. 宗壽長七〈六?〉齡, 僧先一〈五?〉夏. 服訓累年, 殆忘寢寐. 覺嘗問, 皓月當空時如何. 宗云, 正是恁麽時節. 反覆酬答, 忽有省.

동상종의 문하에 覺首座⁵⁾라는 사람이 대홍산에 있다는 소문을 들었다. 종백두는 나이가 6살이나 더 많았고, 승랍이 五夏나 앞섰지만, 그 가르침에 따르면서 몇 년 동안 거의 잠을 자는 것도 잊었다. 일찍이 각 수좌가 물었다. "밝은 달이 허공에 떴을 때는 어떠한가." 종백두가 말했다. "바로 그것이야말로 지금의 시절입니다." 반복하여 문답을 하다가 홀연히 깨침이 있었다.

後從覺於泗洲普照. 覺去, 遂代之. 時建炎初也. 開堂云, 喝井菴畔, 似眞似僞. 斷足巖前, 乃精乃粹. 遂爲覺拈一瓣, 以酬法乳. 諸方乃知, 洞下一宗, 復有人矣. 尋住常州善權, 及明州翠岩·雪竇.

---

2) 徑山慧=思慧(1071~1145)는 妙湛禪師라는 호를 받았다. 절강성 錢塘에서 兪氏로 태어났다. 大通善本의 법사이다. 徑山 및 雪峰에 주석하였다. 소흥 15년 7월 10일에 시적하였다. 세수는 75세이다.
3) 龍門遠=[자료 11]의 주석 10) 참조. 용문사는 안휘성 舒州 桐城縣 㼈山에 있다.
4) 道林勤=[자료 11]의 주석 9) 참조. 圓悟克勤이 政和 5년(1115) 무렵에 주석했던 潭州의 嶽鹿山 아래에 있는 道林廣慧寺를 가리킨다.
5) 覺首座=굉지정각을 가리킨다. 본서 제4장 제1절 참조.

*似=以(羅). *巖=岩(羅), 이하 동일.

후에 굉지정각을 따라서 사주 보조선사로 갔다. 굉지정각이 시적하자 마침내 그를 대신하였다. 그때가 건염 원년(1127)이었다. 개당설법에서 다음과 같이 말했다. "喝井菴 주변은 참인 듯하고 거짓인 듯하며, 斷足巖 앞에는 정밀하고 순수하다." 끝으로 굉지정각을 위하여 향 하나를 들고서 그 法乳에 보답하였다. 이로써 제방에서는 동상종의 문하에도 다시 사람이 있다는 것을 알게 되었다. 이어서 常州의 善權[6] 및 明州의 翠巖[7]과 雪竇에 주석하였다.

嘗示人曰, 大衆. 體究此事, 第一不得依樣畵胡蘆. 第二不得去古人背後叉手. 第三不得守株待兎. 第四不得無繩自縛. 何謂依樣畵胡蘆. 如今學者, 不肯退步休歇, 一向用心, 强作道理. 見古人立箇拳, 也立箇拳, 劃箇圓相, 也劃箇圓相, 提起座具, 拂袖便行. 及至窮究着, 黑漫漫地. 何謂古人背後叉手. 學者己事不明, 日夜商量古人公案. 這箇說話又如何. 那箇問答又如何. 設或會得, 祇是別人底, 被他言語攪縛. 得來不成腸肚. 豈不見道, 若要提唱宗乘, 須是從自己胸襟流出. 何謂守株待兎. 有一宗學者, 認得箇影響, 祇管泥在一處, 或良久, 或退後. 認着不忘, 一生無動轉. 長沙道, 百尺竿頭坐底人, 雖然得入未爲眞. 百尺竿頭須進步, 十方世界是全身. 何謂無繩自縛. 學者在衆中, 不肯親近尊宿, 決擇此事. 但認過自家休歇, 一向痴坐, 從朝至暮, 祇管瞌睡. 所以道, 透網

---

6) 善權=강소성 常州 宜興縣의 서남쪽 50리에 있다. 善權(卷)山의 廣敎禪院을 가리킨다. 宣和 연간에 崇道觀이 되었지만 건염 원년에 禪院으로 회복되었다.『咸淳毘陵志』권15 및 권25. 同門이었던 法智도 이곳에 주석하였다.
7) 翠巖=翠巖山移忠資福寺는 鄞縣 서남쪽 70리에 있다. 大中祥符 원년에는 寶積禪院이라는 사액을 받았다.『寶慶四明志』권13.

錦鱗猶滯水, 迴塗石馬出沙籠. 若是本分坐禪人, 孜孜念念, 未嘗暫時與此事有絲毫隔. 行住坐臥, 常在其中. 不見, 洞山在方丈坐, 有贊歎者云, 僧家好終日無事. 山云, 莫如此說. 僧有僧事, 俗有俗事. 山僧在此, 無剪指爪底工夫. 且道, 洞山在方丈中, 作箇什麽. 恁麽見得, 僧堂裏亦不是閑坐處. 若不恁麽見去, 盡是虛度光陰. 直須念念無間斷, 步步無間斷, 時時無間斷, 處處無間斷. 有僧問曹山, 如何是無間斷底人. 山曰, 曹山今日傷盃. 僧曰, 某甲不會. 山曰, 東西不辨, 卽是到這裏作麽生體悉. 久參高士, 共相証明. 後學初心, 各自努力.

*己事=已是(羅). *說=없음(羅). *秖=祇(羅). *一=없음(羅). *過=箇(羅). *恁麽=없음(羅). *閑=間(羅). *不=不是(羅). *度=없음(羅). *到=倒(羅). *共=없음(羅).

일찍이 다음과 같이 시중설법을 하였다.

"대중이여, 깨침을 體究하기 위해서는 다음과 같이 해야 한다. 첫째는 그림본에 의거하여 胡蘆를 그려서는 안 된다. 둘째는 고인의 배후로 가서 차수해서는 안 된다. 셋째는 그루터기를 지키면서 토끼를 기다려서는 안 된다. 넷째는 줄도 없는데 스스로 얽매어서는 안 된다. 그림본에 의거하여 胡蘆를 그린다는 것을 무엇을 말하는가. 요즘의 납자들은 퇴보나 휴헐을 긍정하지 않고 오로지 용심하여 억지로 도리를 지을 뿐이다. 고인이 주먹을 내세운 것을 보면 또한 주먹을 내세우고, 원상을 그리는 것을 보면 또한 원상을 그리며, 좌구를 제기하면 소매를 떨치고 곧 나가 버린다. 그리고 궁극의 경지에 도착해서도 까맣게 모르고 있다.

고인의 배후로 가서 차수한다는 것은 무엇을 말하는가. 납자가 己事를 구명하지 못하고, 밤낮으로 고인의 공안만 상량하느라고 저 설화는 또 무엇이고 이 문답은 또 무엇인가 하고 참구한다. 설령 알아차린다고 할지라도 단지 남의 것일 뿐으로 다른 사람의 언어에 攪縛될 뿐이다. 설령 가능하다고 해도 그것이 자기의 것은 되지 못한다. 어찌 다음과 같은 말을 들어보지 못했는가. "만약 宗乘을 제창하고자 한다면 반드시 자기의 흉금으로부터 유출시켜야 한다."

그루터기를 지키면서 토끼를 기다린다는 것은 무엇을 말하는가. 어떤 종학자들은 그 그림자와 메아리를 이해하여 단지 한 곳에만 눌러앉거나 혹은 양구하거나 혹은 뒤로 물러난다. 그 이해에 집착하여 잊지 못하고 일생 동안 그것을 바꾸지도 않는다. 장사경잠이 말했다. "백척간두에 앉은 사람이여, 비록 깨침에 들긴 했으나 아직은 설익었구나. 백척간두에서 한걸음 내디뎌야 비로소 시방세계와 한 몸이 되리라."

줄도 없는데 스스로 얽매인다는 것은 무엇을 말하는가. 납자가 대중 가운데 있으면서 존숙을 친근하면서도 깨침의 결택을 긍정하지 못하고 단지 자가의 휴헐만 이해하여 오로지 어리석게 앉아서 아침부터 저녁까지 오직 꾸벅꾸벅 졸 뿐이다. 때문에 말한다. "그물을 벗어난 금빛 잉어가 오히려 물속에 갇혀 있고, 그림 속에서 고개를 돌린 石馬는 모래 울타리를 벗어난다."

그러나 만약 본분의 좌선인이라면 항상 열심히 정진하여 일찍이 잠시도 깨침으로부터 털끝만큼도 벗어난 적이 없이, 걷고 머무르며 앉고 누워도 항상 깨침 가운데 있다. 들어보지 못했는가.

동산이 방장에 앉아 어떤 사람이 찬탄하여 말했다. "승가는 좋겠구나. 종일토록 無事한 것을 보니." 그러자 동산이 말했다. "그와 같이 말하지 말라. 승가에는 승가의 일거리가 있고, 속가에는 속가의 일거리가 있는 법이다. 그러나 산승은 여기에 있으면서 손톱 깎는 공부도 하지 않는다. 자, 말해 보라. 동산은 방장에 있으면서 무엇을 하였는가. 이렇게 본다면 승당 안의 일도 또한 한가롭게 앉아 있을 곳이 못 된다. 그러나 만약 이렇게 보지 않는다면 그것은 모두 헛되이 세월만 보내는 것이다. 마땅히 염념에 間斷이 없어야 하고, 걸음마다 간단이 없어야 하며, 항상 간단이 없어야 하며, 곳곳에서 간단이 없어야 한다.”

어떤 승이 조산에게 물었다. “어떤 것이 간단이 없는 사람입니까.” 조산이 말했다. “나는 오늘 찻잔을 깨뜨렸다네.” 승이 말했다. “저는 이해하지 못하겠습니다.” 조산이 말했다. “동서도 분간하지 못하면서 이 자리에 와서 무엇을 터득하겠다는 것인가.” 이처럼 久參의 高士들이 모두 증명해 보였다. 그러므로 후학 및 초심자들은 각자 노력하거라.”

將終書偈曰, 全心自照, 無佛無人, 諸緣不共, 時至便行. 其全身建塔於雪竇. 而翠岩取其大衣, 藏於無際菴. 閱世六十九, 坐夏五十四.

*曰=없음(羅). *於=于(羅).

　　임종에 즈음하여 다음과 같이 임종게를 써서 말했다.
　　온 마음 기울여서 스스로 비추어 보니
　　부처라 할 것도 없고 또 중생도 없다.
　　갖가지 반연을 더불어 따라가지 말고
　　때가 도달하면 그대로 가는 것이라네.
　　전신을 안치한 탑을 설두에 건립하였다.[8] 그리고 취암은 그 大衣를 받

---

8) 임종에 즈음하여 ⋯⋯=『嘉泰普燈錄』권13 慶元府 雪竇 聞庵嗣宗 章에 “二十三年十月朔, 示微恙. 初三, 與得法上足翠巖宗靜言別, 泊然而逝. 是月十三日, 塔全身於寺之西南隅.”(續藏二乙-10-1 〈통권137〉, p.101左上)라고 되어 있다. 생몰 기간은 1085~1153이다.

아서 無際菴에 소장하였다. 세수는 69세이고, 법랍은 54세이다.

宗貌淸癯, 氣韻平澹, 慈忍無瞋恚. 徑山杲, 少所許可. 嘗贊之曰, 太湖三萬六千頃之渺茫, 卽師之口也. 洞庭七十二峰之峭峻, 卽師之舌也. 不動口, 不饒舌, 已說未說, 今說當說. 也大奇, 也大奇, 此是吾家眞白眉.
*澹=淡(羅). *未說=없음(羅).

백종의 풍모는 맑고 여위었으며 氣韻은 담박하였고 자애로워서 화를 내는 일이 없었다. 이에 경산의 대혜종고가 그것을 인정한 적이 있었는데, 일찍이 그를 찬탄하여 말했다. "태호의 3만 6천 이랑의 광막한 땅은 곧 선사의 입이고, 동정호의 우뚝한 72봉우리는 곧 선사의 혀로 입을 움직이지도 않고 혀를 놀리지도 않으면서 아직 설하지 않은 것을 이미 설해 버렸고, 미래에 설할 것을 지금 설해 버렸다. 참으로 기이하도다, 참으로 기이하도다. 이것이야말로 우리 가풍의 진정한 백미로다."[9]

---

9) 『大慧普覺禪師語錄』 권12 「雪竇明覺禪師」의 眞贊에 "太湖三萬六千頃之渺茫, 卽師之口也. 洞庭七十二朶之巍峭, 卽師之舌也. 不動口, 不搖舌. 已說現說當說. 無少無剩, 也回狂瀾起旣倒. 活必死之疾於膏肓, 卽師荷擔大法, 而主盟此道也. 至於飛鯤鵬於藕絲竅中, 置須彌盧於蟭螟睫上, 而無寬曠迫隘之量也. 我生師之後, 而不識師. 今覩師之遺像, 而作是言者. 蓋欲一類闡提毛道凡夫, 與夫敗善根非器衆生, 使其知有吾門單傳直指之妙而已也."(大正藏47, p.859中)라고 되어 있다. 두 가지 贊이 유사하기 때문에 문암사종의 찬에 의문을 가지고 있다. 佐藤秀孝, 「雪竇山의 聞庵嗣宗에 대하여」(『曹洞宗硏究紀要』 제15호, 1983년 8월) 또한 이 논문에는 曹勛 撰, 「淨慈道昌禪師塔銘」(『松隱集』 권35 수록)을 참고하여 참학했던 스승으로서 宗白頭傳 이외에 長靈守卓(1065~1124), 保寧圓璣(1036~1118)를 들고, 교섭이 깊은 도반으로 正堂月弁(1085~1157), 月堂道昌(1090~1171), 天皇光 등이 언급되어 있다.

[자료 15] 瑞巖石窓禪師塔銘

(1) 樓鑰 撰 :『攻媿集』권110(「四部叢刊」所收)(약호 : 底)
(2) 樓鑰 撰 : (「叢書集成新編」 수록, 新文豊出版社)(약호 : 叢)
(3) [參考][明]明河 撰 :『補續高僧傳』권9 石窓法恭傳 (續藏124 所收)(약호 : 補)

·[撰者] : 樓鑰은 [자료13]의 찬자이다.

瑞巖石窓禪師塔銘

師諱法恭. 明州奉化人. 俗姓林. 母楊氏. 號佛光道人. 日誦蓮經甚專. 一夕夢胡僧來謁. 旣寤而生師. 父早喪. 年十五. 乃白母出家. 以棲眞禪院僧則韶. 落髮爲師. 宣和七年. 受具戒. 習南山律于湖心寺. 繼受天台教.

*窓=牕(底)(叢)이라고 되어 있는 것도 본서에서는 窓으로 통일하였다. 이하 동일.

서암석창선사 탑명

선사의 휘는 法恭이고, 明州 奉化[1] 출신으로 속성은 林 씨이다. 어머니는 楊 씨로서, 호가 佛光道人[2]인데, 매일『법화경』을 독송하는 데에 전념하였다. 어느 날 밤 胡僧이 찾아오는 꿈을 꾸었는데, 깨어나서 선사를 낳았다. 아버지는 일찍 돌아가셨다. 나이 15세가 되자 이에 어머니에게 말씀드리고 출가하였다. 棲眞禪院의 스님 則韶[3]에게 머리를 깎

---
1) 奉化=절강성 會稽道 奉化縣.
2) 佛光道人=전기는 미상이다. 道人이란 당시에는 여성의 嗣法者에 주로 쓰였다.
3) 則韶=전기는 미상이다. 棲眞禪院은 奉化縣 동쪽 70리에 있다.『寶慶四明志』권15.

고 은사로 삼았다. 宣和 7년(1125)에 구족계를 받고, 湖心寺[4]에서 南山律을 배웠으며, 이어서 천태교학을 공부하였다.

天童宏智覺禪師法席方盛. 師又更從之. 兄事自得暉, 晝夜跪坐. 一日, 坐殿廡間, 忽傍有僧曰, 本自不生, 性無和合. 師一入耳根, 豁然開悟, 流汗浹體. 卽見宏智, 反覆問答, 應機如響. 智遂留侍傍.

천동사의 굉지정각의 법석이 번성하자, 선사는 다시 그곳으로 갔다. 自得暉[5]를 사형으로 섬기면서 밤낮으로 좌선을 하였다. 어느 날 佛殿에서 좌선을 하고 있는데, 홀연히 어떤 승이 곁으로 다가와서 물었다. "본래 불생으로서 본성에 화합되는 것은 없습니다."
선사는 그 말을 귀로 듣자마자 활연히 개오하였는데, 흐르는 땀에 몸이 젖었다. 이에 곧장 굉지를 친견하여 문답을 반복하였는데 선기에 상응한 것이 메아리와 같았다. 마침내 굉지가 곁에다 두고 시자로 삼았다.

久之, 再歷江湖, 徧參石〈古?〉佛. 萬年閑公室中, 嘗一擧似地擎山話, 經月不契. 他日再往. 閑曰, 似地擎山作麽生. 師掩耳而出. 草堂淸, 不許 暫到入室. 師直造前, 淸擧拂曰, 識得這箇, 參學事畢. 師曰, 拈却這箇, 喚作什麽. 淸擬再擧. 師奪拂子擲地上曰, 老漢拂子也不識. 一衆

---

4) 湖心寺=[자료 13]의 주석 17) 참조.
5) 自得暉=慧暉(1079~1183). 號는 自得이다. 절강성 會稽 上虞縣에서 張氏로 태어났는데, 굉지정각의 법사이다. 소흥 7년에 待制仇愈으로부터 補陀의 開法上堂에 초청되었다. 雪竇 등을 거쳐서 淳熙 10년 11월 29일에 시적하였다. 세수는 87세이고, 승랍은 75세이다.

駭嘆. 黃龍忠, 置界方槌拂于香案上. 師謂其侍者曰, 和尙此一絡索作
何用. 少頃, 一一拈起, 問過一機不來. 莫言不道. 侍者白忠, 乃盡撤去.
三年, 復歸天童, 主藏事, 卽分座說法, 遂爲第一座. 智所擧宗要, 師不
爲苟合. 智愛而畏之.

*曰=日(叢).

오랜만에 다시 강호를 유행하면서 고불을 편참하였다. 萬年閑公[6]의 실중에서 일찍이 '似地擎山'의 일화를 들어 참구하였지만 한 달이 지나도록 계합하지 못하였다.

어느 날 다시 조실을 찾아가자, 閑公이 말했다. "대지가 산을 떠받치고 있는 것과 같다는 공안은 어찌 되었는가." 선사는 귀를 막고 밖으로 나가 버렸다. 그러나 草堂淸[7]은 그것을 인정하지 않았다. 선사가 갑자기 조실에 들어가더니 곧장 그 앞에 나아갔다. 그러자 초당선청이 拂子를 치켜들고 말했다. "이것을 알아차린다면 參學의 大事를 마친 것이다."

선사가 말했다. "그것을 들고서 무엇이라 부르는 것입니까."

초당선청이 다시 치켜들려고 하자, 선사가 불자를 빼앗아 땅에다 던져 버리고는 말했다. "노인네가 불자도 모르십니까." 그러자 대중이 놀

---

6) 萬年閑公=道閑(?~1147). 號는 無着이다. 절강성 台州 黃巖縣에서 洪氏로 태어났는데, 高庵善悟의 법사이다. 소흥 12년에 天台太平興國寺를 萬年報恩光孝寺로 개명하고 道閑을 勅住토록 하였다. 소흥 17년 9월 11일에 시적하였다. 萬年報恩光孝寺는 天台縣 서북쪽 50리에 있다. 鎭國平田寺라고 불렸으며, 종종 개명되었다. 『嘉靖赤城志』 권28.
7) 草堂淸=善淸(1057~1142). 號는 草堂이다. 광동성 南雄 保昌縣에서 何氏로 태어났는데, 晦堂祖心의 법사이다. 政和 5년에 黃龍에서 출세하였고, 만년에 隆興府 泐潭寺에 주석하였다. 소흥 12년 1월 30일에 시적하였다. 세수는 86세이고, 승랍은 62세이다.

라면서 찬탄하였다. 黃龍忠[8]이 界方·槌·拂 등을 香案에 올려놓자, 선사가 그 시자에게 말했다. "화상께서는 이 한 가닥 끄나풀을 무엇에 쓰려는 것인지 모르겠구나." 그리고는 잠시 동안 하나씩 들어보더니 물었다. "하나가 누락되어 여기에 없는데, 그것을 일러주지 않았다고 말하지 말라." 시자가 황룡충에게 말씀드리자, 이에 그것을 모두 치워 버렸다.

3년 만에 다시 천동으로 돌아가서 庫藏의 일을 맡았다. 그리고 곧 分座하여 설법하였는데 마침내 제일좌가 되었다. 굉지가 언급해 준 宗要에 대해서도 선사는 구차스럽게 아부하지 않았다. 이에 굉지는 선사를 친밀하게 여기면서도 경외하였다.

紹興二十三年, 越之光孝虛席, 帥移書于智, 求一本色人, 智以師參學行業, 始終明白, 薦之. 旣往, 會應天塔壞. 或請捨去. 師曰, 非我尙誰爲耶. 塔成始行. 未幾, 復住能仁. 隆興改元, 趙公侍郞, 出守四明, 命主報恩. 兵燹之餘, 前人相繼興造, 凡所未備者, 如鐘經二台等處, 皆師所建. 軒敞宏大, 遂爲一城蘭若之冠.

소흥 23년(1153) 越州의 光孝禪寺[9]의 주지가 공석이었다. 帥[10]가 굉

---

8) 黃龍忠=法沖(1084~1149). 號는 牧庵이다. 절강성 四明 鄞縣에서 姚氏로 태어났는데, 佛眼淸遠의 법사이다. 소흥 4년 가을에 南嶽勝業寺에서 출세하였고, 만년에 隆興府 黃龍山에 주석하였다. 소흥 19년 11월 15일에 시적하였다. 세수는 66세이고, 승랍은 47세이다.
9) 光孝=越州 남쪽의 2리 222步의 거리에 있는 報恩光孝禪寺를 가리킨다. 『嘉泰會稽志』 권7.
10) 帥=曹泳이 소흥 23년 9월까지 知越州를 지냈고, 趙士㙫(㟗)(1095~1160)이 10월부터 계승하였는데, 바로 그 즈음으로 간주된다.

지에게 서신을 보내서 한 명의 본색납자를 구해 달라고 하였다. 굉지는 선사의 참학과 행업이 시종 명백하였기 때문에 그곳으로 천거하였다. 선사가 그곳에 가보니 應天塔[11]이 붕괴되어 있는 것을 알았다. 이에 어떤 사람이 그것을 없애 버릴 것을 청하자, 선사가 말했다. "내가 이 탑을 받들지 않으면 그 누가 이 일을 하겠는가."

그리고는 탑을 새로 세우기 시작하였다. 얼마 안 가서 能仁[12]에 주석하였다. 隆興 改元(1163)에 趙公侍郞[13]이 四明의 태수가 되어 報恩[14]을 주관하도록 명하였다. 이에 兵火의 틈틈이 이전 사람의 사업을 이어서 사찰을 일으켜 세웠다. 그때까지 완비되지 못했던 鐘台·經台의 두 곳은 모두 선사가 건립하게 되었다. 이에 높고 널찍하여 웅장하여 마침내 一城과 같은 난야가 우뚝하였다.

乾道六年, 退去小溪之彰聖. 明年, 滎陽郡王, 又起住瑞巖. 居山幾一周星, 關舍宇以案衆, 開山田以足食. 又建圓通傑閣, 輪奐甚美. 皆師餘事也. 大參范公, 請師于雪竇. 自得暉公, 歸自淨慈. 乃請以雪竇還之, 復居瑞巖.

---

11) 應天塔=報恩光孝禪寺는 乾符 원년에 應天寺라 개명되었다. 晉 말기의 사문 曇彦이 건립한 탑이다.
12) 能仁=越州 남쪽 2리 104步의 거리에 있는 大能仁禪寺를 가리킨다.『嘉泰會稽志』권7.
13) 趙公侍郞=趙子潚(1102~1167). 字는 淸卿이다. 德韶 5세손으로 증조부는 從質이고, 조부는 世敵이며, 父는 令奧이다. 宣和 연간에 進士가 되었고, 權戶部侍郞이 되었으며, 두 차례의 知臨安府를 거쳐서, 隆興 원년 6월 3일에는 龍圖閣直學士·左通議大夫·兼沿海制治使로부터 知明州가 되었다. 乾道 3년에 66세로 죽었다.『宋史』권247에 그 전기가 기록되어 있다.
14) 報恩=明州 子城 서쪽 100步의 거리에 報恩光孝寺를 가리킨다.『寶慶四明志』권11.

乾道 6년(1170)에 작은 계곡인 彰聖[15]으로 물러났다. 이듬해(1171) 榮陽郡王[16]이 다시 불러일으켜서 瑞巖[17]에 주석토록 하였다. 산에 머문 지 얼마 안 되는 1년 쯤에는 가람을 열고 대중을 받아들였으며, 산을 개간하여 양식에 충당하였다. 또한 圓通傑閣을 건립하였는데 크고 웅장하였으며 대단히 아름다웠다. 그것은 모두가 선사에게는 餘事에 불과하였다. 大參范公[18]이 선사를 설두산으로 초청하였다. 自得慧暉公이 淨慈寺에서 돌아오자, 선사는 이에 설두산을 자득혜휘에게 돌려줄 것을 청하고, 다시 瑞巖으로 돌아왔다.

淳熙八年八月十三日, 感微疾, 謂弟子曰, 毋以藥石累我. 殆將行矣. 十九日, 以書招自得, 且促之. 越五日, 始至. 談笑如平時, 付以後事. 作士大夫及道友書六緘. 已而諸山皆會, 以翌日遲明, 升座說偈而逝. 郡守謝公修撰, 得師遺書, 喟曰, 恨不識此老. 卽以其座元如璧繼之. 師壽八十, 臘五十九. 受度者, 四十三人. 嗣法者, 十人. 山之西偏, 夙號上方.

---

15) 彰聖=鄞縣 서남쪽 70리에 있는 報忠福善院으로서, 大中祥符 원년에 彰聖이라는 사액을 받았다. 嘉定 2년에 樓鑰의 功德院이 되었다. 『寶慶四明志』 권13.
16) 榮陽郡王=趙伯圭(1119~1196). 字는 禹錫이다. 秀王夫人張氏(?~1167)를 같은 어머니로 하는 孝宗의 兄으로서, 妻는 宋氏이다. 隆興 2년 10월 18일에 敷文閣直學士·右奉議郞·兼沿海制治使로부터 知明州가 되었고, 어머니의 죽음에 의하여 乾道 3년 3월 24일에 그만두고, 건도 5년 10월 5일에 다시 知明州가 되었다. 榮陽郡王 嗣秀王에 봉해졌다. 慶元 2년 6월 15일(?)에 죽었는데, 세수는 78세이다. 『宋史』 권244에 그 전기가 전한다.
17) 瑞巖=定海縣 동남쪽 90리에 있는 開善院을 가리키는데, 瑞巖으로 개명되었다. 『寶慶四明志』 권19.
18) 范公=范成大(1126~1193). 字는 致(至)能이고 호는 石湖居士이다. 증조부는 澤이고, 조부는 師尹이며, 父는 雩이다. 강소성 吳縣 출신이다. 소흥 24년에 進士가 되었고, 이후에 參知政事가 되었다. 淳熙 7년 3월 30일에 中大夫·兼沿海制治使로부터 知明州가 되었다. 소흥 4년 9월 5일에 죽었는데, 세수는 68세이다. 『宋史』 권386에 그 전기가 전한다.

于是立塔以葬. 寔九月三日也.

　淳熙 8년(1181) 8월 13일에 微疾이 생기자, 제자들에게 말했다. "藥石으로써 나를 괴롭히지 말라. 갈 때가 다 되었다."
　19일에 서신을 써서 自得慧暉를 초청하였는데 자꾸 재촉하였다. 그러나 5일이 지나서야 비로소 도착하였다. 평소와 같이 담소를 나누고 후사를 부탁하였다. 사대부 및 도반들에게 6통의 서신을 작성하였다. 이미 諸山에서 모두가 모여들자, 이튿날 아침에 법좌에 올라서 게송을 설하고는 입적하였다. 郡守 謝公修撰[19]은 선사의 유서를 받고는 울면서 말했다. "이와 같은 노인을 몰라본 것이 한스럽구나."
　그리고는 곧 선사의 首座인 如璧[20]으로 하여금 주지를 계승하도록 하였다. 선사는 세수가 80세이고, 승랍은 59세이다.
　제도를 받은 자가 43명이고, 법을 계승한 자가 10명이었다. 산의 서쪽에 예로부터 上方이라 불렀던 한 곳이 있었는데, 거기에 탑을 건립하고 장례지냈다. 그때가 9월 3일이었다.

師之從姑, 歸余叔祖. 故自少時與師遊. 璧求銘于余. 余非學佛者. 然竊謂, 桑門之法有三. 曰律, 曰教, 曰禪. 學者當先習律, 以檢其身, 次聽教, 以廣其業, 然後參禪, 以求直指人心, 見性成佛, 一聞千悟, 世出世間法, 則爲全人矣. 況是三者, 本無異途. 苟能貫通, 何所不可. 惟師

---

19) 謝公修撰=謝師稷(1115~1194). 字는 務本이고, 복건성 邵武 출신이다. 淳熙 8년 4월 11일에 朝散大夫·秘閣修撰·兼主管沿海制治司公事로부터 知明州가 되었다. 紹熙 5년에 죽었는데, 세수는 80세이다.
20) 如璧=如璧. 古巖이라고도 한다. 石窓法恭의 법사이다. 瑞巖·雪竇 淨慈 등에 주석하였다.

天姿勁挺, 持律嚴甚, 而禪敎竝行. 直以古德自期, 愛身如冰玉, 終老不衰. 縶主大刹, 起居寢食, 無一日不與衆共. 不務緣飾, 無他嗜好. 自號石窓叟. 峭直骨骾, 未嘗借人以詞色. 見有道者, 雖坐下版, 必力加提引, 成就名譽. 郡命公定. 師略不容私. 或以賂得, 叱之不貸, 至白郡將, 汰遣之. 諸方異辭, 輒遭呵咄, 衲子慧而狂者, 至則摧折. 有僧自謂罷參. 指地曰, 人人喚作地. 我道不是. 汝喚作什麼. 僧未及對, 卽斥去, 同行僧請代一轉語, 遂擧一拳. 師曰, 同坑無異土. 倂逐之.

*呵=阿(叢).

선사의 從姑는 나 樓鑰의 叔祖[21]에 해당한다. 때문에 어렸을 때부터 선사와 함께 놀았다. 璧이 나 樓鑰한테 銘을 부탁하였다. 나는 불교를 배운 사람이 아니다. 그러나 은근히 들어보면 桑門의 법에 三有가 있다고 한다. 말하자면 律과 敎와 禪이다. 납자는 당연히 먼저 律을 익혀서 그 몸을 다스리고, 다음으로 敎를 듣고서 그 업을 넓히며, 그런 연후에 禪을 참구함으로써 直指人心과 見性成佛을 추구하여 한 가지를 들으면 천 가지를 깨쳐서 세간과 출세간의 법에서 곧 완전한 인간이 되어야 한다. 하물며 이 세 가지는 본래 다른 길이 없다. 만약 관통한다면 그 무엇이 불가능하겠는가.

생각해 보면 선사는 천성이 예민하고 뛰어나서 持律에 매우 엄격하였고, 선과 교를 함께 실천하였다. 곧 古德이 스스로 기약한 것을 가지고 몸을 사랑하기를 氷玉과 같이 하여 끝내 노쇠하지 않았다. 아울러

---

21) 叔祖=叔祖로서 樓弅(1099~1173)가 있는데, 그 夫人은 張氏(1105~1182)이다. 모두 불교신자이지만, 法恭과 俗系는 어떤 것인지 분명하지 않다. 「叔祖居士幷張夫人墓誌銘」(『攻媿集』 권100 수록) 참조.

大利을 운영하는 일에도 起居와 寢食에 하루도 대중과 함께 하지 않음이 없었다. 치장하는 데 힘쓰지 않고, 다른 것에 嗜好를 두지도 않았다. 스스로 石窓叟라고 불렀다. 성품이 곧고 강직하여 일찍이 다른 사람한테 설법을 시키거나 형색을 가다듬지 않았다. 道가 있는 사람을 보면 비록 下版에 앉아 있을지라도 반드시 힘이 닿는 대로 접인하여 명예를 성취하도록 해 주었다. 郡에서 公定을 명하였는데, 선사는 거의 사사로움을 용납하지 않았다. 그래서 어떤 사람이 뇌물을 받으면 그를 꾸짖고 더 이상 자비를 베풀어 주지 않고 郡將에게 보내 알려 주고 대가를 받도록 하였다. 제방에서 기이한 말을 하는 자에게는 곧 꾸짖어 주고, 납자로서 그 지혜가 상규를 벗어나는 경우에는 곧 꺾어 주었다.

어떤 승이 스스로 공부를 마쳤다고 떠벌리고는 땅을 가리키고 사람들에게 말했다. "사람들은 이것을 땅이라고 말한다. 그러나 나는 그렇게 말하지 않는다. 그렇다면 그대는 그것을 무엇이라고 말하겠는가." 질문을 받은 승이 대꾸하지 못하면 곧 쫓아내고는, 동행하는 승에게 대신 一轉語를 부탁하여 마침내 주먹을 들어보이게 하였다. 그 모습에 대하여 선사가 말했다. "같은 구덩이에는 다른 땅이 없다." 그리고는 아울러 그를 일축해 버렸다.

臨安淨慈, 人所願得. 嘗馳書請師, 乃航海以避命. 郡爲申免. 皇子魏王作牧, 每加敬禮, 欲訪師于山間. 辭曰, 路遠而險, 徒勞民耳. 其嚴冷類此. 公卿名士, 爲方外交者甚衆. 丞相魏公, 晩歲與師尤厚. 嘗嘆曰, 自得如深雲中片石, 石窓則空門中御史也. 緇流以爲名言. 師行解甚高, 不爲夸詡以驚衆. 壬辰夏旱. 郡請說法. 即日甘澍. 次年又旱, 定海幸延之. 師曰, 前此偶爾. 非吾力也. 堅拒不受. 邑人固請, 即又雨焉.

임안부의 淨慈寺에서 주지할 사람이 필요한 적이 있었다. 그래서 일찍이 공문을 보내서 선사를 초청하자, 선사는 배를 타고 떠나서 그 命을 피해 버렸다. 그러자 郡에서는 공문을 거두었다.

皇子魏王[22]이 牧으로 있었을 때 항상 경례를 더하면서 山間으로 선사를 찾아뵙기를 바랐다. 그러나 선사는 사양하고 말했다. "오는 길이 멀고 험합니다. 그래서 백성에게 헛되이 수고만 끼칠 뿐입니다." 선사의 엄격함과 냉정함이 이와 같았다.

公卿 및 名士들과 方外의 교유를 맺은 사람이 대단히 많았다. 丞相魏公[23]은 만년에 선사와 더욱더 두터운 우의를 지녔는데, 선사를 찬탄하여 말했다. "自得은 깊은 구름 가운데 한 조각 돌멩이와 같다면 石窓은 곧 空門 가운데 御史로다." 출가문중에서는 이것을 명언으로 간주하였다.

선사의 행위와 이해는 대단히 고고하였는데 뽐내지도 않으면서 대중을 놀라게 하였다. 임진년(1172) 여름에 가뭄이 들었다. 郡[24]이 선사에게 설법을 청하자 그날 바로 단비가 내렸다. 이듬해(1173)에 또 가뭄이 들었다. 이에 定海의 宰[25]가 선사를 초청법사로 부르자, 선사가 말했다.

---

22) 皇子魏王=孝宗의 둘째 아들인 趙愷(1146~1180). 妻는 韋氏이다. 魏王에 봉해졌다. 淳熙 원년 12월 17일에 永興成德軍節度使·雍州牧·開府儀同三司·兼沿海制治使로부터 知明州가 되었다. 淳熙 7년 2월 7일에 죽었는데, 세수는 35세이다. 시호는 惠憲이다. 『宋史』 권246에 그 전기가 전한다.
23) 丞相魏公=史浩(1106~1194). 字는 直翁이고, 號는 眞隱居士이다. 증조부는 簡이고, 조부는 詔이며, 父는 師仲이고, 母는 洪氏이며, 妻는 貝氏로서, 鄞縣 출신이다. 소흥 15년에 進士가 되었고, 隆興 원년 정월 9일에 尙書右僕射·同中書門下平章事·兼樞密使가 되었으며, 魏國公에 봉해졌다. 紹熙 5년 4월 5일에 죽었는데, 세수는 89세이다. 시호는 文惠인데, 忠定으로 改諡되었다. 『宋史』 권396에 그 전기가 전한다. 아들로 史彌遠이 있다.
24) 郡=郡守는 주석 16)의 趙伯圭이다.
25) 定海의 宰=唐銓이 乾道 9년 1월 11일에 縣令이 되었다. 『寶慶四明志』 권18.

"전에는 우연이었을 뿐입니다. 저는 그럴 능력이 없습니다." 이처럼 굳게 사양하고 수락하지 않았다. 邑人들이 선사에게 간곡하게 청하자 곧 비가 내렸다.

嗚呼, 禪林五枝, 蓋出一本. 惟曹洞宗, 至芙蓉而大振. 石林葉公左丞, 稱其與之嚴者, 得之必精, 傳之必久. 河南邵公子文, 稱其爲特立之士, 二公皆名儒, 言必不苟. 一再傳而至宏智, 尤光明俊偉. 而師得其正傳, 卓立傑出, 確然自信. 末後一著 照映今昔. 盛矣. 師機緣有三會錄·瑞巖後錄, 壁立千仞, 不可把酌. 叢林尤所尊敬, 讀者當自知之. 瑞巖古道場, 璧以師故, 出世卽居之. 久而衆無異辭, 不負所託矣.

오호라, 선림의 다섯 가지, 곧 禪宗五家는 무릇 한 뿌리에서 출현하였다. 생각해 보면 조동종은 부용도해에 이르러 크게 진작되었다. 石林의 葉公左丞[26]은 무릇 그 조동종에 전승된 엄격함에 대하여 그것을 터득하면 반드시 精緻하고 그것을 전승하면 반드시 永久하다는 것을 찬탄하였고, 河南의 邵公子文[27]는 부용도해를 홀로 뛰어난 사람이라고 찬탄하였다. 섭공과 소공의 두 사람은 모두 名儒로서 언필칭 아부를 하지 않는 사람들이었다. 부용도해로부터 再傳(부용도해-단하자순-굉지정각)하여 굉지정각에 이르러서는 더욱더 조동의 광명이 크게 뛰어났다.

---

26) 葉公左丞=葉夢得(1077~1148). 字는 少蘊이고, 號는 肖翁 또는 石林이다. 조부는 義叟이고, 父는 助이며, 母는 晁氏인데, 蘇州 吳縣 출신이다. 紹聖 4년에 進士가 되었고, 건염 3년 2월 20일에 尙書左丞이 되었다. 소흥 18년 8월 2일에 72세로 죽었다. 『宋史』 권445에 그 전기가 전한다.
27) 邵公子文=邵伯溫(1057~1134). 字는 子文이다. 증조부는 德新이고, 조부는 古이며, 父는 雍(1011~1077)인데, 하남성 洛陽 출신이다. 秘閣修撰 追贈되었다. 소흥 4년 7월 15일에 78세로 죽었다. 『宋史』 권433에 그 전기가 전한다.

따라서 선사는 굉지의 正傳을 얻어서 우뚝하게 뛰어났고 확연하게 自信하였다. 말후의 一著語는 옛날과 오늘을 밝게 비출 만큼 왕성하였다.

선사의 기연은 『三會錄』 및 『瑞巖後錄』[28]에 남아 있는데, 천 길 낭떠러지처럼 아득하여 헤아려 볼 수가 없다. 총림에서 더욱더 존경을 받았는데, 독자들이 반드시 스스로 그런 줄을 알아차려야 할 것이다. 瑞巖의 옛도량은 참으로 아름다운 곳인데, 선사가 옛적에 출세하여 그곳에 주석하였던 곳이다. 오랫동안 대중에게 한결같은 곳이고, 의탁하는 곳으로도 부담이 없는 곳이다.

銘曰,
此道本無二, 五派寖分別. 猗歟曹洞宗, 綿密更親切.
稽首芙蓉師, 壁立蹊徑絶. 邇來一再傳, 奇雛出丹穴.
石窓嗣宏智, 游方俱洞徹. 門庭晚益峻, 坐斷衲僧舌.
如識滋味人, 㗖土炭石鐵. 鹽酸甘苦辛, 開口了無說.
何以傳不腐, 君其視玆碣. 表裏無纖瑕, 瑠璃含寶月.

銘하여 말한다.
이 佛道는 본래부터 둘이 없었지만
다섯 종파로 마침내 나뉘고 말았네.
아 참으로 아름답다 조동 가풍이여
주도면밀한 노파의 친절한 가르침이라네.
부용도해선사에게 머리를 숙입니다
그곳은 벽립하여 오솔길도 끊겼네.

---

28) 『三會錄』·『瑞巖後錄』=모두 전하지 않는다.

부용도해 이래로 두 차례 전승되어
기특한 큰 새가 丹穴을 벗어났다네.
서암석창은 곧 굉지의 법을 이어서
제방을 유행하여 죄다 밝게 깨쳤네.
그 문중은 만년에 더욱더 번성하여
그 자리에서 납승의 혀 단절하였네.
분별의 자미를 안다고 하는 사람은
土·炭·石·鐵만 머금은 것과 같다네.
鹽·酸·甘·苦·辛의 五味를 맛보아도
입을 열어도 설법할 줄을 모른다네.
어찌해야 썩지 않는 법을 전하리오
그대여 바로 여기 비석을 살펴보라.
안과 밖에 티끌만 한 먼지가 없어서
유리가 寶月을 머금은 것과 같다네.

[자료 16] 甘泉普濟寺通和尙塔記

(1) [淸]蔣溥等奉勅 撰 : 『欽定盤山志』 권8(「四庫全書珍本第八集」 및 「中國佛寺史志彙刊第二輯」)(底)
(2) [淸]張金吾 輯 : 『金文最』56권(光緒八刊本)(金)

   甘泉普濟寺通和尙塔記[*]   釋圓照[*]
洞山垂範, 家範肅齊, 遞代相承, 不容添竊. 必得其極可者, 方許以嗣續焉. 雲孫弁公, 先參鹿門覺和尙, 許爲吾宗再來人. 次侍芙蓉潮〈湖?〉楷老. 後方令衆靑社天寧. 時會本朝撫定, 來都城, 所居奉恩·華嚴·萬壽等寺, 皆爲成就. 從來遊師之門, 學師之道, 何啻百千. 其間得堪傳授者, 止八人. 師其一也.

<small>*甘=圓 照甘(底), *釋圓照=없다(底), *家=冢(底)·冢(金)이라고 되어 있는 것도 家의 誤記로 보인다.</small>

·[撰者] : 圓照에 대해서는 燈史類에는 그 이름이 없지만, 아마 行通(1097~1165)의 法嗣였던 것으로 간주된다.

    감천 보제사 통화상 탑기   석원조
동산이 규범을 내세웠는데, 그것이 조동종가의 규범이 되어 흐트러짐이 없이 대대로 상전되었는데 더하지도 않고 덜하지도 않았다. 반드시 그 궁극을 뛰어넘는 자를 기다려서 바야흐로 嗣續을 인정하였다. 雲孫인 弁¹⁾은 먼저 鹿門覺²⁾에게 참문하였는데, 거기에서 우리 조동종

---

1) 弁公=希弁(1081~1149), 一弁이라고도 한다. 강서성 洪州의 黃氏로 태어났다. 鹿門自覺(?~1117)의 法嗣로서 仰山棲隱寺에 주석하였다. 皇統 9년에 69세로 시적

의 再來人으로 인정하였다. 다음으로 부용호의 楷老[2]를 모셨다. 그런 이후에 바야흐로 靑社의 天寧[3]에서 대중을 거느렸다. 그때 本朝의 撫定을 만나 都城으로 가서 奉恩[4]·華嚴[5]·萬壽[6] 등의 사찰에 머물렀는데, 거기에서 모두 성취하였다. 종래 선사들의 문중에서 노닐고 선사들의 도를 배운 사람이 어찌 백천 뿐이었겠는가. 그렇지만 그간에 전수한 가르침을 감당한 사람은 8명에 그쳤는데, 선사는 바로 그 가운데 한 사람이었다.

師法諱行通, 俗姓張氏. 雲中天德人. 甫五歲, 不茹葷腥, 匪妄言笑. 常游寺宇, 見聖像, 一一作禮. 父母憐之, 俾依同里近泉寺雲懿者德爲徒. 遇恩具戒, 護持愈勤. 一日, 本師緣有所忤, 欲行捶責. 以手擧杖, 移時不能下. 人咸異之. 至年十八, 乃自奮曰, 迅速光陰, 何當得悟見性成佛之理. 未幾, 辭師, 徧參知識.

선사의 법휘는 行通이고, 속성은 張氏로서, 雲中天德[7] 출신이다. 처음 5세 때부터 오신채와 고기를 먹지 않았고, 함부로 말하거나 웃지 않았다. 항상 절에 가서 노닐고, 불상을 보면 빠짐없이 예배를 드렸다. 부모가 그것을 갸륵하게 여겨 마을에 있는 近泉寺의 雲懿[8] 노스님에게

하였다.
2) 芙蓉湖의 楷老=[자료 5] 참조.
3) 天寧=『大明一統志』및『靑州府志』에도 보이지 않는다.
4) 奉恩=미상.
5) 華嚴=玉泉山의 華嚴寺를 가리키는 것으로 보인다.『畿輔通志』권178.
6) 萬壽=順天府 順承門 밖의 동남쪽의 永光寺街를 가리키는 것으로 보인다.『畿輔通志』권178.
7) 雲中天德=산서성 雁門道 代縣.
8) 近泉寺雲懿=전기는 미상이다.

보내서 따르게 하였다. 그 은혜를 만나서 계를 받은 이후부터는 더욱더 부지런히 호지하였다. 어느 날 本師의 말씀을 거역하는 사건이 발생하여 매를 맞으려고 할 때였는데, 손으로 석장을 잡고 있었기 때문에 시간이 지나서 매를 치지 못하게 되자 사람들이 모두 기이하다고 하였다. 선사의 나이 18세가 되자 이에 스스로 떨치고 일어나 말하였다. "세월은 참으로 빠르다. 그런데 언제 견성성불의 도리를 깨치겠는가." 그리고는 얼마 후에 스승의 곁을 떠나서 선지식을 편참하였다.

天會中, 聞弁老唱法燕都, 特來參侍. 後道弁老, 至仰山, 言下透脫. 尋印証, 爲洞宗第十一世.

天會 연간(1123~1137)에 弁老가 燕都에서 설하는 법문을 듣고는 특별히 찾아가서 모시게 되었다. 후에 弁老를 따라서 仰山[9]에 이르렀는데, 그곳에서 언하에 透脫하고는 印証을 받고는 조동종의 제11세[10]가 되었다.

皇統中, 弁老入滅. 師繼住持, 數十〈十數?〉載. 凡事無鉅細, 悉依佛制. 至大定四年六月, 師以年老謝事. 雲遊道經三河何公道院. 次年, 甘泉寺疏請住持.

皇統 연간(1141~1149)에 弁老 가 입멸하였다. 선사가 주지를 이어서

---

9) 仰山=燕都의 서쪽 70리에 있는 棲隱寺를 가리킨다.『畿輔通志』권178.
10) 洞宗第十一世=①洞山良价 - ②雲居道膺 - ③同安道丕 - ④同安觀志 - ⑤梁山緣觀 - ⑥大陽警玄 - ⑦投子義靑 - ⑧芙蓉道楷 - ⑨鹿門自覺 - ⑩仰山希弁 - ⑪泉行通으로 계승되었다. 이 계보를 확인하게 된 것이 중요하다.

十數年을 보냈는데, 매사에 크고 작음이 없이 모두 佛制에 의거하였다.
　　大定 4년(1164) 6월에 이르러 선사는 年老하여 주지를 그만두었다. 운수납자로 유행하면서 도를 닦았는데, 三河의 何公道院[11]을 경유하였다. 이듬해(1165) 甘泉寺[12]의 疏를 받고 주지로 초청되었다.

一日, 忽謂衆曰, 人生百歲, 七十還稀. 吾已*六十有九矣. 忝續祖道, 至於今時, 宜當順世以示無常. 怡然而化. 茶毘日, 頗多異相. 何公・仰山泊本寺, 析骨爲三分. 各建塔藏之. 甘泉塔在寺之正北高皐, 去寺僅三十步. 大定五年八月望日述.*

*已=亦(金). *述=述欽定盤山志(金).

　어느 날 홀연히 대중에게 말했다. "인생이 백세라고 말해도 칠십을 맞이하는 것도 드물다. 나는 이미 예순 아홉이다. 부끄럽게도 祖道를 이어서 지금에 이르렀다. 마땅히 順世함으로써 무상을 보여 주고자 한다."
　그리고는 편안하게 천화하였다. 다비를 하던 날, 자못 기이한 현상이 나타났다. 何公과 仰山 및 本寺에서 영골을 삼등분하여 각각 탑을 건립하여 안치하였다. 감천사의 탑은 사찰의 정북쪽의 높은 언덕에 있다. 사찰로부터 거리가 불과 30보이다.
　대정 5년(1165) 8월 보름날 쓰다.

---

11) 何公道院=三河縣에 있었던 사찰로 간주된다.
12) 甘泉寺=順天府 薊州 서북쪽 70리 되는 甘泉山에 있는데, 普濟寺라고도 한다. 마조 문하인 五洩靈黙의 법사에 甘泉普濟院 曉方(794~870)이 개산조이다. 『畿輔通志』권179.

[자료 17] 張淸縣靈巖寺寶公禪師塔銘

(1) [淸]張金吾 輯:『金文最』권56(光緖八年刊本)(약호:底)

張淸縣靈巖寺寶公禪師塔銘

師姓武氏. 磁州里人. 師自童卯. 挺立不群. 骨相有異. 六歲. 依里中王氏. 居舍學儒典. 八歲. 告父出 (下闕) 元言. 人皆敬畏.

· [撰者] : 翟炳은 전기가 미상이다.

장청현영암사보공선사 탑명

선사의 성은 武氏로서, 磁州[1]의 마을 사람이다. 선사는 어려서부터 출중하여 범상하지 않았고 골상이 특이하였다. 6세 때 마을의 王氏[2]에 의지하여 그 집에 머물면서 儒典을 공부하였다. 8세 때 아버지에게 말씀드렸다. …… 사람들이 모두 경외하였다.

旣久無守株之心. 一日, 酒約里人朱·買二人, 爲方外之游. 二友從之游方. 旣久復還.(下闕)

이미 오랫동안 그루터기를 지키는 어리석은 마음이 없었다. 어느 날 이에 마을 사람인 朱·買[3]의 두 사람에 의지하여 방외의 교유를 가졌

---

1) 磁州=하북성 大明道 磁縣.
2) 王氏=전기는 미상이다.
3) 朱·買=전기는 미상이다.

다. 두 친구가 선사를 따라서 유행하였다. 이미 오랫동안 유행하다 다시 돌아왔다. ……

州聞座處, 性朴古少許親近. 師往□誠聞道座,
……
示禪林古德機語請益. 猶同素習. 侍甁錫三載. 會(下闕)云爲若白圭飾素, 則靑煙不迷. 嘗見宗匠, 適投師意.

선림의 고덕들의 機語를 제시하여 請益으로 삼았는데 마치 본래부터 익혀 온 것과 같았다. 甁錫(甁錫은 승려들이 사용하는 甁鉢과 錫杖으로서 僧徒를 의미한다)을 시봉하면서 3년을 보냈다. …… 다음과 같이 말했다. "만약 희고 맑은 옥의 흠을 갈아서 하얗게 만들어 두면 곧 푸른 연기에도 더러워지지 않는 법이다."

後師年十九歲, 投本州寂照菴, 禮祖榮長□(老?) (下闕) … □(天?)眷三年, 試經具戒. 榮一日驀問師, 紙衣道者四料簡話得趣否. 師揀機應答, 速於影響. 榮深肯之.

후에 선사의 나이 19세가 되었을 때 本州(磁州)의 寂照菴으로 가서 祖榮長老[4]에게 참례하였다. …… 天眷 3년(1140) 試經僧을 통하여 구족계를 받았다. 조영장로가 어느 날 갑자기 선사에게 물었다. "紙衣道者의 四料簡話에 대하여 그 핵심을 터득했는가." 선사가 선기에 상응하는 답변을 影響보다도 재빠르게 하자, 조영장로가 그 말에 긍정하였다.

---
4) 祖榮=전기는 미상이다.

(下闕) 再四懇請. 榮問云, 子將何之. 師云, 聞靑州希弁禪師, 傳洞下正法眼藏, 演唱燕都萬壽禪寺. 禪侶 (下闕) 述長歌而之.

… 再四 간청하였다. 그러자 조영장로가 물었다. "그대는 장차 어디로 가려는 것인가."
선사가 말했다. "청주의 希弁禪師[5]는 조동종 문하의 정법안장을 전승하여 燕都의 萬壽禪寺에서 演唱한다고 들었습니다. 禪侶들이……."
長歌를 말씀드리고 그곳으로 갔다.

師至燕. 弁一見而奇之, □〈爲?〉□〈禪?〉門之龍象也. 師迺異待, 請充知藏.

선사가 연경에 이르자 희변선사가 대번에 선사를 기특하게 여겨 선문의 龍象으로 삼았다. 선사는 이에 특별한 대우를 받고, 그곳의 부탁으로 知藏이 되었다.

弁一日室中問師 (下闕) 恍惚歸堂, 頓然大悟.

희변선사가 어느 날 실중에서 선사에게 물었다. …… 황홀하여 승당으로 돌아와서는 문득 대오하였다.

翌日証明, 默契其意. 弁加以浡浡然般若光中流出之句沐師, 俾亡寢餗. 禮(下闕)弁以法衣三頌付之.

---

5) 希弁=[자료 16]의 주석 1) 참조.

이튿날 証明을 해 주는데 그 뜻에 黙契하였다. 희변선사는 환희심이 나서 반야광명 속에서 유출된 구절을 설하여 선사를 씻겨 주고 침식을 잊게 해 주었다. 희변선사가 法衣 및 세 게송을 주어 부촉하였다.

師迺遁跡山東泗水靈光. 會靈巖虛席. 府尹韓公爲, 轉運使康公淵, 保申行省 (下闕)

선사는 이에 산동성 泗水의 靈光[6]에서 종적을 감추고 살았다. 때마침 靈巖[7]에 주지 자리가 공석이었다. 府尹 韓公爲[8], 轉運使 康公淵[9], 保申行省 ……

…… 示寂仰天. 太師尙書令南陽郡王張公浩, 遣使齎疏, 命師住持仰天棲隱禪寺. 續焰傳芳, 靡所不□〈備?〉 (下闕)

…… 仰天에서 시적하였다.
太師·尙書令·南陽郡王인 張公浩[10]이 관리를 파견하여 疏를 가져오도록 하여 선사에게 명하여 仰天棲隱禪寺의 주지를 맡도록 하였다. 정

---

6) 靈光=산동성 兗州府 泗水縣에 있는 사찰의 명칭인지 불확실하다.『大明一統志』권28의 寶公傳은 大悟한 경과가 다르다.
7) 靈巖=濟南府 長淸縣 동쪽 90리 方山 아래에 있는 靈巖寺.
8) 韓公爲=전기는 미상이다.『金石萃編』권154에 "安遠大將軍·同知濟南尹事·南陽縣開國伯·食邑七白戶, 韓爲股."라고 되어 있다.
9) 康公淵=전기는 미상이다.
10) 張公浩=張浩(?~1163). 字는 浩然이고 遼陽渤海 출신이다. 天會 8년(1130)에 進士가 되었고, 天德 2년(1150)에 尙書右丞이 되었으며, 大定 2년에 太師 및 尙書令이 되었고, 南陽郡王에 봉해졌다. 大定 3년에 죽었다.『金史』권83에 그 전기가 있다.

법안장의 불꽃을 전승하는 아름다움이 갖추어지지 않은 적이 없었다. ……

還滏陽. 郡人仰師, 還〈遠?〉近趨風, 踵相接. 野衆捧師, 於均慶西寺旧基, 還爲精廬, 權以宴處侍養. 榮 (下闕)

…… 滏陽[11]으로 돌아왔다. 滏陽郡 사람들이 선사를 맞이하여 遠近으로부터 바람같이 몰려들었는데 그 발길이 줄을 이었다. 대중들이 선사를 받들어 均慶西寺[12]의 옛터에다 다시 사찰을 건립하고 주석해 줄 것을 권하고 모셨다. ……

…… 一日, 遂將己俸三千萬, 特買大明寺額, 并給付符文, 行下相磁, 仰師住持. 師悉以丈室·殿堂·輪藏 (下闕)

…… 어느 날 마침내 자기의 녹봉 삼천만을 털어서 대명사의 寺額을 구입하였고, 또한 相州 및 磁州에도 공문을 내려보내 실행토록 하였으며, 선사를 받들어 주지로 모셨다. 선사는 모든 丈室·殿堂·輪藏 등을 ……

…… 省命. 王侯景慕, 衲子雲臻. 法徧諸天, 名飛四海. 師之緣法, 旣成書頌. 狀告退隱於紫山·䂊峪兩處 韜 (下闕)

---

11) 滏陽=하북성 大明道 磁縣.
12) 均慶西寺=磁州治의 서쪽에 있는 大明寺를 가리킨다.『畿輔通志』권182 ;『大明一統志』권28.

······

王侯가 경모하였으며, 납자들이 구름처럼 모여들었다. 이리하여 법이 제천에 두루하자 그 명성이 사해에 퍼졌다. 선사의 인연법이 이미 각종 글과 게송으로 만들어졌다. 선사는 紫山[13] 및 鉄峪[14]의 두 곳에 退隱하고자 하는 뜻을 고하였다. ······

······ □〈大?〉□〈定?〉十三年七月七日也. 師俗壽六十, 僧臘三十四. 師嗣法門人, 當山住持惠才·蔚州人山持善 (下闕) □〈住?〉持性璘·磁州大明住持圓智. 潛符密証者, 莫知其數. 及落髮門人, 宗明等, 五十有三. 授法名俗弟子 (下闕)

······ 大定 13년(1173) 7월 7일이었다. 선사의 세수는 60세이고, 승랍은 34세이다. 선사의 법을 이은 문인으로는 當山의 住持인 惠才[15] 및 蔚州의 人山持善(?)[16] ······

······

住持 性璘[17]과 磁州 大明寺의 住持 圓智[18] 등이다. 은밀하게 密証에 계합된 사람은 그 수를 헤아릴 수 없을 정도였다. 또한 낙발한 문인으

---

13) 紫山=하북성 廣平府 邯鄲縣 서북쪽 30리에 있다. 山上에 竹林寺가 있고, 山下에 佛光寺가 있다. 『廣平府志』 권41.
14) 鉄峪=彰德府 林縣 서남쪽 35리에 있는 鉄峪山을 가리킨다. 『大明一統志』 권28. 同書에는 寺名을 寶嚴寺라고 기록되어 있다.
15) 惠才=惠才(1123?~1186?). 하남성 睢陽의 韓氏로 태어났다. 大明寶의 法嗣로서 靈巖寺 주석하였다. 『金文最』 권56에 "長淸縣靈巖寺才公禪師塔銘"이 있다.
16) 善(?)=전기는 미상이다. 혹은 仁山住持善恒이 아닐까. 『五燈會元續略』 권1에 大明寶의 문인으로 仁山恒이 있다.
17) 性璘=전기는 미상이다.
18) 圓智=전기는 미상이다. 大明寺에 주석하였다.

로는 宗明[19] 등 53명이 있었고, 법명을 내려 준 속가제자는 …

□ 峪〈銚?〉·紫山四處建塔

…… 銚峪 및 紫山 등 네 군데에 탑을 건립하였다.

於是才公長老, 遣侍者廣証, 持孫居士實錄, 求銘於炳. 炳與禪師, 爲方外之友. (下闕) 嘗囑炳爲銘

이에 才公長老 및 侍者廣証[20]을 보내서 孫居士[21]가 쓴 기록을 가지고 銘을 炳한테 부탁하였다. 炳과 선사는 方外의 교우였다. ……
일찍이 炳한테 부촉하여 銘을 쓰도록 했었는데, 의리상 거절하지 못하였다.

**乃作銘曰,
大有禪師, 爲祥爲瑞. 化作昂昂, 不勝尊貴.
建刹匡衆, 道傳性悟. 子夜獨 (下闕)
…… 三關密密, 五位玄玄. 湛然歸眞, 示寂滅相.
雪月混融, 水天晃漾. 分建此 (下闕)
……**

---

19) 宗明=전기는 미상이다.
20) 廣証=전기는 미상이다.
21) 孫居士=전기는 미상이다.

이에 다음과 같은 명을 지었다.
위대한 선사가 있어서 祥을 보이고 瑞를 보였네.
크고 밝게 교화를 베푸니 존귀하지 않음 없었네.
절 짓고 중생 제도하여 전도하고 불성 깨우쳤네.
밤중에 홀로 ……
……
삼종의 방편문에 밀밀하였고 五位에 현현하였다.
담연하게 깨침에 돌아가시어 寂滅相을 보이셨네.
눈과 달빛 뒤섞여 물과 하늘에 밝게 출렁거리네.
分建此(이하 결락)

大金大定十四年 歲次甲午七月朔日.〈石刻拓本〉

大金의 大定 14년(1174) 갑오년 7월 초하루.〈石刻拓本〉

[자료 18] 雪竇足庵禪師塔銘

(1) 樓鑰 撰 :『攻媿集』 권110(「四部叢刊」 所收)(약호 : 底)

(2) 樓鑰 撰 :(「叢書集成新編」 수록, 新文豊出版社)(약호 : 叢)

(3) [참고][明]明河 撰 :『補續高僧傳』 권10 足庵智鑑傳(續藏經 134 所收)(약호 : 補)

·[撰者] : [자료 13]의 찬자와 같다.

雪竇足庵禪師塔銘
師諱智鑑, 滁之全椒人. 俗姓吳. 自兒時, 已喜佛書, 每以白紙為經, 跏趺端坐, 誦之琅琅然. 母嘗與洗手瘍. 因曰, 是甚麽手. 忽對曰, 我手佛手. 遂視母大笑. 少長, 日記經文千餘言. 連遭親喪, 決意出家, 誓修苦行, 以報罔極之恩.

설두족암선사탑명
선사의 휘는 智鑑으로 滁의 全椒[1] 출신으로 속성은 吳氏이다. 어렸을 때부터 이미 佛書를 좋아하여 매양 白紙를 경전으로 간주하여 가부좌 자세로 단정하게 앉아서 그것을 염송하였는데 소리가 낭랑하였다. 어머니가 일찍이 선사의 손에 난 상처의 흔적을 씻어 주면서 물었다. "이것은 어떤 손이냐." 이에 홀연히 대답하였다. "제 손은 부처님 손입니다." 그러자 어머니가 마침내 크게 웃었다. 젊어서는 매일 일천여 言의

---
1) 全椒=안휘성 淮泗道 全椒縣. 또한 원문의 '菴'이라는 글자는 '庵'도 같은 글자이므로 [자료 18]에서는 庵으로 통일하였다.

경문을 암기하였다. 연이어 부모의 상을 당하여 출가를 하여 맹세코 고행을 닦아서 부모의 망극한 은혜에 보답할 것을 결심하였다.

眞歇禪師, 方住長蘆. 徑往依投, 一見異之. 師勤苦精進, 終歲脇不至席. 大休小珏禪師, 領千七百衆爲首座, 獨指師爲法器, 曰, 汝當振吾宗. 已而侍眞歇來四明, 至補陀山. 遇群盜蠭起, 避地之馬秦, 駭浪翻空, 擧舟驚懼. 師坐篷外, 獨不沾濕. ***眞歇益異之.**

  *濕=溼(叢).

진헐선사가 바야흐로 장로산에 주석하였다. 이에 곧장 찾아가서 의탁하였는데, 진헐은 일견에 선사를 기특하게 여겼다. 선사는 부지런히 정진하여 한 해가 다 되도록 옆구리를 자리에 대지 않았다. 大休小珏선사 천 칠백 대중을 거느리는 首座가 되었는데, 유독 선사를 가리켜 법기로 간주하고 말했다. "그대는 반드시 우리의 조동종풍을 진작시킬 것이다." 이후 진헐을 모시고 四明에 이르러서 보타락산에 도착하였다. 도둑떼가 봉기하였기 때문에 그곳을 피하여 馬秦[2]으로 갔다. 성난 파도가 허공까지 치자 배를 탄 사람들이 모두 두려워하였지만, 선사는 뜸 밖에 앉아 있었는데도 혼자만 물에 젖지 않았다. 진헐이 더욱더 선사를 기특하게 여겼다.

會京城三藏道法師講菩薩戒. 師受戒已, 背若負萬金然. 道曰, 汝眞得上乘戒之証也. 徐卽身輕. 眞歇住雪峰, 服勤三載. 雖日親示誨, 終未超

---

2) 馬秦=절강성 慶元府 昌國縣의 동남쪽에 있는 馬秦山.『寶慶四明志』권20 ;『大德昌國州圖志』권4.

[자료 18] 雪竇足庵禪師塔銘　725

徹. 復回四明, 遯于象山縣之鄭行山. 乃海岸孤絶之處. 相傳山有怪妖,
不可入. 入亦多以驚異逃歸. 師曰, 吾爲法忘形, 何懼耶. 乃卽山中盤石
縛茅爲庵. 地高無泉脈. 師禱曰, 吾辦道來此, 山神其惠吾泉. 因鋤小坎
移時而水溢. 食不繼, 則啖松枝以療飢. 時紹興二年也.

경성의 三藏 道法師[3]가 보살계를 講하는 법회에 참여하였다. 선사는 그곳에서 수계를 마치자, 마치 등에 만금을 짊어진 듯 무거운 느낌이었다. 도법사가 말했다. "그대가 진실로 上乘戒를 얻었음을 증명한다."

이에 서서히 온 몸이 가벼워지는 듯하였다. 진헐이 설봉산에 주석하게 되자 3년 동안 곁에서 모셨다. 이에 매일매일 친히 가르침을 받았지만 끝내 깨치지 못하였다. 그래서 다시 사명으로 돌아와서 象山縣의 鄭行山[4]에 은거하였다. 그것은 해안의 외딴곳이었다. 예로부터 산에는 요괴가 있어서 들어갈 수가 없으며, 들어간다고 해도 대부분 두려워서 도망쳐 돌아온다고 전해져 왔다. 선사가 말했다. "나는 불법을 위하여 몸을 잊었는데, 무엇이 두렵겠는가."

이에 곧 산중의 반석 위에 풀을 엮어서 암자를 지었다. 지대가 높아서 물도 없었다. 선사가 기도하며 말했다. "나는 불도를 닦으려고 여기에 왔다. 산신은 나한테 물을 베풀어다오."

그리고 호미로 작은 구덩이를 팠는데, 이후에 물이 흘러넘쳤다. 음식이 떨어지면 솔가지를 먹으면서 굶주림을 달랬다. 그때가 소흥 2년(1132)이었다.

---

3) 道法師=전기는 미상이다.
4) 鄭行山 象山縣 서북쪽 10리에 있다. 『寶慶四明志』 권21.

一日, 有巨蟒入庵, 矯首怒視. 越數日復旋繞于牀. 師不顧而去. 夜聞庵後巖谷震響如霆擊. 旦起視之, 有巨石飛墜, 越庵而立于門, 並庵大木, 皆爲摧拉. 變怪百出, 略可記者如此. 師不爲動, 終不能害也.

어느 날 큰 구렁이가 암자에 들어와서 머리를 치켜들고 화난 듯이 쏘아보며 며칠 동안 禪床의 주변을 돌아다녔다. 그러나 선사가 돌아보지도 않자 물러갔다. 밤에 암자의 뒤 편에 있는 바위계곡에서 마치 천둥소리와 같은 진동이 울렸다. 아침에 일어나서 살펴보니 큰 바위가 떨어져 내려 암자를 지나 문 앞까지 굴러와 있었다. 암자 주변의 큰 나무들이 모두 꺾여 있었다. 온갖 변괴가 출현하였는데, 간략하게 기록해도 이와 같았다. 선사는 동요가 없었고, 또한 끝내 해를 입지도 않았다.

明年正月十四夜, 于深定中, 豁然開悟. 師自念云, 威音王以前無師自証, 威音王以後無師自証者, 皆天魔外道.

이듬해(1133) 정월 14일 밤 깊은 선정 가운데서 활연히 개오하였다. 선사가 스스로 생각하여 말했다. "위음왕불 이전에는 스승이 없이도 스스로 깨쳤지만, 위음왕불 이후에 스승이 없이 스스로 깨쳤다는 사람은 모두 천마외도일 뿐이다."

遂下山見延壽然曰, 日來肚大無物可餐, 庵小無牀可臥. 若能與食展庵則住, 不然則去. 然與師反覆問答, 不能屈. 因叩師見地, 師云, 一坐四旬, 身心瑩澈, 忽爾古鏡現前, 非由天降, 不從地出, 自是本有, 垢淨光通, 不勞心力自照也. 昔眞歇嘗于室中擧問, 一物上拄天, 下拄地. 常在動用中. 動用中收不得. 是甚麼恁麼. 而今照破. 方知天蓋不及. 地載不起. 喚作古鏡. 亦是謗他. 遂有頌云. 箇鏡光流遍刹塵. 鑑照無礙體難分. 群靈巨德皆稱妙. 凡聖無非裏許身. 然云. 不易到者田地.

그리고는 마침내 하산하여 延壽然[5]을 친견하고 말했다. "요즈음 배는 큰데 먹을 것이 없고, 암자가 작아서 평상을 깔고 누울 곳이 없습니다. 만약 음식을 주시고 암자를 지어 준다면 이곳에 머물겠지만 그렇지 않으면 떠날 것입니다."

然禪師가 선사와 더불어 몇 차례 문답을 하였지만 굴복시킬 수가 없었다. 이에 然선사가 선사의 見地를 인정해 주자, 선사가 말씀드렸다. "한 번 앉으면 40일 동안 몸과 마음이 밝고 맑아져서 홀연히 古鏡이 현전하듯 합니다. 그것은 하늘에서 내려온 것도 아니고, 땅에서 솟아난 것도 아닙니다. 본래부터 있었던 것으로 더러움과 청정함에 광명이 통철하면 힘을 들이지 않아도 저절로 빛이 납니다. 옛적에 진헐선사가 일찍이 실중에서 질문하셨습니다. 〈일물은 위로는 하늘을 떠받치고 아래로는 땅을 버티고 있으면서, 항상 움직이며 작용하고 있지만 움직이고 작용하는 가운데서도 거둘 수가 없다. 무엇이 있어서 그렇게 할 수 있겠는가.〉 지금 꿰뚫고 비추어 보니 바야흐로 그것은 하늘도 덮지 못하고 땅도 싣지 못하는 줄을 알겠습니다. 그것을 古鏡이라고 불러도 또한 일물을 비방하는 것입니다."

그리고는 마침내 게송으로 말씀드렸다.

그 거울이 빛을 내어 刹塵에 두루하고

---
5) 延壽然 전기는 미상이다. 延壽는 [자료 13]의 주석 8) 참조. 선사 然 이전에는 선사 大休宗珏이 주석하고 있었다.

거울 빛의 무애한 體는 나누지 못하네.
群靈 및 巨德은 모두 묘용이라 부르고
범부와 성인이 이 몸속에 없지 않다네.

然禪師가 말했다. "그런 경지에 도달하는 것이 쉬운 일은 아니다."

師至陳山, 欲航海, 或指曰, 此鄭行山中肉身菩薩也. 人皆環求偈. 時天大風不可渡. 師謂篙人曰, 吾爲汝借風. 泊登舟, 俄頃而濟. 抵岸則逆風如故. 徑至岳林見大休云, 久違尊顔卽不無. 如何是同風不間底人. 珏云, 井底蝦蟆呑却月. 師云, 賓主不立, 報化平呑. 珏云, 向賓主不立處道. 師云, 不辭道, 恐涉唇吻. 珏云, 只今將什麼祇對*. 師云, 不借. 珏云, 佛祖不奈爾何. 師禮拜. 遂令受具.

*祇=抵(底)(叢)은 誤記로 보인다.

선사가 陳山[6]에 이르러 배를 타려고 하였다. 그러자 어떤 사람이 선사를 가리키며 말했다. "이 분은 鄭行山의 육신보살이십니다." 그러자 사람들이 모두 빙 둘러싸고 게송을 구하였다. 그때 하늘에서 큰 바람이 불어와 건너갈 수가 없었다. 이에 선사가 사공에게 말했다. "제가 그대를 위해 바람을 빌려오겠습니다." 그리고는 배에 오르자 미끄러지듯이 순식간에 건너갔다. 그리고 언덕에 이르자 역풍이 이전과 같이 불었다.

선사는 곧장 岳林[7]에 이르러 大休宗珏 선사를 친견하고 물었다. "오랫동안 尊顔을 뵙지 못했는데 잊지 않고 있었습니다. 그런데 어떤 것이 종풍을 함께 하는 바로 그런 사람입니까." 종각이 말했다. "우물 속의

---

6) 陳山=象山縣 북쪽 15리의 政美鄕 陳山保를 말한다. 『寶慶四明志』 권21.
7) 岳林=[자료 13]의 주석 6) 참조.

두꺼비가 달을 집어삼킨다."

선사가 말했다. "賓과 主가 성립되지 않으니, 보신과 화신을 공평하게 집어삼킵니다." 종각이 말했다. "빈과 주가 성립되지 않는 도리에 대하여 말해 보라." 선사가 말했다. "말씀드리는 것은 사양하지 않겠지만 입술이 놀랄까 염려됩니다." 종각이 말했다. "그렇다면 지금은 무엇을 가지고 대꾸할 것인가."

선사가 말했다. "모든 것을 초월해 있습니다(不借)[8]." 종각이 말했다. "불조도 그대를 어쩌지 못하겠구나." 선사가 예배를 드리자, 종각은 마침내 구족계를 받도록 하였다.

聞翠山宗白頭機鋒峻峭, 往叩焉. 時師方爲岳林行勾, 担二布囊, 隨得卽受, 備歷艱勤, 人所不勘. 宗云, 爲衆竭力, 不無其勞. 師云, 須知有不勞者. 宗云, 尊貴位中收不得時如何. 師云, 觸處相逢不相識. 宗云, 猶是途中賓主. 作麼生是主中主. 師云, 丙丁吹滅火. 宗以手掩師口. 師拂袖出.

翠山 宗白頭[9]의 機鋒이 뛰어나다는 소문을 듣고는 그곳으로 가서 가르침을 청했다. 그때 선사는 바야흐로 岳林을 위해서 탁발행각을 하였다. 두 개의 布囊을 짊어지고 얻을 수 있는 것은 모두 받으면서 온갖 간난신고를 겪었는데, 그 누구도 감당할 수 없을 정도였다.

이에 종백두가 말했다. "대중을 위하여 힘을 다하는 것은 그 공로가

---

8) [역주]不借는「宏智四借」가운데 넷째의 全超不借借로서 만물의 작용 및 본체를 초월한 空位까지도 초월하여 그 空位에도 머물지 않는 경지를 가리킨다. 그러나 여기에서는 어떤 수단과 방편에도 의지하지 않는다는 것을 가리킨다.
9) 宗白頭=[자료 14] 참조.

없지 않을 것이다." 선사가 말했다. "모름지기 공로가 안 되는 것도 있다는 줄을 알아야 할 것입니다."

종백두가 말했다. "尊貴位[10]를 收容할 수 없는 경우에는 어찌하겠는가." 선사가 말했다. "부딪치는 곳에서 서로 만나도 서로 알아보지 못합니다."

종백두가 말했다. "그것은 수행 가운데 있는 賓主일 뿐이다. 어떤 것이 主中主인가." 선사가 말했다. "병정동자가 입으로 불어서 불을 끄는 것입니다."

백두가 손으로 선사의 입을 막자, 선사는 소매를 떨치고 나가 버렸다.

宗遷雪竇, 挽師偕行, 荷負眾事, 會法堂新飾, 且命師爲衆普說, 宗歎曰, 吾生有耳未嘗聞也. 叢林愈加敬焉. 宗乃宏智高弟, 師因造宏智室, 動輒尋契.

종백두가 설두로 옮기면서 선사를 데리고 함께 갔는데, 여러 가지 일을 맡겼다. 설법당을 신축하고 열었던 법회에서 선사로 하여금 대중에게 설법을 하도록 시켰다. 거기에서 종백두가 찬탄하여 말했다. "내가 태어나서 귀를 지니고 있었지만 아직까지 이런 설법을 들어 본 적이 없었다." 총림에서 더욱더 존경을 보였다. 종백두는 굉지정각의 高弟였기 때문에, 선사로 하여금 굉지의 조실에 찾아가도록 하였는데, 그곳에서 마침내 깊이 계합하였다.

---

10) [역주]尊貴位는 조산본적의 三種墮 가운데 하나인 尊貴墮로서, 尊貴에도 머물지 않고 존귀를 초월하는 것을 가리킨다.

二十四年, 遂擧住棲眞. 隆興二年, 移定水. 侍郎趙公子㴛, 聞師名, 屬
侍御王公伯庠制疏. 備開堂禮, 嗣法大休. 寔曹洞十一世孫也. 建道五
年, 退席, 遂之天台. 八年, 嗣秀王來鎭, 請住廣慧. 淳喜四年, 皇子魏
惠憲王, 請住香山. 七年, 參政范公, 移主報恩. 十年, 遂歸西山, 爲終
焉計. 十一年, 雪竇虛席. 衆皆以師爲請, 師念明覺・知覺道場, 勉爲起
廢. 一住八載, 所在道俗歸仰, 至是尤盛. 隨力葺理, 內外一新. 紹熙二
年, 謝事, 止于寺之東庵. 太守林公枅, 稔聞道價, 命師再住, 不從. 必
欲識面, 旣見問道, 終日致請益堅, 力辭而歸.

소흥 24년(1154)에 마침내 천거되어 棲眞[11]에 주석하게 되었다. 隆興 2년(1164)에 定水[12]로 옮겼다. 侍郞 趙公子㴛[13]가 선사의 명성을 듣고서 侍御王公伯庠[14]에게 부탁하여 疏를 짓도록 하였다. 개당의 예를 갖추어 大休宗珏의 법을 이었다. 이야말로 진실로 조동종의 제11세 법손[15]이 되었다.

建道 5년(1169)에 주지 자리를 물러나 마침내 천태산으로 갔다. 8년

---

11) 棲眞=奉化縣 동쪽 70리에 있는 棲眞院.『寶慶四明志』권15.
12) 定水=慈溪縣 서북쪽 50리에 있는데, 鳴鶴山에 가까운 定水寺.『寶慶四明志』권17.
13) 趙公子㴛=[자료 15]의 주석 13) 참조.
14) 王公伯庠=王伯庠(1106~1173). 字는 伯禮. 증조부는 寂이고, 조부는 禔이며, 父는 次翁(1079~1149)이고, 母는 趙氏이며, 妻는 成氏이다. 南渡한 후에 四明으로 옮겨서 鄞縣 사람이 되었다. 소흥 2년에 進士가 되었고, 乾道 2년 5월에 侍御史가 되었다. 乾道 9년 2월 25일에 죽었다. 세수 68세.『攻媿集』권90에「행장」이 있다.「굉지선사행업기」의 찬술자이다.
15) 曹洞十一世=①洞山良价 - ②雲居道膺 - ③同安道丕 - ④同安觀志 - ⑤梁山緣觀 - ⑥大陽警玄 - ⑦投子義靑 - ⑧芙蓉道楷 - ⑨丹霞子淳 - ⑩眞歇淸了 - ⑪大休宗珏으로 계승되었다.

(1172)에 嗣秀王[16]이 그곳을 다스렸는데 선사에게 廣慧[17]에 주석할 것을 청하였다. 淳熙 4년(1177)에 皇子魏惠憲王[18]이 청하여 香山[19]에 주석토록 하였다. 순희 7년(1180)에 參政范公[20]이 옮겨서 報恩[21]을 맡도록 하였다. 순희 10년(1183)에 마침내 西山[22]으로 돌아가서 임종할 준비를 했다. 순희 11년(1184)에 雪竇山이 空席이었다. 대중이 모두 선사를 청하여 모셨다. 선사는 明覺·知覺[23]의 도량을 부지런히 힘써서 퇴폐해 가는 사찰을 일으킬 것을 명심하였다. 일단 주석하여 8년이 되었는데 그곳의 道俗들이 귀의하고 숭앙하기가 더욱더 왕성하였다. 힘이 닿는 대로 수리하고 관리하여 내외가 일신되었다.

紹熙 2년(1191)에 주지를 그만두고 사찰의 東庵에 머물렀다. 太守林公枅[24]가 道價를 익히 듣고서 선사에게 再住토록 하였지만, 선사는 그에 응하지 않았다. 꼭 만나 보고 싶어하였기 때문에 만나서 도를 묻고는, 종일토록 초청하려고 열심히 노력하였지만 끝내 사양하자 돌아가고 말았다.

---

16) 嗣秀王=趙伯圭는 [자료 15]의 주석 16) 참조. 知明州의 두 번째 再任이 乾道 8년 3월 13일이었다.
17) 廣慧=慶元府 子城 동남쪽 1리에 있는 廣慧院을 가리킨다. 紹定 원년에 萬壽院이라는 사액을 받았다. 『寶慶四明志』권11.
18) 皇子魏惠憲王=[자료 15]의 주석 22) 참조.
19) 香山=[자료 13]의 주석 14) 참조.
20) 范公=[자료 15]의 주석 18) 참조.
21) 報恩=[자료 15]의 주석 14) 참조.
22) 西山=四明山의 支派에 西山이 있다. 『寶慶四明志』권4.
23) 明覺·知覺=설두산에 주석했던 明覺大師重顯(980~1052)와 知覺大師延壽(904~975)를 가리킨다.
24) 任公枅=林枅, 字는 子方이다. 증조부는 傅이고, 조부는 選이며, 父는 孝澤(1089~1171)이고, 母는 阮氏라고 한다. 복건성 蒲田 출신이다. 소흥 21년에 進士가 되었고, 紹熙 2년 정월 6일 朝請大夫·直煥章閣·兼主管沿海制置司公事로부터 知明州가 되었다.

三年七月乙未, 示疾. 己亥, 親筆遺書. 晦日, 以道具抄錄. 八月哉生魄
夜分, 戒其徒曰, 吾行矣. 送終須務簡約, 勿用素服哀慟. 言訖書偈趺坐
而化. 時暴雨疾風, 雲動山谷, 人尤嗟異. 四遠聞者, 奔赴盡哀. 于是相
與建塔于山之左. 戊午, 奉全身以葬. 壽八十八, 臘五十三. 嗣法及受度
三十餘人.

소희 3년(1192) 7월 을미일(25일)에 병을 보였다. 기해일(29일)에 친히 유서를 썼다. 그믐날(30일)에 道具를 정리하고, 8월 哉生魄(16일) 밤에 그 납자들에게 遺誡로써 말했다. "나는 가려고 한다. 장례는 간략하게 하라. 素服을 갖추지 말고 哀慟해 하지 말라."

말을 마치고는 게송을 쓰고 나서 가부좌한 채로 천화하였다. 그때 폭우가 내리고 질풍이 불며 산과 계곡이 진동하자 사람들이 더욱더 놀라워했다. 사방 멀리에서 그 소리를 들은 사람들이 달려와서 슬픔을 다하였다. 이에 서로 산의 왼쪽에다 탑을 건립하였다. 무오일(18일)에 전신을 받들어 장례지냈다. 세수는 88세이고, 법랍은 53세이다. 사법한 제자 및 기타 제자가 30여 명이었다.

師素與余厚. 在雪竇作錦鏡以蓄飛雪, 上流爲一山奇觀. 嘗爲之記. 師且
死, 手書遺余告別, 以大休塔銘爲屬. 余旣銘之. 師之徒又以此請, 不忍
拒也.

선사는 평소부터 나 樓鑰과 친분이 두터웠다. 설두산에 있을 때 錦鏡池를 만들어 날리는 눈발을 쌓아 두었는데 거기에 물이 흐르자 설두산의 奇觀이 되었다. 일찍이 그것이 기록되었다.[25] 선사는 참으로 임종에 이르러서도 손글씨를 남겨서 나한테 고별을 하였는데, 大休塔銘이라고 써 줄 것을 부탁하였다. 내가 대휴탑명을 썼는데, 선사의 문도들이 다시 이렇게 청을 하니 거절할 수가 없었다.

余不習釋氏學, 然聞古德相與傳授之際, 多藉導師有以啓發之. 惟師根器過絶人. 自誓不悟不爲僧, 則識趣已不凡, 操心如鐵石, 是身猶土芥. 又有人所不能及者. 初雖久依眞歇, 鄭行之居, 略無怖畏. 非有師傳而遂得道. 禪門少見其比. 是時, 自覺般若有靈, 眞有飢則一與之食, 寒則一與之衣之驗. 夜行深雪, 自然得路. 若有陰相, 自以爲大千世界, 無如我者. 一見大休, 誦言所歷. 休徐曰, 但盡凡心, 勿爲異解. 師爲之漼然意消, 而歸心焉.

*之=없다(底).

나는 불교를 배우지 못하였다. 그러나 古德이 서로 전수할 때에는 대부분 이끌어 주는 스승을 의지하여 깨침을 계발한다고 들었다. 그러나 다만 선사만큼은 根器가 남보다 뛰어났기 때문에 스스로 깨치지 못하면 승려가 되지 않겠다고 다음과 같은 서원을 세웠다. 곧 나아가는 곳을 알아서 범부에 떨어지지 않고, 마음을 철석같이 지니며, 몸을 흙 묻은 초개처럼 간주한다는 것이었는데, 그 또한 남들이 미치지 못하는 것이었다.

처음에는 비록 오랫동안 진헐에게 의지하였지만, 鄭行山으로 가서 머무르는 것에 조금도 두려움이 없었다.

---

25) 錦鏡…=『攻媿集』 권57에 「雪寶山錦鏡記」에서 그 성립경과를 서술하고 있다.

선사가 전해 준 것은 없지만 마침내 得道하였다. 이것은 선문에서는 그 유례를 찾아보기 어려운 것이었다. 그때 반야를 자각하여 靈異가 있었는데, 진실로 배가 고프면 일단 먹고 추우면 일단 옷을 입는 경험이었다. 밤에 눈 쌓인 길을 걸어가면 자연히 길이 생겨난다. 오음상이 있으면 중생의 삼천대천세계가 되겠지만 我라는 것은 없다.

언젠가 大休禪師를 친견했을 때 경력을 말씀드리자, 대휴선사가 조용히 말했다. "단지 범부심을 없앨 뿐이지 다른 견해를 짓지 마십시오." 선사는 그 가르침을 분명하게 하여 分別意를 소멸시키고 眞心으로 돌아간 것이다.

師天資樸厚, 見地眞實, 業履孤峻, 苦行堅密, 至死不所變, 等慈接物, 法施不吝, 具大辯才, 浩博無礙, 爲人說法. 或自曉至暮, 或自昏達旦, 至連日亦無倦色, 音吐洪暢, 晩亦不衰, 聞者聳服. 學徒每出衣資, 請師演說. 此尤禪林所未有也. 雲深火冷, 尸居淵黙. 有召之者, 雖祁寒隆暑不拒. 一豪施利, 悉爲公用. 丈室蕭然. 故六主廢刹, 積逋動數千緡, 不過期月, 百廢具擧. 若禱雨暘, 捄疾苦, 其應如響. 神祠烹宰物命, 輒爲易以素饌. 有藏其鬚髮而得舍利者, 此皆世俗所創見. 師不欲人言之, 以爲非此道之極致. 使其有之, 亦皆師之余也.

선사는 천성이 소박하고 순후하여 見地가 진실하였고, 행위가 고준하여 고행이 堅密하였다. 평등과 자비로 중생을 교화하여 법시를 아끼지 않았고, 대변재를 갖추어 널리 걸림이 없이 사람들에게 설법을 하였다. 혹 새벽부터 저녁이 되도록 하고, 혹 저녁부터 아침이 되도록 하기를 며칠 동안 계속하였지만 또한 피곤한 기색도 없었고 목소리도 낭랑하였다. 설법을 들은 사람들이 삼가 조복하였다. 납자들은 매번 의복과 음식을 내오면서 연설해 줄 것을 청하였다. 이 또한 선림에서 없던 일이었다.

어둡고 차가운 방에서 시체처럼 침묵하였지만, 불러 주는 사람이 있으면 혹한과 혹서에도 거절하지 않았다. 조금의 시주물이라도 생기면 모두 공용으로 활용하였고, 방장실은 단출하였다. 때문에 여섯 차례나 廢利의 주지를 맡았는데, 누적된 세금에 대하여 수천의 돈꾸러미를 움직여서 기한을 어기지 않았고, 모든 廢利을 다 복원하였다. 그리고 雨와 暘을 기도하고 질병의 치유를 기도하면 반드시 메아리처럼 감응하였다. 귀신을 모시는 곳에서 동물의 생명을 해치는 것에 대해서는 그것을 素饌으로 바꾸도록 하였다. 鬚髮을 기르고 사리를 얻는 사람이 있으면 그것은 모두 세속에서 나온 견해로 간주하였다. 선사는 이와 같은 일들로 남들의 입에 오르는 것을 바라지 않았고, 불도의 극치가 아닌 것으로 간주하였다. 그러한 일들이 남아서 전해지는 것도 또한 모두 선사의 관심 밖이었다.

師旣亡, 太師史文惠公祭之以文. 有曰, 了悟圓通, 如觀音大士, 隨機化俗, 如善導和尙. 人不以爲過也.

선사가 이미 입적하자 太師史文惠公은 거기에 祭文[26]을 썼는데 다음과 같은 말이 있다. "圓通을 분명하게 깨친 것은 觀音大士와 같았고, 근

---

26) 太師史文惠公…=『勅賜雪竇資聖禪寺志』卷六之下에 史浩가 찬술한「祭足庵鑑禪師文」이 수록되어 있다.

기를 따라서 세속을 교화한 것은 善導[27]和尙과 같았다." 그를 능가하는 사람이 없었다.[28]

師生于淮南, 而化緣獨在四明, 屢易法席, 名震江湖, 而終不越境. 自號 足庵. 人以古佛稱之. 惟師可以無愧云.

선사는 淮南에서 태어났지만 교화한 것은 오직 四明에서였다. 여러 차례에 걸쳐 법석을 바꾸면서 그 명성을 강호에 떨쳤지만 끝내 경계를 넘지는 않았다. 스스로 足庵이라 불렀다. 사람들은 그를 古佛이라 불렀다. 생각해 보면 선사는 부끄러워해야 할 점이 없었다고 말할 수가 있다.

---

27) 善導=善導(613~681). 산동성 臨淄의 朱氏로 태어났다. 玄中寺의 道綽(562~645)한테 사사하여 정토교를 대성시켰다. 永隆 2년 3월 14일, 69세로 시적하였다.
28) 사람들…=세속을 교화하는 것과 세속의 종교적인 요구는 양자 사이에 갖가지 과제가 있다. 본서에서 언급되어 있는 작은 과제에 대해서만이라도 참고로 「東谷無盡燈碑」의 全文을 소개하여 문제제기로 남겨 두고자 한다. "大宋國紹興府上虞縣上管鄕市郭尙德坊第三保居住, 淸信奉三寶女弟子陳氏五娘, 施淨財三十六貫文, 入明州天童山東谷庵, 燭長明無盡燈一椀, 供養先和尙覺禪師塔前功德, 祝獻自身行年, 本命元辰, 照臨星象, 懺滌罪愆, 莊嚴種智者. 弟子莊宇, 妻吳氏百六娘, 共施淨財三十六貫文, 就東谷庵, 燭長明無盡燈一椀, 供養觀音菩薩功德, 祝獻自身行年, 本命元辰, 乞求花男子, 早遂心願. 女弟子莊四四娘, 施淨財三十六貫文, 就東谷庵, 燭長明無盡燈一椀. 供養本師釋迦如來功德, 答還先許願心圓滿. 仍懺罪愆, 莊嚴種智者. 右伏惟三寶証明, 天龍炳鑑. 謹疏〈以上上列〉泰州海陵縣居住, 淸信奉佛子樊賓, 幷妻范氏妙眞, 男陳樊遵, 遷媳婦許氏小三娘, 張氏十二娘, 共施淨財三十六貫文足, 入明州天童山東谷庵, 共点晝夜長明無盡燈一椀, 供養先和尙覺禪師塔前功德, 各薦門中先亡久遠, 超昇實界者. 泰州興化縣招遠坊, 今寄居姜堰, 奉佛弟子琴彦遷, 幷妻種氏三娘, 謹施淨財三十六貫文足, 開田三畝, 点盧舍那佛閣善知識前無盡燈乙椀功德, 作來世之津梁, 獲它生之善報. 泰州海陵縣姜堰居住, 奉佛弟子周榮, 幷妻李氏興晤, 謹施淨財三十六貫文足, 開田三畝, 点盧舍那佛閣善知識前無盡燈乙椀功德, 薦亡父周助二郎, 亡丈母陵氏四娘子, 懺悔罪愆, 莊嚴福報.〈以上上列〉紹興二十八年正月日. 募緣直歲僧智宣, 山門監寺沙門惠璋, 住持傳法沙門法爲, 立石."(『八瓊室金石補正』 권114 참조) 마을의 세속보시에 대한 消災招福의 기원이 잘 드러나 있다.

銘曰,
祖師西來, 乃始有禪. 燈燈相續, 皆有師傳. 師之得道, 幾于神曜. 心鏡
孤圓, 大千具照. 曹洞正宗, 實艱其承. 十有一傳, 至師中興. 蛇虺之宅,
聞者怖恐. 惟師宴坐, 曾不爲動. 振錫出山, 據大道場. 四衆歸仰, 廣爲
津梁. 生于淮壖, 緣齋甬東. 名震江湖, 卒老吾邦. 法施不吝, 辯才無礙.
行實堅苦, 而大自在. 人稱古佛, 師則無媿. 銘以表之, 用詔末世.

銘으로 말한다.
달마조사가 서래하면서 처음으로 선이 시작되었고
전등이 서로 계승되어 모든 조사의 전기가 남았다.
조사로서 도를 얻은 자는 거의 신통스럽게 빛나고
마음과 경계가 크게 둥글어 대천세계를 다 비춘다.
조동의 정종은 실로 그 계승이 어려웠기 때문에
열 개 중에 하나였는데 선사에 이르러 중흥되었다.
뱀의 집이라는 소문에 듣는 자는 다 두려워했지만
오직 좌선하는 선사는 일찍이 어떤 미동도 없었네.
석장을 떨치고 산을 내려와서 크게 도량을 일구니
사중이 귀의하고 숭앙하여 곧 널리 津梁이 되었네.
淮壖에서 났지만 그 교화의 인연은 甬東에 있었고
명성이 강호에 떨쳤지만 끝내 이 땅에서 늙어 갔네.
법보시를 아끼지 않고 또 변재는 걸림이 없었으며
행실은 堅苦하면서도 또한 대단히 자유자재하였네.
남이 고불이라 불렀고 또 선사는 부끄러움 없으니
이에 銘으로 드러내어 곧 말세의 조칙으로 삼는다.

[자료 19] 송대 선자의 탑명·비명류 일람표

번호	승명	생몰년	종파	사법스승	찬자명	제명	주요출전
1	延恩法安	1024~1084	雲門	振宗義懷	黃庭堅	法安大師塔銘	予章集24 (四部叢刊)
2	石鼓布夷	未詳	楊岐	無用淨全	居簡	夷禪師碑陰	北磵集10 (四庫珍2)
3	無言修意	1060~1138	雲門	佛印希祖	程俱	衢州開化縣龍華院意上座塔銘	北山集33 (四庫珍3)
4	雪巢法一	1084~1158	黃龍	草堂善淸	孫觀	長蘆長老一公塔銘	鴻慶集32 (常州先哲遺書)
5	照堂了一	1092~1155	雲門	妙堪思慧	孫觀	徑山照堂一公塔銘	鴻慶集32 (常州先哲遺書)
6	別峰寶印	1109~1190	楊岐	密印安民	陸游	別峰禪師塔銘	渭南集40 (中華書局刊)
7	竹崖妙印	1187~1255	楊岐	月林師觀	道璨	石霜竹崖印禪師塔銘	柳塘外集4 (四庫珍5)
8	澄源無殷	884~960	靑原	九峰道虔	徐鉉	洪州西山翠岩廣化院故澄源禪師碑銘	徐公集27 (四部叢刊)
9	告山法饗	?~1222?	曹洞	靈巖惠才	元好問	告山饗禪師塔銘	遺山集31 (四部叢刊)
10	太虛德雲	1200~1250	楊岐	笑翁妙堪	大觀	太虛禪師塔銘	物初賸語23
11	退谷義雲	1149~1206	楊岐	佛照德光	陸游	退谷雲禪師塔銘	渭南集40 (中華書局刊)
12	巨濟法雲	?~1148?	黃龍	佛因智淸	正觀	靈巖寺雲禪師塔銘	金文最56
13	西巖了惠	1198~1262	楊岐	無準師範	大觀	西巖禪師行狀	語錄附(續藏122); 物初賸語24
14	覺印子英	?~1117	雲門	圓通法秀	何安中	虎丘第一代覺印英禪師塔銘의 拔萃	虎丘山志9
15	三泉祥英	1121~1199	曹洞	未詳	覺聰	三泉寺英上人禪師塔記	金文最56
16	拙叟 進英	?~1122	黃龍	眞淨克文	德洪代孫承之	花藥英禪師行狀	石門文字禪30 (四部叢刊)
17	穎叔善英	1135~1189	未詳	萬壽聰	楊訥	東京大淸安禪寺九代祖英公禪師塔銘	滿州金3
18	壽聖海淵	1025~1108	雲門	開先善暹	孫沖	常州江陰縣壽聖淵禪師塋象記	江蘇通志稿10

19	佛心如琰	1151~1225	楊岐	佛照德光	洪咨夔	佛心禪師塔銘	平齋集31 (四部續編)
20	慈濟寶緣	未詳	雲門	智門光祚	徐靖	韶州南華寺慈濟大師壽塔銘	武溪集9 (四庫珍6)
21	大洪報恩	1058~1111	曹洞	投子義青	范域	宋故隨州大洪山十方崇寧保壽禪院第一代住持恩禪師塔銘	湖北金石志10
22	佛海慧遠	1103~1176	楊岐	圓悟克勤	周必大	靈隱佛海禪師遠公塔銘	省齋文稿40 (四庫珍2)
23	佛眼淸遠	1067~1120	楊岐	五祖法演	李彌遜	和州褒山佛眼禪師塔銘	筠谿集24 (四庫珍初); 語錄附(續藏28)
24	嶽麓智海	1058~1119	雲門	開先宗	德洪代	嶽麓海禪師塔銘	石門文字禪29 (四部叢刊)
25	振宗義懷	993~1064	雲門	明覺重顯	米芾	天衣懷禪師碑	寶晋英光集7
26	芙蓉道楷	1043~1118	曹洞	投子義青	王彬	隨州大洪山崇寧保壽禪院十方第二代楷禪師塔銘	湖北金石志10
27	精嚴圓蓋	1132~1195	楊岐	北京薇	趙秉文	利州精嚴禪師第一代蓋公和尙行狀銘	熱河志28; 金文最56; 滿州金3
28	大休宗珏	1091~1162	曹洞	眞歇淸了	樓鑰	天童大休禪師塔銘	攻媿集110 (四部叢刊)
29	宏智正覺	1091~1157	曹洞	丹霞子淳	周葵	宏智禪師妙光塔銘	兩浙金石志9; 語錄附(名著普及會刊)
					王伯庠	勅謚宏智禪師行業記	語錄附 (名著普及會刊)
30	妙智從琠	1119~1180	楊岐	大圓遵璞	樓鑰代 魏永相	育王山妙智禪師塔銘	攻媿集110 (四部叢刊)
31	松源崇嶽	1132~1202	楊岐	密庵咸傑	陸游	松源禪師塔銘	渭南集40 (中華書局刊); 語錄附(續藏121)
32	三角道劼	未詳	黃龍	泐潭應乾	德洪	三角劼禪師壽塔銘	石門文字禪29 (四部叢刊)
33	陸慶慶閑	1029~1081	黃龍	黃龍慧南	蘇轍	閑禪師碑	欒城集25 (四部叢刊)
34	北磵居簡	1164~1246	楊岐	佛照德光	大觀	北磵禪師行狀	物初賸語24
35	物初大觀	1201~1268	楊岐	北磵居簡	元熙	鄧峰西庵塔銘	育王山志8
36	息庵達觀	1138~1212	楊岐	水庵師一	居簡	天童山息庵禪師塔銘	北磵集10 (四庫珍2)
37	月林師觀	1143~1217	楊岐	老衲祖証	陳貴謙	月林觀禪師塔銘	語錄附 (續藏120)

38	足庵智鑑	1105~1192	曹洞	大休宗珏	樓鑰	雪竇足庵禪師塔銘	攻媿集110 (四部叢刊)
39	運庵普巖	1156~1226	楊岐	松源崇嶽	宗著?	炎宋安吉州道場山護聖 萬歲禪寺運庵禪師行實	語錄附 (續藏121)
40	玄寂澄忋	907~967	青原	招慶道匡	徐鉉	金陵寂樂塔院故玄寂禪 師影堂記	徐公集28 (四部叢刊)
41	自得慧暉	1097~1183	曹洞	宏智正覺	洪恭	塔銘 (記述에 의문이 있음)	語錄附 (續藏124)
42	石窓法恭	1102~1181	曹洞	宏智正覺	樓鑰	瑞巖石窓禪師塔銘	攻媿集110 (四部叢刊)
43	惠廣歸曉	923~988?	曹洞	含珠審哲	潘平	大宋襄州鳳山延慶禪院 傳法惠廣大師壽塔碑銘	金石補正86 (湖北金石志7)
44	慧悟沖熙	916~974	青原	鼓山神晏	徐鉉	故唐慧悟大禪師墓誌銘	徐公集30 (四部叢刊)
45	虛堂智愚	1185~1269	楊岐	運庵普巖	法雲	行狀	語錄附 (大正藏47)
46	石田法薰	1171~1245	楊岐	破庵祖先	大觀	石田禪師行狀	語錄附(續藏122); 物初賸語24
47	應庵曇華	1103~1163	楊岐	虎丘紹隆	李浩	塔銘	語錄附 (續藏120)
48	顯之昭慶	1027~1089	黃龍	黃龍慧南	秦觀	慶禪師塔銘	淮海集33 (四部叢刊)
49	密庵咸傑	1118~1186	楊岐	應庵曇華	葛郯	塔銘	語錄附 (大正藏47)
50	乾明寶月	1057~1117	雲門	廣照應夫	晁說之	高郵月和尚塔銘	嵩山集20 (四部續編)
51	無爲道月	1103~1167	楊岐	圓悟克勤	李流謙	無爲長老月公塔銘	澹齋集16 (四庫珍2)
52	圓通懷賢	1016~1082	臨濟	達觀曇穎	秦觀	圓通禪師行狀	淮海集36 (四部叢刊)
53	篠塘祖賢 首座	1184~1239	楊岐	痴鈍智穎	劉克莊	賢首座(墓誌銘)	後村集150
54	明悟慶顯	1103~1180?	曹洞	淨嚴守遂	長淵	大洪山崇寧保壽禪院第 十一代住持傳法覺照惠 空佛智明悟大師塔銘	湖北金石志12
55	明覺重顯	980~1052	雲門	智門光祚	呂夏卿	明州雪竇山資聖寺第六 祖明覺大師塔銘	語錄附(大正藏47); =乾道四明志2
56	白馬諒元	1062~1125	黃龍	萬杉紹慈	胡寅	元公塔銘	斐然集26 (四庫珍初)
57	此庵景元	1094~1146	楊岐	圓悟克勤	居簡	護國元此庵碑陰	北磵集10 (四庫珍2)

58	雪林僧彥	1122~1192	黃龍	慈航了朴	寶曇	雪林彥和尚塔銘	橘洲文集7; 雪竇寺誌6上
59	南安巖自嚴	934~1015	雲門	圓淨雲豁	劉將係	定光圓應寶慈通聖人師事狀	養悟齋集28 (四庫珍初)
60	天童普交	1048~1124	黃龍	泐潭應乾	黃龜年	天童山交禪師塔銘	乾道四明圖經11
61	佛照德光	1121~1203	楊岐	大慧宗杲	周必大	圓鑑塔銘	平園續稿40 (四庫珍2)
62	乾元慧杲	1163~1218?	未詳	乾元照	樂訛甫	中京龍門山乾元禪寺杲公禪師塔銘	金文最56; 芒洛冢4編
63	大慧宗杲	1089~1163	楊岐	圓悟克勤	張浚	大慧普覺禪師塔銘	語錄附(大正藏47) =徑山志6
64	芝巖慧洪	1192~1255	楊岐	佛心如琰	大觀	芝巖禪師塔銘	物初賸語23
65	顯化志言	?~1048	未詳	未詳	張方平	大宋上都左街景德寺顯化禪師碑銘	樂全集36 (四庫珍初)
66	圓悟克勤	1063~1135	楊岐	五祖法演	孫覿	圓悟禪師傳	鴻慶集42 (常州先哲遺書)
67	資聖盛勤	993~1060	雲門	德山慧遠	契嵩	秀州資聖禪院故和尚勤公塔銘	鐔津文集13 (大正藏52)
68	仰山智齊	未詳	法眼	棲賢澄諟	余靖	袁州仰山齊長老壽塔銘	武溪集9 (四庫珍6)
69	湖隱道濟	1148?~1209	楊岐	佛海慧遠	居簡	湖隱方圓叟舍利銘	語錄附(續藏121); 北磵集10 (四庫珍2)
70	大川普濟	1179~1253	楊岐	佛心如琰	大觀	靈隱大川禪師行狀	語錄附(續藏121); 物初賸語24
71	塗毒智策	1117~1192	黃龍	典牛天游	樓鑰	徑山塗毒禪師塔銘	攻媿集110 (四部叢刊)
72	淨源邵思	未詳	雲門	洞山曉聰	余靖	韶州淨源山定慧禪院思長老自造壽塔銘	武溪集7 (四庫珍6)
73	慶雲文爾	1103~1167	楊岐	月庵善果	周必大	贛州寧都縣慶雲爾禪師塔銘	省齋文稿40 (四庫珍2)
74	雷庵正受	1146~1209	雲門	月堂道昌	黃汝霖	雷庵受禪師行業(記)	普燈錄卷首 (續藏137)
75	此山師壽	1181~1252	楊岐	石橋可宣	大觀	此山禪師塔銘	物初賸語23
76	慧日合宗	未詳	楊岐	佛照德光	居簡	慧日宗元谷日菌兩種不壞之塔銘	北磵集10
77	香山法秀	1147~1202?	未詳	智海德密	李□	汝州香山秀公禪師塔銘	金文最56

[자료 19] 송대 선자의 탑명·비명류 일람표

78	慧通歸柔	899~984	雲門	雲門文偃	饒光輔	鄆州趙橫山慧通禪院先師和尚碑銘	湖北金石志8
79	普庵印肅	1115~1169	楊岐	牧庵法忠	謝諤	塔銘	語錄附(續藏120)
80	丹霞子淳	1064~1117	曹洞	芙蓉道楷	韓韶	隨州大洪山十方崇寧保壽禪院第四代住持淳禪師塔銘	湖北金石志10
81	湛堂文準	1061~1115	黃龍	眞淨克文	德洪	泐潭準禪師行狀	石門文字禪30 (四部叢刊)
82	定光道詢	1086~1142	黃龍	法華永言	李魯	靈巖寺定光禪師塔銘	泰山志17; 金文最55
83	寒巖道升	1098~1176	楊岐	佛祖端裕	周必大	寒巖升禪師塔銘	省齋文稿40 (四庫珍2)
84	薦福惟尙	1074~1140	雲門	覺印子英	張九成	尙禪師塔記	咸淳臨安志85
85	月堂道昌	1090~1171	雲門	妙湛思慧	曹勛	淨慈道昌禪師塔銘	松隱集35 (四庫珍7)
86	無明慧性	1162~1237	楊岐	松源崇嶽	顔汝勳	塔銘	語錄附(續藏121)
87	雲屋正韶	1202~1260	曹洞	天童如淨	道璨	天池雪屋韶禪師塔銘	柳塘外集4 (四庫珍5)
88	普証法成	1071~1128	曹洞	芙蓉道楷	程俱	宋故焦山長老普証大師塔銘	北山集32 (四庫珍3)
89	淮海元(原)淨	1189~1265	楊岐	佛心如琰	大觀	淮海禪師行狀	物初賸語24
90	少林德誠	1203~1254	楊岐	鐵鞭允韶	劉克莊	誠少林日九座(墓誌銘)	後村集159 (四部叢刊)
91	北海悟心	未詳	楊岐	松源崇嶽	居簡	道場山北海禪師塔銘	北磵集10 (四庫珍2)
92	晦堂祖心	1025~1100	黃龍	黃龍慧南	黃庭堅	黃龍心禪師塔銘	豫章集24 (四部叢刊)
93	福昌知信	1030~1089	雲門	夾山遵	黃庭堅	福昌信禪師塔銘	豫章集24 (四部叢刊)
94	無念慧賁	1141~1238	楊岐	晦翁悟明	大觀	無念禪師塔銘	物初賸語23
95	天淸智軫	?~1096	雲門	振宗義懷之徒; 比丘載	張秉	智軫禪師記	張右史集49 (四部叢刊)
96	淨嚴守遂	1072~1147	曹洞	大洪報恩	馮檝	[ ]淨嚴和尙塔記	湖北金石志11
97	明教契嵩	1007~1072	雲門	洞山曉聰	陳舜兪	明教大師行業記	都官集8(四庫珍8); 鐔津文集卷首(大正藏52)

98	少林興崇	1166~1208	未詳	少林照	□昭	大金嵩山少林寺故崇公禪師塔銘	金石補正127
99	投子義青	1032~1083	曹洞	大陽警玄	道楷?	行狀	語錄附(續藏124)
100	破庵祖先	1136~1211	楊岐	密庵咸傑	宗性	行狀	語錄附(續藏121)
101	資聖慶遲	980~1055?	法眼	雪寶清	契嵩	秀州資聖禪院故遲禪師影堂記	鐔津文集13(大正藏52)
102	無用淨全	1137~1207	楊岐	大慧宗杲	錢象祖	天童無用淨全禪師塔銘	天童寺志5
103	黃檗道全	1036~1084	黃龍	眞淨克文	蘇轍	全禪師塔銘	欒城集25(四部叢刊)
104	淸涼弘相	未詳	臨濟	虛明敎亨	元好問	淸涼相禪師墓銘	遺山集31(四部叢刊)
105	慈照蘊聰	965~1032	臨濟	首山省念	李遵勗	先慈照聰禪師塔銘	廣燈錄17
106	蓬山永聰	1161~1225	楊岐	別峰寶印	居簡	金山蓬山聰禪師塔銘	北礀集10(四庫珍2)
107	蒙庵元聰	1136~1209	楊岐	晦庵慧光	衛涇	徑山蒙庵佛智禪師塔銘	後樂集18(四庫珍初)
108	逍遙省聰	1042~1096	雲門	圓照宗本	蘇轍	逍遙聰禪師塔碑	欒城後集24(四部叢刊)
109	照覺常總	1025~1091	黃龍	黃龍慧南	黃裳	照覺禪師行狀	演山集34(四庫珍初)
110	長靈守卓	1065~1124	黃龍	靈源惟淸	介諶	行狀	語錄附(續藏120)
111	笑翁妙堪	1177~1248	楊岐	無用淨全	道璨	育王笑翁禪師行狀	無文印4
					大觀	笑翁禪師行狀	物初賸語24
112	安閑淨端	1030~1104	臨濟	寶覺齊嶽	劉燾	端禪師行業記	語錄附(續藏126)
					林岪	宋故安閑和尙端禪師墓誌	語錄附(續藏126);德洪撰傳;僧寶傳19 참조
113	証悟圓智	?~1159	天台宗	眞敎智僊	曹勛	天竺証悟智公塔銘	松隱集35(四庫珍7);普燈錄24(170右上) 참조
			楊岐	此庵景元			
114	愚谷元智	1196~1266	楊岐	枯禪自鏡	林希逸	鼓山愚谷佛慧禪師塔銘	鬳齋集21(四庫珍2);鼓山志7

115	別山祖智	1200~1260	楊岐	無準師範	文復之	慶元府太白名山天童景德禪寺第四十代別山智禪師塔銘	天童寺志7;兩浙金石志13
116	痴絶道冲	1169~1250	楊岐	曹源道生	趙若琚	徑山痴絶禪師行狀	語錄附(續藏121)
					道璨	徑山痴絶禪師行狀	無文印4
117	甘泉行通	1097~1165	曹洞	青州希辨	圓照	甘泉普濟寺通和尚塔記	盤山志8;金文最56
118	傳照法燈	1075~1127	曹洞	芙蓉道楷	德洪	鹿門燈禪師塔銘	石門文字禪29(四部叢刊)
119	普安惟德	1065~1130	雲門	覺印子英	王以寧	宋台州寶藏嚴普安院禪院第九代德禪師塔銘	台州金石錄5
120	訥庵惟訥	1103~1173	黃龍	通慧守慧	周必大	訥庵塔銘	省齋文稿40(四庫珍2)
121	廣教守訥	1047~1122	雲門	圓通法秀	李彌遜	宣州昭亭山廣教訥公禪師塔銘	筠谿集24(四庫珍初)
122	佛海智訥	1078~1157	雲門	淨照崇信	孫覿	徑山妙空佛海大師塔銘	鴻慶集32(常州先哲遺書)
123	羅漢系南	1050~1094	黃龍	雲居元祐	李之儀	廬山承天羅院第九代南禪師塔銘	姑溪居士後集14(奧雅堂叢書)
124	九座祖日	1194~1255	楊岐?	浮山永	劉克莊	誠少林日九座(墓誌銘)	後村集159(四部叢刊)
125	妙空淨如	?~1141	雲門	佛日惟嶽	失名	長清靈巖寺妙空禪師塔銘	金文最55
126	無準師範	1177~1249	楊岐	破庵祖先	劉克莊	徑山佛鑑禪師(墓誌銘)	後村集162(四部叢刊)
					道璨	徑山無準禪師行狀	語錄附(續藏121);無文印4
127	元寂隱微	886~961	青原	羅山道閑	韓熙載	上清右街龍光禪院故元寂禪師塔碑	金石補正81
128	普慈幻旻	999~1059	法眼	惠明延珊	契嵩	故靈隱普慈大師塔銘	鐔津文集13(大正藏52)
129	眞淨克文	1025~1102	黃龍	黃龍慧南	德洪	雲庵眞淨和尚行狀	石門文字禪30(四部叢刊);語錄附(續藏120)
130	妙德善浦	1085~1150	雲門	香嚴謹?	失名	前[ ]十方妙德禪院浦公禪師塔記	金石萃編154;金文最55
131	靈巖寶	1114~1173	曹洞	青州希辨	翟炳	長清縣靈巖寺寶公禪師塔銘	金文最56
132	妙圓自寶	978~1054	雲門	五祖師戒	余靖	廬山歸宗禪院妙圓大師塔銘	武溪集7(四庫珍6)

133	雲蓋智本	1035~1107	楊岐	白雲守端	德洪	夾山第十五代本禪師塔銘	石門文字禪29（四部叢刊）
134	南翁汝明	1189~1259	楊岐	癡鈍智穎	劉克莊	明禪師(墓誌銘)	後村集158（四部叢刊）
135	谷庵景蒙	1124~1187	黃龍	心聞曇賁	樓鑰	瑞巖谷庵禪師塔銘	攻媿集110（四部叢刊）
136	佛智廣聞	1189~1263	楊岐	佛心如琰	林希逸	徑山偃溪佛智禪師塔銘	鬳齋集21（四庫珍2）;=語錄附(續藏121)
137	慧照慶預	1078~1140	曹洞	丹霞子淳	榮嶷	隨州大洪山第六代住慧照禪師塔銘	湖北金石志11
138	滅翁文禮	1167~1250	楊岐	松源崇岳	德雲	天目禪師行狀	天童寺志7
139	薦福悟理	1014~1094	雲門	圓照宗本?	陳師道	比邱理公塔銘	後山集20（光緒十一年刊本）
140	邵州惠立	1005~1081	雲門	龍牙遷	沈遼	邵州立禪師塔銘	雲巢集10（四部三編）
141	虎丘紹隆	1077~1136	楊岐	圓悟克勤	徐林	宋臨濟正傳虎丘隆和尚塔銘	語錄附（續藏120）
142	眞歇淸了	1088~1151	曹洞	丹霞子淳	正覺	崇先眞歇了禪師塔銘	語錄附（名著普及會刊）
143	西山亮	1153~1242	楊岐	遜庵宗演	居簡	塔銘	語錄附（續藏121）
144	遂翁處良	1127~1187	楊岐	卍庵道顏	陸游	良禪師塔銘	渭南集40（中華書局刊）
145	斷橋妙倫	1201~1261	楊岐	無準師範	失名	行狀	語錄附（續藏122）
146	月華海琳	未詳	雲門	妙圓白寶	余靖	韶州月華禪師壽塔銘	武溪集8（四庫珍6）
147	無跡法和	1079~1157	曹洞	普証法成	牛本寂	少林禪寺西堂老師和尚塔銘	金石補正124
148	通法□□	1082~1140	曹洞	大洪報恩	王瑨	眞定府十方定林禪院第四代傳法住持賜紫通法大師塔銘	金石補正123;常山石13
參考1	闡明無演	1045~1100	黃龍?	惟迪惟勝	黃庭堅	闡明大師塔銘	豫章集24（四部叢刊）
參考2	大智希覺	?~1115	未詳	佛印□□	李彌遜	大智禪師塔銘	筠谿集24（四庫珍初）
參考3	聞庵嗣宗	1085~1153	曹洞	宏智正覺	羅願	宗白頭	淳照新安志8

[자료 20] 중국 조동종의 간략한 법맥표

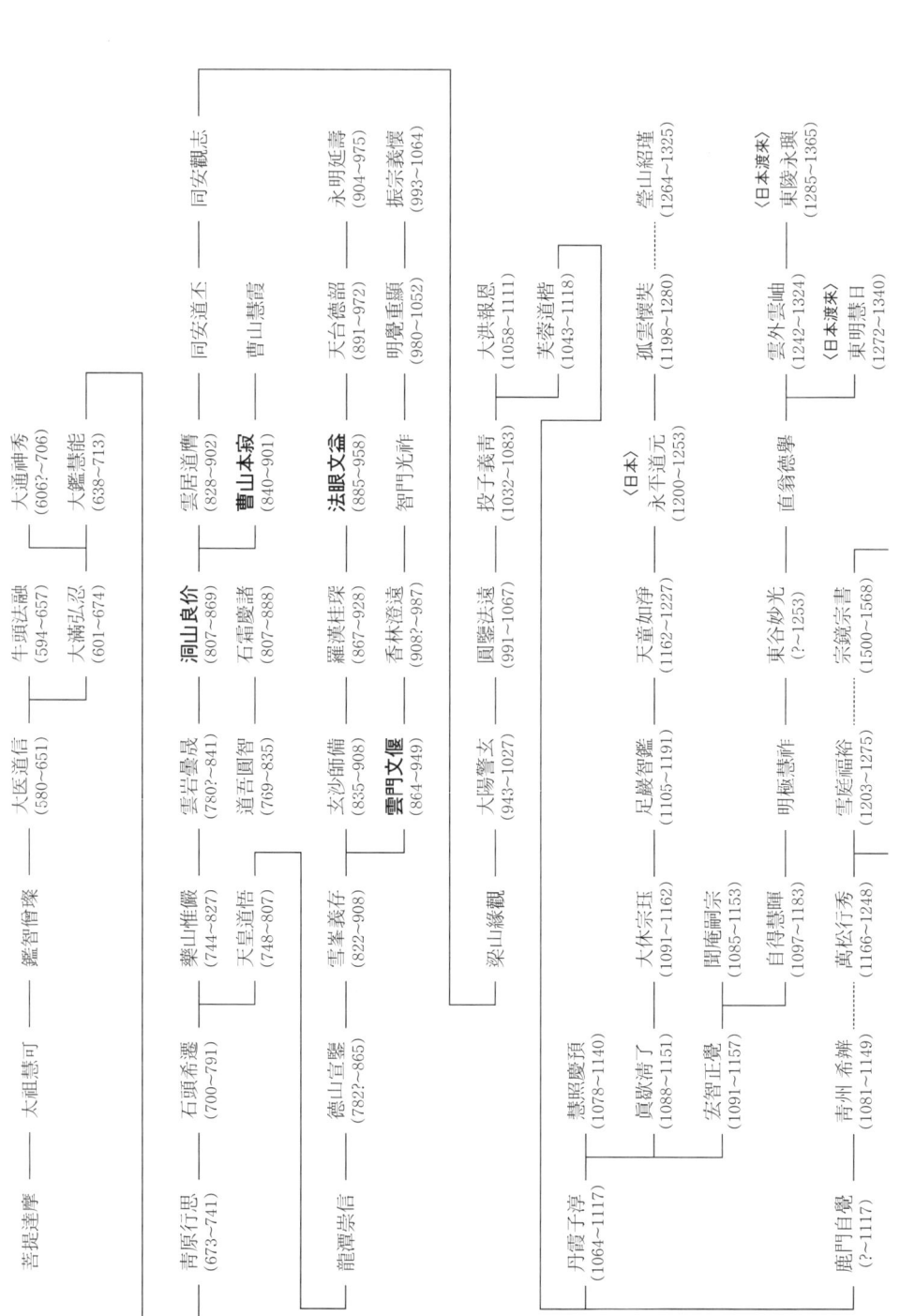

(고딕명은 오가칠종의 개조. 점선은 중간 생략. 법맥에 생략된 조동종의 선자는 해당 쪽수 참조)

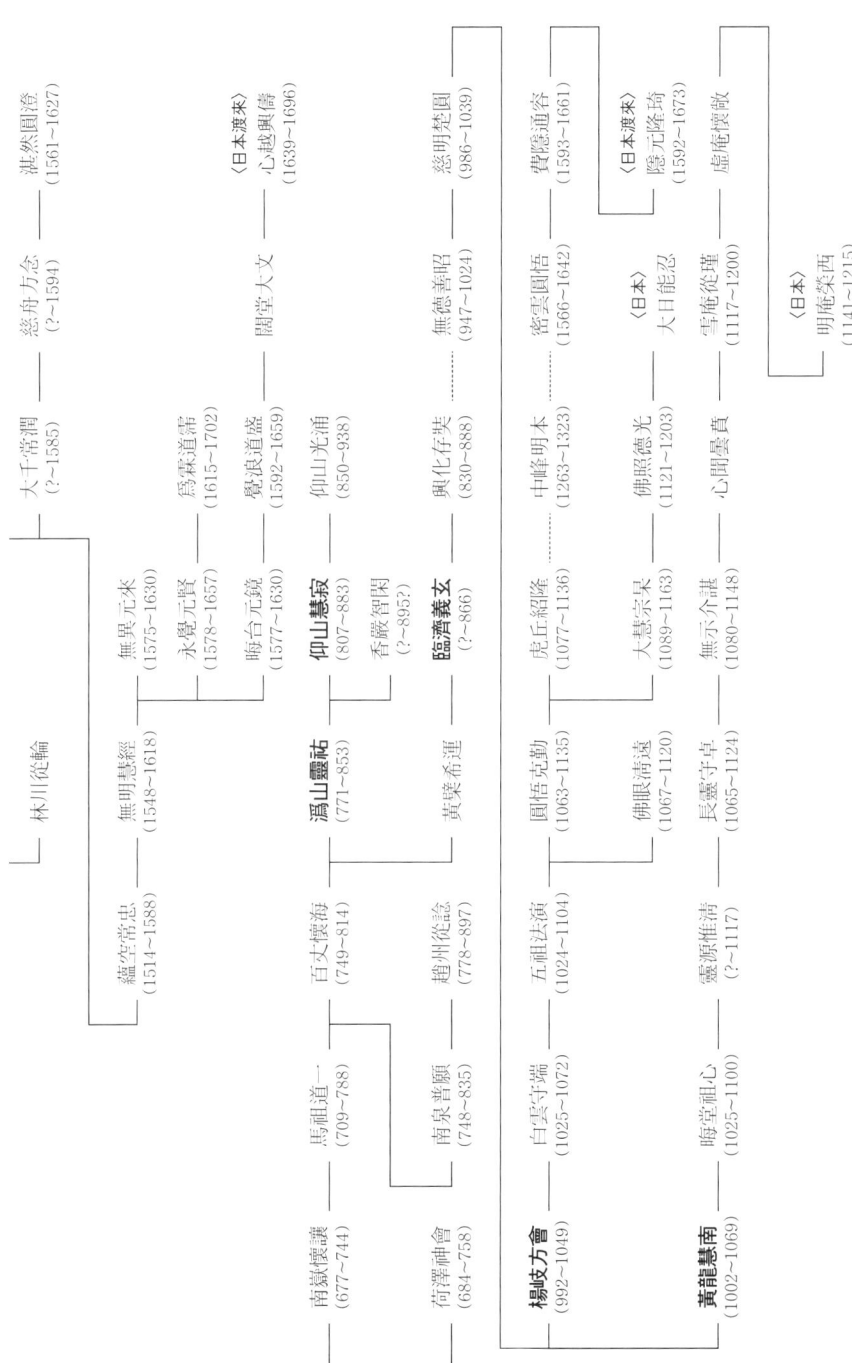

찾아보기

【ㄱ】

跏趺坐 155
『가태보등록』 28, 284, 287, 288, 314, 315, 321, 346, 352, 355, 378
『嘉定赤城志』 122
覺浪道盛 373
각범덕홍 44, 74, 85, 274, 303, 357
간화선 343, 353, 426, 427, 429, 440, 446, 455, 467, 471, 497, 504, 505, 530~532
感潭資國 276
鑑遷 264, 539
甘泉志賢 178
感通 22, 24, 71
江西禪 206
江州能仁禪寺 339, 398
開元寺 93
居遁 76, 114, 126
乾明禪院 350
『建中靖國續燈錄』 54, 136, 280
劫外 349
劫外家風 437
『劫外錄』 347
偈頌 348,
『경덕전등록』 27, 29, 127
堅首座 336
兼帶回互 253

兼中到 252, 295
兼中至 252, 295
經師 24
徑山洪 207
京兆興平 216
鏡淸 84
鏡淸道 115
契稠 135
桂琛 80
契嵩 265
契環禪師 559
고려판대장경 90
古靈神讚 56
고목법성 360, 390
枯木衆 245, 438
高茂卿 255
古佛 228, 249, 292, 471, 738
고산신안 79~81, 92, 97, 109
高僧傳四集 23
高安大愚 43, 257
空劫承當 342
空劫已前 388
『空谷集』 372
公罔之裘 556
公府 127
公案禪 127
公圓僧正 457

拱辰 49, 50
과거칠불 30, 35, 272
果克勤 334
灌谿志閑 74, 199
觀音大士 60, 335, 519, 663, 737
『關中創立戒壇圖經』 526
괄골선 240, 242, 243
廣利禪寺 344
廣利禪院 664
光睦行修 106
廣愛普勝 26
廣照應夫 334
광택혜충 62, 132, 208, 526
廣慧元璉 42, 44
굉지고불 476, 482, 483
굉지선 400, 402, 429, 437, 440, 446, 448, 449, 453, 471, 473, 475, 478, 479, 484, 486, 487, 489, 491, 532
굉지선사 381, 435, 475, 476, 479, 481, 482, 495
宏智禪師妙光塔銘 377
굉지정각 319, 329, 334, 339, 375, 384, 502, 505, 648, 684, 694, 709
『宏智拈古』 372
『굉지록』 375, 378, 381, 384, 385, 398, 402, 412, 429, 433~435, 438, 445, 448, 449, 472, 475, 484, 479, 486, 494
『宏智禪師廣錄』 375

『굉지선사어록』 376
『굉지송고』 372, 432, 441
宏智派 355
『鼓山先興聖國師和尚法堂玄要廣集』 97
敎導化益 602
교선일치론 146
교선일치사상 160, 506
교선일치설 142
교외별전 141, 142, 161~163, 500
교외별행 38, 40, 47, 48, 141
교판론 146~148
究竟覺 444
九峰 257
九峰道虔 258
丘園 482
구준 46~47
俱 632
國師三喚 132
堀多 65, 76
權德輿 178
歸宗道詮 67
귀종의유 134
규봉종밀 37, 65, 72
『규봉후집』 159
筠州洞山菩利禪院傳法記 193, 217
금강반야경 51
錦鏡池 519, 734
機關 428, 439, 440
記室 389, 392

찾아보기 751

起心外照 528
機緣 348, 350
機用 659
吉州薯山 216
金剛嶺 547
金陵寶誌 128
金粟法智 389, 393
『祇園正儀』310
喫飯喫茶 495, 496

【ㄴ】
螺溪義寂 26, 121
羅山道閑 248
나한계침 73, 80~82, 117, 138, 265
羅漢英公 610
羅漢院 81
羅漢宗徹 57
羅漢智依 82
『羅湖野錄』45
남당 94, 100, 101, 106~108, 119
南嶽 410, 572
『南嶽高僧傳』67, 126
南岳玄泰 250
남악혜사 125, 229
남악회양 47, 73, 125, 167, 171~173, 184
『南陽和尙頓敎解脫禪門直了性壇語』 153, 527
南源道明 216

南院省念 42
南院慧顒 42
남전보원 179, 198, 200, 205, 234
南傳曹洞宗 355, 372
남종 140, 152~154, 168, 191, 351, 403, 553
남종선 42, 166, 444, 526, 527, 530~533
南宗七祖 167
南泉 216
南華寶林 612
拈 36, 128, 129
拈古 136, 402
魯祖寶雲 207, 216
老尊宿 684
녹문자각 314, 355, 356, 359, 360~363, 366, 370, 371, 373
鹿門處眞 74
『능가경』51, 202
『능가아발타라보경』51
능인선사 396, 397, 401, 405
『落髮受戒儀文』583
『落髮授戒儀文』299
『內証佛法血脈譜』143

【ㄷ】
單傳心印 142
단하자순 277, 314, 315, 319, 323, 328, 330, 332, 348, 351, 353, 365,

369, 372, 385, 286, 388~390
『丹霞山子淳禪師頌古集』 277
丹霞天然 43, 225
達觀曇穎 50, 75
달마 22, 30, 36~38, 45, 72, 141, 144, 146, 158, 312, 351, 379, 403, 404, 557
『달마다라선경』 72
달마선 23~25, 71~73, 85, 142, 155
達磨廓然無聖 440
湛堂文準 317, 337
湛然圓澄 373
潭州龍山 216
唐伸 176, 179
唐洪州百丈山故懷海禪師塔銘 176
代 36, 128, 129
大覺能仁 38
大覺禪師 西堂智藏 205
大潙密印 612
大能仁禪寺 516
大梅法常 262, 459, 516
『대명고승전』 24~26, 70
대명보 355, 366~371
『大梵天王問佛決疑經』 163
대법안문익 30, 81
大法眼文益禪師語 69
大法眼禪師 118
代別 109, 136
代付 270

大相國寺 智海禪院 270~274, 280, 285, 287, 297
大宣敎禪師 章敬懷暉 205
『大宋高僧傳』 21
『大乘經要』 218, 542
大乘禪 155
대양경현 270, 274, 280, 285, 287, 297, 302, 356
大陽明安 576
大陽行沖 276
待悟禪 466
待悟爲則 465
大用菴 421
大慈寶中 246
大顚寶通 216
大珠慧海 178
『大衆祥符法寶錄』 42
大徹禪師 興善惟寬 205
大通善本 334
『大慧寶覺禪師語錄』 424
『大慧書』 428, 453
『大慧年譜』 427
대혜종고 25, 27, 127, 329, 330, 336, 353, 400, 423, 426, 506, 514, 515, 531, 698
大洪山 保壽禪院 318, 325, 392
大休宗珏 330, 335, 347, 378, 507, 511, 512, 729, 732
德(住)緣 264

찾아보기 753

덕산선감 43, 57, 73, 75, 77, 114, 138, 246, 257, 276
도간 260, 261, 264, 554
道林空慧 612
道綿綿 493
『都序』65, 147
도선 24, 28, 526
『大陽明安禪師古錄』278
道吾 206, 216
道吾圓智 43, 181, 183, 188, 206, 244, 359
道膺 36, 37, 47, 50, 55, 58, 59, 64, 70, 128, 161, 162, 165, 271, 455~462, 464, 467~469, 471~476, 478~481, 483, 484, 486~489, 491~500
도응선 271, 455, 456, 459, 460, 464~467, 469~43, 475, 486, 487, 489, 491, 492, 497, 498, 500
道元派 355
『도원화상광록』462, 466, 475
도육 143~145, 150~152, 158
道全 222, 257, 260, 539
道齊 131, 265, 555
道昌 264, 554
道欽 265
讀誦 22, 24
동경사 215
洞山道微 315, 336

洞山無寸草 245
洞山無寒暑 253
동산보리사 194
동산양개 66, 78, 114, 134, 187, 193, 195, 220, 222, 356, 576
洞山悟本 615
『동산오위현결』250, 252
동상종 365, 693, 694
동선도제 134
東禪院 131
東禪休復 81
同安觀志 268, 356
同安道丕 268, 356
同安常察 135, 268
同安禪師詩八首 135
同安紹顯 134, 268
同安威 267, 268
東吳僧道原 49
東土六代說 27
遜庵宗演 461
騰騰和尙 66

【 ㄹ 】

『樂全集』51
靈濟道場 635, 642
鹿頭道延 263
鹿門政和禪寺 624
泐潭匡悟 106
『林間錄』21

【 ㅁ 】

摩殷 114
磨塼作鏡 184
馬祖 43, 191, 463, 572
마조도일 43, 52, 56, 73, 75, 172, 179,
　　181, 198, 202, 205, 298
마하가섭 30, 37, 163
만송행수 372
萬安浦滌 367
萬迴法雲 128
말후구 361, 418
亡身 24
妄心觀 158
綿密 526
면벽구년 277, 441
面授 271, 460~462, 467
面授嗣法說 270, 271
명각대사 160
明覺重顯 54, 137, 281, 287, 334, 518
明敎契嵩 54, 148
明極慧祚 531
明壽歸省 282, 285
明眼宗師 341
明悟慶顯 327
明全 457, 458, 467
明州包袋 128
明招德謙 57
牧蛇庵 679
牧庵法忠 25

妙濟禪院 114
妙叶淨啓 377
無師自証 510
無師智 451
無常觀 499
무쇠말뚝 531
무여열반 39
無用淨全 459, 461
無爲自然 440, 481, 496
『武夷新集』 29, 49
無異元來 373
무자공안 532
無作定 528, 530
무정설법 197, 207~210
無際了派 458
婆 128
無準師範 531
無遮大會 167
黙 429
묵조명 402, 429, 432, 437, 446
묵조사선 343, 347, 429, 471, 504
聞思修 53
文殊大士 332, 661
문수사리 159, 160
文殊心道 25
聞庵嗣宗 400, 425, 502, 513
文益 265
門庭施設 496
文坦 264, 539

찾아보기　755

『彌勒上生經』 92
泯絶無寄宗 156
밀사백 190, 206, 211, 215, 223
密意依性顯相敎 156
密意破相顯性敎 156
『明州天童景德禪寺宏智覺禪師語錄』 377, 658
『無門關』 130

【 ㅂ 】
博約折中 499
盤山思卓 459
『반야심경』 150, 196
發心 489
撥塵見佛 496
龐居士 62
背塵合覺 491, 496
裴休 57, 206, 215
『배휴습유문』 65, 143, 146, 149, 150, 152~154, 156, 157, 160, 168
白馬曇照 114
百顔明哲 215, 216
백운선원 262
白雲守端 287
『百丈古淸規』 498
百丈惟政 199
백장회해 43, 68, 73, 83, 104, 175, 178, 181, 205, 206
白兆志圓 276

白椎 417
范公宗尹 687
凡夫禪 155
범성대 517
范純仁 299
范域 299, 575
梵唄 581
法達 65
法(智)如 154
法乘 561
법안문익 23, 37, 42, 73, 81, 82, 92, 116, 117, 130, 131, 134, 135, 138, 234
법안종 23, 26, 45, 47, 51, 54, 69, 74, 76, 77, 81, 86, 111, 124, 134, 135, 138~140, 264~266, 268, 403
法要 348, 350
法雲禪寺 300, 303, 304, 581
法爲 414, 424, 514, 515
법융 72
法藏 147
法珍 65
法海 65, 334, 415, 425
法顯 154
변도화 464, 472
『弁邪正說』 343
『辨正邪說』 427
別峰寶印 506
別語 36, 128, 136

普覺禪師 505
『보경기』 467~469
『普勸坐禪儀』 472
보리달마 22, 102, 572, 615
『菩提達摩南宗定是非論』 168
『보림전』 27, 52, 65, 67, 185, 191
保福 84, 106
保福信悟 389, 393
보복종전 92, 106, 109, 117, 134
保福淸豁 61
寶峰禪院 258, 316, 401
보살계 135, 457, 510, 512, 726
『補續高僧傳』 26
保壽上堂 319, 391
保壽禪院 318
保嚴禪院 391
普嚴禪院 318, 322, 360, 362, 604
보은 광효사 516
報恩永安 26
報恩淸護 67
報恩弘濟寺 371
보자행언 134
寶積禪院 513
보리 144, 150~154, 157, 418, 456, 489
보조선사 335, 380, 393~396, 400, 402, 491, 508, 595, 694
普照希弁 361
補陀洛迦山 335, 412, 459

普賢大士 330, 660
普會大師 245
본각문 444, 451, 453, 469~471, 478, 491, 531
본각법문 444, 445, 491
本來本法性 468, 469
본래성불론 468
본래성불 471, 483
本先禪師 136
本圓本明 437
本寂本靈 437
本証妙修 470
本宗大師 382, 385
본증묘수 471, 478
本知思想 204
鳳山世釗 389, 393
封禪圓紹 77
不覺 444
父母未生以前 293
『付法藏傳』 52
浮山九帶 293
浮山法遠 269, 282
不是心 不是佛 不是物 204
부용도해 288, 291, 300, 301, 309, 310, 314, 315, 323, 324, 327, 329, 336, 348, 351, 354~356, 360, 366, 390, 392, 397, 405, 505, 587, 611, 622, 648, 655, 709
芙蓉靈訓 85

부용호 308, 309, 322~324, 365, 587, 593, 713
符節 659
富直柔 376, 398, 402
북전조동종 355, 366, 370, 372~373
北 472
북종 140, 147, 149, 152~155, 167, 168, 351
汾陽善昭 44, 282
分座 394, 395, 397, 661, 702
佛國惟白 136
佛燈守珣 25
불립문자 141, 142
佛手行因 74
佛語心品 51
불이법문 159, 160, 277
불일종고 414, 418
佛照杲 332
佛照德光 461, 506
『불조동참집』 37, 47, 160
불조동참집서 29, 36~38, 45, 67, 141, 162
『불조정종도영』 360~363, 366, 368, 370, 371
佛智端裕 25
佛陀 148
佛馱跋陀羅 72
佛陀禪師 383, 384
佛陀遜 383, 384

佛海慧遠 505~506
佛向上人 238, 243, 246, 249, 253
비구니 총지 149, 150, 153, 154, 158
毘盧印 621
非思量 183
椑樹慧省 216
非心非佛 463
『毘陵集』 278, 327
翡翠簾 320, 391
賓鉢羅窟 40
憑溫舒 401, 437, 438

【ㅅ】
사라쌍수 30, 39, 42
沙囉巴 25
謝靈運 31
四明知禮 156
嗣法 460, 595, 604
辭北堂書 196
四賓主 294
史思明 168
嗣書 271, 458~460, 471
四料揀 294
師資血脈 82
四祖 道信 24, 152
四祖 清皎 276
泗州 僧伽 128
山家派 157
山外派 157

『山房夜話』 127
三觀 156
『三大尊行狀記』 457
三路 240, 241
삼봉산 230, 231, 234, 256, 258~260
삼봉화상 230
二乘十二分敎 142
삼조현창운동 173
三種墮 731
三卽 157
三止 156
三諦 156
삼현손 324, 327, 329, 354, 505, 648
象骨峰 113
上堂 348, 350
上藍院 131, 256
上藍護國院 131
相似覺 444
上乘戒 726
常寂光土 481
西堂智藏 178, 205
棲靈智通 178
書司 386
서여공진 51
徐溫 112, 117
西院大安 227, 249
徐知誥 112, 117, 119
西天二十八祖 27
석가모니불 27, 30, 38

石頭希遷 43, 66
『석문문자선』 303, 357, 359
石文元易 331
『釋門正統』 28
石霜慶諸 207, 244, 249
石霜大善 216
善導和尙 519
『선림승보전』 44, 225, 229, 233, 245, 257, 274, 275, 281, 282, 284, 301, 306, 308, 314, 595
選佛場 621
禪門規式 68, 498
『禪門經』 148
『禪門諸祖師偈頌』 220
선상판석 148, 150, 151, 154
『선원제전집』 31, 37
『선원제전집도서』 38, 72, 142
『禪苑淸規』 334
『선원통록』 53, 54
『禪籍志』 50
雪堂行道 25
雪竇 615, 669, 694
雪竇嗣宗 389, 393
雪竇山 416, 514, 733
『설두송고』 130, 440
『설봉어록』 142
『설두염고』 159
設利 423
설봉의존 43, 67, 73, 78, 94, 113, 125,

찾아보기 759

246
『雪峰眞覺大師年譜』 219
雪巖滿 355, 371
雪巖祖欽 531
雪庭福裕 373
설통 404, 644
攝心內澄 528
性起思想 158
聖德太子 229
성등 45, 90~94, 96, 98, 99, 103,
　　105, 106, 108, 109, 111, 124, 126
聖僕義諦 50
性惡思想 158
成彥 155
『聖 65
洗松道者 周永年 26
世尊良久 130
昭慶法寧 25
紹鑾禪師 244
소림사 22, 39, 72, 298, 299, 373,
　　390, 404, 580
소산광인 66, 115, 116, 262, 276
疎山白雲禪院記 114, 262
小乘禪 155
少室 672
韶箭 556
昭化禪師 261
『속간고존숙어요』 272, 280, 291, 310,
　　347, 352

『속고승전』 22, 24~26, 26, 28, 154
『續法記』 52
『속보림전』 67, 68, 125, 126, 138, 160,
　　162, 171, 173, 184
『續資治通鑑長編』 44
誦經 24
頌古 350, 372
『송고승전』 70, 142
松源崇嶽 461
水陸法會 346
『授菩提心戒文』 299, 583
秀峰祥 394
隨分覺 444
『수문기』 472
首山省念 44, 45, 282
守一空成 361
修証一等 470
守智 333
修行 79, 489
搜玄 136
순타 39
崇福繼倫 26
嵩山 217, 540
嵩山慧安 191
崇先顯孝禪院 346, 666
崇壽契稠 134, 265
崇泰 178
隰州 380, 381, 382
習皓 155

僧伽大師 398
승가화상 59, 60
승인선원 298
승찬 72, 421, 432
시각문 446, 452, 453, 469~471, 478, 491, 531
示衆 372, 466, 504
息妄修心宗 155, 156
神山僧密 215, 222
神霄宮 333, 395, 400
神秀 72
『신심명』 432
『信心銘拈古』 329, 353
身心安居 483
신심탈락 462, 464~467, 469, 486, 493, 494, 496
身心學道 487
神異 24, 58, 62
新豊洞 217, 538, 541
新豊洞山 217
신풍산 217, 218, 224
神會 65, 168
心·意·識 445, 450, 680
深信因果 483
心塵脫落 464
십과 21~25, 27, 28, 70, 85
『十國春秋』 94, 120
『十二時歌』 674
『十方禪院記』 566

十方淨因寺 303, 315, 362
十方住持 574
雙林 555
雙林院 131
雙泉禪院 326, 633

【ㅇ】

亞松聖 363
아육왕사 380, 417, 422, 423, 458, 505
아촉불국 145, 158
鵝湖大義 179
安國師備 109
晏大正 536, 563
安道 53, 536
安綠山 168
安史 168
安禪靜慮 318, 602
安心法 610
岩頭全豁 21, 78, 85, 244, 246, 249
暗証禪 142
仰山光涌 74
仰山慧寂 186, 233
夜明簾 388, 389
耶舍 148
耶律楚材 372
약산유엄 73, 174, 175, 177, 180, 225
『梁谿全集』 350
양기파 26, 397, 506, 507, 516

양대년 44
楊隆演 112
梁山緣觀 274, 356
洋嶼庵 426
양억 29, 36~38, 40~42, 44, 45, 47, 48, 68, 69, 127, 161, 162
楊行密 112, 119, 255
孃回書 196
語要 68, 546
如訥 57
盧山歸宗 131
如性 24
如淨禪 499, 532, 533
如幻三昧 619, 668
『역대법보기』 143, 148, 149, 160
延福禪院 326, 633
然禪師 510, 511, 728, 729
延壽慧輪 131
宴坐 225, 350
연중우 97~99
涅槃 489, 522
涅槃妙心 460, 522
閻浮提洲 573
염화미소 163, 482
永覺元賢 91, 373
永明道潛(道潛) 26, 76, 134, 135
永明延壽 26, 85, 135, 142
榮西 457, 458
靈樹如敏 61

永安道原 45, 110
靈巖寺玉 365
영암혜재 366, 370
靈雲志勤 488
靈隱寺 410, 412, 505, 524
靈泉歸仁 276
預羅漢 651
오가 23, 24, 73, 193, 266
五更轉 252
悟空禪師 329, 346, 667
五敎判 147
吳敏 348, 350
五山制度 507, 520
烏石靈觀 226
五洩 540
五洩靈 74, 197
『五洩靈 199
오운지봉 134
五位思想 214, 225, 239
五位說 207
五位頌 251, 294, 320
五位偏正謠 294
五祖法演 288, 332
五種禪 155
宛轉 319, 320, 391
왕계붕 97
왕계엄 97
왕계훈 99~101
王老師 201, 228

王伯庠 378, 422, 515
王山體 355, 371
왕서 36, 46, 47, 276
왕선지 231, 254~256, 258, 261, 266
王隨 49
王信玉 317
왕심지 83, 93~95, 97, 98, 104, 116
왕연균 95~97, 104
왕연무 97
왕연미 97, 99
왕연빈 93~97, 102~105
왕연정 93, 97, 100, 119
왕연품 95
왕연한 95
왕연희 97
왕임 93
왕조 93, 94
외도문불 130, 148, 283~285
外道禪 155
了元歌 66
龍光院 131
龍光隱微 106
龍光澄忋 105
용담숭신 73, 75~78
龍眠三友 291
용아 239, 328, 544, 616, 661
용아거둔 114, 226
龍牙智才 25
龍安禪寺 626

龍濟紹修 67
龍昌禪院 554
龍冊道 68
우두법융 56, 151
우두종 68
愚痴齋 68
雲居高菴 394
雲居道簡 57, 260, 267, 554
雲居道膺 55, 224, 356
운거산 231, 233, 234, 258~261, 264~266, 551
『雲居山重修眞如禪院碑記』230
雲居善悟 25
운거청석 129, 133, 134
雲門 84, 341, 342
雲門匡眞 615
운문문언 21, 23, 74, 138
운문종 23, 26, 51, 54, 74, 138, 264, 266, 281, 287, 288, 299, 304, 334
운암 90, 182, 188~191, 200, 207~215, 222, 223, 227, 235~237
운암담성 181, 188, 206~210, 234, 244
雲臥曉榮 46
『雲臥紀談』282
鬱單越 573
원감법원 285, 287, 293, 295
圓鑑體明 334
圓璣 333

圓機道旻 25
『原道論』506
圓明大師 357, 602
元首座 336
원오극근 316, 335, 337, 344, 396,
　　401, 505, 506
圓照 579
圓照宗本 299, 334
圓通 579
圓通法秀 299, 334
원통숭숭선원 394, 400
圓通緣德 26
爲霖道霈 373
위앙종 23, 73, 74, 207, 274, 403
위음왕불 272, 422, 477, 727
威音王佛以前 293
潙山 115, 216, 611, 622
危仔倡 112, 115, 255, 262
危全諷 115, 255, 261
劉軻 165, 174
유경 67, 125, 126
유마거사 277
유마힐 160, 530
劉秉仁 254
留紹基 107
遺身 22, 24
柳彦璋 254
劉子羽 429
劉子翬 331, 429

有作定 528, 530
幽濟禪院 298, 569
유종효 99, 101, 102, 106~108
惟忠 154, 516
遊戱三昧 448
陸亘 203
六道 38
육도윤회 436
육조 혜능 59, 162, 165, 171, 191, 192,
　　450, 527
陸希聲 187
凝心入定 528
義能 265, 554
義德 554
義福 75
義柔 130, 131
이경 107
李景讓 206
李公麟 291
이류중행 189, 201, 203, 204, 207,
　　208, 212
李屛山 372
이심전심 142
李亮工 291
이연악 99
以悟爲則 502
이유 36, 42, 45, 47
이인달 100
李沖元 291

이효수 305, 308
印宗 64, 65
人天師 381
日本達摩宗 533
一音 556
『一掌錄』 331, 347, 350
일지두선풍 644
『인천안목』 280
임수량 99
林適可司法 343
임제의현 43, 199, 247, 263
『臨濟正宗記』 338
임제종 21, 23, 26, 51, 73, 74, 269, 282, 285, 297, 373, 403, 442, 507
臨濟慧照 615
林遵善 342
林泉從倫 372
林殆庶 160
入理深談 496

【 ㅈ 】

慈覺宗 334
慈光悟恩 26
자득혜휘 425, 461, 518, 531, 704, 705
慈明 615
慈受深公 686
自然智 451, 668
自玉 264
自讚 350
子湖利蹤 56~57
慈化定慧禪師 135, 766
作家 249
雜科聲德 22, 25
잡화포 181, 183~187
長慶 84, 102
장경혜릉 79, 82, 92, 101, 109, 134
章敬懷暉 171, 178, 205
張九成 345
張敦禮 300, 307
長蘆鑑 334
長蘆法永 334
장로숭복선사 397
長蘆崇福禪院 281, 332, 333, 339
張方平 51
張商英 337, 443, 572
張邵 515
張正甫 171, 178
漳州羅漢桂琛和尚語 69
張浚 344
張孝祥 377, 515
著語 62, 109, 129, 372
嫡嗣 304, 328, 466, 576, 638
寂庵 329, 353
賤記 390
『전등록』 27~29, 34, 38, 40, 42, 44~47, 49, 51, 54~56, 58~62, 64, 65, 67~71, 73, 74, 83, 85, 86, 90,

91, 101, 104, 109, 110, 116, 118, 120, 122~128, 131~141, 157~163, 165, 166, 169, 171, 174, 177, 179, 183, 200, 212, 218, 220, 222, 223, 230, 231, 247, 250~253, 256, 259, 267, 276

『傳燈玉英集』 49

錢 109~112, 119

轉迷開悟 478, 492

展手 240, 241

『傳心法要』 52

錢元瓘 112

錢元 112

傳衣 167

全超不借借 730

錢弘俶 110, 120

錢弘偡 120

『정법안장』 39, 130, 338, 351, 459, 460, 462, 471, 472, 522, 669

淨修禪師省 90

淨嚴大師 守遂 325

淨嚴禪師 634

정위 46, 47

淨因禪院 356, 611, 612

정인자각 283, 314, 355, 356, 360, 363, 369

淨慈寺 458, 461, 518, 522, 525, 704, 708

正中來 252, 294

正中偏 251, 294

正偏回互 253

定慧禪師 117

제방 36, 68, 136, 343, 386, 415, 546, 552, 578, 589, 694

諸方雜學 128

曹溪 233, 572, 576, 672

照顧脚下 428

『조당집』 52, 55, 76, 90~93, 101~106, 108, 109, 111, 115, 124~126, 134, 137, 138, 160, 162, 169, 171, 172, 177, 178, 180~184, 191, 196, 197, 199~201, 203, 208~210, 215, 219, 223, 226, 227, 230~234, 236~238, 240~243, 246~249, 253, 258, 261, 267

鳥道 201, 241, 250

曹洞五位 278

조동종 23, 73, 74, 116, 135, 193, 204, 207, 224, 244, 254, 261, 265, 266, 268, 273, 274, 276~278, 291, 293, 297, 298, 300, 301, 306, 307, 318, 322, 324, 327, 344, 355, 366, 369, 372, 373, 375, 392, 425, 455, 505, 507, 509, 515, 517, 525, 526, 531~533, 595, 678, 709, 712, 714, 732

조백규 517, 523, 524

曹山文益 81

曹山寶積寺 193, 232
曹山本寂 67, 116, 135, 222, 224, 539
조산숭수원 116, 118, 232
曹山慧霞 252
趙令衿 339, 377, 393
『祖源通錄』 51
『조원통록촬요』 54
『祖源通要』 54
趙子灡 516
趙提擧 522, 523
祖朝道和 332
祖照道和 333, 508, 685
祖照禪師 685
조주종심 67, 113, 201
照闡提 394, 395
足庵智鑑 507, 508, 515, 690
宗珏 669, 685
宗鑑 28
宗道 382~384
『宗門聯燈會要』 28, 137, 378
宗白頭 502, 504, 692, 730
宗永 137
從容庵 372
種傳 233, 234, 254, 255, 258, 260
종통 404, 606
左街淨因禪院 332, 612
좌선잠 473~475, 489
주문진 97~99
주전충 111

주회정 46, 47
周葵 377, 381, 453
住心看定 528
竹庵士珪 25
竹筒德朋 346
줄탁동시 39, 677
中同安志 268
中峰明本 127
中山道全 256, 359
中華傳心地禪門師資承襲圖 146
卽心是佛 187, 204, 212, 462
卽心自性 281
『증도가』 65
知覺延壽 518
智瓊律師 382, 386
只管打坐 460, 469, 472
智廣 178
志道 65
智常 65
志誠 65
智深 264, 298, 554, 578
至游禪 446, 448, 449, 453
至游庵銘 446
知音 292, 320, 361, 392
志徹 65
智通 65, 274
志閑 74, 76
智隍 65
直 285, 286

진금포 170, 181, 183, 185, 187, 188, 191, 192
陳奇 416
眞實義諦 679
眞心觀 158
眞如慕喆 316, 397
眞如禪院 131, 339
眞懿慧蘭 363
眞淨克文 316, 337
振宗義懷 288, 334
眞州長蘆寺 508
眞州長蘆了禪師劫外錄序 348
眞歇 329, 351, 353, 659
진헐청료 325, 329, 344, 346, 353, 424, 426, 505, 508, 648, 649, 653, 685
진혜원련 44, 45, 47, 48, 108
秦檜 345
陳詡 176, 179
陳曦 416
徵 36, 128, 129
『典座敎訓』 458
『절관론』 151
『曹溪大師傳』 184
『曹洞宗派錄』 299, 583
『宗門聯燈會要』 28, 137, 378
『宗門統要』 137
『從容錄』 225, 372

【 ㅊ 】
此庵景元 25
찬영 21~23, 26, 28, 70, 71, 73, 74, 76, 77, 81~84
『參同契』 66
唱導 24, 82, 611
蔡京 306, 524
『冊府元龜』 41
千頃楚南 66
天童覺和尙小參語錄 437
천동선사 397, 477
천동여정 355, 356, 455, 483, 515, 518, 532
天童子凝 157, 158
천마외도 439, 510, 727
『천성광등록』天聖廣燈錄 28, 40, 54, 55
天王道悟 75
天衣 615
天人師 537
闡提惟照 315, 394, 397
『천주개원사지』泉州開元寺志 91~93, 101, 103
『泉州府志』 91, 93, 101
天淸傳章 26
天台國淸寺 336
天台大師智 119
천태덕소 26, 45, 50, 77, 80, 82, 83, 85, 92, 110, 120, 124, 138, 140

天台文輩 26
천태본각법문 468, 470, 491, 499, 500
천태산 55, 58, 77, 82, 119~121, 132, 139, 140, 198, 459, 517, 732
天台拾得 128
天台智 72, 128
天台風干 128
天台寒山子 128
天皇道悟 75, 178
청량태흠 134
清凉休復 81, 117, 265
清錫 129, 131, 265, 554
青原階級 162, 319, 391
청원행사 73, 75, 76, 161, 162, 165, 166, 168, 169, 174
청주희변 355, 356, 360, 361, 363, 366, 370
清化全付 74, 77
超覺大師 102
招慶明覺大師 106
초경사 99, 104
招慶省 110, 116, 117, 220
焦山普濟 612
草庵法義 59
摠持 143, 145
總持 143~145, 158
最上乘禪 72, 155
逐位頌 250
出入同門 496

충의왕 121~124, 132, 135
翠微無學 113, 114, 226
치주유죄사건 303, 306, 307, 324, 337
勅諡宏智禪師行業記 378
勅諡宏智禪師後錄序 377
親切 526
칠불 127
『泉州千佛新著諸祖師』106
『泉州千佛新著諸祖師頌』90, 93
『請益錄』372
『叢林盛事』334
『칙수백장청규』288, 399

【ㅌ】
脫落身心 465, 493
汰如明河 26
태평흥국선원 604, 623
退晦居士 510, 687
投子 304
투자대동 43, 68, 78, 113, 492
投子代付説 271
투자의청 269, 270, 285, 287, 291, 297, 298, 356, 372, 400, 577, 596, 607

【ㅍ】
偏頭副 143
偏中正 251, 294
偏中至 295, 320

편참 106, 113, 166, 260, 386, 589, 600, 701, 714
平田普岸 56
評唱 372
布袋道場 686
포대화상 61, 485
風穴延沼 42
皮·肉·骨·髓 40, 141, 148, 152, 157~160, 162, 163
皮履 285, 286, 292
皮肉髓 159

【 ㅎ 】
荷玉匡慧 106
賀允中 377
하택신회 140, 154, 161, 167, 168, 191, 204, 527, 532
하택종 147, 153, 156, 197
韓韶 301, 322, 605, 606
韓縝 299, 302
杭州五雲和尙坐禪箴 69, 132
해조음 553, 617
해회선원 273, 283, 287, 288, 289, 293, 298, 301, 400
행업기 378, 381, 393, 400, 401, 472
香水錢 168
香嚴智閑 66, 77, 114, 115
向子 381, 400
玄覺導師 131

玄覺行言 129, 133
玄路 240, 241
현사 79~86, 92, 132, 133, 139, 140, 161
현사사비 62, 73, 92, 125, 134, 138, 139
玄沙宗一師備大師語 69
現成佛法 483, 489
顯示眞心卽性敎 156
玄悟大師 104
『顯宗記』 66
血脈殊異 83~85
夾山善會 230, 255
夾山揮劍 494, 496
荊州城東天皇寺道悟禪師碑 75, 174
혜가 39, 51, 52, 72, 102, 143, 144, 152~154, 157, 158, 162, 165, 277, 312
慧覺禪師鵝湖大義 205
慧皎 24
惠敏 264, 539
惠雲 178
혜조경예 301, 302, 321, 324, 327~329, 336, 392, 505, 648
惠照禪師 175, 176
虎丘紹隆 25
湖南禪 206
護法 22
鎬英 178

洪果大師 544
홍인 72, 77, 102, 203
홍주종 147, 153, 156, 187, 191
禾山無殷 106
華嚴祖覺 25
華藏安民 506
滑臺 167
黃蘗 60, 78, 93
黃龍 615
黃龍忠 702
黃龍派 26
黃檗山慧 61
黃檗靈觀 228, 249
황벽희운 43, 73, 83, 191, 192, 226
黃山月輪 230
黃巢 543
황소파 98, 99, 105
황인풍 100
懷(住)滿 264
灰身滅智 22
懷嶽 264, 554
晦翁悟明 137
회창파불 27, 75, 78, 215, 225, 244
回互 320, 437
回互兼帶 295
曉了 65, 66
曉聰 264, 539, 547
休復 265
興善惟寬 171, 178, 205

興化存奘 42
希覺 82, 116
『虛堂集』372
『華嚴五敎章』147

【 기타 】
12부경 39
13도량 121

간행사 전문

〈본 세존학술연구원의 우수학술서 번역 불사는 박찬호 거사의 시주(施主) 원력으로 이루어졌음을 밝힌다.〉

1. 한국불교의 원류, 원효와 의상

중국을 거쳐 한국에 불교가 전래된 시기는 4세기 후반이다. 중국은 기원 전후에 인도의 불교를 접할 수 있었는데, 이는 붓다 입멸 후 거의 500년이 지난 시점이다. 거의 실시간으로 이루어지는 지금의 정보 전달을 염두에 둔다면, 인도에서 중국을 거쳐 한국에 전래되기까지의 900여 년이란 시간은, '사상의 변천'이 난해해질 수 있는 여건이 충분한, 짧지 않은 기간이다. 게다가 현재의 우리는 한국에 정착한 후 1,600여 년이나 지난 불교를 대하고 있다. 4세기 후반(372년) 고구려로 수입된 불교는 신라로 전해져, 원효(617~686)와 의상(625~702)이라는 두 걸출한 수행자를 통해 화려하게 시작되었다.

원효의 불교는 일심(一心)을 통한 화쟁사상(和諍思想)으로 흔히 요약된다. 일심은 일체의 망상이 사라진 마음자리로 왼쪽 한 발 옆은 화엄사상, 오른쪽 한 발 옆은 금강반야사상, 앞으로 한 발은 정토사상, 뒤로 한 발은 중관과 유식이 있었다. 즉, 6세기까지 모든 경론(經論) 해석의 정점에 있었던 것이다.

의상 또한 화엄경에 달통하여 한국불교가 일찍이 최고의 경전을 접할 수 있는 절호의 인연을 만들어 준 최고의 논사였다. 이토록 희유(稀有)한 두 성현의 개시(開始)에도 불구하고, 지난 1,600여 년 동안 한국불교는 과연 무엇을 이루었는가에 대한 회의와 반성이 학술서 번역 출간을 기획하게 된 결정적 동기이다.

2. 한국불교에서 의상의 화엄사상 실종

의상에 의해 정립된 화엄 교학은 유심(唯心) 즉, 일심(一心)에 의해 펼쳐지는 법계연기(法界緣起)로 압축된다. 이는 붓다의 깨달음인 연기(緣起)를 모든 존재를 펼쳐지게 하는 본질인 이법계(理法界)와, 본질에 의해 펼쳐진 현상 세계인 사법계(事法界)를 무진연기(無盡緣起)로 설명한 세계관이다. 그리고 이 사상은 양자론같이 극미(極微)한 세계를 다루는 물리학이나 거시(巨視)적 우주를 다루는 천문학과도 잘 어울린다. 이는 화엄사상에서 다루는 대단히 심오한 논리이기도 하다.

다만 화엄경의 모체인 「십지품」에서 설하는 보살 실수행의 단계와 경지는 물론 수행의 구체적 방법이 간과되는 점은 매우 안타깝다. 「십지품」에서 설하는 보살지위의 수행은 십바라밀(十波羅蜜)로 보시·지계·인욕·정진·선정·지혜·방편·원·력·지 등 열 가지로, 「십지품」에서는 열 가지 모두에 '바라밀'을 붙여 사용함으로써 그 뜻을 명확히 하고 있다.

십바라밀은 보살의 십지(十地) 수행과 정확히 일치해, 초지보살은 "보시바라밀을 주 수행으로 삼되 다른 바라밀도 소홀히 하는 것은 아니다."라고 말한다. 이런 순차로 마지막 십지보살은 "지[智, 般若]바라밀을 주 수행으로 삼고 나머지 바라밀을 소홀히 하지 않는다."라고 명쾌하게 설하고 있다.

그런데도 한국불교는 왜 육바라밀만을 거론하는 것일까? 그 이유를 나는 한국불교가 십바라밀을 수용할 수준에 이르지 못했기 때문이라고 생각한다. 십바라밀 중 앞의 육바라밀은 철저히 자리(自利) 수행의 단계이다.

여섯 번째 지혜바라밀은 자리의 지혜가 완성된 수행의 단계이고 보살 육지의 경지에 해당된다. 그러나 이어지는 보살 칠지에서 십지에 이르는 수행인 방편·원·력·지바라밀은 자리를 여의고 다시 시작해야 하는 보살 이타(利他) 수행의 본격에 해당된다.

육바라밀을 성취한 육지보살이라도 중생 구제를 위한 관세음보살 같은 방편, 보현보살 같은 원력, 어떤 장애와 마장도 능히 다스릴 수 있음은 물론 천제(闡提)까지도 구제할 수 있는 금강 같은 힘[力]을 갖추고, 마지막으로 궁극의 반야지(般若智)인 지바라밀을 얻게 된다는 것이 「십지품」에서 반복해서 강조하는 십바라밀의 본질이다.

십바라밀을 상기한다면 한국의 승가가 이타의 시작인 방편바라밀을 얼마나 이기적으로 악용해 왔는지 알 수 있다. 게다가 자리 수행에서마저도 오지보살의 선정바라밀에 집착해 육지보살의 지혜바라밀 수행을 거들떠보지도 않았다. 수행의 지침으로서 화엄경은 실종되어 버린 것이다.

3. 한국불교에서 원효의 통불교 실종

중국의 종파불교에 대해 한국불교의 정체성을 통불교(通佛敎)라 지칭한 사람은 최남선(1890~1957)이다. 최남선은 1930년 「불교지」 제74호에 발표한 〈조선불교(朝鮮佛敎)—그 동방문화사상(東方文化史上)에서의 지위(地位)〉에서 한국 불교사상의 근원으로 원효를 지목하며 '통불교'라 했다.

원효를 따른다면 나는 최남선의 통불교를 원통불교(圓通佛敎)로 이해하는 편이 더 원효적이라고 생각한다. 최남선은 한국의 역사학자로 일본에 의해 가두어진 한국의 사상 중 그나마 원효의 경지를 동경하며 찬탄하는 심정으로, 한국불교뿐만이 아니라 조국인 한국이 지향해야 할 미래 문화의 정신적 핵심 개념으로 '통불교'라는 용어를 사용했을 가능성이 크다고 본다.

나는 중국이 원효 이후에도 많은 불교사상을 수입 발전시켜 양과 질에서 종파불교를 형성할 충분한 여건을 조성했고, 실제 그들의 종파불교가 고려와 조선시대의 불교에 막대한 영향을 주었다는 사실에도 주목한다. 중국 종파불교를 끊임없이 들여 온 한국불교가 최남선에 의해 원효에서 그 정체성을 확인하고, 그것을 통불교라 했다는 것은 불행 중 다행임에 틀림이 없다.

다만 아쉽게도 최남선은 조선과 고려를 거슬러 신라의 원효에 이르는 거의 1,300여 년간 통불교를 지탱하고 발전시킨 어떤 고승도 언급하지 않았다. 한국불교의 불행은 종파불교도, 원효의 통불교도 자기 것으로 소화해 낼 능력이 없었다는 데 있다.

현재 한국불교는 승가를 이끌 걸출한 수행자를 배출해 내지 못하고 있다. 승려들 중 화엄·반야·법화사상의 차이는 고사하고, 붓다의 삶과 궁극의 가르침이 무엇인가를 설명할 수 있는 사람도 많지 않다. 이는 승가가 선 수행자는 문자에 의지하면 안 된다는 그릇된 전통에 집착한 나머지, 경전까지도 가까이하지 못하도록 방임했지만 실제로는 선 수행을 통한 '경지'에 도달한 수행자마저 배출하지 못한 진퇴양난의 결과이다.

본 우수학술서 번역 불사는 한국불교의 현재를 직시하고, 자기반성과 반전(反轉)의 인과 연을 심어놓는 데 그 목적이 있다.

원효와 의상 이후 한국불교의 정상에는 고려 중기의 보조(1158~1210)가 있었다. 보조는 선교일치(禪敎一致)를 통한 정혜결사(定慧結社)로 불교 중흥의 기틀을 마련하였고, 대혜종고(1089~1163)의 간화선을 한국불교의 대표적 선 수행으로 정착시켰다.

원효에서 보조에 이르기까지는 한국불교의 정체성이 통불교였다고 말할 수 있다. 흔히 근대 보조의 선풍을 되살려 간화선의 진면목을 유감없이 보였다는 수행자로 경허(1849~1912)를 꼽는다. 경허가 간화선의 맥을 이은 것은 사실이나 그것으로 경허의 일탈적 언행의 허물이 덮어지는 것은 아니다. 경허의 막행막식에 원효의 무애나 대자유인만이 누릴 수 있는 경지에서나 가능하다는 식의 접근은 대단히 우려스럽다. 경허는 수행의 마장(魔障)을 조복시키지 못했던 것이고 극기(克己)에 실패했을 뿐이다.

현대에 접어들어 성철(1912~1993)은 간화선사로서 치열함과 혜능(638~713)과 육조단경 논리에 충실한 돈·점의 논쟁을 주도하며 불교의 위상을 높인 측면이 있다. 하지만 안타깝게도 육조단경은 혜능의 추종자들이 후대에 만들었고, 그 내용도 선의 교과서 격으로 인정하기에는 부족하다는 연구 결과가 거의 30년 전에 발표되었다.[본 세존학술총서 중 존 매크래의 『북종과 초기 선불교의 형성』이 대표적이다.]

성철의 간화선에는 이런 이론의 문제보다 더 심각한 수행의 자기모순이 있다. 화두 참구 시 반드시 경계해야 할 병통(病痛)에 대해 보조(1158~1210)에서 서산(1520~1604)에 이르기까지, 간화선사들이 실참하며 거론한 간화십종병(看話十種病)의 지적과 성철이 육조단경을 중심으로 펼치는 주장은 상당 부분 배치된다.

또한, 성철의 간화선 수행은 밀교의 주 수행인 진언수행을 우선 또는 병행하게 하는 것이 특이하다. 밀교는 법신불 격인 대일여래(大日如來)를 주불로 세워 힌두교의 여러 신들을 정교한 구성으로 회화(繪畵)화 하고, 그 수행은 주문(呪文) 즉, 진언과 다라니를 염송하여 즉신성불(卽身成佛)을 성취한다는 7세기 인도에서 발생한 불교이다. 하지만 밀교는 불교가 사실상 힌두교에 흡수되는 결과를 초래했다는 비판을 받는다.

밀교의 수행 핵심인 진언수행을 간화선사인 성철이 강조했던 근거는, 중국과 한국의 일부 선 수행자가 능엄경이 선정과 마장의 경계를 밝혀 놓았다는 이유를 들어 소의(所依)로 삼은 데 있는 것 같다. 그러나 능엄경은 중국에서 편찬한 위경(僞經)이고, 간화선은 오직 '화두'에 생사를 거는 것이 수행의 전통임을 되새긴다면 성철이 밀교 경전인 능엄경의 능엄신주를 간화선에 접목한 것은 이해하기 난감하다.

이렇듯 근·현대를 대표하는 경허, 성철의 불교는 최남선이 탐구해 낸 원효와 의상을 원류로 하는 통불교도 정통 간화선도 아니다. 여기에 승가의 수행력에 대한 불신으로 남방불교의 수행법인 위빠사나가 빠르게 입지를 넓혀가고 있다. 한국불교의 정체성이 통불교라 주장하기에는 무엇인가 혼란스러운 상황에 처한 것이다.

물론 한국불교가 통불교라는 개념에 갇힐 필요는 없지만 적어도 추구하는 목표는 분명히 해야 한다. 그 분명한 목표가 당위성을 얻기 위한 작업에 본 학술서들이 일조할 수 있다면 다행이다.

4. 한국불교를 위한 제언

나는 20여 년 전부터 시작된 일본의 소위 '비판불교'적 시각을 한국불교도 적극 논의 대상으로 삼아야 한다고 생각한다. 다행히 승가 곳곳에서 한국불교의 고사(枯死)를 인정하고 있으니, 역설적으로 미래 불교의 새싹을 공개적으로 논할 수 있는 여건이 성숙되었다고 볼 수 있다.

나는 주요 경과 논서들을 보며 오히려 많은 의문이 들었다. 예를 들면 붓다의 깨달음은 연기임에도 다섯 비구에게 설한 것은 사성제라 하는데, 붓다는 사성제와 연기의 관계를 어떻게 설정하셨는지 명확하지 않다.

화엄의 유심(唯心)과 세친의 유식(唯識)이 공존할 수 있다면 심과 식의 차이는 없다는 것인가?

화두를 타파하면 연기와 공의 진리에 온전히 계합(契合)되는 경지인가?

간화선 자체를 불교 수행의 하나로 인정하며 생기는 수많은 모순들을, 간화선은 중국불교만의 독특한 수행법이라고 떨쳐 버리는 방법으로 해결할 수는 없는가?

붓다는 은인과 같았던 빔비사라 왕과 위제희 왕비를 죽이고, 곧 자신의 부모를 죽이고 왕권을 차지한 아사세 왕을 어떤 감정으로 대했을까?

이런 근원적 의문들의 해법에 전전긍긍하였다. 쉽게 말해 전설적 해석에 너무 관용적이고, 오래되고 추종자가 많다는 이유로 불교사상이나 수행의 당위성을 인정해 주는 것은 곤란하다는 것이 내 불교관의 핵심이다.

일본 학자들에 의해 제기된 비판불교는 바로 이런 내 의문들과 우연이라고 하기에는 신기할 정도로 동질성이 있다. 그리고 비판불교는 2,000년 이상 군살이 붙은 불교의 맨살을 되살리자는 것을 목표로 한다. 기복과 호국의 정당성을 신앙적으로 이용한 측면에서 자유롭지 못한 한국불교로서는, 이런 비판불교 정신으로 미래 불교의 판을 짜는 것을 승가와 학계가 진지하게 고민해 보자고 제안한다.

5. 맺는말

이 시대는 초고속의 기술개발과 응용에 폭발적 가속이 붙은 4차 산업혁명으로 인간이 과거에 경험하지 못한, 전혀 다른 세상으로 질주하고 있다. 혁명의 중심에는 인공지능(AI)이라는, 물질만으로 조립된 인간보다 유능한 기계로 인간의 생각까지 추적하고 추월한다는 목표가 있다. 이 변화는 결국 역사 이래 가장 근원적 난제인 '마음이라는 정체성의 본질이 정신에 있는가, 물질에도 있는가?'라는 문제에 가장 실감 나게 봉착하게 될 것이다. 불교가 지금과 같이 '마음'이라는 한 단어만을 모든 것의 만능으로 삼고, 마음으로 '인식하고 통찰하는 연기적 사고'를 적응시키지 못한다면 유일신의 종교보다 더 빠르게 사라질 것이다.

미래에 그런 불교를 구현하려면 붓다의 가르침의 궁극이 무엇인가에 대해 연구할 수 있는 '단서와 근거'의 씨앗을 뿌려 놓아야 한다. 말하자면 최소 1,000년은 넘은 대장경의 논장(論藏)보다 실용적이며 미래 적응 가능한, 21세기의 논장을 만들자는 것이 내 바람이다.

본 총서에 꼭 넣고 싶었던 폴 월리엄스 편집, 『대승불교 논문집』 5권을 포기하는 것이 아쉽지만, 나는 번역서 10권을 내는 것에서 작업을 그칠 수밖에 없다. 원력 있는 불자나 재가 단체가 이 불사를 이어주길 바란다.

10권 출간 작업을 진행하며, 이 학술서 번역 불사는 재원 확보의 어려움은 물론 번역 원고 교정까지 각 공정이 정말 전문적이고, 특별한 정성이 없이는 불가능하다는 사실을 뼈저리게 느꼈다. 그렇기에 의례적인 인사말이 아니라 진심으로 감사 말씀을 드리며 간행사를 마친다.

이 학술적인 번역서들이 출판될 수 있도록 큰 원력을 내 주신 박찬호 거사와 학계의 열악한 연구 여건에도 불구하고 번역을 흔쾌히 수락해 주신 교수님들과 편집·교정을 해 주신 분들, 특히 민족사 윤창화 사장님의 안목과 열정에 깊이 감사드린다. 또한 십시일반으로 후원해 주신 불자들께도 감사드린다.

2018년 정월 초하루
고양시 용화사 무설설당에서
세존학술연구원장 성 법 합장

학술서 후원자 명단

가순용	김천덕	안순국	이학우	조건종
곽은자	김태환	안종만	이한용	조병이
권설희	김홍계	엄유미	이희성	조석환
김대옥	남궁염	오상훈	장인옥	조용준
김병기	류재춘	윤길주	전상희	조원희
김병태	박문동	윤장현	정광화	최기제
김세원	박미숙	이강돈	정성문	최수현
김수남	박성일	이경칠	정정근	최현승
김승규	박희구	이동수	정주열	함영준
김소형	배덕현	이순옥	정재훈	허민삼
김영민	송 산	이충규	정찬희	현덕헌
김창근	안병환	이판교	정화영	황흥국

저자 소개 : 이시이 슈도(石井修道)

1943년 福岡縣에서 출생
1966년 駒澤大學 佛敎學部 禪學科 졸업
1971년 駒澤大學 大學院 博士課程 수료
駒澤大學 불교학부 교수 역임

〈주요 저서 및 논문〉

『慧能硏究』(공저)(大修館書店, 1978)
『〈講座敦煌〉8 敦煌佛典과 禪』(공저)(大東出版社, 1980)
『禪과 念佛 - 그 현대적 의의』(공저)(大藏出版, 1983)
『宏智錄』上·中·下 (名著普及會, 1984~1986)
『宋代의 社會와 宗敎』(공저)(汲古書院, 1985)
「佛照德光과 日本 達磨宗 - 金澤文庫保管『成等正覺論』을 端緖로 하여(上)·(下)」(『金澤文庫硏究』 222·223, 1974)
「宋代 禪宗史에서 본 道元禪의 位置」(『南都佛敎』 39, 1977)
「惠昕本『六祖壇經』의 硏究 - 定本의 試作과 敦煌本의 對照- (正)·(續)」(『駒澤大學佛敎學部論集』 11·12, 1980~1981)
「『傳光錄』本則의 出典과 그 性格 -身心脫落의 逸話와 관련하여」(『駒澤大學佛敎學部論集』 17, 1986년) 등 다수.

역자 소개 : 김호귀

동국대 선학과 졸업
동 대학원 석사·박사 졸업
동국대 불교학술원 HK연구교수

저서로『묵조선 연구』,『선문답의 비밀』
역서로『금강선론』,『금강삼매경주해』가 있으며,
기타 다수의 저서와 번역서 및 논문이 있다.

Email: kimhogui@hanmail.net

세존학술총서 1

송대 선종사 연구

초판 1쇄 인쇄 | 2018년 2월 20일
초판 1쇄 발행 | 2018년 2월 25일

지음 | 이시이 슈도(石井修道)
옮김 | 김호귀

펴낸이 | 윤재승
펴낸곳 | 민족사

주간 | 사기순
기획편집팀 | 사기순, 최윤영
영업관리팀 | 김세정

출판등록 | 1980년 5월 9일 제1-149호
주소 | 서울 종로구 삼봉로 81 두산위브파빌리온 1131호
전화 | 02)732-2403, 2404 팩스 | 02)739-7565
홈페이지 | www.minjoksa.org
페이스북 | www.facebook.com/minjoksa
이메일 | minjoksabook@naver.com

ISBN 978-89-98742-97-3 94220
ISBN 978-89-98742-96-6 (세트)

※ 잘못된 책은 바꿔 드립니다.
※ 저작권법에 의하여 보호를 받는 저작물이므로 무단으로 복사,
   전재하거나 변형하여 사용할 수 없습니다.

· 정가 49,500원 (700부 한정판)

세존학술
총서 [1]

송대 선종사 연구
宋代禪宗史の研究

ISBN 978-89-98742-97-3
ISBN 978-89-98742-96-6 (세트)